중국어 교수법 연구

중국어 교수법 연구

초판 1쇄 발행 2015년 8월 14일
초판 2쇄 발행 2019년 9월 6일

지은이 张和生 ㅣ 옮긴이 김영민, 박원기, 전기정
펴낸이 박찬익 ㅣ 편집장 권이준 ㅣ 책임편집 김지은
펴낸곳 도서출판 **박이정** ㅣ 주소 서울시 동대문구 천호대로 16가길 4
전화 02) 922-1192~3 ㅣ 팩스 02) 928-4683 ㅣ 홈페이지 www.pjbook.com
이메일 pijbook@naver.com ㅣ 등록 1991년 3월 12일 제1-1182호

ISBN 979-11-5848-058-5 (93370)

对外汉语课堂教技巧研究(DUI WAI HANYU KETANG JIAOXUE JIQIAO YANJIU)
Copyright 2006ⓒ by 张和生(ZHANG HE SHANG)

중국어 어법교연구

장화생(张和生) 지음
김영민(金嶸敏) · 박원기(朴元基) · 전기정(全基廷) 옮김

(주)박이정

총 술

  교육은 늘 최상의 교육적 효과를 추구하는데 이는 중국어 교육에 있어서
도 예외는 아니다. 구소련 교육학자인 파반스키는 소위 최적화된 교육이란
최소의 시간과 힘을 들여 최상의 교육 효과에 이르는 것이라고 말한 바
있다. 최상의 중국어 교실 수업을 결정하는 요소는 전체적인 교육 관리
수준, 학생들의 소양, 교재의 질, 교육 시설 등으로 매우 다양하다. 그러나
언어에 대한 훈련을 위주로 하는 제2언어 교육의 교실 수업에서 '최소의
시간과 힘을 들여 최상의 교육 효과에 이르기' 위해 교사가 어떤 교수법을
사용하고 있는지가 매우 중요한 요소 중의 하나일 것이다. 여기에서 말하는
교수법이란, 교실 수업에서 준수해야 하는 기본적인 원칙과 방법을 가리키
는데 어떤 구체적인 내용을 교수할 때 채택할 수 있는 수단을 포함한다.
최근의 중국어 교육법에 관한 연구 성과는 크게 두 가지로 구분할 수 있는데,
첫째는 중국어 발음, 문법, 어휘, 문자, 문화의 교수법처럼 중국어 교실
수업의 내용에 따라 구분한 교수법이고, 둘째는 중국어 읽기, 말하기, 듣기,
신문수업의 교수법처럼 중국어 교실 수업의 과목 유형에 따라 구분한 교수
법이다.

一. 교육의 내용에 따라 구분한 중국어 교수법 연구

  제2언어 학습에서 발음은 전체 언어 학습의 기초가 된다. 정확한 발음
습관을 만들어 모어 발음의 영향을 극복하게 되면 학습자들이 말하기 능력

을 향상시키는 데 중요한 역할을 할 뿐만 아니라 학습자들이 외국어로 의사소통할 때 자신감을 제고하는 데도 도움이 되며, 이 자신감은 또한 의사소통 능력을 향상시키는 중요한 요소가 된다. 그러므로 어떠한 교수법을 통해 중국어 초학자들이 발음 학습이라는 관문을 통과하도록 도움을 줄 것인가에 대해 연구할 필요가 있다.

중국어 발음에 관한 교수법에 대해 程美珍·赵金铭은 발음 교육은 자기모방을 위주로 하고 필요한 이론적 지식은 보충적으로 지도해주어야 한다고 했다. 또한 쉬운 것부터 시작해서 어려운 발음으로, 먼저 배운 것에서부터 시작해서 새로운 발음으로 나아가야 하며, 어려운 부분은 강조해서 반복적으로 훈련을 하고, 직관적인 교수를 강화하여 효율을 제고해야 한다고 했다. 그들은 교육의 경험을 바탕으로 시범법, 대조법, 과장법, 손동작법, 끌기법, 유도법, 분별법, 고정법, 모방법 등 9가지 발음 교육 방법을 총괄했다. 예를 들면 시범법을 통해 학생들이 유기음과 무기음을 구별하도록 가르치기 위해 입술 앞에 종이를 대고 기류로 인해 종이가 떨리는지를 학생들이 관찰하게 하면 유기음과 무기음이 어떠한 차이점이 있는지 알 수 있다.[1] 이 기법은 효과적이면서도 쉬운 방법이어서 지금까지 중국어 발음 교육에서 자주 사용되고 있다. 蒋以亮은 음악을 중국어 발음 수업에 도입하여 중국어 성조와 운복을 가르치면 외국 학생들이 중국어 발음을 학습하는 데 도움을 줄 수 있으며, 이러한 효과적인 방법을 통해 대부분의 학생들은 발음상의 차이를 쉽게 알 수 있다고 했다.[2] 그런데 蒋以亮이 제시한 방법은 중국어 교사들의 음악적인 소양이 요구된다. 王玲娟은 발음 훈련에 의미적인 해석을 적당하게 결합시켜야 한다고 주장했다. 이 방법은 학생들이 발음을 숙지하고 발음에 대한 감을 형성하는 데 중요하다고 했다. 또한 사람의 기억에 근거하여 복습하고 강화하는 시간을 규칙적이고 합리적으로 안배하고, 상황에

---

1) 程美珍·赵金铭, <基础汉语语音教学的若干问题>, ≪第一届国际汉语教学讨论会论文集≫, 北京语言学院出版社, 1985年.
2) 蒋以亮, <音乐与对外汉语的语音教学>, ≪汉语学习≫, 1999年 第3期.

따라 연속 강화, 고정적 시간 간격 강화, 가변적 시간 간격 강화, 저반응에 따른 분화 강화, 고반응에 따른 분화 강화 등의 방식을 각각 혹은 종합적으로 채택하면 학생들이 중국어 발음에 대한 감을 점차 형성하고 공고히 하게 된다고 주장했다.[3]

문법은 언어의 구조 규칙으로 성인이 제2언어를 학습할 때 머리 속으로 생각하고 유추하는 근거가 된다. 일반적으로 외국인을 위한 중국어 교실수업은 잘 말할 수 있도록 연습시키는데 주안점을 두고 있으므로 문법을 중시할 필요도 없고 중시할 수도 없다. 그러나 어느 정도의 교수법을 빌리면 학습자들이 더 쉽게 중국어 단어를 사용하여 문장을 만들 수 있도록 도움을 줄 수 있고 학생의 독해 능력과 표현 능력도 향상시킬 수 있을 뿐만 아니라 학습자들이 유한한 어휘로써 무한한 문장을 생성할 수 있는 능력을 키우는 데도 도움을 줄 수 있다.

외국인을 위한 중국어 문법의 교수법에 대해 卢福波는 교수 원칙에 있어 의미에서 형식까지 중점을 두어야 하는데, 기능과 의미가 문법 구조를 어떻게 선택하는지, 문법 구조가 어떤 의미로 해석되고 사용 조건은 어떻게 개괄하고 귀납하는지, 문법 형식 혹은 표현 형식의 배후에 어떠한 원인이 있는지에 주안점을 둘 필요가 있다고 했다. 구체적으로 교사가 가르쳐야 될 내용은 너무 심오하거나 복잡하지 않도록 주의해야 한다. 즉, 중국어 문법 내용을 취사선택하거나 학술적인 개념, 정의에 대해 설명할 때에는 교수 내용을 학생들이 쉽게 받아들일 수 있도록 감성적이면서도 조리 있게, 공식화하고 도식화시켜야 한다.[4] 彭小川은 문장의 배열순서도 문법 수단의 일종이라고 주장했다. 교사는 세 가지 방법으로 단락에 대해 교수할 수 있다. 첫째, 학생이 배운 적이 있는 상용 관련어를 논리 의미 관계 방면에서 변별하고 분류한다. 둘째, 학생들이 구조 관계를 체득하도록 단락 독해를 지도한다. 셋째, 괄호 채워 넣기, 문장 통합하기, 단락 수정하기 등의 종합적

3) 王玲娟, <对外汉语初级阶段语音感教学研究>, ≪重庆大学学报≫, 2003年 第3期.
4) 卢福波, <对外汉语教学语法的体系与方法问题>, ≪汉语学习≫, 2002年 第2期.

인 훈련을 통해 학생들이 논리 의미 관계를 명확하게 표현하기 위해 문장을 어떻게 연결시키고 관련어를 어떻게 선택할 수 있는지를 이해하도록 돕는 다.5) 刘若云·徐韵如는 외국인을 위한 초급중국어 문법 교육은 학습자의 인지 구조에서 출발하여 학생의 학습 심리 과정에 주의하고, 인지심리학을 외국인을 위한 초급중국어 문법 교육에 응용해야 한다고 주장했다. 또한 모든 문법 항목에 대한 교육 방법을 과학적으로 설계하여 학생들이 자연스 럽게 인지적으로 이해할 수 있도록 해야 한다고 주장했다. 교수 방법에 있어서는 학생들이 이미 습득한 지식과 새로운 지식을 연계할 수 있도록 형식과 의미상의 차이점과 공통점을 지적할 필요가 있으며, 학생들이 새로 운 문법 항목과 관련 문법 항목을 연계시킬 수 있도록 도와주는 동시에 일반적인 문법 항목과 학생들이 이미 습득한 언어 가운데 상응하는 문법 항목을 연계시키도록 돕고 이를 위한 유의미한 연습을 시킬 필요가 있다고 주장했다.6)

어휘 학습은 제2언어 학습에서 가장 중요한 부분이자 외국인을 위한 중국어 교육에서도 가장 중요한 부분이다. 다양한 교수법을 활용하여 학생 들의 단어 의미 이해, 용법 숙지, 어휘 분별, 어휘량 확대 등을 돕는 것이 외국인을 위한 중국어 교실 수업에서 중요한 내용들일 것이다.
陆俭明은 외국인을 위한 중국어 어휘 교수법에 있어 단어의 의미와 용법에 대한 해석과 설명은 대상과 수준에 따라 다른 방법을 채택해야 한다고 언급했다. 그는 '도표법', '직역법', '알고 있는 단어 활용법', '형태소 분석법', '모방법', '언어환경 교수법' 등 몇 가지 방법을 소개했다. 뿐만 아니라 학생들 이 본문에서 배운 단어를 숙지하고 단어의 의미와 용법을 잘 이해하도록 돕기 위해 괄호 채워 넣기, 문장 만들기, 어울리는 단어 연결하기, 의미 선택하기, 의미 추론하기, 주어진 글자로 단어 만들기 등 15종의 단어 연습

---

5) 彭小川, <对外汉语语法课语段教学刍议>, 《语言文字应用》, 1999년 第3期.
6) 刘若云·徐韵如, <对外汉语基础语法教学认知法教学初探>, 《暨南大学华文学院学报》, 2003年 第4期.

유형을 소개했다.[7] 杨惠元은 외국인을 위한 중국어 교실 수업은 새로운 단어에 대한 강의와 연습을 중점으로 삼고 단어를 문장에 넣어 학생들에게 가르쳐야 하며, 새로운 단어의 연습은 또한 다른 단어와의 결합을 중심으로 하여 의미와 용법에 치중하면서도 아래로는 형태소, 위로는 구까지 확대시켜 학생들이 쉽게 어휘량을 확대시킬 수 있도록 해야 한다고 주장했다. 또한 허사에 대한 설명과 훈련을 중시해야 하며, 테스트를 통해 학생들의 어휘량과 단어의 의미와 용법에 대한 이해도를 평가함으로써 어휘 교육을 강화해야 한다고 주장했다.[8] 또 학자들 중에는 어휘 교육 중의 어떤 한 분야나 단계에 대해서만 논의를 전개한 사람도 있다. 예를 들면 张慧君은 교실 수업에서 어휘를 보여주는 방법에 대해 논의했고,[9] 刘若云·林凌은 교실 수업에서 어떻게 새로운 단어를 순환적으로 계속 출현시킬 것인가에 대한 문제를 논의했다.[10] 刘颂浩는 식별, 연상, 공기, 평가, 총결 등 5가지 연습 방법이 어휘 학습에서 어떠한 작용을 하는지에 관해 분석했다.[11]

서로 다른 언어를 목표어로 하는 제2언어 교육에서 중국어는 한자라는 독특한 특징을 가지고 있다. 알파벳 문자 체계에 익숙한 서양인들은 한자를 처음 배울 때 쓰는 요령을 익히기가 어렵다. 한자와 중국어의 관계는 다른 언어에서의 문자와 언어 간의 관계와는 다르다. 중국어를 기록하는 한자들 중에는 하나의 독립적인 서사 부호가 하나의 글자일 수도 있고, 하나의 형태소일 수도 하나의 단어일 수도 있다. 어떻게 학습자들이 한자를 읽고 쓰며, 어떻게 학생들이 한자에 대한 지식을 이용하여 어휘를 확장시키도록 지도할 것인지도 교수법에 있어 없어서는 안 될 부분이다.

---

7) 陆俭明, <对外汉语教学中要重视词汇教学>, 《作为第二语言的汉语本体研究》, 外语教学与研究出版社, 2005年版.
8) 杨惠元, <强化词语教学、淡化句法教学—也谈对外汉语教学中的语法教学>, 《语言教学与研究》, 2003年 第1期.
9) 张慧君, <对外汉语教学中的词汇教学技巧>, 《齐齐哈尔大学学报》, 2002年 第5期.
10) 刘若云·林凌, <基础汉语教学课堂中的生词复现技巧>, 《中山大学学报论丛》, 2004年 24卷 2期.
11) 刘颂浩, <阅读课上的词汇训练>, 《世界汉语教学》, 1999年 第4期.

외국인을 위한 한자 교수법에 관해서는 학자들의 견해가 서로 다르다. 崔永华는 한자의 부건을 이용하여 한자를 교육해야 하며, 교수 시 글자를 만드는 확률이 높은 독체자를 우선적으로 고려하고, 서로 다른 부건 간의 대조적인 분석과 동일한 부건의 서로 다른 구조에 대한 대조 분석을 중시해야 한다고 주장했다. 또한 한자의 구조 교육, 한자의 구조 층위에 대한 설명에도 신경을 써야 하는데 부건 구조의 분할은 적당한 선에서 그쳐야 한다고 주장했다.12) 그러나 李大遂는 崔永华와 다른 관점을 가지고 있다. 그는 전통적인 편방 교수법을 채택하는 것이 한자 교육에 더 효과적이라고 보았는데, 한자 자체의 체계성을 존중하고 이용한다는 점에서 전통적인 편방 분석법이 신흥의 부건 분석법에 비해 훨씬 더 우월하기 때문이라고 주장했다.13) 费锦昌은 외국인을 위한 중국어 교육에서 처음부터 외국 학생들에게 한자의 개념을 확립하고 배양하여 이성적으로 한자가 중국어를 기록하는 기본적인 방법을 파악하도록 도와주어야 하며, 현대 한자 중 아직까지 표음과 표의 기능을 가지고 있는 음부(音符)와 의부(意符)를 충분히 활용하여 한자의 형·음·의를 이해하는데 '지렛대'의 역할을 하도록 해야 한다고 주장했다. 또한 과학적으로 한자의 특징과 기본적인 이론을 소개한다는 전제 하에 단순히 현행 한자 자형에서 생겨난 속문자학(俗文字學)에 대한 해설도 적당히 활용할 수 있다고 언급했다.14) 伍巍는 '한자 구축 교수법'을 제안하고, 한자의 구조 특징과 인지 규칙에 따라 '한자 기본 필획 교육', '한자 부건 교육'과 '한자 조합 교육'으로 나눠 세 가지를 상호 연계시키면서도 점진적 단계로 나누어 외국인을 위한 한자 교육을 실시해야 한다고 주장했다.15) 周健·尉万传은 외국인을 위한 한자 교육 기법을 자형 연계, 자음 연계, 자의 연계, 종합 응용이라는 네 가지로 개괄했다.16)

12) 崔永华, <汉字部件和对外汉语教学>, ≪语言文字应用≫ 1997年 第3期.

13) 李大遂, <简论偏旁和偏旁教学>, ≪暨南大学华文学院学报≫, 2002年 第1期.

14) 费锦昌, <对外汉语教学的特点、难点及其对策>, ≪北京大学学报≫, 1998년 第3期

15) 伍巍, <对外汉语教学中的汉字教学探讨>, ≪广州大学学报≫, 2004年, 第7期

16) 周健·尉万传, <研究学习策略, 改进汉字教学>, ≪暨南大学华文学院学报≫, 2004年

언어와 문화는 서로 의존적인 밀접한 관계를 가지고 있다. 제2언어 학습에서 언어에 대한 이해는 문화에 대한 이해를 포함하고 있으며 언어를 이해하기 위해서는 문화를 이해할 필요가 있다. 문화 지식을 쌓으면 언어 수준을 향상시키기 위한 잠재적인 버팀목이 될 수 있다. 외국인을 위한 중국어 교실 수업에서는 어떠한 교수법을 채택하고, 어떻게 하면 적절하면서도 효율적으로 언어 교육에서 문화적인 요소를 녹일 것인가, 어떻게 하면 수업 중의 문화 간 교류에서 이문화와의 충돌을 막을 것인가, 어떻게 하면 어학 교육에 도움이 되면서도 방해가 되지 않을 것인가, 이 모든 것들은 우리가 관심을 가져야 하는 문제들이다.

张莹은 외국인을 위한 중국어 문화 교육과 관련한 세 가지 모델과 책략을 제안했다. 첫 번째는 특강 개설을 주요 형식으로 하는 지식문화 전수 모델이고, 두 번째는 언어 교류를 통해 학생들이 자연스럽게 언어 문화적 요소를 체득하고 익히는 의사소통식 문화 훈련 모델, 세 번째는 의식적으로 학생들이 문화적 차이를 발견하도록 유도하는 다양한 문화 간 상호 작용 모델이다. 세 가지 모델은 모두 어학 교육 중 문화 교육을 중요한 부분으로 삼고 있다.17) 孙欣欣은 어학 교육 중 문화의 도입 방식에 관해 논의했는데, 중국인의 사유에 있어 현저한 특징을 보여주는 순서 나열법, 중국인의 종족 관념을 반영하는 계통 귀납법, 다양한 민족의 풍속 습관을 관찰하는 중국과 외국 비교법, 교재에서의 문화적 요소를 적당히 활용하거나 상황에 따라 증감하는 교재에 따른 교육법 등을 포함하고 있다.18)

第1期.

17) 张莹, <对外汉语中的文化教学模式比较和策略分析>, ≪合肥工业大学报≫, 2004年 第18卷 第5期.

18) 孙欣欣, <对外汉语教学基础阶段文化导入的方法>, ≪世界汉语教学≫, 1997年 第1期.

二. 수업의 형태에 따라 구분한 중국어 교수법 연구

수업의 형태에 따른 교육은 국내 대학에서 진행하는 외국인을 위한 중국어 교실 수업의 특징 중의 하나이다. 교실 수업의 방법, 원칙, 기법에 어떠한 공통점이 있고, 적용 범위가 어떠한지에 상관없이 수업의 형태에 따라 교수법이 달리 적용될 수 있다.

읽기 수업은 외국인을 위한 중국어 교육에서 가장 중요한 과목이다. 언어 훈련에서 언어 규칙을 귀납하고, 언어 규칙에 따라 언어적 능력을 훈련하는 것은 이 수업의 주요한 특징이다. 능력을 잘 훈련시키면서도 지식을 전수하는 것이 읽기 수업을 잘 하는 관건이 된다. 郭丽는 읽기 수업에서 실물과 모형을 이용하여 학생들이 새로운 단어를 학습하도록 도울 수 있고, 게임이나 토론을 통해 학생들의 단어나 문장에 대한 반응을 자극할 수 있으며, 학생들에게 카드 만들기, 시장 조사, 거리의 광고문구 수집, 주제 조사 등의 다양한 유형의 과제 등을 내어 줄 수도 있다고 제안했다.[19] 朱其智는 읽기 수업에서 담화 분석기법을 사용하여 본문 해석을 집약시키고 담화를 통해 어휘와 문법 항목을 교육하는 방법에 대해 소개했다.[20] 王世生은 중급 단계의 중국어 수업에서는 단락 표현 훈련을 중시해야 한다고 주장하고, 학생들에게 단락을 다시 말하게 하는 표현 훈련과 의사소통식 단락 표현 훈련을 시켜야 한다는 구체적인 방법과 기법들을 소개했다.[21]

중국어 말하기 능력의 향상은 중국어를 배우는 대다수의 외국 학생들이 가지고 있는 첫 번째 목표이기 때문에 중국어 말하기 수업도 학습자들이 특히 중요하게 생각하는 과목이다. 말하기 수업에 대해서는 徐子亮이 국내외 교사들이 채택한 말하기 능력 훈련의 방법과 수단을 종합하고 제2언어 말하기 능력 훈련에서 시도할 수 있는 교수법을 귀납했다. 예를 들면, '묻고

---

19) 郭丽, <关于初级汉语精读课的改革设想>, ≪云南师范大学学报≫, 2003年 第5期.
20) 朱其智, <语篇分析技巧在汉语精读课中的运用>, ≪汉语学习≫, 2001年 第4期.
21) 王世生, <中级汉语课的口头成段表达训练>, ≪语言教学与研究≫, 1997年 第2期.

말하기'는 상황문답, 카드 제시 문답, 교통지도를 이용한 문답, 사진을 이용한 문답, 연상식 문답, 자유문답, 조사문답 등이 있을 수 있고, '게임'은 수수께끼, 동작을 보고 말하기, 말하는 내용에 따라 동작하기 등이 있다. 또한 '연극'은 역할을 나눠 연극하기, 인물 교체 연습하기, 즉흥 소품 연극하기, 영화나 그림을 보고 더빙하기, 프로그램의 사회자 되기 등이 있고, '체험과 조사 방문'에는 사회 조사, 방과 후 인터뷰, 체험하기, 렌트하기, 전화로 약속하기 등이 있으며, '토론'에는 글, 사진, 지도, 도표, 그림이야기 등에 나오는 주제와 핫이슈에 대해 토론하기 등이 있다.[22]

대화에서 듣고 말하기는 상부상조의 특징을 가진다. 언어의 인풋과 아웃풋에 문제가 생기면 대화를 진행하기가 어렵다. 외국어 학습자에게는 규범적인 문장을 듣고 이해하는 것이 때로 규범적이지는 않지만 상대방이 알아들을 수 있는 문장을 말하는 것보다 훨씬 더 어렵다. 바로 이러한 이유 때문에 외국어 교육에 듣기 수업이 개설되는 것이다. 중국어 듣기 수업의 교육에 대해 杨惠元은 새로운 과를 학습하는 단계를 듣기 전 연습, 듣는 연습, 듣고 난 후의 연습이라는 세 가지 부분으로 나누었다. 듣기 전 연습은 발음하기 어려운 음이나 성조 분별하기, 단어나 문장을 듣고 분별하기, 문제 풀기, 간단히 내용 소개하기 등의 방법을 통해 학생들이 본문을 이해하고 연습하는 데 있어서의 어려움을 해소하고, 두려움을 없앰으로써 듣고자 하는 욕구를 자극하는 것이다. 듣는 연습은 본문을 들으면서 연습을 하는 것으로 학생들이 목적을 가지고 듣게 하고, 학생들이 무엇을 듣고, 어떻게 들어야 하는지를 가르치는 것이다. 듣는 연습은 학생들이 들은 내용을 이해할 수 있는 능력을 향상시키는 데 주안점을 두어 학생들의 이해 속도를 높이도록 훈련시키고 양호한 듣기 습관을 가지도록 도와야 하며, 듣고 이해하고 기억하는 과정과 결합시켜야 한다. 듣고 난 후의 연습은 듣기의 심화 단계이다. 교사는 문답과 토론, 소결 등의 방식을 통해 학생들이 들었던

---

22) 徐子亮, <语言实践在口语自动化中的作用>, 《对外汉语论从(第2集)》, 上海外语教育出版社, 2002年版.

내용을 더 체계적이고 완벽한 개념으로 형성하도록 도와야 하며, 듣기를 바탕으로 하여 듣고 말하기, 듣고 쓰기, 듣고 풀기와 결합해야 한다.[23] 陈颖은 교사는 맥락을 이용하여 듣기 교육을 해야 하는데, 학생이 언어 환경에 근거하여 단어의 의미를 유추하고 장면을 판단하며 다음 문장의 내용을 추론하게 하여 학생의 듣기 수준을 향상시키도록 해야 한다고 주장했다.[24]

쓰기는 중국어 학습에서 없어서는 안 될 필수 과목으로 중국어 쓰기 능력은 고급 이상의 중국어 수준을 가진 외국인 학생의 능력을 가늠하는 중요한 기준이 된다. 초·중급의 독해 과목(읽고 쓰기 과목)은 통상적으로 쓰기 연습을 포함하지만, 중·고급 단계에 도달하면 전문적으로 학생들의 쓰기 능력을 훈련시키는 중국어 쓰기 수업이 필요하다. 외국인을 위한 중국어 쓰기 수업의 교육에 대해 王凤兰은 교사가 모든 교실 수업에서의 쓰기 활동을 주재하던 관행에서 벗어나 학생 중심의 활동으로 바꿔야 하며, 쓰기를 듣기, 말하기, 읽기 활동과 결합시켜야 하고, 학생들이 흥미를 가지는 주제를 선택해서 전통적인 평가 방법을 벗어나 학생과 교사가 서로 참여하는 토론식의 방법으로 바꾸고 교실에서 쓰기 연습을 하던 방법에서 벗어나 방과 후에 쓰기를 해오도록 해야 한다고 주장했다.[25] 陈福宝는 단락 쓰기라는 훈련 방법을 제안했는데, 유형 주기, 화제문 주기, 확장문 주기, 문장으로 단락 만들기, 관련어 넣기, 비문 고치기 등을 포함하고 있다.[26]

중국어 신문 읽기는 대다수 중국어 학습자가 읽기 영역에서 도달하고자 하는 목표이고, 중국어 신문 수업은 바로 이러한 목표를 실현하기 위해 개설한 교과목이다. 그러나 외국인을 위한 중국어 교육에서 신문 수업의 위치와 교육 규범에 대한 학계의 견해가 일치하지는 않는다. 일부는 정독 수업의 일환으로 보기도 하고, 일부는 듣기 수업이나 말하기 수업의 연장이

---

23) 杨惠元, ≪汉语听力说话教学法≫, 北京语言学院出版社, 1996年版
24) 陈颖, <试论利用语境进行听力教学>, ≪北京师范大学学报≫, 2001年 第6期.
25) 王凤兰, <汉语写作教学刍议>, ≪齐齐哈尔大学学报≫, 2004年 第5期.
26) 陈福宝, <对外汉语语段写作训练简论>, ≪汉语学习≫, 1998年 第6期.

라고 보기도 한다. 또한 일부는 신문에서 사용되는 용어나 구문의 교육에 관심을 가지고, 일부는 뉴스 내용의 시효성을 강조하기도 한다. 그러므로 신문 수업의 교수법을 논함에 있어 연구자의 입장도 다양하다. 王新文은 신문 수업을 뉴스청취 수업으로 돌리고 이 수업에서 1) 듣기로 읽기를 이끌기 2) 단어로 텍스트 이끌기 3) 정독으로 범독 이끌기 4) 이해로 속도 이끌기 5) 쉬운 내용으로 어려운 내용 이끌기 등 5가지 교육 방법을 제안했다.[27] 张崇富는 신문 수업은 고정적인 교재와 유인물을 유기적으로 결합하여 교차적으로 사용해야 하며, 신문 용어나 어투, 문체, 배판, 문화 배경 지식 등에 대해서도 소개해야 한다고 강조했다. 또한 쉬운 내용에서 시작하여 심오한 내용으로 들어가는 교육 방법과 식별 대조의 교육 방법을 채택해야 하며, 교류의 원칙을 강조하고, 학생들이 진실하고 생동감 있는 뉴스 환경에 놓이도록 해야 한다고 강조했다.[28]

三. 외국인을 위한 중국어 교실 수업의 교수법 연구 전망

외국인을 위한 중국어 교육 연구는 항상 교육의 전체적인 설계, 교재 편찬, 교실 수업, 중국어 시험이라는 네 가지 부분에서 전개된다. 외국인을 위한 중국어 교육의 일선에서 일하는 대다수의 교사들은 이 네 가지 영역 중 아마도 교실 수업을 우선시하며 가장 많은 관심을 둘 것이라 예상된다. 왜냐하면 외국인을 위한 중국어 교육의 전체적인 설계나 수업 형태에 따른 교육 목적의 설정, 각종 언어 능력의 훈련 목표 달성, 외국인을 위한 중국어 교재의 적합성 검증 등은 모두 교실 수업을 통해 실현되기 때문이다. 다른 한 편으로는 제2언어 교실 수업은 다른 교육 활동에 비해 학생에 대한 교사의 자극, 조직, 인도가 훨씬 더 강조되며, 어떻게 해야 효율적으로 교실

---

27) 王新文, <对外汉语新闻听读教学的原则和方法>, ≪语言文字应用≫, 2000年 第4期.
28) 张崇富, <问题与对策-报刊课之我见>, ≪汉语学习≫, 1999年 第4期.

수업을 할 것인지, 교수법을 어떻게 활용하여 교육의 효율성을 극대화할 것인지는 교육의 일선에서 일하는 교사들이 거의 매일 직면하고 있는 문제들이기 때문이다. 바로 이 두 가지 이유가 외국인을 위한 중국어 수업의 교수법의 원동력이 된다.

그러나 '교육의 방법에 대한 연구는 우리의 약점이다'라는 현실을 회피할 수 없다.[29] 이러한 현상을 일으키는 원인에는 여러 가지가 있다. 그리고 외국인을 위한 중국어 교육의 학술 연구에서 이론만 중시하고 응용은 경시하는 경향 또한 그 원인 중의 하나가 된다. 교수법에 관한 연구 성과를 발표하기란 쉽지 않지만 관심을 받기는 더더욱 어렵다. 바로 이러한 상황에서도 열심히 일하고 자신이 교육에서 느낀 체험을 다른 사람들과 공유하고자 하는 교사들이 있다. 그들의 경험은 외국인을 위한 중국어 교실 수업에 이미 중요한 역할을 한 바 있고 앞으로도 계속 그 역할을 하리라 기대한다. 이는 또한 외국인을 위한 중국어 교실 수업의 기법 연구를 심화시키는 중간다리 역할을 할 것이다.

뿐만 아니라 과거 외국인을 위한 중국어 교실 수업의 교수법 연구에서도 여러 가지 부족한 부분이 있었음을 부인할 수 없다. 첫째, 연구 성과 중 교실 수업의 경험에 대한 소개는 많으나 이론적인 논의로 끌어 올리고자 하는 논의는 적다. 응용 위주의 연구를 많이 하자고 주장하고 있으나 이론적인 뒷받침이 있어야 응용 연구가 심화될 수 있기 때문에 이론적인 논의도 배척할 수 없다. 둘째, 교사를 중심으로 한 연구는 많으나 학생의 제2언어 학습 규칙에 근거한 교수법 연구는 적다. 어떤 내용이나 과목을 어떻게 가르쳐야 되는지에 대한 논의도 필요할 뿐만 아니라 왜 그렇게 가르쳐야 하고, 실험을 통해 그렇게 가르쳤을 때 어떠한 효과가 있는지도 밝혀야 한다. 셋째, 전통적인 교실 수업을 연구 대상으로 한 연구는 많으나 현대적인 교육 기술에 기반을 둔 외국인을 위한 중국어 교실 수업 기법에 관한

---

29) 许嘉璐교수의 2005년 2월 27일 商务印书馆 世界汉语教学研究中心成立大会상의 연설 내용.

연구는 적다. 21세기 정보화 사회에서 현대화된 교육 수단을 사용하지 않는 외국인을 위한 중국어 교실 수업이 교육적인 효과를 얻기가 어려운 것은 당연하다. 넷째, 전체적으로 봤을 때 이전의 연구는 중국에 유학을 온 성인 유학생을 위주로 하였고, 중국어 환경이 아닌 특히 해외의 초 · 중고생을 대상으로 한 교실 수업 기법에 관한 연구는 거의 공백 상태라고 볼 수 있다. 당연하겠지만 이는 외국인을 위한 중국어 교실 수업 기법에 관한 연구의 한계라고 보기보다는 외국인을 위한 중국어 교육 자체의 한계라고 봐야 할 것이다. 그러나 어찌 되었건, 중국어가 국제적으로 점차 확대되어 가고 있는 시점에서 중국어의 고향이자 외국인을 위한 중국어 교육과 과학 연구 중심으로서 대학은 해외 중국어 교실 수업의 효율을 개선할 필요가 있음을 간과해서는 안 된다.

결론적으로 기존의 연구에 있어서의 부족한 점을 보완하고 앞으로의 연구 영역을 확대함으로써 국내외를 두루 아울러 보급과 발전이라는 두 마리 토끼를 다 잡는 것이야 말로 앞으로 외국인을 위한 중국어 교실 수업 기법에 관한 연구가 나아가야 할 방향일 것이다.

2006년 1월 27일

张和生

역자 서문

　현재 우리나라의 거의 모든 대학에 중국 관련 학과가 설치되어, 중국어문학뿐 아니라 중국의 역사, 철학 등의 인문학과 중국정치, 경제 등의 사회과학 등을 가르치며 인재를 양성하고 있다. 이렇게 키워진 인재는 사회 각 분야에서 나름의 역할을 충실히 수행하고 있다.

　이러한 인재 양성 과정에서 모든 중국 관련학과에서 가장 주안점을 두는 부분은 다름 아닌 중국어 교육이다. 특히나 대학뿐 아니라 초·중·고교에서도 중국어에 대한 수요가 점차 증가하면서 중국어 교육에 대한 수요가 날로 증가하고 있고, 그에 따른 교사 양성, 교재의 수급, 교육 시스템 개발 등에 대한 요구가 끊임없이 거론되고 있다.

　이러한 사회적인 요구로 인해 우리와 같은 중국어 교육 종사자들은 엄청난 소명의식을 가지게 되었고, 이는 다양한 교재와 다각적인 교수법 개발을 통해 좀 더 완벽한 교재와 교수법으로 우리만의 중국어 실력자들을 양성하고자 하는 욕망으로 이어졌다. 그 일환으로 역자들은 중국의 외국인을 위한 중국어 교육 전문가들의 저작을 국내에 소개하여 그 성과물을 공유하는 일이 급선무임을 의식하여 본서를 번역하게 되었다. 본서의 원제목은 ≪对外汉语课堂教学技巧研究≫로 '중국어를 교실에서 외국인에게 가르치기 위한 구체적인 기술 연구'라고 직역할 수 있겠다. 제목에서 엿볼 수 있듯이 이 책은 다른 중국어 교육 관련 서적들과는 달리 이론과 실제 적용을 겸비하고 있다는 특징을 지니고 있다. 기존에 출판된 저서 가운데 일부는 다소 이론에 치우쳐 이를 교실 교육에 적용함에 있어 막연한 면이 있기도 하고,

일부는 너무 개별적인 테크닉에만 치우쳐 이를 이론적으로 피드백하지 못하는 면도 있다. 이와 달리 본서는 외국어 교수 이론에 기초하여 이를 중국어 교실 교육에 접목하는 방법을 소개하는 한편, 실제 교수 시 어떻게 구체적으로 적용가능한지에 대해서도 매우 상세히 언급하고 있다. 특히 본서는 전형적인 외국어 교육의 '말하기, 듣기, 쓰기, 읽기'라고 하는 언어 기능 영역과 '발음, 문법, 한자, 어휘'라고 하는 언어 요소 영역을 모두 아우르면서 이들 각 영역 교수를 위한 방법론을 심도 있게 다루고 있다. 바로 이러한 측면에서 본서는 기존 관련 저서들과 차별화를 이루고 있는데, 교육의 현장에서 뛰고 있는 중국어 교사들을 위한 현장 지침서인 동시에 그들의 교수법을 이론화시키고 축적시킬 수 있는 훌륭한 이론서 역할을 겸할 수 있을 것으로 기대된다.

이에 역자일동은 그것의 전문성과 실용성을 돋보이게 하기 위해 본서를 『중국어 교수법 연구』라 명명하고자 한다. 역자 모두 관련 분야에서 다년간 중국어를 교수한 경험을 바탕으로 본서의 번역에 자신을 갖고 시작하였지만, 많은 부분에서 아직은 체계화되지 못한 이론적 일천함으로 곳곳에서 한계를 발견하기도 하였다. 모쪼록 미력이나마 역자들의 노력이 한국의 중국어 교육 분야 발전에 도움이 되기를 기원하며 본서를 흔쾌히 출판하도록 도움을 주신 박이정 사장님과 직원들께도 다시 한 번 감사의 말씀을 전하고자 한다.

2015년 6월
역자일동

차 례

총술 _4
역자 서문 _17

제1장 교육 내용에 따라 구분한 교수법 연구
제1절 외국인을 위한 중국어 발음 교수법 ………………………………… 24
　壹. 발음 교육의 방법 탐색 ………………………………………………… 24
　貳. 발음 교수법의 경험담 ………………………………………………… 48

제2절 외국인을 위한 중국어 문법 교수법 ………………………………… 88
　壹. 문법 교육 방법 개관 …………………………………………………… 88
　貳. 문법 교육 방법의 탐색 ……………………………………………… 104

제3절 외국인을 위한 중국어 어휘 교수법 ……………………………… 128
　壹. 어휘 교육 방법 연구 ………………………………………………… 128
　貳. 어휘 교육에 대한 경험담과 단상 ………………………………… 149

제4절 외국인을 위한 한자 교수법 ………………………………………… 215
　壹. 한자 교수법의 이론 검토 …………………………………………… 215
　貳. 한자교육의 방법과 전략 …………………………………………… 250

제5절 외국인을 위한 중국문화 교수법 ………………………………… 295
　壹. 문화 교육 전략 개관 ………………………………………………… 295
　貳. 중국어 교육에서의 문화 도입 …………………………………… 310

제2장 수업의 종류에 따라 구분한 교수법 연구

제1절 읽기 수업의 교수법 ···································· 328

 壹. 초급중국어 읽기 수업의 개선 방안 ···················· 328

 貳. 담화분석 기법을 응용한 중국어 읽기 수업 ·············· 335

 參. 중급중국어 수업의 단락으로 말하기 연습 ·············· 346

 肆. 중·고급 단계 중국어 읽기 수업의 교육 방법 ············ 356

제2절 말하기 수업의 교수법 ································ 360

 壹. 말하기 능력 훈련의 원리와 방법 ······················ 360

 貳. 사회적 환경을 이용한 말하기 교육 ···················· 367

 參. 초급 말하기 수업에서의 교육 전략 ···················· 370

제3절 듣기 수업의 교수법 ·································· 381

 壹. 중국어 듣기 교육법 개관 ···························· 381

 貳. 맥락(语境)을 이용한 듣기 교육 ······················ 399

 參. 듣기 이해의 인지 전략 분석과 교육 대책

   - 전체 문장 듣기 훈련을 위주로 ··················· 402

 肆. 듣기 교육에서의 말하기 훈련 ························ 406

제4절 쓰기 수업의 교수법 ·································· 412

 壹. 중국어 쓰기 교육법 개관 ···························· 412

 貳. 단락 쓰기 훈련 ···································· 420

제5절 신문 수업의 교수법 ·································· 424

 壹. 뉴스 듣기와 읽기 교육의 원칙과 방법 ················ 424

 貳. 신문 수업의 교육 문제와 대책 ······················ 431

제3장 외국인을 위한 중국어 비언어행위류 교수법

제1절 판서의 설계 ·· 438

제2절 교사의 신체언어 ·· 453
　壹. 중국어 교육에서 신체언어(体态语)의 의미와 운용 ········· 453
　貳. 발음 교육에서 손동작의 역할 ································· 469

제3절 중국어 교육에서 감정 요소의 작용 ······················ 478
　壹. 중국어 말하기 교육에서 감정 요소와 상호작용식 교육 ·········· 478
　貳. 중국어 감정 교육의 교실 적용 ······························· 485

제4절 교실 교육을 조직하는 기타 방법 ························· 497
　壹. 비지능적 요소의 교육에 대한 적용 ························· 497
　貳. 매개언어(媒介语)를 사용하지 않고 교실 교육을 진행하는 방법 ····· 505

제1장

교육 내용에 따라 구분한 교수법 연구

제1절 외국인을 위한 중국어 발음 교수법

壹. 발음 교육의 방법 탐색30)

외국 유학생에게 정확하게 중국어 보통화 발음을 구사하도록 훈련시켜서 음성언어가 의사소통 도구가 되도록 만드는 것은 매우 중요하다. 이러한 목적에 도달하기 위해 기초 중국어 교육 과정에서 3주 동안 발음 교육을 실시하고 있다. 아래에서는 발음 교육에 관한 다양한 견해를 살펴보도록 할 것이다.

一. 발음 교육의 방식

외국 유학생을 위한 발음 교육은 학생들에게 발음 이론 지식을 운용할 수 있도록 가르치는 것을 목적으로 한다. 학생들이 발음 이론 지식을 학습하는 것은 이해를 위한 것이 아니라 응용과 의사소통을 위한 것인데 즉, '들을 수 있고, 말할 줄 알며, 읽을 수 있고 쓸 줄 아는 것'을 위한 것이다. 이처럼 발음 교육은 학생에게 지식을 깨우쳐 주어야 하는 임무도 있지만, 다른 한편으로 학생이 성모(声母), 운모(韵母), 성조(声调)와 어조(语调)의 훈련을 통해 발화능력을 형성하게끔 하는 임무도 있으며, 이중 후자가 훨씬 더 중요하다. 이러한 목적을 달성하는 데 무엇보다 발음 교육의 방식이 중요한

---

30) 程美珍・赵金铭, ＜基础汉语语音教学的若干问题＞, ≪第一届国际汉语教学讨论会论文集≫, 北京语言学院出版社, 1985年版.

작용을 하게 된다. 발음 교육의 방식에는 대체로 아래의 몇 가지가 있다.

1. 성모, 운모, 성조의 훈련을 위주로 하되 발음 이론 지식에 대한 지도도 중시한다.

이 방식의 특징은 바로 발음 이론 지식이 선행되어야 한다는 점이다. 새로운 발음을 가르치고 훈련시키기 전에, 먼저 발음부위, 발음방법을 분석하여, 혀의 위치, 입술 모양을 설명한 후 발음을 시범 보이고 연습을 병행한다. 연습의 내용은 대체로 '성모 – 운모 – 음절 – 문장'의 순서로 이루어지는데, 사실상 성모, 운모 교육이 수반되며, 병음의 교육과 성조의 교육이 이루어지므로 이 몇 가지를 동시에 교차로 진행한다. 교수의 과정에서 성모, 운모, 성조의 훈련을 주로 하고 어조의 훈련은 보조적으로 진행하는 동시에 성모, 운모, 성조의 정확성을 강조한다. 이러한 방식으로 가르쳐낸 학생들은 기본적으로 성모, 운모, 성조를 정확하게 읽어내며 일정한 발음 식별 및 발음 교정 능력을 갖추게 된다. 그러나 성모, 운모, 성조의 개별 연습에만 너무 편중하면 듣고 말하기 습관과 반응 능력 등이 다소 뒤떨어질 수가 있다. 특히나 연습을 위해 선별한 단어, 문장 등이 성, 운, 조의 훈련만을 고려한 나머지 실제 생활과 괴리가 된다면 발음 교육은 자칫 너무 무미건조하게 느껴질 수가 있다.

2. 문장의 연습에 초점을 맞추고 자발적인 모방을 강조한다.

사람들이 생각을 표현하는 최소 단위는 음절이 아니라 문장이다. 성모, 운모, 성조를 정확하게 발음하는 것은 다만 시작에 불과할 뿐, 최종적인 목적은 결국 정확하면서도 자연스럽게 말을 하기 위한 것이다. 따라서 이러한 방식은 문장을 통한 발음 학습과 훈련을 강조한다. 그리고 성모, 운모, 성조는 교사가 도표, 실물, 손동작, 판서 등 여러 가지 이미지 수단을 이용하여 시범을 보이면, 학생이 이를 자세히 보고, 듣고, 관찰하면서 비교 분석하는 과정을 통해 스스로 모방함으로써 익숙해진다. 이 교수 방식의 효과는 학생의 듣고 말하기 습관과 반응능력이 앞의 것보다 좀 더 향상된다는데 있다. 또한 편찬된 발음 교재가 단음, 성조, 단어, 문장이 서로 결합된 종합적인 것이기 때문에, 학습 후 바로 말을 할 수 있으므로 학생의 학습흥미도 뚜렷해진다. 그러나 주로 전체 문장의 훈련에 주력하기 때문에 성모, 운모, 성조의 개별 훈련과 대조 연습이 취약하다. 게다가 발음 교수에서 발음이론 지식의 작용을 소홀히 하기 때문에, 학생은 통째로 외우기만 할뿐 개별적인 발음이나 성조를 제대로 하지 못할 수도 있다. 이렇게 되면 스스로 발음을 교정하는 능력도 떨어지게 되는데 그렇기 때문에 이 방법은 다소 단편적이라는 한계를 갖고 있다.

3. 성모, 운모, 성조의 훈련과 문장 훈련을 결합하고 필요한 발음이론 지식을 보충한다.

이 방식은 문장의 훈련을 부각시키는 동시에 성모, 운모, 성조의 정확성에도 신경을 쓰는 것으로, 다시 말하면 문장의 훈련을 중시하면서도 성, 운, 조의 연습을 소홀히 하지 않는 것이다. 성, 운, 조의 학습은 주로 자발적 모방에 의존한다. 그러나 학생이 쉽게 극복하지 못하는 발음을 맞닥뜨렸을 때, 이에 필요한 발음이론 지식을 제공한다면, 학생은 자각적으로 발음기관을 콘트롤하게 될 것이고 더 나아가 스스로 발음을 연습하고 교정해나가서 학습 진도도 빨라지게 된다. 이때 선택되는 단어와 문형은 발음 훈련의 필요성도 고려해야 하지만 자주 사용하고 간단하면서 읽기도 좋고 응용하기에도 편해야 한다. 이 방법은 직관적이면서도 많은 연습을 필요로 하며 이론 설명에도 적당하기 때문에 그 효과는 앞의 두 가지 방법보다 채택하기에 더 적합한 발음 교수 방식이라 할 수 있다.

二. 성모, 운모, 성조 교수에서 나타나는 문제

하나의 한자가 하나의 음절에 대응하는 식인 전통적인 음절 분석 방법에 따르면, 중국어의 음절구조는 성모, 운모, 성조의 세 부분으로 나눌 수 있다. 음절 시작에 위치한 음을 성모라 하며 반드시 자음이어야 한다. 그리고 성모 뒤의 음을 운모라 한다. 예를 들어 bā (八)에서 b가 성모, a가 운모이고 성조는 제1성이다.

중국어 보통화의 음은 모두 32개 단음으로 구성되어 있다. 이를 모음과 자음의 두 부류로 분류할 수 있으며, 그들 각각은 한 음절에서 성모와 운모 역할을 하게 된다. 이들 단음들은 외국인 학생에게 있어서 그 난이도가 천차만별이라 어떤 발음은 학습하기 그다지 어렵지 않을 수 있으나 어떤 것은 매우 어려울 수 있다. 따라서 교수 도중 어려운 부분을 부각시킴으로써 각각의 경우를 잘 구분하여 처리해야 한다.

(一) 성모의 교수

교실 교육을 하다 보면, 대개의 경우 학생의 모어와 중국어 보통화의 자음 체계가 비슷한 데가 많다는 것을 알 수 있다. 그래서 [m], [n], [l]처럼 자신들의 모어와 유사한 발음을 습득하는 일은 비교적 쉽다. 또 발음 방법이 다르더라도 자신의 모어 발음 습관의 범위를 크게 벗어나지 않는 발음은 학습할 때도 그다지 어렵지 않을 수 있다. 예를 들어 보통화의 [f]와 다른 언어의 [ɸ]가 그 대표적 예이다. 가장 발음하기 힘든 것은 자신의 모어 발음과 비슷해서 쉽게 헷갈리는 경우, 또는 발음 방법이 완전히 다른 경우로 예컨대 설면전음(舌面前音)인 [tɕ], [tɕʻ], [ɕ]와 설첨후음(舌尖后音)인 [tʂ], [tʂʻ], [ʂ], [ʐ] 등이 그렇다. 이들 발음들이 바로 중국어 성모 교육의 핵심이 된다. 이들 각각의 특징을 아래 〈표 1-1〉로 나타낼 수 있다.

<표 1-1>

발음분류	구별자질	j [tɕ]	q [tɕʻ]	x [ɕ]	zh [tʂ]	ch [tʂʻ]	sh [ʂ]	r [ʐ]
발음방법	파찰/마찰	+	+	-	+	+	-	-
	무성/유성	+	+	+	+	+	+	-
	무기/유기	+	-		+	-		
발음부위	설첨후/설면전	-	-	-	+	+	+	+

('+'는 왼쪽의 자질을 갖는 것이고, '-'는 오른쪽의 자질을 갖는 것이다.)

표를 통해서 j와 zh는 모두 '무기무성파찰음'임을 알 수 있는데, 다만 다른 점은 j는 설면전음이고 zh는 설첨후음이라는 것이다. '설면전'과 '설첨후'는 발음 부위가 매우 가까워 사실상 인접해 있다고 할 수 있다. 즉, 두 발음을 내기 위해 장애를 일으키는 발음 부위가 매우 가깝다는 것이다. 예컨대 아래 그림 1-1과 같다.

그림 1-1

마찬가지로 q와 ch도 모두 '유기무성파찰음'으로 발음 부위만 다르다. x와 sh 역시 그렇다.

sh와 r는 모두 '설첨후마찰음'이며 그 차이점은 전자는 무성음이고 후자는 유성음이라는 점이다.

이외에 유기음과 무기음도 외국 학생들이 보통화를 배우는 데 있어 난점이 되고 있다. 이것은 기류가 나올 때의 강약을 말하는 것으로, 중국어에서 매우 중요한 발음 구별 요소이며 의미를 구별하는 작용을 하고 있다.

외국 학생들에게 있어서 중국어의 자음체계와 모음체계를 서로 비교할 때, 전자가 상대적으로 간단한 편이나 상당한 노력을 들여야만 모두 정확히 발음할 수 있다.

(二) 운모의 교수

운모의 주요 구성성분은 모음이다. 단 하나의 모음으로만 구성된 것을 '단모음 운모(单元音韵母)'라고 부른다. 그리고 두 개 또는 세 개의 모음으로 구성되는 경우에는 '복모음 운모(复元音韵母)'라고 부른다. 이러한 복모음 운모에는 '이합모음 운모'와 '삼합모음 운모'가 있다. 또한 운모에는 자음인 ㄱ[n], ㄱg[ŋ]이 있을 수도 있는데, 이들 모두 운모의 끝 부분에 출현하며 이러한 운모를 '비음운모(鼻音韵母)'라 한다.

1. 단모음 운모의 교수

보통화의 단모음은 모두 10개로 [A] [o] [ɤ] [ɛ] [i] [u] [y] [ʅ] [ɿ] [ɚ]가 있다. ≪汉语拼音方案≫에서는 a, o, e, i, u, ü의 6개 자모가 이들을 대표하고 있다. 단모음은 모음 가운데서 가장 기본이 되는 것으로 이들을 잘 발음하는 것이 바로 다른 모음들을 잘 발음하기 위한 기초이자 선결조건이 된다.

세계 모든 언어에서 모음의 존재와 구성은 결코 임의로 이루어지는 것이 아니며, 규율을 따르고 있다. 불어와 같은 언어에서는 단모음의 개수가 많아 무려 16개나 된다. 이에 반해 중국어 같은 경우는 비교적 적어 10개가 있다. 그리고 어떤 언어는 이보다 더 적을 수가 있다. 만약 한 언어에 5개의 단모음만이 있다면 이는 필시 a, o, e, i, u이다. 또 이보다 더 적은 3개뿐이라면 이는 a, i, u이다. 대부분의 언어에서 전설평순고모음인 [i], 후설원순고모음인 [ɯ], 전설평순저모음인 [a]는 거의 다 존재한다. 물론 상호 간에 차이가 크지 않을 수도 있고 클 수도 있다. 그러나 어떤 언어를 구사하는 사람이든 간에 보통화의 이 3가지 모음을 발음하는 데는 그다지 어려움이 없을 것이다. 다만 주의할 사항이 있는데, 중국어의 a는 후설성 모음인 [A]라 약간 뒤에서 소리가 난다는 점이다. 이렇게 a, i, u 세 개의 모음을 먼저 잘 가르친 다음 이것을 기준으로 하여 기타 단음들을 이들과 비교하여 설명하면 된다.

단모음 가운데 학생들은 특히 ü를 많이 어려워하는 편이다. 그런데 학생이 [i][ɯ]를 발음할 수 있다면 [y] 발음은 쉽게 할 수가 있다. [y] 또한 전설고모음이라 [i]와는 단지 원순/평순의 차이만 있을 뿐이기 때문이다. 일부 외국학생의 경우, [y]를 발음할 때, 원순임을 강조하여 혀의 위치를 뒤로 너무 당기는 경우가 있는데 이렇게 되면 [u]와 헷갈릴 수가 있다. 한편 중국어에서 [tɕ], [tɕʻ], [ɕ], [n], [l]는 [y]와 서로 결합하는데 그중 [tɕ], [tɕʻ], [ɕ]는 [u]와는 결합할 수가 없다. ≪汉语拼音方案≫에서 [tɕy]를 ju로 쓰기 때문에 일부 외국학생들은 글자만 보고 잘못 읽어서 '去'자를 [tɕʻu]라고 읽기도 한다.

단모음 가운데 또 많은 학생들이 e와 o를 어려워한다. 그래서 항상 o를 개구도가 더 큰 [ɔ]로 발음하거나 복합모음인 [ou]로 발음하기도 한다. 그리고 e는 후설에 가까운 평순고모음 [ɯ]로 발음하거나 복합모음인 [ei]로 발음한다.

한편 보통화 중 단모음의 음색 문제에 주의해야 한다. 모음사각도의 기준과 다소 차이가 있는 발음이 있는데 그 혀의 위치는 대체로 아래 그림 1-2와 같다.

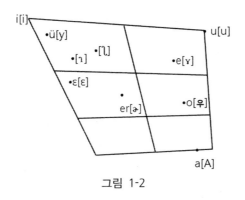

그림 1-2

중국어에는 또 두 개의 설첨평순모음 [ɿ]와 [ʅ]가 있다. 이러한 발음은 중국티베트어족(汉藏语系)의 언어에서만 발견되고 있고 인도유럽어족이나 셈함어족[31] 언어에서는 거의 보이지 않는다. 그래서 외국 학생들이 [ɿ]와 [ʅ] 발음을 할 때 매우 곤혹스러워 한다. 심지어 스웨덴의 학자 칼그렌은 중국어에 존재하는 설첨모음에 주의해야 한다고 일찍이 언급한 적이 있을 정도이다. 설첨모음은 설면모음의 고모음과 완전히 다르다. 일반적으로 모음은 대개 설면(혓몸)의 높낮이로 기류를 통제하는데 이 두 모음([ɿ]와 [ʅ])은 혀끝을 이용해 조절을 한다.

외국 학생들에게 [ɿ]와 [ʅ] 발음을 가르칠 때, [ɿ]와 [ʅ] 앞에 자음인 z, c, s 혹은 zh, ch, sh, r을 붙여서 해도 역시 발음하기 어려워한다. 전통적인 방법은 '쉬운 것에서 어려운 것으로'의 원칙으로, 먼저 sha, shai, shan, shang, shao, she……를 가르치고, 마지막에 shi[ʂʅ]를 가르치면 된다. 사실 이렇게 해도 [ʅ]의 발음 방법 문제를 완전히 해결한 것은 아니다. 그 원인을 따져보면 [ʅ]의 음가를 잘 모르기 때문이다. 그렇기 때문에 먼저 학생이 [ʅ]의 음가를 확실히 이해한 뒤에 [ʅ]를 발음해야 어렵지 않을 것이다.

우리가 가르치는 ≪汉语拼音方案≫ 중의 모든 단모음들은 각각 중국어

---

31) [역주] Semito-Hamitic family, 일명 아프로아시아어족(Afro-Asiatic languages)이라고도 한다.

보통화 모음 중 하나의 모음 음소를 대표하며, 서로 다른 환경에서 이 음소들은 각각 자신의 이음을 갖는다. 예를 들어 우리가 a를 하나의 음소로 본다면, 그것은 5개의 이음을 갖게 되는데, 단독으로 발음될 때는 [A], 운모 an에서는 [a], 운모 ian에서는 [ɛ], 운모 üan에서는 [æ], 운모 ang에서는 [ɑ]가 된다. 그리고 중국어의 e도 4가지의 이음을 갖고 있는데, 단독으로 읽을 때는 [ɤ], en에서는 [ə](어떤 사람들은 en, eng에서 [ʌ]로 본다), ei에서는 [e], ie에서는 [ɛ]로 나타난다. [i]의 경우는 3가지 이음을 갖고 있다. j, q, x의 뒤에서는 [i]이고, z, c, s 뒤에서는 [ɿ]이며, zh, ch, sh, r 뒤에서는 [ʅ]이다. 이러한 다양한 음소에 대해 교육 과정에서 학생들에게 분명하게 설명해 주어야 한다.

2. 복모음 운모와 비음 운모의 교수

이들 유형의 운모는 모음의 수가 많은 언어의 학생들에게는 별 문제가 안 될 수 있지만 모음수가 적은 언어의 학생들에게는 학습하는 데 있어 난점이 될 수도 있다. 중국어에는 단모음 외에도 복모음 운모가 있다. 복모음 운모는 어떤 경우엔 운두, 운복, 운미 세 부분이 다 있을 수 있다. 물론 한 음절에서 운두와 운미는 필수 구성요소는 아니다. 그러나 운복(즉 주요모음)만큼은 반드시 있어야 한다. 복모음 운모는 총 13개로 그 가운데 '이합모음(二合元音)'이 9개, '삼합모음(三合元音)'이 4개로, 이들은 모두 두 개 혹은 세 개의 모음이 결합하여 구성된다. 이합모음 중의 ai, ei, ao, ou는 운두가 없다. 첫 번째 단음은 운복으로 발음이 비교적 분명하고 크나, 두 번째 단음인 운미는 발음이 약간 분명치 않고 작다. 이 네 개를 '전향이합모음(前响二合元音)'이라고 하며, 발음이 점차 약화되는 복합모음이다. 한편, ia, ie, ua, uo, üe의 경우는 첫 번째 단음인 i, u, ü가 운두이고 두 번째 것이 운복이며 뒤에 위치한 운복이 더 분명하고 세게 발음된다. 그래서 이 다섯 개를 '후향이합모음(后响二合元音)'이라고 하며, 이들은 발음이 점차 강화되는 복합모음이다. 삼합모음은 총 4개가 있는데, 이는 iao, iou, uai, uei이다. 첫 번째 음이 운두, 마지막이 운미이며, 가운데 있는 운복인 a, o, e가 가장 크고 분명하게 발음된다. 삼합모음은 곧 '两头弱中间强(양끝이 약하고 가운데가 센)'의 복합모음으로, 발음할 때 '弱'에서 '强'으로 갔다가 다시 '强'에서 '弱'으로 간다. 한편, 이 가운데 iou, uei는 발음할 때 성조와 병합되거나 성조의 영향을 받아서 미세한 변화가 발생한다. 성조가 만약 제1성, 제2성이라면, iou, uei의 o, e는 약하고 모호하며 심지어 거의 없는 듯이 발음된다. 반면, 성조가 제3성, 제4성일 경우, o와 e는 충분히 발음한다. 이러한 변화의 주요 원인은 바로 ou, ei의 움직임 폭이 짧고 급하기 때문이다. 그래서 iou는 iu로, uei는 ui로 변화하게 된다. 이때 i, u는 더 이상 운두가 아니며 주요모음의 지위를 획득하게 되는데 이는 i, u의 음이 길게 늘어지고 더 세지는 까닭 때문이다. 복모음 운모를 발음할 때, 혀, 입술 그리고 전체 공명기관의 모양은 점진적으로 바뀐다. 그래서 교사는 발음할 때 학생에게 이러한 움직임의 과정을 보여주어야 한다. 예를 들어 ai를 발음할 때 a에서 i까지 혀의 위치가 점차 높아지고 구강은 점차 닫히게 되면서 실제로 중간에 [æ] [ɛ] 등의 여러 과도음이 발음될 수 있다. 천천히 발음하도록 강조하는 것은 학생들에게 복모음의 구성을 습득하게 하기 위함이다. 그렇지만 복모음의 발음을 분해할 수는 없으며 하나의 음으로 처리하여 가르쳐야 한다. 만약에 ai를 "阿姨"로 발음한다면 발음할 때 근육이 두 번 긴장을 하게 되는데 그 가운데 a와 i가 각각 두 개의 다른 음절이 되어 하나의 복모음을 구성하지 못한다.

복모음 운모의 모든 모음은 구강의 높이와 소리의 울림이 다르다. 이합모음이든 삼합모음이든 그중 한 개의 모음만이 비교적 세게 발음되는데 그것이 바로 운복이다. 그래서 운복은 운모 중의 중심성분이 된다.

중국어 보통화에는 이 외에도 16개의 운모가 더 있으며, 모두 하나의 모음이나 몇 개의 모음 뒤에 비음 자음이 붙어 구성된다. 이를 '비음운모(鼻音韵母)'라 한다. 이 가운데 설첨비음(-n, 또는 '전비음(前鼻音)'이라고 함)에는 an, en, ian, uan, üan, in, uen, ün의 8개가 있다. an과 en은 단지 운복과 운미만이 있고, 나머지 6개는 an, en에 기초하여 운두인 i, u, ü를 첨가해 구성된 것들이다. 설근비음(ˉng, 또는 '후비음(后鼻音)'이라고 함)을 갖는 것은 ang, eng, ong, iang, uang, ing, ueng, iong의 8개이며 그 중 3개는 단지 운복과 운미만이 있고, 뒤의 5개는 이 3개에 기초하여 운두인 i, u를 첨가해 구성된 것들이다. 이 두 가지 비음운미를 비교해보면, 전비음운미(前鼻尾)는 음이 약하고 나지막하지만 후비음운미(后鼻尾)는 울림이 크고 세다. 그래서 ˉn, ˉng 두 가지 발음을 정확히 읽으려면 먼저 이 두 비음운미의 음색을 정확히 구분할 수 있어야 하며 그렇게 해야 그들의 발음 부위 차이를 이해할 수 있다.

음절구조에서 대개 모음이 우세하다. 그래서 모음은 단독으로 하나의 음절을 구성할 수 있다. 하나의 음절 내에는 '阿' a, '安' an 등과 같이 자음이 없을 수도 있다. 그러나 절대로 모음이 없어서는 안 된다. 중국어의 자음은 모두 단자음이며 복자음은 없다. 따라서 중국어의 성모는 상대적으로 단순한 편이다. 중국어는 모음이 많기 때문에 주로 모음으로 구성된 운모가 비교적 복잡하다. 특히나 외국 학생들이 배울 때, 여기에 사성(四聲)을 결합하면 더욱 어려워진다. 그러나 만약 중국어의 음절구조 특히 복모음 운모의 구성 원칙과 방법에 대해 앞에서 서술한 것처럼 지도해 준다면 현저한 효과를 거둘 수 있을 것이다.

(三) 성조 교수

중국어 발음구조 중 하나인 성조는 중국어의 중요한 특징 중 하나이다. 대다수의 외국 학생들은 성조가 익숙하지 않아 이를 배울 때 매우 힘들어한다. 성조의 교수는 발음 교수 중 중요한 부분을 차지한다. 성조가 정확치 않으면 '瘫子, 坛子, 毯子, 探子'를 잘 구별할 수 없고, '倒了, 到了'도 구분할 수 없다.

물리적 현상으로 해석해 보면, 성조의 변화는 주로 음의 높이에 의해 결정된다. 이러한 음의 높이는 복합적이어서 한 음에서 다른 음으로 갑자기 도약하는 것이 아니라 미끄러지듯 움직이는 것이다. 따라서 손으로 현악기 줄을 튕겨 보면 중국어 보통화의 사성을 모방해낼 수 있다. 王力이 일찍이 언어 연구에 관한 여덟 가지 경험을 언급한 적이 있는데 그 가운데 일곱 번째에서 "언어와 음악의 관계는 매우 밀접하다. 중국어의 성조는 오선지를 이용해 표현해 낼 수 있으며, 중국어를 연구하는 사람들은 음악을 이해해야 한다."[32]라고 언급하였다. 이는 바로 성조의 교육을 어떻게 하면 좋은지를 우리에게 제시해주고 있는 것이다. 음악은 각 민족에게 공통된 것이기 때문에, 음악의 이치를 이용해 성조를 설명할 수 있고 또 노래 부르는 방법으로 사성을 흥얼거릴 수도 있다. 만약 악보로 중국어 보통화의 성조를 기록한다면 그림 1-3과 같다.

그림 1-3

그러나 성조와 악보의 음계는 다르기 때문에 성조의 고저승강(高低昇降)에 대해서는 일반적으로 오도제(五度制)의 성조부호를 이용해 다음과 같이 표시한다.

제1성	妈	ㄱ	고평조(高平调)
제2성	麻	ㄥ	고승조(高升调)
제3성	马	ㄥ	강승조(降升调)
제4성	骂	ㄥ	전강조(全降调)

---

32) ≪光明日报≫, 1982年 5月 1日 第2版.

물리적으로 성조를 해석할 수 있을 뿐 아니라, 생리적으로 해석할 수도 있다. 성대가 이완되면 음이 낮고 성대가 긴장되면 음이 높다. 그리고 성조가 높다가 낮아지면, 성대가 긴장 상태에서 이완 상태로 가거나 그 반대로 성대가 이완되다가 긴장될 수도 있다. 이러한 간명하고 알기 쉬운 설명으로 성조 연습을 지도하는 것은 더욱더 직접적일 수 있고, 효과 또한 뚜렷하게 나타날 것이다. 일반적으로 외국 학생들이 성조를 학습할 때, 제1성은 충분히 높지 않고, 제4성은 확실히 내려오지 않으며, 제2성은 잘 올라가지 않고, 제3성은 충분히 내려오지 않는 등 굴곡도가 작은 문제점이 있다. 이에 위에서 제시한 이치를 운용하여 외국 학생들이 성조를 잘 학습하도록 지도할 수 있다.

많은 학생들이 사성을 발음할 때 하나의 성조만을 따로 발음하는 것은 잘 하면서도, 단어나 문장 속 성조는 잘못 발음하는 경우가 허다하다. 이러한 현상의 원인 중 하나는 바로 글자 하나의 성조와 이것이 연속 발화 속에서 변화하는 변조(变调)나 경성(轻声) 등을 잘 기억하지 못하기 때문이다. 학생들은 성모, 운모를 외워야 하는 것처럼 모든 글자의 성조를 기억해야 한다.

三. 발음 교수의 원칙

정해진 교수 시간 내에 학생들에게 고품질의 발음 교육을 실시하기 위해서 교사는 교육학의 일반적 교육 이론뿐만 아니라 외국인을 위한 중국어 발음 교육의 원칙에도 신경 써야 한다.

1. 자각적인 모방을 위주로 하되 필요한 경우 이론적 지식도 지도한다.

발음은 발음 기관의 기계적 작용의 일종이기 때문에, 발음 기능을 습득하기 위해서는 반드시 반복적으로 모방하고 훈련을 해야 한다. 중국어 보통화의 발음 학습은 주로 자각적인 모방에 달려 있다. 이른바 '자각적 모방'은 우선적으로 교사가 주도적인 역할을 충분히 발휘해야 한다. 교사는 '감성·직관'의 방식을 이용하여, 학생들이 청각·시각을 통해 부단히 발음 요령 및 자신의 발음 기관 동작을 느끼고 분석하고 비교할 수 있도록 지도해야 하며, 그런 다음 발음을 모방하게끔 유도해야 한다. 교사가 학생들을 데리고 발음 연습할 때 채택하는 여러 가지 이미지 수단은 모두 '발음 이론 지식'을 근거하여 이루어진다. '자각적 모방'과 '맹목적 모방' 또는 완전히 청각에 의존하는 '직접 모방'은 효과 면에서 큰 차이가 있다. 발음을 정확히 배우는 것은 단순히 모방에만 의존하지 않는다는 사실을 우리는 잘 알고 있다. 자각적 모방이든 직접 모방이든 학생이 어려운 발음을 만났을 때 무턱대고 모방만 하는 것은 단지 시간 낭비일 뿐이다. 바로 이러한 상황에서 짚어 주기식으로 지도를 해주면 난점을 극복하는 데 많은 도움이 된다. 이른바 '짚어 주기식 지도(指点)'란 발음기관과 그 활동 과정에 대해 간단명료하게 설명을 하는 것이다. 이는 발음부위, 발음방법, 혀의 위치, 입술모양 등 이론적인 부분만 설명하고 연습은 소홀히 하는 방식과는 다르다.

2. 쉬운 것에서 시작하여 점차 난이도를 높여간다.

여러 언어들의 음운 계통은 비록 다 같지는 않겠지만 그래도 일부 유사하거나 근접한 발음이 있기 마련이다. 이러한 발음들은 가르치기도 비교적 쉽고 배우기에도 그다지 어렵지 않다. 예를 들어, 단모음인 'a, o, e, i, u, ü'는 먼저 a, i, u를 가르치고 난 후에 e, o를 가르치고 마지막으로 ü를 가르쳐야 한다. 그런 다음 다시 평순의 a, e, i와 원순의 o, u, ü를 구분해야 한다. 평순음은 다시 개구(開口)의 크기에 따라 i, e, a 혹은 a, e, i로 배열할 수 있다. 또 다른 예로, z, c, s의 경우는 먼저 s를 가르쳐야 하는데, 이것은 설첨무성마찰음으로 거의 모든 언어 사용자에게 있어 이 발음은 크게 어려울 것이 없다. 그런데 z, c는 파찰음이라, 먼저 파열한 다음 마찰을 하는 방법으로 발음하므로 당연히 단순한 마찰음보다는 발음이 어렵다. 그 다음 z와 c 중, 어느 것을 먼저 할 것인가는 기음 여부의 차이이므로 상황을 보고 결정해야 한다. 유기음이 비교적 어려운 학생의 경우엔 먼저 z를 가르치고 나서 c를 가르친다. 왜냐하면 z를 정확히 발음할 줄 알면 여기에 기음만 첨가하면 되기 때문이다. 아랍어엔 [ts']가 없지만 전통춤을 출 때 입으로 [ts'] 소리를 내기 때문에 유기음을 무기음보다 더 쉽게 배울 수 있다. 그래서 s, c, z의 순으로 가르치고 나서 다시 순서를 제대로 해서 체계적으로 가르치면 기억하기나 낭독하기에 편리할 수 있다.

성조를 가르칠 때, 먼저 제1성을 가르치고 나서 제4성, 제3성을 가르친다. 그리고 마지막으로 제2성을 가르친다. 음고(音高) 측면에서 보면, 구부러지지 않은 고평조(高平調)를 발음하는 것이 상대적으로 쉽고, 높은 것에서 낮은 것으로 내려오는 것도 그다지 어려운 편은 아니다. 그래서 먼저 제1성, 제4성을 가르치라는 것이다. 제3성은 먼저 내려간 다음 올라가는데 단순한 승조(昇調)보다는 쉬우므로 먼저 제3성을 가르치고 나서 제2성을 가르친다.[33] 학생들에게 처음 이 사성을 습득하게 한 다음에는 계속해서 사성을 연습시킨다.

---

33) [역주] 胡炳忠(1979)은 성조 교육에 있어 이른바 '반교식(反橋式)'방법('陰平(ˉ) - 去聲(ˋ) - 上聲(ˇ) - 陽平(ˊ)'을 제시했다. 실제로 이 방법이 한국 학생들에게 매우 적합하며 전통적인 순서에 따라 사성(四聲)을 연습하는 것 보다 훨씬 더 효과적이라고 한다. 이러한 반교식 교육 방법의 특징은 성조의 시작과 끝이 서로 연결되어 앞의 성조가 뒷 성조의 출발점(定調)이 된다는 것이다. 그렇기 때문에 학생들은 기준점이 있어서 발음이 훨씬 더 쉽게 된다. 그 다음은 먼저 쉬운 것을 하고 나중에 어려운 것을 하는 순서로 되어 있어서 막힘없이 자연스럽게 연결될 수 있다. 전통적인 '陰平(ˉ) - 陽平(ˊ) - 上聲(ˇ) - 去聲(ˋ)'의 배열법은 사실 매번 그 다음 성조를 발음할 때마다 새롭게 출발점을 잡아야 하는 결점이 있는데 바로 이러한 문제점을 충분히 극복해낼 수 있는 것이다. 지금 본문에서 필자가 제시하고 있는 순서는 바로 반교식 방법에 입각하여 제시한 것이다. (≪한국인을 위한 중국어 교육법-언어요소편≫(2012년 박이정) 38쪽 참조)

3. 기존의 것에서 새로운 것을 유도하고, 새로운 것으로 기존의 것을 복습한다.

모든 언어의 발음에는 체계가 있기 때문에 이 체계를 어지럽히게 되면 가르치거나 배우는 일도 불편해진다. 중국어 운모에 있는 개구(開口), 제치(齊齒), 합구(合口), 촬구(撮口)라는 사호(四呼)는 중국어 음소 조합의 한 특징이다. 이를 이용해서 발음을 가르칠 수 있는데, 교사는 합구호(合口呼) 운모들을 가르칠 때, 먼저 개구호(開口呼)를 복습하는 것이 가장 좋다. 개구호에는 a, o, ai, ei, an, en, ang, eng 등이 있으며 개구호를 통해 합구호를 이끌어 내면 된다. 즉, 여기에 개음 u를 더 붙여 ua, uo, uai, uei, uan, uen, uang, ueng 등을 만들어 낼 수 있다.

또 촬구호(撮口呼)인 üe, üan, ün을 가르치고자 한다면 먼저 개구호와 제치호(齊齒呼) 운모를 복습한다. 예를 들어, e[ɤ] → ie[iɛ] → üe[yɛ]의 순으로 가르쳐서 먼저 e[ɤ]와 ie[iɛ]의 관계를 알고 난 후 이와 평행한 üe[yɛ]를 가르친다. 특히 e는 각 호에서의 음가가 다르기 때문에 개구호나 제치호 운모들과 연계하여 가르쳐야 하는 것이다. 나머지 üan과 ün 도 'an → uan → üan', 'en → in → uen → ün'의 순서로 가르칠 수 있다.

또한 복모음 운모에서 비음 운모로 갈 수도 있다. 즉, an을 가르치기 전에 먼저 ai를 복습하고, an을 다 가르친 다음 다시 ai와 비교한다. 이렇게 상호교차와 반복을 통해 새로운 발음도 더 이상 생소하게 느껴지지 않고, 앞서 배운 발음도 더 잘 발음할 수 있게 된다.

4. 난점을 부각시켜 반복 훈련한다.

모든 언어의 발음 체계는 여러 가지 발음 부위와 발음 방법 중 단지 일부만을 채택하여 이들을 서로 결합시키므로 다른 언어와는 다른 독특한 자신만의 발음 기초를 형성한다. 그러나 각 언어가 선택한 부위와 방법은 큰 공통점을 가지기도 한다. 예를 들어 순, 순치, 설첨전, 설근 등의 부위와 파열, 마찰, 파찰 등의 방법은 거의 모든 언어에 존재한다. 따라서 중국어 보통화 중 쌍순음(雙脣音) b, p, m, 순치음(脣齒音) f, 설첨음(舌尖音) d, t, n, 설근음(舌根音) g, k, h, 설측음 l 등의 발음에는 모두 큰 어려움이 없다. 그러나 설면전음인 j, q, x, 설첨후음인 zh, ch, sh가 존재하지 않는 언어도 많아 외국 학생들에게 있어서 난점이 되고 있으므로 반복적으로 연습하고 부단히 노력해야 마스터 할 수 있다. 반면 어떤 언어 내부에는 유기와 무기의 대립이 없기 때문에 b/p, d/t, g/k, j/q, z/c, zh/ch의 쌍을 중점적으로 소개하면서 여러 가지 수단을 통해 이들이 다름을 보여주어야 한다. 특히 학생들이 악센트로 유기음을 대체하지 않도록 지도한다.

대상이 다르면 그 대상에 맞는 주안점을 달리하여 훈련을 진행해야 한다. 예를 들어 영어를 구사하는 학생들은 자음에 대해 곤란함을 느끼나 모음에 대해서는 큰 문제가 없다. 그 이유는 영어에 모음이 많기 때문이다. 아랍어 에는 자음이 28개나 되나 모음은 상대적으로 수량이 적고 간단하다. 따라서 아랍 학생들은 대체로 운모 부분에서 곤란을 겪곤 한다. 일본 학생들은 모어의 간섭을 자주 받곤 하는데, 단모음을 학습할 때 u가 큰 난점 중 하나가 된다.

외국 학생들이 보편적으로 어려워하는 운모로는 [n] [ɫ], 촬구호 운모인 üe, üan, ün, 설첨비음을 갖는 복모음과 설근비음을 갖는 복모음의 구별 즉, an-ang, en-eng 등, 그리고 일부 발음이 유사한 모음의 구별 즉, o-ou-u-uo, in-ün 등이 있다. 또한 성조 역시 대다수 학생들에게 있어서 난점이라 할 수 있으므로 지속적으로 신경 써야 한다.

5. 소리와 형상의 결합으로 인상을 심화시킨다.

학습 효율은 결국 감각자극으로부터 운동반응까지의 속도차이에 의해 결정된다. 따라서 발음을 가르칠 때엔 청각과 시각 그리고, 발음과 쓰기를 결합한 방식을 채택해야 한다. 형상과 소리를 그때그때 잘 결합하면 배우기 쉬울 뿐 아니라 인상도 깊어질 수 있다. 이것은 성인이 다른 외국어를 배울 때에도 필요하다. 만약 '전향이합모음(前响二合元音)'을 학습할 때 ai, ei, ao, ou를 판서한 다음, 학생들에게 크게 쓴 a, e, o 위에 성조 표시를 한다고 알려준다. 즉 주요모음 위에다 한다는 것이다. 이것은 학생들이 정확한 발음을 하는 데 도움을 줄 뿐 아니라 학생들에게 발음 과정을 이해시켜 쓰기 측면에서도 오류를 막을 수 있다. 나중에 후향이합모음(后响二合元音) 을 가르칠 때에도 학생들은 ia, ie, ua, uo, üe의 쓰기 형식을 보고 '앞의 음은 가볍게, 뒤의 음은 강하게' 읽어야 한다는 점을 곧바로 깨닫게 될 것이다. 이와 아울러 성조를 마땅히 크게 쓴 주요모음 위에 표기해야 한다는 것도 알게 될 것이다. 삼합모음인 iao, iou, uai, uei를 가르칠 때, 역시 동일한 방식으로 한다면 반응이 빠르고 정확한 효과를 거둘 수 있을 것이다.

또 성조를 가르칠 때 성조 표시에 특히 주의해야 한다. 성조 표시는 음 높이의 표지이기 때문에, 네 개의 성조 표시를 연이어 쓸 때 ˉ ˊ ˇ ˋ라고 하지 쓰지 말고 반드시 ˉ/√\라고 써야 성조의 음 높이를 제대로 반영할 수 있다. 학생들이 높고 낮음, 오르락내리락 하는 것을 직접 본다면 비교적 쉽게 성조를 연습하게 된다.

6. 직관적 교육을 강화하여 효율을 높인다.

외국인을 위한 기초 중국어 발음 교육에서 직관적 방법의 활용은 매우 효과적이다. 직관적 보조 자료로는 도표, 그림 카드, 실물, 판서, 손동작, 제스취어 등이 있다. 이러한 직관적 수단을 적절히 잘 사용하게 되면 학생들이 발음 이론 지식을 형상적으로 습득하게 될 것이고 실천적 기회 또한 늘어나게 되어 반응 능력이나 학습 효율을 향상시킬 수 있다. 여기서는 손동작과 기계적인 피드백을 이용한 성조 연습의 예를 들고자 한다. 학생들이 사성의 독특한 음높이 변화를 습득한 다음에는 손을 이용해 모양을 그림으로써 사성을 훈련할 수 있다. 즉, 손가락 하나를 펴서 제1성을 나타낼 때는 이 손가락을 높이 들어 평평하게 한다. 제2성은 두 개의 손가락을 펴고 위로 올리는 동작을 한다. 제3성은 손가락 셋을 펴고 동시에 ˇ 표시를 한다. 제4성은 손가락 넷을 펴고 동시에 위에서 아래로 ＼표시를 한다. 예컨대 교사가 ba를 칠판에 쓰면서 동시에 세 손가락을 펴면 학생은 bǎ를 읽어낸다. 이러한 식으로 성조를 연습해 나가면 된다.

四. 발음 교육의 방법

(一) 시연법(演示法)

주로 직관적 수단을 통해 발음 부위와 발음 방법을 나타내는 방법으로, 교사가 굳이 설명하지 않아도 설명 효과를 발휘하거나 그 이상의 효과를 거둘 수가 있다.

1. 형상을 이용한 판서 시연법

운모 ie를 가르칠 때, 다음과 같이 판서한다.

마찬가지로 ju, zi를 가르칠 때는 아래와 같이 판서한다.

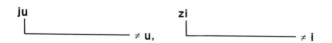

이렇게 하면 학생들이 [iɛ][tɕy][tʂʅ]를 [iə][tɕu][tsi]로 읽는 것을 방지할 수 있다.

2. 실물을 이용한 시연법

p, t, k, q, c, ch 등의 유기음을 가르칠 때엔 손으로 종이를 들고 입술 앞에 놓은 다음 입으로 종이를 분다. 기류가 나가기 때문에 종이가 떨리게 되는데 이것을 '유기'라고 한다.

3. 도표를 이용한 시연법

성조 훈련 시에 학생들이 '성조를 나타낸 그림'의 선에 따라 성대의 긴장과 완화를 제어하면서 승강을 연습한다. '一'의 형상을 보고 고평조(高平調, 제1성)를 읽고, '／'의 형상을 본 후 승조(昇調, 제2성)를 읽으며, 'Ｖ'의 형상을 보고는 곡조(曲調, 제3성)를, 그리고 '＼'의 형상을 보고서는 강조(降調, 제4성)를 읽는다.

(二) 비교법(対比法)

맞춤형으로 발음을 잘 가르치기 위해서 교사는 학생들의 모어와 중국어 두 언어 체계 속에서 발음 부위나 발음 방법이 비슷한 소리들에 대해 비교 연구를 진행하여 모종의 차이를 찾아낸다. 이렇게 하면 교수 과정에서 문제의 핵심을 파악하여 해결하기 쉽다.

예를 들어 어떤 이가 습관적으로 h[x]를 [h]로 발음한다면, 교사는 학생에게 [h]의 부위가 [x]보다 더 뒤이며, [x]를 발음할 때는 소리가 울림이 있고 길게 발음되는 반면 [h]를 발음할 때는 울림이 없고 길지 않음을 알려준다. 이렇게 하면 학생들은 쉽게 서로 다른 규칙에 따라 두 발음을 정확하게 낼 수 있게 된다.

또 많은 사람들이 zh, ch, sh, r과 z, c, s의 차이를 잘 구분하지 못하기도 한다. zh, ch, sh, r는 권설음(捲舌音, 翹舌音)이다. 그래서 공기를 막을 때 혀끝을 위로 들어 올려 입천장의 움푹 패여 들어가는 곳(경구개)의 맨 앞부분을 향하게 한다. 만약 거울을 보고 관찰을 하면 위아래 앞니 사이 좁은 틈을 통해 약간 말리는 혀 앞부분의 아랫부분을 볼 수 있을 것이다. z, c, s는 평설음(平舌音)이다. 혀끝은 최대한 앞을 향해 뻗어 앞니 뒷부분에 대고 발음할 때 위아래 앞니를 벌리면 안 된다. 비교를 통해 학생들은 서서히 이 발음들의 차이를 파악할 수 있게 된다.

(三) 과장법(夸张法)

발음을 가르칠 때는 평소 말할 때와 큰 차이가 있다. 평소 말할 때는 발음 부위가 분명치 않아도 의사소통 목적을 이룰 수 있다. 그러나 발음을 가르칠 때는 이와 달리 소리가 분명해야 한다. 명확한 발음과 적절한 과장은 학생이 발음을 보다 쉽게 듣거나 볼 수 있고 이미지가 훨씬 인상적이어서 발음의 난점을 극복하는 데 매우 유리하다.

예를 들어 설면전음인 j, q, x와 설첨후음인 zh, ch, sh, r은 발음 부위가 근접하여 쉽게 헷갈릴 수 있다. 설면전음을 발음할 때엔 혀끝을 아래 앞니 뒤에 깊이 내려놓고 혓바닥을 융기시켜 경구개(입천장)와 접촉하게 하고 동시에 입의 양옆을 벌려 위아래 앞니가 서로 마주하게 한다. 이렇게 혀끝을 잘 제어하면 설면전음을 효과적으로 발음할 수 있다.

또한 경성의 경우, 앞 음절을 정확히 발음하는 동시에 소리를 세게 하면서 적당히 길게 늘인 후, 소리를 가볍게 덧붙이면 가볍고 짧은 소리가 나는데, 이것이 바로 경성이 된다.

[f] 발음은 학생들에게 윗니로 아래 입술을 깨물게 한 후, 입술과 윗니를 천천히 마찰시키면서 분리되게끔 하면 [f]가 된다.

(四) 손동작법(手势法)

교사는 손동작의 도움으로 학생이 발음을 정확히 배우게끔 도와줄 수 있다.

예를 들어 u를 발음할 때, 일부 학생은 항상 습관적으로 혀를 앞으로 평평하게 내밀기도 한다. 이때 교사는 두 손을 들어 입 앞에 놓고 손바닥이 아래를 향하게 한다. 그리고 학생들에게 왼손은 입술을, 오른손은 혀를 상징한다고 말한다. 그런 다음 왼손의 다섯 손가락을 앞으로 모아 '원순'을 표시한다. 오른손으로는 다섯 손가락을 모아 손등이 융기하게끔 하고 뒤로 끌어 당겨 혀가 뒤로 수축됨을 표시한다. 학생들은 손동작에 따라 혀를 제어하는 동시에 입술을 둥글게 하려고 노력할 것이므로 u는 어렵지 않게 발음된다.

또 어떤 학생은 중모음인 [A]를 비음이 섞인 [Ã]로 발음한다. 교사는 엄지와 식지를 사용해 비강을 누르고 기류가 구강을 통해 나가게 한다. 이렇게 하면 [A]를 발음할 수 있다.

(五) 발음 늘리기 법(拖音法)

음정을 연장하여 새 발음을 내도록 유도하는 것은 설첨모음인 [ɿ]와 [ʅ]를 가르치는 아주 간단하고 효과적인 방법이다. [ɿ]와 [ʅ]를 성모 없이 발음하는 것은 사실 어렵다. 왜냐하면 [ɿ]와 [ʅ]는 항상 마찰성분을 갖는 자음인 z, c, s 및 zh, ch, sh, r 뒤에 출현하기 때문이다. 그래서 듣기에는 마치 앞에 있는 이러한 자음 중의 마찰성분이 연장되고 경감되어 유성음 성분을 갖는 것처럼 보이기도 한다. 이에 설첨모음인 [ɿ]와 [ʅ]를 가르치려면 먼저 자음인 z, c, s, zh, ch, sh, r로부터 시작한다. 먼저 무성음 자음인 [s], [ʂ]를 발음하게 한 후 가벼움에서 무거움으로, 약에서 강으로, 무성음에서 점차 유성음으로 간다. 마지막에는 [s]와 [ʂ]의 발음을 연장하고 그 다음 앞의 자음을 떼어 내어 나머지를 남기면 바로 [ɿ]와 [ʅ]가 되는 것이다.

（六） 유도법（帶音法）

이것은 발음 부위가 비슷한 음을 이용해 다른 새로운 발음을 유도해 내는 것이다. 이것은 발음 교수에서 가장 많이 사용하는 방법이기도 하다.

예를 들어 ü를 가르친다고 하면, 우리는 i를 이용해 ü를 유도해 낼 수 있다. 구체적인 방법은 먼저 i를 발음하여 소리를 끊지 않고 혀도 계속 그대로 유지한 상태로 입의 양쪽을 서서히 오므린다. 입술은 평평한 상태에서 둥글게 변하고 거의 작은 원에 가깝게 오므리면 ü를 발음할 수 있게 된다.

어떤 학생은 o는 되는데 e가 안 되기도 한다. 이때 o를 이용해 e를 유도해 낼 수 있다. o를 발음할 때 소리를 늘이고 입을 천천히 좌우로 벌려 입술을 평평하게 펴준다. 이렇게 하면 바로 단모음 e가 된다.

또 어떤 학생은 sh는 발음이 되는데 r가 안 될 수도 있다. 만약 sh를 정확히 발음할 수 있다면 원래의 발음 부위를 유지하고 성대를 진동케 하여 r를 발음하게 한다. 여기서 주의할 점은 r를 발음할 때 마찰이 너무 크면 안 된다는 것이다.

그리고 학생들이 제2성을 발음할 때 충분히 높게 올라가지 못한다면 제2성 전에 제4성의 음절을 함께 발음하게 한다. 이러면 성대가 한번은 내려갔다가 한번은 올라가고 긴장 상태에서 이완 상태로 변하게 되어 동일한 동작을 반복하는 것보다 더 자연스럽고 힘이 덜 들게 된다. 이렇게 하면 제2성을 좀 더 정확히 발음할 수 있다.

（七） 분별법（分辨法）

청각·시각을 통해 어떤 발음이 정확한지를 판단할 수 있는데 학생이 그런 차이와 특징을 잘 잡아 낼 수만 있다면 모방도 정확하게 할 수 있다.

예를 들어 b[p]를 발음한다고 할 때, 어떤 학생은 항상 유성음인 [b]로 발음할 수도 있다. 만약 맑으면서 소리를 길게 끌 수 있다면 이는 [p]이고 반면 낮고, 짧으며 길게 끌 수 없다면 [b]이다. 발음을 가르칠 때 학생에게 이러한 점들을 주의해서 잘 듣게 한다. 그래서 학생이 이런 특징을 잘 분별해 낼 수 있다면 [p]는 쉽게 발음할 수 있을 것이다.

(八) 고정법(固定法)

쌍순음과 순치음 이외의 발음들은 구강 내에서 혀의 동작과 매우 밀접한 관계를 갖고 있다. 그러나 구강 내 혀의 형태와 동작을 교사가 입으로 직접 학생들에게 시범 보여주는 것은 사실상 불가능하다. 그리고 단순히 발음 이론 지식만을 설명해서도 학생은 이해하기 어렵다. 그런데 만약 쉽게 모방할 수 있는 어떤 특징을 부각시켜서 그 발음 부위를 고정시키면 어느 정도 효과를 거둘 수 있다.

예를 들어 o 하나를 발음하는 것은 비교적 어렵다. 교사가 o를 발음할 때 천천히 입술을 둥글게 하며, 윗니의 가장 아랫부분만이 보이고, 아랫니는 전혀 보이지 않을 때까지 쭉 오므린다. 이 동작을 다 한 다음, 학생들에게 세심하게 그 순간순간을 관찰하게 하고 다시 o를 발음하게 하면 쉬워진다.

(九) 모방법(模倣法)

모방법은 외국인을 위한 중국어 교육에서 가장 기본적인 방법으로 여기 에는 직접모방과 자각모방이 있다. 교사 측면에서 보면 직접모방이 가장 간편하고 쉽다. 즉, 교사가 말하는 방법과 내용을 학생이 그대로 따라 말하 는 것이다. 그래서 모방의 효과는 전적으로 청각에 달려 있다. 이에 비해 자각모방은 청각, 시각 등의 배합에 의존하는 것으로 소리를 듣거나 관찰하 고 나아가 비교, 분석을 통해 모방하는 것이다. 자각모방의 효과는 직접모방 에 비해 더 만족스럽다.

모방법은 발음 교육 중 없어서는 안 되는 방법이긴 하지만 반드시 다른 방법들과 함께 써야만 더 좋은 효과를 발휘할 수 있다.

貳. 발음 교수법의 경험담

一. 일본 학생에 대한 초급 중국어 발음 교육 경험

초급 단계의 발음 교육은 외국인을 위한 중국어 교육에서 중요한 구성 성분으로, 중국어를 배우는 외국인이 반드시 거쳐야 하는 첫 번째 관문이므로 각별히 유념해서 가르쳐야 한다. 교사는 3주 정도의 시간 내에 맞춤형의 엄격한 훈련 방법으로 학생들이 중국어 보통화의 성모, 운모, 성조를 제대로 발음할 수 있게 만들어야 한다. 아울러 이것을 듣기, 말하기, 읽기, 쓰기의 기능으로 전환시켜 의사소통 과정에서 중국어의 듣기, 말하기 수준을 향상 시켜야 한다. 일본 학생들도 중국어의 성모, 운모, 성조를 배우는 데 있어 그 나름의 어려운 점을 갖고 있다. 그렇다면 어떻게 해야 일본 학생들이 효과적으로 난점을 극복하여 정확한 발음을 배우게 할 수 있고 또 쉽게 헷갈리는 독음을 구별할 줄 알게 할 수 있을까? 아래에서 이에 대해 논의할 것이다.

(一) 성모의 난점 및 그 교수

일본 학생들은 중국어의 21개 성모를 배울 때, 몇몇 성모를 어려워하곤 한다. 교사가 손동작 등을 이용하면 중국어를 잘 모르는 학생들이 정확하게 발음 원리를 깨우치고 신속하게 발음 방법을 터득할 수 있다.

1. b와 p 기류의 차이

중국어의 b와 p, d와 t, g와 k, j와 q, zh와 ch, z와 c 여섯 쌍의 성모는 유기/무기의 차이가 있다. 그리고 이러한 유기/무기의 차이는 한 음절 내에서 의미를 구별하는 기능을 한다. 예컨대, '爸(b)'와 '怕(p)'의 경우 전자는 성모가 무기음이고, 후자는 유기음이다. 따라서 성모의 유기/무기 차이를 학습하고 구별하는 것은 매우 중요하다. 일어 가운데도 일부 발음이 유기/무기의 두 가지 독법이 있긴 하나, 그 구분이 불분명하고 의미 구별의 기능도 없다. 예를 들어 'たこ'(연, kite))은 비록 'た'가 유기음이고, 'こ'가 무기음이긴 하지만 이 둘을 모두 유기음으로 발음해도, 또는 무기음으로 발음해도 여전히 '연'의 의미가 된다. 따라서 일본 학생들은 보통 중국어 성모에 있는 유기/무기의 구별을 소홀히 하여 '胖(pàng)'을 '棒(bàng)'으로 읽거나 '骨(gǔ)'를 '苦(kǔ)'로 읽는다. 또 '青草(qīngcǎo)'와 '清早(qīngzǎo)'를 잘 구분하지 못 해 의사소통에 영향을 주기도 한다. 교사는 얇은 종이 한 장을 가지고 학생이 직접 자기가 발음하는 성모가 유기음인지의 여부를 확인하게 할 수 있다. 만약 유기음이면 입에서 나오는 기류가 강하여 종이가 흔들릴 것이고, 그렇지 않다면 유기음이 아닐 것이다. 일본 학생에게 유기음을 읽는 습관을 기르게 해야만 유기음과 무기음을 잘 구분할 수 있을 것이다.

2. j와 zh의 혀 위치 차이

중국어의 j, q, x는 설면전음이고, zh, ch, sh, r은 설첨후음이다. 일본 학생들은 모어에 설첨후음이 없기 때문에 이를 매우 어려워하고, 자주 설면전음들과 헷갈려 한다. 교사는 손동작을 이용하여 발음의 원리를 설명할 수 있다. 가령, 두 손의 손바닥을 마주하고, 위의 손바닥은 입안의 윗부분(손가락의 전, 중, 후는 각각 '윗니 뒤', '경구개', '연구개'를 가리킨다)을 표시하며 아래 손바닥은 혀를 표시한다. j를 발음할 때는 혀를 평평하게 편 후 경구개에 붙였다가 뗀다. zh를 발음할 때는 혀를 위로 말아 경구개 앞부분에 댄다. 학생들은 손동작을 통해 교사의 이론지도를 이해하고 정확한 발음 부위를 찾아내어 혀 위치가 분명 다른 j와 zh의 차이를 구분할 수 있다. 교사는 또 '旗子(qízi)', '池子(chízi)' 등의 음 구분 연습을 통해 학생들이 중국어를 말하고 듣는 의사소통의 과정에서 점차 두 성모를 구분하여 혼동을 피할 수 있다.

3. f와 h의 혀 위치 차이

중국어 성모 f는 순치음이고 h는 설근음이다. 일본 학생들은 이 두 발음을 하는 데 습관이 되어 있지를 않아 모어의 쌍순음 'ɸ[Φ]'으로 이를 대체하여 f[f], h[x], ɸ[Φ] 세 음이 잘 구분되지 않는다. 이 세 가지 발음을 구분하는 관건은 바로 그들의 발음 부위에 있다. 교사는 이를 손동작으로 설명할 수 있는데, [f]는 윗니로 아래 입술을 접촉하여 발음 부위를 형성하고, 기류는 입술과 앞니 사이의 마찰로 이루어진다. [x]의 경우는 설근을 융기시켜 연구개에 접촉해 발음 부위를 만들고 기류는 연구개와 설근 사이의 마찰로 이루어진다. [Φ]는 윗입술을 아래 입술에 접촉하여 발음 부위를 형성하고, 기류는 두 입술 사이의 마찰로 이루어진다. 학생이 이 세 음의 발음 부위를 잘 이해하기만 해도 정확하게 f, h를 발음할 수 있다.

4. r과 l의 혀 위치 차이

중국어의 r 성모는 설첨후 유성마찰음으로 일본어에는 없다. 일본 학생들은 모어의 영향을 받아 r를 발음할 때 혀끝을 말아 올리더라도 오래 유지를 하지 않고 단지 경구개 앞부분만을 가볍게 튕겨 설첨후 탄설음[ɽ]으로 발음하게 된다. 중국어의 l 성모는 설첨중 유성설측음으로 역시 일본어에 없다. 만약 l의 뒤에 고모음 [i]가 온다면 일본 학생들은 l에 근접한 탄설음인 [ɾ]으로 발음하곤 하는데 예컨대 '小李[ɾi]'가 그렇다. 이렇게 되는 이유는 이 둘의 발음이 비슷하기 때문이다. 반면 l 뒤에 낮은 후설성의 모음 [ɑ]가 온다면 일본 학생들은 l 발음과 비교적 먼 설첨후 탄설음인 [ɽ]으로 발음하곤 한다. 교사가 l 음의 발음 부위를 바로 잡아주고자 한다면 발음 늘이기의 방법을 통해 학생들이 l 과 [ɽ], l 과 [ɽ]의 차이를 구별할 수 있도록 해야 할 것이다.

(二) 운모의 난점과 그 교수

일본 학생들 역시 중국어의 39개 운모를 학습하는 과정에서 몇몇 어려운 발음에 대해 배우기 힘들어하는 모습을 보이곤 한다. 이때 모음사각도 등을 이용하면 중국어를 잘 모르는 학생들이 운모를 빨리 배울 수 있도록 발음의 방법을 이해시킬 수 있다.

1. 단모음 운모

(1) 개구(開口)의 정도에 주의한다.

중국어 보통화의 단모음 운모에는 10개가 있는데, 운모의 개구도에 차이가 있다. 일본 학생들은 모어의 영향을 받아 단운모를 발음할 때, 종종 개구도를 충분히 크게 하지 않는 경향이 있다. 이렇게 되면 음색이 다른 운모조차도 구별이 어려워지고 중국어를 듣고 말하는 데 어려움이 생길 수 있다. 예를 들어 중국어의 [A]는 중설평순저모음으로 발음할 때 개구도가 비교적 크고 혀의 위치는 낮다. 학생들은 종종 일본어의 전설모음 'あ[a]'로 발음하곤 하는데 이때 개구도가 작아 쉽게 설면전설평순반고모음인 [e]와 헷갈리게 된다. 중국어의 o[o]는 후설원순반고모음으로 일본어의 'お[o]'보다 개구도가 약간 크다. 중국어의 e[ɤ]는 후설평순반고모음으로 일본어에는 이 발음이 없어서 학생들이 이를 어려워한다. 그래서 어떤 이는 e[ɤ]를 [e]로 발음하기도 한다. 교사는 모음사각도를 가지고 각각 단모음운모의

혀 위치를 구별해 줄 수 있으며 동시에 손동작으로 개구도와 혀의 위치를 설명할 수도 있다. 위아래 손바닥을 서로 합쳐 손목에 펜을 하나 끼우고(이것으로 혀를 대표함), 위 손바닥(입안의 윗부분)을 움직이지 않고 아래 손바닥(입안의 아래 부분)으로 열고 닫을 수 있다. 아래 손바닥을 열었을 때, 혀 또한 따라서 아래로 내려가고, 아래 손바닥을 위로 올렸을 때, 혀가 역시 따라 올라가게 된다. 이렇게 간단한 손동작법을 이용하면 학생에게 개구도의 대소와 혀 위치의 고저가 밀접한 관계가 있음을 충분히 알려줄 수 있다. 개구도만이라도 정확하다면 발음의 오류를 신속하게 바로 잡을 수가 있고 단모음 운모를 잘 발음하게 할 수 있다.

(2) 입술, 혀 위치가 정확해야 한다.

중국어의 u[u]는 후설원순고모음으로, 발음할 때 두 입술이 모여서 원형을 이루게 되고 혀는 뒤로 수축되며 설근이 연구개에 근접하게 된다. 일본어에는 u[u]와 유사한 발음이 없어서 일본 학생들은 종종 일본어의 중설원순고모음인 'ぅ[ɯ]로 이를 대신하곤 한다. 학생들에게 u[u]를 발음하게 할 때 입술을 오므리고 혀도 오므리게 해야 한다. 중국어의 ü[y]는 설면전설원순고모음으로 u[u]와 다른 점은 바로 ü[y]의 혀 위치가 좀 더 앞이라는 것이다. 일본어에는 ü[y]가 없어서 어떤 학생은 혀의 높이가 충분히 높지 않다든지 혀가 충분히 앞으로 오지 않아 [i]를 발음하기도 한다. 교사는 ü[y]을 발음할 때 입술이 작고 둥글어야 하며 혀의 위치가 높고 앞이어야 한다는 사실을 강조해야 한다. 중국어의 er[ɚ]은 중앙평순의 권설모음이다. 일본어에는 이 발음이 없어서 학생들은 종종 혀의 위치가 과도하게 낮은 [ɐ]로 발음하곤 한다. 이때는 학생에게 단지 혀의 위치를 좀 높게 하라고 해주면 교정할 수 있다. 어떤 학생은 이를 [ɐɻ]로 발음하기도 하는데 이렇게 하면 자음 [ɻ]이 하나 더 늘어난다. 이 경우 교사는 [ɚ]이 단모음임을 강조하여 발음할 때 혀가 움직이지 않으므로 모음 뒤에 [ɻ]를 덧붙일 수 없다고 해야 한다.

따라서 발음 늘이기 방법으로 학생이 발음한 e나 ə이 정확한지 여부를 점검할 수도 있다. 중국어에는 두 개의 설첨모음이 있는데 그 중 i[ɿ]는 z, c, s 뒤에만 출현하고, i[ʅ]는 zh, ch, sh, r 뒤에서만 출현한다. 학생들은 종종 [ㅂ]로 i[ʅ]를 대체하여 '资[tsɿ]料'를 '[tsㅂ]料'로 발음하고, '一次[tsʰɿ]'를 '一[tsʰㅂ]'로 발음하곤 한다. 교사는 학생에게 [ʅ]의 혀 위치가 앞으로 치우쳐 있고 입술 모양은 평평한 반면, [ㅂ]는 혀 위치가 뒤로 치우쳐 있고 입술 모양이 약간 둥글다는 사실을 알려주어야 한다.

2. 복모음 운모

(1) 주요모음은 강하고 크게 발음해야 한다.

중국어에는 13개의 복모음 운모가 있다. 복모음 운모는 발음 시 혀의 위치가 한 모음에서 다른 모음으로 미끄러지듯 움직이고 중간에 많은 과도음이 있으며 안에는 가장 정확하고 크게 발음하는 모음 즉 주요모음이 하나 존재한다. 예를 들어 ua[uA]의 경우, u와 a는 혀의 위치가 미끄러지듯 움직이며 시작과 끝을 이루는데 이때 a가 주요모음이라서 이를 가장 크게 발음해야 한다. 일본 학생들은 이런 유형의 운모를 학습할 때, 주요모음의 개구도가 충분히 크지 않아 소리가 그다지 크지 않기 때문에 마치 단모음 운모를 발음하는 것 같다. 교사는 모음사각도를 이용하여 학생에게 보여주어 u는 약하게, a는 강하게 발음하도록 지도해야 한다.

(2) 혀의 움직임 과정에 주의한다.

중국어의 삼합모음 운모의 특징은 'iao'처럼 혀의 위치가 한 모음으로부터 다른 한 모음으로 이동하고 다시 제3의 모음으로 미끄러지듯 이동한다는 것이다. 일본 학생들은 복운모 iao를 'ㅑ[io]'처럼 발음하는데, 이것은 일본어 모음 발음 습관의 영향을 받은 것이다. 그들은 연이어 있는 두세 개의 모음을 하나로 합쳐 비교적 긴 하나의 모음으로 발음하는 습관이 있다. 그래서

'刀(dāo)', '多(duō)', '都(dōu)', '都(dū)'를 모두 구분하지 않고 발음한다. 이것은 일본 학생들이 복운모를 학습하는 데 있어서 많은 어려움을 가져오는 원인이 된다. 그들의 복운모 발음을 들어 봤을 때, 중국어 복운모 특유의 리듬감이나 필수적 변화가 결여되어 있음을 느낄 수 있다. 교사는 모음사각도를 통해 학생이 복합운모의 발음 특징을 정확히 알 수 있게 지도해야 한다. 그리고 학생들에게 모음이 이어지는 과정을 명확히 해야 하며, 혀의 위치가 바뀔 때 과도음이 출현할 수 있고 그 중 모음 하나가 주요모음이라는 사실을 알려줘야 한다.

3. 비음운미 운모

중국어의 비음운미 운모는 총 16개로 크게 ㅡn[n]과 ㅡng[ŋ] 둘로 나눌 수 있다. ㅡn은 혀의 위치가 비교적 앞쪽이라 '전비음운모'라고 불리고, ㅡng는 뒤쪽이라 '후비음운모'라고 불린다. 이 두 음은 당연히 의미를 구별하는 작용을 하기 때문에 '兰(lán)'과 '狼(láng)'은 분명 다른 의미를 갖고 있다. 이처럼 말하기와 듣기에서 이 둘을 구분하는 것은 매우 중요하다. 일어도 때로 ㅡn, ㅡng을 구분하기도 하는데 'ん'의 경우 'かん(완구)'에서는 [n]으로, 'がんか(안과)'에서는 [ŋ]으로 발음한다. 그러나 일본인 화자들은 그들의 음색상의 차이를 잘 인식하지 못하기 때문에 이것을 그다지 중요하게 생각하지 않는다. 일본 학생들이 가장 힘들어하는 발음이 바로 후비음운모 ㅡng으로, ㅡng을 ㅡn으로 듣거나 발음한다. 설사 중국어를 수년 동안 공부한 학생이라 해도 전후비음운모을 정확히 구분하는 이가 드물다. 따라서 ㅡng 운미의 교수는 매우 중시해야 할 일 중 하나이다. 학생들에게 비음운미 운모를 잘 학습하게 하는 주요 관건은 바로 ㅡn, ㅡng을 구분하게 만드는 일이다. 그런 다음 모음사각도를 통해 학생들에게 ㅡn과 전설성 a[a]가 서로 결합하고, ㅡng은 후설성 a[ɑ]와 결합함을 알려준다. an[an]의 a[a]를 발음할 때, 혀를 앞으로 내밀고 혀끝은 아랫니 뒤에 접촉시킨다. ang[ɑŋ]의 a[ɑ]를

발음할 때는 혀를 뒤로 수축한다. 한편, 일본 학생들은 ing[iŋ]을 in[in]으로 발음하곤 하는데, 운미 원인 외에도 다른 원인이 더 있다. 그것은 i의 발음부위가 ㄴ과 가깝고 ŋ과는 멀기 때문인데 이 때문에 in[in]으로 ing[iŋ]을 대체하는 것이다. 또 일본 학생들은 ün[yn]을 iong[iöŋ]으로 발음하기도 하는데, 이는 그들이 ü[y]를 [iou]로 발음하기 때문이다. 이 가운데 특히 u가 운미에 영향을 주어 결국 [iouŋ](엄격하게 말하면 [iööŋ])으로 발음하게 된 것이다. 이런 문제는 단순히 ㄴg[ŋ]만의 문제가 아니며 ü[y]의 발음부터 시작해야 한다.

(三) 성조의 난점과 그 교수

중국어 보통화의 성조는 4개이다. 다년간의 교수 경험으로 보건대 일본 학생들이 가장 학습하기 어려워하는 것이 바로 성조이다. 그래서 그들이 새 단어를 배울 때 가장 늦게 습득하게 되는 것도 성조이며 또 가장 먼저 잊어버리는 것도 성조이다. 이는 바로 모어의 영향을 받은 결과이다.

1. 시작음 높이 잡기

일본 학생들은 제3성과 제4성, 제2성과 제3성, 제2성과 제4성을 구분할 때 어려움을 겪고 있다. 특히 제2성과 제3성이 어우러져 있는 경우, 종종 구분을 못하고 제3성을 제2성으로 보는 경향이 있다. 교사는 오도표기법으로 학생들이 성조를 학습하도록 지도하고 교정해 주어야 한다. 중국어의 제1성[55]은 고평조(高平調)이다. 학생들은 음높이를 너무 낮게 잡아 대개 반고평조(半高平調)[44]나 중평조(中平調)[33]로 발음하기도 한다. 또 중국어의 제2성[35]는 고승조(高昇調)인데 학생들은 처음에 음높이를 너무 낮게 잡아 중승조(中昇調)인 [24]로 발음하거나 저승조(低昇調)[13]로 발음하기도 한다. 그리고 중국어의 제3성[214]은 저강승조(低降昇調)인데 학생들은 자주 승조인 [14]나 [35]로 발음하곤 한다. 중국어의 제3성이 연속 출현할 시 앞의 제3성은 제2성으로 변조되는데 이 또한 학생들에게 일종의 착각을 야기하여 제3성을 제2성과 비슷하게 여기는 오류를 범한다. 한편, 중국어의 제4성[51] 은 전강조(全降調)인데 학생들은 시작음 높이를 높게 잡지 않아서 저강조(低降調)인 [31]로 발음하거나 [21]로 발음하기도 한다. 성조의 교수와 관련하여 교사가 성조의 '시작음 높이 잡기'를 정확히 설명해야만 학생들이 정확하게 습득할 수 있다.

2. 강세

중국어는 쌍음절 어휘가 절대다수를 차지한다. 일본 학생들이 쌍음절 어휘를 학습할 때, 성모, 운모 이외에 성조의 경중 역시 습득하기 힘들어한다. 그래서 강세를 넣어 읽는 음절이 항상 틀리곤 한다. 어떤 학생들은 중국어의 특징에 적응한답시고 제2음절을 일률적으로 강하게 읽거나 심지어 경성 음절도 강하게 읽곤 한다. 따라서 교사는 학생들에게 경성 음절을 구별하도록 잘 알려줘서 학생이 극단으로 가지 않도록 막아야 한다.

3. 변조(變調)

중국어에서는 제3성이 연이어 출현할 때 앞의 음절이 제2성으로 변하게 된다. 예를 들어 '美好(měihǎo)'는 'méihǎo'로 발음해야 한다. 이때 '美(měi)' 는 [214]→[35]로 변조된다. 만약 두 개의 제3성이 연이어 있는 쌍음절 어휘에서 뒤의 3성이 경성으로 읽힐 경우, 앞의 3성은 두 가지의 상황이 가능하다. 첫째는 제2성으로 변하는 것으로, 예를 들어 '想起'의 '想'은 [35]로 읽을 수 있다. 둘째는 반3성으로 변하는 것으로, '姐姐' 중 앞의 '姐'를 [21]로 읽는데 이는 제3성의 앞 부분인 '저강' 부분에 해당된다. 제3성의 뒤에 제1성, 제2성, 제4성이 올 경우, 앞의 3성은 반3성으로 바뀐다. 예를 들어 '首先'

[214 55] → [21 55], '改革' [214 35] → [21 35], '美丽' [214 51] → [21 51]

등이 있다. 일본 학생들은 앞의 제3성이 제2성으로 바뀌는 것에 대해선 비교적 잘 습득하는 편이다. 그런데 반3성으로 변하는 것은 습관이 안 돼서 종종 잘못 읽기도 한다. 제3성 이외에, 제4성의 쌍음절 어휘의 성조 역시 비교적 어려워하는 편이다. 예를 들어 '妹妹'의 첫 번째 음절을 제1성[55]로 읽어 음을 내리지 않는다. 그리고 '再见'의 '再' 역시 제1성[55]로 읽어 성조값을 임의로 바꾸곤 한다. 교사는 '성조값 표시도'[34)]를 이용하여 설명함과 동시에 이에 상응하는 연습을 실시하여 학생이 변조에 익숙해지게 해야 한다.

여기에선 중국어와 일본어의 발음 비교를 통해 일본 학생들이 중국어 보통화의 성모, 운모, 성조를 학습할 때의 난점에 대해 분석하였다. 교사는 교수 과정에서 이러한 난점을 집중 공략하여 음성학의 원리를 이용하고 효과적인 교수 방법을 채택해야만 학생들이 발음 학습의 시간을 줄이고 좋은 학습 효과를 거둘 수 있다. 발음은 중국어 학습의 기초이므로 초급 단계의 발음 교육은 매우 중요하다. 따라서 이에 대해 충분한 인식을 할 필요가 있다.

---

34) [역주] '성조값 표시도'는 아래와 같다. 여기서 제1성을 陰平聲, 제2성을 陽平聲, 제3성을 上聲, 제4성을 去聲이라고 한다.

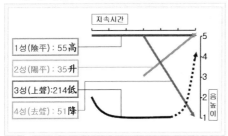

二. 음악과 중국어의 발음 교육35)

(一) 음악과 언어 속에 함축된 음악의 이치

언어와 음악은 밀접한 관계가 있다. 사람의 언어는 물리학의 각도에서 보면 악음(樂音)과 소음(噪音)으로 구성되어 있다.36) 그리고 발음 생리의 각도에서 보면 말소리는 모음과 자음으로 구성된다. 말소리 중 모음은 모두 '악음'이며 음악은 기본적으로 악음으로 구성된다. 민족마다 심지어 같은 민족이라도 지방 방언마다 각자 자신의 특유한 발음특징을 갖고 있다. 이것이 민족음악이나 지방음악의 특징에도 영향을 주게 된다. 작곡가들이 곡을 가사에 붙일 때 단어의 경중음이 음악의 경중음과 서로 맞아야 한다는 원칙을 따른다.37) 그리고 리듬 측면에서는 주로 어구 중의 중음절과 경음절이 번갈아 교체하여 비교적 강한 리듬 규칙성을 형성하는 등 언어적 요소가 음악 리듬에도 영향을 준다.38) 중국의 각지 방언은 민간 음악에서도 체현되고 있는데, 예를 들어 쩌쟝(浙江) 방언에는 입성(入聲)이 있어 현지 음악에도 입성이 존재한다. 샨시(陝西) 방언에는 제3성자가 매우 높게 발음되기 때문에 샨베이(陝北) 지역 민가는 종종 고음으로 제3성자를 노래하곤 한다.

음악의 가장 기본적인 요소는 바로 리듬과 음고(音高), 음색이다. 언어 가운데 중국어는 이러한 3요소를 모두 적절히 갖추고 있다.39) 리듬 측면에서 중국어는 단음절을 기초로 하는 언어로 일반적으로 한 음절이 하나의 한자이며, 이것으로 상대적으로 완벽한 하나의 개념을 전달한다. 그래서 모든 음절마다 상대적인 독립성이 있어 1음절 혹은 2음절, 3음절 등의 길이

---

35) 蔣以亮, <音乐与对外汉语的语音教学>, ≪汉语学习≫ 1999年 第3期.
36) [역주] '樂音'은 노래 소리나 악기소리처럼 일정한 음의 높이를 느낄 수 있고 귀에 좋은 느낌을 주는 소리인 반면 '噪音'은 이와 반대로 고르지 않아 좋은 느낌을 주지 않는 소리이다.
37) 赵元任, ≪赵元任歌曲选讲≫, 人民音乐出版社, 1981年版.
38) 杨荫浏, ≪语言与音乐≫, 人民音乐出版社, 1983年版.
39) 刘又辛, ≪汉语汉字答问≫, 商务印书馆, 1997年版.

가 다른 문장을 구성할 수 있고 또 문장 중 박자, 의미단위(sense group) 등 길이에 따른 휴지를 형성할 수도 있다. 아울러, 단음절 언어의 특징은 쉽게 악장의 박자를 조절할 수 있다는 것이다. 이처럼 복잡한 가사 형식과 잘 배합할 수 있는 한족(漢族)의 음악은 그 독특한 리듬 특징을 갖고 있다.

음고 측면에서 중국어의 성조는 선율형이라 고저, 승강, 평곡(平曲)의 기복 변화가 문장 중에서 음악 상의 선율적 요소를 체현해 낸다. 그래서 중국 작곡가들은 가사에 곡을 붙일 때, 종종 가사의 성조에 근거하여 곡조의 오르내림(高揚起降)을 결정하곤 한다. 이는 성조가 음악 내에서 현저하게 표현되고 있음을 나타낸다. 일반적으로 제1성은 평음, 고음과 조합시키고, 변화음의 경우 제2성자는 승조음(올라가는 음)과 어울리고, 제3성자는 강승조음(내려갔다 올라가는 음), 제4성자는 강조음(내려가는 음)과 어울리며, 경성자는 보통 단음(短音)과 어울린다(이것은 경성이 음 길이의 제약을 받는다는 이론과 서로 관련이 있다).

음색 측면에서 중국어의 음절구조는 가지런하고 획일적인 반면 성운의 색채가 풍부하고, 쌍성(雙聲), 첩운(疊韻), 첩자(疊字) 및 시가 압운(押韻) 등의 현상이 있다. 시사(詩詞)의 작자는 창작할 때 단음절 글자가 이동하기 편리하다는 특징을 이용하고 성운 상의 일부 변화를 운용하여 박자가 분명하고 평측(平仄)이 조화로운 문장을 써냄으로써 사람들이 읽었을 때 낭랑하게 입에 딱 붙게 되며 특히 문말의 압운은 음악상 동일 음색을 계속 반복하는 조화미를 갖도록 한다. 상술한 중국어의 특징은 민족음악의 특색에도 영향을 준다. 그래서 좋은 노래 가사 한 수는 문법이 가지런하고 음운이 조화로우며, 글자 발음이 우렁차고 문말 압운이 되어 있어 좋은 시의 특징들을 갖추고 있다. 이 외에 일부 가사는 또 문장을 중복하는 수법을 써서 음악의 과장적 효과를 증폭시키기도 한다.

이렇게 언어와 음악 간 밀접한 관계가 있음을 증명할 수 있으므로, 이 이론을 교육 현장에서도 응용할 수 있을 것이다.

(二) 음악을 통한 성조 교육

음악과 결합하여 중국어 성조를 교육하는 것은 외국 학생들의 중국어 학습을 도울 수 있는 효과적인 방법 중 하나이다.

외국인을 위한 중국어 교육에서 특히 완전 제로 수준의 학생들에 대해 우리는 3주 정도의 시간을 할애하여 발음 교육을 진행하게 된다. 그러나 실제 시행과정에서 그 효과는 항상 만족스럽지 못하다. 문제는 주로 성조 측면에서 나타나는데 이에 대해 林燾는 "중국어 발음을 정확히 배우는 관건은 성모나 운모에 있지 않고 성조 및 성조보다 더 높은 음운 층위에 있다."[40] 라고 말하기도 했다. 일부 학생들은 비교적 긴 시간을 들여야만 정확하게 성조를 습득할 수 있다. 비록 글자나 구의 성조를 습득했어도 일단 문장에서 전후 음절의 영향을 받아 성조 자질이 변화하고 성조가 변하는 현상을 직면하게 되면 어찌할 바를 모르고 결국 되는대로 하게 된다.

중국어의 성조는 음운 구조에서 가장 미묘한 성분이다. 성조의 조역(調域)은 상대적인 것이라 사람마다 혹은 동일한 사람이라도 시간의 차이에 따라 조역의 폭과 고저가 달라질 수 있다. 게다가 중국어의 각 조류(調類)는 자신의 주파수 범위를 갖고 있다. 그래서 제1성 [55]의 경우는 평조지만 [55]에 가까운 평조도 제1성으로 들릴 수 있다. 제2성 [35]는 승조이지만 [35]에 근접한 승조 또한 제2성으로 들린다.[41] 이렇게 성조를 감지하는데도 복잡한 문제가 있기 때문에 어조 언어를 모어로 하는 학생은 성조 습득에 어려움을 느낄 수밖에 없다. 따라서 성조 교수 과정에서 다음과 같은 내용을 충족시키는 교수법을 찾아야 한다.

i) 성조가 중국어 발음 학습에서 중요한 위치를 차지하고 있다는 사실을 가능하면 빨리 깨닫게 해줄 수 있어야 한다.

---

40) 林燾, <语音研究和对外汉语教学>, ≪世界汉语教学≫, 1996年 第3期.
41) 林燾·王理嘉, ≪语音学教程≫, 北京大学出版社, 1992年版.

ⅱ) 자신의 음고 체계를 가능하면 빨리 형성시켜 조역을 제어할 수 있게
하며, 성대가 각 성조를 발음할 때의 상황을 깨닫게 할 수 있어야
한다.
ⅲ) 정확한 중국어 성조를 발음하는 기술을 습득할 수 있게 해야 한다.

위와 같은 문제들이 바로 발음 교수의 수준을 향상시키기 위해 우선적으
로 연구해야할 과제라 할 수 있다.

전통적인 성조 교수 방법은 대개 오도제표조도(五度制標調圖)와 발음 모
방을 서로 결합한 후 '妈, 麻, 马, 骂'와 같은 성조 연속(連調) 모델을 확립하여
학생들이 수업이 끝난 후에도 스스로 학습하게 하는 것이다. 모방에 의존하
여 성조 연속 모델을 기억한다는 것은 곧 성조 연속 모델을 빌어 사성(四聲)을
기억하는 것인데 이 역시 성조를 학습하는 하나의 방법이 될 수는 있으나
학습의 주기가 길다. 특히나 학습자의 입장에서 보자면 이는 결국 '새로운
것'으로 '새로운 것'을 배우는 격이 되기 때문에 막연한 느낌을 피할 길이
없고 수업 후 연습에서도 누구의 말을 따라야 할지 모르는 상황이 되고
만다. 그 결과 발음 교육 단계가 끝났을 때 학생의 머릿속에서는 '사성'의
개념은 있으되 잘못 발음하게 될 수 있다. 赵金铭은 음에 대한 이치를 연구한
후, 성대 제어 훈련을 통해 학생들이 사성을 발음할 때 성대의 움직임을
파악할 수 있도록 해야 한다고 주장했다. 그리고 "그 목적은 바로 초학자
자신의 상대적인 음고 체계를 형성, 고정시키는 데 있다"라고 했다.[42] 그렇다
면 어떻게 해야 학생들에게 성대 긴장·이완의 변화를 이해시킬 수 있는가?

한편, 노래부르기 방법을 이용하여 성조 교육을 진행할 수도 있다. 사성은
대개 모음에서 실현되고 모음은 곧 악음(樂音)이다. 그리고 오선보는 세계적
으로 통용되는 것이므로 대부분의 학생들이 악보를 보는 능력이 있다. 罗常
培·王均(1957)은 북경어의 기본 조형을 언급할 때, "사성 중 가장 높은

---

42) 赵金铭, <从一些声调语言的声调说到汉语声调>, ≪第二届国际汉语教学讨论会论文集≫,
北京语言学院出版社, 1988年版.

음과 가장 낮은 음 사이에 총 12개 반음(대략 하나의 8도음을 차지한다)이 있으며 북경어의 기본 조형은 악보상에서 표현해 낼 수 있다"는 白滌洲의 연구 성과를 인용한 적이 있다.[43] 우리는 일찍이 미국, 오스트레일리아, 아일랜드, 스코틀랜드, 일본, 한국, 태국, 네팔, 인도, 피지, 잠비아 등 10여 개국 32명 학생을 대상으로 교육 실험을 진행한 바 있다. 그 중 나이가 가장 많은 학생은 47세, 가장 적은 학생은 19세였으며 그 구체적인 실험 방법은 아래와 같다.

1. 먼저 오도로 표시된 성조의 상대적 음고를 오선보 상에 옮겨놓는다. 사성의 가장 높은 음과 가장 낮은 음의 차이가 대략 8도라는 원칙에 따라, 제2성 35의 '3'을 악보 상에서 서로 대응하는 음을 계산한다. 먼저 제1성을 찾아 '5'(약보(略譜)[44])로 하고, 기저대역(基頻 baseband)과 반음의 환산 공식을 통해 추산하면 35의 '3'은 대략 '1'(약보)이 된다. 최근의 연구 성과에 따르면, 제3성의 곡절조(曲折調)를 '낮은음 자질'로만 표현하는 것으로 바뀌고 있는데 그 교육 효과가 비교적 좋은 편이라고 한다.[45] 따라서 사성은 약보로 하면 각각 5─, 15, 5─, 55로 표시할 수 있을 것이다(여기서 가리키는 것은 음악의 도움을 받아 사성을 교육하는 것이므로 성조의 '악보도(樂譜圖)' 와는 다른 것임을 밝혀둔다).

2. 교육 방법:
(1) 칠판에 오선보를 그리고 조를 C조로 정한다.
(2) 학생으로 하여금 허밍으로 오선보에 표시된 사성의 음을 흥얼거리게 하는데 고평음과 저평음을 낼 때는 될수록 길게 한다.

---

43) 罗常培·王均, ≪普通语音学纲要≫, 商务印书馆, 1957年版.
44) [역주] 숫자나 기호로 음계를 간략하게 나타낸 악보.
45) 林焘, ≪语音研究和对外汉语教学≫, ≪世界汉语教学≫, 1996年 第3期.

(3) 그런 다음 음악을 제거하고 사성을 흥얼거릴 때 성대가 활동하는 감각에 근거하여 반복 연습한다.

3. 교육 결과: 대부분의 학생들이 각 성조의 이치에 대해 기본적으로 제대로 이해할 수 있었다.

청감(聽感) 상의 기본 정확률은 제1성(陰平)이 100%, 제2성(陽平)이 84%, 제3성(低平)이 84%, 제4성(去聲)이 50%였다. 그 중 한 학생만 발음이 정확치 않았는데, 제1성만을 정확히 발음했고 기타 세 성조는 많이 틀렸다. 발음 교육 단계가 끝난 후, 그 학생을 제외한 다른 학생들은 기본적으로 정확한 성조를 발음할 수 있었다.

4. 결과 분석: 오선보를 이용해 성조를 교육했을 때, 성조 교육에서 난점으로 꼽히던 '低平'(제3성)을 제대로 발음할 수 있었다. 즉, 학생들은 저평을 발음할 때의 성대 감각을 비교적 빠르게 찾을 수 있었고, 고평, 저평의 위치를 확정함과 동시에 조역 또한 잘 확정할 수 있었다. 이것은 '초학자 자신의 상대적인 음고 체계를 형성시키는 데 있어' 매우 유리한 작용을 한 것이다. 동시에 학생들은 이미 익숙한 음악 지식을 이용하여 새로운 지식을 습득했다. 이로써 자신감도 늘었고 방과 후 연습도 더 용이해졌다. 그리고 학생들이 이렇게 사성을 발음하는 방법을 습득한 뒤에는 자신의 발음이 정확한지 판단할 수 있게 되어 스스로 교정하는 능력도 향상되었다.

그러나 50% 정도의 학생들이 제4성을 발음할 때 여전히 어려워했다. 제4성을 발음할 때는 성대를 갑자기 긴장시켰다가 서서히 이완해야 한다. 그런데 우리가 '55'(약보) 음을 흥얼거리는 방법으로 제4성을 배웠을 때 '성대를 갑자기 긴장시키는' 이런 동작이 없었다. 그래서 학생들은 이 원리를 잘 깨닫기 어려웠던 것이다. 나머지 학생들이 제4성을 비교적 정확하게 발음할 수 있었던 까닭은 자신들이 교사의 발음을 모방하는 능력이 좋았던 것도 있지만 그들이 제4성을 발음할 때 성대의 움직임을 주의 깊게 관찰했다는 사실을 배제할 수 없다. 반면, 학생들의 제2성 발음은 비교적 양호했다. 제2성을 발음할 때 성대는 이완도 긴장도 아닌 상태에서 긴장으로 가기 때문에 학생들은 '15'(약보)를 흥얼거리는 과정에서 이 발음 과정을 이해할 수 있었던 것이다.

(三) 운복(주요모음)의 발음 훈련

음절을 불분명하게 발음하는 것 또한 글자를 정확하고 부드럽게 발음할 수 없는 또 하나의 원인이 될 수 있다. 음절을 분명치 않게 발음한다는 것은 성모와 운모 및 성운모 간의 협동 발음 등에 문제가 있다는 것이다. 음성학적 각도에서 말하면, 운모는 전체 음절의 발음되는 소리 가운데 가장 긴 시간을 차지하고 성모보다도 길며 그 울림정도(響度)가 비교적 크다. 따라서 듣기와 말하기에서 운모는 항상 가장 현저하게 나타난다. 그리고 운모에서는 또 운복(韻腹, 주요모음)이 가장 긴 시간을 차지하고 그 울림정도 또한 가장 크다. 이에 음절을 정확하게 발음하는가의 여부는 주로 운복 발음의 정확도에 달려 있다고 말할 수 있다. 외국 학생들은 모어의 영향을 받아 단운모를 학습할 때 음색이 불안정하다. 그리고 운복 학습에서 나타나는 가장 주요한 문제는 바로 운복 발음의 폭이 충분치 않고 다소 이완되어 제대로 발음되지 못하고 개음이나 운미에 비해 완벽하지가 않다는 점이다. 특히 발음의 난점이 되고 있는 전후비음운모의 경우, 발음상의 오류가 단지 운미에서만 나타나는 게 아니라 운복이 온전치 못한 것에서도 나타나고 있다.[46] 이러한 발음 오류를 교정할 때 완전히 낭독에만 의존하게 되면 더 어려워진다. 왜냐하면 말할 때는 발음의 속도가 비교적 빠르기 때문에 운복의 발음을 집중적으로 훈련시킬 수 없기 때문이다. 게다가 덮어놓고 학생들에게 힘든 훈련만 시키면 대부분의 학생들이 버티기 어려워한다.

---

46) 朱川, 《汉语语音学习对策》, 语文出版社, 1997年版.

'노래 부르기' 방법으로도 학생들의 운복 발음 능력을 향상시킬 수 있다. 같은 글자라 해도 노래 부를 땐 더 긴 박자나 변화음에 맞춰 하기 때문에 말할 때보다도 과장되게 발음할 수 있다. 노래를 부를 때는 곡조를 원활하게 조절하고 글자와 소리를 다 융합하기 위해 운복을 최대한 늘일 수밖에 없기 때문이다.[47)]

이와 관련하여 다음과 같은 교육 실험을 진행한 바 있다.

○ 실험 대상: 중국에서 반년 간 중국어를 배운 일본 학생 8명.
○ 조사 내용: 운복 ü, u, a(an)의 발음 상황.
○ 실험 과정: 중간고사 전에는 낭독으로 발음을 교정하는 방법을 선택하고, 중간고사 후에는 노래를 배워 발음을 교정하는 방법을 선택함.
○ 조사 자료: 녹음테이프 [(1) 개학초 '자기소개' 부분 수업 활동, (2) 중간고사 구두시험 단문 낭독 및 그 대답 부분, (3) 기말고사 구두시험 단문 낭독 및 그 대답 부분, (2) (3)은 시험 전에 준비 시간을 주지 않음.]

선택한 노래는 《长江之歌》이다. 아래에서 노래 속에 포함된 관련 운복의 어휘를 열거한다. 학생들이 중국어 발음의 개구도에 적응하도록 하기 위해 특히 a음의 훈련을 강화하는데 전설성의 a뿐 아니라 후설성의 ɑ도 정확한 발음으로 향상시켜야 한다. 아래 괄호 내의 왼쪽 숫자는 노래 속에서 차지하는 박자이고 오른쪽 숫자는 노래 속에서 출현하는 횟수이다.

ü 去(3, 2), 女(4, 1)
u 土(4, 1), 乳(2, 1), 哺(1.5, 1), 无(1, 2), 母(1, 2)
a (1) 중앙저 啊(4, 2), 大(1, 1)
  (2) 전설저 来(4, 2), (1, 1), 海(3, 1), (1, 1), 采(3, 1), 概(3, 1), 代(3, 1),

---

47) 鄭子玲, 《歌唱语音训练》, 人民音乐出版社, 1996年版.

埃(3, 1), 外(3, 1), 怀(3, 1); 赞(1, 2), 山(1, 1), 甘(1, 1), 灌(1.5, 1), 挽(1.5, 1); 泉(3, 2), 源(1.5, 2), 远(1, 1)

(3) 후설저 江(4, 1), (3, 5), 长(2, 4), (1, 2), 膀(2, 1), 量(2, 1), 荡(1, 1)

각 단계의 평균 정확률은 아래와 같다. (*표시는 예시 글자)

	개학초	중간	기말
ü	64%	73%	90%
*去	48%	71%	100%
u	63%	69%	85%
*不	60%	74%	94%
an	60%	74%	79%
*看	33%	44%	72%

결과분석은 아래와 같다.

(1) 노래 부르기를 통해 ü 음을 교정한 평균 정확률은 90%에 달한다. 일본 학생들은 i를 발음하는 것이 비교적 쉬운 편인데다가 ü는 i와 혀의 위치가 비슷하고 단지 입술 모양만 다르기 때문이다. 발음이 부정확한 이유는 발음 요령 자체를 습득하지 못했거나 성모 발음의 영향을 받았기 때문이다. 한 음절을 읽어낼 때 대개 성모의 발음부위와 발음방법이 주를 이루고 운모는 입모양만 취하게 된다. 만약 학생들이 성모에 너무 집중하면 분명 운모의 발음에 영향을 주게 될 것이다. 그리고 이러한 현상은 여러 음절을 연이어 발음할 때 더 쉽게 나타나기도 한다. 예를 들어 두 학생이 gu의 발음을 읽을 때는 정확했지만 ku는 [kɯ]로 발음하였다. [k]는 일본어에서 유기음으로 읽지만 이때 기류가 비교적 약하다. 그런데 학생이 [k]를 발음할 때는 기류를 내보내고 후두 동작을 크게 하는데 신경을 쓰느라 u 음이 원순이라는 것을 미처 생각지 못해 자연스럽게 모어에 있는 [ɯ]로 대체하게 되는 것이다. 이외에 u는 설첨후음인 zh, ch, sh와 서로 결합할 때 주의력을

과도하게 성모 발음에 집중하는 현상이 나타난다(여기선 성모 자체의 발음 오류는 언급하지 않는다).

(2) 평균 정확률의 수치에 근거해 볼 때, '노래 부르기'의 방법으로 an의 발음을 교정하는 것이 낭독으로 하는 것보다 10% 정도밖에 높지 않았다. 이것의 주요한 원인은 실험 자료의 난이도에 차이가 있기 때문이다. 예컨대 '张三', '怎么办' 등은 음운 환경의 영향을 받는 난이도가 비교적 높은 단어들이며 단지 실험3의 자료에서만 출현한다. 음운 환경이 같고, 난이도가 비교적 높은 동일한 어휘에 대해서는 노래 부르기 교정법의 효과가 낭독보다 분명히 좋게 나타난다. 당연히 문제도 존재하는데, 주로 쌍음절 어휘의 제2음절의 발음에 나타나고 있다. 예를 들어, zhāngsān을 hāngsāng으로, nǐkàn을 nǐkàng으로 발음하고 있으나 동일한 an 이라도 sānnián, kànshū 에서는 정확히 발음하고 있었다. 이것의 원인을 세 가지로 볼 수 있다. 첫째, 앞 음절 후비음 운미에서 혀의 위치가 후설성이라 뒤 음절을 발음할 때 혀의 위치가 아직도 뒤에 가 있어서 학생들은 자연스럽게 모어의 ɑ로 뒤 음절 속 모음인 전설성 a를 대체하게 된 것이다. 이로써 전비음 운미 역시 후비음 운미로 발음하게 되었다. 둘째, an은 비교적 발음하기 어려운 음인데 만약 앞 음절에 놓으면 학생들이 쉽게 주의를 하여 충분히 준비하게 되나, 뒤 음절에 놓으면 학생들이 어려워했던 k 류처럼 학생들의 주의력이 분산된다. 특히 설근음의 영향을 받아 쉽게 전설성 a를 모어의 ɑ로 발음하게 되고 전비음 운미를 후비음 운미로 발음하게 되는 것이다. 셋째, 일본어의 '撥音'[48]인 'ん(n)'이 단어 끝에 올 때는 [ŋ] 발음보다도 더 후설성의 발음이 되는데 학생들은 모어의 영향을 받아 전비음 운미를 후비음 운미로 발음하게 되는 것이다. 또 일본어의 '促音'[49] 또한 학생들 발음에 '부정적 전이(일명 모어간섭현상(负迁移作用))'를 일으킨다. 그래서 zěnmebàn을 읽을 때 'me'가 경성이지만 학생들이 경성에 익숙하지 않아 '促音'으로 대체하여 'me'를 짧고 급하

---

48) [역주] 이것은 일본어의 발음 방법 중 하나로 'ん'의 음을 의미하며 튀기듯이 발음하는 것을 말한다('daum사전' 참조).

49) [역주] 일본말 발음에서 막히는 듯한 소리(음). 보통 'はっきり' 'ラッパ' 등과 같이 'っ' 'ッ'로 나타냄('daum사전' 참조).

게 읽게 된다. 그러면 발음이 끝난 후에도 발음 기관은 잠깐 동안 느슨해지다가 갑자기 긴장하여 뒤의 음인 'b'를 발음하게 되므로 bàn을 bàng으로 발음하게 되는 것이다.

녹음 자료에서도 알 수 있듯이 어떤 학생은 노래 부르기 연습을 통해 후설성 ɑ와 전설성 a를 일부 음절 내에서 중국인과 구별이 안 될 정도로 발음했다. 예를 들어 zhàn, zhào가 그렇다. 이십 년에 가까운 음성 연구의 성과로부터 보면, 인두(咽腔, Pharynx) 역시 발음 생성 기관의 한 구성성분이라고 한다. 이는 구강과 마찬가지로 가변적인 공명 기관 역할을 한다. "인두의 넓고 좁음은 목소리의 울림정도 및 음색의 변화와 밀접한 관련이 있다." 그리고 "혀와 인두는 연결되어 있어 혀가 앞으로 뻗어지면 인두가 확대되고, 혀가 뒤로 수축되면 인두가 좁아진다."[50] 예를 들어, ao를 발음할 때 인두를 포함한 후강(後腔)이 작아지고 인두의 근육이 긴장을 하게 된다. "노래 부르는 언어와 말하는 언어의 최대 차이점은 바로 노래 부르는 언어의 운모 형성 위치가 구강이 아니고 인두라는 점이다."[51] 따라서 인두 근육이 노래 부르는 도중 훈련을 받게 된다면 학생들이 정확하게 음운을 발음하는 데 도움이 된다고 볼 수 있다.

노래 부르기를 통해 운모 발음을 훈련하면 단순히 낭독에 의존하는 것보다 효과가 확실하다. 만일 성모가 어려운 발음이라면 성모와 운모를 같이 발음할 때 음절 독음 효과가 비교적 큰 영향을 받게 될 것이다. 이것은 음절 명확도를 향상시키기 위해 반드시 해결해야 할 또 하나의 문제이다.

위의 내용을 종합해 볼 때, 음악을 음운 교육에 이용하면 교육 과정을 우수하게 만드는 긍정적인 작용을 하고 있음을 알 수 있다.

---

50) 周殿福, ≪艺术语言发声基础≫, 中国社会科学出版社, 1980年版.
51) 鄭子玲, ≪歌唱语音训练≫, 人民音乐出版社, 1996年版.

三. 성조 교육의 개혁에 관한 탐색[52]

중국어는 성조가 있는 언어이다. 그런데 중국어를 학습하는 유학생들의 모어는 일반적으로 성조가 없는 언어이기 때문에 성조는 절대다수 유학생들이 중국어 발음을 습득하는 데 있어서 최대의 장애가 된다. 외국인을 위한 중국어 교육에서 성조 교육이 줄곧 발음 교육의 중요 단계가 되어 왔지만 그 효과는 그다지 이상적이지 않았다. 이 점은 중국어의 발음 교육 특히 성조 교육에 대해 반성할 필요가 있음을 시사한다. 따라서 아래에서 다음과 같은 두 가지 문제에 대해 살펴볼 것이다. 첫째, 성조 교육의 효과가 좋지 않은 근본적인 원인은 과연 무엇인가? 둘째, 성조 교육을 어떻게 개선하여 교육 효과를 높일 것인가?

(一) 중국어 성조 교육에서의 문제점

대다수 유학생들에게 있어서 성조는 중국어 발음 학습의 최대 난점이다. 그리고 이 문제는 중국어 학습의 전 과정에 걸쳐 존재한다. 성조는 중국어 교육의 핵심으로 기초 중국어 초기 단계에서부터 전력을 다해 가르쳐야 하고 많은 시간을 들여 훈련시켜야 한다. 그리고 이후의 교육 과정에서도 성조 오류 교정은 교사가 지속적으로 포기해서는 안 되는 일이라 할 수 있다. 발음 교육 연구 가운데에서도 성조 교육은 줄곧 연구의 핵심이 되고 있다. 전문가들은 성조 교육의 난점을 해결하고 성조 교육의 효과를 높일 해결책을 찾길 희망하고 있다. 그러나 모두가 열심히 노력하고는 있지만 그 효과는 여전히 이상적이지 않고, 성조는 지금까지도 교사와 학생 모두를 곤혹스럽게 만드는 문제가 되고 있다. 그래서 수년 간 중국어를 배운 유학생이라 해도 그들이 말하는 중국어는 외국인이 흉내 내서 배운 티가 여전히 난다.

---

52) 关键, <声调教学改革初探>, ≪语言教学与研究≫, 2000年 第4期.

성조를 가르치기도 어렵고, 배우기도 어려운 것은 학습자들의 모어에 성조가 없다는 사실이 가장 큰 원인이다. 이것은 학습자 측면의 원인인데 이 방면의 전문가들 대부분이 줄곧 이 점을 강조하고 있다. 그렇다면 중국어 성조 교육 그 자체에는 문제가 없는 것일까? 성조 교육에도 세 가지 취약한 측면이 존재한다. 첫째는 교육 계획이 취약하고, 둘째는 교재가 취약하고, 셋째는 교수 수단이 취약하다.

교육 계획의 취약은 발음 교육, 특히 성조 교육에 층위성과 순서성의 결여로 나타난다. 비록 외국인을 위한 중국어 교육계가 지금까지 발음 교육을 중시해오고는 있지만 그 발음 교육은 층위성과 순서성이 결여되어 있다. 문법 교육과 어휘 교육은 일찍부터 등급요강을 마련하였으나 발음 교육은 이에 상응하는 등급요강이 없고 교육의 내용, 범위, 요구 및 목표가 모두 불명확하다. 음운은 언어의 껍데기이다. 표면상으로 볼 때, 몇 십 개의 성모, 운모가 있고 네 개의 성조가 있으며 일부 변조도 있다. 게다가 이것은 또 어휘나 문법처럼 그렇게 복잡하지도 않아서 요강을 제정하는 데 많은 어려움이 있다. 그러나 음운은 언어의 중요 구성요소이자 언어 교육의 중요 구성성분이기 때문에 그에 상응하는 교육요강, 교육 목표와 교육 수준이 있어야 한다. 구체적인 교육요강, 교재 편찬, 교육의 기타 단계에 대한 계획과 목적을 수립해야 교육이 층위성을 갖출 수 있고, 순서에 따라 진행될 수 있다.

郭锦桴이 "외국인을 위한 중국어 교육에서 성조와 어조 교육이 취약한 중요한 원인 중 하나는 실용성이 강한 중국어 성조와 어조를 중심으로 하는 언어 교재가 없기 때문이다. 우리에게는 중국어의 특색을 부각시키는 기초 교재가 절실하다."[53]라고 말했듯이 중국어의 발음 특색을 부각시키는 교재도 없고, 기존 교재의 성조 부분 역시 그다지 만족스럽지 못한 상황이다. ≪基础汉语课本≫, ≪实用汉语课本≫, ≪初级汉语课本≫, ≪汉语初级教程≫

---

53) 郭锦桴, ≪汉语声调语调阐要与探索≫ 北京语言学院出版社, 1993年版.

등은 1980년대부터 지금까지 비교적 많이 사용되고 영향력도 큰 교재들이다. 이들 교재의 음운 부분은 대동소이하여 제1권의 앞 몇 십 과에서는 발음을 집중적으로 가르치는데 주로 중국어의 성모, 운모, 성조와 성운배합을 다루고 있다. 성조에 대해서는 모두가 제1, 2과에서 소개하고 있다. 먼저 중국어에 4개의 성조가 있음을 설명하고 다시 오도표기법으로 네 성조의 성조값을 명시하고, 마지막으로 중국어 성조의 역할을 설명하고 있다. ≪实用汉语课本≫(제1권 p.7)에서는 다음과 같이 소개한다.

> 중국어는 성조가 있는 언어이다. 성조는 의미를 구별하는 작용이 있으며 같은 음절이라도 성조가 다르면 의미도 달라진다. 북경 발음에는 네 개의 기본 성조가 있다. 각각 성조부호 '―(제1성), /(제2성), ∨(제3성), ＼(제4성)'으로 표시한다.[54]

그 뒷부분의 성조와 관련된 내용으로는 성조 표기법, 변조 및 성조 변별 연습 정도뿐이다. 모어에 성조가 없는 학생들에게 성조는 낯선 대상이므로 성조에 대한 인식이 희박한데 교재에서 성조에 대한 소개 및 설명이 너무 적다. 이 몇 마디 말로는 중국어의 성조가 어떤 것인지, 성조와 어떤 발음기관이 관련이 있는지, 중국어의 네 개의 성조는 어떻게 형성되었는지 등에 대해 전혀 알 수가 없다. 학생들이 중국어 성조에 대해 체계적이고 이성적 인식이 없는데 어떻게 중국어의 성조를 잘 습득할 수 있겠는가? 어떤 이는 처음 중국어를 배우는 학생에게 음운 지식을 설명하는 것은 현실적이지 못하다고 말한다. 그러나 성모, 운모의 소개와 설명에서는 음운 지식이 다 나오고 용어도 많이 나오는데 왜 성조 소개의 방법만은 달라야 하는가? 우리는 성조의 학습과 관련하여 유학생들을 대상으로 조사를 한 바 있다. 조사 대상은 64명으로 프랑스 4명, 미국 3명, 페루 1명, 독일 1명, 이탈리아 1명, 체코 1명, 슬로바키아 1명, 터키 1명, 뉴질랜드 1명, 한국 17명, 일본

---

54) 刘珣 等, ≪实用汉语课本≫, 商务印书馆, 1986年版.

28명, 북한 5명이고, 그들의 연령은 19세~50세이다. 중국어 학습 시간은 6개월~7년 사이이다. 중국어 수준이 가장 높은 대상자는 8급이다.[55] 조사결과는 〈표 1-2〉와 같다.

〈표 1-2〉

어떤 방법을 통해 성조를 배웠는가?		성조의 발음기관		사성 발성 방법의 구별	
교재	교사	안다	모른다	안다	모른다
0	64	3	61	2	62

　　모든 조사 대상자들은 교재를 통해서는 중국어의 성조가 무엇인지 알 수 없었고, 중국어 교사를 따라 모방함으로써 성조를 배웠다고 밝히고 있다. 중국어 성조의 발음기관에 대해 아는 3명의 학생 중 1명은 외국어 교사이기 때문에 음성학을 배운 적이 있어서 안다고 하였고 나머지 둘은 스스로의 느낌으로 익혔다고 한다. 학생들은 이렇게 교재를 통해서는 중국어의 성조에 대해서 전면적으로 이해하지 못하고 있는 상황인데, 이것이 바로 기존 교재의 최대 결점인 셈이다.

　　교재의 취약과 밀접한 관계가 있는 것이 바로 교수법의 취약이다. 각 교재들은 성조 지식에 대한 소개와 설명이 모두 간단하다. 그리고 성조의 특징에 대해서도 단지 오도표기법만을 채용하여 네 성조의 조형(調型)을 설명하고 있다. 그래서 대다수의 교사들은 교수 과정에서 종종 손동작을 채택해 학생들이 중국어 성조의 조형 특징을 인식하고 이해하도록 돕는다. 이러한 교수 수단은 비록 형상적이고 일정한 기능을 발휘하긴 하지만 이러한 방법으로는 중국어 성조의 가장 본질적인 문제를 설명할 수가 없다. 외국인들이 성조를 배울 때 가장 먼저 중국어의 성조가 도대체 무엇인지,

---

55) [역주] 舊HSK상으로 8급이며, 이는 중급수준에 해당한다. 新HSK의 5급 최고치에 해당한다.

어떻게 이 성조들을 발음해야 하는지 알고 난 다음 각 성조는 어떠한지(즉 오도표기법이 표시하는 것)를 알아야 한다. 오도표기법과 이에 상응하는 손동작을 통해 중국어 '성조를 발음한 이후의 결과'에 대해서는 충분히 형상적으로 설명할 수 있다. 그러나 '성조가 어떻게 발음되는지'는 설명할 수 없다. 그래서 학생들은 성조가 도대체 어떻게 발음되는 것인지, 어떻게 해야 발음된 성조와 손동작이 서로 일치하는지에 대해 잘 모른다. 학생들에게 성조를 가르칠 때 교사도 손동작을 보조로 하고, 학생도 손동작을 사용하여 성조를 배우는데도 학생이 제2성을 발음할 때 손동작은 아래에서 위로 올라가는데 정작 실제 발음은 위에서 아래로 내리는 경우를 종종 발견하게 된다. 교수 수단 측면에서 중국어의 네 개의 성조가 어떻게 발음되는지 학생에게 이를 이해시킬 수 있는 방법을 찾지 아니하고 단지 손동작에만 의지하여 네 성조의 조형 특징을 명시하는 것은 결국 소기의 교수 효과를 달성하지 못한다는 사실이 이를 통해 증명되고 있다. 또 많은 사람들이 소개하고 있듯이 음절의 연속에서 성조를 가르치는 방법 역시 중국어의 성조가 어떠한지를 해결할 수는 없다. 그렇다면 어떻게 해야만 교수 과정에서 학생들에게 성조의 조형 특징을 형상적으로 가르치면서 또 학생들이 모든 조형의 성조를 정확하게 발음하도록 이해시킬 수 있겠는가? 이는 교수법 측면에서 시급히 해결할 필요가 있는 문제이다.

(二) 성조 교육의 개혁 및 시도

성조 교육을 잘 하고 성조 교육의 효과와 효율을 높이려면 교육 계획, 교재와 교육 방법, 교육 수단 등 각 방면에서 전방위적인 개혁을 진행해야 효과가 나타난다.

먼저 교육 계획 측면을 보면, 가능하면 빨리 음운 교육 등급 요강을 제정하여 음운 교육에서도 규칙, 층위, 목표를 설정해야 한다. 그리고 성조 교육이 쉬운 것에서 어려운 것으로, 단순한 것에서 복잡한 것으로 순서에 따라 점차 나아가고 교육 과정 중의 단순성이나 모호성이 나타나지 않게 해야 한다.

교재 편찬 측면에서는 성조 교육 부분의 내용을 더 증가시켜서 학생들이 교재만으로도 충분히 성조에 대해 이해하고 성조의 특징과 발음 원리 등에 대해서도 알 수 있게 해야 한다. 이 방면에서 해외에서 출판된 중국어 교재를 참고할 만한 가치가 있다. Joel Bellassen과 張朋朋이 함께 쓴 'Méthode d'Initiation à la Langue et à l'Écriture Chinoises(중국 언어 문자 입문)'는 프랑스에서 가장 영향력 있는 중국어 교재이다. 이 교재에서 성조 부분이 발음 부분의 거의 3분의 1을 차지하고 있다. 중국어 성조의 의미구별 작용을 설명하는 것 외에도 모든 성조의 발음에 대해 간단한 소개를 하고 있다. "제1성은 고조(高調)로 발음할 때 계속 높고 변화가 없이 해야 한다", "제2성은 승조(昇調)로 낮은 데서 높은 곳으로 올라가며 짧고 빠르다. 마치 불어의 의문문 'hein?'과 같다", "제3성은 저조(低調)로 굽어지며 변화를 한다", "제4성은 강조(降調)로 높은 데서 낮은 데로 내려가는데 시작할 때 아주 높았다가 빠르게 내려간다. 마치 불어의 감탄문 'na!' 'non!'과 같다"[56] 이렇게 하면 학생들이 중국어의 성조에 대해서 이해할 수 있고, 비교와 대조를 통해 차이점도 인식할 수 있다. 그 효과는 단순히 오도표조법으로 중국어 네 성조의 조형을 설명해주는 것보다 훨씬 크다.

교육 방법과 교육 수단의 개선 역시 성조 교육을 향상시키는 관건이 된다. 먼저 중국어의 성조가 무엇인지 또 정확하게 모든 성조를 발음할 수 있는 발음 콘트롤 구역이 어디인지 분명히 해야 한다. 중국어를 배우는 외국인은 대다수가 성인이다. 그들이 외국어를 학습하는 것은 아동이 모어를 학습하는 것과 크게 차이가 있다. 아이가 모어를 배우는 루트는 주로

---

56) Joe Bellassen, 張朋朋의 "Méthode d'Initiation à la Langue et à l'Écriture Chinoises", La Compagnie 1990年版.
   [역주] 우리나라 교재에서도 이와 비슷한 방법으로 성조를 설명하곤 한다. 예컨대 제1성은 "야호!"로, 제2성은 "뭐?"로, 제3성은 "꺼억!"으로, 제4성은 "네!"로 설명한다.

모방에 의해서이나 성인은 그렇지가 않다. 성인이 외국어를 학습할 때는 주로 이성적 사고를 통해야 하고 모어와의 비교를 통해 그리고 목표어의 사용 규칙에 대한 귀납정리를 통해 이루어진다. 呂必松은 다음과 같이 말했다. "한 언어를 익히는 것은 이해, 모방, 기억과 강화라고 하는 몇 가지 단계를 거쳐야 한다. 이해는 학습하고자 하는 언어 현상의 의미를 이해하는 것으로, 이것은 언어 현상을 익히는 전제 조건이 된다. 제1언어를 배우든 제2언어를 배우든, 언어 현상을 이해하지 못하면 제대로 배울 수가 없다."[57] 즉 단순히 모방만을 통해 성조를 학습하는 것으로는 부족하다는 것이다. 비록 현재 절대 다수의 외국 학생들이 모방을 통해 성조를 배우고 있지만, 중국어 성조에 대해 잘 이해하지 못하기 때문에 그들이 중국어 성조를 발음할 때 자신의 기준대로 해버리곤 한다. 그리고 부정적 전이현상이 발생하면 성조의 정확성에 영향을 줄 수가 있다. 많은 학생들이 중국어 성조가 도대체 무엇인지 잘 모르기 때문에 그들은 종종 중국어의 성조를 모어의 '어조'와 연관시키곤 한다. 다음과 같은 미국의 한 학생의 말이 이것을 잘 설명해주고 있다. "내가 생각하기에 중국어의 제2성은 영어의 'hello' 뒤의 상승 어조와 비슷하다. 제2성의 발음이 잘 안 될 때, 나는 이 단어로 비교를 하여 손을 목구멍 부분에 대고 느끼곤 한다." 조사에 따르면 모든 학생들이 모어나 그들이 배운 기타 언어의 어조를 가지고 중국어의 성조를 감지해내며 양자를 동일한 것으로 본다고 한다.

학생들이 어떻게 성조의 발음 원리를 정확하게 습득하도록 만들 것인가? 程美珍·赵金铭은 성조를 물리·생리학적으로 설명이 가능하다고 보고 있다. 물리학적으로 해석하면 "성조의 변화는 주로 음고(音高)에 의해 결정되고", 생리학적으로 해석하면 "성조는 성대 긴장과 이완의 변화이다. 성대가 이완되면 발음이 낮고, 성대가 긴장되면 발음이 높은 것이다."[58] 또 李明은

---

57) 呂必松, 《华语教学讲习》, 北京语言学院出版社, 1992年版.
58) 程美珍·赵金铭, <基础汉语语音教学的若干问题>, 赵金铭 等 主编 《语音研究与对外汉语教学》, 北京语言文化大学出版社, 1997年版.

다음과 같이 말했다. "교육 과정에서 우리는 먼저 학생이 중국어 성조가 무엇인지, 그것은 어떤 작용이 있는지 잘 이해하게 해야 한다. 성조의 성질은 음고의 변화에 의해 결정되며 음고의 변화는 성대의 긴장도에 의해 결정된다."[59] 이들의 주장에 따라 학생들에게 성대의 긴장여부가 중국어 성조의 변화를 결정한다고 말해주는 것이 가장 중요하다. 중국어 발음의 연구는 최근까지 많은 성과를 거두어 왔다. 특히 연구 작업의 현대화로 그 연구 결과 역시 현대화 연구에 걸맞게 도출되고 있다. 다만 외국인을 위한 중국어 교육의 특징과 잘 결합하여 이를 충분히 흡수하거나 이용하지 못하고 있다는 것이 아쉽다.

전문가들의 기존 연구 성과를 기반으로 하면 성조 교수법을 효과적으로 개선할 수 있다. 성조란 음고에 의해 결정되고 음고의 변화는 성대의 긴장도에 의해 결정된다는 이 성조 발음 원리에 따라, 성조를 가르칠 때 '성대 긴장 조절'을 핵심으로 삼아 학생들에게 중국어 성조와 성대의 관계성을 이해시켜야 한다. 그래서 학생들에게 손을 목젖 있는 곳에 대고 느끼고 체험하게 해야 한다. 제1성을 발음할 때 평조의 발음은 어려운 것이 아니나 고조(高調)의 발음이 어렵다. 이 성조를 발음하기 전에 성대를 긴장시켜 성대의 위치가 올라가는 것을 느낄 수 있고 그런 다음 평조를 발음하면 발음 과정에서 성대 위치가 변하지 않게 된다. 제1성을 다 가르친 다음엔 순서에 따라 제2성을 가르치는 것이 아니라 강조(降調)를 가르쳐야 한다. 이때 제1성을 발음할 때와 마찬가지로 먼저 성대를 긴장시킨다. 그런 다음 성대를 이완시켜 발음하면 강조인 4성이 된다. 제1성과 제4성의 기초 위에 계속해서 제2성을 가르친다. 제2성을 발음할 때 성대를 점차적으로 긴장시키면 성조는 낮은 데서 높은 데로 올라가는 승조(昇調)가 된다. 마지막으로 제3성을 가르친다. 제3성의 문제는 성조값이 얼마냐에 있는 게 아니라 그것이 일종의 곡절조(曲折調)라는 것에 있다. 이 성조를 발음할 때 성대를 먼저

---

59) 李明, <对外汉语教学中的难音辨析>, 赵金铭 等 主编 ≪语音研究与对外汉语教学≫, 北京语言文化大学出版社 1997年版.

이완시키는데 이 과정은 짧다. 그런 다음 성대를 긴장시킨다. 이렇게 성대를 먼저 이완하다가 긴장시켜 먼저 하강하다가 이어서 상승하게 되는 것이다. 이때 성대의 긴장 정도는 이 성조의 조류(調類)에는 영향을 주지 않고 단지 성조값에만 영향을 준다. 이렇게 성대를 이완시켰다가 긴장시키는 동작을 하게 되면 이때 나오는 성조는 제2성의 승조나 제4성의 강조와는 구별이 된다. 따라서 학생들에게는 중점을 성대의 긴장 정도에 두게끔 하지 말고 학생들이 성대가 먼저 이완했다가 나중에 긴장하는 연결과정에 주의하게 해야 한다. 필자는 이와 관련한 실험을 진행한 바 있다. 두 개의 제로 수준 반에게 각기 다른 교육 방식을 적용하였는데, A반은 새로운 방법을 채택하여 가르치고, B반은 원래의 방법으로 가르쳐 1주일(20시간)후 성조 발음과 발음 변별 상황을 관찰하였다. 그 결과 A반은 성조의 발음과 변별 정확도가 모두 B반보다 현저히 높았다. A반 성조 발음의 정확률은 제1성, 제4성이 거의 100%에 가까웠고, 제2성은 95%, 제3성은 83%에 가까웠다. 네 성조의 변별 상황 역시 정확률이 100%에 가까웠다. 이에 반해, B반의 성조 발음 정확률은 제1성이 75%, 제2성이 55%, 제3성이 39%, 제4성이 69%였고, 변별 정확률은 제1성이 72%, 제2성이 63%, 제3성이 41%, 제4성이 79%였다. 실험이 비록 개별 사례라는 한계가 있으나 새로운 교육 방법이 효과가 있음을 보여주고 있다.

(三) 결어

현재 중국어의 성조 교육은 기본적으로 여전히 정태적 교육 수준에 머물러 있다. 성조 교육에서 학생들에게 매 글자의 성조를 잘 발음하게 하는 것만으로는 부족하다. 郭錦桴는 다음과 같이 언급하였다. "유학생들에게 성조를 가르치는 일에서 중요한 것은 그들이 중국어의 '성조의식'을 형성하게끔 만드는 일이다. 즉, 그들의 언어 중추에 성조의 명령-반응 시스템과 피드백-수용 시스템을 건립하는 것이다."[60] 성조와 관련이 있는 문제는 많이 있다. 여기에는 성조와 어조의 관계, 조어법에 대한 영향 등이 있는데 이러한 측면은 그다지 주목을 받지 못했다. 그러나 이것들은 학생들의 중국어 성조 의식을 배양시키는 데 있어서 매우 중요하다. 학습자가 학습 과정에서 정확한 중국어 성조 의식을 점진적으로 배양해야만 중국인이 하는 중국어처럼 말할 수 있는 것이다. 현재 성조 교육은 이제 막 시작 단계로 접어들었다. 여기에 직관적인 교육 프로그램이 추가된다면 성조 교육은 한 층 더 발전하게 될 것이다. 따라서 성조 교육의 개혁 측면에서 여전히 해야 할 일들이 산적해 있다.

四. 중국어 초급 단계의 발음 감각 교육 연구61)

중국어 초급 단계의 교육에서 발음 교육은 매우 중요하다. 제2언어의 학습자와 사용자가 발음이 정확하지 않다면 설령 어휘력이 좋거나 문법이 정확해도 실제 의사소통에서 다른 사람들의 표현을 잘 알아들을 수 없고 다른 사람도 그의 말을 알아듣기 어려워진다. 만약 초기에 효과적인 발음 훈련을 받지 못하게 되면 일정한 발음 감각을 형성하지 못하게 되며, 이는 문법 감각이나 의미 감각, 화용 감각의 형성에도 직접적인 영향을 주어 전체적인 중국어 수준에 영향을 미치게 되는 것으로 나타났다. 따라서 교수자는 반드시 학생들이 발음 기초를 잘 잡고 양호한 발음 감각을 형성하도록 도와주어야 하며 목표어에 빨리 근접해지도록 지도해야 한다.

(一) 어감 및 발음 감각 교육의 심리적 기반

'어감'이란 언어에 대한 감각으로 민감도와 직관의 일종이며 여기에는 발음 감각, 의미 감각, 문법 감각, 화용 감각이 있다.62) 어감은 일종의 고급

---

60) 郭锦桴, ≪汉语声调语调阐要与探索≫, 北京语言学院出版社 1993年版.
61) 王玲娟, <对外汉语初级阶段语音感教学研究>, ≪重庆大学学报≫ 2003年 第3期.

언어 능력으로 듣고, 말하고, 읽고, 쓰고, 번역하는 언어 기본 운용 능력을 감독하고 지도하는 역할을 한다. 여기에는 정오 판단, 색채 판단, 정도 판단 등과 같은 직관적 판단 능력, 잘못을 지적하고 바로잡기와 같은 직관적 교정 능력이 포함된다.[63] 즉 어감이 없으면 구체적인 화행이 효과적으로 진행되지 못하게 된다. 그 가운데 발음 감각은 바로 발음에 대한 민감도와 직관으로 듣고, 말하기 능력에 대해 직접적인 작용을 한다.

감각과 지각은 객관 사물에 대한 개별적 속성, 전체적 속성 및 관계에 대해서 사람의 뇌가 감각 기관에 직접적으로 작용하는 반응이다. 실험심리학에서는 사람의 어떤 감각 기관이 외부로부터 자극을 받을 때 관련 신경세포에 변화가 발생하게 되어 신경 충동이 일어나 시간, 공간 상 일정한 패턴을 형성하게 되는데, 이것이 신경세포의 통로를 따라 신속하게 전달됨으로써 일정한 감각과 지각을 형성할 수 있다고 한다. 만약 동일한 자극이 반복적으로 진행되면 신경충동은 모두 동일한 통로를 따라 전입되며 이것이 신경 synapse의 생장을 유발하여 전입 효율이 제고됨으로써 기억이 형성된다. D.A. Norman은 다음과 같이 언급했다. "기억과정에서 먼저 감각 표상이 형성되고 감각 표상으로부터 일정량의 정보가 추출되어 유지되면 단기간의 기억이 형성된다. 만약 재인지의 기회가 있다면 장기간의 기억으로 전입된다." 기억을 위해서는 'coding(编码)', 'clustering(群集)', 'subjective organization(主观性组织)' 등의 활동이 필요하다.[64] 이러한 활동은 정보에 대한 변환, 귀납 및 가공을 진행하는데 이 모두가 바로 이성적인 것이다. 기억이 형성된 이후에는 점차 '格'의 형식으로 뇌 속에 고정되고, 유사한 사물을 다시금 접촉하게 될 때 뇌 속의 '格'이 신속하게 그것과 결합하여 맞는지 틀리는지, 일반적인지 특수한지, 우수한지 열등한지 등의 판단을 하게 된다. 이것이 우리가 말한 '보다 높은 층위의 감각'이다. 동시에 지각학습 이론에 따르면,

---

62) 李泉, <论语感的性质、特征及类型>, 《中国人民大学学报》 1995年 第4期 99~102쪽.
63) 王玲娟, <对外汉语语感教学探析>, 《重庆交通学院学报》 2002年 第1期 67~69쪽.
64) 义博·相良守次, 《学习心理学简编》, 四川教育出版社 1987年版.

제1절 외국인을 위한 중국어 발음 교수법 | 79

지각은 학습에 의존하는데, 학습은 지각을 더욱더 예민하게 만들 수 있다. 실험심리학과 학습심리학의 실험 조사에 따르면, 지각의 형성 과정에서 과거의 경험이 필요하고, 일정한 경험을 갖고 있는 성인이라면 사물의 지각은 일순간에 완성된다고 한다. 이렇게 학습은 감각과 지각의 형성에서 매우 중요한 작용을 한다.

감각은 이성적 성분을 포함하고 있으므로 향상시킬 수 있다. 그렇다면 언어(발음을 포함)에 대한 감각 역시 배양할 수 있다. 이러한 심리학의 연구 성과를 통해 외국인을 위한 중국어 교육에 활용할 수 있다.

(二) 발음 감각 교육의 전략과 방법

발음 감각은 음운에 대한 직관과 민감도로서 감성과 이성 두 측면의 요소를 포함한다. 구체적으로는 입력(듣기)과 출력(말하기) 두 방면의 발음에 대한 정확도, 유창도, 자연스러움, 우수성 등의 습득을 가리킨다.

외국인에 대한 중국어 초급 단계의 발음 감각 배양과 훈련에서 듣기와 말하기는 밀접한 관련이 있다. 듣기는 기초이다. 여기서의 '듣기'는 발음을 느끼고 판단하는 것을 가리키지 듣고 이해하는 것까지 포함하지는 않는다. 그리고 말하기는 운용이다. 여기서의 '말하기'는 역시 음운에 대한 운용을 가리키는 것이고 의미, 통사, 화용 등 기타 문제를 포함하지는 않는다. 초급 단계에서는 표준음을 들어야 하며 여러 성별, 여러 음색의 표준음에 적응해야 한다. 정확하게 들어야만 비교적 정확하게 모방할 수 있다. 또한 정확하게 듣고, 많이 듣고, 익숙해질 때까지 들어야만 발음에 대한 습관과 고정된 심리적 자세가 형성될 수 있고, 그래야만 다시 접촉할 때 신속하게 반응을 해내고, 필요한 청각 측면의 발음 감각을 형성할 수가 있다. 발음을 비교적 정확하게 모방할 수 있고, 이것이 어느 정도 공고해지면 발음 부위는 점차 안정되고 발음 방법도 숙련되며, 발음하는 음도 자연스럽고, 유창하며 아름다워지게 된다. 일반적으로 사람들은 말하기보다 듣기를 더 잘한다. 그러므로 조화로운 발음 감각을 형성하려면 엄격한 훈련을 통해 꾸준히 연습해야 한다.

1. 중국어 음운 특징과 결합하여 맞춤식 교육을 진행한다.

중국어의 음운은 주로 세 가지 특징이 있는데, 복자음이 없고 모음이 우세하며 성조가 있다는 것이다. 중국어 초급 단계의 발음 감각 교육에서는 중국어 음운의 특징과 결합하여 훈련을 진행하고, 비교 분석의 방법을 사용하여 개별 학생의 듣기와 발음상의 난점을 찾아 맞춤형 교육을 진행해야 한다.

일반적으로 외국인이 중국어를 학습할 때 성조가 가장 어렵다. 중국어 성조는 의미를 구별하는데 이것은 많은 언어에서는 없는 현상이다. 부정적 전이 현상으로 인해 처음 중국어를 배우는 외국인들은 성조의 변화에 대해 전혀 감각이 없을 수 있다. 그들이 듣기에 yáo와 yào, tiān과 tián은 비슷해 보인다. 만약 의미와 결합하지 않는다면 그들은 무슨 차이점이 있는지 오히려 반문하게 될 것이다. 그리고 만약 이에 대해 잘 교육시키지 못하면 초급 단계의 기초가 잡히지 못하여 성조 사용에 혼란이 와서 중·고급 단계에 가서는 더욱더 교정하기 어려워질 것이다. 이것은 또한 학생의 발음과 의사소통 효과에도 심각한 영향을 끼치게 된다. 성조 방면에서 나타나는 문제는 아래와 같다.

제1성과 제2성의 혼란. 예컨대 天 - 甜, 汪 - 王, 呼 - 胡, 喝 - 和, 慌 - 黄, 方 - 房, 妈 - 麻, 窗 - 床, 书 - 熟, 汤 - 堂 등을 구분하지 못한다. 제1성이 높지 않고 평평하지 않으며 제2성은 올라가지 않거나 시작음이 높아 잘 올라가지 않는 등의 문제가 이러한 현상을 유발하는 주요 원인이다.

제2성과 제3성의 혼란. 예컨대 白 - 百, 时/食 - 使, 国 - 果, 完/玩 - 晚 등이 있다. 이러한 현상의 주요 원인은 제2성이 잘 올라가지 않는 데 있다.

제1성과 제4성의 혼란. 예컨대 颠 - 电/店, 央 - 样, 呆 - 带/袋, 师 - 是/视 등이 있다. 이러한 현상의 주요 원인은 제1성이 평평하지 않고 아래로 처지며 제4성은 제대로 내려오지 않는 데 있다.

변조의 오류. 예컨대 제3성의 변조, '一'과 '不'의 변조 등이 그렇다. 이들 모두 학생들이 쉽게 틀리는 것인데 특히 제3성은 제1, 2, 4성 앞에서 종종 제3성이 연이어 있는 것과 같이 발음이 되어 제2성처럼 되는 경우가 있다. 그래서 '好心'을 '豪心'으로, '祖国'을 '族国'로 하게 된다. 이것은 제3성의 완정성 특징이 위로 올라가는 부분임을 너무 과도하게 강조함으로 인해 나타난 것이다.

성조 이외에도 다양한 국가 별로 다양한 발음상의 난점이 발생하고 또 사람에 따라서도 다양한 난점이 존재한다. 예를 들어 일본 사람들은 설첨후음인 r를 발음할 때 비교적 어려워한다. 그들은 항상 이를 설첨중음인 l로 발음하거나 또는 먼저 r를 발음하고 나중에 혀를 자기도 모르게 튕겨 윗잇몸에 부딪쳐 복자음인 rl로 발음하기도 한다. 그리고 an은 항상 ang으로 발음한다. 싱가포르 사람들은 설첨전음인 z, c, s와 설첨후음인 zh, ch, sh를 잘 구분하지 못하고, 후비음인 ing, eng을 어려워한다. 미국인들은 항상 설첨음인 zh를 설면음인 j로 발음하여 '杂志'를 '杂技'로 발음하기도 한다. 그리고 유기/무기를 역시 구분하지 못해 '对了'를 '退了'로, '很棒'을 '很胖'으로 발음한다. 이러한 문제들에 대해 만약 교사가 일깨워주지 않으면 학생들은 대부분 아예 의식조차 하지 않는다. 따라서 교사는 학생들의 여러 상황에 따라 중점을 두어 가며 단계적으로 훈련을 진행하여 그들이 조기에 이러한 발음 난점을 해결하게 해야 하고, 어려운 발음에 대한 어감을 형성하여 전체 발음 교육이 앞으로 나아갈 수 있도록 해야 한다.

2. 발음 훈련과 의미 설명의 결합에 신경 쓴다.

독일의 심리학자인 Hermann Ebbinghaus의 실험 결과, 12개의 의미가 없는 음절을 기억하는데 평균 15번 반복해야 순서대로 암기했고 36개의 의미가 없는 음절은 55회가 걸렸다. 그러나 480개의 음절이 포함된 6마디의 시는 단지 8회밖에 걸리지 않았다.[65] 즉 이해한 자료는 이해하지 못한 자료보다 그 기억 효과가 훨씬 좋다는 것이다. 정보론의 관점에서 볼 때, '의미 기억'은 곧 입력된 정보에 대해 그 성질 작용에 따라 'coding'을 진행하고, 또 체계에 따라 저장하게 되는데, 이로써 그것과 기타 정보는 과학적인 연계가 이루어지고 쉽게 하나의 일체가 되어 빠르면서도 정확하게 기억할 수 있다. 일반적으로 의미 기억은 장시간 기억하기 쉽고 재인식과 재현(잠시 동안 신경 연계의 흔적이 회복되거나 부활하는 것)하기 쉬워 발음 감각이 더 쉽게 형성되거나 공고해진다.

외국인을 위한 중국어 초급 교재에서 연습문제를 살펴보면, 발음 구별, 성조 구별 훈련이라든가, 변조(變調) 훈련, 경성, 얼화(兒化) 훈련 등 자료가 매우 풍부하다. 교사는 학생의 구체적 상황에 근거하여 학생에게 꼭 필요한 어휘를 골라 먼저 발음을 연습하고 그 다음 의미를 알려주어 그들이 일상적인 의사소통에서 필요한 부분을 만족시켜 주어야 한다. 이것이 바로 그들이 더욱더 발음을 잘 습득하고 발음 감각을 형성하도록 자극하는 중요한 방법이다. 만약 학생들에게 모든 발음 연습을 선택적으로 하나씩 완성하게 하지 않고 게다가 의미 해석도 하지 않으면 매우 지루한 수업이 되고 핵심도 없게 되어 발음 감각의 배양에 오히려 방해가 될 수 있다.

3. 연습과 복습 시간의 관리에 신경 쓴다.

발음 훈련은 듣기든 말하기든 모두 무미건조하다. Ebbinghaus의 실험에

---

65) 乂博・相良守次, ≪学习心理学简编≫, 四川教育出版社 1987年版.

서도 증명되었듯이, 망각을 유발하는 원인 중 하나가 바로 신경세포의 피로로 인한 보호성 억제이다. 예를 들어, 장시간 긴장을 하고 학습을 하게 되면 기억 효율을 떨어뜨려 망각을 하게 되는 것이다. 그래서 교수자는 반드시 연습 시간을 잘 관리해야 한다. 일반적으로 적당하게 분산시켜 연습하는 것이 과도하게 집중 연습하는 것보다 낫다고 한다. 가장 초급의 단계에서는 매 연습 시간을 30분 정도로 하는 것이 적당하며 학생의 구체적 상황에 따라 조정하면 된다. 즉, 모든 훈련 때마다 학습의 질에 신경 써야 하며 시간에 쫓겨 급하게 하면 안 된다. 그리고 이후 학습의 시간과 난이도에 따라 점차적으로 연습 시간을 늘려 나갈 수 있다.

그 밖에 복습의 시간 또한 잘 관리해야 한다. Ebbinghaus의 실험에서 망각의 원인에 감퇴가 있음이 밝혀졌다. 이것은 잠깐 동안의 신경 연결이 장기간에 걸쳐 강화되지 않음으로 인해 유발되는 억제를 말한다. 따라서 복습이 필요하다. 동시에 Ebbinghaus의 실험에서는 망각의 진행과 규칙을 제시하기도 하였다. 즉, 학습 후 20분 후에는 41.8%를 망각하게 되고, 1시간 후에는 55.8%, 24시간 뒤에는 66.38%, 2일 후에는 72.2%, 6일 후에는 74.6%, 31일 후에는 78.9%를 망각하게 된다. 이 외에 毕隆의 자료에 따르면, 복습의 간격이 30분일 경우 11번 복습이 필요하고, 간격이 2시간일 경우 7.5회, 간격이 10시간일 경우 5회 필요하다고 한다.[66] 실험에 의하면 복습의 간격이 하루일 때 가장 효과적이다. 이러한 심리학의 실험 결과를 활용하여 합리적으로 복습 강화의 시간을 안배할 수 있는데, 교수 과정에서 지금막 변별 기억 훈련을 했던 발음 자료를 제때 복습하고, 기억력의 향상에 따라 복습의 간격 시간을 점차 늘리고 복습의 횟수 역시 점차 감소시킬 수 있다. 상황에 따라 각각 혹은 종합적으로 연속 강화, 고정시간 간격 강화, 가변시간 간격 강화, 저반응률 분화 강화와 고반응률 분화 강화 등의 방식을 선택해 학생들이 중국어 발음에 대한 감각을 익혀나가 점차 이를

---

66) 义博·相良守次, 《学习心理学简编》, 四川教育出版社 1987年版.

공고히 할 수 있도록 해야 한다.

4. 발음 변별(辨音) 연습을 많이 한다.

발음 교육에 성악 교육의 음정 훈련 방법을 참고할 수 있다. 음정 훈련은 보통 먼저 선율 음정(전후 소리 나는 두 음)을 듣고 변별하는 연습을 하고, 그런 다음 화성 음률(함께 소리 나는 두 개 혹은 두 개 이상의 음)을 듣고 변별하는 연습을 한다. 실험에서 알 수 있듯이, 음정 훈련의 시간과 변음 시의 정확한 답변률은 관련성이 크다($r=0.554$).[67] 음정의 변별 훈련은 음정의 변별 학습을 촉진시킬 수 있다. 누구를 막론하고, 음정의 변별 훈련을 통해 좋은 효과를 획득할 수 있고, 이로써 지각의 정밀도가 분명히 향상되는 효과를 얻게 된다.

중국어의 발음 교육은 음정 훈련과 매우 유사한 방법을 이용할 수 있으며 이로써 학생이 발음을 변별하는 훈련을 할 수 있다. 즉, 훈련을 통해 학생이 두 개 혹은 둘 이상의 비슷한 음(음고, 음장, 음강, 음색이 포함된다)에 대해 특정한 반응을 보이고, 그들의 차이를 관찰해 내게 할 수가 있다. 이것은 발음 감각을 훈련하여 향상시키는 중요한 방법이다.

예를 들어, 우리가 성조 교육 중 제1성과 제4성이 헷갈리는 문제를 해결하고자 할 때 아래의 몇 가지 단계를 거칠 수 있다. **첫째, 단음의 훈련:** 이미 배웠던 음절 중에서 적당량의 제1성자와 제4성자를 찾아낸다. 각각 발음 듣기와 모방을 진행하고, 동시에 학생이 이미 아는 중국어를 사용하거나 적당히 매개어를 사용하여 제1성은 '高平', 제4성은 '高降'이라고 하는 특징을 소개한다. 이렇게 하여 그 학생이 감성적 접촉을 하는 동시에 이성적 규칙을 이해하게 한다. **둘째, 듣고 변별하기 훈련:** 교사가 이미 연습했던 제1성과 제4성의 음절을 발음하여 학생에게 그 성조를 구별하게 한다. 그래서 맞으면 칭찬을 해주고, 틀리면 다시 듣고 구별하게 하여 다 맞을 때까지 한다.

---

67) 王甦·朱瀅等, ≪当代心理学研究≫, 北京大学出版社 1993年版.

셋째, 말하고 변별하기 훈련: 학생에게 지금 막 배웠던 음절을 하나하나 발음하게 하고 교사가 지금 발음한 것이 제1성인지 제4성인지 구별해 준다. 이렇게 하여 학생은 스스로의 발음을 검사할 수 있는데, 만약 그가 제1성을 발음하고자 했으나 교사가 제4성이라고 들었다면 자신의 발음을 되돌아보고 조정과 교정을 거쳐 정확해질 때까지 한다. **넷째, 확장 연습:** 이미 훈련했던 제1성, 제4성 음절을 듣고 정확하게 변별할 수 있는 수준에 이르렀다면, 이는 학생이 이 방면의 발음 감각이 이미 초보적으로 형성되었음을 의미한다. 이에 일정한 확장 연습을 할 수가 있다. 즉, 학생이 모르는 제1성, 제4성 음절을 가지고 훈련을 진행하여 그들의 감각을 공고히 할 수가 있다. 이러한 단계적인 안배는 바로 선행 연구자들의 변별 학습에 대한 실험을 통해 이루어진 것이다. 실험 결과 수강생들의 새로운 발음에 대한 변별 성적이 훈련 중 썼던 발음에 대한 변별 성적보다 좋지 않음이 밝혀졌다.

또 예를 들면, uo와 ou는 일본인과 한국인들이 습득하기가 다소 어려웠다. 교사는 먼저 학생에게 발음을 듣게 하는데 각각 두 번 또는 세 번씩 들려주고 속도를 천천히 하면서 동시에 입모양의 변화를 나타내는 손동작으로 보충해 주어 학생들이 이 발음의 차이를 느끼게 한다. 두 번째 단계는 연속 발음되는 두 음을 들려주고 속도는 적당히 하되 두 번에서 세 번 정도 들려준다. 이렇게 좀 전의 감각을 강화시킨다. 세 번째 단계는 학생에게 두 발음을 각각 발음해 보게 하는 것이다. 발음하면서 한편으로는 교정을 해 준다. 네 번째 단계는 학생에게 동시에 이 두 음을 발음하게 하고 반복 연습하게 하는 것인데 이 음들을 구별해 낼 때까지 한다. 실제 사례에 따르면, 이러한 비교적 체계적인 훈련을 통해야 어려운 발음의 문제가 해결될 수 있다고 한다. 여기에 앞에서 언급했던 규율성 있는 복습을 더하면 장시간의 기억이 형성될 것이고 이후 동일한 자극이 나타날 때 빠르게 반응할 수 있어 우리가 필요로 하는 발음 감각을 형성할 수 있다.

5. 발음 확장 훈련을 더 많이 한다.

의사소통 중의 발음이 자연스럽고, 유창하며 아름답게 만들려면 단순히 단음 연습만으로는 부족하다. 일정한 음절 연결 훈련을 해야 한다. 초급 중국어 단계에서 발음 확장 훈련은 매우 효과적인 방법이다. 예를 들어, '人 - 美国人 - 是美国人 - 我是美国人', '饺子 - 五个饺子 - 吃五个饺子 - 我吃五个饺子' 등이 있다. G.A.Miller에 따르면, 사람이 한 번에 처리하는 정보량은 7±2라고 한다.[68] 즉, 사람이 한 번에 문제를 해결하는 자극량 단위수는 5에서 9 사이이고 7이 평균치인 것이다. 그렇다면 교수 과정에서 는 순서에 따라 점진적으로 하는 방법을 선택해야 할 것이며, 시작할 때는 발음 확장(듣기, 말하기 모두 포함)이 5개 음절을 초과하지 않게 해야 한다. 그런 다음 점차 음절수를 늘려 9개 음절짜리 문장까지 쭉 해 나간다. 당연히 이 또한 학생들의 구체적인 상황에 근거하여 적당히 조정을 해야 한다. 분명 이러한 연습을 통한다면 학생들은 개별 발음을 잘 연습할 수 있을 뿐 아니라 동시에 변조, 휴지, 강세, 어기, 어조 등의 문제도 해결할 수 있다. 그리고 듣기, 말하기 두 방면에서 동시에 발음의 자연스러움, 유창함 을 모두 배양할 수 있다. 이러한 확장 연습은 이른 시기에 나온 교재 예컨대 ≪初级汉语课本≫ (北京语言学院出版社, 华语教学出版社, 1986년)에서는 비 교적 충분한 예시와 연습이 있었으나 ≪汉语教程≫ (第一册, 语言技能类, 北京语言文化大学出版社, 1999년)과 같이 그 이후 나온 교재에서는 이것이 구현되어 있지 않았다. 교수자는 어떤 교재를 사용하든 간에 발음 확장 연습이라고 하는 방식을 충분히 이용하여 적극적으로 학생의 발음 감각을 배양해야 한다.

---

68) 义博·相良守次, ≪学习心理学简编≫, 四川教育出版社 1987年版.

제2절 외국인을 위한 중국어 문법 교수법

壹. 문법 교육 방법 개관[69]

一. 문제 제기

'문법 교육 방법'이라는 제목은 첫째, 누구를 가르치는가? 둘째, 무엇을 가르치는가? 셋째, 어떻게 가르칠 것인가? 라는 세 가지 측면의 문제를 제기하는 것이다. 물론, 본문에서는 '무엇을 가르치며, 어떻게 가르칠 것인가'라는 문제를 거시적으로 논의하는 것이지만, 이에 앞서 누구를 가르칠 것인가라는 문제를 명확히 할 필요가 있다.

외국인을 위한 중국어 교육의 대상은 '중국어가 모어가 아닌 중국어 학습자'로 간단히 기술할 수 있다. 중국어가 모어가 아니라는 것은 학습자의 중국어 학습이 제2언어 혹은 제3언어 습득이라는 것을 의미한다. 즉, 한 가지 이상의 언어를 습득한 이후의 언어 학습이라는 것인데, 이는 학습자들이 중국어 학습 과정에서 중간어 문제가 출현할 수 있다는 점을 전제하는 것이다. 다음으로 우리가 하는 것은 대학 교육으로, 학습자는 대부분 성인이거나 성인에 가깝다. 이상의 두 조건을 통해 학습자들이 모어의 언어 체계, 세상과 사물의 보편성에 대한 인식능력, 논리사유 능력, 비교적 체계적인 지식구조, 문제를 분석하고 해결하는 능력 등과 같은 상당 수준의 지식과 능력을 이미 갖추고 있음을 알 수 있다. 이점은 중국어 학습 과정에서 모어의

---

69) 卢福波, <对外汉语教学语法的体系与方法问题>, ≪汉语学习≫, 2002年 第2期.

긍정전이 현상 및 부정적 전이현상(간섭현상)을 유발하게 된다. 마지막은 학습자가 왜 중국어를 배우려 하는가의 문제이다. 대부분의 학습자들이 중국어를 배우는 목적은 제1언어와 마찬가지로 의사소통, 즉 사용하기 위해 배우는 것이다. 이 세 측면은 중국어 문법 교육 체계를 결정해 줄 뿐 아니라 교육 원칙, 규칙, 내용, 방법 등과 관련된 중요한 문제를 결정해 준다.

문법 교육이란 학습자의 학습 목적에 근거하여 문법 내용을 선택하고, 교수와 학습의 규칙과 방법을 통합하여 하나의 전체를 이루도록 하는 것이다. 따라서 문법을 교육하는 데 있어 학습자의 실제 수요와 상관없이 중국어 문법의 체계만을 고려하여 중국어 문법의 특징만 부각시켜서는 안 된다. 문법 교육은 학습자의 학습 목적과 기본 조건에 근거하여 문법 체계를 정해야 하며, 어떠한 내용을 선택할 것인지, 어떠한 각도에서 어떤 방법으로 교육할 것인지와 같은 교육 규칙과 방법 및 학생의 제2언어 습득 방법과 특징 등이 포함되어 있어야 한다. 이것이야 말로 교육 문법과 이론 문법이 서로 관련이 있으면서도 차별성을 띠는 부분이다.

우리는 이러한 대전제 하에서 외국인을 위한 중국어 문법 교육의 체계와 방법을 논의해야 할 것이다. 아래에서는 외국인을 위한 중국어 교육 문법의 성격이 문법 교육의 접근법과 경로, 체계와 방법에 대해 일으키는 제약을 논의하고자 한다. 그리고 교육 내용의 평이화와 간략화를 위한 조정과 문제 처리, 대조와 비교, 자체 인식과 점검, '간략한 설명과 풍부한 연습(精講多練)' 및 '설명과 연습의 결합(講練結合)'이라고 하는 주요 내용과 방법에 대해 설명하고자 한다.

二. 교육 체계와 교수법에 대한 접근법과 과정의 제약

문법 교육은 접근법이 달라지면, 교육 과정 역시 달라져서 교육 체계와 교수법 역시 제약을 받게 된다. 가장 높은 층위의 접근법으로는 '해부호

(decoding) 접근법'과 '부호화(coding) 접근법'이 있다. 우선, 해부호 접근법은 '형식에서 의미로'의 과정을 의미하는 것으로, 이러한 교수법은 문법의 구조틀 및 구조틀을 구성하는 성분의 성격, 기능, 문법 관계와 의미, 그것이 속한 범주 등을 중요하게 여긴다. 해부호 접근법은 표층구조(表层结构), 변형생성(转换生成), 대체분석(替换分析, replacement analysis) 등의 관계를 통해 심층의 구조 관계를 밝히고 의미와 화용, 기능을 해석하는 것이다. 이러한 교수법의 가장 큰 특징은 학생이 중국어 문법에 대한 지식을 전면적이고 심도 있고 체계적으로 이해함으로써 중국어 문법과 관련된 각종 구조 및 구조간의 관계, 그리고 구조가 나타내는 의미를 깊이 있게 인식할 수 있다는 점이다. 그러나 이러한 접근법은 외국인을 위한 중국어 문법 교육에는 적합하지 않은데, 실제로 쓰이는 문법 기능 및 조건과 거리가 있다는 것이 가장 큰 문제점이다. 한편, 부호화 접근법은 '의미에서 형식으로'의 과정을 의미하는 것으로, 실제 발화(话语)를 형성해 가는 과정이다. 이러한 교수법은 화자가 나타내고자 하는 의도를 중요하게 고려하여, 표현하고자 하는 의미에 근거하여 적절한 구조를 선택하고 문법 의미와 문법 구조의 제약 조건에 근거하여 적절한 표현 형식을 선택하도록 하는 것이다. 즉, 기능과 의미에 따른 구문 형성과 제약 작용을 중요하게 여긴다. 이러한 접근법과 과정은 문법 구조 의미에 대한 해석과 사용 조건을 개괄하고 문법 형식이나 표현의 배후 의도 분석을 중요시하는 것으로, 학생이 중국어의 언어 현상을 근본적으로 인식하고 습득하게 하여 중국어 문법을 실제적으로 사용할 수 있도록 함으로써 학생의 학습 목적을 실현토록 하는 것이다.

접근법이 같더라도 교육 과정이 달라질 수도 있다. 부호화 접근법 역시 '문법 표현'과 '사용 각도'라는 두 가지 과정으로 문법 의미와 규칙, 조건 등을 설명할 수 있다. 상이한 두 과정은 각기 다른 문법 교육 체계를 형성한다. 문법 표현 과정은 표현 항목을 중심으로 요구 표현, 명령 표현, 수량 표현, 가능 표현 등과 같은 표현 체계를 구축한다. 인지심리학과 인지문법에서는 임의의 한 가지 내용을 나타내기 위해서는 상응하는 개념장(概念场),

구조장(结构场), 상황장(语境场)이 긴밀한 관계를 맺는다고 본다. 가령, 임의의 발화 상황에서 수와 관련된 의미를 나타내고자 한다면, 이러한 발화 상황과 당신이 나타내고자 하는 의도에 따라 개념장, 구조장에서 선택한 어휘, 구조, 표현 형식, 표현 어기 등의 제약을 받게 된다. 이러한 교육은 표현 의도에 근거하기 때문에 분산형 문법 교육과 기능성 구어 문법 교육에 적합하다. 한편, 사용 각도에서 출발한 교육 과정은 학생에게 가장 필요하고 유용한 문법 사항을 비교적 체계적이고 완벽하게 설명해 주어, 발화 상황과 관련된 문법 조합의 기능, 용법 및 제약 조건 등을 심도 있게 교육할 수 있다. 이러한 교수법은 집중적이고 전문적인 문법 교육을 하는 데 훨씬 더 유리하다.

三. 외국인을 위한 중국어 문법 교육을 구현하기 위한 주요 내용과 방법

(一) 교육 내용에 대한 평이화(淺化, shallowing)와 간략화 처리

외국인을 위한 중국어 문법 교육은 어려울까 쉬울까? 문법 교육 경험이 있는 경우와 그렇지 않은 경우 이에 대한 대답은 상반되곤 한다. 중국어 문법을 연구하는 교수가 외국인을 위한 문법 교육 강단에는 서지 않을 수도 있는데, 그 이유는 교육 내용의 평이화와 간략화 처리를 하지 않기 때문이다. 사실, 외국인을 위한 문법 교육이 어려운 것은 깊이 있고 어려운 문제들을 평이하고 명확한 언어로 설명하고, 적절한 교수법을 통해 외국인 학생이 이를 이해하고 사용할 수 있도록 해야 하기 때문이다. 구체적인 문법 문제를 깊이 있게 연구하여 논문을 쓸 수는 있더라도, 이것을 몇 개의 예문과 간결하고 평이한 언어로 그 핵심을 명확하게 설명해서 학생들을 이해시키고 또 그들이 해당 문법 사항을 사용할 수 있도록 하는 것은 쉽지 않다. 이러한 과정은 지식에 대한 반복적인 고민과 내재화의 결과로, 중국어 문법 체계에 대한 체계적이고 상세한 연구가 없다면 이러한 반복적인 고민과 내재화 역시 불가능하다. 외국인을 위한 중국어 문법 교육 종사자는 중국어 문법 교육에 대한 깊이 있는 연구를 전제로 반복적인 고민과 내재화 과정을 거쳐, 가르칠 내용을 평이하고 간략하게 교육할 수 있어야 한다. 이것이야 말로 외국인을 위한 중국어 문법 교육 체계를 건립하고 구현할 수 있는 첫 번째 단계이자 가장 중요한 단계이다. '평이화와 간략화'는 아래의 몇 가지 구체적인 측면을 통해 구현해낼 수 있다.

1. 감각화(感性化)

谢信一은 '중국어는 그림문자언어(图画语言)의 일종'이라는 관점을 제시한 바 있고, 戴浩一 역시 중국어는 도상성(临摹性)이 매우 강한데, 이는 중국어가 구상화(具象化), 외현화(外显化)의 특징을 보여주는 것이라고 보았다[70]. 이러한 특징을 인식하는 것이야 말로 외국인을 위한 중국어 문법 교육에서 중요한 것이다. 감각적인 인식은 1차적인 인식으로, 감각기관을 통해 느낄 수 있는 인식이다. 학생들에게 먼저 구체적이고 형상적으로 느끼게 한 후, 이렇게 느낀 사물을 개괄해 낸다면, 학생들은 복잡한 지식을 쉽고 간략하게 기억할 수 있다. 가령, 양사 '把'를 가르치는 경우, 우선 학생들이 자형(字形)에 대해 감각적으로 인식할 수 있도록 해 준다. '扌'은 글자의 의미가 '손(手)'과 관련 있음을 나타낸다. '把'의 동작은 손으로 움켜쥔다는 뜻으로, '一把伞(우산 하나)', '两把扇子(부채 두 개)'와 같이 손으로 움켜쥐고 사용할 수 있는 사물을 '把'로 헤아릴 수 있다. 또한, '一把土(흙 한 줌)', '一把花生(땅콩 한 줌)과 같이 손으로 움켜쥐어 헤아릴 수 있는 사물 역시 '把'를 양사로 사용할 수 있다. '一把年纪(많은 나이)'는 '一把胡子(수염 한 줌 -나이가 지긋함)'에서 은유된 것으로, 학생들은 이를 통해 이미지 연상을 할 것이다. 이와 같이 학생들은 이미지를 통한 접근으로 '把'의 여러 가지

---

70) 戴浩一, <时间顺序和汉语的语序>, 黄河 译, ≪国外语言学≫, 1988年 第1期.

의미와 용법을 쉽게 습득할 수 있다. 어순을 교육하는 경우에도 시간순서를 통해 학생들에게 중국어가 보편적인 시간순서 배열 방식의 특징을 갖고 있음을 느끼게 할 수 있다.

> 明天下了课咱们就走。(내일 수업이 끝나고 바로 출발하자.)
> 他骑自行车去图书馆了。(그는 자전거를 타고 도서관에 갔다.)
> 孩子们玩得很开心。(아이들은 즐겁게 놀았다.)
> 不管哪个同事有了困难, 他肯定都去帮助。(어느 동료라도 어려움이 있으면, 그는 기꺼이 가서 돕는다.)
> 下雨就不去了。(비가 오면 가지 않겠다.)

영어나 일본어, 한국어 등의 경우는 이상의 문장 모두가 시간순서에 따른 어순 배열이 이루어지지는 않는다. 그러나 중국어의 경우는 모두 시간순서에 따라 어순이 배열됨을 알 수 있다. 이것은 중국어가 다른 언어와 다른 특징을 가지고 있음을 설명해 주는 것이다. 물론, 戴浩一의 '시간순서원칙(时间顺序原则)'이 중국어의 모든 어순 현상을 설명할 수 있는 것은 아니지만, 상당 비율을 차지하는 시간순서에 따라 배열된 구문을 통해 학생들은 감각적이고 직관적으로 이러한 어순을 인식할 수 있으며, 학생들이 시간 순서와 관련된 어순을 빨리 습득하는 데 도움이 된다.

2. 논리화, 공식화, 도식화

학생에게 문법 현상이나 사용 조건을 설명할 때는 전문가의 인식이나 논증 과정을 장황하게 설명하여 학생이 혼란스러워 요점을 파악할 수 없도록 해서는 안 되며, 용법과 사용 조건을 하나하나 간략하게 요약해야 한다. 또한 가능하다면 공식 혹은 도식(그림)을 제시하는 것이 좋다. 예컨대, 학생에게 '正', '在', '正在'의 진행시태를 설명할 때, 그림 1-4와 같이 칠판에 시간의 진행을 나타내는 직선을 먼저 그려놓는다.

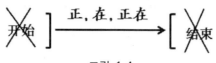

그림 1-4

'正', '在', '正在'를 직선 위에 놓고, 학생들에게 '正', '在', '正在'는 동작이 시간 선상에서만 이루어짐을 나타낼 뿐, 시작과 종결과는 상관이 없음을 설명해준다(×는 포함되지 않음을 나타냄). 따라서,

(1) '正', '在', '正在'는 시작의 의미를 나타내는 '起来', '从~(开始)' 등과 결합할 수 없다.
　　*他正看起书来。　*孩子们正在讨论起问题来。
　　*公鸡在叫起来。　*他在从五点开始看书。　*他正在从现在开始找工作。

(2) '正', '在', '正在'는 이미 완성되었거나 이미 변화되었음을 나타내는 '了', '过'와 결합할 수 없다. 또한 동사 뒤에 동작의 결과 의미가 있는 단어를 부가할 수도 없다.
　　*张山正起床了。　*小朋友们在做游戏了。　*他正在写过论文。
　　*妈妈正做好饭。　*她在擦干净桌子。　*学生正在听懂老师讲课。

(3) '正', '在', '正在'구문의 동사 뒤에는 시간량(시간의 길이)를 나타내거나 동작의 양을 나타내는 단어가 출현할 수 없다.
　　*我正看一会儿电视。　*他在做一个月工。　*他正在听两遍录音。

(4) '正', '在', '正在'는 상태의미를 나타내는 '着'와 이러한 어기를 나타내는 '呢'와 공기할 수 있다.
　　(照相机啊)我正修着呢。((카메라)를 나는 수리하고 있다.)
　　他在看书呢。(그는 책을 보고 있다.)
　　他正在帮大娘擦着玻璃呢。(그는 아주머니를 도와 유리를 닦고 있다.)

이상의 언급한 네 가지 사용 조건을 아래와 같은 공식으로 개괄해 낼
수 있다.

'正', '在', '正在'+동사+着/呢
*'正', '在', '正在'(从~开始)+동사+起来/了/过/(결과)/(시간량, 시간의 길이)

이와 같이 하면, 학생들은 비교적 쉽게 '正', '在', '正在'가 나타내는 의미를
이해하고, 어떤 어휘들이 왜 결합 가능하고 어떤 어휘들은 왜 결합이 불가능
한지에 대해 기억할 수 있으며, 이러한 어휘를 사용할 때 기계적으로 대입하
거나 잘못 사용하여 초래되는 오류를 피할 수 있다.

3. 간략화에 입각한 문법 내용 선택(중국어 문법 교육 체계에서 가장 직접적이고 가장 구체적인 내용임)

학생들의 중국어 수준을 초급, 중급, 고급 등과 같이 구분한 후, 수준에
따른 문법 항목과 해당 문법 항목 가운데 가르칠 범위를 선택해야 한다.
중급 단계에서는 사용빈도가 높고, 보편적인 문법 항목을 선택해야 한다.
가령, '把'자문을 강의하는 경우, '把'자문의 가장 기본적인 의미와 가장 기본
적인 형식 및 사용할 때 가장 기본적인 조건 등을 우선적으로 설명해 준다.
즉, '처치(處置)'의 구체적인 함의와 '把+명사구+동사+기타성분'과 같이 가장
기본적인 형식의 의미와 구성관계, '把'자문을 사용해야 하는 이유, '把'자문
과 일반 구문 간의 차이점 등을 명확히 설명해야 한다. '把个孩子弄丢了(아이
를 잃어버렸다)', '把桌子一拍(탁자를 한번 치다)' 등과 같이 특수한 의미와
용법을 가지는 '把'자문은 학생들이 일반적인 '把'자문의 체계를 이해하는
데 혼란을 야기할 수 있으므로 중급 단계에서는 가르치지 않도록 한다.
학생들이 중급 단계에서 '把'자문의 일반적인 용법을 충분히 숙지한 후,
다음 단계에서 '把'자문의 특수한 용법을 배우도록 한다.

4. 간략화와 평이화에 입각한 학술 개념과 정의 문제 처리

외국인을 위한 중국어 교육은 용어나 정의를 최소한으로 사용하는 것이 바람직하다. 학생이 교사가 설명하는 개념이 무엇인지 알면 충분하며, 개념을 소화하거나 기억할 필요는 없다. 가령, 교사가 수업할 때 '구(词组)'라는 개념을 언급할 때, 그것의 정의를 설명하기보다는 적절한 예를 통해 학생이 '구'를 이해할 수 있게 하면 된다. 아래의 〈표 1-3〉을 보자.

〈표 1-3〉

단어	단어	단어		구
非常	满意		→	非常满意
一	趟		→	一趟
我	的	家	→	我的家
写	汉语	作业	→	写汉语作业
在	车站		→	在车站
假	的		→	假的

단어와 구의 정의가 무엇인가, 어떻게 그것의 정의를 이해하고, 단어와 구를 어떻게 구분하는가 등을 반드시 설명할 필요는 없다. 과다한 설명이 오히려 학생을 헷갈리게 할 수 있으며, 흥미를 반감시킬 수도 있다. 구 내부의 층위와 의미관계에 대한 설명은 필요한데 이는 어순 부분에서 강의하여 의미 접근법 등을 통해 처리할 수 있다.

(二) 교육의 처음부터 끝까지 대조와 비교 진행

앞서 언급한 바와 같이, 중국어 학습은 학생들에게는 두 번째 혹은 그 이상의 언어에 대한 학습이자, 성인을 대상으로 한 언어 교육이다. 학습자가 가지고 있는 기존의 언어 체계, 지식 구조, 사유 능력은 중국어 문법 학습

과정에 긍정전이와 부정전이를 유발하며, 이들의 중국어 문법 학습 역시 유추와 비교분석을 통해 이루어진다. 학생이 중국어 단어 하나를 학습하게 되면 모어에서 그것에 대응하는 단어를 찾기 마련이며, 어순 배열을 배우고 나면 모어의 상응하는 어순과 어떠한 차이점이 있는지를 비교하기 마련이다. 이러한 학습법은 어쩌면 성인이 제2외국어의 문법을 아동보다 빨리 습득하는 원인이 될 수도 있다. 그러나 학생들의 유추와 비교분석의 결과가 언제나 정확한 것은 아니며, 종종 오류(錯誤)나 실수(偏差)를 범하며 형성된 중국어 체계는 '중간어(中介语) 체계'라는 정확하지 못한 모양새를 갖게 된다. 이러한 특징으로 대조와 비교는 불가피하다. 교사는 자신의 교육 경험에 근거하여 이미 파악한 학생의 중간어 체계 상황과 부정전이 규칙, 학생들의 개인 조건(국적, 중국어 수준 등), 중국어 자체의 특징 등에 근거하여 학생에게 출현할 수 있는 문제를 모두 고려하고, 대조와 비교를 통해 문제를 명확하게 설명함으로써 부정전이와 오류율(偏誤率)을 줄여야 할 것이다.

대조 혹은 비교는 중국어 자체의 유사 현상간의 대조, 중국어와 외국어의 대응 형식 간의 대조, 중국어의 정확한 형식과 오류 형식간의 대조 등으로 나누어 살펴볼 수 있다.

1. 중국어 자체의 유사 현상 대조

중국어 가운데에는 외국 학생이 느끼기에 어휘, 형식, 문장 및 사용 조건 등이 자신의 모어와 유사한 부분이 있어 보이지만, 외국 학생이 유사하다고 여기는 것과 중국어를 모어로 하는 중국인들의 인식에는 매우 큰 차이가 있다. 가령 把자문의 경우, 중국인은 把자문과 일반적인 진술문을 혼동하지 않으나, 외국 학생들은 이를 혼동하곤 하는데, 이것은 그들이 어떤 유사점이 있다고 느끼지만, 그 차이점을 명확히 구분하지 못하기 때문이다. 이를 위해서 교사는 把자문을 강의할 때, 일반 서술문과 의미·구조적 차이뿐 아니라 발화 환경과 사용 조건까지 명확하게 설명해야 학생들이 把자문과 일반 서술문의 사용 상황을 명확하게 구분할 수 있다. 또 다른 예로, '正', '在', '正在'의 공통적인 의미와 사용 조건만을 설명한다면 학생들이 이 세 어휘를 혼용할 수밖에 없게 되므로 이러한 설명은 바람직하지 못하다. 따라서 교사는 반드시 대조를 통해 세 어휘간의 차이점을 설명해야 하며, 향후 '着'를 학습할 때 이 세 어휘와 '着'를 대조해 가면서 설명해야 한다. 왜냐하면 이들 어휘는 진행, 지속, 상태 등의 시태(時態) 체계를 구성하기 때문이다. 또한 다른 시태 체계를 학습할 때, 이 시태 체계와의 비교를 통한 학습도 가능하다. 이와 같은 비교와 대조를 통해 이루어지는 학습은 학생들이 동일한 체계 내에서 몇몇 단어들의 의미와 구조, 상호관계 등을 명확히 학습할 수 있도록 해 주며, 체계와 체계 간의 차이와 관련성을 명확히 이해할 수 있도록 해 준다.

2. 중국어와 외국어의 대응 형식에 대한 의미와 용법 대조

중국어와 외국어 대조는 외국인을 위한 중국어 교육에서 반드시 필요하지만, 함부로 남용하지 않아야 한다. 학생들의 중국어 학습이 초급의 수준을 벗어나 중국어의 수준이 향상됨에 따라 모어를 통한 설명(모어 차용)이 점차 감소하여, 최종적으로는 모어를 전혀 사용하지 않게 된다. 그러나 문법 교육 시 필요한 경우에는 특정 현상에 대해 중국어와 모어를 대조하여 설명함으로써 소모적인 설명을 줄일 수 있다. 예컨대, 중국어의 판단문인 '명사+是+명사'와 같은 기본구조를 설명할 때 '是'는 영어의 계사(copula)인 'be'에 해당된다고 설명할 수 있다. 그러나 영어의 경우 명사와 형용사 사이에도 'be'가 쓰이므로 학생들은 종종 이러한 용법을 형용사 술어문에까지 일반화하여, 부정전이가 초래되곤 한다. 중국어 형용사 술어문을 가르칠 때, 두 언어의 문장을 제시하여 학생들이 차이점을 발견하도록 함으로써 학생이 이를 명심하도록 한다.

중국어와 외국어의 대조는 여러 국적의 학생이 함께 공부하는 클래스에서는 가능한 한 적게 사용해야 하는데, 언어 간의 차이로 부정적인 효과를 초래할 수 있기 때문이다. 반면, 학생의 국적이 같은 경우 중국어와 모어 간의 적절한 대조는 종종 학습효과를 배가시킬 수 있다. 다만 지나치게 많이 사용하기 보다는 적절하게 사용하는 것이 바람직하다. 가령, 일본 학생이 일본어 동사가 방식, 시태 등을 통해 결과 의미를 함의하고 있다는 점에 영향을 받아, 중국어 동사를 운용할 때 동사만 쓰고 결과보어를 쓰지 않는 경우가 종종 있다. 예를 들어, '打开窗户了'나 '宿舍盖好了'라고 써야 하는 경우에 '开窗户了' 혹은 '宿舍盖了'라고 표현하곤 한다. 이것은 일본어 동사의 경우에는 완성 의미를 나타내는 'た'가 동작의 결과를 나타내는 경우도 있기 때문이다. 강의할 때 몇 쌍의 문장을 제시하여 중국어 동사는 동작의 결과 의미를 함의하고 있지 않으며, 결과 의미를 나타내는 경우에는 적절한 단어를 선택하여 동사 뒤에 써야 한다는 점을 설명해 준다. 이렇게 비교를 통한 학습으로 학생들은 이러한 용법을 잘 기억할 수 있을 뿐 아니라 교육 효과를 배가할 수 있다.

3. 중국어의 정확한 형식과 오류 형식 대조를 통한 분석

외국인을 위한 중국어 문법 교육은 어떻게 말해야 하는지 가르쳐야 할 뿐 아니라 어떻게 말하면 안 되는지, 혹은 어떻게 말하는 것이 적절하지 않은지도 반드시 설명해 주어야 한다. 학생들이 중국어 문법을 습득하면서 오류를 범하는 것은 매우 정상적이다. 오류는 학생들의 중간어 체계 혹은 부정전이 때문이며, 오류에 대한 규칙을 설명하는 것은 학생들의 중간어 체계나 부정전이에 대한 규칙을 설명하는 것이기도 하므로 이러한 교수법은 전체 교육 과정에서 필수불가결한 것이다.

정문과 비문의 대조 역시 몇 가지 방법이 있다. 첫 번째는 교사가 맞는 표현과 잘못된 표현의 규칙과 조건을 직접 설명하는 것으로, 이러한 교수법은 문법 사항을 체계적으로 설명할 수 있어 교사가 쉽게 채택하곤 한다.

그러나 많은 정보를 동시에 처리해야 하므로 때로는 학생들이 자신의 문제인지 파악하지 못하고 지나칠 수도 있어 학생들의 습득 효과가 반드시 좋은 편은 아니다. 두 번째는 규칙을 설명하기 전에 학생들에게 관련 단어를 쓰거나 관련 문형으로 작문을 해 보도록 하고, 학생이 작문한 문장 가운데에서 관련 문법 사항에 대한 규칙을 설명해 주는 것이다. 이러한 설명은 학생들의 상황을 잘 반영한 것이므로 학생들의 흥미를 유발할 수 있을 뿐 아니라 쉽게 기억할 수 있다는 장점이 있다. 그러나 때때로 문법 사항을 체계적으로 가르치기 힘들기 때문에, 교사는 반드시 실제 상황에 근거한 적절한 보충과 정리를 해 주어야 한다. 세 번째는 두 방법을 결합한 것으로, 우선 학생들에게 작문을 하도록 한 후에 규칙을 설명하는 것이다. 한 가지 규칙을 설명할 때마다 학생들로 하여금 자신이 작문한 문장을 검토하게 한다. 그래서 학생들의 작문이 전형적이지 않으면, 교사는 학생들에게 전형적인 문장을 제시하여 학생이 규칙을 운용하여 문장의 정오를 점검하고, 오류를 분석하여 그 원인을 파악하게끔 한다. 이러한 교수법은 위의 두 교수법보다 훨씬 더 이상적인 효과를 거둘 수 있다. 요컨대, 오류 분석은 중국어 문법 교육 전반을 아우르는 중요한 부분으로, 문장의 정오 대조를 통한 오류 분석은 학생의 문제를 가장 잘 해결할 수 있는 방법이다.

(三) 스스로 인식하고 스스로 점검하는 자기주도 학습 과정

중국어 문법을 교육하는 데 있어 학생들이 자주적인 능동성을 발휘하여, 선생님의 도움을 받아 중국어 문법의 규칙을 스스로 발견하고 인식할 수 있을까? 대답은 '그렇다'이다. 비록 이러한 과정은 교사의 많은 노력을 요하는 과정이지만, 학생들의 학습 분위기와 학습 효과 면에서는 비교적 이상적인 방법이다. 예컨대, 양사 '双'과 '对'는 구분하기 어렵고 헷갈리기 쉬운 단어이다. 이를 가르칠 때, 학생들에게 '双'과 '对'가 쓰인 '수사+양사+명사'의 조합을 충분히 제시해 준다. 물론 학생들의 수준에 제약이 있기 때문에 제시한 조합이 많지 않겠지만, 교사가 가능한 한 많은 예를 제시해 줄수록 학생들은 훨씬 더 쉽게 규칙을 발견할 수 있다. 만약 학생이 규칙을 잘 발견하지 못하면, 교사는 적절한 유도를 통해 '双'은 원래 두 개인 것과 관련이 있고, '对'는 남자와 여자, 왼쪽과 오른쪽 등과 관련이 있음을 인식시키도록 한다. 이러한 인식은 매우 표면적인 것이므로 교사는 학생들이 충분히 생각하였다는 기초 위에 개괄적으로 설명해 주어야 한다. 가령, '双'은 자연적으로 형성된 두 개와 관련이 있으며, 이 둘은 서로 조화를 이루어 전체를 형성해야 한다. 예를 들어, '一双筷子'는 두 개의 젓가락이 함께 있어야 사용이 가능하며, '一双手'나 '一双脚'는 모두 신체를 구성하는 일부분으로 어느 하나만 부족하여도 사람의 신체적 조화에 문제가 생긴다. '一双鞋'의 경우는 사람의 다리가 한 쌍이므로 자연스럽게 형성된 수량표현이다. 한편, '对'는 후천적으로 형성된 것으로, 대립 관계가 있는 개체 둘을 나타내며, 이러한 대립은 남녀, 좌우 혹은 기타 여러 분야에서 나타난다. 예컨대 '双'과 '对'를 '一对词'라고 표현하지 '一双词'라고 하지 않는 이유는 의미적으로 서로 대립관계가 있는 두 단어를 함께 언급하고 있기 때문이다. 우리가 친구 두 명을 이야기할 때 '双'이나 '对'를 쓰지 않는 것은 친구 둘이 대립 관계도 협력 관계도 맺고 있지 않기 때문이다. 친구가 결혼할 때 '一对花瓶'을 선물하는 것은 '一对'가 부부를 상징하는 의미를 갖고 있기 때문이다. 학생들이 자신의 대뇌활동을 원활히 한 후 교사의 설명에 신경 쓰고, 본인이 이해한 것과 선생님의 설명을 대조한다면, 시사점이 있는 문제를 제시할 수 있을 것이다. 선생님의 설명이 이치에 맞아 학생들이 고개를 끄덕이며 수긍하며, 몰랐던 문제를 깊이 있게 생각하여 이해한 지식을 쉽게 잊을 수 있겠는가? 스스로 인식하고 스스로 점검하기는 여러 가지 문법지식을 습득하는 데 적용될 수 있다. 예컨대, 외국학생은 '骑'의 동작의미를 '坐'와 같다고 보곤 하는데, 교사는 실제 시연을 통해 학생들이 이 두 동사의 동작 의미의 차이점을 발견할 수 있도록 해야 한다. '在'의 전치사, 부사, 동사의 세 종류 용법에 대해 학생들이 구분하지 못하면, 교사는 학생들이 많은 문장을 나열하여 그들이 통사위치와 구조에 따른 특징을 찾을 수 있도록 해야 한다. 심지어는 '把'자문, '被'자문, 일반 서술문의 주어와 목적어 위치 및 상호관계에 대해서도 학생들이 스스로 발견할 수도 있도록 도움을 주어야 한다.

자체 점검은 학생이 문법 규칙, 조건 등을 사용하여 자신이 실제로 사용한 담화를 검토하는 것이다. 예를 들어, '了'를 배우고 난 후 학생들에게 어제, 주말 혹은 방학에 있었던 일을 써 보고, '了'의 사용 상황을 점검하도록 한다. 이러한 점검법은 학생 스스로 학습하는 과정에서의 문제를 발견할 수 있을 뿐 아니라, 교사가 교육하는 가운데 부족한 점을 발견할 수 있는 좋은 방법이기도 하다.

(四) 간략한 설명과 풍부한 연습 - 설명과 연습의 결합

이 문제는 중국어 문법 교육의 성질과 체계에 대한 가장 직관적이고 실제적인 검증이다. 즉, 이론 문법을 가르칠 것인가, 교육 문법을 가르칠 것인가? 지식 전달 위주의 수업을 할 것인가, 아니면 실용성 위주의 수업을 할 것인가? 설명과 연습의 비율과 정도, 선택 항목과 설명 각도를 보면 이상의 질문에 대한 답을 금방 찾을 수 있다. 중국어 교육 가운데 문법 수업은 교사를 조력자로 하여, 학생이 중국어의 문법 현상을 습득·이해하고, 규칙을 사용하는 것을 도와 실제적인 사용이 가능한 중국어 문법의 인식체계를 건립토록 하는 것이다. 이러한 역할을 통해 학생이 중국어 문법을 주입식으로 학습하는 것에 그치지 않고 문법 사항을 응용할 수 있도록 도와주어야 한다. 이를 위해 설명을 할 때 키워드를 파악하여 요점만 명확하게 제시하여, 학생이 상황에 맞게 응용할 수 있는 실질적이고 유용한 정보를 전달한다. 아울러 학생들의 적극적인 참여를 이끌어 내는 교수법을 고안해 내야 한다.

'풍부한 연습'이란 다각적이고 다양한 층위에서 연습을 통해 학습한 내용을 공고히 하거나, 배운 내용을 주어진 담화환경에서 실제적으로 사용함으로써 표현을 사용할 수 있는 수준에 이르도록 하는 것이다. 연습을 하는 데 있어 가장 중요한 것은 무엇을 연습하는지에 대한 명확한 인식이다. 만약 설명한 규칙을 적용하기 위한 연습을 한다면, 학생은 실례를 통해 사용할 수 있는 경우와 불가능한 경우를 파악해야 효과를 거둘 수 있다.

'풍부한 연습'에서는 반복성과 순환성이 중요하다. 언어는 일회성으로는 그 습득의 효과를 거둘 수 없으며, 여러 차례 반복을 통해 습득되는 것이 일반적이다. 반복은 원래 모습 그대로를 암기하는 것과는 다르며, 여러 가지 수단과 방법을 쓰고, 다양한 각도와 단계로 나누어 연습을 해야 한다. 가령, 앞서 언급한 시태 체계에 대한 학습은 여러 등급으로 구분된 순환 학습 과정을 거쳐야 한다. 이처럼 이전에 배운 것과 새로 배운 것을 여러 차례 반복하는 과정을 거쳐야 비로소 학생들은 배운 지식을 견실하게 다질 수 있다. 연습 역시 이러한 단계가 필요한데, 교사가 설명을 아무리 잘 하고, 사용 제한 조건을 명확히 이야기 해 주더라도 학생들이 반드시 그것을 정확히 사용하거나 기억하지는 못한다. 따라서 많은 실용적인 연습을 통해 배운 것들을 실천해 보아야 하는데, 이것이 두 번째 반복 과정이다. 교사는 학생이 연습하면서 범하는 오류를 즉각 분석해 주어야 하며, 또 다른 관점에서 배운 내용을 복습하도록 하여, 적어도 세 차례 반복할 수 있도록 수업을 설계한다. 이처럼 반복과 향상, 통합과 재부호화 등의 과정을 거쳐야 학생의 언어지식이 확실히 습득되며, 응용 능력도 습득될 수 있다.

'풍부한 연습'은 중요 정보에 대한 피드백이기도 하다. 학생은 대체로 명확하게 들었으면, 스스로 완벽하게 이해했다고 생각하지만, 실제 상황에서는 편향되게 이해했거나 지나치게 일반화하여 오히려 오류가 발생하고, 전반적인 상황을 충분히 고려하지 못하는 등의 문제를 여전히 가지고 있는 경우가 대부분이다. 연습 단계에서 교사가 정확하고 즉각적으로 사용된 표현의 정오를 판단해 주면, 학생들은 정확한 표현을 장기 기억 속에 저장하거나, 틀린 부분을 즉각적으로 고칠 수 있다. 이처럼 연습은 교사가 가르친 내용을 피드백해 줄 수 있는 중요한 과정이다. 교사는 이 과정을 통해 학생들이 학습하면서 생긴 문제와 자신의 교수내용 가운데 부족한 점을 발견하고 즉각적으로 해결할 수 있어 교육 내용을 조정하고 교육 수준을 향상시킬 수 있다.

교육에는 다양한 방법이 있지만 정해진 방법은 없다. 그러나 동일한 교육철학과 목적 하에 확정된 교수 체계, 기본 과정, 단계와 방법은 대체로 유사하다. 문법 교육의 목표는 문법 형식의 범주에 국한된 것이 아니라 문법을 기초로 하여 인지와 의미, 화용 등의 내용과 방법을 아우르는 것이므로 교육과 습득이라는 틀 속에서 통합적인 교육체계를 형성해야 하는 것이다.

貳. 문법 교육 방법의 탐색

一. 중국어 문법 수업 중 담화 교육(语段教学)에 대한 의견[71]

단락(成段, discourse production)별 표현이 의사소통을 하는 데 있어서의 중요성은 의심의 여지가 없다. 이에 대한 인식이 이루어지자, 중국어 교육학계 역시 단락 표현 능력(成段表达能力, discourse production)의 배양을 강조하고 있다. 개편된 ≪汉语水平等级标准和语法等级大纲≫[72]의 '문법등급요강' 부분에서는 다중복문(多重复句)이라는 항목을 보충했을 뿐 아니라 문장군(句群)이라는 단위를 보충함으로써 그 중요성을 역설하고 있다. 그러나 실제 교육에서 담화 교육의 중요성이 그렇게 중시되고 있지는 않아 매우 취약한 부분이라고 할 수 있다. 중국어 교육 과정에서 학생들의 단락 표현 능력 향상은 일종의 체계적인 과정으로, 강독과 회화 과목뿐 아니라 문법 과목에서도 이와 관련된 교수가 필요하다. 따라서 중급반을 위해 개설한

---

71) 彭小川, <对外汉语语法课语段教学刍议>, ≪语言文字应用≫, 1999年 第3期.
72) 国家对外汉语教学领导小组办公室汉语水平考试部, ≪汉语水平等级标准和语法等级大纲≫, 高等教育出版社, 1996年版.

문법 과목에서 이와 관련된 시도를 해 볼 필요가 있다. 본문에서는 필자 본인의 경험과 결합하여 문법 과목에서 단락 교육을 강화하는 방법을 검토해 보고, 이를 통해 학생들의 단락 표현 능력을 향상시키고자 한다.

呂必松은 "단락 표현 능력에는 문장을 담화로 구성하고, 담화를 텍스트담화(篇章)로 구성하는 능력이 포함된다"[73]고 언급하였다. 그러나 현재 학계에서 '담화'에 대한 개념이 일치하지 않은 실정이다. 黃伯荣・廖序东이 주편한 ≪现代汉语≫에서는 "문장군을 문장 그룹(句组) 혹은 '담화(语段)'라고 한다"[74]고 하였으며, 张宝林의 ≪语段教学的回顾与展望≫에서는 "문장군이 '담화'이다"라고 보고, "'담화'는 문장으로부터 단락(段落)과 텍스트담화 사이의 중간 단계"[75]라고 언급하였다.[76] 高更生 등은 다른 견해를 가지고 있는데, 이들은 '문장 그룹'을 '담화'라고 보는 것은 적절치 않으며, '담화'의 함의가 너무 크기 때문에 문장 그룹의 함의를 부여하는 것은 적절치 않다고 주장하였다.[77] 필자는 학술연구의 일환으로서 문장군 혹은 문장 그룹에 대한 함의 및 적절한 명칭 선택에 관해 논의할 필요가 있으며, '문장군'과 '다중복문'의 구분도 논의할 필요가 있다고 본다. 그렇지만 외국인을 위한 중국어 교육에 있어 문법 이론과 문법 용어를 지나치게 강조할 필요는

73) 呂必松, ≪华语教学讲习≫, 北京语言学院出版社, 1992年版.
74) 黃伯荣・廖序东, ≪现代汉语≫(增订本), 高等教育出版社, 1991年版.
75) 张宝林, <语段教学的回顾与展望>, ≪语言教学与研究≫, 1998年 第2期.
76) [역주]'语段'은 의미상 서로 연관된 몇 개의 문장이 하나의 의미 중심을 기준으로 하여 조직된 문장들의 조합을 말한다. 일명 '句群', '句组', '句段', '语篇', '篇章' 등으로도 불린다. 먼저, '语段'은 기본적으로 문장으로 구성된다. 따라서 단어나 구 등으로는 구성될 수가 없다. 한편, '语段'은 또 '自然段落'과도 다르다. 하나의 '段落'은 하나의 '语段'이 될 수 있고 어떤 경우는 여러 개의 '语段'이 한 '段落'에 포함될 수도 있다. 그런데 또 '段落'이 하나의 '语段' 내에 포함될 수도 있다. 확실히 한 편의 글에서 하나의 단락은 눈으로 쉽게 구분되는 문단일 수가 있다. 그러나 '语段'은 형식 단위라기보다는 의미 단위 측면이 강하기 때문에 형식상 '段落'보다는 자유롭다. 그래서 심지어 '段落' 내에 '语段'이 포함될 수도 있으나 대체적으로 '语段'이 더 큰 단위이기 때문에 여러 개의 '段落'이 하나의 '语段'을 형성하는 경우가 많다. 이를 한국어 용어로 '담화'로 번역할 수 있고 영어로는 'discourse'로 번역할 수 있다.
77) 高更生・王红旗 等, ≪汉语教学语法研究≫, 语文出版社, 1996年版.

없다고 본다. 왜냐하면, 다중복문과 문장군 간의 구분과 같은 중국학자들 간의 의견차가 있는 문제가 외국 유학생에게는 별 큰 의의가 없으며, 오직 중국어로 복잡한 의미를 전달할 때 문장과 문장을 어떻게 배열하고, 연결시켜야 하는지를 정확하게 배우는 것이 훨씬 더 중요한 문제이기 때문이다. 뿐만 아니라 지식은 서로 연관되어 있어 용어에 대한 명명과 그것에 대한 활용은 서로 분리할 수 없다. 따라서 용어에 대한 논의를 강조하지 않더라도, 단문이나 복문의 연결 내지는 문장군 혹은 문장군보다 더 큰 단위 등과 같은 어구와 어구 간의 연결과 관련된 교육을 일괄적으로 '담화 교육'이라고 명명하고자 한다.

필자는 중급 단계를 위해 개설된 문법 과목을 1년간 매주 2번 수업하였으며, 단락 교육의 방법은 수업의 후반부에 배치하여, 전체 수업 시간의 1/3정도를 할애하였다. 문법 수업에서 어떻게 문법 수업의 특색을 지닌 단락 교육을 할 수 있을까? 아래의 순서와 같은 각각의 단계를 채택하였다.

(一) 대조 분석을 통한 연결 기초 다지기

중국어를 학습하는 외국 유학생은 일반적으로 논리적인 사유가 성숙된 성인으로, 대부분 본인이 표현하고자 하는 단락의 논리관계를 명확하게 알고 있다. 어려운 점은 중국어의 어휘와 연결 수단을 이용하여 자신이 표현하고자 하는 복잡한 의미를 연관성 있고 자연스럽게 표현해 내는 것이다.

중국어 가운데 문장과 문장의 연결은 의미결합법(意合法)을 사용할 수 있으며, 이는 문장의 배열 순서를 통해 구현되지만,[78] 호응어(关联词语), 대명사의 조응, 생략, 어휘의 반복 출현(复现)과 공기(同现), 시간사, 장소사 등과 같은 문법 수단이나 어휘 수단의 운용이 훨씬 더 많이 사용된다. 이러한 여러 수단 가운데 호응어가 중요한 것은 더 이상 강조할 필요가 없다. 한

---

78) 엄격한 의미에서 볼 때, 문장의 배열순서도 문법 수단 가운데 하나이다.

단락의 표현 가운데 문장과 문장의 관계가 복잡해지면 호응어를 써야한다. 그렇지 않으면, 문장이 서로 연결되지 않거나 논리 관계 표현이 명확하지 않을 수 있다. 문법 과목의 시수가 제한되어 있으므로 문법 수업이라는 특징을 반영하여, 호응어의 운용과 대명사의 조응 등과 같은 문법 수단을 통한 문장 연결을 중점적으로 지도해야 한다.

중국어의 호응어는 단어, 구, 문장을 연결할 뿐 아니라 복문과 문장군을 연결할 수도 있다. 단어, 구, 문장의 연결은 복문 및 문장군의 기초가 되므로, 담화 교육의 시작은 기초를 다지는 것에서 출발하도록 한다. 그렇다면 어떻게 기초를 다질 것이며, 초급 단계의 교육과는 어떠한 차별성을 가질 수 있을까? 중급 단계 학생들은 대부분 초급 단계에서 이미 기본적인 호응어를 배우긴 하였으나, 단편적으로 학습한 것이어서 쉽게 혼동할 수 있기에 복잡한 의미를 전달하고 싶을 때 적합한 연결 수단을 선택하지 못하는 상황이 발생하곤 한다. 따라서 중급 단계에서는 우선 학생들이 배웠던 기초 지식을 종합하고 이에 대한 대조·분석을 통해 명확한 개념을 정립토록 하여 논리의미 관계에 따라 적절한 연결 표현을 쓸 수 있게끔 하며, 상응하는 호응어를 정확하게 선택할 수 있게 해야 한다. 이러한 기초를 다지고, 반복적인 연습을 통해 다양한 경험을 쌓도록 하는 것은 담화를 표현하는 데 많은 도움이 된다.

구체적인 방법으로는 학습한 상용 호응어를 두 측면에서 분석·비교하는 것이다. 첫 번째는 논리의미 관계에 따른 분류로, 각 부류를 몇 개의 하위 부류로 구분하는 것이다. 가령, 병렬관계(并列关系)는 '和와 及', '和와 并, 而', '并과 并且', '而과 而且', '及와 以及'와 같은 몇 개의 그룹으로 구분한 후 간단명료한 전체 표를 만들어 각 단어의 연결기능을 일목요연하게 정리한다. 또한 '一面……, 一面……', '一方面……, 一方面……', '一来……, 二来……'와 같은 표현을 비교 분석하고, '只是, 不过, 但是' '虽然, 固然' 등과 같은 전환관계(转折关系)를 분석한다. 두 번째는 논리의미 관계가 다르지만 쉽게 혼동될 수 있는 호응어를 비교분석하는 것이다.

<table>
<thead>
<tr><th>사실</th><th>가설</th></tr>
</thead>
<tbody>
<tr><td>既然下雨，我就不去了。</td><td>如果下雨，我就不去了。(연관)</td></tr>
<tr><td>(비가 오니 나는 안 가겠다.)</td><td>(만약 비가 오면 나는 가지 않을 것이다.)</td></tr>
<tr><td>虽然下雨，我还是要去。</td><td>即使下雨，我也要去。(전환)</td></tr>
<tr><td>(비록 비가 와도 나는 간다.)</td><td>(설사 비가 와도 나는 간다.)</td></tr>
</tbody>
</table>

이 단계에서는 다각적인 비교분석과 표현별 연습을 통해 학생들이 호응어에 대한 기초를 습득할 수 있도록 한다.

(二) 담화 읽기를 통한 구조 관계 체득하기

앞선 단계에서 학생들은 주로 복잡한 단문이나 간단한 복문을 접하게 되는데, 비록 종합적인 연습을 통해 문장과 문장 간의 관계를 명확히 이해하긴 하지만, 다소 복잡한 담화를 접하게 되면 구조 관계를 이해하지 못하곤 한다. 이러한 문제를 해결하기 위해 몇몇 담화를 선택하여[79], 교실에서 학생들의 읽기를 지도함으로써 학생들이 이러한 담화의 의미 구조 관계를 검토·분석할 수 있도록 독려한다.

우선 아래 두 단락의 표현을 학생들에게 제시한다.

(1) 当时他已经提醒我要注意什么了，<u>但是</u>我没在意，<u>所以</u>这次事故与他无关。(당시에 그는 이미 나에게 무언가를 조심하라고 일깨웠었지만, 나는 신경을 쓰지 않았다. 그래서 이번 사고는 그와 무관하다.)

(2) 那时我父亲已经去世，<u>但是</u>我母亲还有工作，<u>所以</u>生活还得过去。(그때 내 부친은 이미 작고하셨다. 그러나 내 모친이 아직 일을 하고 계셔서 생활은 그럭저럭 해 나갔다.)

---

79) 본문에서 제시한 담화 가운데 일부는 이미 출판된 서적 가운데에서 발췌한 것으로, 출처를 밝히지 않았으나, 관련 저자에게 사의를 표하는 바이다.

그리고 나서 학생들에게 "이 두 단락의 표현에 모두 '但是', '所以'가 있으므로 절과 절 사이의 관계가 같은 것일까?"라고 질문을 제시한다. 만약 학생들이 아무 반응이 없다면, "이 두 단락의 표현에 '因为'를 추가한다면, 여러분들은 어디에 추가하겠는가?"라고 질문을 좀 더 구체화한다. 이처럼 학생들의 토론과 분석 및 교사의 보충 설명을 통해 학생들은 두 표현의 구조 관계가 동일하지 않다는 점을 매우 빨리 이해하게 된다.

다시 아래와 같은 표현을 학생들에게 제시한다.

> <u>因为</u>他在工厂没有事情干, <u>所以</u>想离开这个工厂, <u>但</u>如果他离开就会 <u>因为</u>找不到新的工作<u>而</u>失业, <u>所以</u>他只好还待在原来的工厂里。(그가 공장에서 할 일이 없었기 때문에 이 공장을 떠나고 싶었다. 그러나 만약 떠난다면 새로운 일을 찾을 수 없어 실업자가 될 수도 있으므로 그는 그저 원래의 공장에 있을 수밖에 없다.)

위의 단락은 다소 복잡한 담화로, 교사는 학생에게 "문장 가운데 두 번째 '所以'는 두 번째 '因为'와 호응하는 것일까요?"라고 물을 수 있다. 학생들은 두 가지 의견으로 나뉘어 논쟁을 할 것이고, 토론을 통해 이 담화의 구조는 층위 관계가 있다는 점을 이해하게 될 것이다. 학생들은 읽기 수업 가운데 이해하기 어려운 담화를 맞닥뜨리게 되는데, 때로는 새 단어 때문이며, 때로는 호응어로 인해 이해하기 어려운 문장이 구성되기 때문이기도 하다. 이러한 부류의 담화 구조 모델이야말로 문법 수업에서 담화 교육의 내용으로 삼을 만하다. 예를 들어, 읽기 수업 가운데 이러한 담화가 출현한다.

> <u>为</u>保持粮食稳定增产和粮食市场的稳定, <u>以</u>缓解粮食总需要与总供给 的矛盾, 近两年, 中国政府主要是通过稳购、压销、调价等来逐步解决粮食购销 价格倒挂的问题, 使粮食流通走上健康发展的轨道。(식량의 안정적인 증산과 식량 시장의 안정화를 유지함으로써 식량 총수요와 총공급의 모순을 완화시키기 위해 최근 2년간 중국정부는 주로 안정적 구매와 판매축소, 가격조정

등을 통해 식량의 판매와 구입 가격의 역전문제를 점진적으로 해결하였고, 이로써 식량 유통이 건전한 발전의 궤도에 오르게끔 유도하였다.)

위의 담화에서 '稳购, 压销' 등과 같은 단어는 유학생들이 이해하기 힘들다. 그러나 더 큰 문제는 '为'와 '以'가 문장에서 무엇을 나타내는지, 또 이 단락의 각 문장은 어떤 관계가 있는지 이해하기 힘들다는 점이다. 우리는 문법 과목에서 앞선 예에 상응하는 예문을 직접 작성하는 방법을 채택한다.

<u>为了</u>让同学们有更多的练习听力的机会, <u>以</u>进一步提高听力水平, 学校电教室决定增加语音室开放的时间。(학생들에게 더 많은 듣기 연습의 기회를 줌으로써 듣기 수준을 한층 더 향상시키기 위해, 학교의 컴퓨터교실에서는 발음연습실의 개방 시간을 연장하기로 결정하였다.)

학생들에게 익숙한 생활을 예로 삼고, 단어 역시 비교적 평이한 것으로 선택함으로써 학생들이 쉽게 이해할 수 있도록 해 준다.

이어서, 학생들이 이전 단계에서 목적 관계를 나타내는 호응어를 분석할 때 이미 대조를 통해 도출한 지식을 상기하도록 유도한다.

목적	방식
为了……	……

방식	목적
……	以……
……	以便……
……	……好……
……	是为了/为的是……
……	以免……
……	免得……
……	省得……

마지막으로 직접 작성한 예문을 통해 학생들이 '为了'와 '以'가 문장 가운데 목적을 나타낸다는 점을 이해시킴으로써, '为了……, 以……, ……'는 목적을 나타내는 구문이 이중으로 결합되어 있다는 것을 깨닫도록 해 준다. 이와 같이 학생들의 읽기 이해 능력을 향상시킴으로써 향후 단락을 통해 유사한 의미를 표현하기 위한 기반을 다져놓는다.

(三) 단계별 종합 훈련

언어 학습에서 가장 중요한 것은 연습과 실천이다. 앞선 두 단계에서 많은 분량의 연습문제를 통한 습득이 이루어 졌다면, 세 번째 단계에서는 단계별 종합 훈련을 진행한다. 여기서 '단계별'이란, 훈련 형식에 있어서의 단계성과 동일 훈련 형식 내 훈련 내용의 단계성을 포함하는 것이다.

1. 통합형 괄호 넣기

HSK에도 통합형 괄호 넣기가 있다. 이것은 특히 문법 지식 외에 어휘 의미의 구분과 같은 내용도 포함하고 있어서 진정한 의미에서의 통합형 괄호 넣기라 할 수 있다. 이와 달리 여기서 말하는 통합형 괄호 넣기는 문법 항목 중에서 호응의 기능과 관련된 지식에 대해서만 설계된 것으로, 이러한 연습을 통해 학생들이 일정한 문맥에서 적합한 호응어를 선택하여 문장을 연결할 수 있도록 도와준다.

(1) 在中国, 我①找到了心爱的人, 得到了甜蜜的爱情, ①在事业上也很顺利。②我是公司总经理, ②我不希望中国职员觉得是在为我干活, ③希望他们感到我们是在一起奋斗。

① A. 一边……一边……　　B. 一来…… 二来……
　　C. 不但……而且……　　D. 既然…… 就……
② A. 因为…… 所以……　　B. 无论…… 都……

C. 如果…… 就……　　　D. 虽然…… 但……

③ A. 而　　　B. 而且　　　C. 反而　　　D. 所以

(2) 据检验, 黄河水中的有毒有害物质的含量近年显著增加。①河水污染严重, 河水不进行处理就不符合饮用标准。②现在宁夏南部山区的许多农民就是直接饮用黄河水的。③是那些不直接饮用黄河水的人, 也不是不受危害的。黄河污染问题, 关系到千千万万人民的生活, ④我们不赶快控制污染, 情况会更加严重。

① A. 由于　　　B. 即使　　　C. 不但　　　D. 除非
② A. 而且　　　B. 然而　　　C. 还　　　　D. 才
③ A. 因为　　　B. 虽然　　　C. 既然　　　D. 即使
④ A. 因为　　　B. 而且　　　C. 如果　　　D. 但是

2. 호응어 직접 괄호 넣기

이러한 형식의 연습은 앞서 실시한 유형의 연습보다 어려운데, 제시된 예시항목이 없이 학생 스스로가 담화 전체를 읽은 후 적절한 호응어를 직접 골라 괄호를 채워야 하기 때문이다.

(1) 依靠爸爸帮了忙, 石建国才考进了这个公司, (但)他并不高兴, (因为)他不喜欢他的工作, 只是(因为)这里工资高, (而且/又)可以不待在家, 他才考的。
(2) 进口小汽车(虽然)漂亮舒适, (但)价格太贵, 坏了不容易修理, (而且)进口多了会妨碍国产汽车的发展, (所以)我认为应该提倡用国产小汽车。

이 두 담화의 공통점은 전환(转折), 인과(因果), 점층(递进)과 같은 몇 가지 관계를 포함하고 있다는 것이다. 전환관계에 관해서는 학생들에게 '考进公司(회사에 입사하다)'와 '不高兴(기쁘지 않다)', '漂亮(아름답다)', '太贵(너무 비싸다)' 간의 의미관계를 고려하도록 지도한다. 점층 관계는 어떤 경우에 점층 관계를 나타내는 호응어를 써야 하는지 집중적으로 지도한다. 위의 두 단락 모두 인과 관계는 비교적 수의적이다. 예(1)의 '不高兴'과 '不喜欢'은 원인과 결과 관계이므로, '因为'를 썼고, 후속문장 역시 앞쪽에 원인, 뒤쪽에 결과가 출현한 관계이므로 '因为'를 썼다. 한편, 예(2) 전체 단락은 앞쪽에 원인, 뒤쪽에 결과를 나타내는 인과 관계를 나타내지만, 단지 '所以'만 썼을 뿐이다. 교사는 학생들이 의미적으로 인과 관계를 이해하고 분석하도록 지도해야 할 뿐 아니라, 학생들이 인과 관계의 유형을 익히도록 의식적으로 유도하여, 중국어에서는 인과관계가 수의적임을 파악하도록 해 준다면, 향후 단락 표현 수준을 더 향상시킬 수 있는 기초가 한층 더 공고해질 것이다.

3. 문장 병합

앞서 우리는 어구의 연결과 관련된 교육은 단문, 복문, 문장군 혹은 그보다 더 큰 단위이건 간에 모두 담화 교육이라고 칭한 바 있다. 그렇지만, 실제 교육 과정은 쉬운 것을 먼저 가르치고 점차 어려운 단계로 올라가는 것이 바람직하다. 따라서 아래의 예와 같이, 우선 두 개의 단문 병합을 먼저 연습한다.

A. (1) 我们的教育事业已有了改革。
   (2) 我们的教育事业已有了发展。
   (我们的教育事业已有了改革和发展。)
B. (1) 她很温柔。
   (2) 她很善良。
   (她温柔而善良。我忘不了她的温柔和善良。)
C. (1) 大家同意厂长的决定。
   (2) 大家拥护厂长的决定。
   (大家同意并拥护厂长的决定。)

D. (1) 我们热情地帮助他。

(2) 我们耐心地帮助他。

(我们热情而耐心地帮助他。／我们热情地并耐心地帮助他。)

E. (1) 他还没考虑清楚他什么时候去。

(2) 他还没考虑清楚他跟谁一块去。

(他还没考虑清楚他什么时候去以及跟谁一块去。)

위의 예습 구문들은 모두 '不但……而且……'를 써서 복문으로 만들 수 있으며, 난이도가 그렇게 높지 않다. 오히려 위 문장들을 연결하여 단문(괄호 속의 문장)으로 바꾸어 보도록 하는 연습의 난이도가 훨씬 더 높지만, 이러한 연습을 통해 향후 복잡한 담화를 연결하는 능력을 향상시켜 주므로 반드시 연습시켜야 한다.

두 개의 단문을 연결하는 훈련은 위에서 보여준 유형 외에도 다양한 구문의 유형이 있으나 본문에서는 더 이상 언급하지 않겠다.

두 개의 단문을 단문 혹은 복문으로 바꾸는 연습을 마친 후, 학생들에게 좀 더 복잡한 형식의 연습을 제시한다. 가령, 아래의 여러 문장들을 하나의 복문으로 바꾸도록 연습한다.

(1) 李芳芳喜欢王志刚。

(2) 李芳芳不愿意跟王志刚结婚。

(3) 王志刚比李芳芳小两岁。

(4) 李芳芳不愿意自己的丈夫比自己小。

이러한 문장들을 연결할 때 호응어를 운용해야 할 뿐 아니라, 대명사의 조응 등과 같은 지식도 운용해야 한다. 이전 단계의 연습을 기반하여 교사가 추가적으로 지도한다면, 학생들은 다양한 형태의 담화를 작성할 수 있을 것이다. 비교적 단순한 예로는 '李芳芳喜欢王志刚, 但她不愿意跟他结婚。因为他比她小两岁, 她不愿意自己的丈夫比自己小。'가 가능할 것이고, 좀 더 복잡한 예로는 '李芳芳虽然喜欢王志刚, 却不愿意跟比自己小两岁的他结婚, 因为她不愿意自己的丈夫比自己小,' 혹은 '因为李芳芳不愿意自己的丈夫比自己小, 所以, 她虽然喜欢王志刚, 却不愿意跟比自己小两岁的他结婚,' 등이 있다.

일정 기간 동안의 훈련을 거쳐, 학생들에게 한층 더 복잡한 연습을 지도할 수 있다. 아래와 같이 여러 문장을 한 단락으로 구성하도록 유도해보자.

(1) 自行车是一种个人交通工具。

(2) 自行车节约能源。

(3) 自行车不污染环境。

(4) 自行车节省空间。

(5) 自行车使用方便。

(6) 自行车一问世就受到人们的欢迎。

(7) 自行车一问世就受到人们的喜爱。

(8) 也应该看到自行车的行走靠的是人力。

(9) 和汽车比起来, 速度要慢得多。

(10) 自行车没有什么保护装置。

(11) 骑车带有一定的危险性。

(12) 骑车很受天气的影响。

이러한 유형의 연습에서 교사는 학생들에게 의미에 따라 단계별로 문장을 병합하고, 연결 수단을 결정하도록 지도한다. 이 가운데 (2)~(5)는 점층을 나타내는 호응어를 쓸 수 있으며, (1)~(5)는 하나의 단문으로 구성할 수도 있다. (6)과 (7)도 단문을 구성하게 되면, 문장이 훨씬 더 간결해진다. 이 부분은 담화 교육의 1단계에서 실시한 문장을 단문으로 바꾸는 연습의 중요성을 확인해 주고 있다. (8)~(12)에서는 학생들에게 열거된 세 개 항목의 내용을 연결하는 방식을 집중적으로 지도한다.

4. 담화 수정

학생들의 작문 가운데에서 연결이 자연스럽지 않은 담화를 선택하여 학생 스스로 고치도록 하는 것 역시 담화 훈련의 좋은 방법이다.

> 我觉得学生打工很好。因为让他们知道父母挣钱是不容易的事，所以他们能认真地学习。(나는 학생이 아르바이트하는 것이 좋다고 생각합니다. (왜냐하면) 그들(학생)이 부모님이 돈 버는 것이 쉽지 않은 일이라는 것을 알 수 있게 하여 그들이 열심히 공부할 수 있기 때문입니다.)

위의 담화는 어구가 많지 않지만, 호응어를 적절하게 사용하였을 뿐 아니라 조응 수단을 정확하게 써 연결이 잘되어 있는 예이다. 한편, 때로는 특정 어휘를 부가하거나 삭제함으로써 담화의 연결이 자연스러울 수 있다. 이러한 모든 과정은 난이도가 있는 종합적인 훈련에 속한다.

문법 교육에서 담화 교육을 하는 것은 새로운 과제로, 지속적인 시행과 깊이 있는 연구를 통해 현저한 효과를 기대할 수 있을 것이다.

二. 외국인을 위한 중국어 기초 문법 교육에서의 인지교수법에 대한 연구80)

오랫동안 외국어 교육 연구는 주로 '무엇을 가르칠 것인가', '어떻게 가르칠 것인가'를 중시해온 반면, '배우는 법' 자체에 대한 연구는 소홀히 하여왔으며, 일반심리학 이론을 외국어 교육에 적용한 경우도 많지 않다. 이러한 상황은 외국어 교육과 연구의 합리성뿐 아니라 교육 효과에도 부정적인 영향을 끼쳐왔다. 현재, 국제학계에서는 이러한 문제를 인식하여, 인지심리

---

80) 刘若云·徐韵如, <对外汉语基础语法教学认知法教学初探>, ≪暨南大学华文学院学报≫, 2003年 第4期.

학 및 외국어 학습에 있어서의 인지심리 과정에 대한 연구에 주목하고 있다. 인지심리학은 심리학 영역에서 발전된 새로운 학문분야로, 인간이 어떻게 세상을 인식하는지에 대해 새로운 성과를 거두고 있다. 인지심리학을 외국어 교육에 응용한 인지교수법은 심리학의 각도에서 외국어 교육을 연구한 것으로, 학습자와 학습과정에 대한 연구가 강조되며, 이해와 의미 있는 연습을 중시여기는 등, 학습자 중심의 교육을 그 특징으로 한다. 이처럼 인지론을 언어교육에 적용함으로써 외국어 교육이 한층 더 과학적으로 이루어질 수 있는 길이 열린 것이다.

본문에서는 인지심리학이 중국어 기초 문법 교육에 응용된 상황을 검토하고자 한다. 외국 학생들이 중국어 문법을 학습하는 것과 중국 학생이 중국어 문법을 학습하는 것은 인지구조와 인지과정에 있어 큰 차이가 있다. 중국 학생은 이미 중국어로 의사소통을 하며 탁월한 어감을 가지고 있다. 따라서 이들에게 문법을 가르치는 것도 중국어에 대한 언어 감각을 이성적인 지식으로 전환시켜주는 것이 중심이 되는 상당히 개괄적인 작업이다. 이와 달리 외국 학생은 중국어 문법 학습을 통해 중국어를 습득해서, 어휘로 문장을 구성하고, 문장을 연결하는 규칙에 따라 말을 하고 글을 쓰게 된다. 따라서 중국인에게 필요한 추상적인 몇 가지 규칙만으로는 중국어를 표현해 낼 수 없다.[81] 외국인에게 문법을 가르치는 것은 문법 규칙 자체를 학생의 인지 구조에 주입해 주어, 이 규칙을 운용하여 의사소통에 적합한 합법적인 문장을 생성하도록 하는 것이다. 인지심리학을 중국어 기초문법 교육에 적용할 때, 각 문법 항목(语法点)에 대한 교육을 합리적으로 설계해야 각각의 문법 사항이 학생들의 인지구조에 주입될 수 있다. 아래의 내용은 필자의 방법과 생각이다.

---

81) 赵金铭, <教外国人汉语语法的一些原则问题>, ≪语言教学与研究≫, 1994年 第2期 7~8쪽.

1. '강조식 문법 항목'과 이미 습득한 일반적인 표현간의 연결

인지심리학에 따르면 새로운 지식의 이해와 습득, 저장은 새로운 지식과 이전 지식의 연결을 통해 이루어진다.[82] 학습자의 원래 가지고 있는 인지구조 속에 이용할 수 있는 지식이 있어야 새로운 학습이 효과적으로 이루어진다. "인지구조란 학습자의 뇌에 저장된 지식 구조로, 넓은 의미에서는 학습자가 이미 가지고 있는 개념 내용과 구조 전체를 가리키고, 좁은 의미에서는 학습자가 가지고 있는 특정 분야 내 특정 지식의 개념 내용과 구조만을 가리킨다."[83]

중국 내 각종 기초 중국어 교재(예를 들어, ≪实用汉语课本≫, ≪初级汉语课本≫, ≪现代汉语课程·读写课本≫ 등)는 모두 강조법과 관련된 문법 항목을 포함하고 있다. 가령, '是……的', '连……也/都……', '(连)一……也/都……', '의문대명사의 특정지시 용법', '没有+명사+不……', '不+능원동사+不……', '不是……吗', '怎么+능원동사……呢', '哪儿……啊' 및 把자문, 被자문 등은 모두 강조를 나타내기 위한 문형으로, 우리는 이러한 문법 항목을 '강조식 문법 항목'이라 칭한다. 이러한 문법 항목을 가르칠 때, 교사는 학생들이 이 문법 항목과 이미 학습한 일반적인 표현과의 연관성을 찾을 수 있도록 도와줌으로써 새로운 지식과 기존의 지식을 연결하여, 새로운 것과 이미 알고 있는 것 간의 형식과 의미에 있어서의 공통점과 차이점을 파악할 수 있도록 해야 한다. 이렇게 하면, 학생들은 기존 지식 구조에서 새로운 지식을 저장할 위치를 찾아 새로운 지식을 부호화하고 조직화함으로써 새로운 지식을 장기 기억하여 학습자의 인지 구조 속에 추가해 넣게 된다. 이러한 과정은 중국어를 외국어로 습득하는 학습자에게는 매우 중요한 것으로, 추상적인 사고 과정을 생략하여 학습의 어려움을 경감시켜줌으로써 중국어 학습자에게 자신감을 불어넣어줄 수 있다.

---

82) 徐子亮, ≪汉语作为外语教学的认知理论研究≫, 华语教学出版社, 2000年版 21쪽.
83) 伍新春, ≪高等教育心理学≫, 高等教育出版社, 1998年版 145쪽.

아래에서 '连……也/都……'의 교수 설계를 예로 들어 살펴보도록 하자.

첫 번째 단계로, '连……也/都……' 문형과 일반적인 진술문의 전형적인 예를 제시한다. 중국어교육에서는 일반적인 규칙에 대한 설명만으로는 부족하며, 반드시 문법 규칙을 세분화하여 설명해야 한다.[84] 아래의 예문은 '连……也/都……'의 전형적인 형식을 나열한 것으로 각각 주어, 목적어, 동사를 강조하고 있다.

连……也/都……

(1) 那几个字很大, 连老人都看得清楚。(저 몇 글자는 커서 노인도 분명하게 볼 수 있다.) (주어 강조)

(2) 阿里不了解中国情况, 连北京也不知道。(아리는 중국의 상황을 잘 몰라서 베이징조차도 모른다.) (목적어 강조)

(3) 这么奇怪的事情, 我连听也没听过。(이렇게 이상한 일은 나는 들어본 적도 없다.) (동사 강조)

일반적인 진술 표현

(1) 那几个字很大, 老人看得清楚, 年轻人不用说都看得清楚。(저 몇 글자는 커서 노인이 분명하게 볼 수 있으니 젊은이들은 말할 것도 없이 분명하게 볼 수 있다.)

(2) 阿里不了解中国情况, 不知道北京, 更不知道中国别的地方。(아리는 중국의 상황을 잘 몰라서 베이징을 모르고 중국의 다른 지역은 더 모른다.)

(3) 这么奇怪的事情, 我没听过。(이렇게 이상한 일은 나는 들어본 적도 없다.)

학생들이 두 부류의 구문 비교를 통해 '连……也/都……'는 강조를 나타내는 문형이며, '连' 뒤에 강조하는 성분이 와서 강조하는 대상이 그러할 뿐아니라 다른 대상은 더더욱 그러하다는 의미를 나타낸다는 것을 이해하도록 유도한다. 이를 통해 학생들은 중국어에 관한 협의의 인지구조 내에 새로운 문법 항목과 이미 알고 있는 일반 진술표현 간의 연결 관계를 맺는 동시에

---

84) 周小兵, <汉语第二语言教学语法的特点>, ≪中山大学学报≫, 2002年 第6期 139~140쪽.

이 둘의 형식과 의미면에서의 차이점을 파악할 수 있다.

두 번째 단계에는 교사가 일반적인 진술 표현을 종류별로 제시하여 학생이 '连……也/都……' 문형으로 전환할 수 있도록 연습시킴으로써 학생이 막 습득한 새로운 지식과 기존 지식간의 연결 관계에 기초하여 이를 한층 더 익숙한 문형으로 익힐 수 있게 한다. 첫 번째 단계에서의 자극과 입력은 학생들의 대뇌에서의 처리를 거쳐 단기 기억으로 저장되는데, 반복하지 않으면 기억의 흔적은 매우 빨리 사라지게 된다. 따라서 지식의 장기 보존과 필요에 따른 처리를 위하여 대뇌에서 이 정보에 대해 심도 있는 가공이 이루어져야 장기 기억으로 처리된다. 주어를 강조하는 예문으로 '那个地方很难找, 本地人找不到, 外国人更找不到。(그 곳은 찾기 어려워 현지인도 찾을 수 없으니 외국인은 더 찾기 어렵다.)/这个汉字不常用, 老师不认识, 学生不用说都不认识。(이 한자는 상용자가 아니어서 교사도 모르니 학생은 더 말할 것도 없다.)'가 있고, 목적어를 강조하는 구문으로 '李芳家很穷, 买不起自行车, 更买不起汽车。(이방의 집은 가난하여 자전거를 살 수 없으니 자동차는 더 말할 것도 없다.)/我妈妈不懂英文, 不认识26个英文字母, 更看不懂英文杂志。(우리 엄마는 영어를 모르신다. 26개의 알파벳도 모르시니 영문 잡지는 더 보실 수가 없다.)'가 있다. 동사를 강조하는 것으로는 '妈妈做了很多菜, 他没吃就走了。(엄마가 많은 요리를 하셨는데 그는 먹지도 않고 가버렸다.)/这么聪明的孩子, 我没见过。(이렇게 총명한 아이를 나는 본 적이 없다.)' 등이 있다.

세 번째 단계는 교사가 전반부를 제시하면, 학생들이 후반부를 완성하는 방식으로 훈련한다. 두 번째 단계부터 교사의 지시에 따라 학생들은 연습을 하게 되는데, 주어를 강조하는 구문의 경우 '这个箱子很轻, 连_____。/这次考试很难, 连_____。' 등을 제시하고, 목적어를 강조한 구문으로는 '王先生很少去商店, 连_____。/小张家很富, 连_____。' 등을 제시하고, 동사를 강조한 것으로는 '他学习不努力, 作业_____。/我不喜欢看电视, 电视机_____。' 등의 구문을 제시한다.

네 번째 단계에는 학생들이 자유롭게 작문을 하도록 하여, 충분히 상상력을 발휘토록 한다. 세 번째 단계에서는 발화 상황을 한정하였지만, 이 단계에서는 아무런 제약 없이 의사소통 연습을 하게 한다. 이때 학생들은 '这次测验容易极了, 连成绩最差的小刘也及格了(이번 시험은 매우 쉬워 성적이 가장 나쁜 류군도 합격할 것이다.)'나 '玛丽汉语水平很高, 连古典小说都看得懂(메리는 중국어 실력이 매우 좋아 고전소설도 보고 이해할 수 있다.)' 혹은 '他连说也没说, 就回国了(그는 말도 안 하고 귀국해버렸다.)' 등과 같은 정확한 구문을 말할 수 있을 것이다. 반복적인 연습만이 복잡한 인지 과정을 직관적으로 표현할 수 있도록 해준다. 사람이 어떤 생각을 표현하고자 할 때, 개념과 명제에서 출발하여 문장을 형성해 가는 일련의 사유 과정은 반복적인 연습을 거쳐 숙련된 이후에야 비로소 상황의미를 나타내는 정확한 표현을 선택할 수 있으며, 정확한 표현을 할 수 있게 되어야 비로소 직관이 형성된다.

이러한 교수법 설계는 학생의 인지 규칙에 부합한 합리적인 것이므로 새로운 문법 항목이 빨리 학생의 인지 구조에 입력되어 그들의 지식구조의 일부분으로 구축된다. 뿐만 아니라 학생의 인지구조도 이로 인해 발전하게 된다.

앞서 열거한 여러 강조식 문법 항목은 모두 이러한 사유방식을 통해 교육할 수 있으며, 교사는 가르치기 좋고 학생들은 쉽게 습득할 수 있다. 물론, 구체적인 교육 내용은 교육 환경에 따라 유연하게 조정하여야 할 것이다.

2. 새로운 문법 항목과 관련된 관련성 문법 항목간의 연결

기초 중국어 교재에는 '구조조사 的, 地, 得', '동태조사 了, 着, 过', 강조형식 '连……也/ 都……'와 '(连)一……也/ 都……', 반문형식인 '不是……吗'나 '怎么 + 능원동사 + ……呢', '哪儿……啊', 이중부정 형식인 '没有 + 명사

+ 不……', '不 + 능원동사 + 不……', '非……不可' 등의 문법 항목과 시량보어, 방향보어, 명량보어, 동량보어, 결과보어, 정도보어, 가능보어 등의 보어 등과 같은 일련의 문법 항목이 포함되어 있다. 본 논문에서는 이러한 문법 항목들을 '관련성 문법 항목(系列性语法点)'이라고 명명하겠다. 인지심리학에서는 새로운 지식을 장기간 기억하기 위해서는 반드시 그것을 부호화하고 조직화해야 한다고 본다. 부호화와 조직화는 분산되어 있거나 단편적으로 저장된 지식을 집대성하여 하나로 통합하는 것으로, 연관관계와 순서를 이루어 기억의 부담을 줄여준다. 이러한 방식은 '많은 양의 물건은 오랫동안 보관하지만, 적은 양의 물건은 쉽게 소실된다'는 일반적인 이치와도 일맥상통한다. 교육 과정에서 학생들의 인지 구조에 새로운 문법 항목과 이것과 관련된 관련성 문법 항목을 서로 연결시키면, 새로운 지식을 훨씬 더 효율적으로 기억할 수 있다. 구체적인 교육 방법으로는 관련성 문법 항목을 먼저 복습한 후 새로운 문법 항목을 제시하는 방법과 새로운 문법 항목을 먼저 학습하고 관련성 문법 항목과의 연결을 구축하는 두 가지가 있다.

첫 번째 방법은 이미 학습한 관련 문법 항목을 복습하는 것으로, 기존 지식을 장기기억에서 추출하여 활성화 시킨다. 이렇게 하면, 학생들은 처음부터 새로운 문법 항목을 접촉하게 될 때 관련성 문법 항목과 연관시켜 연결고리를 형성하게 된다. 이러한 방법은 내용이 비교적 적고, 복습하는 데 시간이 많이 소요되지 않는 문법항목을 학습하는 데 적합하다. 아래에서는 동태조사 '过'에 대한 강의를 예로 살펴보도록 하자.

첫 번째 단계로, 이미 학습한 적이 있는 동태조사 '了'와 '着'의 예문을 제시한다.

了	着
我吃了两个面包。	教室的门开着。
他买了两个本子。	小李穿着一件红毛衣。

학생의 기억을 활성화시키고, 학생이 기억을 떠올릴 수 있도록 유도한다. 즉, '了'와 '着'는 구조적으로 동사의 뒤에 위치하는 동태조사라는 공통점이 있지만, '了'는 동작의 완성을 나타내고, '着'는 동작 혹은 상태의 지속을 나타낸다는 점에서 차이점이 있다. 주의할 점은 이 단계에 대한 설명에 너무 많은 시간을 할애하지 않아야 한다는 것이다.

두 번째 단계로, 새로운 문법 항목인 동태조사 '过'를 설명하기 위해 '来中国以前, 我看过中国电影'이나 '这位老人年轻的时候去过很多地方', '你吃过饺子没有?', '他没当过工人'과 같은 전형적인 예문을 제시하여, 학생들이 이러한 예문을 통해 '过'와 '了'의 공통점과 차이점을 발견할 수 있도록 한다. 구조적인 면에서 모두 동사 뒤에 위치하는 동태조사라는 공통점이 있지만, '过'의 경우는 과거에 겪었던 상황이나 경험을 나타낸다는 차이점이 있다. 첫 번째 부분에서 언급한 것처럼 이미 구축된 이러한 연결이 장기 기억에 저장되어 필요할 때 즉시 쓸 수 있도록 하기 위해서는 반복적인 연습이 필요하다. 교사는 '来中国以前, 你听过中国歌吗?', '你看过邓小平的照片吗?', '你去过杭州吗?' 등과 같은 실제 상황에 부합한 질문을 통해 학생들이 배운 것을 다질 수 있도록 지도한다.

세 번째 단계는 쉽게 혼동할 수 있는 '已经+동사+了'와 '曾经+동사+过'를 비교함으로써 학생들이 '我已经在这儿住了三年了'와 '我曾经在这儿住过三年', '他已经当了十年老师了'와 '他曾经当过十年老师' 등의 구문이 나타내는 의미의 차이점을 이해할 수 있도록 한다.

이 단계에 이르러 새로운 지식과 기존 지식이 통합되어 세 동태조사가 문법의 작은 체계를 형성하여 학생들의 인지구조 내에 자리를 잡게 된다.

두 번째 방법은 우선 새로운 문법 항목을 습득한 후 적절한 시기에 관련성 문법 항목과 연계시켜 문법 체계를 형성토록 하는 것이다. 이러한 방법은 내용이 비교적 많고, 복습에 시간이 많이 걸리는 문법 체계를 가르칠 때 비교적 적절하다. 아래에서 '非……不可'의 교수를 예로 살펴보도록 하자.

첫 번째 단계는 '明天的会很重要, 你非来不可', '翻译这么难的文章, 非王教

授不可', '你这么粗心, 非出错不可' 등과 같은 전형적인 예문을 제시하여, 학생들이 이러한 문형은 '非'와 '不'라는 두 개의 부정 부사가 출현하지만, 문장이 부정의 의미를 나타내는 것이 아니며, '一定要', '一定会'의 의미를 강조하는 것이라는 점을 이해하도록 유도한다. 학생들이 이해를 하면, 이 문형을 연습하여 숙련되도록 한다.

두 번째 단계는 적절한 시기에 '非……不可' 문형을 '没有+명사+不……', '不+능원동사+不……'와 연결하여 학생들이 세 문형 모두 이중부정을 통해 긍정과 강조의 의미를 나타낸다는 공통점이 있지만, 의미 면에서 차이점이 있다는 것을 발견할 수 있도록 유도한다. 이렇게 하여 세 문법 항목을 하나의 문법 체계로 묶어 학생들의 인지 구조에 입력시킨다.

교수 과정에서 새로운 문법 항목과 관련성 문법 항목을 연계하게 되면 새로운 문법 항목의 학습에 유익할 뿐 아니라 기존의 문법 항목을 복습하고 공고히 할 수 있어 새로운 지식과 기존 지식을 통합하여 관련 문법 항목의 체계를 형성할 수 있도록 해 준다.

3. 일반적인 문법 항목과 모어 내 상응하는 문법 항목간의 연계

중국어 기초문법 교육 과정에서 모든 새로운 문법 사항을 학생이 이미 구축한 중국어 인지구조(좁은 의미의 인지구조)와 연계시키는 것은 아니다. 일부 문법 항목은 다른 문법 항목과 관련성 체계를 형성하지만, 이러한 관련성 체계의 첫 번째 문법 항목을 학습하는 경우에는 연결고리를 찾을 수 없다. 그렇지만 교사는 학생들이 이러한 문법 항목의 체계를 수립할 수 있도록 학생의 모어 혹은 이미 구사할 수 있는 다른 언어에서 상응하는 문법 항목과 연결시켜 학생이 넓은 의미의 인지구조에서 새로운 지식의 참조점을 찾아, 학생의 인지 구조에 이를 추가할 수 있도록 지도한다. 인지 심리학에서는 연계성 있는 학습을 강조하며, 이해와 연계성 있는 연습을 중요시한다. 특히 중국어가 제2언어인 외국인이 새로운 문법 항목을 학습할 때 인지구조 속에 관련 문법 항목이 전혀 없는 상태에서 이론과 형식에 관해 설명을 듣고 이를 이해하기는 쉽지 않을 것이다. 개별 문법 항목을 강의할 때 새로운 문법 항목에 대해 설명하고 연습하는 각 단계에서 가능한 한 무의미한 기계적인 연습을 배제하고 되도록 많은 예문을 제시하도록 한다. 아래에서는 동태조사 '了1'에 대한 교육을 예로 설명하겠다.('了1'이 비록 '着', '过'와 문법 체계를 형성하고 있지만, 일반 교재에서는 '了1'이 '着'나 '过'보다 먼저 출현한다. 따라서 여기서는 '了1'을 일반 문법 항목으로 간주하겠다.)

첫 번째 단계로, 학생들의 실제 생활과 연계하여 이 문법 항목에 대해 학생들과 의미 있는 대화를 한다. 이 대화를 근거로, 칠판에 전형적인 예문을 판서하고, 문법 항목을 제시한다. 예를 들어, 교사는 학생들에게 '今天你吃了早饭吗?', '你吃了什么?', '你吃了几个面包?', '喝了几杯牛奶?', '来中国以后, 你给妈妈打了几个电话?', '学习汉语以后, 你买了几本中文书?' 등과 같은 질문을 하고, 칠판에 '我吃了两个面包', '她给妈妈打了六个电话', '安娜买了十本中文书' 등과 같은 문장을 적는다.

두 번째 단계에는 학생들이 칠판에 쓰여 있는 전형적인 예문을 통해, '了'가 동사 뒤에 위치하면 동작의 완성을 나타낸다는 형식적인 특징과 문법 의미를 이해하도록 유도한다. 여기까지가 사실상 문법에 대한 실제적인 설명 부분에 해당된다.

세 번째 단계에서는 동태조사 '了1'과 대부분의 학생들이 이해하고 있는 영어에서 상응하는 문법 항목인 동사의 완성상과의 비교를 통해 그 차이점을 구분할 수 있도록 유도한다. 학생들은 넓은 의미의 인지구조 속에서 새로운 지식과 기존 지식을 연결한다. 중국어는 형태 표지가 발달하지 않아서, 동사는 형태변화가 없다. 임의의 동작이 발생한 시간이 과거이건, 현재이건, 미래이건 간에 시간을 나타내는 어휘인 '去年, 昨天, 上午, 晚上' 등을 통해 시제를 나타낸다. 한편, 동작의 지속, 완성, 과거의 경험 등과 같은 각기 다른 단계(phase)를 나타낼 수 있는데[85], 동사 뒤에 '了'를 부가하면,

동작이 완성 단계임을 나타내며, '前天我吃了晚饭就去散步了'나 '明天我吃了晚饭就去散步'와 같이 동작이 과거 혹은 미래에 발생하더라도 그 형식은 동일하다. 한편 영어처럼 형태 표지가 발달한 언어의 경우에는 현재완성상 (現在完成體)은 'have + 동사의 과거분사'와 같은 형식을 취한다. 그밖에 영어의 과거완성시제(過去完成時), 현재완성진행시제(現在完成進行時), 과거완성진행시제(過去完成進行時) 등은 모두 상이한 동사 형식으로 나타낸다. 이와 같은 대조를 통해, 학생의 인지구조에서 두 언어의 해당 문법 항목의 전환이 이루어진다.

네 번째 단계는 이러한 문법 항목에 대해 연계성 있는 연습을 실시한다. 우선 교사는 학생에게 심혈을 기울여 준비한 질문에 대답하도록 한 후, 학생들끼리 해당 문법 항목을 써서 의사소통을 하도록 한다.(중국어 문법 교육에서는 세분화된 문법 규칙이 필요하다. 동사 뒤에 '了'가 출현하고 목적어가 후행하는 경우에는 반드시 몇 가지 조건이 필요하므로 조건에 따라 연습을 하도록 한다. 편폭의 제한으로 예문은 생략하도록 한다.)

4. 교육 효과 고찰

인지심리학을 중국어 기초 문법 교육에 응용한 효과는 어떠한가? 과거 두 학급을 대상으로 대조 실험을 한 적이 있는데, 한 반은 앞서 소개한 인지교수법을 시행하여, 학생의 인지구조 가운데 새로운 지식과 기존 지식 간의 연결에 신경을 쓰고(A반), 다른 한 반은 일반적인 외국어 교육에서 채택하는 '형식+기능' 교수법으로 강의를 진행하였다(B반). 동일한 문법 항목을 교육하고 난 후, 두 반의 학생에게 동일한 형식의 연습문제를 풀도록 한 결과, 두 반 학생이 동일한 문법 항목에 대한 이해율이 A반은 98%, B반은 60%로 큰 격차를 보였다. '连……也/都……' 문형의 경우, "(1) 아래의 8개 문장을 강조를 표현하는 '连……也/都……'문형으로 고치시오. (2) '连……

---

85) 傅雨贤, ≪現代汉语语法学≫, 广东高等教育出版社, 1994年版 57쪽.

也/都……'를 써서 아래의 8개 문장을 완성하시오. (3) '连……也/都……'문형을 써서 문장 3개를 작문하시오." 등과 같은 세 부분으로 이루어진 연습문제를 제작하였다. 각기 다른 방법으로 '连……也/都……' 문형을 가르친 후, 두 대조군의 학생에게 앞서 제작된 연습문제를 풀게 한 결과, A반 학생 16명이 제출한 답안이 기본적으로 정확하게 작성된 반면, B반 학생 17명이 제출한 답안 가운데는 정확하게 작성된 10명을 제외한 7명은 '连……也/都……' 문형을 완벽하게 이해하지 못하고 있었다. 이러한 결과는 다른 문법 항목에서도 대체적으로 유사하였다. 또한, 매번 문법 항목을 강의하고 난 후 학생들에게 해당 문법 항목이 어려웠는지, 이해가 되는지 질문하였다. 이상의 질문에 대해 A반 학생들은 별로 어렵지 않다고 대답하였으며, 이해가 안 된다고 대답한 학생은 한 명도 없었다. 한편, B반의 경우에는 어렵다고 느끼는 학생이 적지 않았다.

인지교수법은 학습자의 지식구조에서 출발하여, 학습자의 학습심리과정에 주목하는 과학적인 교수법이다. 인지교수법을 시행하게 되면 문법 항목을 간략하고 상세하게 구분하게 되므로, 강의 내용이 명확하고 간결하여 잘 가르치고 쉽게 배울 수 있다는 장점이 있다. 그러나 인지심리학을 중국어 교육에 적용하는 것은 여러 문제와 관련되므로 앞으로 지속적인 탐색과 연구가 필요하다.

제3절 외국인을 위한 중국어 어휘 교수법

壹. 어휘 교육 방법 연구

一. 외국인을 위한 중국어 교육에서 어휘 교육의 중요성[86]

중국어 교육에서 한자 교육, 발음 교육, 문법 교육이 중요시 되는 것에 비해 어휘 교육은 상대적으로 중요하게 여기지 않는 경향이 있다. 그러나 아래에 제시한 몇 가지 사항은 이 분야의 문제를 잘 반영하고 있다.

(1) 외국 학생에게 중국어를 가르칠 때, 1, 2, 3학년별로 습득해야 하는 어휘량에 대해 어느 정도 기준이 있을 것이다. 필자가 중국 내 몇몇 중국어 교재를 조사한 결과, 1학년을 대상으로 한 중국어 교재의 어휘 수록량이 편차가 커 가장 많은 경우에는 3,028개, 가장 적은 경우에는 827개로 가장 많은 경우의 1/4에 불과하다는 점을 발견하였다. 1997년 9월 필자는 일본의 오사카에서 개최된 세미나에 참석하였다. 세미나에서 교토여자대학(京都女子大學)에서 강의를 하고 있는 北京大學의 张猛 교수가 일본의 중국어 교재(1년차 용)에 사용된 어휘량과 글자량에 대한 통계를 발표하였는데, 일본의 중국어 교재에 사용된 어휘량과 글자량 역시 중국의 외국인을 위한 중국어 교재와 마찬가지로 편차가 심하다는 것이었다. 이러한 결과를 초래한 원인으로는 외국인을 위한 중국어 교육이 독립된 학문의 한 분야로서의 역사가 길지 않다는 점을 들 수 있겠지만, 이보다 더 중요한 요인은 연구와 조사가

---

86) 陆俭明, <对外汉语教学中要重视词汇教学>, ≪作为第二语言的汉语本体研究≫, 外语教学与研究出版社, 2005年版.

충분히 이루어지지 않아 통일된 인식이 형성되지 않은 점이다.

(2) 어휘량을 확정하더라도 어떤 어휘를 선택하는가 역시 중요한 문제로, 개별 교재 간의 차이가 매우 컸다.

(3) 동일 교재 내에서 어떤 어휘가 먼저 출현하고 어떤 어휘가 나중에 출현해야 하는가 역시 일치된 견해가 없었다. 가령 어떤 교재는 1학년 교재에 '笤帚([tiáozhou] 빗자루)'와 같은 단어가 출현하기도 했다. 또한 '拒绝([jùjué] 거절하다)'와 같은 어휘는 1학년 교재에 출현하는 경우가 있는가 하면, 3학년용 교재에 출현하기도 하였다.

(4) 모든 교재가 어휘의 중복출현에 신경을 쓰지 않았다. 어떤 교재에 중국의 역사를 간략하게 소개하는 내용이 본문에 포함되어 있었는데, 그 가운데 일부 어휘(先秦(선진), 火药(화약), 指南针(나침반))는 한 번 출현한 후 이후의 교재 어느 부분에서도 이 어휘들을 찾아볼 수 없었다.

(5) 학생들이 이들 어휘를 잘 이해할 수 있도록 어떤 교수법을 쓸 것인가에 대해 교재 편찬자나 수업을 하는 교사 모두 진지한 고민이 부족하다.

(6) 중국어 교육을 포함한 중국어 학계에 어휘 교육을 연구하는 학자들이 매우 적어 어휘 교육을 논하는 논문이 문법이나 음운, 한자 교육을 논하는 논문에 비해 턱없이 부족하다.

요컨대, 외국인을 위한 중국어 교육 분야에서 어휘 교육은 충분히 주목받지 못하고 있으며 연구도 부족하지만 실제로 어휘 교육은 중국어 교육 가운데에서 매우 중요한 부분이다. 고등교육을 받은 사람들이라면, 외국어를 배울 때 습득한 어휘량이 많을수록 외국어로 듣고 말하고 읽고 쓰는 데 훨씬 더 자유롭다는 것을 경험을 통해 알고 있다. 따라서 어떤 외국어를 학습하는 데 있어 그 언어 교육을 위해 규정된 어휘(독음과 용법, 특히 용법)를 완벽하게 습득한다면, 체계적인 발음지식과 문법지식이 없더라도 어느 정도는 의사소통이 가능하다. 따라서 중국에서 외국인을 위한 중국어 교육을 하든, 해외에서 중국어 교육을 하든 어휘 교육은 반드시 중시되고 강조되어야 한다.

(一) 어휘량

어휘량과 관련하여, HSK는 어휘를 甲, 乙, 丙, 丁의 네 등급으로 구분하였는데, 甲급 1,033개(대략 반년 학습 분량), 乙급 1,033+2,018개(대략 1년 학습 분량), 丙급 1,033+2,018+2,202개(대략 2년 학습 분량), 丁급 1,033+2,018 +2,202+3,569로, 총 8,822개(대략 3년 학습 분량)로 규정하였다. 한편 北京语言大学[87])에서는 초급 단계인 1학년에 2,500 단어를 습득하여 일반적인 일상 회화를 구사할 수 있도록 하고, 중급 단계인 2학년에는 5,000 단어를 습득하여 간단한 신문기사를 읽거나 라디오 방송을 듣고, 간단한 번역을 할 수 있는 수준에 이르도록 하고, 고급 단계인 3학년에는 어휘량을 8,500 단어까지 올려 자유롭게 신문을 읽고 회화를 하며, 중급 번역이 가능하며, 중국어로 생각할 수 있는 수준까지 향상시켜야 한다는 견해를 가지고 있다. 北京语言大学의 李清华 교수는 4년 동안 15,000 단어를 습득해야 하는데, 1년차와 2년차에 각각 3,000 단어를 습득하고, 3년차와 4년차에는 각각 4,500단어를 습득하도록 해야 한다고 주장한다.[88] 이것은 외국인이 중국에서 중국어를 학습하며, 주당 학습시간이 20시간 이상인 경우에 근거한 것으로, 외국 학생이 중국 이외의 다른 나라에서 중국어를 배우는 상황은 고려하지 않은 것이다. 필자는 외국인 학생이 본국에서 중국어를 학습하는 경우라면 그들의 학습 시간이 중국에서보다 훨씬 적을 것이며, 언어 환경 역시 중국에 훨씬 못 미칠 것이므로, 앞서 제시한 어휘량이 다소 많을 수 있다고 생각된다. 따라서 외국인 학생이 본국에서 중국어를 학습할 때 각 학년별 습득 어휘량에 대한 연구가 필요한데, 어휘량이 너무 많게 되면 학생들에게 지나친 부담이 될 수 있고, 어휘량이 너무 적으면 학생들의 학습 흥미를 저하시킬

---

87) [역주] 현재 '北京语言大学'은 과거 '北京语言文化大学'과 '北京语言学院'으로 불린 적이 있다. 필자가 본서를 작성하던 시기엔 이미 '北京语言学院'에서 '北京语言文化大学'으로 명칭이 바뀐 후라 원본에서는 '北京语言文化大学'으로 되어 있으나 필자의 특별한 의도가 없는 상태에서는 현재의 명칭인 '北京语言大学'을 쓰기로 한다.

88) 李清华, <<汉语水平词汇与汉字等级大纲>的词汇量问题>, ≪语言教学与研究≫, 1999 年 第1期.

수 있기 때문이다. 필자는 외국에서 중국어를 학습하는 경우, 1년차 1,000~
1,200 단어, 2년차 2,000~2,500 단어, 3년차 3,500~4,000 단어 정도로 정하는
것이 어떨까 한다. 중국어 수준이 향상됨에 따라 학생들의 어휘 습득 속도도
빨라질 것이다. 물론, 학습 대상에 따라 그 기준을 조정해야 하는데 가령,
도쿄외국어대학(東京外國語大學)이나 교토외국어대학(京都外國語大學) 중
문과의 중국어 전공자에게 비전공자의 기준을 적용해서는 안 된다.

　　어휘량의 문제를 강조하는 이유는 무엇일까? 어휘 학습과 문법 학습은
다르다. 문법 학습은 이미 잘 알고 있는 문장과 학습한 문법 규칙을 운용하여
배운 적이 없는 문장을 유추하는 과정이다. 예를 들어, 한 학생이 '妈妈洗衣
服(엄마가 빨래를 하신다)', '爸爸开汽车(아빠가 운전하신다)', '哥哥看电视
(오빠가 텔레비전을 본다)', '姐姐做饭(언니가 밥을 한다)' 등과 같은 문장과
'주어-동사-목적어'라는 통사규칙을 학습한 후, 누나가 빨래를 하는 모습을
보았다면, 비록 그가 이전에 '언니가 빨래를 한다(姐姐洗衣服)'라는 문장을
말해본 적이 없더라도 '姐姐洗衣服'라고 말할 수 있을 것이다. 이와 다르게
어휘 학습은 이미 습득한 어휘를 근거로 배운 적이 없는 어휘를 표현해내거
나 유추하는 것이 쉽지 않다. 예컨대, 한 학생이 '困难(어려움)', '灾难(재난)',
'责任(책임)', '任务(임무)', '责备(책망하다)', '职业(직업)' 등과 같은 단어를
습득하였다 하더라도, 이러한 어휘에 근거하여 '责难(나무라다)', '职务(직
무)'와 같은 단어의 의미와 용법을 유추해 낼 수는 없다.

　　요컨대, 문장은 형식별로 학습할 수 있지만, 어휘는 하나하나 개별적으로
학습할 수밖에 없는 것이다. 이러한 특징으로 인해 외국인 유학생에 대한
어휘 지도에 신경을 쓰지 않을 수 없다.

(二) 어휘 선택

　　어휘량을 확정한 후에는 어떠한 어휘를 선택해야 하는지 고려할 필요가
있다. 필자는 아래와 같은 세 분야의 어휘를 우선적으로 선택해야 한다고

본다.

첫째, 사용 빈도가 높은 어휘를 선택해야 한다. 어떤 어휘의 사용빈도에 대해 특정 단계만을 고려하거나 특정 신문 등의 통계만을 근거하여 확정해서는 안 된다. 어휘 빈도에 관해서는 이미 정해진 기초가 있는데, 北京语言大学의 전신인 北京语言学院에서 이미 사용빈도가 높은 8,000개 어휘표를 연구·제정하였으니[89], 이를 참고할 수 있다.

둘째, 보편적인 기능을 하는 어휘를 선택해야 한다. 이러한 어휘를 '통용어휘(通用词语)'라고도 한다. 이른바, 보편적인 기능이란 때와 장소 및 업종과 상관없이 사용할 수 있는 어휘로, 인사, 사과, 수량표현, 시간·날짜 표현, 가격 묻기, 은행이나 우체국 업무 관련 표현 등과 관련된 어휘 등이 있다. 그밖에도 지시대명사나 가장 일반적인 동식물의 명칭, 음식 이름, 문화용품, 기상 용어 등의 어휘도 포함된다. 이러한 어휘들은 모두 보편적인 기능을 가지므로 마땅히 포함되어야 한다.

셋째, 학습자의 모어 가운데 특색이 있는 어휘를 적당히 수록해야 한다. 예를 들어, 일본학생이 중국어를 배울 때 '寿司(스시)', '生鱼片(생선회)'과 같은 어휘를 포함시킬 수 있다. 일본 학생이 몇 년간 중국어를 배웠는데, '스시(寿司)'를 뭐라고 하는지, '생선회(生鱼片)'을 뭐라고 하는지, '스모(相扑)'를 중국어로 어떻게 표현하는지 모른다면, 적절하지 않을 것이며 중국인과의 의사소통에도 불편할 것이다.

(三) 어휘의 의미 해석

어휘 교육에서 어휘량과 어휘 범위를 정하는 것도 중요하지만, 어휘 교육의 질을 확보하기 위해서는 어휘의 의미해석 역시 매우 중요하다. 아래의 네 가지 기준을 통해 학생이 특정 어휘를 정확하게 이해하였는지를 가늠할

---

89) ≪现代汉语频率词典≫, 北京语言学院出版社, 1986年版.

수 있다.

1. 글자
2. 발음
3. 의미
4. 용법

　가령, 한 외국유학생이 '漂亮(예쁘다)'이라는 발음을 들었을 때 '漂'와 '亮'이라는 한자를 생각해 낼 수 있고 '漂亮'의 뜻을 아는지, 혹은 '漂'와 '亮'이라는 두 글자를 보고 '漂亮'이라는 단어를 생각해 내고 읽을 수 있으며 '漂亮'의 의미를 알고 또 '漂亮'의 용법을 생각해낼 수 있는지 확인할 필요가 있다. 학생이 글자(形)와 발음(音), 의미(意), 용법에 대해 잘 알고 있어야 비로소 그 학생은 이 단어를 제대로 배운 것이라고 할 수 있다. 한 가지라도 부족하면 이 단어를 사용할 때 여러 가지 문제가 생길 수 있다. 따라서 어휘 교육 가운데 한자와 발음을 가르쳐야 할 뿐 아니라 더욱 중요한 것은 의미와 용법이다.

　교육 과정에서 단어의 의미와 용법에 대한 설명은 중국어 수준과 대상에 따라 각기 다른 방법을 채택해야 한다. 이와 관련하여 몇 가지 방법을 제시하겠다.

　첫 번째는 '아이콘 법'이다. '아이콘 법'이란 구체적인 실물 혹은 그림으로 단어의 의미를 설명하는 방법으로, 중국어를 처음 배우는 학생에게 비교적 유용하다. 예컨대, '杯子'를 설명하면서 교사는 학생에게 컵을 보여준다. 이러한 방법은 학생들이 쉽게 글자와 발음, 의미간의 관계를 연결시킬 수 있다는 장점이 있지만, 이와 같이 실제적인 예로 제시할 수 있는 단어가 많지 않다는 한계가 있다.

　두 번째는 '직역법'이다. '직역법'이란 배운 단어를 모어로 해석하는 것으로, 가장 많이 쓰이는 방법이다. 가령, '好看'이란 단어를 일본 학생에게

가르친다면, 그것을 '美しい(美观)' 혹은 '面目が立つ(体面)'와 같이 일본어로 번역해준다. 또한 영어가 모어인 학생인 경우에는 그것을 'good-looking' 혹은 'nice-looking'으로 번역해 준다. 이렇게 하면 학생들은 '好看'의 뜻을 금방 익힐 수 있다. 비교적 추상적인 어휘인 경우에는 이 방법이 좋지만, 두 언어 사이에 어휘 의미가 완전한 1:1 대응이 되지 않는 경우가 있으므로 사용에 신중해야 한다.

세 번째는 '배운 단어로 새 단어 설명하기'이다. 이미 배운 단어로 새로운 단어를 설명하는 방법이다. 가령, 학생들이 '逝世(서거하다)'의 뜻을 잘 모를 수 있지만, '死(죽다)'는 대부분 배웠을 것이다. 이 경우, '逝世'가 '死'와 기본 의미가 같음을 먼저 설명해 주고, 두 단어의 풍격이나 문체상의 차이점을 보충 설명해준다. 또한, '忙(바쁘다)'은 비교적 일찍 배우는 단어지만, '闲(한가하다)'은 비교적 나중에 배우므로, '闲'의 의미를 '不忙(바쁘지 않다)'으로 설명할 수 있다.

네 번째는 '의미소 분석법'이다. '의미소 분석법'이란 가르치는 단어를 구성하는 개별 글자들의 의미 설명을 통해 단어의 의미를 설명하는 것이다. 예컨대, '保鲜(신선함을 유지하다)'의 경우, '保'는 '保持(유지하다)', '鲜'은 '新鲜(신선하다)'이란 뜻이므로, '保鲜'은 '신선함을 유지하다(保持新鲜)'의 의미라고 설명한다. '低能(능력이 낮다)'의 경우는, 이 단어를 구성하는 '低'는 '低下(낮다)', '能'은 '能力(능력)' 혹은 '智能(지능)'의 의미이므로, '低能'은 '능력이나 지능이 낮음(能力或智能低下)'이라는 뜻이라고 설명한다.

다섯 번째는 '모방법'이다. 이 방법은 어떤 면에서는 '유추법'이라고도 할 수 있다. 예를 들어, '火车站(기차역)'이라는 단어를 가르치는 경우, 학생들은 이전에 '汽车站-(자동차)정거장'을 이미 배웠을 것이므로, 학생들에게 이 단어는 '汽车站'과 같은 유형임을 설명해 준다. '汽车站'이 '자동차가 정차하고, 승객이 타고 내리는 장소'이므로, '火车站'은 '기차가 정차하고, 여행객이 타고 내리는 장소'라는 뜻이다. 이러한 설명 과정에서 모방과 유추를 통해 학생들이 이미 배운 '汽车站'의 의미로부터 '火车站'의 의미를 유도할 수 있다. 그밖에 학생들이 이미 '鞋店(신발 가게)'나 '帽店(모자 가게)', '食品店(식품점)' 등과 같은 단어를 배웠다면, 모방법을 통해 본문에 새로 출현하는 '~店'류의 단어를 설명할 수 있다.

여섯 번째는 '발화 상황 교수법'이다. '발화 상황 교수법'은 '연상법'이라고도 하는데, 이 교수법은 우선 가르치고자 하는 단어의 의미를 설명하지 않고, 먼저 학생의 모어로 대략 설명한 후, 다수의 예를 들어 학생이 예문을 통해 단어를 익히도록 하는 것이다. 가령, '漂亮'의 의미를 일본어로 설명한 후, '这个姑娘漂亮(이 아가씨는 예쁘다)', '这件衣服漂亮(이 옷은 예쁘다)', '这儿的风景漂亮(이곳의 풍경은 아름답다)', '这所房子漂亮(이 집은 예쁘다)', '这个电影明星漂亮(이 영화배우는 아름답다)' 등의 예를 들고, 다시 '漂亮的姑娘(아름다운 아가씨)', '漂亮的衣服(예쁜 옷)', '漂亮的风景(아름다운 풍경)' 등의 예를 들어준다. 많은 예문을 통해 학생이 '漂亮'의 의미를 익히게 된다.

이상에서 일반적인 어휘 교육에서 사용되는 여러 가지 방법을 설명하였다. 주의할 점은 한 단어가 여러 개의 의미항목을 가진 경우가 많다는 점이다. 교수 과정에서 임의의 한 단어를 설명할 때 이 단어의 모든 의미항목이나 모든 용법을 한꺼번에 설명하게 되면 학생들이 이를 모두 이해하기 어렵다. 그럼에도 불구하고 교사가 학생의 상황을 고려하지 않고 단어의 의미항목과 용법을 가르친다면, 학생은 오히려 이 단어의 의미를 정확하게 습득하지 못할 수가 있다. 특히 초급 단계에서는 절대 이렇게 해서는 안 되며, 단어가 본문에서 쓰인 의미만을 가르치고 다음 번에 이 단어의 새로운 의미를 배울 기회가 생기게 되면, 이전에 배웠던 의미와 용법을 연계함으로써, 학생은 해당 단어의 의미를 정확하게 이해할 수 있게 된다. 물론 학생이 이 단어를 더 잘 습득하기 위해서는 여러 차례 연습해야 한다(단어 연습문제에 관해서는 아래의 내용을 참고할 것). 마지막으로, 어휘 교육에서 특별히 신경 써야 할 부분이 있는데, 학생 중 특히 고학년의 경우에는 반드시 사전이나 자전 등의 공구서를 사용하도록 지도함으로써, 학생들이 교사 없이도 학습할 수 있는 역량을 기르도록 해야 한다.

(四) 어휘 연습

외국인 유학생들이 단어 연습의 성과를 높이고 단어를 확실하게 습득하도록 하기 위해서는 어휘 연습이 매우 중요하다. 연습을 통해 학생들은 본문에서 배운 단어를 익히고, 단어의 의미와 용법을 확실하게 이해할 수 있다. 어휘 연습을 설계하는 경우, 문제 유형을 다양화하여 학생의 수준에 맞고, 흥미를 유발할 수 있어야 한다. 어휘 연습은 대략 아래와 같은 유형이 있다.

1. 빈칸 채우기 – 성어, 허사, 동일 품사의 단어로 빈칸 채우기와 종합적인 괄호 채우기 등과 문장의 상하 문맥에 근거하여 내용을 직접 써 넣기, 여러 단어 가운데 적합한 단어 고르기, 유의어 중에서 적합한 단어 고르기, 본문에서 적합한 단어 고르기 등이 있다.
2. 짧은 글 짓기 – 제시된 단어로 문장 만들기, 정해진 단어로 문장을 완성하기, 단어를 조합하여 문장 만들기, 제시된 관련 단어를 써서 문장 완성하기 등이 있다.
3. 단어 간 결합하기 – 제공된 단어 중에서 한 단어를 선택하여 연습 중에 제시된 어떤 단어와 호응시키기, 연결법을 통해 호응 관계 보여주기 등이 있다.
4. 단어 의미 선택하기 – 단어에 상응하는 해석을 선택하여 연결시키기, 단어의 병렬 관계에 근거하여 이 단어의 해석 선택하기 등이 있다.
5. 단어 의미 추측하기 – 단어의 상하 문맥에 근거하여 단어의 의미를 추측하기, 한자의 형방(形旁)을 이용해서 단어의 의미를 추측하기, 단어의 배열 관계에 근거하여 단어의 의미를 추측하기 등이 있다.
6. 제시된 단어의 반의어 쓰기
7. 제시된 단어의 유의어 쓰기
8. 글자 조합을 통해 단어 만들기
9. 끝말잇기
10. 동의어 구분하기
11. 그림 보고 성어 맞추기

12. 사전에서 단어의 의미 찾기

13. 본문에서 제시된 설명에 해당되는 단어 찾기

14. 정확한 한 쌍의 단어 찾기 - 이 연습은 고급 수준을 대상으로 한다. 예를 들어, 밑줄이 쳐진 부분에 해당되는 단어를 순서대로 열거한 예시를 찾는다.

   (1) 他_____不决地伫立着, 缓缓环顾四周的房屋和院中的景物。
   (2) 根据教育部的指示精神, 他们决心统筹安排, _____推进学校的教育改革。
   (3) 为了躲避敌人的搜捕, 他_____成一个阔太太, 一身珠光宝气。

   A. 犹豫   逐步   化装   B. 迟疑   逐渐   化妆
   C. 迟疑   逐渐   化装   D. 犹豫   逐步   化妆

                                                    답: (   )

15. 혼동하기 쉬운 단어 구분하기 - 이 연습 역시 고급 수준에 적합하다. 예컨대, '权力(권력)'과 '权利(권리)'는 동의어가 아니지만, 한자가 비슷하고, 발음이 같아서 학생들이 자주 혼동한다. 이 두 단어는 의미가 확연히 구분되므로 아래와 같은 연습을 통해 익힐 수 있다.

   权力 : 指政治上的强制力量(如, '国家权力')或职责范围内的支配力量(如, '主席的权力很大') (정치상의 강제적 역량(예컨대, '국가 권력' 등) 혹은 직책 범위 내의 지배 역량(예컨대, '주석의 권력이 크다.' 등)을 가리킨다.)
   权利 : 指公民,法人或组织成员依法享受的权力和利益(与'义务'相对) (시민, 법인 혹은 조직 성원이 법에 의거 누릴 수 있는 권력과 이익(의무와 상대됨)을 가리킨다.)

   학생들이 이러한 단어들을 정확하게 구분하고 사용할 수 있다는 것은 학생들의 어휘 운용 능력이 뛰어나다는 점을 증명해주는 것이다. 따라서 평소 연습 때, 특히 총복습 때에 쉽게 혼동하기 쉬운 단어를 많이 제시하여 학생들이 잘 구분할 수 있도록 한다. 이러한 단어는 상당히 많은데, 일부 단어를 제시하면 아래와 같다.

学历 - 学力	必须 - 必需	启用 - 起用
表明 - 标明	传达 - 传递	注重 - 着重
分辨 - 分辩	接受 - 接收	精心 - 经心
时事 - 时势	治服 - 制服	考察 - 考查

(五) 중국어 교사의 어휘론 지식

어휘 교육을 잘 하기 위한 중요한 요소 중 하나는 중국어 교육에 종사하는 교사가 어휘론에 대한 기본 지식을 갖추고 있어야 한다는 점이다.

첫째, '다의어(一词多义)', '동의어(同义词)', '반의어(反义词)', '동음어(同音词)', '동형어(同形词)', '단순어(单纯词)', '합성어(合成词)', '복합어(复合词)' 등과 같은 기본 개념을 이해하고 있어야 한다.

둘째, 동의어 혹은 유의어를 구분하는 기본적인 지식과 교수법을 갖추어야 한다. 가령, '圆满(원만하다)'과 '美满(아름답고 원만하다)'이 어떠한 차이가 있으며, 어느 경우에 '圆满'을 쓰고, 어느 경우에 '美满'을 쓰는가에 대해 의미와 용법 면에서 설명할 수 있어야 한다. 유사한 어휘가 쓰일 수 있는 범위가 다르거나 대상이 다를 수 있다. 예컨대, '设备(설비)'와 '装备(장비)'의 경우, 모두 세트를 이루는 사물에 쓰이지만, '装备'는 군사 분야에 주로 쓰이는 반면, '设备'는 사용 분야에 제한이 없다. 또한 '装备'의 대상 범위 내에 사람이 포함될 수 있지만, '设备'는 사람이 포함되지 않는다. 일부 어휘는 구체적이라는 점과 개괄적이라는 점에서 차이가 있다. '纸(종이)'와 '纸张(종이)'이 그러한데, '纸'는 구체적인 사물을 가리키고, '纸张'은 부류를 가리키는 개괄성을 띤다. 또 다른 어휘는 의미색채 면에서 긍정과 부정의 차이를 보이기도 하는데, '成果(성과)', '结果(결과)', '后果(안 좋은 결과)', '恶果(나쁜 결과)'는 이러한 색채에 있어 차이가 있다. 또 일부 '逝世(서거하다)', '死(죽다)', '翘辫子(뒈지다)'와 같이 풍격에 있어 차이가 있는 경우도 있다. 그밖에도 용법 면에서 문법과 화용적으로 차이가 있는 단어가 있는데, '剛才(방금)'와 '剛剛(막)'은 의미가 유사하지만, '剛才'는 명사이고, '剛剛'은 부사이기 때문에 용법적인 차이가 있고, '忽然(갑자기)'과 '突然(느닷없다)' 역시 '忽然'은 부사이고, '突然'은 형용사라는 차이가 있다. 일부 어휘는 다른 어휘와 호응관계에 있어 차이를 보일 수 있다. '很'과 '更'은 의미적으로도 차이가 있을 뿐 아니라 쓰이는 문형도 다른데, '很(매우)'은 비교문에 쓰일 수 없고, '更(더욱)'은 비교문에 쓰일 수 있다는 점에서 차이를 보인다. '或者(혹은)'와 '还是(혹은)' 모두 선택을 나타내는 접속사지만, '或者'는 평서문에, '还是'는 의문문에 쓰인다는 차이가 있다.

셋째, 성어에 관한 지식을 갖추어야 한다. '纸上谈兵(탁상공론)'이나, '画蛇添足(화사첨족: 사족을 달다)', '风声鹤唳(자라보고 놀란 가슴 솥뚜껑보고 놀란다) 등과 같이 다수의 성어는 관련 전고나 우언을 함축하거나, 역사적인 사실을 담고 있으므로 성어에 대한 설명을 통해 학생의 흥미를 유발할 수 있다. 성어에 관해서는 다양한 사전에서 내용을 습득해야 한다.

그밖에, 중국어 어휘의 조어법에 대한 지식도 갖추어 중국어 어휘의 조어는 중첩(重叠), 복합(复合), 파생(派生) 등의 세 가지 방식으로 이루어진다는 점을 알고 있어야 한다. 중첩은 '爸爸(아빠)', '妈妈(엄마)'와 같이 어간이 중복 사용된 것이고, 파생은 어간에 접사가 부가되는 것으로, 접두사가 부가된 '老鼠(생쥐)'나 접미사가 부가된 '桌子(탁자)' 등이 있다. 복합은 어근과 어근이 결합하는 방식으로, 수식 방식(偏正式), 지배(술목) 방식(支配式(动宾式)), 서술(주술) 방식(陈述式(主谓式)), 병렬 방식(并列式), 보충 방식(补充式) 등이 있다. 수식 방식으로 이루어진 어휘로는 '苦瓜(여주)', '公审(공개 재판)', '小心(조심하다)' 등의 있고, 지배(술목) 방식으로 이루어진 어휘로는 '起草(초안을 작성하다)', '操心(애태우다)', '扶手(팔걸이)' 등과 같은 단어가 있다. '地震(지진)', '心疼(몹시 아끼다)' 등과 같은 단어는 서술(주술) 방식으로 이루어져 있으며, 병렬 방식으로 구성된 단어는 '美丽(아름답다)'와 같이 의미가 유사한 성분으로 구성되거나, '是非(옳고 그름)'와 같이 의미가 상반된 성분으로 이루어진 경우도 있다. 보충 방식 단어로는 '改善(개선하다)', '推广(보급하다)' 등이 있으며, 일각에서는 '纸张(종이)', '马匹(마필)', '枪支(총기)', '船只(선박)' 등과 같은 단어도 보충 방식에 포함시킨다.

마지막으로, 여건이 된다면 가르치는 학생의 모어 어휘와 중국어 어휘 간의 공통점과 차이점을 이해하면 좋은데, 두 언어 어휘 간의 대조를 통해 학생들은 중국어 어휘를 더욱 잘 이해할 수 있기 때문이다. 일본 학생에게 중국어를 가르치는 경우, 일본어 발음은 다르지만, 한자가 같은 단어가 많고 일부 어휘는 의미도 어느 정도 비슷하다. 필자가 일본 히메지돗쿄대학(日本姫路獨協大學)에서 중국어를 가르치며 자료를 수집한 적이 있는데 아래와 같은 상황이 있었다.

1. 글자 수 불일치

이러한 경우는 아래의 몇 가지가 있다. (1) 중국어는 세 글자, 일본어는 두 글자인 경우로, '서예가'를 중국어는 '书法家', 일본어는 '書家'로, '백서'를 중국어는 '白皮书', 일본어는 '白書'로, '간유'가 중국어는 '鱼肝油', 일본어는 '肝油'이다. (2) 일본어는 세 글자, 중국어는 두 글자인 경우도 있는데, '공공기물'을 일본어는 '公共物', 중국어는 '公物'로 쓰고, '함유량'을 일본어는 '含有量', 중국어는 '含量'이라 쓰고, '경골한'을 일본어는 '硬骨漢', 중국어는 '硬汉'이라고 쓰며, '장려금'을 일본어는 '獎勵金', 중국어는 '奖金'으로, '행인'을 일본어는 '通行人', 중국어는 '行人'으로, '불법'을 일본어는 '非合法', 중국어는 '非法'로, '이재민'을 일본어는 '被災民', 중국어는 '灾民'이라고 쓴다. (3) 일본어는 두 글자인데 중국어는 네 글자인 경우로, 일본어에서는 한 단어로 표현하는 어휘를 중국어에서는 구로 표현한다. 그 예로는 '내규'를 일본어는 '内規', 중국어는 '内部規律'로, '정답'을 일본어는 '正答', 중국어는 '正確答案'

으로, '수작'을 일본어는 '秀作', 중국어는 '优秀作品'으로, '장거리 여행'을 일본어는 '長旅', 중국어는 '长途旅游'로, '실비'를 일본어는 '實費', 중국어는 '实际费用'으로, '연속보도'를 일본어는 '續報', 중국어는 '继续报道'라고 한다. (4) 일본어는 네 글자로, 중국어는 두 글자로 표현하는 경우도 있다. 가령, '대외무역'을 중국어는 '外贸', 일본어는 '外國貿易'으로 '리허설'을 중국어는 '预演', 일본어는 '預先演習'으로, '재난 지역'을 중국어는 '灾区', 일본어는 '被灾地區'로, '연습 문제'를 중국어는 '习题', 일본어는 '練習問題'라고 한다. (5) 중국어는 두 글자인데, 일본어는 한 글자로 표현되는 경우도 있다. 가령, '남편'을 중국어는 '丈夫', 일본어는 '夫'로, '풀'을 중국어는 '糨糊', 일본어는 '糊'로, '베개'를 중국어는 '枕头', 일본어는 '枕'으로, '옷'을 중국어는 '衣服', 일본어는 '服'으로, '파리'를 중국어는 '苍蝇', 일본어는 '蠅'으로, '모기'를 중국어는 '蚊子'로 일본어는 '蚊'으로 쓴다. (6) 일본어는 네 글자인데, 중국어는 세 글자로 표현되는 경우도 있다. 가령, '여류작가'를 일본어는 '女流作家'로, 중국어는 '女作家'라고 쓰고, '공산품'을 일본어는 '工業制品', 중국어는 '工业品'이라고 쓴다.

2. 글자 수 일치, 사용 글자 불일치

예를 들어, 중국어 '莫失良机(좋은 기회를 놓치지 마라)'에서 '良机'를 일본어는 '好机'로, 중국어의 '开动(가동하다)'을 일본어는 '始动'으로, 중국어의 '庆典(경축 의식)'을 일본어는 '祝典'으로, 중국어의 '快攻(속공)'을 일본어는 '速攻'으로, 중국어의 '社论(사설)'을 일본어는 '社说'로, 중국어의 '讣告(부고)'를 일본어는 '讣報'로, 중국어의 '亲属(친척)'을 일본어는 '亲族'이라고 한다(※ 비교를 위해 일본어 한자도 일부러 중국어 간체자로 표기함).

3. 사용 글자 일치, 글자 순서 불일치

예컨대, 중국어의 '填充(충전하다)'는 일본어로 '充塡', 중국어의 '安慰(위로하다)'는 일본어로 '慰安', 중국어의 '热情(정열적이다)'는 일본어로 '情熱', 중국어의 '居住(거주하다)'는 일본어로 '住居', 중국어의 '分配(배분하다)'는 일본어로 '配分'을 쓴다. 그밖에 방향사의 경우에도 중국어와 일본어의 표현법이 다른데, 중국어의 '东南(남동쪽)'은 일본어로는 '南東'이고, 중국어의 '东北(동북쪽)'은 일본어로 '北東'이다.

4. 글자 수, 사용 글자, 글자 순서 일치, 의미 불일치

'審判'과 '裁判'의 경우 중국어와 일본어에서의 의미가 상반된다. '재판하다'는 의미를 중국어로에서는 '審判'을 쓰는 반면, 일본어에서는 '裁判'을 쓴다. 반면, '심판하다/심판'의 의미를 중국어는 '裁判'이라고 하고, 일본어에서는 '審判'이라고 한다. 그밖에도 일본어의 '外來'는 중국어의 '门诊(외래진찰)'이라는 뜻이고, 일본어의 '娘'은 중국어의 '女儿(딸)', 일본어의 '手紙'는 중국어의 '书信(편지)', 일본어의 '丈夫'는 중국어의 '结实(튼튼하다)', 일본어의 '大丈夫'는 중국어의 '无所谓(괜찮다)', 일본어의 '無論'은 중국어의 '当然(당연하다)'이라는 뜻이다.

5. 어휘 형태 일치, 의미와 용법 상 공통점과 차이점 존재

일본어의 한 단어가 중국어에서는 각기 다른 두 단어의 의미항목을 나타내는 경우가 있다. 가령, 일본어의 '侵入'은 중국어의 '侵入(침입하다)'와 '入侵(들어오다)'의 의미를 모두 나타낼 수 있고, 일본어의 '積蓄'은 중국어의 '积蓄(저축하다)'와 '积累(축적하다)'의 두 가지 의미를 모두 갖는다. 또한 일본어의 '采用'은 중국어의 '采用(채택하다)'와 '录用(채용하다)' 두 의미항목을 나타내며, 일본어의 '試驗'은 '试验(시도해보다)'와 '考试(시험보다)'의 두 의미항목을 나타낸다.

（六） 유학생에게 필요한 사전

최근 20년간, 외국인을 위한 중국어 교육용 사전이 편찬되었다. 그렇지만, 정말로 외국 유학생이 중국어 학습을 위해 사용할 '좋은 사전'은 아직까지 판매되고 있지 않다. 외국인을 위한 중국어 교육에 있어 가장 시급하게 필요한 사전은 두 가지가 있는데, 그중 하나는 바로 학습자의 어휘 사용 측면에서 편찬된 사전이다. 이 사전의 필요성을 사례를 들어 설명하겠다. 아프리카에서 유학 온 성실하고 성적도 우수한 한 학생이 '汽车在公路上奔驰, 只见公路两旁的田野里, 农民们正在辛勤地工作。'라는 문장을 작문하였다. 이 문장에서 '工作'가 잘못 쓰였는데, '工作'대신에 '干活儿'이나 '劳动' 등과 같은 단어를 써야 마땅하다. 이 학생에게 물어본 결과, 그 학생은 ≪现代汉语词典≫의 '工作'의 해석을 보고 적용하였다는 것이었다. ≪现代汉语词典≫의 '工作'에 대한 해석은 '힘 혹은 머리를 쓰는 노동에 종사하다(从事体力或脑力劳动)'이다. 만약 '工作'의 의미가 무엇인지 모르는 독자에게 정보를 제공한다는 각도에서 본다면, ≪现代汉语词典≫의 해석에 별 문제가 없다. 그러나 외국 유학생이 '工作'라는 단어를 습득한다는 각도에서 본다면, ≪现代汉语词典≫의 해석은 학습자의 요구를 충족시켜주기 어렵다. 따라서 외국인이 중국어 단어를 습득한다는 각도에서 이에 부합하는 현대중국어사전을 편찬하는 것이 시급하다.

그밖에 동의어 사전, 동일 의미 문형 사전 역시 매우 필요하다. 이러한 사전의 편찬 역시 외국인 유학생의 중국어 어휘와 문형의 습득이라는 각도에서 그 필요성이 부각된다. 현재 여러 종류의 동의어 사전이 출판되었지만, 외국인 유학생에게 적합하지 않으며, 동일 의미 문형 사전은 아직 편찬되지 않은 실정이다. 이른바 '동일 의미 문형'이란, 기본의미는 같으나, 통사 형식이 다른 문형을 말하는 것으로, '그가 맥주를 세 잔 마셨다'는 동일 의미를 나타내는 '他喝了三杯啤酒了', '他把三杯啤酒都喝了', '三杯啤酒他都喝了', '三杯啤酒都被他喝了', '三杯啤酒都他喝了', '他三杯啤酒都喝了' 등의 각기 다른 문형을 가리키는 것이다. 현재까지 사전학 연구자들은 아직까지 이러한 사전에 대한 구상을 하지 않고 있으며, 이러한 사전의 제작을 어떻게 시작해야 하는지조차 잘 알지 못하므로 앞으로 지속적인 연구와 고민이 필요하다.

二. 어휘 교육 강화, 문법 교육 약화 — 중국어 교육에서의 문법 교육을 함께 논함[90]

'어휘 교육 강화 및 문법 교육의 약화'에 적합한 교재가 출시되었지만, '어휘 교육 강화와 문법 교육 약화'의 실현 여부는 교실 수업에서의 교사의 태도에 달려있다고 볼 수 있다.

1. 단어 교육은 수업 시간 연습 위주로

단어 교육은 체계적인 과정으로, 단어 교육 강화는 교실 수업시간에 연습을 하는 것이 가장 중요하다. 이를 학생의 수업 전 발음, 글자, 뜻에 대한 예습 및 수업 후 단어의 용법에 대한 복습과 연계함으로써 학생들이 해당 단어로 의사소통을 할 수 있는 기회를 제공해 준다.

교실 수업은 언어 학습의 중심이지만, 수업시간 내 학습만으로는 턱없이 부족하며, 수업 전후 학생들의 학습이 추가되어야 한다. 듣기, 말하기, 읽기 과목이든 이에 대한 종합적인 연습 과목이든 간에 본문과 문법사항을 예습할 필요는 없지만, 단어는 반드시 예습해야 한다. 만약 학생이 예습을 통해 단어의 '발음'과 '한자'를 습득하고, 수업시간에는 '의미'와 '용법'을 습득하게 된다면, 학습 부담이 훨씬 줄어든다. 학생이 수업 전에 단어의 20%를 습득하

---

90) 杨惠元, <强化词语教学、淡化句法教学 — 也谈对外汉语教学中的语法教学>, ≪语言教学与研究≫, 2003年 第1期.

고, 수업을 통해 60%를 습득·연습하고, 수업 후에 20%를 복습하게 되면, 단어 교육의 효과를 훨씬 더 많이 거둘 수 있다.

학생의 수업 전 예습과 수업 후 복습 역시 교사의 지도가 필요하다. 교사는 '수업 전 예습 - 교실 수업 - 수업 후 복습'을 유기적인 하나로 보고, 학생들에게 구체적인 과제를 제시하고 지도한다. 특히 수업 후 복습을 위해서는 다양한 연습을 설계하여, 학생이 수업에서 배운 단어로 실제 의사소통을 할 수 있도록 해주어야 한다.

2. 교실 수업은 새 단어 설명과 연습 위주로

교실 수업에서는 새 단어, 문법 사항, 본문을 잘 연계하여 지도해야 하는데, 그 가운데 새 단어 설명과 연습이 가장 핵심적인 과정이 된다. 구문 연습은 어순에 따라 단어를 배열하여 문장을 만드는 연습을 위주로 하고, 본문은 단어를 써서 의사소통을 하는데 필요한 조건과 배경을 제공해 주어 단어로 진행하는 의사소통이 위주가 된다. 이른바, '새 단어가 설명과 연습의 중심이 된다'는 것은 문법과 본문을 학습하고 연습하는 목적도 결국 단어로 의사소통을 하기 위해 도움을 제공한다는 것이다.

교실 수업에서 새 단어 설명과 연습이 중심이 된다는 것은 개별 단어만을 가르치는 것이 아니라, 단어가 포함된 문장을 가르친다는 것이다. 가령, '苹果(사과)', '梨(배)', '香蕉(바나나)', '葡萄(포도)', '橘子(귤)', '草莓(딸기)', '菠萝(파인애플)', '西瓜(수박)', '圣女果(방울토마토)', '哈密瓜(멜론)' 등과 같은 과일류의 단어를 설명하고 연습하는 경우, 이들 단어를 써서 아래와 같은 문장을 연습할 수 있다.

> (1) (그림 사용)这是哈密瓜, 那是柚子。(이것은 멜론이고, 저것은 유자이다.)
> [苹果(사과), 梨(배), 香蕉(바나나), 葡萄(포도), 橘子(귤), 草莓(딸기),
> 菠萝(파인애플), 西瓜(수박), 樱桃(앵두), 桃儿(복숭아)]

(2) 我买苹果, 他买梨。(나는 사과를 사고, 그는 배를 산다.)

[香蕉(바나나), 葡萄(포도), 橘子(귤), 草莓(딸기), 菠萝(파인애플), 西瓜(수박), 樱桃(앵두), 桃儿(복숭아), 哈密瓜(멜론), 柚子(유자)]

(3) 这种香蕉好吃, 那种葡萄不好吃。(이 종류의 바나나는 맛있고, 저 종류의 포도는 맛없다)

[苹果(사과), 梨(배), 橘子(귤), 草莓(딸기), 菠萝(파인애플), 西瓜(수박), 樱桃(앵두), 桃儿(복숭아), 哈密瓜(멜론), 柚子(유자)]

(4) 橘子多少钱一斤? (귤 한 근에 얼마인가요?) 橘子两块一斤。(귤은 2원에 한 근 드립니다.)

[苹果(사과), 梨(배), 香蕉(바나나), 葡萄(포도), 草莓(딸기), 菠萝(파인애플), 西瓜(수박), 樱桃(앵두), 桃儿(복숭아), 哈密瓜(멜론), 柚子(유자)]

(5) 草莓一斤多少钱? (딸기는 한 근에 얼마에요?) 草莓一斤三块? (딸기는 한 근에 3원입니다)

[苹果(사과), 梨(배), 香蕉(바나나), 葡萄(포도), 橘子(귤), 菠萝(파인애플), 西瓜(수박), 樱桃(앵두), 桃儿(복숭아), 哈密瓜(멜론), 柚子(유자)]

(6) 菠萝比西瓜贵, 樱桃比桃儿便宜。(파인애플은 수박보다 비싸고, 앵두는 복숭아보다 싸다.)

[苹果(사과), 梨(배), 香蕉(바나나), 葡萄(포도), 菠萝(파인애플), 西瓜(수박), 樱桃(앵두), 桃儿(복숭아), 哈密瓜(멜론), 柚子(유자)]

3. 새 단어 설명과 연습은 단어의 호응 위주로

새 단어의 설명과 연습은 단어 간의 호응이 중심이 되어야 한다. 작게는 형태소 단위부터 크게는 구 단위까지 의미와 용법을 반복 연습시켜 어휘량을 늘려야 한다.

새 단어 설명과 연습이 단어 간의 호응이 중심이 된다는 것은 교사가 수업을 진행할 때 해당 단어가 어떤 단어들과 호응하고, 어떤 단어들과 호응할 수 없는지, 서로 호응하는 경우 구문에서 어느 위치에 써야 하는지를 명확하게 설명해야 한다는 것이다.

형태소 단위까지 수업 범위를 확대한다는 것은 형태소의 글자, 발음,

의미와 해당 형태소의 조어방식을 명확하게 설명한다는 것이다. 예컨대, '操场'의 '场'에 관해 학생들에게 '场'은 'ground, place'의 의미로, 다른 형태소 혹은 단어와 결합하여 어떠한 장소를 나타내며, 일반적으로 다른 형태소나 단어에 후행하지만, 선행하기도 한다는 것을 설명한다. 이렇게 하면, 이후 학생들이 '广场(광장)', '市场(시장)', '机场(공항)', '战场(전장)', '体育场(스타디움)', '场所(장소)', '场地(장소, 공간)' 등의 단어를 접하게 되더라도 '场'을 제외한 형태소의 의미만 알고 있으면, 단어의 의미를 추측할 수 있다. 이러한 교수법은 학생들에게 중국어로 사유하는 방법을 훈련시킬 수도 있다. 물론, 형태소 설명을 일일이 다 할 수도 없고, 또 모든 단어를 모두 형태소로 분해하여 설명할 수도 그럴 이유도 없으므로 일부 조어 능력이 강하고 자주 사용되는 형태소를 중심으로 설명한다. 형태소의 발음 및 의미 설명과 아울러 학생의 중국어 수준에 맞춰 형태소의 조어 방식을 설명해주면, 학생들이 구와 문장의 구조를 학습하는 기초를 다질 수 있다.

구 단위까지 수업의 범위를 확대하는 것은 구 단위 학습 강화가 학생들의 말하기 능력과 회화 수준을 향상시킬 수 있기 때문이다. 회화에서 특히 다른 사람의 질문에 대답할 때 완벽한 문장 형식을 취하는 경우는 많지 않으며, 주로 문장 가운데 핵심이 되는 부분만을 말하곤 한다. 구 단위 교육 강화는 학생들이 단어 간 호응에서 발생하는 오류를 줄일 수 있다. 가령, 학생들이 결과보어의 부정형식을 쓰면서 문말에 '了'를 부가하곤 하는데, '没学完(다 배우지 못하다) / 没学完这本书(이 책을 다 배우지 못했다)', '没学会(제대로 배우지 못하다)/ 没学会那些语法(그 문법들을 제대로 배우지 못 했다)', '没学到(못 배우다) / 没学到第25课(25과를 못 배웠다)', '没学好(제대로 배우지 못하다)/ 没学好口语(회화를 제대로 배우지 못했다)' 등과 같은 구를 나열하여 대량으로 연습시킨다. 학생들이 이러한 구를 유창하게 말할 수 있을 때까지 연습하여 어감이 형성되면 '我没学完这本书了', '我没学会那些语法了', '我没学到第25课了', '我没学好口语了'와 같은 오류를 범하지 않을 것이다.

4. 허사에 비중을 둔 설명과 연습

허사에 대한 설명과 연습은 초급 단계에서는 상황에 따른 산발적 교수가 이루어지지만, 중·고급 단계에서는 체계적인 집중식 교수가 이루어져야 한다. 허사는 종종 여러 개의 의미항목을 가지는데, 초급 단계에서는 모든 어휘항목을 다 가르치는 것이 아니라, 본문에 쓰인 의미항목을 중심으로 교수한다. 그 후에 새로운 의미 항목이 출현하면, 가능한 한 배웠던 의미항목을 복습하는 것이 바람직하다. 허사와 실사로 이루어진 구를 반복적으로 연습하여 학생들이 어감이 형성되도록 해 준다.

5. 시험은 지휘봉

시험은 교육에서 지휘봉 역할을 해 왔다. 학생들의 어휘량을 테스트 한다면, 단어의 의미와 용법 및 단어로 의사소통하는 능력을 측정해야 비로소 '어휘 교육 강화, 문법 교육 약화'라는 목표 달성을 앞당길 수 있다.

목적에 부합하는 전반적인 수업 설계가 이루어지지 않았고, 목적에 부합하는 교재가 제작되지 않았다면, 부분적인 개혁을 추진한다. ≪速成汉语初级教程综合课本≫은 각 과가 본문, 단어, 연습과 문법의 네 부분으로 구성되어 있다. 수업시간의 설명과 연습은 새 단어, 본문, 문법을 중심으로 하고, 연습은 이들 사이에 적절히 배치한다. 새 단어, 본문, 문법 간의 적절한 배합은 아래의 세 가지 측면을 고려하여 이루어져야 한다.

첫째, 새 단어 설명과 연습은 교실 수업의 중심이다. 각 과에는 40여 개의 새 단어가 출현하는데, 절반 정도는 본문에 출현하고, 절반은 연습에 출현한다. 교사는 ≪汉语水平考试词汇等级大纲≫에 근거하여 새 단어를 '가장 중요한 단어', '부차적 단어', '중요하지 않은 단어'로 구분한다. 이때 본문에 쓰였다고 중요하고 연습에 쓰였다고 덜 중요한 것은 아니다. 오히려 연습에 더 중요한 단어가 출현하는 경우도 있으니, 이점에 유의해야 한다. 교재 편찬자는 甲級 단어와 乙級 단어를 모두 운용해야 하기 때문에 본문에 포함시키지 못하면, 연습 부분에 배치해 넣는다. 중요한 단어는 호응관계를 설명하여, 학생이 여러 형태의 구를 만들어 보도록 하며, 또한 질문하고 대답하기, 문장 고치기, 문장 완성하기 등의 방법을 통해 이 단어를 문장에 배치하는 연습을 반복하여, 학생이 수업 시간에 이를 습득할 수 있도록 한다. 부차적인 단어와 중요하지 않은 단어에 대해서는 학생들에게 수업 후 복습과 연습을 통해 익히도록 유도한다.

둘째, 본문 설명과 연습은 단어가 쓰이는 배경과 환경을 제시해 주는 것이다. 본문에서는 주제, 구조, 의미, 문화요소에 대한 설명이 이루어져야 하며, 학생이 새 단어와 문법 사항을 포함한 문장을 잘 말할 수 있도록 연습시켜, 본문에 출현하는 단어와 문법 사항을 이해하고 습득할 수 있도록 한다.

셋째, 문법 설명과 연습 시에는 해당 문형의 의미, 구조, 화용적 기능 및 해당 문형을 사용할 때 유의점 등을 명확하게 설명하고 연습시킨 후, 교체 연습과 대화 이어가기 연습을 한다. 연습을 할 때는 가능한 한 배우는 과의 단어를 최대한 많이 사용하고, 새로운 문형에서 새 단어를 써보는 연습을 한다.

貳. 어휘 교육에 대한 경험담과 단상

一. 외국인을 위한 중국어 유의어 교육에 대한 견해[91]

유의어 간의 미세한 차이는 중국어를 배우는 학생에게 어려운 부분이며, 특히 중국어가 모어가 아닌 외국 유학생이 이를 구분하고 이해하는 것은 상당히 힘들다. 유학생에게 유의어 의미 구분을 가르칠 것인가에 대해 외국인을 위한 중국어 교육계에서는 각기 다른 견해가 존재한다. 일각에서는

---

91) 刘缙, <对外汉语近义词教学漫谈>, ≪语言文字应用≫, 1997年 第1期.

유의어 구분은 가르치기 어렵고 유학생이 이해하기도 어려우므로, 초급이나 중급단계에서는 가능한 한 피하고 구분을 하지 않아야 한다고 본다. 또 다른 일부 학자들은 유의어가 어휘 확장과 표현 연습에 크게 영향을 주지 못하므로 이 부분을 지나치게 강조하지 말고 가능한 한 간단하게 설명해야 한다고 여긴다. 그러나 "유의어 습득 여부는 그 언어를 얼마나 잘 배웠는지를 판단하는 기준이 될 수 있다"고 보아 중급 단계 교재부터는 유의어를 포함시키고, 실례를 통해 유의어간의 공통점과 차이점을 설명하여 유학생들이 유의어의 미세한 차이를 인식할 수 있도록 해 주어야 한다는 주장도 있다. 李金钞는 ≪中高级阶段的词语教学≫에서 "일반적으로 중급 단계의 어휘 확장 범위는 동의어, 유의어, 반의어 혹은 근형어이다."[92]라고 언급한 바 있다. 朱丽云은 ≪对外汉语词语教学初探≫에서 다의어와 유의어 교육을 초급 단계 후기의 교육 내용에 포함시켰다.[93] 유학생의 중국어 어휘량이 증가하면 유의어를 접할 기회가 많아지므로 어휘 학습을 하는데 있어 유의어 구분에 어려움을 겪게 된다. 특히 중·고급 단계에 이르게 되면, 유의어 구분의 필요성이 한층 더 증가하기 때문에, 이것이 곧 외국 유학생이 적절하고 정확하게 구어와 서면어를 표현할 수 있는가를 판가름해 주는 척도가 되기도 한다.

罗青松은 영국 런던대 동아시아학과 중국어 전공 졸업생의 2년분 중국어 작문 졸업시험 시험지(4만자 분량) 42부에서 오류 통계를 실시한 결과, 수집한 210개 단어와 통사 오류 가운데 138개가 단어 운용상의 오류로 나타나 이것이 전체 오류 가운데 66%를 차지하였으며, 단어 오용 가운데 33%가 유의어 오용이었다. 이상의 통계를 통해 외국인을 대상으로 한 중국어 교육에서 유의어 교육의 위상을 높여 중요하게 가르쳐야 하며, 복잡하고

---

92) 李金钞, <中高级阶段的词语教学>, ≪第三届国际汉语教学讨论会论文选≫, 北京语言学院出版社, 1991年版.

93) 朱丽云, <对外汉语词语教学初探>, ≪中国对外汉语教学学会第四次学术讨论会论文选≫, 北京语言学院出版社, 1993年版.

가르치기 어렵다는 이유로 소홀히 해서는 안 된다는 것을 알 수 있다.

(一) 중국어 교육에서 유의어 구분의 범위 확대

엄격히 말하면, 유의어란 의미가 겹치거나 유사한 단어를 말한다. 그러나 현대중국어 어휘 가운데 의미가 겹치거나 유사한 단어 외에도, 형태소가 같거나 단어의 성격(词性)[94]이 같은 단어처럼 의미적 연관성이 있는 단어들 역시 유학생들에게는 잘못 사용하기 쉬운 단어이므로, 이러한 단어 역시 유의어에 포함시켜 함께 가르치는 것이 바람직하다. 예를 들어, '表扬(칭찬하다)'를 배우게 되면 학생들은 '表彰(표창하다)', '宣扬(널리 알리다)', '发扬(기세를 떨치다)' 등의 단어가 '表扬'과 어떻게 다른지 질문하게 된다. '表扬'과 '表彰'은 유의어로, 모두 '훌륭한 사람, 훌륭한 일을 공개적으로 칭찬하다'는 의미를 나타내는 긍정적인 의미의 동사이다. '宣扬'의 유의어는 '宣传(선전하다)', '鼓吹(선동하다)'로, 이 둘은 '表扬', '宣扬'의 의미와 조금 비슷한 점 외에 '공개적으로 모두에게 알리다'라는 의미를 가지고 있다. '表扬'은 주로 훌륭한 사람 혹은 훌륭한 일을 공개적으로 칭찬하는 것이라면, '宣扬'은 많은 사람들에게 알리고 믿게 한다는 점이 강조된다. 두 단어의 적용 범위는 다르지만, 이들이 단어 의미면에서 연관성이 있어 유학생들이 틀리기 쉽기 때문에 반드시 이를 구분하여 가르쳐야 한다. 한편, '表扬'과 '发扬'은 모두 '扬'이라는 형태소를 가지고 있지만, 유의 관계가 없다. 그밖에 '痛快'와 '舒服'는 엄격한 의미에서는 유의어에 속하지 않지만, 상세히 분석해 보면 이들은 모두 '만족, 즐거움'의 의미를 가지고 있다는 점에서 약간 비슷하기 때문에 유학생들이 틀릴 수 있어 명확히 구분하여 가르칠 필요가 있다.

유의어 교육 범위의 확대는 외국인을 위한 중국어 교육에도 필요한 것이

---

94) [역주] 이른바 '词性(단어의 성격)'이란 품사를 분류하는 근거가 되는 단어의 특징으로 크게 '실사'와 '허사'의 양대 词性이 있으며 이 밖에도 각종 품사들 자체가 词性이라 할 수 있다.

며, 중국어를 모어로 하지 않는 학생들이 중국어를 정확히 배우기 위한 필수 요건이다.

(二) 유의 관계를 명확하게 구분할 수 있도록 교육

일부 유학생, 특히 초급 후반부터 중급 단계까지의 유학생들은 어떤 단어들이 유의어 관계이고, 어떤 단어들은 아닌지를 명확하게 구분하지 못해, 유의어와 유의어가 아닌 것을 혼동하곤 한다. 예컨대, 일부 학생들은 '礼节(예절)-礼仪(예의)-礼貌(예의바르다)', '招待(환대하다)-接待(접대하다)-对待(응대하다)', '赶忙(황급히)-赶紧(서둘러)-赶去(뒤따라가다)', '礼让(예의를 지켜 사양하다)-谦让(겸손히 사양하다)-退让(양보하다)' 등을 모두 유의어라고 하며, 또 다른 일부 학생들은 '接受(받다)-接收(받아들이다)-承受(받아들이다. 감당하다)-受到(받다)-遭到(당하다)'와 '表现(과시하다)-表示(의미하다)-体现(구현하다)-表白(의사를 표명하다)' 등을 유의어로 보기도 한다.

이러한 현상이 나타나는 원인은 대체로 아래의 세 가지로 정리할 수 있다. 첫 번째 원인은 동일 형태소의 간섭 때문이다. 앞서 제시한 예 가운데 '礼节-礼仪'와 '招待-接待', '赶忙-赶紧', '礼让-谦让'은 유의어 관계이지만, '礼貌'는 단지 '礼节'나 '礼仪'와 동일한 형태소인 '礼'를 포함하고 있을 뿐이다. '对待' 역시 '招待'나 '接待'와 동일한 형태소인 '待'를 포함하고 있을 뿐 유의어 관계가 아니다. '赶去'나 '退让' 역시 마찬가지다.

두 번째 원인은 단어와 단어 간의 복잡한 관계를 명확히 구분하지 않았기 때문이다. 예를 들어, '接受, 接收, 承受, 受到, 遭到' 가운데 '接受'는 '接收', '承受'와 유의어 관계로, 모두 '사물을 건네받아 두다'라는 의미를 나타낸다. '接受'는 주로 사상을 받아들여 수용하며, 이를 거부하지 않음을 나타내며, '留学生(유학생)', '礼物(선물)' 등과 같은 구체적인 대상에 쓰일 수 있고, '经验(경험)', '教训(교훈)', '教育(교육)', '观点(관점)' 등과 같은 추상적인 대상에 쓰일 수도 있다. 한편, '接收'는 주로 행동 면에서 자신의 범위에 받아들임을 나타내어, '新成员(신입 구성원)'이나 '新学生(신입생)' 등과 같이 구체적인 대상에 주로 쓰인다. '承受'는 주로 자신에게 부여된 것을 받아들임을 강조하여, 일반적으로 '心意(의향), 爱情(사랑), 考验(시련), 苦难(고난), 光照(햇볕) 등과 같은 추상적인 사물과 주로 결합한다. '接收'와 '受到' 역시 유의관계로 받아들인다는 의미를 가지지만, '接收'가 주로 인정하고 수용하는 것에 초점이 맞춰져 있는 반면, '受到'는 어떤 일을 당하거나 견딘다는 의미를 나타낸다는 점에서 차이가 있다. 복잡한 것은 '受到'와 '遭到' 역시 유의어 관계로 모두 당하다는 의미를 나타낸다는 점이다. 그러나 이 두 단어는 쓰이는 범위가 다른데, '受到'는 좋은 일과 나쁜 일에 모두 쓸 수 있는 반면, '遭到'는 대체로 불행한 일 혹은 불리한 일에 쓰인다. 반면, '接受', '承受'와 '受到'는 유의어 관계가 아니다. 이어서 '表现, 体现, 表示, 表白'를 보자. 이 가운데 '表现, 体现, 表示'는 유의어 그룹으로, 모두 내재된 물건 혹은 사물의 내재적인 상황을 나타낸다는 의미를 갖는다. 이 가운데 '表现'은 주로 사람의 생각, 정신 혹은 사물의 내재적인 상황을 드러낸다는 의미에 초점이 맞춰져 있으며, 주체는 주로 사물이다. '表示'는 주로 어떤 사상이나 감정 혹은 태도를 모두가 알게 한다는 의미를 나타내며, 주체는 대체로 사람이다. '体现'은 주로 개괄적이고 원칙적인 각도에서 어떤 사물을 구체적으로 드러내 보인다는 점에 초점이 맞춰지며, A, B 두 사물이 서로 안과 밖(표리)이 되는 경우를 나타내는데 쓰인다. '表示'와 '表白' 역시 내부의 상황을 말한다는 의미를 나타내는 유의어로, 表白는 상대방에게 상세히 설명하여 오해를 야기하지 않는다는 점을 부각하고, '表示'는 말이나 행동으로 드러내 상대방이 알게 한다는 점을 부각한다. 그러나 '表白'가 '表现'이나 '体现'과는 유의어 관계가 아니므로 '表示'가 유의어 관계라는 이유로 '表现'이나 '体现' 역시 '表白'와 유의어 관계라고 이해해서는 안 된다.

　세 번째 원인은 중국어의 한 단어가 다의(多义)를 가지는 현상과 관련이 있다. 즉, 단어의 다의성으로 단어 간의 의미 관계가 복잡하게 얽히게 된다. 단어의 다의가 각각 하나의 의미항목(义项)으로서 다른 단어의 의미항목과

유의 관계를 맺음으로 인해 유의 관계가 복잡해진다. 예를 들어, 동사 '力争'
은 '쟁취하기 위해 애쓰다(极力争取)'와 '격렬히 논쟁하다(极力争辩)'라는 두
개의 의미항목을 가지며, 이 중 '极力争取'는 '争取(쟁취하다), 力求(힘써 노력
하다)'와 '极力争辩'는 '争辩(논쟁하다)'와 각각 유의 관계를 가진다. '力争'이
두 가지 의미항목으로 '争取(쟁취하다), 力求(힘써 노력하다)' 그리고 '争辩
(논쟁하다)'을 갖지만 사실 '争取(쟁취하다), 力求(힘써 노력하다)'와 '争辩(논
쟁하다)' 사이에는 유의어 관계가 없다. '嗓子'도 두 개의 의미항목을 가진다.
가령 '他的嗓子哑了(그의 목소리가 쉬었다)'라고 하는 경우의 '嗓子'는 '喉咙
(목소리/인후)'와 유의 관계이고, '他的嗓子真好(그의 목소리가 정말 좋다)'
라고 하는 경우에 '嗓子'는 '嗓音(목청)'과 유의 관계이지만, '喉咙'과 '嗓音'는
유의 관계가 아니다. 유의어를 명확히 구분하는 핵심은 단어 의미의 같은
점 혹은 유사한 점을 찾는 것이다. 따라서 동일 형태소가 있다고 해서 유의어
라는 오류를 범하지 않도록 조심하는 동시에 한 단어가 여러 의미항목을
가지는 경우, 단어와 단어 간의 복잡관계 문제 등에 주의해야 한다.

(三) 유학생에게 유의어 구분 방법 교수

유의어 구분 방법은 '어휘 의미, 문법 의미, 색채(色彩) 의미'라는 세 각도
에서 접근하는 것이 일반적이다. 중국어가 제2외국어라는 특징을 고려할
때 유의어 구분을 교수하는 데 있어 아래의 세 가지를 강조해야 한다.

1. 유학생이 유의어 간의 차이점을 구분하도록 돕기

여러 의미항목을 가진 유의어라면 같거나 유사한 의미항목을 구분해 낼
수 있도록 가르쳐야 한다. 이는 현대 중국어 의미 분석의 객관적인 규칙에도
부합하며, 외국인 유학생이 중국어 어휘를 습득하는 실제 상황에도 부합한
다. 왜냐하면 외국인 유학생은 의미항목을 기본 단위로 하여 어휘를 학습하

기 때문이다.

예컨대, 동사 '召集'와 '召开'는 단일어로, '함께 회의를 하기 위해 사람을 불러 모으다'라는 뜻을 나타낸다. 그러나 '召集'는 함께 모인다는 점을 강조하며, 회의와 관련된 단어나 사람을 나타내는 단어 역시 목적어로 쓰일 수 있어 '召集重要会议(중요한 회의를 소집하다)'나 '召集全班同学(반 전체 급우를 불러 모으다)' 등과 같이 사용 범위가 비교적 넓다. 그러나 '召开'는 '모두가 함께 모여 회의를 하다'라는 의미를 나타내기 때문에 회의를 나타내는 단어만 목적어 자리에 올 수 있어, '召开演讲会(강연회를 개최하다)', '召开座谈会(좌담회를 개최하다)'는 가능하지만, '召开全班同学'와 같은 문장은 불가능하다. 이처럼 '召开'의 사용 범위가 상대적으로 제한적이다. 명사 '毛病'과 '缺点'을 보자. '毛病'은 다의어로 (1) 사람 혹은 사물의 결점, (2) 사물에 생긴 고장 혹은 일이나 업무상의 실수, (3) 질병 등과 같은 세 가지 의미를 나타낸다. '缺点'은 단일어로 '부족함 혹은 완벽하지 못한 부분'이라는 하나의 의미항목만을 가진다. '毛病'의 첫 번째 의미항목은 '缺点'과 유의 관계를 구성하지만, 아래의 세 가지 부분에 있어 차이가 있다. (1) '毛病'은 주로 비교적 경미한 습관적인 결점을 가벼운 어기로 나타내지만, 缺点은 부족하고 완벽하지 못한 부분을 나타내며, 어기가 비교적 강하다. (2) '毛病'은 '沾(관계되다), 犯(범하다), 治疗(치료하다), 去(제거하다), 出(생기다)' 등과 같은 동사의 목적어로 쓰일 수 있으나, '缺点'은 불가능하다. (3) '毛病'은 구어적인 색채가 강한 반면, '缺点'은 구어와 서면어에 모두 사용된다. 만약 학생이 흥미가 있다면, '毛病'은 '사물이 망가지거나 고장나다'의 두 번째 의미항목과 '질병'의 의미를 나타내는 세 번째 의미 항목도 있지만, '缺点'은 이러한 의미항목이 없음을 지도할 수 있다.

2. 형태소 의미의 구분 강조하기

단일한 형태소가 단어를 구성하는 단순어의 경우 단어의 의미와 형태소 의미가 일치한다. 둘 혹은 둘 이상의 형태소로 구성된 복합어는 단어의 의미와 형태소의 의미 관계가 비교적 복잡해서 형태소 의미가 직접적이고 완전하게 단어의 의미를 나타내거나 직접적이지만 부분적으로 단어의 의미를 나타내는 경우도 있고, 어떤 형태소 의미는 간접적으로 단어의 의미를 나타내거나 단어의 의미에 전혀 영향을 주지 않는 경우도 있다. 차이가 얼마나 크건 간에 절대 다수의 형태소 의미는 단어 의미와 일정한 관계를 맺고 있다. 예를 들어, '购买(구매하다)', '离别(이별하다)', '喜悦(기쁨)', '道路(도로)' 등의 형태소 의미는 단어 의미와 기본적으로 일치한다. 그러나 '白菜(배추)'의 경우는 단순히 '하얀색 채소'라고 이해할 수는 없지만, 형태소 의미에 야채의 일종이라는 점과 이 야채의 특징 등이 반영되어 있다. 마찬가지로, '口齿(발음, 말주변)'의 경우도 글자 그대로 '구강과 치아'라고 해석할 수 없지만, 구강과 치아 등과 같은 발음 보조 기관을 통해 발음하거나 말을 하는 것을 나타낸다. 현대중국어 어휘 가운데 동일한 형태소로 구성된 단어도 상당히 많다. 이러한 특징으로 유의어 구분을 교수하게 되면, 유학생들은 비교적 쉽게 이해하고 습득할 수 있다.

예컨대, 유의어인 '简洁'와 '简明'은 공통적인 형태소 '简'을 포함하고 있고, 모두 '복잡하지 않다'라는 뜻을 나타내며, '말이 간단명료하며, 수다스럽지 않다'는 의미를 나타내지만, 상이한 형태소인 '洁'와 '明'으로 인해 의미의 차이가 생긴다. '洁'의 형태소 의미는 '清洁(깨끗하다)', '整洁(말끔하다)'이기 때문에 '简洁'는 '간단명료하며, 쓸데없는 말이 없다'는 점이 부각된다. 한편, '明'의 형태소 의미는 '明白(명백하다), 清楚(분명하다)'이기 때문에, '简明'은 '말이 명확하고 복잡하지 않으며, 장황하지 않다'는 점이 부각된다.

또 다른 예로, 유의어인 '符合'와 '适合'의 경우는 공통적으로 '合'이라는 형태소를 포함하며, 어떤 사물이 다른 사물과 서로 부합한다는 의미를 나타낸다. '符'와 '合'의 뜻도 서로 비슷하여, '서로 부합하다'라는 의미를 나타내므로 '符合'는 '완전히 같아 일치하다'라는 점을 강조한다. 한편, '适'는 '适应(알맞다)', '合适(적합하다)'의 의미를 나타내므로, '适合'는 '서로 적합하게 어울리다'라는 점을 강조한다.

물론, 단어의 형태소 의미가 단어의 의미에 완벽하게 반영되어 있을 수는 없기 때문에 형태소 의미와 단어 의미를 동일시하게 되면 자칫 오류를 범하여 실수를 할 수 있다는 점을 명심해야 한다.

3. 단어의 호응 특징 및 전형적인 예문 활용의 강조

중국어는 형태 변화가 없는 언어라서 어휘의 조합에 있어 형태 변화로 인한 제약이 없는 반면, 의미 호응 문제가 한층 더 중요한 언어이다. 한 단어가 어떠한 통합과 호응을 하는가에 따라 상응하는 의미가 결정된다. 그렇기 때문에 단어의 통합 및 호응 관계를 이해하고 습득해야만 비로소 단어를 진정으로 이해하고 습득했다고 할 수 있는 것이다. 외국인을 위한 중국어 교육에서는 단어의 호응 현상을 강조하여 유학생들이 단어의 호응 현상으로부터 유의어 간의 근소한 차이를 학습하여 이해할 수 있도록 지도해야 한다. 예를 들어, '发挥(발휘하다)'와 '发扬(발양시키다)'을 보면, '发挥'는 '作用(작용, 역할)', '潜力(잠재력)', '才能(재능)', '特长(특기)', '积极性(적극성)' 등의 단어와 호응하고, '发扬'은 '优良作风(바람직한 풍조)', '艰苦奋斗的精神(고군분투하는 정신)', '优点(장점)', '民主(민주)' 등의 단어와 호응하지만, '发扬潜力'나 '发扬才能' 등과 같이 쓰지는 않는다. 이는 '发挥'와 '发扬' 모두 동사로서 '표현해 내고 확대하다'라는 의미를 나타내지만, '发挥'의 경우는 '내재되어 있는 것들을 최대한 드러내다'라는 의미를 부각시키고, '发扬'은 '과거에 존재했던 것에 대해 기존의 기초 위에 한층 더 발전시키고 향상시키다'라는 의미를 부각시키기 때문이다.

또 다른 예로, '爱护'와 '爱惜'를 살펴보자. '爱护'와 '爱惜'는 모두 동사로, '爱'라는 형태소를 포함하여 '중시하며, 소중히 여기다'라는 의미를 갖는다. 그러나 '爱护'의 의미는 '护'에 치중되어 '잘 보호하여 다치지 않게 하다'라는 의미가 부각된다. 따라서 호응하는 단어 역시 '同学(급우)', '花草(꽃과 풀)', '公物(공공기물)' 등과 같은 쉽게 상처 입을 수 있는 사람이나 생물, 물건 등이 위주가 된다. 이와 달리 '爱惜'의 의미는 '惜'에 치중되어 '쓸데없이 써버리지 않고 아쉬워하다'라는 의미가 부각된다. 따라서 '时间(시간)', '人力(인력)', '金钱(금전)' 등과 같이 쉽게 소모되는 사물과 주로 호응한다. 그밖에 '目标(목표)'와 '目的(목적)'를 보면, '目标'는 '射击(사격)'와 같은 구체적인 의미의 단어나 '奋斗(분투)'와 같은 추상적인 의미의 단어와 모두 호응하여 '射击目标(사격 목표)'나 '奋斗目标(분투 목표)' 등으로 쓸 수 있다. 이와 달리 '目的'는 '工作(일, 업무)', '学习(공부)' 등과 같이 주로 구체적인 사물을 나타내는 단어와 호응하여 '学习的目的(공부하는 목적)'나 '工作的目的(업무의 목적)'처럼 쓸 수 있다. 한 마디로 '目标'의 적용 범위가 '目的'보다 훨씬 더 넓은 것이다.

유의어 분석을 가르치는 데 있어, 전형적인 예문을 활용함으로써 학생들이 단어 의미 간의 근소한 차이를 이해할 수 있도록 해야 한다.

'骄傲(거만하다/자랑스럽다)'의 예를 보자.

(a) 整个连队因为有这样的英雄而感到骄傲。
(연대 전체는 이러한 영웅이 있기 때문에 자부심을 느꼈다.)
(b) 谦虚使人进步, 骄傲使人落后。
(겸손은 사람을 향상시키고, 교만은 사람을 뒤쳐지게 한다.)

예문(a)를 통해 유학생은 '骄傲'가 '자부심/자랑스러움'을 나타내고, 유의어는 '自豪(자부하다)'임을 이해할 수 있다. 한편, 예문(b)를 통해 유학생들은 '骄傲'는 '기존의 성과에 만족하며 스스로를 대단히 여기다'라는 부정적인 의미로 쓰이고 있으며, 유의어는 '傲慢(오만하다)'임을 이해할 수 있다.
'表現'과 '表示'의 경우를 보자.

(a) 这一带山陵的地层, 都从石根土脉中隐映着浅浅的红色, 似乎是表现这个地方的荒凉与辛苦。(王统照 ≪沉船≫)
(이 일대 산등성이의 지층에는 모두 암석과 토맥에 연한 붉은색이 섞여 있어, 마치 이 지역의 황량함과 고단함을 나타내는 듯하다.)

(b) 我已经记不清那时怎样地将我的纯真热烈的爱表示给她。(鲁迅 ≪伤逝≫)
(나는 당시에 어떻게 나의 순진무구하고 열정적인 사랑을 그녀에게 보여주었는지가 이미 기억나지 않는다.)

예(a)의 '表現'은 '드러나서 사람들이 보게 되다'라는 것을 부각시키고, 예(b)의 '表示'는 '상대방이 생각이나 감정을 알게 되다'라는 점을 부각시킨다. 이 두 예문은 '表現'과 '表示'가 의미면에서 어떠한 차이가 있는지 명확하게 드러내고 있다.
'嗜好'와 '爱好'의 경우를 보자.

(a) 年轻时, 吸烟、喝酒、打牌, 都是他的嗜好。
(젊었을 적 흡연과 음주, 마작이 다 그의 취미였다.)

(b) 烟和茶, 是我父亲的两大嗜好。
(담배와 차는 우리 아버지의 두 가지 기호이다.)

(c) 他唯一的爱好就是收藏书。
(그의 유일한 취미는 바로 책을 수집하는 것이다.)

예문을 통해 '嗜好'는 '유난히 좋아하는 것'을 가리켜 의미가 비교적 무거우며, 주로 '赌博(도박)', '抽烟(흡연)', '饮酒(음주)' 등 재산과 건강을 소진시키는 일에 쓰임을 알 수 있다. 그리고 예(a)와 같이 부정적인 어감을 나타낼 수도 있고, 예(b)와 같이 일반적인 경우에도 쓰일 수 있다. 반면 '爱好'는

'일반적인 취미'를 나타내며, 의미도 가볍고 중성적인 성격을 띤다.

전형적인 예문을 선택하는 데 있어, 언어 규칙과 정확한 어휘 선택도 중요하지만 유의어 간의 차이를 명확하게 드러낼 수 있는 문장을 선택하는 것 역시 매우 중요하다. 적합한 예문을 잘 선택하여 유의어의 차이를 명확하게 드러내는 데 성공하게 되면, 교사는 학생들을 정확하게 지도할 수 있다.

유의어 구분과 관련된 교육과정을 진행하는 데 있어 아래의 세 가지 점에 유의하기 바란다. (1) 중점을 부각시키며, 전반적인 것을 모두 다 설명하지 않는다. (2) 유학생의 적극성을 자극하며, 학생들이 의미구분 활동에 적극 참여하도록 유도하고, 스스로 유의어의 공통점과 차이점을 구분할 수 있도록 지도한다. (3) 교사 스스로 다양한 형식의 연습을 준비하여 유의어 구분의 지식 습득과 연습을 함께 할 수 있도록 한다.

二. 외국인을 위한 중국어 어휘 교수법[95]

어휘는 '단어'와 '단어의 등가물(고정구 등)'에 의해 구성된 완벽한 집합체이다. 그것은 역사적으로 형성되어 끊임없이 발전해온 것이다. 어휘가 없이는 언어도 없고, 의사소통도 불가능하다. 따라서 어휘 교육은 언어 교육에 있어 빠질 수 없는 유기적인 구성부분이다. 영국의 언어학자인 George Welkins는 ≪언어 교육에서의 언어학≫에서, "발음과 문법이 없더라도 정보를 전달할 수는 있다. 그러나 어휘가 없다면 어떠한 정보도 전달할 수 없다"라고 언급한 바 있다. 이를 통해 우리는 어휘 교육의 중요성을 알 수 있다. 외국인을 위한 중국어 교육에서 독해 수업이든 듣기 수업 혹은 회화 수업이든 간에 대부분의 수업은 어휘 교육에서 시작된다. 따라서 어휘 교수법의 운용이야말로 수업 효과 제고와 학생의 언어 능력 향상에 중요한 의의를

---

95) 张慧君, ＜对外汉语教学中词汇教学技巧＞, ≪齐齐哈尔大学学报≫(哲学社会科学版), 2002年 第3期.

갖는다.

어휘교육은 '**어휘 제시**', '**어휘 설명**', '**어휘 연습**' 등의 몇 가지 부분을 포함한다. 어휘 제시는 가르쳐야 할 단어를 판서, 따라 읽기, 받아쓰기 등의 방법을 통해 학생에게 소개하여 학생이 배운 단어의 한자, 발음, 의미를 기본적으로 이해할 수 있도록 함으로써 궁극적으로 단어의 용법 습득이라는 목적을 달성하는 것이다. 단어 제시는 개별 단어 제시와 종합적인 제시로 구분된다. 개별 단어 제시는 개별 단어의 교육을 논의의 대상으로 하며, 종합적인 제시는 교육 과정에 근거하여 전체를 고려하여 소개할 단어의 순서를 정한다.

개별 단어를 제시하는 방법으로는 받아쓰기, 따라 읽기, 보고 읽기, 카드 및 실물 사용 등이 있는데, 각각의 특징이 있다. 받아쓰기는 어휘를 제시하는 가장 기본적이고 자주 쓰이는 방법으로, 학생이 예습한 단어를 기억하는 과정인 동시에 교사가 학생들의 예습 상황을 파악하는 수단 가운데 하나이다. 교사는 학생에게 칠판 혹은 학생의 연습장에 받아쓰도록 하고, 오류를 수정하고 평가해줌으로써 학생들이 받아쓰기에 신경 쓰도록 지도한다. 따라 읽기 역시 자주 사용되는 교수법으로 학생들이 단어의 발음을 습득하는 데 도움이 된다. 보고 읽기는 학생들에게 칠판 혹은 교재에 있는 새 단어를 보고 읽으면서 학생들에게 적절하게 단어의 한자, 발음, 뜻을 설명해 주는 것이다. 카드 제시법은 카드의 A면에는 한자를 써 놓고, B면에는 한어병음과 외국어 해석을 써 둔다. 이 방법의 장점은 한자를 보고 읽는 것에 실패했을 경우, B면을 제시하여 익힐 수 있게끔 도와줄 수 있다는 것이다. 이러한 교수법은 중국어 학습 초급 단계에 적합하다. 실물 제시법은 학생들이 교실에서 '桌子(책상)', '汉语书(중국어책)', '开关(전기스위치)' 등의 학습할 단어를 직접 가리키며 배우는 것이다.

일반적으로, 종합적인 어휘 제시는 교과 수업의 각 부분을 체계적이고 긴밀하게 연결하기 위한 것이다. 교사는 교수법의 필요에 따라 새로 나온 단어의 순서를 조정하여 재배열할 수 있다.

1. 품사에 따른 배열

≪初级汉语教程≫ 제1권 제24과에는 '在(~하고 있는), 做(하다), 复习(복습하다), 语法(문법), 呢(어기조사), 休息(휴식하다), 一块儿(함께), 行(좋다/가능하다), 不(~않다), 考试(시험보다), 听(듣다), 录音(녹음), 写(쓰다), 汉字(한자), 念(읽다), 课文(본문), 练习(연습하다), 刚才(좀 전에), 广播(방송하다)' 등의 단어가 수록되어 있다. 이들 단어를 품사에 근거하여 배열해 보면 다음과 같다.

写, 念, 做, 听, 练习, 录音, 广播, 复习, 休息, 考试 (동사)
汉字, 课文, 语法 (명사)
一块儿, 在, 不 (부사)
行 (동사)
呢 (조사)

이러한 배열은 단어의 문법 기능에서 출발한 것으로, 교사와 학생이 단어의 각기 다른 특징에 근거하여 호응관계를 파악하기 쉬우며, 학생이 단어의 품사 개념을 수립하는 데에도 유리하다.

2. 출현 순서에 따른 배열

단어가 본문에 출현하는 순서에 따라 배열하는 것을 가리킨다. 받아쓰기와 보고 읽기 후 교사는 배열된 단어를 실마리로 하여 본문을 서술하거나 설명한다. 학생은 제시된 단어를 따라가며, 교사의 본문 설명을 듣고, 본문을 다시 읽어본다. 강의의 각 단계는 칠판에 제시된 단어를 중심으로 진행된다. 학생들은 받아쓰기, 보고 읽기, 교사의 본문 설명, 본문 다시 읽기 등의 교수 활동 과정에서 여러 차례 새 단어를 듣고 말하는 연습을 하여, 기억의 효과를 크게 향상시킬 수 있다.

3. 주제에 따른 배열

≪初级汉语教程≫ 제1권 제36과에는 '病(병), 手(손), 破(다치다), 上(바르다), 药(약), 每(매), 次(번), 舒服(쾌적하다), 头(머리), 疼(아프다), 挂号(등록하다), …科(…과), 内科(내과), 外科(외과), 发烧(열이 나다), 嗓子(목), 鼻子(코), 通(통하다), 咳嗽(기침하다), 表(표), 度(온도), 张(열다), 嘴(입), 感冒(감기걸리다), 打针(주사맞다), 开(처방하다), 药片儿(알약)' 등과 같은 단어가 수록되어 있다. 이를 주제별로 배열해 보면,

舒服, 病, 手, 破, 头, 嗓子, 疼, 张嘴, 鼻子, 通, 咳嗽, 发烧, 感冒 (증상 관련)
挂号, …科, 内科, 外科 (진료 등록 관련)
药, 开, 上药, 药片儿, 每, 次, 表, 度, 打针 (의사의 처치 관련)

이상과 같이 배열하게 되면, 단어의 설명과 활용이 유기적으로 연결될 수 있다는 장점이 있다.

어휘교육의 두 번째 단계는 바로 어휘에 대한 설명이다. '어휘 설명'은 가르치고자 하는 단어의 의미와 용법을 학생에게 설명해 주는 것이다. 언어 교육에서 단어의 의미를 설명하는 교수법은 매우 많다.

1. 실물 및 그림을 사용한 설명

이러한 교수법은 간단명료하며, 발음과 개념간의 직접적인 연결 관계를 수립할 수 있다. 따라서 실물 혹은 그림으로 설명할 수 있는 것이라면, 가능한 한 실물 혹은 그림을 사용하는 것이 좋다.

2. 동의어와 반의어 설명 및 유의어 비교

이미 배운 반의어로 단어의 의미를 설명하게 되면 학생들은 훨씬 더 쉽게 단어의 의미를 이해하고 기억할 수 있다는 장점이 있다. 예를 들어,

'远(멀다)—近(가깝다)', '批评(비판하다)—表扬(칭찬한다)', '正好(때마침)—恰巧(공교롭게)' 등이 있다. 또한 유의어인 '还是(혹은)', '或者(혹은)'의 경우, 전자는 의문문에 쓰이지만, 후자는 그럴 수 없는 등의 특징을 들어 설명할 수 있다.

3. 형태소 설명

이러한 교수법은 학생들이 단어를 더 잘 설명하고 기억할 수 있도록 돕는다. 예컨대, '读, 作, 者' 등의 형태소를 배우게 되면, '读者(독자)'와 '作者(지은이)'의 의미를 이해할 수 있다. 마찬가지로 '海'와 '洋'을 배웠다면, '海洋(바다)'의 의미는 설명하지 않아도 잘 알 수 있다.

4. 기존에 배운 것으로 새 단어 설명

예컨대 '姑姑'는 '爸爸的姐姐或妹妹(아버지의 누나나 여동생)'라고 설명할 수 있다. 이러한 교수법은 학생들이 외국어로 단어의 의미를 해석하는 한계를 뛰어 넘을 수 있을 뿐 아니라, 학생의 적극성을 강조하여 중국어 표현능력을 향상시킬 수 있다. 그밖에도 배운 단어를 복습하고 익히는데도 효과가 좋다.

5. 유추

'汽车(자동차)', '汽车站(정류장)'과 '火车(기차)'를 배웠다면, '汽车站(정류장)'을 통해 '火车站(기차역)'을 유추할 수 있다. 마찬가지로 '数学家(수학자)'와 '化学(화학)'를 배웠다면, 이들을 통해 '化学家(화학자)'를 유추할 수 있다.

6. 상황의 설정

예를 들어, '凑合'를 가르치기 위해 아래와 같은 상황을 설정한다.

  (a) 下第四节课已十二点了, 你去食堂去吃饭, 你喜欢吃的菜已经都卖完
      了, 你又不想去别的地方吃, 你怎么办…… 你只好凑合吃吧。
      (4교시를 마치니 벌써 12시가 되었다. 당신이 식사를 하러 식당에
      갔더니, 좋아하는 음식은 모두 다 팔렸지만, 당신은 다른 데로 먹으러
      갈 생각도 없다. 당신은 어떻게 할 것인가 …… 당신은 어쩔 수 없이
      아쉬운 대로 먹을 수밖에.)
  (b) 今天电视有足球比赛, 你最喜欢看足球比赛, 打开电视不太清楚, 可你
      又非常想看, 怎么办…… 凑合看吧。
      (오늘 텔레비전에서 축구 경기를 한다. 당신은 축구경기 보는 것을
      가장 좋아하는데, 텔레비전을 켜니 화면이 흐렸지만 당신은 너무
      보고 싶다. 어떻게 할 것인가 …… 아쉬운 대로 봐야지.)

7. 중국어와 외국어 대조

중국어의 많은 단어들이 다른 외국어와 비교할 때, 의미와 용법에서 반드시 이들과 일대일로 대응되지는 않는다. 예컨대 'to play'는 중국어로 '玩儿'로 번역된다. 영어에서는 'play game, play basketball, play the violin, play the piano' 등으로 쓰이지만, 이에 상응하는 중국어는 '做游戏(게임을 하다), 打篮球(농구를 하다), 拉提琴(바이올린을 켜다), 弹钢琴(피아노를 치다)' 등으로 표현한다.

8. 예문 해석

교사가 학생들에게 몇 개의 예문을 제시하여 학생이 이를 해석해 보도록 한다. 예문은 학생의 수준에 맞아야 하며, 학생들에게 익숙한 상황이나 사건, 생활과 관련이 있는 것으로 제시한다. '难怪(어쩐지)'를 예로 들면

다음과 같다.

    (a) 难怪这两天没看见山本，他回国了。
        (어쩐지 요 며칠 야마토모가 안 보이나 했더니, 그는 귀국했다.)
    (b) 难怪教室这么冷，原来没有暖气了。
        (어쩐지 교실이 이렇게 춥나 했더니, 난방을 하지 않는구나.)

9. 단어의 의미 확장

교사가 강의를 할 때 본문에 쓰인 단어의 의미항목과 용법을 설명할 뿐 아니라 해당 단어의 다른 상용 의미항목과 용법을 적절히 설명해 주도록 한다. 중국어에는 한 단어가 여러 의미항목을 나타내는 경우가 많으므로, 학생들의 능력 범위 내에서 적절히 단어의 의미항목을 추가적으로 소개함으로써 학생들이 더 빨리 해당 단어를 익히도록 돕는다. 예를 들어, 동사 '打'는 최소한 50여개의 의미항목을 가지고 있어, 타격(打门 문을 두드리다), 발사(打枪 총을 쏘다), 제조(打家具 가구를 만들다, 打蛋糕 케이크를 만들다), 편직(打毛衣 스웨터를 짜다), 파쇄(碗打了 그릇을 깼다), 종사(打工 아르바이트하다, 일하다), 게임(打扑克 포커를 하다) 등의 의미 외에 심지어 전치사적인 의미와 용법도 갖고 있다.

10. 단어 의미 귀납

'好'를 살펴보자.

    형용사: 那个人很好。(장점이 많다)
           票好买吗? (쉽다)
    부 사: 我买了好几斤水果。(많다)
           外边好黑! (정도) ※ 감탄의 어기가 있음.

11. 상하 문맥을 이용한다.

구체적인 발화 상황 속에서 단어의 특정한 의미를 해석하는 것을 말한다. 예컨대, ≪骆驼祥子≫의 한 구문을 보자. "不到两三个星期的工夫, 他把腿溜出来了。(채 2, 3주가 되지 않는 사이에, 그는 다리를 숙련시켰다.)"에서 '溜'는 '练(연습하다)'의 의미를 나타낸다.

12. 번역

단어의 의미가 비교적 추상적인 경우 외국어에서도 정확하게 대응되는 단어를 찾을 수 있다. 예를 들어, 'life － 生活'와 같이 일대일 대응되는 단어를 찾아 번역할 수 있다.

유념할 점은, 단어에 대한 설명은 교실 수업의 일부분으로 학생이 단어 하나를 정확하게 습득하기 위해서는 수업에 기초하여 많은 연습이 이루어져야 한다는 것이다. 반복적으로 기억하고, 사용함으로써 언어 습득을 위한 인식, 이해, 모방, 기억, 응용 등의 단계를 거쳐야 한다. 이처럼 단어 연습은 아래의 다섯 단계로 구분하여 연습한다.

1. 인식을 위한 연습 : 단어 인식을 위해서는 발음 식별, 한자 식별, 녹음 듣기, 한자 읽기, 발음기호 읽기 등이 포함된다.
2. 이해를 위한 연습 : 단어의 의미 이해가 중심이 되며, 반의어 써보기, 동의어로 교체 연습하기, 목표어나 매개 언어를 이용한 해석 등이 포함된다.
3. 모방을 위한 연습 : 발음 모방, 한자 필순 모방 등이 포함된다.
4. 기억을 위한 연습 : 학생들이 단어의 의미와 발음을 외우도록 하는 것을 목적으로 하며, 직접 묻고 답하기, 그림이나 실물, 구체적인 동작, 동사의 목적어 등을 통해 기억하고 기억을 상기하도록 한다.
5. 해당 단어의 활용 : 빈칸에 단어 넣기와 작문 등이 포함된다.

교실 내 교수법은 그 방식이 매우 다양하며, 외국어로서의 중국어 교수법 역시 수업에 대한 연구, 교육 수단의 발전 및 교육 경험 축적에 따라 계속 새롭게 개발될 수 있다. 향후, 지속적으로 수업 경험이 축적되고 개선됨에 따라 더 많은 교수법을 시도해 볼 수 있을 것이다.

三. 기초 중국어 수업의 새 단어 반복 출현 교수법[96]

"어휘 교육은 언어 교육의 기초 가운데 하나로, 발음 교육을 제외한 모든 교육은 어휘 교육을 기초로 하여 이루어진다."[97] 문법을 모르면 많은 것을 표현할 수는 없지만, 어휘를 모르면 어떤 것도 표현할 수 없다. 외국인을 위한 중국어 교육에서 초급반 기초 중국어 수업은 가장 중심이 되는 교과과정으로, 교사가 과학적인 학습이론을 기초로 하여 어휘 교육을 지도한다면, 중국어를 제2외국어로 막 배우기 시작한 학생들은 뭔가 배운 바가 있고 배워서 바로 사용할 수 있다는 자신감과 성취감을 느껴 향후 중국어 학습을 위해 바람직한 기초를 다질 수 있다.

현대 교육심리학에 따르면, "기억은 두 가지 심리과정으로, 하나는 금방 들었던 전화번호를 암기하는 것과 같은 단기 기억 과정(STM)이고, 다른 하나는 오랫동안 저장되는 장기 기억 과정(LTM)이다. 단기 기억은 시간이 지나면 사라지므로, 단기 기억의 내용을 충분히 오래 동안 머물도록 해야 장기 기억으로 전환할 수 있다."[98] "단기로 기억한 정보는 기억 유지 시간도 짧고, 새로운 기억 활동이 일어나면 간섭을 받아 반복하지 않으면 매우 빠른 속도로 잊혀지고 회복되지도 않는다. 반복이야말로 단기 기억 정보를 장기 기억으로 전환시키는 관건이다."[99] 즉, 자극을 통해 입력된 정보는

96) 刘若云·林凌, <基础汉语教学课堂中的生词复现技巧>, ≪中山大学学报论丛≫, 2004年 24卷 2期.
97) 崔永华·杨寄洲, ≪对外汉语课堂教学技巧≫, 北京语言文化大学出版社, 1997年版 55쪽.
98) J.M.Sorin & C.W.Telford, ≪教育心理学≫, 人民教育出版社, 1982年版 367쪽.

학생의 대뇌에서 처리되어 단기 기억 저장소에 머물며, 지속적인 반복이 이루어지지 않으면 기억의 흔적이 바로 사라져 인지 패턴을 구성하지 못한다. 따라서 지식의 장기 보존을 위해서는 반드시 적시에 반복해 주어야 하며, 반복을 통해 단기 정보가 장기 기억으로 전환되어 저장되도록 해야 한다. 이처럼 반복적인 연습이야 말로 복잡한 인지과정을 거쳐야 하는 문제를 직접적인 감각으로 전환시켜 주어, 자동적으로 발화할 수 있도록 해 준다.

이러한 이론 배경 하에, 현재 외국인을 위한 중국어 교재를 편찬할 때에도 단어와 언어 표현의 반복 출현에 매우 신경을 쓰고 있으며 이에 대해 논의한 연구자도 많다. 단어의 반복 출현은 교재 편찬 시에만 유념해야 할 문제가 아니라 교사가 교실에서 수업을 할 때도 유념해야 한다. 특히, 초급 단계에서 학습의 난이도를 낮추고, 학생들이 배운 어휘를 바로 사용할 수 있도록 하기 위해서는 배운 단어를 정확하게 습득하는 것이 매우 도움이 된다. 따라서 교사는 초급반 기초 중국어 수업에서 새 단어를 가르칠 때 꼼꼼하게 가르쳐야 하며, 특히 중점 단어에 대해서는 여러 가지 방법을 통해 반복 출현할 수 있도록 수업을 설계해야 한다. 이렇게 해야 새 단어가 단기 기억 저장소에 머무르는 시간이 늘어나 장기기억으로 전환되며, 학생의 인지 구조의 구성성분이 될 수 있다. 본문에서는 이와 관련된 방법과 경험을 제시하고자 한다.

(一) 단어목록에 개별 단어 반복 출현

기초 중국어 교재에서 단어목록은 중요한 필수 구성 성분이다. 초급반 학생의 단어 교육은 주로 단어목록에 근거하여 하나씩 가르쳐야 하며, 개별 단어를 가르칠 때 교사는 새 단어의 특징에 근거하여 반복 출현 방식을

---

99) 孟昭兰, ≪普通心理学≫, 北京大学出版社, 1994年版 193쪽.

상이하게 설계할 수 있다. 이렇게 하면, 개별 단어 학습이 이상적인 효과를 거둘 수 있고, 교실 수업이 다양하게 구성되어 단조로움을 피할 수 있다. 아래에서 주로 사용되는 반복 출현 교수법을 검토하여 보자.

1. 교사와 학생간의 일문일답식 반복 출현

이러한 방식의 반복 출현은 교사가 특정 새 단어를 가르친 후, 반복적으로 학생에게 이 단어를 써서 질문을 하고, 학생은 이 단어를 써서 대답하게 하는 것이다. 이처럼 교사가 단어를 입력하고, 학생이 단어를 출력하는 반복 과정 속에서 학생의 대뇌에 해당 단어가 각인되어 기억 활동의 흔적이 강하게 남게 된다. 이것은 단어 교육에서 자주 사용되고 효과가 좋은 방법 중 하나이다. 아래는 ≪现代汉语教程·读写课本≫의 예문을 설명한 것이다.

예를 들어, 제54과의 19번째 단어인 '兴趣'를 아래와 같이 연습시킬 수 있다.

> 교사: 我对音乐有兴趣, 对足球没有兴趣。你们对什么有兴趣? 对什么没有兴趣?
> (나는 음악에 흥미가 있지만, 축구에는 흥미가 없어. 너희들은 어떤 것에 흥미가 있고, 어떤 것에 흥미가 없니?)
>
> 교사가 칠판에 '对……有/没有兴趣'를 쓴다.
>
> 학생A: 我对太极拳有兴趣, 对书法没有兴趣。
> (저는 태극권에는 흥미가 있지만, 서예에는 흥미가 없어요.)
> 교사: A对太极拳有兴趣, 对书法没有兴趣。你对什么有兴趣? 对什么没有兴趣?
> (A는 태극권에는 흥미가 있지만, 서예에는 흥미가 없대. 너는 어떤 것에 흥미가 있고, 어떤 것에 흥미가 없니?)
> 학생B: 我对乒乓球有兴趣, 对排球没有兴趣。

(저는 탁구에는 흥미가 있지만, 배구에는 흥미가 없어요.)

교사: 你们知道玛丽对什么有兴趣, 对什么没有兴趣吗?

(너희들은 메리가 어떤 것에 흥미가 있고, 어떤 것에 흥미가 없는지
아니?)

학생C: 玛丽对穿的有兴趣, 对吃的没有兴趣。

(메리는 패션에는 흥미가 있지만, 음식에는 흥미가 없어요.)

교사: 你们知道阿里对什么有兴趣, 对什么没有兴趣吗?

(너희들은 아리가 어떤 것에 흥미가 있고, 어떤 것에 흥미가 없는지
아니?)

학생D: 阿里对旅游有兴趣, 对学习没有兴趣。

(아리는 여행에 흥미가 있지만, 공부에는 흥미가 없어요.)

마지막으로 학생들에게 예문 '我对音乐有兴趣, 对足球没有兴趣'를 큰소리
로 읽게 한다.

이렇게 단어가 학생의 단기 기억 저장소에서 비교적 오래 머무르게 하면,
장기 기억으로 전환되는 데 유리하다. 학생들은 이러한 계속적인 연습 과정
을 통해 단어의 가장 일반적인 용법인 '对……有/没有兴趣'를 습득하게 된다.
중요한 것은 교사는 학생의 수준과 입장에서 고려하여 연습 표현들을 학생
들의 실제 생활과 연계시키며 연습에 쓰인 단어들도 생활에 유용한 것으로
설계함으로써 학생들의 학습 흥미를 자극해야 한다는 것이다. 또한 아직
초급반 학생들이므로 대답도 가능한 한 완벽한 문장 형식을 취하도록 유도
하여 학생들이 기본적인 표현 능력을 훈련할 수 있도록 지도한다.

2. 교사가 만든 상황 속에서 질문과 대답을 통한 단어의 반복 출현 유도

새 단어를 교육할 때 때로는 교사가 상황을 제시하고, 학생들이 주어진
상황에서 배운 단어를 써서 질문과 대답을 하도록 유도할 수 있다. 교사는
가능한 한 새 단어가 출현하고 학생들이 자주 맞닥뜨릴 수 있는 상황으로

수업을 설계하여 학생들이 해당 상황에서 배운 단어들로 표현할 수 있도록 유도한다. 한 단어가 여러 번 반복 출현하면서 그것이 학생들의 대뇌에 머무르는 시간이 길어지게 되고, 아울러 학생들이 해당 단어의 용법과 호응 관계를 정확하게 배워 실제에 적용하여 쓸 수 있게 된다.

예를 들어, 교재 제54과의 18번째 단어인 '表示'를 아래와 같이 연습할 수 있다.

교사: 生日那天, 我朋友送给我一件很漂亮的生日礼物, 我向朋友表示感谢。
(생일날, 내 친구가 나에게 예쁜 생일선물을 주어 나는 친구에게 감사를 표시한다.)

칠판에 예문 '**我向朋友表示感谢**'를 판서하고, 학생들에게 '表示' 앞에 전치사 '向'이 자주 쓰인다는 것을 알려 준다.

교사: 你的朋友张文今天结婚, 你怎么样?
(네 친구 장원이 오늘 결혼해. 너는 어떻게 할래?)
학생A: 我向张文表示祝贺。
(나는 장원에게 축하를 표할래요.)

칠판에 '**表示祝贺**'를 판서한다. 아래도 마찬가지이다.

교사: 一个客人来你家, 你怎么样?
(손님 한 분이 너의 집에 왔어. 너는 어떻게 할래?)
학생B: 我向客人表示欢迎。
(나는 손님에게 환영을 표할래요.)
교사: 李芳要参加演讲比赛, 你怎么样?
(리팡이 웅변대회에 나가려해. 너는 어떻게 할래?)
학생C: 我向李芳表示支持。
(나는 리팡에게 지지를 표할래요.)

교사: 你的朋友王朋爱上了漂亮姑娘林红, 可是林红不知道, 你对王朋说什么?

(너의 친구 왕펑이 아름다운 아가씨 린홍을 사랑하게 됐는데, 린홍은 몰라. 너는 왕펑에게 뭐라고 말할래?)

학생D: 我对王朋说: "你应该向林红表示爱意."

(나는 왕펑에게 '너는 린홍에게 사랑하는 마음을 표현해야해'라고 말할래요.)

……

연습을 마친 후 학생은 칠판에 판서된 예문과 호응관계를 보게 된다.

祝贺

欢迎

我向朋友表示感谢。 表示　　支持

나는 친구에게 감사를 표한다.　　爱意

满意……

마지막으로 학생들에게 칠판에 적혀있는 예문과 구를 읽어보게 함으로써, 학습한 것을 다시 한 번 머릿속에 떠오르게 하여 기억의 흔적을 각인시킨다.

3. 단락을 제시하고 문답함으로써 단어의 반복 출현 유도

새 단어를 교육할 때 때로는 교사가 새 단어를 써서 한 단락을 이야기한 후, 학생이 단락의 내용에 근거하여 교사의 질문에 대답하게 함으로써, 학생이 새 단어를 듣고 말하는 과정에서 새 단어의 반복 출현을 유도할 수 있다. 이 교수법을 통해 듣기와 말하기가 동시에 연습된다. 특히 邀请(초청/초청하다), 计划(계획/계획하다), 决定(결정/결정하다). 麻烦(귀찮다/귀찮게 하다)'와 같이 두 가지 이상의 품사를 가진 단어에 대해서는 좀 더 세심한 교수법 설계가 필요한데, 새 단어의 여러 용법을 단락의 상하문맥을 통해 명확하게 보여줌으로써 학생들이 단어의 각기 다른 용법을 이해하고 습득할 수 있도록 해 주어야 한다.

예컨대, 제66과 8번째 단어인 '邀请'을 가르칠 때 아래와 같이 수업을 진행할 수 있다.

교사는 이 단어를 써서 아래와 같은 단락을 이야기한다.

最后，美国总统布什邀请中国国家主席胡锦涛在方便的时候访问美国，胡锦涛愉快地接受了邀请。(마지막으로, 미국의 부시 대통령은 중국 국가주석 후진타오에게 편할 때 미국을 방문해 달라고 요청하였고, 후진타오는 흔쾌히 초청을 수락하였다.)

교사: 谁邀请谁?
　　　(누가 누구를 초청하였나요?)
학생: 美国总统布什邀请中国国家主席胡锦涛。
　　　(부시 미국 대통령이 후진타오 중국 국가주석을 초청했어요.)
교사: 美国总统布什邀请中国国家主席胡锦涛做什么?
　　　(부시 미국 대통령은 후진타오 중국 국가주석이 무엇을 하도록 초청
　　　하였나요?)
학생: 美国总统布什邀请中国国家主席胡锦涛访问美国
　　　(부시 미국 대통령은 후진타오 중국 국가주석이 미국을 방문하도록
　　　초청했어요.)
교사: 他邀请胡锦涛什么时候访问美国?
　　　(그는 후진타오에게 언제 미국을 방문하라고 초청하였나요?)
학생: 在方便的时候。
　　　(편할 때요.)
교사: 胡锦涛怎么样?
　　　(후진타오는 어떻게 했나요?)
학생: 胡锦涛愉快地接受了邀请。

(후진타오는 흔쾌히 초청을 수락했어요.)

마지막으로 학생에게 그 단락을 다시 한 번 말하도록 한다.

이 단락에는 교재에 제시된 새로운 단어 외에, '总统(대통령), 布什(부시), 主席(주석), 胡锦涛(후진타오)'와 같은 단어도 처음 출현하는데, 교사는 적당할 때 이 단어들을 설명해 준다. 학생들은 실용성으로 인해 매우 흥미를 갖고 쉽게 습득할 것이다.

이 단락은 새 단어가 중복 출현할 뿐 아니라 새 단어의 다양한 용법도 함께 제시되어 있다. 즉, '邀请胡锦涛(후진타오를 초청하다)'에서는 동사로 쓰이고 있고, '接受邀请(초청을 수락하다)'에서는 명사로 쓰이고 있다. 이처럼 새 단어가 반복 출현할 때 다른 용법이 문단의 상하문맥을 통해 명확하게 제시됨으로써 학생들이 각기 다른 용법을 습득할 수 있는 장점이 있다.

4. 학생이 새 단어로 문장 고쳐 쓰기를 하는 과정에서 단어의 중복 출현 유도

초급반 학생에게 새 단어를 써서 바로 짧은 글을 짓도록 하는 것은 많은 문제점을 유발할 수 있다. 학생이 고심을 하더라도 적당한 발화 상황을 찾지 못할 수 있고, 짧은 글짓기를 했더라도 여러 가지 오류를 범할 수밖에 없다. 게다가 교사는 오류를 수정하는 데 힘을 쏟기 때문에 교실은 피동적이고 무질서한 상태가 되고 만다. 그러나 교사가 배운 단어를 이용하여 문장 고쳐 쓰기를 유도한다면, 학생들은 훨씬 더 쉽게 문법에 맞는 문장을 만들어 낼 수 있으며, 오류가 있더라도 쉽게 고칠 수 있다. 교사가 여러 문장을 지시하여 다시쓰기를 하게 하면, 새 단어가 대뇌에서 여러 차례 반복되므로 학생들은 단어를 더 잘 습득할 수 있다.

예컨대, 제88과 15번째 단어인 '其中'을 가르친다면 아래와 같이 수업을 진행할 수 있다.

교사: 现在我们教室里有23个学生，这些学生里边有10个女学生。这个句子，用上"其中"怎么说？

(현재 우리 교실에는 학생이 23명인데, 이 학생들 가운데 여학생이 10명 이에요. 이 문장에 '其中'을 넣게 되면 어떻게 말해야 할까?)

학생: 现在我们教室里有23个学生，其中10个是女学生。

(현재 우리 교실에는 학생이 23명 있는데, 그 가운데 10명이 여학생 이에요.)

교사: 王教授懂3门外语，这3门外语里边，他英语最好。这个句子，用上"其中"怎么说？

(왕 교수는 세 가지 외국어에 능통한데, 이 세 외국어에서 그는 영어를 가장 잘해요. 이 문장에 '其中'을 넣게 되면 어떻게 말해야 할까?)

학생: 王教授懂3门外语，其中英语最好。

(왕 교수님은 세 가지 외국어에 능통한데, 그 가운데 영어를 가장 잘 해요.)

교사: 她喜欢吃很多水果，这些水果里边，她最喜欢葡萄。

(그녀는 여러 과일을 좋아하는데, 이 과일들 중에서 그녀는 포도를 가장 좋아해요.)

학생: 她喜欢吃很多水果，其中最喜欢葡萄。……

(그녀는 여러 과일을 좋아하는데, 그 가운데 포도를 가장 좋아해요.)

개별 단어의 교수도 중복 출현을 유도하는 다른 방법이 있다. 예를 들어, 학생에게 교사가 말한 문장을 말하게 한다거나 교체연습을 시키는 것도 가능하지만, 편폭의 제한으로 상세한 논의를 하지는 않겠다. 교사는 《汉语水平词汇与汉字等级大纲》에 근거하여 과학적으로 중점 어휘와 일반 어휘의 중복 출현 빈도를 조절하고, 중점 어휘의 중복 출현 연습에 좀 더 치중하여 학생들이 중점 어휘를 습득할 수 있도록 지도한다. 중복 출현의 빈도역시 과학적으로 설계하여 너무 많거나 너무 부족하지 않도록 한다.

(二) 단어 목록에 제시되지 않은 새 단어에 대한 순환적이고 점진적인 중복 출현 유도

"지식의 장기 보존을 위하여 입력한 정보가 대량으로 유실되기 전에 적절한 복습과 연습을 설계하여 많은 양의 연습을 해야 한다."[100] 반복적인 연습과 중복 출현을 통해 복잡한 사유문제를 간단한 기억으로 전환할 수 있으며, 복잡한 인지 과정을 직접적인 지각 반응으로 전환할 수 있다. 이러한 중복 출현을 통해 학생이 직관적으로 발화를 할 수 있는 수준까지 이를 수 있도록 지도해야 한다.

단어목록에 근거하여 개별 단어 교수를 마친 후 단어목록에 제시되지 않은 새 단어를 순환적이고 점진적으로 중복 출현할 수 있도록 수업을 설계한다. 순환적이고 점진적인 중복 출현은 기계적이고 단순한 중복 출현과 달리, 매번 새 단어가 순환될 때마다 형식에서 내용까지 모두 새롭게 구성하여 학생들이 학습의 신선감을 유지할 수 있도록 한다. 매번 순환할 때마다 난이도는 다소 상승하도록 조정한다. 순환적인 중복 출현은 '즉시 중복 출현', '시간차 중복 출현', 혹은 '즉시 중복 출현과 시간차 중복 출현을 결합'한 세 가지 유형이 가능하다. '즉시 중복 출현'이란 단어목록에 근거하여 새 단어를 배우고 난 후 바로 중복 출현을 배치하는 것이고, '시간차 중복 출현'이란 일정 시간의 간격을 둔 후 중복출현을 배치하는 것이다.

아래에서 자주 사용되는 순환 점층 중복 출현 교수법을 소개하겠다.

1. 새 단어의 본문 순환 중복 출현

본문에는 새 단어가 배치되어 있다. 단어목록에 있는 새 단어를 배우고 난 후 본문을 학습할 수도 있고, 새 단어를 배우고 난 후 먼저 문법 사항을 배우고, 연습을 한 후에 본문을 학습할 수도 있다. 본문을 학습하는 과정에

---

100) 徐子亮, 《汉语作为对外教学的认知理论研究》, 华语教学出版社, 2000年版 271쪽.

서 따라 읽기, 같이 읽기, 독해, 해석 등을 할 때 새 단어의 중복 출현이 이루어지며, 학생들이 새 단어에 대한 기억의 흔적을 강화할 수 있다. 단어 목록에 근거하여 단어를 하나씩 설명할 때 교사는 대체로 단어가 본문에서 쓰이는 용법을 언급하게 된다. 따라서 단어가 본문에서 순환적으로 중복 출현하더라도 난이도가 그렇게 높지는 않다. 본문 학습을 통해 학생은 단어의 실제적인 용법을 습득할 수 있다.

2. 본문 내용을 근거로 중점 어휘의 순환 중복 출현 설계

본문을 배우고 난 후 교사는 본문의 내용을 이용하여 질문과 대답(Q&A)을 설계하여 학생의 기억 저장소에 중점 어휘가 중복 출현할 수 있도록 유도할 수 있다. 가령, 교사가 제69과 본문 ≪北京语言学院≫을 가르친 후 아래와 같은 연습문제를 설계할 수 있다.

본문에 근거하여 질문에 답하되, 본문을 보지 않고 학습한 단어를 사용하세요.

교사: 北京语言学院位于什么地方?
　　(베이징 언어대학은 어느 곳에 위치하고 있습니까?)
학생: 北京语言学院位于北京市西北郊。
　　(베이징 언어대학은 베이징 북서쪽 교외에 위치하고 있습니다.)
교사: 北京语言学院外国留学生占全校学生总数的多少?
　　(베이징 언어대학의 외국유학생은 전체 학생 수에서 얼마를 차지합니까?)
학생: 北京语言学院外国留学生占全校学生总数的三分之二左右。
　　(베이징 언어대학의 외국유학생은 전체 학생에서 2/3 정도를 차지합니다.)
교사: 现在的学生数目比三年前增加了多少?
　　(현재 학생 수는 3년 전보다 얼마나 늘어났습니까?)

학생: 現在的学生数目比三年前增加了一倍多。……

　　　(현재 학생 수는 3년 전보다 배 이상 늘어났습니다.)

이러한 문제는 반드시 본문의 내용에 근거하여 대답해야 하므로 학생들은 본문에서 배운 내용을 기억하려고 애쓸 수밖에 없다. 이러한 적극적인 활동은 학생들의 새 단어에 대한 인상을 강화시켜 중점 어휘를 습득할 수 있도록 돕는다. 한편, 학생들에게 책을 보지 말도록 요구하므로, 이러한 순환 반복 출현의 난이도는 단어가 본문에 순환 반복 출현하는 경우보다 훨씬 더 높다.

3. 본문 밖 내용을 통한 중점 어휘의 순환 중복 출현 설계

어떤 한 과의 각 단계 교육을 마친 후 학습한 내용을 다지기 위하여 교사는 본문과 상관없는 중점어휘 중복 출현을 설계할 수 있다. 이러한 설계는 어휘 기억을 강화하고, 학습한 단어를 활용할 수 있도록 돕는다. 예컨대, 제57과의 새 단어에는 '举行', '鼓掌', '得', '宣布', '结果' 등이 있는데, 교사는 실제상황과 연계하여 이러한 단어들이 자연스럽게 중복 출현할 수 있는 대화를 구성할 수 있다.

교사: 这学期开学不久我们汉语中心举行了什么比赛?

　　　(이번 학기가 막 시작하고 얼마 후 우리 중국어 센터에서는 어떤 경기를 거행했나요?)

학생: 举行了篮球比赛。

　　　(농구 경기를 거행했어요.)

교사: 我们班某某投球的时候, 大家怎么样?

　　　(우리 반 아무개가 슛을 했을 때, 모두 어땠나요?)

학생: 为他鼓掌。

　　　(그를 위해 박수를 쳤어요.)

교사: 篮球比赛结束以后, 谁宣布比赛结果?

(농구 경기가 끝난 후에, 누가 경기 결과를 발표했나요?)

학생: 一位老师宣布比赛结果。

(한 선생님께서 경기 결과를 발표했어요.)

교사: 我们班得了第几名?

(우리 반은 몇 등을 했나요?)

학생: 我们班得了第三名。

(우리 반은 3등을 했어요.)

교사: 哪个班得了第一名?

(어느 반이 1등을 했나요?)

학생: 4班。(4반이요.)

본문의 내용과 별개로 하는 순환 중복 출현은 본문 내용을 근거로 하는 순환 중복 출현보다 난이도가 다소 높다. 따라서 대화 내용을 가능한 한 학생들의 생활과 관련된 것으로 설계하여 학생들이 배운 것을 활용할 수 있다는 성취감을 갖도록 해 주어야 한다.

새 단어의 순환 반복 출현 교수법은 앞에서 이야기한 몇 가지 방법 외에 다른 방법도 있다. 가령, 며칠 지난 후 지난 수업에서 배운 단어를 쓰거나, 배운 단어로 짧은 글짓기를 한다든가, 교사가 지난 수업에서 배운 중점 어휘의 의미를 말하면 학생들이 그 단어를 대답하는 퀴즈와 같은 방법이 있으나, 편폭의 제약으로 더 이상 상세히 이야기 하지 않겠다. 앞서 언급한 몇 가지 새 단어 순환 중복 출현 교수법은 형식은 물론 내용에 이르기까지 다양하므로 학생들이 신선함을 유지할 수 있을 것이다. 그리고 매번 순환될 때 난이도가 점차 증가하는 것 역시 학습 원칙에 부합한다. 경험에 비추어 볼 때 단어목록에 근거한 개별 단어의 중복 출현과 단어목록 이외의 순환 점층 중복 출현 모두 학생이 새 단어를 습득하는 데 많은 도움이 된다.

四. 게임식 중국어 어휘 교육 및 실례[101]

(一) 배경

어휘 학습은 언어 학습의 중요한 일환으로, 어휘 학습에 대한 연구의 중요성이 날로 더해가고 있으며, 심지어 일각에서는 어휘 학습이야말로 언어 학습의 핵심으로, 성인의 제2외국어 학습의 주요 과제라고 주장하기도 한다. 언어심리학의 각도에서 볼 때, 어휘는 발화의 원동력이며, 듣고 이해하는 데 있어 핵심 요소이다. 외국인을 위한 중국어 교육의 연구와 실제 교육에 있어서도 어휘는 말하기 교육과 읽기 교육에서 교사와 학생 모두 날로 중시하는 대상이 되고 있다. 그러나 점점 더 많은 학자와 외국인을 위한 중국어 교육에 종사하는 교사들은 중국 학생과 외국 학생이 중국어 어휘를 학습하고 습득하는 방법이 많이 다르다는 점에 주목하고 있다. 중국 대학생의 상황을 참고해 보면, 유학생의 생성성(生成性) 어휘 지표[102]는 중국인의 수준과 큰 격차를 보이며, 어휘 능력의 향상은 전문적인 어휘 교육에 의해 좌우된다는 것을 알 수 있다.

외국인을 위한 중국어 교육이 날로 중시되고 있는 오늘날, 중국어 교육 이론에 대한 교류와 학습이 필요할 뿐 아니라 실제 교육 경험을 서로 교류하여 교실 수업의 효과를 향상시켜야 한다. 따라서 필자는 어휘 교육의 실제 경험에서 출발하여 어휘 습득과 어휘 교육 이론을 적용해 '물고기 잡으러 가기(去钓鱼)'와 같은 게임식 교실 어휘 교육 교안을 설계함으로써 게임식 어휘 교육 모델을 보급하고자 한다.

---

101) 曾小红, <游戏式汉语词汇教学及实例>, ≪引进与咨询≫, 2004年 第4期.

102) [역주] '生成性'이란 언어 사용자가 유한한 어휘, 유한한 문법을 가지고 한 번도 접촉한 적이 없는 무한한 어구를 생산해 내고 이해해 내는 것을 말한다. 여기서 필자가 말하는 '생성성 어휘 지표'란 곧 화자가 유한한 어휘를 가지고 운용할 수 있는 무한한 어휘 생산 능력을 의미한다고 할 수 있다.

(二) 이론 기초

1. 어휘 교육이 과학적이고 효과적으로 이루어지기 위해서는 반드시 어휘 능력에 대한 해석이 우선 되어야 한다. Chappelle은 어휘 능력이란 '어휘 관련 지식과 발화 상황에서 이 지식을 운용할 수 있는 능력'이라고 정의하였다. 이러한 정의를 통해 어휘 능력과 어휘 지식이 완전히 같은 것이 아님을 알 수 있다. 어휘 지식은 종류와 위상에 따라 아래의 몇 가지 측면을 포함한다.

(1) 어휘의 광범위한 지식(어휘 지식의 폭), 즉 학습자의 어휘량 크기
(2) 어휘의 심도 있는 지식(어휘 지식의 깊이), 즉 단어의 발음 형식, 문자 형식, 개념의미, 연상의미, 문법 특징, 호응관계, 화용관계 등
(3) 수용-생성적 지식 : 외국어 학습자는 이해할 수 있는 단어가 사용할 수 있는 단어보다 훨씬 더 많다는 것을 경험하였을 것이다. 여기서 이해할 수 있는 어휘를 '수용성 어휘(接收性词汇, 혹은 인지성 어휘)'라고 하고, 이해하고 운용할 수 있는 어휘를 '생성성 어휘(生成性词汇, 혹은 주동성 어휘)'라고 한다. 학습자가 수용성 어휘량이 많더라도 중국어 수준이 높지 못하면 어휘 사용변환 능력 역시 영향을 받아, 어휘의 다양성 비율도 낮을 수밖에 없다.

2. 어휘 지식의 경계는 심리 사전 연구와 관계가 밀접하다. 제2외국어 학습자의 심리 사전에 어휘 표상 체계는 하나일까 아니면 두 개 일까? 다수의 연구를 통해 한 사용자가 구사하는 두 언어의 어휘 간에는 상호작용이 있다는 것이 증명되었으며, 어휘 연상 실험 역시 이러한 주장을 뒷받침해 준다. 모어가 중국어인 학습자는 중국어를 제2외국어로 학습하는 학습자와 달리 대뇌에 이미 체계적인 어휘 저장소인 '심리 어휘 저장소'가 구축되어 있다는 장점이 있다. 따라서 새로운 한자나 어휘가 출현했을 때, 이들은

소리와 발화 환경을 통해 접촉한 한자를 자동으로 해석하고 기억하게 된다. 한편, 외국 유학생의 대뇌 속 어휘는 중국어를 학습해야 비로소 획득 저장되며, 개별적이고 체계적이지 않은 형태로 존재한다. 그리고 일정량의 언어지식이 축적된 후에야 해당 언어에 대한 기억력이 개선된다. "새로운 외국어 지식이 대뇌에 이미 있는 외국어 지식과 서로 관련이 있으면, 상위동화 혹은 하위동화 작용으로 쉽게 수용되고 부호화(coding)되어 저장된다."[103]

3. 어휘 지식의 연속성에 기초하여 Yosgida는 구어 환경에서의 풍부한 어휘 문제를 연구하였다. 언어와 언어의 운용은 별개의 것으로 중국어를 제2외국어로 교육하는 데 있어 교사의 임무는 학생이 언어를 학습하도록 돕는 것이다. 즉, 교육의 목적은 언어를 운용할 수 있도록 하는 것이다. 언어는 습득되는 것이지 학습되는 것이 아니다. Krashen의 언어 모니터 모델 이론(the Monitor Model)에서는 '자연 습득 가설(the natural Route Hypothesis)'을 기술하면서, "신경언어학의 각도에서 볼 때, 습득된 지식은 대뇌의 좌반구에 저장되어 자동 처리되는 반면, 학습된 지식은 대뇌의 다른 부위에 저장된다. 언어 사용의 각도에서 볼 때, 습득된 지식은 언어를 이해하고 표현하는 중요한 원천이 되며, 학습된 지식은 모니터 기능만 할 뿐이다."라고 언급하였다.

학생의 듣기, 말하기, 쓰기, 읽기 능력의 형성은 언어 지식의 축적이 아니라 언어 사용 경험에 근거한 것으로 듣기, 말하기, 쓰기, 읽기 연습 과정에서 '느끼기 - 깨닫기 - 축적하기 - 사용하기'의 과정을 통해 언어를 습득하며, 언어의 생성은 '언어 개념의 형성', '내부 언어', '외부 언어' 세 과정을 포함한다.

---

103) 徐子亮, ≪汉语作为外语教学的认知理论研究≫, 华语教学出版社, 2000年版.

(三) 게임 설계

1. 게임 원칙

게임을 통한 어휘 교육은 교사가 수업에서 어휘 교육의 효과를 높이기 위해 채택한 활동 전략 가운데 하나이다. 이러한 교육 목표에 근거하여 바람직한 수업 활동 환경을 조성함으로써 학생들의 사유 세계를 확장할 수 있다. 활동 환경이란 의미 있는 물리적 문제를 탐색하고 습득하기 위해 제공된 시간과 공간, 그리고 구체적인 활동의 배경을 가리키며, 학생의 적극적인 사유를 활성화하여 교사와 학생이 함께 문제를 탐색하는 분위기도 포함된다. 이를 위해 거시적인 측면에서 교실 활동 지도를 위한 사상과 원칙을 수립해야 하는 동시에, 미시적인 측면에서 교실활동의 단계를 과학적으로 관리해야 한다. 게임 역시 활동 중 하나로, 어떠한 게임을 하던 간에 원칙에 근거한 지도가 필요하며, 원칙 없이 지도하게 되면 게임을 끝까지 할 수 없다. 게임의 원칙은 즐거움과 경쟁 원칙에 입각해야 한다. 모든 게임은 궁극적으로 즐거워야 하며, 즐겁지 않다면 게임이 아니다. 단체 게임에는 경쟁이 필수다. 경쟁이 없으면 게임을 하고자 하는 의욕이 부족하게 된다. 그러므로 본 게임 역시 이를 원칙으로 삼는다. 본 게임은 가장 인기 있는 오락 건강 활동에서 이름을 따 왔지만, 여기서 말하는 '물고기'는 한 장 한 장의 카드이기 때문에 낚싯대는 필요 없고 머리를 써야만 한다.

2. 게임 준비

(1) 작은 카드를 준비한다. A4 용지를 16조각으로 나누어 16장의 카드를 만들어도 된다.

(2) 교사는 교육 목적에 근거하여 학생들이 게임을 통해 기억하고 연습해야 할 단어를 선택한다. 게임을 통한 연습은 수업의 교육 목표에 근거

하여 중국어의 특징을 계획적이고 단계적으로 제시하고, 핵심적인 연습을 강화해야 한다.

(3) 단어를 각각의 카드에 적고, 학생의 실제 상황에 맞춰 한어병음을 적어준다.

(4) 각 단어 마다 네 장의 동일한 카드를 만든다. 가령 교사가 10개의 단어를 선택했다면, 4×10에 해당되는 40장의 카드를 준비하여 단어를 적으면 한 세트의 게임 카드가 다 만들어 진 것이다. 이 40장의 카드가 바로 '물고기 잡으러 가기(去钓鱼)' 게임의 '물고기'가 된다.

(5) 교사는 학급의 규모에 따라 학생을 몇 개의 조로 나눈다. 각 조는 2명, 3명, 4명 모두 가능하며 최대 5명까지 가능하다. 각 조의 조원들이 구성되면, 중국어 수준이 가장 높은 사람이 조장을 하고, 조건적으로 모어 화자가 한 명씩 들어가도 좋다.

(6) 각 조마다 한 세트의 단어 카드를 갖는다.

3. 게임 설명

필자가 소개하는 '물고기 잡으러 가기' 게임은 이름 그대로 '물고기'를 많이 잡으면 이기는 것이다.

(1) 학생들이 둥그렇게 둘러앉는다. 학생들이 게임을 잘 할 수 있도록 교사는 '코치' 역할을 맡아 각 조를 살피면서 각 조의 진행상황을 이해하고 필요에 따라 학생들을 도와준다.

(2) 게임을 시작하면, 카드를 탁자의 가운데 놓고, 각 학생 마다 두 장의 카드를 고른다. 고른 카드는 다른 사람이 볼 수 없도록 한다.

(3) 첫 번째 학생 A가 먼저 질문을 한다. 학생 A는 다른 조의 아무 학생에게 어떤 단어 카드를 가지고 있는지 묻는다.(당연히 이 단어는 그가 가지고 있는 것이어야 한다) 가령, '小红, 你有'丁字路口'吗?(샤오홍, 너 'T자 교차로' 카드 있니?)'라고 질문하였는데, 샤오홍이 그 카드가 있으면,

'T자 교차로' 카드를 가진 학생들은 그 카드를 모두 질문한 학생 A에게 줘야 하며, 학생 A는 계속 질문을 할 수 있다. 학생 A의 목적은 정확한 질문을 통해 그가 원하는 카드를 얻어내는 것으로, 그가 동일한 카드 네 장을 얻게 되면, 이 카드를 책상 위에 올려놓는데, 이것은 학생 A가 이미 '물고기(단어)'를 잡았으므로 이 카드를 찾을 필요가 없음을 나타내는 것이다. 따라서 교사는 학생들에게 자기 손에 있는 '물고기'를 다른 사람이 보지 않도록 잘 가지고 있어야 한다는 점을 일깨워 주어야 한다. 이 게임의 목적은 학생 스스로 정확하게 듣고 말할 수 있어야 하며, 다른 사람이 어떤 질문을 했는지, 또 어떻게 대답을 했는지 잘 기억하는 것이다. 아울러 다른 사람이 가지고 있는 단어 카드가 무엇인지 추측함으로써 자기에게 돌아온 기회를 놓치지 않아야 한다.

(4) 만약 학생 A가 샤오훙에게 물어본 단어가 샤오훙이 가지고 있지 않은 것이라면, 학생 A는 틀렸으므로 계속 질문할 기회를 잃게 된다. 샤오훙은 학생 A에게 '我没有×××, 去钓鱼(나는 ×××가 없어, 물고기 잡으러 가)'라고 말하고, 학생 A는 여분의 카드 가운데 한 장을 가져간다. 이어서 샤오훙에게 질문을 할 기회가 주어지고, 샤오훙도 앞선 규칙대로 게임을 진행한다.

(5) 게임을 하는데, 누군가 카드를 모두 다 내서 없게 되더라도 게임은 끝난 것이 아니며, 여분의 카드를 두 장 더 가져가야 한다.

(6) 앞의 방법대로 40장의 카드가 모두 4장씩 짝을 이루게 되면 게임은 끝이 난다.

(7) '물고기'를 가장 많이 잡은 팀이 이긴 것이다.

(8) 상을 준다.

(9) 교사가 총평을 한다.

4. 게임에 대한 논의

(1) 이 게임에서 한 단어가 적어도 네 번 중복 출현한다. 교사는 학생들이 질문을 하고 대답을 할 때 목적 단어를 반드시 쓰도록 한다. 가령, '학생 A가 '小红, 你有'丁字路口'吗?(샤오훙, 너 'T자 교차로' 카드 있니?)'라고 질문하면, 샤오훙은 '我有'丁字路口', 给你。(나는 'T자 교차로'가 있어. 너에게 줄게.)'라고 하거나 '我没有'丁字路口', 去钓鱼!(나는 'T자 교차로'가 없어. 물고기 잡으러 가.)'라고 한다. 이처럼 새 단어의 빈번한 중복 출현은 중국어 어휘 학습에 매우 긍정적인 영향을 준다. 한 연구에 따르면, 모어로서의 중국어 학습 가운데 존재하는 단어 빈도 효과는 제2외국어 학습자의 중국어 어휘 학습에도 효과가 있어, 중복 출현 비율이 높을수록 습득 효과도 좋다. 심리학 연구 결과에 따르면, 중복 출현의 기회가 없게 되면 단기 기억은 빠른 속도로 소실되는 특징이 있다. 단기 기억의 소실은 초반에는 빨리, 후반으로 갈수록 천천히 소실되는 특징을 보인다. 배운 내용을 장기기억으로 전환하여 보존하기 위해서는 배운 단어를 잊기 전에 복습과 연습을 해야 한다. 복습과 연습의 강도가 셀수록 대뇌에 입력된 어휘의 깊이 있는 심리가공이 유리하므로 장기기억으로 전환되어 보존된다. 어휘의 중복 출현 비율을 높이는 교수법은 학생들의 어휘 학습을 촉진할 수 있고, '물고기 잡으러 가기'야말로 이에 부합하는 이상적인 학습·복습이 가능한 교수법이다.

(2) 게임은 학습에 생기발랄한 활기를 불어넣어 줄 뿐 아니라 작은 노력으로 큰 효과를 거둘 수 있다. 학생들은 게임을 하면서 자유롭게 질문하고 생각을 표현할 수 있다. 가령, 한 학생이 '丁字路口和十字路口差不多。(T자 교차로와 사거리가 비슷하다)'라고 했거나, 누군가 '我住的地方有一个十字路口, 但没有丁字路口。(내가 사는 곳에 사거리는 하나 있지만, T자 교차로는 없어)'라고 했다면 이와 같은 대화는 급우들 간의

관계를 돈독히 하여 학생들 서로가 진정한 의미에서의 학습 파트너가 된다.

(3) 현재 중국 내 여러 중국어 교육 기관의 학급 수준이나 학생들의 구성이 다양해지면서 교실 수업을 교재에만 의존하는 데에는 한계가 있다. '물고기 잡으러 가기'와 같은 활동형 교수법은 활동을 통해 학생의 심리 사전과 표현 욕구를 활성화시켜, 자신이 흥미 있는 화제나 문제를 제시하는 데 유리하며, 동시에 교사가 개별 학생의 지적 욕구를 발견하고 이를 만족시켜 주는 데도 도움이 된다. 예를 들어, 각종 교통 표지판에 흥미가 있는 학생이 있다면, 게임하는 가운데 평소 경험한 바를 연결시켜, 급우나 교사에게 이와 관련된 질문을 할 수 있다. 그야말로 즐겁고 부담 없이 정보를 얻고 지식을 학습할 수 있는 것이다.

(4) 이 게임은 수준별 학습을 하는 학생들의 문제를 어느 정도 해결해 줄 수 있다. 수준별 학습은 교과 과정 설계, 교재 선택 등을 반드시 기존의 교육 계획과 교육 요강에 맞춰 결정해야 한다. 또한 수준별 학습은 본인이 속한 학급을 벗어날 수 없으며, 교재를 개별적으로 선정하거나 개별적인 수업을 개설할 수도 없다. '물고기 잡으러 가기'는 교사가 수준별 계획, 수준별 암기, 수준별 개별지도, 수준별 테스트 등과 같은 수준별 교육을 보상 강화 훈련과 결합할 수 있도록 해 준다. 요컨대, 이와 같은 협력 게임의 학습 과정을 통해 학생들은 스스로 관리하는 능력을 키우고, 교사가 학생들에 대한 개별 지도를 할 수 있는 시간을 확보할 수 있다.

5. 주의사항

(1) 교사는 수업 시작 초반 1~2분가량 눈에 보이지 않는 '자석'이 되어 학생들의 주의를 집중시키고, 학생들이 학습 의욕을 고취시켜, 바람직한 수업 분위기를 조성해야 한다. 교사의 이러한 유도가 학생들의

흥미를 유발시키고, 수업시간에 이루어지는 게임에 적극적으로 참여할 수 있도록 해 준다.

(2) 의문점 해결과 탐색을 유도한다. 게임식 학습은 배우면서 탐색하고 탐색하며 배운다는 특징이 있다. 일반적인 문제는 게임을 하면서 스스로 해결하도록 유도한다. 학생의 질문에 대해 교사는 너무 서둘러 빨리 대답하지 말고, 알고 있는 학생이 있는지 살펴본다. 또한 그 학생들이 이해하지 못한 점이나 해결하지 못한 의문점들에 대해서만 교사가 대답해 주면 된다.

(3) 이론을 명확히 설명해주고 게임 결과를 도출하는 이 단계는 게임 결과를 공고히 하는 것이자 게임 효과를 검증하는 단계로, 학생이 지식을 배우고 방법을 배우는 기능을 한다. 교사는 교재와 학생들의 게임 상황에 근거하여 결과를 도출하고, 핵심적인 어휘로 학생들이 게임을 하면서 맞닥뜨린 문제에 대해 명확한 대안을 제시해 준다. 이로써 학생들이 게임을 통해 자연스럽게 습득한 지식이 한층 더 공고해지고, 그 지식 범위도 넓어져 지식의 습득 체화를 통해 자신의 언어능력을 신장시키는 단계에 이르게 된다.

(4) 탐색과 탐구를 독려한다. 학생들의 적극적인 참여와 탐구정신에 대해 충분히 칭찬해 준다. 이긴 팀에 대해서는 어떤 형태로든 상을 주도록 한다.

(5) '물고기 잡으러 가기'와 같은 말하기 수업 게임에서 교사는 게임 코치의 역할만을 담당할 뿐 학생을 대신해서 게임을 해서는 안 된다. 물론 교사도 게임 참여자의 신분으로 학생들과 함께 게임을 할 수 있다. 하지만, 게임에 참여하지 않고 학생들의 게임에 개입하여 게임을 주도하게 되면 오히려 학생들은 관객이 될 수밖에 없다. 게임 활동이 학생들의 학습의 적극성을 향상시키는 효과적인 방법이지만, 언제나 학생이 주체이자 중심이라는 점을 지켜야 할 것이다.

(四) 결어

Schiller는 게임을 하고 있는 상태야말로 인간이 편협과 소외를 극복한, 인성이 가장 잘 발현된 상태로, 자유와 해방을 실현하는 것이라고 보았다. 그는 "인간이 가장 인간적인 상태일 때 비로소 게임을 하며, 인간이 게임을 할 때야 말로 가장 온전한 인간이 된다."는 명언을 남겼다. 게임은 단순 교육을 목적으로 하는 언어교육과 근본적인 차이가 있어, 게임 참여자는 자신의 지식과 지혜, 감정, 의지, 태도 등이 전면적으로 반영된다. 게임식 교수법은 학생들이 적극적으로 게임에 참여하여 자신의 가능성을 발견하고, 자주성을 발휘하여 자기주도적으로 학습하는 습관을 키우도록 하는 데 그 목적이 있다. 이러한 게임식 교수법은 학습과 사유, 의문, 질문 등의 학습 요소로 구성되며, 학생들은 이를 통해 흥미와 동기를 유발할 수 있다.

아울러, 게임식 어휘 학습 모델은 수업 교육의 시간을 줄여준다는 점이 있다. 수업 시간에 설명 시간이 짧아지므로 교사는 단순한 지식 전달자의 역할에서 벗어나 지식 세계로의 인도자이자 학습 동기 유발자로서의 역할을 맡아야 한다. 교사는 반드시 수업 설명 내용을 한층 더 간결하게 하여 교수법을 개혁해야 한다. 따라서 교사에게 더 힘든 요구사항이 주어지지 않을 수 없다.

五. 외국인을 위한 중국어 허사 교육[104]

(一) 허사의 대조 교육

외국 학생들의 오류율이 가장 높은 허사 선별은 외국 학생의 중간어 연구를 기초로 하여 이루어져야 한다. 제2언어 습득 이론에서 출발하여 중간어 이론을 중국어 허사 교육에 적용하여 중국어와 외국어 대조 교육을

---

104) 李晓琪, <论对外汉语虚词教学>, ≪世界汉语教学≫, 1998年 第3期.

전개하는 것은 허사 교육의 중요한 방법이다. 이른바, 중국어와 외국어 대조 교육이란 교사가 중국어와 외국어의 공통점, 유사점, 차이점을 파악하여 학생 모어의 간섭으로 발생할 수 있는 오류를 예측하고 설명해 주며 정정하고 제거해주어[105) 모어로부터의 부정적 전이를 최소화하는 것이다.

王还의 <'ALL'与'都'>는 중국어와 외국어를 대조한 좋은 논문[106)으로, 외국인을 위한 중국어 허사 교육에 시사점을 제공한다. 논문은 문법과 번역 이라는 각도에서 'all'과 '都'의 공통점과 차이점을 제시하여, 영어의 'all'은 형용사, 부사, 대명사, 명사적인 용법을 갖지만, 중국어의 '都'는 부사로만 기능하여 술어 앞에만 출현할 수 있음을 지적하였다. 王还의 '都'와 'all'의 대조 결과를 통해, 아래의 문장에 오류가 있는 이유를 명확하게 설명할 수 있다.

(1) 都我的中国朋友喜欢喝茶。

All my Chinese friends like to drink tea.

(2) 在这个班里，都同学们学习很努力。

All of the students in this class study very hard.

(3) 桌子上放的是都英文报纸。

The table is all covered with English newspapers.

(4) 我们每一个人去过那儿了。

Everyone of us has been there.

예(1)의 '都'는 형용사로 오용되었고, 예(2)의 '都'는 대명사로 오용되었고, 예(3)의 경우는 품사의 오용이 아니라 부사의 위치가 잘못되었다. 예(4)의 경우는 흥미로운데, 일반적으로 중국어의 '都'는 사물 전체를 아우르는 포괄 의미를 나타낼 뿐 아니라 사물 각각을 개별적으로 지시하는 기능도 있다.

---

105) 赵永新, <汉外对比研究与对外汉语教学>, 《中国对外汉语教学学会成立十周年纪念论文集》, 北京语言学院出版社, 1996年版.

106) 王还, <"ALL"与"都">, 《语言教学与研究》, 1983年 第4期.

이러한 이유로 '每'는 '都'와 호응하는 것이 일반적이다. 따라서 예(4)는 '我们每一个人都去过那儿了'로 써야 한다. 그러나 영어의 'every'는 이러한 용법이 없다.[107]

郑懿德·陈亚川의 논문인 <'除了……以外'用法研究>[108] 역시 외국인을 위한 중국어 교육과 중영 대조라는 각도에서 '除了……以外'가 중국인에게는 간단하지만, 모어가 영어인 외국인은 학습하기 어려운 원인을 분석하였다. 논문은 다음과 같은 내용을 언급하고 있다. 중국어의 '除了……以外' 형식은 '배제'와 '포괄'이라는 두 개의 의미를 가지고 있는데, 형식으로는 이 두 의미가 구분되지 않기 때문이며, 호응하는 부사를 통해 의미 구분이 가능하다. 즉, 배제의 의미를 나타내기 위해서는 '除了……以外, 都……'의 형식을, 포괄의 의미를 나타내기 위해서는 '除了……以外, 也/还……'의 형식을 써야 한다. 이와 달리 영어에서는 각기 다른 전치사인 'except'와 'besides'를 써서 배제와 포괄의 의미를 나타내며, 다른 부사 등과의 호응은 필요하지 않다. 이처럼 모어의 영향을 받아, 학생이 '除了……'를 사용할 때 부사와의 호응을 누락하여 의미를 명확하게 나타내지 못하는 오류를 범하게 된다.

외국인을 위한 중국어 교육은 모어가 다른 다양한 학생들로 학급이 구성된다는 것을 전제로 한다. 이러한 제약으로 말미암아 현재 허사 교육은 위와 같은 방식으로 이루어지고 있지 못하고 있는 실정이다.

유사한 의미를 가진 허사의 대조는 중요한 허사 교수법 가운데 하나이다. 유사한 의미의 허사 대조 교수법이란 의미와 용법이 비슷한 허사를 대조하여 두 허사간의 상이한 특징을 부각시킴으로써 학습자가 두 허사간의 차이를 명확하게 인식하여 허사를 정확하게 사용할 수 있도록 하는 것이다. 의미가 유사한 허사 대조 교수법은 아래의 몇 가지 방법이 있다. 첫 번째는

---

107) 예(4)는 '每……都'의 문제로 영어의 'every'와 관련된다. 王还의 논문에는 이러한 문제를 언급하지는 않았지만, 'all'과 'every'가 모두 '都'와 관련이 있기에 여기에서 언급한 것이다.
108) ≪中国语文≫, 1994年 第1期.

'일대일 대조'로, 예로는 '关于'와 '对于', '常常'과 '往往', '不'와 '没', '已经'과 '曾经', '或者'와 '还是', '虽然'과 '即使' 간의 대조 등이 있다. 두 번째는 '그룹별 대조'로, 가령, '正, 在, 正在' 간의 대조, '又, 再, 还, 也' 간의 대조 '了, 着, 过' 간의 대조, '给, 为, 替' 간의 대조, '但是, 可是, 不过, 然而' 간의 대조를 들 수 있다. 세 번째로는 '하위부류별 대조'로 부사의 하위부류인 정도 부사, 범위 부사, 시간 부사, 정태 부사, 어기 부사 등을 대조하거나, 전치사 가운데 공간을 유도하는 전치사, 대상을 유도하는 전치사, 시간을 유도하는 전치사 등에 대해 하위부류 별로 대조를 할 수 있다. 이러한 대조의 목적은 바로 학습자로 하여금 허사가 중국어 문법 체계 가운데 특별한 위치를 차지하고 있음을 명확하게 인식시키기 위한 것이다.

개별 허사는 각각의 독특한 위상과 용법을 가지고 있지만, 같은 부류에 속하는 허사들 간에는 공통점도 있다. 거시적인 각도에서 이들 간의 공통점을 이론적으로 귀납하고 허사의 용법을 개괄하는 것 역시 고급 단계 허사 교육의 중점 강의 내용이다. 이는 학생이 허사를 사용하는 능력 향상에 크게 도움이 된다. 가령 학생은 주로 아래와 같은 문장을 작문하곤 한다.

(1) 不但他学过中文，而且学过三年。
(2) 我们不但不知道，他们也不知道。
(3) 他一来，就大家都走了。
(4) 我们按时来了，却他们没来。

문제는 호응어의 위치에 있다. 핵심 어휘의 위치는 중국학생에게는 전혀 어려울 것이 없지만, 외국 학생에게는 전반적인 개괄과 설명이 필요하다. 중국어 복문의 호응어는 절의 종류에 따라 첫 번째 절에만 출현하는 A류(不但, 无论 등), 두 번째 절에만 출현하는 B류(而且, 却 등), 여러 절에 중복 출현하는 C류(还是, 要么 등), 절과 절 사이에만 출현할 수 있는 D류(反之, 同样 등)로 구분된다. 이러한 분류를 바탕으로 다시 주어와의 어순에 따라

주어 앞에만 출현할 수 있는 부류와 주어 뒤에만 출현할 수 있는 부류, 주어의 앞 혹은 뒤에 출현하더라도 의미에 영향을 주지 않는 부류로 구분된다.109) 이상과 같이 호응어에 대한 전반적인 개괄과 위치에 관한 설명은 위의 예문의 오류 원인을 명확하게 설명할 수 있으며, 학생들이 호응어를 빠르고 효과적으로 사용할 수 있도록 도와줄 수 있다.

중국어 허사 교육은 응용언어학 이론에 입각하여 이루어지지만 그 목적은 학생들의 허사 운용 능력 향상에 있으므로 필요 없는 이론과 부가적인 설명은 교육 목적에 위배된다. 이때 '실용적인 대조표'는 간단명료하고 편리하여 대조 연구 성과를 구현하는 효과적 방법이다. 학생들은 이를 통해 허사의 용법을 습득하는 효과를 촉진시킬 수 있다. 가령, '已经'과 '曾经'은 유사한 의미를 나타내는 부사로 과거에 발생한 행위동작을 나타낸다.

(1) 这本小说我已经看了。(이 소설을 나는 이미 보았다.)
(2) 这本小说我曾经看过。(이 소설을 나는 일찍이 본 적이 있다.)
(3) 我已经学了两年日语了。(나는 이미 일본어를 2년간 배워 오고 있다.)
(4) 我曾经学过两年日语。(나는 일찍이 일본어를 2년간 배운 적이 있다.)

그러나 이 두 허사는 의미와 용법 면에서 명확한 차이가 있다. 의미 면에서 '已经'은 행위 동작이 이미 완성되었으며, 현재와 관련이 있음을 강조한다. '曾经'은 이전에 어떠한 경험이 있었으며, 이미 동작이 종결되었음을 강조하여, 완성을 강조하지 않아 행위 동작이 현재와는 관련이 없다. 따라서 '这本小说我已经看了'는 '看完了(다 보았음)'임을 의미하며, '这本小说我曾经看过'는 '看过(본 적이 있음)'나 반드시 다 본 것은 아니라는 뜻이다. 마찬가지로, '我已经学了两年日语了'는 현재도 계속 배워오고 있다는 뜻이고, '我曾经学过两年日语'는 이전에 배운 적이 있으나 현재까지 배우고 있는 것은 아님을 나타낸다. 용법 면에서 '已经'은 주로 '了'와 호응하고, '曾经'은 주로 '过'와

---

109) 李晓琪, <现代汉语复句中关联词的位置>, ≪语言教学与研究≫, 1991年 第2期.

호응한다. 그밖에 부정 형식 역시 차이가 있는데, '已经'의 부정형식은 '(还)没+동사'(这本小说我还没看, 이 소설을 나는 아직 보지 못했다)이고, '曾经'의 부정형식은 '(从来)没+동사+过'(这本小说我从来没看过, 이 소설을 나는 여태껏 본 적이 없다)이다. 이상의 대조 내용을 표의 형식으로 나타내면 아래와 같다.

〈표 1-4〉

구분 허사	의미		용법	
曾经	이전에 어떤 경험이 있으며, 현재는 이미 종결됨. 완성을 강조하지 않음	현재와 무관	V过	没V过
已经	행위 동작이 이미 완성되었음	현재와 관련	V了	没V

(二) 학습자의 흥미 유지를 위한 노력과 반복을 통한 단계성 실현

교실 교육은 언어 교육의 전 과정과 전체 교육 활동(전체적인 설계, 교재 편집, 교실 강의와 테스트) 가운데 매우 중요한 위치를 차지하고 있다. "직접적으로 학생이 언어를 습득하도록 도와주는 중요한 부분이며, 다른 부분들은 이 중심 부분을 돕는 역할을 한다."[110] 따라서 세심하게 구성하고 계획할 필요가 있다.

언어학습 이론에 따르면, 언어학습은 인간의 심리와 밀접한 관계가 있으며, 그 가운데 학습 동기는 학습자의 학습효과에 영향을 주는 중요한 요소라고 한다. 동기야말로 한 사람이 얼마나 배우는지, 임의의 목표에 언제 도달할 수 있는지를 결정해 주며 상당 정도 학습자의 필요와 흥미에 좌우된다. 모든 언어 수업은 이러한 원칙에 따라 교육을 구성하며 허사 수업 역시 예외가 아니다. 허사 수업의 내용이 학습자의 요구에 부합하고 수업에 활기

---

110) 吕必松, ≪对外汉语教学发展概要≫, 北京语言学院出版社, 1990年版.

와 생동감을 주어 학생이 흥미를 유지하도록 하는 것은 쉬운 일이 아니다. 이와 관련된 우리의 경험은 아래와 같다.

(1) 수업에서 학생에게 제시하는 모든 용례는 반드시 간단하면서도 실용적인 것으로 선별해야 한다. 간단하다는 것은 용례에 대체로 새로운 단어가 없도록 하는 것이다. 허사 수업의 목적은 새로운 어휘 학습이 아니므로 새로운 단어가 많아지면 학생의 주의력이 분산되어 학습 의욕에 영향을 줄 수 있기 때문이다. 실용적이라는 것은 용례가 긍정적이건 부정적이건 학생의 일상생활과 밀접해야 한다는 것이다. 학생들이 배운 용례가 그들이 배우고 싶은 것일수록 재미있다고 느껴, 한층 더 그들의 흥미를 유발할 수 있고, 더 깊은 인상을 남겨 확실히 기억하게 되어 실제 발화시 문장 생성이 훨씬 더 빠르게 된다.

(2) 학생들은 수업의 주체가 되어야 한다. 교실에서 학생의 활동 공간을 최대한으로 제공하여 학생과 교사가 함께 문제를 분석하고 토론함으로써 학생이 적극성을 충분히 발현하여 학생 스스로 주인공이라는 기분이 들도록 해 준다. 학생이 피동적으로 수업을 듣는 것이 아니라 적극적으로 참여하게 유도하여 학생들이 허사 수업을 부담이 아니라 즐거움으로 느낄 수 있도록 한다.

언어 습득은 단계적으로 발전하는 과정이다. 허사 교육도 마찬가지이므로 단계를 지켜나가는 것이 중요하다. 외국인을 위한 허사 교육의 단계성은 아래의 두 가지 측면으로 구현된다. 하나는 교육 내용의 반복이라는 측면으로 구현된다. 중·고급 단계에서의 집중적인 허사 교육은 초급 단계의 개별적인 허사 교육을 기초로 한 것으로 초급 단계 교육의 확산이자 심화이다. 따라서 교육 내용 면에 있어서 초급단계와 유기적으로 연결시켜 반복해야 한다. 이 점은 앞서 이미 상세히 논의한 바 있다. 다른 하나는 구체적인 허사 습득 과정이라는 측면으로 구현된다. 즉, 개별 혹은 유사 허사간의 교육 역시 반복을 중시함으로써 학생이 단계적으로 향상되는 과정에서 용법을 이해하고 습득하도록 해야 한다. 이러한 목적을 실현하기 위하여 교실 교육은 적어도 아래의 6가지 내용을 유지해야 한다.

(1) 수업 중 연습(빈칸 채우기 혹은 맞는 단어 고르기)과 문제 발견을 통해 학생들의 주의를 끈다.
(2) 수업 중 토론과 문제 분석은 학생들의 사고력을 자극한다.
(3) 교사가 학습 내용을 귀납하여 분석하거나 대비 분석한 결과를 간략하게 보여준다.
(4) 수업 중 연습을 반복하여 학생들이 이미 배운 지식을 반복 강화함으로써 새로운 단계에서 실력을 다지고 향상시킨다.
(5) 수업 후 연습으로 교실에서 배운 지식을 다시금 반복 강화하여 습관이나 능력이 될 수 있게 한다.
(6) 수업 후 연습에서 생긴 문제에 대한 코멘트를 통해 한층 더 귀납하고 향상시켜 새로운 단계로 진입한다.

(4)(5)(6) 부분은 반복 연습을 하는 것으로, (4)는 연속 반복(连续重复)이고, (5)와 (6)은 시간차 반복(间隔重复)이다. 거의 모든 학습 이론은 정도는 다르지만 반복을 중요시하는데, 반복이야 말로 배운 것을 기억하는 가장 중요한 수단이기 때문이다. 특히 시간차 반복은 수업에서 배운 지식을 습득하여 자극을 받으면 배운 내용을 즉시 기억해 내는 데 현저한 효과가 있다.

六. 읽기 수업에서의 어휘 훈련[111]

읽기 수업에서의 어휘 학습은 주로 허사보다는 실사 중심으로 이루어진다. 외국인을 위한 중국어 교육의 전통은 허사를 중요시하는 것이었는데, 그것은 허사가 '가장 습득하기 어려운 것'[112]이기 때문이다. 그러나 이것은 사용의 각도에서 본 관점이다. Nattinger는 이해와 기억의 각도에서 볼 때,

---

111) 刘颂浩, <阅读课上的词汇训练>, ≪世界汉语教学≫, 1999年 第4期.
112) 张志公, <语汇重要, 语汇难>, ≪中国语文≫, 1988年 第1期 36~39쪽.

어휘항목의 가장 효과적인 구분법이 실사와 허사가 아니라, 실사의 각기 다른 하위부류를 구분하는 것이라고 보았다. 허사는 수가 적고 중복 출현 비율도 높기 때문에 쉽게 기억할 수 있다. 또한 실사 중에서 구체적인 어휘는 모두 고정적인 이미지가 있기 때문에 별 문제가 없다. 문제가 가장 큰 부분은 추상적인 개념을 나타내는, 형상화하기 어려운 명사, 동사, 형용사와 부사이다. 이들 부류의 단어는 매우 추상적이고 중복 출현 비율도 높지 않은데다가 나타내는 내용도 다양하여 이해하는 것이 중요하다.[113) Longman사가 1980년 실시한 사전 사용과 관련된 대규모 조사에서 이 점을 입증한 바 있다. 해당 조사 대상은 영국, 일본, 독일, 미국, 멕시코, 나이지리아 등의 중고생 및 대학생들이다. 연구 결과, 모어가 영어인 대상이 사전을 사용한 상황과는 반대로, 대부분의 조사 대상이 찾은 단어는 대체로 생소하거나 전문적인 어휘(즉 일반인이 어려운 단어라고 여기는 것)가 아닌 고빈도 어휘, 특히 그 가운데서도 추상적인 어휘가 주를 이루었다.[114) 따라서 읽기 수업에서의 어휘 교육의 중점을 실사에 두는 것이 이치에 맞는다.

여기서는 실사의 연습 방법을 주로 논의하며, 성어와 일부 구도 포함하지만, 형태소는 논의에 포함시키지 않는다. 이 연습 방법은 식별, 연상, 호응, 평가, 개괄의 다섯 가지로 나뉜다. 본문은 외국인을 위한 중국어 어휘 교육의 경험에 기초하고, 영어의 어휘 교육 이론을 받아들여 독해 과목에서의 체계적인 어휘 훈련 방법을 제시하는 것을 목적으로 한다. 이하 소개할 방법이 전체 독해 훈련에서의 위상이 어떠한지, 또는 어떠한 방법이 더 중요한지에 대해서는 본문에서 논의하지 않겠다. 본문에서 소개하는 연습 가운데 출처를 제시하지 않은 것은 모두 필자가 독해수업을 하면서 편집한 것이며, 사용한 교재는 ≪中级汉语阅读≫[115)로, 내용 중 일부를 삭제하여

---

113) Nattinger, J. *Some Current Trends in Vocabulary Teaching*, In Carter R. and McCharthy, M.(eds.), 1988, 62~82쪽.
114) Summers, D. *The Role of Dictionaries in Language Learning*, In Carter R. and McCharthy, M.(eds.), 1988.
115) 刘颂浩 · 黄立 · 张明莹, ≪中级汉语阅读≫, 北京语言文化大学出版社, 1997年版.

편폭을 줄였다. 본문에서 제시한 연습 방법은 초·중급뿐 아니라 고급 독해에도 모두 적용할 수 있을 것이다.

지적할 점은 어휘뿐 아니라 구문, 문장 간 인과관계와 연결, 담화 구성 및 배경 지식 등 독해에 영향을 주는 요소가 매우 많다는 점이다. 본문은 어휘, 그 가운데서도 실사를 주요 논의 대상으로 하는 것이지 어휘가 유일하게 중요한 요소라고 보지는 않는다. 또한 외국인을 위한 중국어의 독해 이론 및 교육에 관한 연구가 아직 충분히 이루어지지 않아 해결하지 못한 문제도 많다. 그 실례로 陈贤纯의 ≪外语阅读教学与心理学≫[116]에 제시된 77편의 참고문헌 가운데 외국인을 위한 중국어 독해 연구를 주제로 하여 쓰여진 논문은 한 편도 없다. 따라서 향후 이 분야에 대한 연구가 절실하게 필요한 실정이다.

(一) 식별 연습

하향식(Top-down) 읽기 모델의 중심 관점은 읽기는 예측에 대해 검증하는 추측 게임이라는 것이다. 이러한 관점은 실제 경험의 강력한 지지를 받지 못했다. 오히려 반대로 숙련된 독자는 맥락을 잘 이용하고 가설을 잘 만들 수 있는 것이 아니라 맥락이 제공되지 않더라도 정확하고 효과적으로 어휘를 판단할 수 있다.[117] Adams 등은 어휘 식별 능력은 우수한 독해자와 그렇지 않은 독해자를 구분하는 가장 좋은 기준이라고 언급하였다.[118] 이를 통해 어휘 인식은 읽기를 숙련하는 데 중요한 요소임을 알 수 있다. 아래에서 자형 식별 능력 훈련 두 가지를 소개하고자 한다.

---

116) 陈贤纯, ≪外语阅读教学与心理学≫, 北京语言文化大学出版社, 1998年版.

117) Mckinnon, G.E. *Reading, Theories of, In Asher(ed) The Encyclopedia of Language and Linguistics.* Oxford, Pergamon, 1994, Volumn: 7, 3466~3468쪽.

118) Nation, P. and Coady, J. *Vocabulary and Reading*, In Carter R. and McCharthy, M.(eds.), 1988, 97~125쪽.

(1) 20초 이내에 아래 단어들 가운데 두 개의 동일한 글자 찾기

    A. 结婚　　纺织　　供给　　介绍　　联络　　送给

    B. 需要　　雨雪　　雷电　　发霉　　必需　零度 (《入门》 25쪽)[119]

(2) 아래의 성어 혹은 구를 읽은 후 식별 연습하기

    不可胜数　　大有讲究　　观察和思考　　　浪漫有趣

    A. 不可(剩 胜 圣)数

    B. 浪(漫 慢 馒)有趣

    C. 观(寞 察 赛)和思考

    D. 大有讲(究 穷 空)

  (1)과 (2)는 글자 식별에 관한 것이다. 그 가운데 (1)은 순수한 글자 인식에 관한 것이므로 선택 항목 가운데 단어가 교재에 출현한 것일 필요는 없다. (2)의 목표 단어는 모두 본문에 출현한 적이 있는 것이어야 한다. 심화 읽기는 읽기 분량이 비교적 많으며 본문에 나오는 어휘도 많기 때문에, 어휘 학습에서는 다른 경로를 통해 목표 단어를 선택할 필요는 없다. 이는 읽기 수업에서의 목표 단어를 선택하는 원칙이다. 목표 단어를 확정하는 또 다른 원칙은 빈도로 상용되는지의 여부에 의해 결정한다. 본문에서 든 예로 볼 때, 우리가 연습에서 사용하는 목표 어휘는 모두 상용 어휘들이다. (2)에서 A와 B 선택항목의 글자들은 모두 발음이 같으며 B의 경우는 글자도 비슷하다. C와 D의 선택 항목은 글자가 비슷하다. 식별 연습이기 때문에 선택항목을 제시해줄 뿐 아니라 원 단어도 제시해 준다. 글자 식별 외에 발음 식별 연습도 가능한데, 《汉语普通话教程 - 阅读课本》의 어휘 연습은 발음 식별에 관한 것이 많다.[120] 물론 이러한 부류의 연습이 식별 기술을 강화하는 주요 방법이 될 수는 없으며, 가장 주된 방법은 읽기 그 자체로 오랜 기간 동안 많은 양을 읽는 것이다. 한 시간의 수업에서 이러한 연습을

---

119) 陈贤纯 主編, 《现代汉语阅读入门》, 现代出版社, 1994年版.

120) 郎双琪, 《汉语普通话教程 - 阅读课本》(第一册), 北京语言文化大学出版社, 1997年版.

몇 분간 하는 것도 유용할 수 있다. 이러한 연습은 독해자의 주의력을 인식 능력에 집중할 수 있도록 해주는 핵심적인 기능을 하는 한편, 독해자가 학습하는 가운데 어려움을 정확하게 발견할 수 있도록 도와주기 때문이다.[121]

어휘 식별에 있어 가장 중요한 것은 의미 식별이다. 가장 간단한 의미 식별은 단어와 의미를 대응시키는 것이다. 예를 들면 다음과 같다.

(3) 아래의 왼쪽은 본 과에 쓰인 단어이고 오른쪽은 이 단어에 대한 해석이다. 단어에 해당되는 해석을 줄로 연결하시오.

喝彩不已　　　　仔细考虑
斟酌　　　　　　认为自己比别人水平高, 看不起别人
自高自大　　　　不停地叫好

이러한 방식은 비교적 자주 쓰인다. (3)과 같은 형식을 발화 상황까지 확대하여 학생이 단어에 대한 용법에 대해 초보적인 인상을 받을 수 있도록 할 수 있다. 예컨대 다음과 같다.

(4) 아래 문장 가운데 진하게 표시된 단어를 제시된 단어로 대체하여 쓰시오.

困惑不解　　难免　　来意

　　A. 今天是第一次上课, 心情**不免**有点紧张。
　　B. 让我感到**难以理解**的是, 为什么他一定要出国。
　　C. 打过招呼以后, 他说明了**自己来这里的目的**。(≪中级汉语阅读≫ 71쪽)

이 가운데 C는 교체 후 '他说明了自己来意'라고 써야 한다. 만약 본문의 단락이 길지 않다면 본문 두 번째 단락에서 '难以理解(이해하기 어렵다)',

---

121) Eskey, D.E. and Grabe, W. Interactive Models for Second Language Reading: Perspectives on Instruction, In Carrell, P.L., Devine, J. and Eskey, D.E,(eds.), 1988, 223~238.

'来某地的目的(어느 장소에 온 목적)', '不免(피할 수 없다)'의 의미를 나타내는 단어를 찾는 방법을 쓸 수도 있다. 이러한 방법은 연습 (4)보다 다소 어려울 수 있다. 긴 단락에서 단어를 찾는 것은 시간이 많이 소요되므로 수업 후 연습으로 적합하다. 어휘 의미 식별과 관련하여 '해석식 단어 연습'도 가능하다. 이에 관해서는 刘颂浩의 <注释式词语练习试析>[122]를 참고하기 바란다.

두 단어 이상과 관련되며, 의미 해석이 없는 경우에는 의미 식별이 좀 더 복잡해진다. 아래의 예를 보자.

(5) 아래의 각 단어 가운데 의미가 유사한 단어를 고르시오.
  A. 恋爱　　恋情　　意味　　感情生活
  B. 宇宙　　营养　　空间　　机遇
  C. 支持　　宣布　　认可　　承认

(6) 아래의 각 단어 가운데 진하게 표시된 단어와 반의 혹은 동의 관계가 있는 단어를 고르시오.
  A. **安全**　　广泛　　危险　　成熟
  B. **赞成**　　参考　　同意　　观察
  C. **动物**　　药物　　矿物　　植物

반의어와 동의어, 유의어 교육은 외국인을 위한 중국어 교육에서 줄곧 중요하게 여겨져 왔다. 동의어 교육은 주로 대조를 통해 동의어 간의 용법과 어감 차이를 밝히는 방법이 사용되고, 반의어는 연상 방법이 사용된다. (5)(6)과 같은 식별 연습은 의미를 잘 알고 있는지를 확인하는 것이며, 단어 의미간의 미세한 구분 능력을 확인하지는 않으므로, 새 단어 복습에 적합하다. 이러한 식별 연습은 답을 여러 개 고를 수도 있다(이어지는 '연상 연습' 부분을 참고할 것). 예컨대, (5) A의 답은 '恋爱'와 '恋情' 모두 가능하며, '感情生活'로 볼 수도 있다. 중요한 것은 학생이 '恋爱'와 '恋情'의 의미가

---

122) ≪汉语学习≫, 1999年 第4期 42~45쪽.

유사하며, 이 두 단어는 모두 '感情生活'의 범위에 포함된다는 것을 명확히 이해하고 있어야 한다는 점이다. (6)을 설계할 때는 아래의 두 가지를 고려해야 한다. 하나는 반의쌍 가운데 무표 형식은 A의 '安全'처럼 볼드체로 표시해야 한다는 점이다. 무표 형식은 출현 비율이 높고 자주 쓰인다. 사람들이 한 쌍의 반의어를 언급할 때 먼저 떠오르는 것이 무표 형식이다. 가령, '高低'와 '長短'의 경우 먼저 '高'와 '長'을 떠올리고 나서 '低'와 '短'을 생각한다. 볼드체는 진하게 표시되어 눈에 잘 띄므로 무표 형식을 볼드체로 표기하면 반의쌍 가운데 우세적인 지위가 부각되고 기억하기도 좋다. 다른 하나는 본문 가운데 쌍을 이루는 반의어가 출현했을 경우에만 이러한 연습이 적합하다는 점이다. 예컨대, '捆绑'과 같은 단어는 굳이 반의어 연습을 강행할 필요는 없다. 이 점에 있어 Nation의 견해를 짚고 갈 필요가 있다. Nation은 관련 연구를 종합 서술한 후, 가능한 한 반의쌍을 동시에 가르치지 말고, 학생이 반의쌍 가운데 한 단어(가능한 한 무표 형식)를 확실하게 습득한 후 나머지 한 단어를 가르칠 것을 제시하였다.[123] 이 견해는 외국인을 위한 중국어 교육계의 일반적인 견해와 배치되는 것이다. 현재 중국어 교육계에서는 반의어는 학생들의 어휘량을 늘리는 중요한 방법이며, 학생들은 이에 대한 학습 부담이 크지 않아 쉽게 습득할 것이라고 생각하는 경향이 있다. 谢红华는 한걸음 더 나아가 "의미가 상반되거나 관련된 어휘에 대한 대조 교육은 한 어휘의 정/반 양면이 학생의 대뇌를 두 번에 걸쳐 자극하므로 강한 인상을 남겨 교육 효과가 좋다."[124]고 주장하고 있다. 그러므로 Nation의 관점을 중시할 필요가 있다.

동의·반의와 관련된 의미 식별 역시 발화 상황(문맥)까지 확대할 수 있다.

---

123) Nation, P. *Teaching and Learning Vocabulary*, New Bury House Publishers, NewYork, 1990 참조.

124) 谢红华, <基础汉语阅读课中的词汇教学>, 《华南地区对外汉语教学讨论会论文选》, 中山大学出版社, 1988年版 76~83쪽.

(7) 본문 가운데 아래 제시된 구조에서 반의 구조를 찾으시오.

    A. (基本功) 练得很到家 :

    B. (底子)厚 :

    C. 赞扬(一幅画) : (≪中级汉语阅读≫ 4쪽)

괄호 친 부분을 생략하면 발화 상황에서의 작용을 드러낼 수 없으므로 생략할 수 없다. 또한 괄호 친 단어는 단어 간의 호응관계를 암시하고 있기도 하다.

의미 식별에 있어 다의어 문제 역시 간과할 수 없다. 일반적으로 기초 단계에서는 다의어가 본문에서 나타내는 의미 항목과 용법을 습득하는 것이 위주가 되며, 다의어의 전체 의미항목 습득은 고급 단계의 학습 내용에 해당된다. 읽기 교육에서 다의어는 본문에서 쓰이는 의미를 중심으로 이루어져야 하며 그 외의 의미까지 확대할 필요는 없다. 그러나 본문에 쓰이는 의미가 기본의미가 아닌 경우에는 반드시 연습을 할 필요가 있다. 우리는 아래와 같은 연습을 실시한 바 있다.

(8) 아래 문장을 읽고 각 문장 가운데 밑줄 쳐진 두 단어 간의 의미 관계를 설명해 보시오.

    A. 这些玫瑰是刚采的, 非常新鲜。

       第一次学习绘画, 大家都觉得很新鲜。

       (본문에 쓰인 문장은 '我从来没有养过王八, 觉得很新鲜.'이다.)

    B. 书架上摆着各种各样的工具书。

       我们常说, '摆事实, 讲道理', '摆事实'不是只摆好的, 不摆问题。

       (본문에 쓰인 문장은 '本书的宗旨是摆问题.'이다.)

다의어의 의미 항목을 구분하는 것은 어휘 교육에서 매우 중요한 부분인데, 다의어의 의미 항목은 대체로 서로 관련성이 있다. 연습 (8)은 학생에게 각기 다른 어휘 항목 간의 관련성을 인식시키는 것으로, 본문의 용법을 좀 더 잘 이해할 수 있도록 돕는다. 다의어 의미 항목 간의 관련성은 심지어 어휘 학습의 부담을 경감시킬 수도 있다. ≪汉语普通话教程 - 阅读课本≫과 ≪入门≫에는 다의어 식별 연습이 많은데, 그 의도는 상술한 연습과 같으며 특히 ≪入门≫에서는 다의어 의미항목 선택이 본문의 용법에 국한되지 않아 훨씬 더 자유롭다.

발화 상황에 근거하여 단어의 의미를 추측하기 역시 의미 식별 가운데 하나로, 뒤쪽에 고르기 문제를 부가하는 것이 좋다. ≪汉语阅读技能训练教程≫의 첫 번째 연습을 보자.(해당 책 2쪽)

他的话使我感到十分惶惑, 不知怎样做才好。
A. 盛大   B. 心理觉得害怕不安   C. 一种虫   D. 走来走去

추측하기 연습에 쓰이는 구문은 원문 그대로 보다는 재편집하거나 다시 쓰기를 한 것이 대부분이다. 만약 뒷부분에 고르기 문제가 제시되면 진정한 의미 추측과는 다소 거리가 있다. 그밖에 추측 연습에서 선택항목(보기)이 편집 원칙에서 많이 벗어나는 경우도 자주 보이는데, 이렇게 되면 원 연습의 가치를 크게 떨어뜨린다. 위에서 제시된 선택항목 C와 D가 그러한데, 결국 학생들은 A와 B의 의미만 식별하면 된다. 어휘 선택 문제에서 각 선택 항목을 원래 문장에 대체하였을 때 전체 문장의 의미가 통하고, 문법적인 오류가 없도록 해야 한다.[125] '十分一种虫'나 '十分走来走去' 등은 비문법적인 형식이 된다. 새로 출간된 ≪中级汉语阅读教程≫에는 이러한 문제가 많다.

발화 상황 가운데 새 단어의 의미를 추측하는 것은 읽은 문장을 이해하는 보조 수단으로 1차적인 이해의 기초가 된다. 우리는 학생이 발화 상황을 통해 어휘를 이해할 수 있도록 독려해야 하지만 그렇다고 추측의 방법에 지나치게 의지하는 것에는 동의하지 않는다. 왜냐하면 훈련이 잘 된 추측이

---

125) 郭树军, <HSK阅读理解试题的设计>, ≪汉语水平考试研究≫, 现代出版社, 1989年版 142~169쪽.

라 해도 결국 정확한 해석의 과정을 완전하게 대체할 수는 없기 때문이다. ≪中级汉语阅读教程≫의 경우와 같이 의미 추측 연습에 지나치게 많은 시간을 투입하는 것 역시 반대한다. 추측을 하기 위해서는 상하문의 다른 단어 의미에 의존하게 되는데 이들 단어가 어려울 수도 있기 때문이다. 그리고 발화 상황에 새 단어가 없더라도 추측이 불가능한 경우도 있다. 앞서 제시되었던 예문의 '惶惑'의 경우, '害怕不安(두렵고 불안하다)'라는 의미 외에 '意外(의외이다), 吃惊(놀라다), 生气(화가 나다), 难过(슬프다)' 등의 의미도 나타내므로 적절한 추측을 하기 어렵거나 전혀 추측을 못할 수도 있다. 또한, 발화 상황에서 추측을 통해 어휘를 학습하도록 장려하는 교재는 많지만, Krashen의 모니터 모델 가운데 입력 가설에 근거해 수립된 어휘 학습법은 검증을 받지 못했다. 단어 추측법을 주장하는 학자들은 언어에 다량의 잉여 정보가 있기 때문에 추측이 가능하다고 본다. 그러나 이러한 정보 역시 독해자가 알고 있는 단어가 아닐 수 있다는 것을 전제한다. 왜냐하면 새 단어를 모르는 상황에서 문장의 의미를 이해할 수도 있기 때문이다. 단어 추측법을 주장하는 경우 일반적으로 사전을 많이 찾는 것도 반대한다. 물론 Eskey & Grabe[126]가 제시한 것처럼 발화 상황에서 단어를 추측하는 것은 사전을 찾는 횟수를 줄이는 데 효과가 있을 수 있겠지만, 단어 추측 역시 사전 찾기와 마찬가지로 정상적인 읽기 과정을 중단시킨다. 바람직한 읽기 습관을 들인다는 각도에서 볼 때 가장 좋은 방법은 '계속 읽기'이며, 읽다 보면 더 큰 발화 상황에서 어려운 단어의 의미가 이해될 수 있을 것이다. 사실상 단어 의미 추측과 사전 사용은 서로 배치되지 않는다. 추측을 통해 더 대략적인 인상을 받게 된 이후 사전을 통해 추측한 결과를 검증할 수 있다.

---

126) Eskey, D. E. and Grabe, W., *Interactive Model for Second Language Reading : Perspectives on Instruction*, In Carrell, P.L., Devin, J and Eskey, D. E.(eds.), 1988, 223~238쪽.

(二) 연상 연습

연구 결과에 따르면, 모어를 학습하건 제2언어를 학습하건 간에 학습자가 어휘를 구성하고 저장하는 방식은 언어 수준이 향상됨에 따라 형식(발음 형식 포함)에 근거한 저장 방식에서 의미에 근거한 저장방식으로 전환된다. 따라서 '의미 연결(语意联系) 연습'은 학습자가 어휘를 저장하고 기억하는데 도움이 된다. Channell(1988)은 심리학의 각도에서 어휘를 학습할 때 독해자가 자신만의 어휘 연상체계를 만들 수 있도록 유도하고, 의미 연결이 발화 시에 중요한 지위를 차지하기 때문에 의미장을 기초로 어휘를 표현해 낼 수 있는 방법을 채택해야 한다고 지적하였다. 비록 연상 관계가 있는 어휘가 언제나 출현하는 것도 아니고 또 읽기 수업에서 발화를 연습하지도 않지만, 어휘를 연결하는 연상 연습을 강화하는 것은 기억을 촉진시키며 다음 학습에 견실한 기초를 닦을 수 있다. 동의와 반의는 가장 일반적인 연상 관계로 앞서 언급한 의미 식별 가운데 일부 문제 역시 연상의 각도에서 고찰할 수 있다. 의미 연상 연습 방법에는 아래와 같은 예가 있다.

(9) 아래의 각 단어와 볼드체 단어는 의미적으로 어떠한 관계가 있는가? 이들 간에는 아무 관련이 없을 수도 있음에 유의하라.
  A. **发牢骚**　摇头　　有好感　成熟　　自尊心
  B. **图书室**　不知所措　经费　　博览会　心理学家
  C. **漂亮**　　身材　　智力　　秀气　　神秘　　素质
(10) 아래 단어 가운데 다른 부류에 속하는 단어가 하나 있다. 이를 찾아라.
  A. 神秘　　智力　　活泼　　缓慢　　秀气
  B. 身材　　皮肤　　心理　　容貌　　五官
  C. 图书室　母校　　景点　　教师　　课外活动

수업시간의 길이에 따라 (9)와 같은 유형은 학생들 간의 간단한 토론을 유도할 수도 있고, 교사가 문제를 제기하여 생각을 유도할 수도 있다. 예를 들어, '一个人的自尊心受到伤害时就会发牢骚, 对吗?(한 사람의 자존심이 상처를 입었을 때 푸념을 하죠?)'라고 묻거나, '素质高的人一定很漂亮吗?(인성이 좋은 사람은 반드시 예쁜가요?)'라고 질문을 할 수 있다. 이에 대한 대답에 대해서는 아래의 '평가' 부분에서 다시 논의하기로 하겠다. (10)의 A의 '智力'는 다른 단어와 성격이 다르고, B에서는 '心理'가 다른 부류에 속한다. 주의할 점은 이러한 연습에서 정답이 반드시 하나가 아닐 수도 있다는 것이다. 가령, C의 정답은 다음과 같은 사항을 고려할 수도 있다. '景点'을 제외한 다른 단어는 모두 학교와 관련이 있는 단어이고, 다섯 개의 단어 가운데 '图书室'만 3음절이거나 '课外活动'만 4음절이다. 또한 다른 단어와 달리 '教师'만 사람이다. 만약 위에서 제시한 연습을 여러 개 선택하기 문제로 파악하게 되면 정답이 여러 개일 수 있다. ≪汉语普通话教程 - 阅读课本≫에서는 (10)과 같은 형식이 많이 수록되어 있다. 연습 (9)(10)의 공통점은 학습자 개인의 참여를 강조하는 것으로, 아래와 같이 한층 더 심화시킬 수 있다.

(11) 본인의 기준에 근거하여 아래의 어휘를 분류하고, 다른 사람의 것과
비교하여 차이점을 알아보자.
恋爱 绘画 写生 浪漫 训斥 吵架 自高自大 魅力

≪入门≫이나 ≪桥≫ 등의 교재에서 채택한 '조어법에 근거한 어휘 분류' 역시 좋은 방법이다. 朱建中은 3학년 신문잡지 읽기 수업에서 (11)과 같은 방법을 채택했다.[127] 그의 방법은 본문을 배우기 전에 학생에게 새 단어를 분류하도록 한 후, 각 부류의 새 단어가 나타내는 주제를 지적하도록 하였다. 이것은 새 단어 학습을 예측 능력 향상과 결합시킨 것이다.

---

127) 朱建中, <三年级报刊阅读教学策略探讨>, 北京语言文化大学汉语学院 编, ≪语言文化教学研究集刊 · 第二辑≫, 华语教学出版社, 1998年版, 92~102쪽.

李立는 어휘 교육에 있어서 연상법에 대해 유익한 논의를 한 바 있다.[128] 李立의 방법은 비교적 개방적이어서 연상해낸 어휘에 제한을 두지 않았다. 예를 들어, '着急(조급해하다)'로부터 '考试(시험), 丢钱(돈을 잃어버리다), 赶飞机(비행기 시간에 대다), 没办法(어쩔 수 없다), 脸红(얼굴이 붉어지다)' 등의 단어를 연상해 낼 수 있고, '丑(못생기다)'로부터 '难看(꼴사납다), 不好看(보기 흉하다), 讨厌(싫다), 歪嘴巴(못난이)' 등의 단어를 연상해 낼 수 있다. 개방식 연상이 융통성이 있지만 연습의 목적 단어(着急, 丑)가 적으면 연상되는 단어를 통제할 수 없으므로 교사의 설명이 필요하다. 이에 비해 연습 (9)(10)(11)은 비교적 폐쇄적이고 선택된 단어는 모두 교재에 쓰인 것이어서, 통제가 용이하며 연습하고자 하는 목적 단어의 수도 많다. 개방식 연상은 문장 만들기(造句)능력 배양에 도움이 되므로 읽기와 말하기 수업에서 활용하는 것이 더 적절하다. 그밖에 王碧霞 역시 어휘 연상은 어휘량을 늘리는 효과적인 방법이지만 유의어와 반의어, 단어의 기능 분류, 주제 연상, 단어 의미의 통합 관계 외에 술목 관계와 같은 단어 의미의 호응 및 조합관계도 포함한다고 하였는데, 본문에서는 단어 의미의 호응 및 조합을 호응 연습으로 분류하였다.

(三) 호응 연습

호응에는 이해와 관련된 두 개의 중요한 부분을 포함한다. 하나는 한 단어의 의미가 상당 정도 그것과 호응하는 다른 단어와 관련이 있다는 점이다. 이러한 연계는 학습자가 어휘를 기억하는 데 도움을 줄 뿐 아니라 단어의 의미범위를 확정하거나 학생이 발화 상황 가운데에서 단어의 의미를 추측하는 데에도 도움이 된다. 두 번째는 우리가 모듈방식으로 언어를 이해한다는 점이다. 호응은 예측을 현실로 만들어 주는 것으로, 어떤 단어가

---

128) 李立, <词汇教学中的联想法>, ≪华南地区对外汉语教学讨论会论文选≫, 中山大学出版社, 1988年版, 115~121쪽.

함께 출현할 것이라고 기대할 수 있음을 알게 해 준다. 일반적으로 호응은 운용 범위에 속하여 읽기 수업에서 중점적으로 연습하기에는 적절치 않다. 앞서 언급한 것처럼 읽기 수업에서 중요한 것은 어휘의 이해와 관련된 문제이다. 우리는 본문에서 동사-목적어, 양사-명사, 전치사-동사(与……一致 등) 간의 호응을 찾아보는 등 조사를 위주로 하여 호응 연습을 할 것이다. 동사 의미의 차이가 매우 클 때는 아래와 같은 형식을 채택할 수도 있다.

(12) 적절한 호응 관계를 연결하시오.
    培训   课外活动
    组织   学生
    造成   不好的情况

식별 연습 (7)에서 반의 구조를 찾는 것 역시 호응 연습이 기저에 깔려있다. 예컨대, '(功力)深'은 주술관계, '赞扬(一幅画)'는 술목관계를 나타낸다. 이와 관련하여, 史艳岚이 신문잡지에서 호응과 관련된 사용 구조를 정리한 자료를 참고하여도 좋다.

(四) 평가 연습

읽기 수업에서는 텍스트를 많이 읽어야 한다. 다시 말하면, 다른 사람의 관점과 견해를 이해하기 위해 심혈을 기울여야 하므로 학생들은 쉽게 피로감을 느낀다. 이를 해결하는 방법 가운데 하나는 바로 평가의 성격을 띤 '문답식 문제'를 유도하는 것이다. 물론 앞서 논의한 연상 문제도 평가의 성격을 띠고 있다. 그러나 문답식 문제의 응용은 어휘 연습의 평가적인 성격을 더 부각시킨다.(밑줄 친 단어는 본문에 출현하는 새 단어이다)

(13) 밑줄 친 단어의 의미에 유의하여 아래의 질문에 간략하게 답하시오.

    A. 你是一个<u>自高自大</u>的人吗?

    B. <u>奖金</u>多, 运动员的成绩就会好, 是吗?

    C. 对别人的需要<u>不闻不问</u>的人能得到别人的关心吗?

여기서 짚고 넘어가야할 부분이 있다. 첫째는 목표 단어가 충분히 강조되어야 한다는 것이다. 만약 상술한 문제를 학생들에게 인쇄하여 나누어 줄 경우, 목표 단어에 밑줄을 긋거나 볼드체 혹은 이탤릭체 등으로 표기하여 부각시킨다. 만약 교사가 구두로 읽어줄 경우 목표 단어를 강조하여 읽거나 될 수 있으면 칠판에 판서를 해 준다. Channell은 발음의 어휘 확장에서의 역할을 강조하였고, 董明은 어휘 교육은 발음, 한자 교육과 결합되어야 한다고 주장하였다. 또한 李珠는 어휘 교육 중에서 '듣기·읽기 종합 연습법'을 제시하였다. 이상을 통해 어휘 교육에서 발음의 중요성을 알 수 있는데, 낭독에서 발음의 중요한 영향력을 간접적으로 확인할 수 있다. 그래서 교사가 읽을 때 정확한 소리로 자극을 주는 것은 학생들이 기억하는 데에도 도움이 된다. 둘째는 'Yes/No 의문문(是非问句)' 형식을 채택해야 한다는 점이다. 읽기 수업에서 어휘 연습을 할 때는 가급적 길게 토론해야 하는 문제는 피해야 한다. (13)의 A와 '自高自大的人为什么不受欢迎?(의문사 의문문(特殊问句))' 혹은 '谈你对自高自大的人的看法。(명령)'을 비교해 보면, Yes/No 의문문이 의문사 의문문이나 명령 형식보다 훨씬 간단하고 대답하기 쉽다는 것을 알 수 있다.

이러한 평가 연습은 아래와 같이 다른 방식으로 대체할 수 있다.

(14) 괄호 속에 주어진 단어 혹은 구 가운데 옳다고 판단되는 하나를 선택하여 문장을 완성하시오.

    A. 我(喜欢、不喜欢)<u>自高自大</u>的人。

    B. 这个月他没有得到<u>奖金</u>, 非常(高兴、生气)。

    C. 老师(应该、不应该)对学生的要求<u>不闻不问</u>。

물론, '贪婪的人(很容易,永远不会)满足。'과 같이 이러한 연습 방식이 항상 평가의 성격을 띠고 있는 것은 아니다. 필자의 경험에 근거하여 보면, 평가적 성격의 연습을 통해 학생들이 어휘 학습을 하면서 자신의 견해를 발표하도록 하면 학습의 적극성을 높이고 수업 분위기에 활기를 불어넣을 수 있다.

(五) 개괄 연습

Nation은 언어 학습에서 이전에 사용했던 자료의 역할을 매우 강조하였다. Dubin은 어휘의 민감도 향상은 읽기 교육의 중요한 목표 가운데 하나로, 민감도를 향상시키는 가장 좋은 방법은 테스트가 아니라 어휘가 반복 출현할 때 학생들에게 환기시켜주는 것이라고 하였다.[129] 이는 이른바 '온고지신'과 같은 이치이다. 개괄하기는 목적 단어뿐 아니라 본문에 쓰이는 문장을 한데 모으는 것이다. 학생은 이전에 배운 적이 있는 단어를 접하게 되면 긴장감을 느낀다. 또한 목적 단어가 문장에 출현하기 때문에 목적 단어의 의미와 용법을 이해하고 다른 단어를 복습하는 데에 도움이 된다. 목적 단어는 동사 '承认(인정하다), 应付(대응하다)'나 부사 '简直(그야말로)' 등과 같이 하나의 단어일 수도 있고, '心', '然'과 같은 형태소로 쓰이는 어휘일 수도 있다. 호응과 문형 역시 똑같이 처리할 수 있지만 이것은 어휘 연습의 범위를 넘어선다. 개괄 연습은 앞서 언급했던 연습, 특히 연상 연습과 내재적인 관련성이 있다.

> (15) 밑줄 친 단어의 용법에 주의하면서 아래의 문장을 읽으시오. 이들 문장은 이미 배운 것으로 해당 문장이 출현하는 과와 단락을 괄호 안에 제시하였습니다.

---

129) Dubin, F. *The Old Couple : Reading and Vocabulary*, ELT Journal, 1989, 43(3), 283~287.

A. 我<u>简直</u>不能想象以后的生活给酷爱运动的我带来的将是什么样的惩罚。(4과 여섯 번째 단락)

B. 一把小小的折扇, 在舞台上<u>简直</u>是变化无穷。(4과 일곱 번째 단락)

C. 从消费情况来看, 中国国民的平均收入为250美元这一数字<u>简直</u>令人难以置信。(5과 여섯 번째 단락)

이러한 문장을 읽어 보면서 문장에 있는 다른 단어를 복습하는 것 역시 매우 중요할 수 있다. 현행 읽기 교재에서는 '모으기식 개괄법'을 그다지 중요하게 여기지 않는데, 이는 개선할 필요가 있다.

(六) 기타

Carter와 Nattinger는 어휘의 기억 전략을 매우 중요시한다. 앞서 언급한 연상과 평가 등의 연습은 어휘를 기억하는 데 도움이 된다. 학생의 기억을 돕기 위해 어휘 중요성의 각도에서 접근해 보자. 만약 학생이 A류 단어가 B, C류 단어보다 중요하다는 것을 알면, A류의 단어를 기억할 가능성이 높다. 문제는 학생들의 요구치가 다르고 읽기 수업에서 접하게 되는 새 단어가 매우 많기 때문에 학생들에게 A류 단어가 중요하다는 것을 믿게 해야 한다는 것이다. 우리의 방법은 우선 학생에게 읽을 때 모든 단어가 다 중요한 것은 아니므로 어휘를 선택적으로 기억해야 한다는 것을 명확하게 알려준다. 다음으로 한 단락의 문장 가운데 주제 단어 및 관련 단어가 중요하므로 우선적으로 기억해야 한다는 것을 알려준다. 아울러 주제 단어는 반복 출현하는 경향이 강하므로 기억하기 좋다. 이것의 구체적인 방법으로 두 가지가 있다.

(16) 어떤 단어들이 일곱 번째 단락에서 아홉 번째 단락에 이르는 본문의 주제인가?

7번째 단락:　洗衣服　　做饭　　　吃饼干　　　照顾孩子

8번째 단락: 漫画　　　记者　　　普通话　　　警察

9번째 단락: 女子拳击　大型比赛　危险运动　比赛规则

(17) 아래 몇 단락의 글에서 주제 단어를 찾고 〈표 1-5〉(다섯 번째 단락의 예시)의 빈 칸을 채우시오.

〈표 1-5〉

본문 단락	주제 단어	주제 단어와 의미적으로 관련이 있는 단어
5	五谷, 谷物	主食, 副食
7		

　그밖에, 한 과를 마칠 때마다 학생들에게 '본문 가운데 중요하다고 여겨지는 단어 20~30개를 선택하여 공책에 적고 기억'하도록 하는 어휘 기억 과제를 부여한다. 이는 학생이 어휘 학습을 하는 데 있어 각자 가질 수 있는 다른 요구치를 충분히 고려한 방식이다.

제4절 외국인을 위한 한자 교수법

壹. 한자 교수법의 이론 검토

一. 한자 부건과 외국인을 위한 한자 교육130)

(一) 한자 부건

한자는 자형의 각도에서 필획, 부건, 정자(整字)로 구분할 수 있다. 费锦昌은 "부건(部件)은 현대 한자의 자형에서 독립적인 글자 조합 능력을 가진 글자 구성단위(構字單位)로, 필획과 같거나 더 큰 등급이고 정자(整字)보다는 작거나 같은 등급이다."131)라고 하였다. 필자는 이러한 정의에 동의한다. 이하, 필요에 따라 '한자 부건'을 '부건'으로 약칭하기로 하겠다.

한 글자의 부건은 여러 층위로 구성되곤 한다. 아래의 예를 보자.

한자	첫 번째 층위 부건	두 번째 층위 부건	세 번째 층위 부건
	昭	日	
照		召	刀
			口
	灬		

---

130) 崔永华, <汉字部件和对外汉语教学>, ≪语言文字应用≫ 1997年 第3期.
131) 费锦昌, <计算机界和语文界在汉字部件切分上如何求同>, ≪计算机时代的汉语和汉字研究≫, 清华大学出版社, 1996年版.

한자	첫 번째 층위 부건	두 번째 층위 부건	세 번째 층위 부건
脚	月		
	却	去	土
			厶
		卩	

'照'에서 '昭'와 '召'를 모두 부건으로 볼 수 있으며, '日, 刀, 口, 灬' 역시 부건이다. '脚'에서 '却'과 '去'는 부건이고, '月, 土, 厶, 卩' 역시 부건이다. 여기서 논의하고자 하는 '한자 부건'은 더 이상 분해할 수 없는 부건을 가리키는 것으로, 위의 두 예 가운데 '日, 刀, 口, 灬'와 '月, 土, 厶, 卩'이다. 이들을 일반적으로 '기초 부건(基礎部件)' 혹은 '최종단계 부건(末級部件)'이라고 칭한다.

이론적으로 외국인을 위한 중국어 교육에서 한자 교육은 필획을 통한 교수법, 부건을 통한 교수법, 정자(整字) 직접 교수법의 세 가지 방법이 있다. 대다수 한자를 분석하지 않고 직접 정자(整字)의 형태로 가르치는 것은 어려움이 많고, 필획 교육을 통해 가르치는 것 역시 지나치게 세분화될 수 있다. 따라서 과거 많은 학자들은 외국인을 위한 중국어 교육에서 부건 교수법으로 한자를 교육하자는 견해를 제시하였고, 이러한 교수법을 '자소 교수법(字素敎学)'이라고 명명하였다.

(二) 분석 근거

한자와 부건 분석은 아래의 두 문헌에 근거하였다.

1. 중국 国家语言文字工作委员会의 ≪信息处理用GB13000. 1字符集汉字部件规范≫(이하 ≪部件规范≫으로 약칭)의 후기 분석 결과 ― 578개 기초 부건.
2. 国家对外汉语教学领导小组办公室汉语水平考试部가 편찬한 ≪汉语水

平考试词汇等级大纲≫(이하 ≪词汇大纲≫으로 약칭)의 9,922개 단어 가운데 1,033개 甲급 단어를 구성하는 801개 한자와 이 801개 한자를 구성하는 330개 부건.

첫 번째 문헌에 근거한 것은 비교적 권위 있고, 상대적으로 안정적인 분석 참조치(參照系)를 찾고자 했기 때문이다. 아울러 기존의 데이터베이스를 사용할 수도 있으므로 조작에 용이하다.

두 번째 문헌을 근거로 한 것은 우리의 논의 대상이 외국인을 위한 중국어 교육 가운데 한자 교육 문제인데, ≪词汇大纲≫이야말로 외국인을 위한 중국어 교육 가운데 어휘 및 그와 관련된 한자 교육에 있어 권위 있는 근거가 되기 때문이다.

논의의 중점을 1,033개 甲급 단어에 포함된 801개의 한자에 둔 이유는 이들 어휘와 단어 구성에 사용된 한자가 일반적으로 교육의 초급 단계에 출현하기 때문이다. 초급 단계는 비한자문화권 국가 학습자에게 있어 한자를 배우기에 가장 어려운 시기이다. 이때 한자 부건을 성공적으로 이용하여 교육을 하면, 학습자가 한자의 자형 구성 규칙을 습득하고 한자를 인식하고 기억하는 방법을 익히는 데 도움이 되므로, 이후 학습에 견실한 기초를 다질 수 있다.

(三) 가설

한자 부건을 이용한 한자 교육은 아래의 가설에 근거한다.

1. 기억 규칙에 근거한 가설

가설 1 : 한자를 분해한 기억 단위(chunk)가 적을수록 인식기억에 유리하다.

심리학에서는 사람의 단기 기억은 일반적으로 일곱 개의 기억 단위로 제한된다고 본다. 따라서 필획을 통한 한자 학습, 즉 필획을 한자의 인식기억 단위로 하는 것은 기억에 불리하다. 왜냐하면 한자의 평균 필획이 대부분 7획을 넘기 때문이다. ≪現代汉语通用字表≫의 7,000자의 경우, 9획인 한자가 가장 많고, 10획과 11획인 한자가 그 뒤를 이어, 7,000자의 평균 필획수가 10.75획으로,[132] 7획을 훨씬 상회한다. 부건을 인식기억의 단위로 하게 되면, 기억 단위를 7보다 적게 할 수 있다(아래 '甲급 단어를 구성하는 801개 한자의 부건 길이 분석' 참조).

가설 2 : 한자를 분해한 기억 단위의 '호칭 가능성(可稱謂性)'이 높을수록 한자를 인식기억하는 데 유리하다.

심리학에서는 언어요소의 기억 효과는 그 구성 요소의 발음 가능 여부와 관련이 있어서, 구성 요소를 발음할 수 있으면 기억 성공률이 높다고 한다.[133] 상용한자를 구성하는 부건은 호칭 가능성이 비교적 높으므로(후술할 '801개 한자 부건의 호칭 가능성 분석' 참조), 부건을 통해 한자를 기억하면, 한자 구성요소에 대한 호칭에 유리하며, 인식기억에도 도움이 될 수 있다.

가설 3 : 한자를 분해한 기억 단위의 함의가 명확할수록 한자를 인식기억하는 데 유리하다.

심리학에서는 언어 요소의 기억효과는 그 구성 요소가 의미가 있는지의 여부와 관련이 있으며, 구성 요소의 함의가 명확하면 성공률이 높다고 본다.[134] 한자 부건은 대부분 고정된 의미를 가지고 있다. 필자의 통계에 따르면, ≪词汇大纲≫ 甲급 단어에 사용된 801개 한자를 구성하는 330개 부건 가운데 226개, 즉 부건 수의 70%가 고정적인 의미를 가지고 있다. (후술할 '부건의 표의 상황 분석' 참조) 한자의 필획도 명칭을 가지고 있지만, '橫(가로획)'을 '一'로 볼 수 있는 경우를 제외한 대부분은 의미를 가지고 있지 않다. 한자 부건을 이용한 의미표시(表義) 특징은 한자의 인식기억에

---

132) 苏培成, ≪现代汉字学纲要≫, 北京大学出版社, 1994年版.
133) 彭聃龄, ≪语言心理学≫, 北京师范大学出版社, 1991年版.
134) 상동

도움이 될 수 있을 것이다.

2. 외국인을 위한 중국어 교육 실천에 근거한 가설

가설 4 : 학생이 한자를 잘못 기억하는 문제는 부건을 정확하게 인식기억하지 못하는 것과 강한 상관관계가 있다.

일반적으로, 학습자가 배운 한자를 정확하게 익히지 않은 경우는 글자를 모르거나 쓸 줄 모르거나 다른 글자를 쓰거나 틀리게 쓴 것이다. 틀리게 쓴 글자는 필획이 빠졌거나 필획의 위치가 잘못되었거나 형체의 위치가 잘못되는 등의 오류로 나타나며, 이러한 오류는 대부분 부건 문제로 귀납할 수 있다. 孫淸順과 張朋朋은 ≪初級階段留學生錯別字統計與分析≫에서 유학생의 형태오류 글자(形錯字) 632개를 제시하였는데,[135] 이는 전체(750개)의 83%에 이른다. 제시한 예를 보면, 80% 이상이 부건을 잘못 썼거나 부건의 위치를 잘못 배치한 것으로 분류할 수 있다. 張旺熹는 유학생의 한자 부건과 관련된 문제를 '부건 혼동', '부건 오류', '구조의 느슨함', '구조 혼동'의 네 부류로 구분하였다.[136] 叶步青이 제시한 '한자 서면어의 중간 형식(中介形式)'(외국인이 한자 사용에서 자주 범하는 오류임)은 모두 일곱 가지로, 그 가운데 '편방 생략 및 대체(偏旁省代)', '형태 유사로 인한 혼동(形近相混)', '거울 비침 오류(鏡像錯位)', '점(点)과 삐침(撇) 오류(点撇无定)', '삐져나왔냐의 여부(出头与否)' 등은 모두 부건 사용 오류로 귀납할 수 있다.[137]

상술한 네 개의 가설은 토론의 출발점이다. 그러나 이들 가운데 특히 가설 1, 2, 3은 외국인의 한자 인지 규칙에 부합하는지를 실험과 조사를 통해 증명할 필요가 있다.

---

135) 孫淸順·張朋朋, <初級階段留學生錯別字統計分析>, ≪北京语言学院第三届科学报告会论文选≫ (내부간행), 1995年版.
136) 張旺熹, <从汉字部件到汉字结构>, ≪世界汉语教学≫, 1990年 第2期.
137) 叶步青, <汉语书面语的中介形式>, ≪世界汉语教学≫, 1997年 第1期.

(四) 분석과 토론

이하에서는 ≪部件規范≫을 참조하여 ≪词汇大纲≫의 단어 구성에 쓰인 한자에 대해 통계를 내고 분석하여, 한자 부건을 이용한 한자 교육의 시행 가능성을 검토하고자 한다.

1. ≪词汇大纲≫에 쓰인 한자와 글자구성 부건에 대한 통계 및 분석

〈표 1-6〉은 ≪词汇大纲≫의 전체 어휘수, 甲乙급 단어와 甲급 단어의 단어 수, 단어 구성에 쓰이는 한자 수, 글자를 구성하는 데 쓰인 부건 수에 대해 통계를 내고 퍼센트를 제시한 것이다.

〈표 1-6〉

통계 범위	단어 수	퍼센트 (%)	사용된 한자수	퍼센트 (%)	사용된 부건수	퍼센트 (%)
전체 어휘	8,822	100	2,866	100	431	100
甲乙급 단어	3,015	34.2	1,606	56	391	90.7
甲급 단어	1,033	11.7	801	27.9	330	76.6

〈표 1-6〉을 통해 아래의 내용을 알 수 있다.

첫째, 부건을 활용한 한자 교육의 각도에서 볼 때, 기초 중국어 교육 단계에서 한자 교육이야말로 가장 힘들고 번거로운 것이다. 일반적으로 甲급 단어 교육에 반년(약 400 시수)이 소요되는데, 이는 ≪汉语水平考试大纲≫에 규정된 8,822개 단어(4년 과정)를 습득하는 데 소요되는 학습시간의 1/8에 해당된다. 이 기간은 한자 교육이 집중적으로 이루어지는 시기로, 총 학습시간의 1/8동안 학습자는 한자 전체의 27.9%의 한자와 76.6%의 부건을 기억해야 한다.

둘째, 상술한 상황을 또 다른 각도에서 보면, 이 시기야말로 한자 기초를 다지는 핵심 단계라고 볼 수 있다. 이 시기를 잘 활용하여 330개 부건과 그것으로 구성되는 801개 한자를 습득함으로써, 이후 한자 학습에 기반을 다진다.

셋째, 부건 교육은 어려움을 쉽게 해결해 줄 수도 있다. 부건 교육을 통해 801개 한자를 330개 부건으로 분류하고, ≪部件规范≫의 방식을 따라 부건의 변화 관계와 형태유사관계에 근거하여 330개 부건을 273개 조로 분류할 수 있다. 이렇게 하면 학습자의 기억 부담을 경감시켜 효과적으로 한자를 기억할 수 있다.

2. 甲급 단어를 구성하는 801개 한자의 부건 길이 분석

글자 부건의 길이란, 하나의 한자를 구성하는 부건 수를 가리킨다. 예를 들면, '人'은 부건 '人'으로 구성되며, 그 부건의 길이는 1이다. '坐'의 경우 '人, 人, 土' 세 개의 부건으로 구성되므로 부건 길이는 3이다. '避'는 '尸, 口, 立, 十, 辶' 5개의 부건으로 구성되므로 부건 길이가 5이다.

〈표 1-7〉은 ≪词汇大纲≫의 1,033개 甲급 단어를 구성하는 데 쓰인 801개 한자의 부건 길이를 통계 낸 것이다. 아래 각 표의 통계 범위는 801개 甲급 단어의 한자와 이들 한자를 구성하는 부건으로 제한하였다.

〈표 1-7〉

부건 길이	예시 글자	글자구성 부건	자수	백분율(%)
1	白	白	101	12.6
2	助	且力	286	35.7
3	倍	亻位口	267	33.3
4	搬	扌舟几又	107	13.5
5	演	氵宀一由八	37	4.6
6	赢	亡口月贝几丶	3	0.3
합계			801	100

〈표 1-7〉을 통해 아래의 내용을 알 수 있다.

첫째, 부건 2개와 3개로 구성된 한자가 가장 많아, 甲급 단어에 사용되는 한자의 69%에 이른다. 1~4개 부건으로 구성된 한자는 전체의 95.1%이다.

둘째, 〈표 1-7〉에 근거하여 계산하면 801개 한자의 전체 부건 길이는 2,105로, 평균 길이는 2.63이다.

그밖에, 필자의 통계에 따르면, ≪词汇大纲≫의 전체 8,822개 단어를 구성하는데 사용되는 2,866개 한자 부건의 평균 길이는 2.91이다.

또한 ≪汉字信息字典≫에 수록된 7,785개 한자에 대한 통계에 따르면, 부건 하나로 구성된 한자는 4%, 부건 2개로 구성된 한자가 34%, 3개로 구성된 한자가 40%, 4개 부건으로 구성된 한자가 16%, 5개 부건으로 구성된 한자가 4%이다. 1~5개 부건으로 구성된 한자는 7,785개로 전체 한자의 98%이다.[138]

셋째, 가설1에 의하면 부건을 기억 단위로 하게 되면 기억 단위의 수량이 합리적인 선에 머무르므로 당연히 한자 교육에 유리하다.

3. 801개 한자 부건의 호칭 가능성 분석

(1) 호칭 가능 부건과 호칭 불가능 부건

호칭 가능 부건은 '女'나 '口'처럼 자체가 부건이면서 독립된 글자인 성자부건(成字部件)과 초두 머리 '艹'와 사람인 변 '亻'과 같은 상용 편방부수를 가리킨다. 본문에서 한정한 호칭 가능 부건은 ≪信息交换用汉字编码字符集·基本集≫(이하 '기본집(基本集)'으로 약칭)의 6,763개 자부에 포함된 성자부건과 편방부수이다.

호칭 가능 부건에 상대되는 것은 호칭 불가능 부건으로, 호칭 가능 부건 이외의 부건을 가리킨다. 호칭 불가능 부건 가운데 일부 부건은 여러 가지 방식으로 호칭할 수 있다.[139]

---

138) 苏培成, ≪现代汉字学纲要≫, 北京大学出版社, 1994年版.

(2) 부건의 호칭 가능도

부건의 호칭 가능도란 임의의 글자를 구성하는 호칭 가능 부건이 이 글자를 구성하는 전체 부건 가운데 차지하는 비율을 가리킨다. 판별법은 아래와 같다. 가령, '爭'자는 'ʼʼʼ'와 '尹'로 구성되는데, 이 두 부건은 모두 호칭 불가능 부건이다. 따라서 '爭'의 글자구성 부건의 호칭 가능도는 '0'이다. '可'자는 '丁'와 '口'로 구성된다. 그 가운데 '丁'는 호칭 불가능 부건이고, '口'는 호칭 가능 부건이다. 따라서 '可'의 글자구성 부건의 호칭 가능도는 50%이다. '明'자는 '日'과 '月'로 구성되며, 이 두 부건 모두 호칭 가능 부건이다. 따라서 '明'의 글자구성 부건의 호칭 가능도는 100%이다.

〈표 1-8〉은 ≪词汇大纲≫의 1,033개 甲급 단어를 구성하는 데 쓰인 801개 한자 부건의 호칭 가능도를 통계 낸 것이다.

〈표 1-8〉

호칭 가능도	글자수	백분율(%)
0 ~ 49 %	45	5.6
50 ~ 74 %	205	25.6
75 ~ 99 %	58	7.2
100 %	493	61.6
합계	801	100

---

139) 본문의 통계 가운데 상술한 두 정의에 명칭과 내용이 부합하지 않는 문제가 있다. 왜냐하면 'ʼʼ'(누운 사람 인)', 'ʼʼʼ'(대죽 두)', '乀'(기울어진 옥 변·사옥 변)'과 같은 일부 상용 편방 부수는 원래 호칭 가능 부건인데, '기본집'에서 빠져 있다. 또한, '画'의 'ㄴ'과 '饱'의 'ʼʼ' 등과 같이 본문에 호칭 불가능 부건으로 구분된 것이 字符集에 수록되어 있기도 하다. 컴퓨터 조작상의 편의와 통계 숫자의 비교 가능성의 각도에서 특별한 설명을 하지 않는 한, 호칭 가능 부건의 통계는 모두 '기본집'에 근거하도록 한다. 개략적인 통계에 따르면, 이 둘(자부집과 기본집)의 수량이 거의 비슷하여 분석 결과에 영향을 주지 않는다.

〈표 1-8〉의 결과를 통해 아래의 내용을 알 수 있다.

첫째, 글자구성 부건이 모두 호칭 가능 부건인 경우는 61.6%이며, 기본적으로 호칭할 수 있는 경우(호칭 가능도가 75~99%인 경우)를 포함하면 거의 70%에 이른다.

둘째, 호칭 가능도가 낮은 경우(호칭 가능도가 0~49%)는 5.6%이다.

셋째, 가설 2에 의하면 부건은 한자 인식기억 단위로, 기억 단위의 호칭 가능성이 높은 경우 한자 교육에 유리하다.

4. 부건의 표의 상황 분석

(1) 표의 부건과 불표의 부건 : 표의 부건이란 고정적인 의미가 있는 부건을 가리키고, 불표의 부건은 고정적인 의미가 없는 부건을 가리킨다.

(2) 부건 분류 : 〈표 1-9〉, 〈표 1-10〉, 〈표 1-11〉에서 부건을 6개의 부류로 구분하였다.

   (a) 단음절 단어 부건 : ≪词汇大纲≫내 8,822개 단어 가운데 단음절로 구성된 단어를 부건 한자로 간주하며, 이들 부건은 고정적인 의미가 있다.

   (b) 독체자 부건 : ≪词汇大纲≫내 독립적으로 단어를 구성할 수 없지만, 부건으로 쓰일 수 있는 한자를 가리키며, 이들 역시 고정적인 의미가 있다고 가정한다.

   (c) 의미 있는 부수 : '기본집'에 수록되어 있는 고정적인 의미의 부수

   (d) 의미 없는 부수 : '기본집'에 수록되어 있는 고정적인 의미가 없는 부수

   (e) 의미 있는 부건 : 앞의 네 부류에 포함되지 않으며, '기본집'에 제시되지 않은 상용 부건 (冖, ⺮ 등)과 다른 고정적 의미를 가지는 부건('丰', '尸', '戶' 등)

(f) 의미 없는 부건 : 앞의 다섯 부류 이외의 부건, 이들 부류의 부건은 독립적인 의미가 없다.

(3) 글자 구성 횟수와 구성 글자 수 : 글자 구성 횟수란 부건이 글자 구성에 참여한 횟수를 가리키고, 구성 글자 수는 해당 부건이 포함된 글자 수를 가리킨다. 가령, '品'에서 부건 '口'의 글자 구성 횟수는 3이고, 구성 글자 수는 1이다.

〈표 1-9〉 표의(表意) 부건의 글자 구성 상황

부건 종류	부건 수	글자 구성 횟수	구성 글자 수
단음절 단어	121	998	959
독체자	45	184	180
의미 있는 부수	31	360	359
의미 있는 부건	29	102	101
합계	226	1,644	1,599

〈표 1-10〉 불표의(不表意) 부건의 글자 구성 상황

부건 종류	부건 수	글자 구성 횟수	구성 글자 수
의미 없는 부수	17	163	63
의미 없는 부건	87	298	296
합계	104	461	359

〈표 1-11〉 표의 부건과 불표의 부건의 글자 구성 상황

부건 종류	부건 수	글자 구성 횟수	구성 글자 수
표의 부건	226	1,644	1,599
불표의 부건	104	461	459
합계	330	2,105	2,058

표 〈1-9〉, 〈1-10〉, 〈1-11〉을 통해 아래의 내용을 알 수 있다.

첫째, 330개 부건 가운데 표의 부건은 226개로 총수의 68.5%에 달하며, 불표의 부건은 단지 31.5%에 불과하다.

둘째, 동태적인 각도에서 볼 때, 표의 부건의 구성 글자 수는 불표의 부건의 3.5배에 육박한다.

셋째, 가설 3에 의하면, 부건은 한자 인식기억 단위로, 기억 단위의 의미가 명확할수록 한자 교육에 유리하다.

(五) 부건을 이용한 한자 교육

앞선 조사에서는 단어, 글자, 부건의 비율과 한자 교육 단계의 각도에서 부건의 중요성을 설명하였다. 또한 한자 부건의 길이, 부건의 호칭 가능도, 부건의 유의미성 등을 통해 부건을 이용한 한자 교육의 타당성에 대해 토론하였다. 아래에서는 부건을 이용한 한자 교육에 관한 구체적인 문제를 논의하고자 한다.

외국인을 위한 중국어 교육에서 부건을 이용한 교육을 실시하기 위한 전제는 바로 과학적이고 교육에 적합한 한자 부건 체계의 건립이다.

본문에서 채택한 ≪部件规范≫의 부건 체계는 중국어 정보처리를 위한 것으로, 정보처리의 각도에서 볼 때 과학성이 강할 뿐 아니라 외국인을 위한 한자 교육에도 참고할 만하다. 그러나 외국인을 위한 한자 교육의 요구 조건에 완벽하게 부합하지는 않는다. 가령, 정보처리의 각도에서 보면, 부건 체계는 그 수량이 합리적인 범위 내에 있어야 키보드에 배열하기 좋다. 반면, 한자 교육에서는 이러한 문제를 고려할 필요가 없다.[140] 교육상

---

140) 费锦昌은 "어문계는 식자 교육(글자 교육)의 편의성과 효율성을 고려하여, 학생들이 한자 필획과 일부 기본자를 습득한 후에는 부건을 너무 세세하게 분해하지 않기를 바라며, 한자 부건의 상대적인 완정성과 블록화(块状化)를 유지하기 바란다. 그러나 컴퓨터 분야는 컴퓨터 키보드 수의 제약으로, 한자부건을 상세히 분해하곤 한다."라고 언급하였다.

필요에 따라 ≪部件规范≫ 체계에 적절한 혹은 대대적인 수정이 이루어질 수도 있다. 또한 费锦昌이 제시한 ≪现代汉语3500常用字部件表≫(1996) 등과 같은 다른 부건 체계를 참고하는 것도 가능하다.[141]

외국인을 위한 중국어 교육에서 사용되는 한자 부건 체계는 아래와 같은 조건을 만족해야 한다.

1. 사용되는 한자의 범위를 명확하게 제한한다. 예를 들면, ≪词汇大纲≫에서 사용되는 한자로 제한하게 되면, 2,866개 한자를 구성하는 부건을 분석하여 귀납한다.

2. 한자를 분해하고 귀납한 부건은 글자의 원류(字源)와 구성(造字) 원리를 존중해야 하는 한편, 한자의 현재 상황도 적절히 고려해야 한다.

3. 이 체계는 전적으로 기초 부건에 근거할 필요는 없으며, 부건의 독음, 명칭, 독립적인 의미를 충분히 활용한다. 이를 위해서는 독체자와 상용 부수를 가능한 한 많이 포함시켜야 하며, 부건 규범 가운데 한자교육에 불리한 부건은 병합하고 개조해야 한다. 가령, '龶'와 '肖'는 '青'으로 병합하고, 'ㅗ'과 '贝'은 '页'로 병합하며, '厶'와 '土'는 '至'로 병합하면, 독립된 의미를 가질 뿐 아니라 호칭하기도 편하다.

4. 구축한 부건체계는 부건 간의 연원관계와 형태관계를 충분히 반영해낼 수 있어야 한다. 구체적으로, 부건 간의 '변체관계'와 '형태유사관계'에 근거하여 귀납해야 하는데, 가령 글자의 원류에 근거하면, '爪'와 '爫'는 같은 부류에 포함시키고, '手, 扌, 龵, 龶, 龷'를 같은 부류에 포함시켜야 한다. 의미 관련성을 고려하면, '水, 氺, 氵, 冫'을 한 부류에 포함시켜야 한다. 형태유사 관계에 근거하여 '刂, 丬, 刂'를 한 부류로 포함시켜야 하며, '己, 巳, 已, 口, 卩'를 한 부류에 포함시켜야 한다. 이러한 병합은 연상과 대조를 이용한 것으로 부건의 인식기억, 한걸음 더 나아가 한자의 정확한 인식기억에 매우 유리하다.

---

141) 费锦昌, <现代部件探究>, ≪语言文字应用≫, 1996年 第2期.

5. 부건 체계의 과학성은 합리적인 부건 분해 규칙과 부건 호칭 체계를 포함한다.

부건을 이용한 한자교육은 한자의 분석성과 부건의 형·음·의 특징을 충분히 이용하여 한자의 인식기억 속도와 질을 향상시키는 것이다. 구체적으로, 부건을 이용한 한자교육은 아래의 몇 가지 원칙을 참고해야 한다.

(1) 독체자 교육에 치중한다.

교재에 '人, 口, 八, 木, 日, 月' 등과 같이 글자구성 비율이 높은 독체자를 우선적으로 먼저 출현하게 함으로써 이어지는 한자 교육의 기반으로 삼는다. 일부 단어 구성 비율은 높지만 자주 사용되지 않는 독체자 역시 우선적으로 앞쪽에 배치하여 호칭, 기억, 이해가 용이하다는 특징을 이용함으로써 이어지는 한자 교육의 기반으로 삼는다. '日, 贝, 止, 虫, 目, 皿, 示, 尸, 爪, 戈, 酉' 등이 이러한 부류에 속한다. 필자의 통계에 의하면, ≪词汇大纲≫의 8,822개 단어를 구성하는 2,866개의 한자는 413개의 부건이 사용되었으며, 그 가운데 독체자 부건이 216개로 50%나 된다. 이 216개의 독체자 부건은 56%의 한자를 구성했다. 이러한 비율은 독체자가 한자 교육에서 어떠한 역할을 하는지 이해하는 데 도움이 된다.

(2) 대조 분석에 치중한다.

대조 분석에는 두 가지 상황이 있다. 하나는 부건 간의 대조로, 특히 '牛, 午', '广, 厂', '木, 禾', '几, 九' 같이 형태가 유사한 부건 간의 대조이다. 앞선 논의에서 부건 체계를 구축할 때 형태가 유사한 것을 귀납해야 한다고 언급하였는데, 이는 부건 대조의 작용도 있다. 만약 귀납만하고 대조하지 않는다면 혼란을 초래하여 예상과 다른 기능을 할 수도 있다. 다른 하나는 구조 대조이다. '兑, 况', '呆, 杏', '加, 叻', '部, 陪'와 같은 구조 대조를 통해 한자의 정확한 인식기억을 강화한다.

(3) 한자 구조 교육에 치중한다.

부건이 한자를 구성하는 두 가지 요소가 있는데, 하나는 부건이고, 다른 하나는 자형 구조, 즉 부건의 배열 방식이다. 부건을 이용하여 한자를 가르치기 위해서는 반드시 부건과 구조를 동시에 진행하여, 한 글자가 어떤 부건으로 구성되었는지를 교육할 뿐 아니라, 부건의 배열 방식도 강조해야 한다. 그렇지 않으면 위에서 지적한 구조 혼동이 초래될 수 있다. 구조교육에 치중하기 위해서는 한자의 구조 층위 분석에도 치중해야 한다.

(4) 한자 부건 구조의 분해는 적절해야 한다.

가령, '的'는 '白'과 '勺'로 분해하면 된다. 굳이 '勺'를 '勹'와 '丶'으로 다시 분해하게 되면, 글자구성 부건은 호칭성과 원래의 의미를 잃게 된다. 이처럼 지나치게 상세히 분해하게 되면 오히려 부건 교육의 의의를 잃게 된다. 같은 이치로, '续'는 '纟'와 '卖'로 구분할 수 있고, '卖'를 '十'과 '买'로 한 번 더 분해할 수도 있다. 당연히 '买'와 '头'를 잘 기억하기 위해 '冖', '头'와 '冫', '大'로 각각 분석할 수도 있다.

(六) 덧붙이는 말

본문은 부건이 외국인을 위한 한자 교육에서 발휘할 수 있는 기능에 대해 논의하였는데, 아래의 세 가지를 반드시 설명할 필요가 있다.

1. 부건은 한자 교육에 이용할 수 있는 특징 가운데 하나일 뿐 전부는 아니다. 필획, 필순, 필형(筆形) 역시 한자 교육에서 반드시 고려하고 중요하게 다루어야 할 요소이다.

2. 본문의 통계 분석에 사용된 부건은 《部件规范》을 근거로 하였는데 외국인을 위한 중국어 교육 가운데 한자 교육의 부건 체계와는 다소 차이가 있다. 외국인을 위한 중국어 교육에 적합한 한자 부건 체계를 구축하는

데에는 상당 시간이 걸리며 이 또한 다른 연구의 주제로 삼을 수 있다.

3. 외국인을 위한 한자 교육에 적합한 부건 체계를 사용하고, 컴퓨터 한자 환경과 필자의 한계로 인해 본문의 분석과 통계에는 정확하지 않은 부분이 있다. 그러나 사소한 오차가 본문의 결과에 크게 영향을 주지는 않을 것이다.

二. 외국인을 위한 한자 교육의 특징과 어려움 및 그 대책[142]

오랫동안 외국 학생을 대상으로 한 한자교육은 전체 외국인을 위한 중국어 교육 가운데 상대적으로 발전이 지체되었으며, 종속적인 상태에 처해있었다고 할 수 있다. 현재 상당수의 외국인을 위한 중국어 교육 기관에서는 독립적인 한자 교육과정을 개설하지 않고 있다. 외국인을 위한 중국어 교육계에서 편찬한 한자 교재도 초급 단계에서 한자 자체의 규칙을 학습하지 못하게 구성되어 있으며, 학습 어휘 순서와 한자 학습 단계가 서로 배치되어 어려운 한자가 먼저 출현하고, 쉬운 한자가 나중에 출현하는 현상이 비일비재하다. 가령, ≪实用汉语课本≫(商务印书馆, 1997년판)의 새 한자와 새 단어를 보면, 제1권 제6과에 '语'가 출현하고, 제10과에 '五'자가 출현하며, 제15과에 '口'자가 출현한다. 제1권 마지막 과까지 배워도 '言'자는 출현하지 않는다. 중급 단계에 이르러 전통적인 '육서(六書)'이론을 활용하여 식자교육(識字敎育)을 하지만, 현대 한자학의 연구 성과를 제대로 활용하지 못하며, 외국인을 위한 한자 교육의 특징과 규칙을 제대로 구현하지 못하고 있다. 외국인을 위한 한자 교육에 종사하는 다수의 교사들은 외국인을 위한 한자 교육에 관한 전문적인 교육을 받지 못해 표음문자와 한자 대조에 관한 지식이 부족하고, 해외의 한자 교육 현황, 방법, 경험 등을 파악하지 못하고 있으며, 심지어는 반드시 필요한 식자교육의 실제 경험이 부족하기까지

---

142) 费锦昌, <对外汉语教学的特点、难点及其对策>, ≪北京大学学报≫, 1998년 第3期.

하다. 또한 외국인을 위한 한자교육계의 한자와 한자교육의 과학적인 연구에 대해 인력과 재원이 턱없이 부족하여 그 성과도 미미하다.

외국인을 위한 한자 교육의 현황은 상당 정도 전체 외국인을 위한 중국어 교육의 발전에 영향을 주었다.

본문에서 말하는 '외국인을 위한 한자 교육'이란 포괄적인 표현으로, 여기서 말하는 '외국인'이란 '외국'과 '타민족'을 모두 포함하는 표현으로, 실제로는 한족과 비한족을 구분하여 중국어를 제2언어로 하는 모든 학생을 대상으로 하는 한자 교육을 일컫는다. 우리가 중점적으로 논의하는 것은 외국 학생을 대상으로 한 한자 교육이기 때문에, 왜 외국인이 한자를 어려워하는지에 대한 구체적인 분석이 필요하다. 외국 학생은 표음문자만을 사용하는 학생과 한자 문화권 국가의 학생으로 나눌 수 있으며, 성인과 아동으로 나눌 수 있다. 그들은 모두 한자 학습이 어렵지만, 어려운 정도와 어려운 부분이 다르다. 본문에서는 표음문자만을 사용하는 국가의 성인학생이 한자를 배울 때의 어려움만을 중심으로 논의할 것이다.

(一) 특징과 어려움

1. 교육 대상의 특징

(1) 외국 학생은 한자에 대해 거의 무지하다. 설령 한자에 대한 지식이 약간 있더라도, 그들의 지식저장소 안에는 한자에 대한 신비감이나 두려움뿐이다. 이뿐 아니라 어떤 학생은 왜곡된 생각으로 현행 한자의 실제상황에서 벗어난 잘못된 인식을 갖기도 하는데, 가령 어떤 외국학생은 현행 한자가 그림문자나 상형문자라고 잘못 알고 있기도 하다.

(2) 아동이 태어나면 특정 문화 환경 가운데에서 그 민족이 지키는 사유와 행위 방식을 습득한다. 이들이 어린시기에 받는 교육의 가장 중요한 측면은 바로 사회문화 생태환경에 부합하는 개념 체계와 부호 체계를 형성하는

것이다. 외국 학생이 알고 있는 문자지식과 문자기능은 거의 모두가 표음문자를 학습하고 사용하면서 획득한 것이다. 문자와 언어의 연관 모델에서 문자부호 체계의 내부 구조와 외부 형태까지, 한걸음 더 나아가 문자 기본 단위의 조합방식까지 (자모의 선형배열과 한 방향 쓰기) 등등 이러한 모든 것들이 표음문자 체계에 속한 것들이다. 게다가 이들 표음문자의 지식과 기능은 한자를 학습하고 응용하는 과정에서 조차도 표현되곤 한다. 吳英成은 ≪学生汉字偏误及其学习策略的关系≫에서 한자 오류와 관련한 실험 결과를 발표하였다.143) 실험 대상은 고등학고 1학년에서 무작위로 추출한 학생 30명이다. 남녀 각 15명씩, 연령은 17~18세이며, 모두 영어를 제1언어로 습득한 학생에게 매주 3시간의 중국어 수업을 했다. 실험 결과, 한자 오류 성질 면에서 잘못 쓴 글자로 인한 오류가 88%에 달했다. 발표자는 이것은 '현대 한자에 동음자 수량이 많아 학습자가 독음이 같거나 유사한 글자 A를 글자 B로 여겨 초래된 오류'에 기인한 것이라고 하였다. 우리는 이러한 분석 결과는 단지 한자의 각도에서만 분석한 것이라고 본다. 만약 학습자의 주관적인 요소에서 분석해 보면, 이들에게 어렸을 때부터 형성된 문자 관념과 기능은 부호로 발음을 기록하는 것이기 때문에, 형태와 독음 간의 연관성에 유난히 민감하다. 이야말로 이들이 글자 A를 글자 B로 잘못 쓰게 되는 내재적인 원인인 것이다. 그들은 한자를 학습하는 과정에서, 심지어는 무의식적으로 한자 지식과 기능을 가능한 한 그들에게 익숙한 표음문자 지식이나 기능과 동일시하려 한다. 예컨대, '管'의 '대나무 죽 두(⺮)'를 두 개의 'K'를 붙여 놓은 것처럼 쓰거나, '官'의 아래 부분을 'B'로 쓰고, 'ㅁ'의 필획을 한번에 'ο'처럼 쓰고, 상하구조의 '多'를 선형적인 배열의 '夕夕'으로 쓰는 등이 이에 해당한다.

(3) 교육 대상이 되는 성인은 표음문자 지식과 기능만을 알고, 중국어와 한자에 거의 무지하며 중국의 전통문화와 현대문화에 익숙하지 않은 특징을

---

143) [싱가폴] 吳英成, <学生汉字偏误及其学习策略的关系>, ≪第三届国际汉语教学讨论会论文选≫, 北京语言学院出版社, 1991年版.

가진다.

(4) 이러한 학생의 기억력은 중국 학생에 못 미친다. 이들의 문자 환경은 어렸을 때부터 한자의 바다에 빠져있는 중국 학생들과는 다르다. 그러나 이들은 이해능력이 강하고, 대부분 어문과 다른 문화에 대한 소양이 비교적 높다.

2. 교육 내용의 특징과 어려움

본 절에서는 외국인을 위한 한자 교육이 지체된 문제에 대해 주로 논의하고자 한다. 따라서 외국 학생이 한자를 학습하는 데 있어서의 어려움이 논의의 중심이 되며 한자에 대한 전면적인 평가는 언급하지 않겠다. 분석에 따르면, 외국 학생이 한자를 학습할 때 적어도 아래의 10가지 어려움이 있다.

(1) 한자 학습 초급 단계의 자형은 대부분 형태를 나타내거나 의미를 나타내는 것에서 시작하기 때문에, 글자구성 원리에 따라 외국 학생이 쉽게 습득하는 것은 상형자와 회의자, 지사자이다. 그러나 수천 년에 걸친 형태변화를 거쳤기 때문에, 이 한자들은 오래 전에 형상을 통한 표의의 기능을 상실하여 대부분 뜻도 독음도 나타낼 수 없는 기호가 되었다. 따라서 상황이 생각한 것과는 반대가 되어 이들 글자가 오히려 외국 학생이 가장 습득하기 어려운 글자가 된다.

한자 부호의 독음과 의미를 정확하게 익히지 못해, 외국 학생에게 이들 글자는 구불구불한 필획이 규칙 없이 조합된 기호에 불과하다. 그런데 '非', '言', '車', '且', '音', '戈', '辛', '丰', '火', '西', '虎', '立', '穴', '頁', '米', '虫', '比', '歹', '癶', '亻', '皿', '隹', '彳', '纟', '疒' 등과 같은 한자는 대부분 상용자이며 글자구성 능력이 강한 부건이기 때문에 외국학생은 반드시 이들 한자를 잘 익혀야만 한다.

(2) 다수의 한자는 처음 혹은 현재까지도 음운 정보와 의미 정보를 기록하고 있다. 이렇게 언어를 기록하는 방식으로 인해 많은 한자의 자형 구조가 복잡성을 띠게 되었다. ≪现代汉字通用字表≫에 수록된 7,000자의 필획수는 75,290획으로, 평균 한 글자마다의 필획수가 10.75획이나 되며, 그 가운데 9~11획 글자가 가장 많아 2,272자로 33%나 차지하고 있다. ≪汉字信息字典≫에 실린 7,785자 가운데 부건 3개로 구성된 글자가 가장 많은 3,139자로 40.321%이고, 부건 2개로 구성된 글자가 2,650자로 34.04%, 부건 4개로 구성된 글자가 1,276자로 16.391% 순이다. 이 셋을 합하면 7,065자로, 총 한자수의 90.75%에 이른다. 그밖에 ≪汉语水平词汇与汉字等级大纲≫에 수록된 甲급 한자 '赢'은 17획이며 5개의 부건으로 구성되어 있고, 乙급 한자 '警'은 19획이며 5개의 부건으로 구성되어 있다. 또한 丙급 한자 '躁'는 20획으로 6개의 부건으로 구성되며, 丁급 한자 '囊'은 22획이며 6개의 부건으로 구성되어 있다.

이러한 한자의 자형은 ABCD와 같이 간단한 부호에 익숙해진 외국 학생에게는 그야말로 모방하기 어려운 도형과도 같다.

(3) 한자는 음을 표시하는 전용 부호가 없다. 한 통계에 따르면, ≪现代汉语通用字表≫의 5,631개 형성 구조 한자가 1,325개의 상이한 음부(音符(또는 성방(聲旁))를 포함하고 있다고 한다. 동일한 음절 'yí'를 나타내는 음부가 '义(议)', '夷(姨)', '台(怡)', '多(移)', '贵(遗)', '疑(嶷)'인 것처럼 한자에서 동일 음절을 기록하는 음부가 하나 이상인 경우가 허다하다. 외국 학생은 왜 동일 음절을 이렇게 많은 음부로 기록해야하는지 이해하기 힘들며, 어느 'yí' 음절을 '义'로 표기하고, 어느 'yí' 음절을 '夷'로 표기해야 하는지 명확하게 기억하기 어려우므로, 외국 학생에게 있어 상술한 음부 가운데 대부분은 표음기능이 없는 기호가 되어버린다.

(4) 한 통계에 따르면, ≪现代汉语通用字表≫의 5,631개 형성 구조 한자는

246개의 상이한 의부(意符(또는 형방(形旁))을 포함하고 있다고 한다. 동일한 의미 부류를 나타내는 의부 역시 하나 이상인 경우가 많은데, 가령, '음식물을 삼키다'라는 의미를 나타내는 부류에 속하는 한자 가운데 '嚼'와 '喝'는 '口'를 의부로 하고, '餐'과 '饮'은 '食(饣)'을 의부로 한다. 또한 '시선이 사물에 닿다'라는 의미를 나타내는 부류에 속하는 한자 가운데 '瞧'는 '目'을 의부로 하고, '视'은 '见'을 의부로 하고, '顾'는 '页'를 의부로 한다. 이처럼 외국 학생이 의미 부류에 근거하여 의부를 정하는 규칙을 정확하게 정리하고 귀납하여 사용하는 것은 매우 힘들다.

※ 한자 필획표

	笔画	名 称	例字		笔画	名 称	例字		笔画	名 称	例字
1	一	横	大	11	﹁	横钩	你	21	亅	弯钩	了
2	丨	竖	十	12	ㄥ	竖弯钩	元	22	乚	横折弯钩	九
3	丿	撇	八	13	ㄑ	撇折	去	23	ㄥ	竖弯	四
4	丶	点	主	14	ㄥ	竖提	良	24	ㄥ	横折弯	没
5	ㄱ	横折	口	15	ㄥ	竖折	山	25	ㄋ	横折折折钩	仍
6	乀	捺	人	16	﹁	撇点	女	26	ㄟ	横斜钩	凰
7	㇀	提	地	17	㇄	竖折折钩	弟	27	㇅	横折折撇	及
8	乛	横折钩	月	18	乀	斜钩	我	28	㇋	竖折撇	专
9	亅	竖钩	小	19	㇜	横撇弯钩	那	29	ㄱ	竖折	鼎
10	㇇	横撇	水	20	㇙	横折提	课	30	㇊	横折折	凹
								31	㇞	横折折折	凸

(5) 현대 한자의 필획 종류는 20-30 가지나 된다(张静贤《现代汉字笔形论》에서 6가지 기본 필형과 25가지 파생 필형을 구분함).[144) 그러나 横折斜钩(风의 제2획)과 横折弯钩(九의 제2획)이 유사하고, 横折弯(朵의 제2획)과 横折折

撇(及의 제2획)이 유사하고, 橫折折折钩(乃의 제1획)과 竪折撇(专의 제3획)이 유사하고, 竪折折(鼎의 제6획)과 竪折折钩(马의 제2획)이 유사한 것처럼 많은 필형은 그 차이가 미미하다. 외국 학생은 이러한 차이를 이해할 근거를 찾을 수 없으며 구분이 쉽지 않아 기억하기 힘들다.

(6) 한자 체계에서 필획과 필획 간의 상이한 관계는 자형을 구분하는 수단 가운데 하나이다. 예를 들어, '八'과 '人'의 자형간의 유일한 차이는 두 필획간의 상호관계가 다른 것으로, 삐침획(撇)과 파임획(捺)이 분리된 자형은 수사 'bā'이고, 삐침획(撇)과 파임획(捺)이 서로 연결된 자형은 명사 'rén'이다. '开'와 '井'은 모두 4획으로, 두 개의 가로획(橫)에 삐침획(撇) 하나, 세로획(竪) 하나로 구성된다. 삐침획(撇)과 세로획(竪)이 첫 번째 가로획(橫)과 연결되어 있는 자형은 동사 'kāi'이고, 삐침획(撇)과 세로획(竪)이 첫 번째 가로획(橫)과 교차하게 되면 명사 'jǐng'이다. 외국 학생이 한자를 읽고 쓸 때, 어느 경우에는 연결하고, 어느 경우에는 나누어야 하고, 어느 경우에는 교차해야 하는지 그 이유를 명확히 이해하지 못하면, 이어야 할 때 나누고, 나누어야 하는 것을 교차시켜 전혀 다른 글자를 쓰곤 한다. 이들은 이해의 근거를 찾지 못해 기계적으로 암기할 수밖에 없는데, 성인 외국인 학생에게 기계적인 암기는 부담이 매우 크다.

(7) 현대 한자의 기본 구성 성분은 필획으로 구성된 부건이다. 중국 문자 개혁 위원회와 우한(武汉)대학이 협력하여 컴퓨터로 ≪辞海≫(1979년판)의 11,834개 글자를 분해하여 648개의 최종단계 부건을 얻었는데, 이 가운데 327개가 '口, 手, 目, 寸, 小, 白' 등과 같은 성자 부건이고, 321개가 '扌, 艹, 勹, 宀, 辶, 亻' 등과 같은 불성자 부건이다. 성자 부건이건 불성자 부건이건 외국 학생에게는 선으로 이루어진 군더더기에 불과하다. 외국 학생은 '日'과

---

144) 张静贤, <现代汉字笔形论>, ≪第二届国际汉语教学讨论会论文选≫, 北京语言学院出版社, 1988年版.

'目', '土'와 '士', '己'와 '己' '宀'와 '穴', '丬'과 '刀'를 구분하기 어렵다. 이들은 한 획 덧붙이거나 뺄 때마다, 선을 길게 하거나 짧게 할 때마다 왜 다른 부건이 되는지 이해하기 어렵다. 한자를 읽고 쓸 때, 외국 학생은 글자를 정확하게 쓰지 못하는 오류를 범한다. 한 통계에서 초급단계 유학생들이 잘못 쓴 글자를 조사한 결과, 총 750자 가운데 형태를 잘못 쓴 글자가 623개로 83%에 달하며, 이 가운데 80%가 부건 오류였다.[145]

(8) 두 개 이상의 부건으로 이루어진 한자가 대다수를 차지하므로, 부건과 부건 간의 조합 관계 문제 역시 간과할 수 없다. 부건 '口'와 '力'를 좌우 조합하면 '叻'과 '加'이고, 상하 조합하면 '另'이다. 부건 '口'와 '木'의 경우 '口'가 '木'의 위에 위치하면 '呆', '木'가 '口'의 위에 위치하면 '杏'이 된다. 외국 학생은 부건과 부건의 조합에 관한 충분한 이유와 규칙을 찾기 어렵다.

(9) 한자는 형태소를 기록한 것이다. 한자는 수많은 형태소로 구성된 형태가 각기 다른 자형부호인 까닭에 한자의 수가 엄청나게 많다. 통용되는 한자가 6,7천개이고, 상용자만도 2,3천개나 된다. 이렇게 많은 한자는 외국 학생에게는 엄청난 부담으로, 읽고 쓰기 외에 정확한 사용도 매우 큰 문제이다. 朱德熙가 한자 사용의 어려움을 논하며, 똑같이 'wéi'로 발음되는 '维, 惟, 唯' 세 글자의 예를 들었다. '维持'과 '维护'는 '维'만 쓸 수 있고, '惟'로 대체할 수 없지만, '思维'는 '思惟'로도 쓸 수 있다. '惟独'와 '惟恐'은 '惟'와 '唯'를 바꿔 쓸 수 있으나, '唯心', '唯物论'은 '唯'만 쓸 수 있을 뿐 '惟'로 대체할 수 없다. 이러한 예는 중국 학생조차도 구분하기 어려운 문제이므로, 외국 학생에게는 더더욱 어려울 수밖에 없다.

(10) 한자 가운데는 원래 기록했던 자의(字義) 혹은 형태소 의미가 현대에

---

145) 崔永华, <汉字部件和对外汉字教学>, ≪语言文字应用≫ 1997年 第3期.

와서 퇴색하여 거의 쓰이지 않게 된 경우가 있다. 이러한 한자 의미 혹은 형태소 의미를 나타내는 한자와 결합하여 형성된 단어는 표면적으로는 단어 의미를 파악하기 어려워 단어를 사용하거나 표기할 때 쉽게 오류를 범하게 된다. 가령, '刻苦'는 왜 '克苦'라고 하지 않으며, '提纲'은 왜 '題纲'이라 하지 않을까? 이해를 통해 학습하는 성인 외국 학생에게 이는 매우 이해하기 어려운 부분이다.

이상의 열 가지 문제점은 모어가 중국어인 학생에게도 어려운 점이며, 외국 학생과 중국 학생을 비교했을 때 그 어려움의 정도와 중점에 있어 차이가 있을 뿐이다.

(二) 대책

1. 문자 지식 및 운용 능력에 주목하여 처음부터 외국 학생의 기존 문자에 대한 생각을 바꾸고, 문자관과 문자 활용 능력을 확립하고 배양하도록 도와야 한다. 구체적으로, 독음을 표기하던 것에서 표음·표의를 겸하지만 실제로는 표의가 위주가 된다는 것을 파악하게끔 한다(고대 한자가 외현적이라면, 현대 한자는 내재적이다). 음소와 음절을 기록하는 것에서 형태소 기록이 위주라는 점을 파악하게 하며, 언어와 문자를 형태와 독음의 관계로 파악하던 것에서 형·음·의 가 결합된 것으로 파악하도록 한다. 서면(표기) 형식을 단일한 선형배열에서 가로획과 세로획의 이차원적인 조합으로 이해하게 하며, 문자부호의 기본단위가 표음 자모에서 뜻을 나타내는 의부(意符)와 음을 나타내는 음부(音符)를 겸하고 있다는 점, 또한 자형이 '필획 – 부건 – 정자(整字)'의 세 단계 조합 순서에 의한다는 것을 인식하도록 하는 등, 한자에 대한 개념을 확립하고 활용 능력을 키워야 한다. 이를 위해 외국 학생에게 한자의 역사, 성격, 특징 등의 지식을 소개하는 것 외에 한자 교육 과정, 특히 초급 단계에서 실제 예를 통해 형상적이고 구체적인

설명을 해주어야 한다.

2. 성인 학생의 장점을 발휘할 수 있도록 주의해야 한다. 외국 학생은
한자를 처음 배울 때부터 한자를 기록하는 기본 방법을 이성적으로 익히고
습득하게 되는데, 이 점은 중국의 어린 학생들보다 우월한 부분이다. 중국의
어린 학생이 처음 한자를 배우기 시작할 때는 전통적인 식자 방법에 따라
오랜 시간동안 모방하고 무작정 암기를 할 수밖에 없다. 그러나 성인인
외국 학생은 이성적으로 한자의 특징과 기본 이론을 익히고, 한자 관련
개념을 키울 수 있는데, 이 점은 이들의 강점이다. "분석의 체계성이 심화될수
록 교육 효과도 향상된다. 왜냐하면 학생은 분석을 기초로 한자 구조의 내재
적인 규칙을 인식하게 되어 그들의 기억을 강화할 것이기 때문이다."[146]
　어떤 학자의 분석에 따르면, 식자교육을 포함한 공시적 · 통시적 어문
교육은 여러 학파나 유파를 모두 아울러 귀납해 보면, '강화 · 자극 학파'와
'영감 · 연상 학파'의 양대 학파로 구분된다. 강화 · 자극 학파의 이론 모델은
'자극 – 반응 – 자극강화 – 반응강화 – 기억 강화'로, 학생의 잠재 기억력을
일으키고 발휘토록 하여, 학생의 기억 기능을 자극하고 강화한다. 그러나
교육 형식이 지나치게 틀에 박히고 단조로워 학생의 학습 자발성과 적극성,
연상능력과 사유 잠재력 등이 억제될 수 있다. 영감 · 연상 학파는 '영감
– 연상 – 재영감 – 재연상 – 기억인식 활동'과 같은 이론 모델을 갖는다.
이 모델은 가르치고 배우는 쌍방의 자발성과 창조성을 불러일으키고, 학생
의 귀납 사유와 추상 사유 잠재력을 발휘시켜, 효과적인 식자 교육과 지력
개발이라는 목적을 실현한다.
　외국 학생의 특징에 맞추어 한자교육에서는 영감 · 연상 학파의 이론을
중심으로 하고, 강화 · 자극 학파의 강화 기능을 부가적으로 채택해야 한다.
　아래에서는 '马'자를 예로 하여 분석하겠다. '马'의 독음은 'mɑ'(기술의

---

146) 柯彼德, <关于汉字教学的一些新设想>, ≪第四届国际汉语教学讨论会论文选≫, 北京
　　语言学院出版社 1995年版.

편의를 위해 성조 표기는 생략하겠다)지만, 일본어의 'ま'와는 다르다. 'ま'는 일본어 [ma]음절을 기록하는 고정적인 자모이나, '马'는 그렇지 않으며, 한자 가운데 'mɑ'음으로 읽히는 몇 개 자부(字符, 글자부호) 가운데 하나이다. 고대 한자 가운데 '马'의 자형은 상형자로, '𩵋'와 같이 표기하였다. 이것이 비록 가장 초기의 자형(字形)은 아니지만, 사람들은 위의 자형과 실제 말의 형상을 바로 연결시킬 수 있었기에, 자형에 근거하여 글자의 의미를 알고, 글자의 음을 읽을 수 있었다. 수천 년의 변화 과정을 거치며, '사물을 그대로 그려내다'라는 원칙을 따르던 자형이 점차 선형화(线条化), 필획화(笔画化), 부호화(符号化)되었다.

$$\text{𩵋} - \text{𩵋} - \text{𩵋} - \text{馬} - \text{马} - \text{馬} - \text{馬} - \text{马}$$

최종적으로 현대 한자 '马'는 발전 과정을 거슬러 올라가면 미미하게나마 실제 말 형태의 흔적을 약간 찾을 수 있지만, 3획으로 구성된 '马'는 이미 표의(表意)의 기능도 표음(表音)의 기능도 없는 기호가 되었다. '马'가 오랫동안 'mɑ'라는 단어를 기록해 왔는데 결국은 이 단어로 인해 '马'가 'mɑ'라는 독음을 얻게 되었다. 그리하여 한자 가운데 '麻(嘛)', '末(抹)', '莫(蟆)' 등의 몇 개 음부(音符)를 제외하고는 주로 '马'가 'mɑ'음절의 음부로 쓰인다. 그러나 중국어 가운데 'mɑ' 음으로 읽히는 형태소는 하나가 아니기에, 동음과 동일 음부로 기록된 각기 다른 형태소를 구분하기 위하여 의미부류에 근거하여 상이한 의부(意符)를 부가하는 방법을 채택하였다. '吗, 码, 蚂, 妈, 骂, 犸, 杩' 등은 똑같이 'mɑ'라고 읽으며, '马'를 음부(音符)로 하는 형태소가 자형에 따라 분화하였다. '马'는 음부(音符)로 기능할 뿐 아니라 의부(意符)로도 기능한다. 예컨대, '驶'(차나 말이 빠른 속도로 달려가다)와 '使'(사명을 받아 일을 처리하는 사람), '驹'(젊고 건장한 말)과 '拘'(체포하거나 구류하다), '驾'(가축이 수레나 농기구를 끌다)와 '架'(약간의 재료를 교차시켜 만든, 물품이나 도구를 올려두는 데 쓰이는 물건), '骟'(거세하다/난소를 잘라내다)

와 '煽'(불에 부채질하여 타오르게 하다/ 다른 사람이 해서는 안 되는 일을 하도록 선동하다)와 같이 동일 음부(音符)를 사용하는 한자의 자형을 구분하는 기능을 한다. '묘'자에 대한 분석을 통해 외국 학생은 한자의 주요 특징을 대체적으로 이해할 수 있다.

한자는 가장 초기 단계에 자형으로 사물을 묘사하여 기록하는 언어였다. 그러나 상형 수단은 제약이 너무 커서 가차(假借)의 방법을 대대적으로 사용하였고, 그 결과 동음자로 인한 혼란이 초래되었다. 이에 가차자에 의부(意符)를 부가하거나, 상형자에 음부(音符)를 부가하거나, 또는 의부·음부 병합을 통한 새 한자 조합 등의 방식을 채택하여, 형성자가 대량으로 생겨났고, 이와 함께 둘 혹은 둘 이상의 의부로 구성된 회의자, 의부에 기호를 부가하는 방법으로 만들어진 지사자도 늘어나 한자는 점차 완벽한 문자부호 체계를 형성하였다. 한편, 서면을 통한 의사소통이 날로 빈번해짐에 따라, '명확함'과 '간략함'이라는 서로 모순된 요구에 의해 한자 자형은 선형화, 필획화, 부호화의 궤적을 따라 변화하게 되었다. 한자의 자형구조 원리는 언어의 음과 뜻을 함께 고려하였으며, 자형 구별도도 높아, '명확함'과 '간략함' 사이에서 비교적 이상적인 교차점을 찾음으로써 중국어 기록이라는 중차대한 임무를 성공적으로 수행하고 있다.

이상을 통해 외국 학생은 한자가 규칙 없이 난잡한 도형이 아니라 그 자체가 독특한 내부규칙을 지닌 부호체계임을 명확하게 알게 된다. 이는 또한 외국 학생이 한자의 논리 출발점과 논리 사유 및 논리 방법을 명확하게 인식하는 데에도 도움이 된다. 한자의 주요 특징을 이해하고, 한자의 내재적인 규칙을 이해하고, 한자 학습의 효과적인 루트를 찾았다면, 학습 과정에서의 두려움과 맹목성을 제거하여 한자 학습의 효율을 제고시키게 된다.

3. 식자 교육 전체 과정에서 외국 학생이 한자의 주요 특징과 규칙을 전반적으로 익혀야할 뿐 아니라 외국 학생이 한자 인식이라는 목표를 달성할 수 있도록 길잡이를 제공해야 한다. 그 '길잡이'로는 아래와 같은 것이

있다.

(1) 필획, 부건, 단부건자(單部件字)를 가르치는 초기에 성인 학생이 잘 이해할 수 있는 조건을 조성한다. 현행 한자와 고대 한자의 형체상의 역사적인 관계를 충분하지만, 합당하게 이용하여(현행 한자 자형 가운데 잔존하는 고대 상형 한자의 흔적은 한자 자형의 표의성을 드러내는 것이기도 하다) 이들이 기초 단계에서 습득하기 어려운 한자 자형을 습득하는 '길잡이'로 삼는다. 동시에 이들의 한자 학습에 흥미를 불러일으키고, 한자의 특징에 부합하는 문자개념을 키워준다. 특히 원래는 상형, 회의, 지사자였으나, 현대 한자에서는 기호자로 발전하여 강한 글자 조합 기능을 갖는 단부건자는 현대 한자에서 자형과 글자가 기록하고 있는 단어의 독음, 의미 간의 연관관계를 상실하였다. 만일 적절하게 이들의 초기 자형을 이용하면 외국 학생이 현대의 자형과 기록된 음과 의미 간의 연관 관계를 구축하는 데 도움이 되며, 무작정 한 획 한 획 외우는 것 보다 훨씬 더 쉬울 수 있다.

예컨대, '人', '手', '刀', '水' 등은 이러한 방식으로 가르칠 수 있으나 반드시 적절한 수준을 조절해야 하며, 정도를 넘어서면 안 된다. 가령, '冬'을 예로 보자. 문자학자의 고증에 의하면 갑골문의 '夂'은 끊어진 실의 형상으로 '끝까지 다하다 / 결국, 끝내(終盡)'의 뜻을 나타내던 것이 파생되어 1년의 끝을 나타내는 계절(冬季)을 나타내게 되었다. 파생 의미가 쓰인 후에 다시 '氷'의 초기 글자가 형방으로 덧붙여지고 원래의 자형은 성방(聲旁)이 되어 형성자 '冬'이 구성되었다. 이처럼 어원을 찾아 거슬러 올라가는 것이 문자학의 연구 성과를 충분히 운용하여 설명하는 것이지만, 외국 학생에게는 너무 복잡하여 '冬'의 자형을 단순 암기하는 것이 효과가 더 높을 수도 있다.

(2) 외국 학생이 한자의 자형을 구분하는 몇 가지 수단을 알게 된 후에는 학생이 상용 필획과 필형, 조자부건(組字部件)(글자구성 능력이 강한 단부건자 및 둘 혹은 둘 이상의 최종단계 부건이 조합된 형방, 성방, 부수)와

간접틀 구조(间架结构)를 착실하게 익힐 수 있도록 도와주어야 한다. 그 가운데 일각에서는 자소(字素)라고도 하는 부건이 관건으로, 부건(자소)를 중심으로 하여 교육하는 방법을 '부건식자법(部件識字法)' 혹은 '자소교육(字素教育)'이라고 한다. 崔永华[147]는 "한자를 분해한 기억단위가 적을수록 기억에 유리하며(≪汉语水平词汇与汉字等级大纲≫에서 규정한 1,033개 甲級 단어는 801개의 한자, 301개의 부건만이 사용되었으며, 전체 8,822개 단어에는 2,866개 한자, 431개 부건이 사용되었다), 한자를 분해한 기억단위의 호칭 가능성이 높을수록 기억에 유리하다(甲級 단어에 사용되는 330개 부건으로 구성된 801개 한자에서 글자구성 부건의 호칭 가능성이 61.5%이고, 여기에 기본적으로 호칭 가능한 것을 포함시키면 70%에 육박한다)"고 하였다. 또한 "한자를 분해한 기억단위의 유의미성이 높을수록 기억에 유리하다(甲級 단어에 사용된 801개 한자의 330개 부건 가운데 표의 부건이 226개로 68.5%이다)"고 언급하였다. 이로 볼 때 필획과 정자(整字)에 비해 부건이 가장 이상적이다.

이 단계에서 기초를 잘 다져 놓으면, 이들이 이후 한자를 학습하는 데 큰 역할을 할 수 있다. 외국 학생이 한자를 표기할 때 가장 쉽게 범하는 오류는 윤곽만 인식하고 상세한 부분을 구분하지 못해 필획이 빠지거나 덧붙여있고 부건의 위치가 잘못된 것이다. 이러한 오류는 기초 단계에서의 필획, 부건, 단부건자 등과 같은 한자를 조합하는 기본 구성성분을 잘 습득하지 못한 데에 기인한다.

(3) 현대 한자에서 아직 표음 혹은 표의 기능이 있는 음부(音符)와 의부(意符)를 충분히 이용하여, 한자 형·음·의를 습득하는 '길잡이'로 삼는다. 통계에 따르면, ≪现代汉字通用字表≫에 수록된 5,631개 형성자 가운데 음부(성방)은 1,325개이고, 그 가운데 성자음부가 1,119개, 불성자 음부가 206개

---

147) 崔永华, <汉字部件和对外汉字教学>, ≪语言文字应用≫ 1997年 第3期.

이다. 글자 독음과 음부(성방) 독음의 성운과 성조(聲韻調)가 완전히 일치하는 것이 37.51%, 성운(聲韻)은 같고 성조(調)가 다른 것이 18.17%로 이 둘의 합계가 55.68%이고, 음부의 전체 표음도(总体表音度)는 66.04%에 달한다. 의부(형방)은 246개인데, 그 가운데 완벽하게 표의 기능을 하는 것이 0.83%, 기본적으로 표의 기능을 하는 것이 85.92%, 표의 기능을 하지 않는 것이 13.25%이며, 의부의 전체 표의도(总体表意度)는 43.79%이다.

의부와 음부가 모두 작용하여 이용되는 것으로는 아래와 같은 것이 있다.

의부+음부 : 认, 汽, 转, 晨, 战, 材, 妈, 运, 呀, 花……
의부+의부 : 从, 众, 双, 林, 森, 体, 明, 宝, 看, 拿……

음부와 의부 가운데 하나가 작용하는 경우, 이를 잘 이용하여 기억의 경로로 삼을 수 있다. 아래의 예를 보자.

의부+기호 : 扫, 告, 烛, 硬, 雷, 嘴, 过, 细, 海, 早……
음부+기호 : 但, 骗, 骄, 销, 消, 笨, 铺, 妄, 耻……

어떤 음부와 의부는 현대중국어에서 더 이상 아무 기능도 하지 않는 것처럼 보이는 경우가 있는데, 조금 우회하여 해당 음부와 의부를 포함한, 이미 알고 있는 상용자와 연계해보면, 아주 합당하지는 않지만 그런대로 쓸 만한 보조 수단을 발견할 수 있다. 예를 들어, ≪汉语水平词汇与汉字等级大纲≫에 수록된 丁급 글자 '炊'는 甲급자에서 이미 배운 '吹'의 독음을 이용할 수 있고, 乙급 한자 '措'는 甲급에서 이미 배운 '错'의 독음을 이용할 수 있다. 또한 丁급 단어인 '颊'을 가르칠 때는 이미 乙급에서 배운 적이 있는 '顶'의 자의(顶과 의부 页와의 관계)를 이용할 수 있고, 甲급 단어 '放'을 가르칠 때는 또 다른 甲급 단어인 '收'의 의부(意符)와 자의(字意) 간의 관계를 이용할 수 있다.

(4) 한자의 특징과 기본 이론을 과학적으로 소개하였다는 전제 하에, 현행 한자의 자형에서 단순하게 발생한 통속적인 문자학 설명 역시 적절히 이용한다면 기억을 강화할 수 있다. 그러나 한자의 기본 원리와 기본 규칙을 위배하지 않아야 하며, 해당 한자 자형의 원래 의미에 부합한 설명이라는 것을 전제해야 하고, 이러한 설명의 수량이 너무 많지 않도록 통제한다. 예컨대, 산둥(山東)대학의 殷煥이 소개한 '富裕'의 '裕'자에 관한 통속적인 설명을 보면, '衤(衣)+谷(糧食)'로 '의복과 곡식이 풍부한 것이 부유함이다'라고 한 설명이야말로 매우 적절한 예라 할 수 있다. 음부 '谷'은 독음이 변화하여 표음 기능을 상실하고 기호가 되었다. 간화자에서 '谷'은 '稻穀'의 '穀'을 대체하고 있어, '裕'자를 두 개의 의부로 구성된 회의자로 해석할 수 있게 된 것이다. 그러나 가능한 한 이 글자가 형성자라는 설명을 먼저 해 주는 것이 바람직하다. 또 다른 예로, 어떤 식자 교본에는 간화자 '轰'에 대해 구결(口抉) 즉, "차 두 대가 울려대니 우르르 쾅 한다"는 문장을 부가하였다. '轰'의 '双'은 간화한자에서 채택한 기호로, 여기서는 '轰'의 번체자에서는 두 개의 '車'를 대체하고 있음을 설명해주는 것이 좋다.

4. 외국 학생이 자주 보는 한자 자형의 조합 방식, 필순과 부건 표기 순서를 포함한 표기의 선후 순서 규칙을 착실하게 익힐 수 있도록 도와주어야 한다. 그들은 문자를 선형적으로 배열하는 모어의 방식과 습관에 익숙해져 있어 왜 '毁'를 (1) 臼 (2) 几 (3) 又 (4) 工의 순서로 쓰면 안 되는지 이해하지 못한다.

5. 한자의 외현적·내재적 표의 기능에 치중하는 동시에 현행 한자 성방의 표음 기능 이용에도 유념해야 한다. 이는 한자 표음 기능의 긍정적인 요소를 발굴·발현시키는 것이기도 하고, 외국 학생이 어렸을 때부터 키워온 자형(字形)과 자음(字音) 연결에 능숙한 장점을 발휘할 수도 있는 것이다. 독일의 柯彼德 교수는 ≪关于汉字教学的一些新设想≫[148]에서 "형방이 나타

내는 의미 범주를 지적하여 현대화된 한자 교육에서 성방의 역할이 더 발휘되어야 할 뿐 아니라…… 한자의 2/3가 표음 기능이 있다는 점에서 출발한 교육 체계를 마련하도록 노력해야 한다."고 언급하였다. ≪现代汉语通用字表≫의 형성자 가운데 성방의 독음과 그것으로 구성된 형성자의 독음을 비교해보면, 성운(聲韻)과 성조(調)가 완전히 일치하는 것과 성운은 같고 성조가 다른 것이 절반을 넘는다. 이러한 특징은 현대 한자의 특징에도 부합하고 외국 학생이 문자를 인식하는 데 있어서도 우위를 발휘할 수도 있다. 만약 형방의 표의 기능 혹은 구별(구분) 기능을 추가하게 되면, 외국인을 위한 한자 교육에서 규칙성을 갖춘 효과적인 수단으로 기능하여 교육과 학습에 있어서의 어려움을 경감시킬 수 있다. 柯彼德는 구체적인 교육방법도 설계하였는데, 가령, 학생이 '太'와 '忄(심방변)', 'ⅰ(삼수 변)', '钅(쇠금변)', '月(육달월)' 등의 형방을 이미 익혔다면, 다음 단계는 이들에게 '态, 汰, 钛, 肽' 등의 새로운 구조를 소개한다. 이는 그들에게 '太'를 성방으로 하는 자형을 접하도록 하여 한자의 표음 기능과 성방·형방 간의 상호 작용을 보여주는 것에 목적이 있지, 구체적으로 이러한 한자의 의미를 습득하거나, 이해하고 학습하여 표기하고 사용할 수 있도록 하는 것은 아니다. 이러한 방법은 앞서 소개한 '马'자의 예와 동일한 것이다. 중국의 초등학생을 대상으로 한 식자교육에서 창안한 '자족문 식자법(字族文識字法)' 역시 유사한 방식을 운용하고 있다. 즉, '兰'이 음부로 기능하는 '烂, 拦, 栏'을 가르칠 때 한자 설명 뒤에 문장을 덧붙여, "'兰'에 '火(불화 변)'을 더하면, 집집마다 등을 켜니 얼마나 찬란한가(万家灯火多灿烂)", "'兰'에 扌(손수 변)을 더하면, 큰 강이 길을 가로막는구나(一条大河把路拦)", "'兰'에 '木(나무목 변)'을 더하면, 정원 양 쪽에 난간이 있네(花园两边有栏杆)"과 같이 연습한다. 다만 柯彼德는 독음을 통한 접근법을 훨씬 더 강조하였다. 그의 견해는 표음문자를 사용하는 국가에서 태어나, 수년간 중국어와 한자 교육에 다년간 종사한 교수의

---

148) 柯彼德, <关于汉字教学的一些新设想>, ≪第四届国际汉语教学讨论会论文选≫, 北京语言学院出版社 1995年版.

의견이므로 깊이 되새겨볼 필요가 있다. 이러한 견해는 어떤 면에서는 오랫동안 중국어와 한자 환경 속에서 생활한 교사보다 외국 학생의 실제 상황에 더 부합할 수도 있다.

6. 중국어 구어 학습 순서와 한자 학습 순서가 교재 내에서 잘못 출현하는 문제를 적절히 해결해야 한다. 외국인을 위한 한자 교육의 내용은 그 자체적인 맥락과 순서가 있어야 한다. 중국어 학습의 순서를 고려하기 위하여 자체적인 체계를 어지럽혀서는 안 된다. 언어를 학습하는 데 있어 '谢谢'는 언제나 우선적으로 배우게 되지만, '谢'를 구성하는 'ì(言), 身, 寸'으로 기록되는 단어가 '谢谢'라는 단어보다 먼저 출현하지는 않는다. 이를 어떻게 해야 할까? '발음부호로 먼저 글자를 익히고 미리 글자를 써보는(注音識字, 提前讀寫)' 방식을 참고할 수 있다. 즉, 아직 출현하지 않은 한자를 한어병음으로 임시 대체하여, 단어 학습 순서를 순조롭게 배열하는 것이다. 일정 수량의 한자 기초를 갖춘 후에, '개별 학습과 문장을 통한 읽기(分散識字, 隨文認讀)'의 방식을 참고하여, 본문을 통해 한자량을 늘이는 동시에 의식적으로 식자 교육을 목적으로 한 어구를 만들어낸다. 가령, '青'과 '青'을 음부로 하는 글자들을 배운 후에 '河水清清天气晴, 青蛙长着大眼睛(강물은 푸르고 날씨는 맑다. 청개구리는 눈이 커다랗다)'와 같은 문장을 제시할 수 있다. 또한 '唯物论和唯心论不是决定思维方法的唯一因素(유물론과 유심론은 사유 방식을 결정하는 유일한 요소가 아니다)' 등의 문장을 통해, '青'을 음부로 하여 조합된 '清, 晴, 睛'과 '隹'가 조합된 '唯, 维, 惟' 등의 한자를 식별하게 하면 식자량이 늘고 현대 한자의 관련 특징을 한층 더 체득할 수 있다. 일정 단계에 이르게 되면, '집중적인 글자 익히기(集中識字)' 방식을 참고할 수 있다. 즉, 편방 부수를 수반한 글자(扌: 扮, 摆, 接, 掉, 挥, 掀……)와 기본자를 수반한 글자(见: 觉, 宽, 现 / 又: 叹, 汉, 戏……) 등 일련의 글자를 제시하여 아는 한자량을 크게 확대한다. 실제 교육과 통계를 통해 상용자 2,3천자를 습득하게 되면, 일반적인 서면어 의사소통이 가능함이 증명되었

다. 한자는 글자수가 많지만, 상용자의 고빈도화라는 원칙이 학습의 어려움을 크게 완화시켜준 한자 교육의 경험에 따르면 기본자와 상용자 부건을 익힌 후에는 한자 학습 속도가 크게 빨라진다.

7. ≪现代汉语常用字表≫와 ≪汉语水平词汇与汉字等级大纲≫을 기초로 하여, 외국인을 위한 한자 교육의 특징과 어려움을 고려하고, 수년간 중국과 해외의 외국인을 위한 한자 교육의 교육경험과 성과를 참고해야 한다. 또한 한자의 필획과 필형, 기본부건, 음부(성방), 의부(형방), 글자구성률이 높은 단부건자에 대한 정량 분석을 통해 외국인을 위한 한자 교육에 전문적으로 사용되는 '외국인을 위한 한자 교육에 사용되는 한자 등급표(对外汉字教学用汉字分级表)'와 이 등급표에 상응하여 학습한 외국 학생의 '오류 글자표(偏误字表)'를 제작하여 교재 편찬과 실제 교육에 사용해야 한다. 현행 ≪汉语水平词汇与汉字等级大纲≫에서 규정한 甲, 乙, 丙, 丁 네 등급 한자는 중요한 근거이지만, ≪大纲≫의 한자는 단어 교육을 목적으로 한 어휘 등급과 순서에 따라 규정된 것이므로, 한자의 등급과 배열 순서가 한자 교육의 내재적인 규칙을 충분히 반영하는 데는 부족한 점이 있다. 따라서 이것을 기초로 하되 한자 학습의 규칙과 순서를 충분히 고려하고 반영하여 배열한 한자표가 필요하다.

8. 외국 학생의 한자 학습에 사용할 소프트웨어와 CD 제작에 힘써야 한다. 시작 단계에는 각계의 경쟁으로 다원화, 다각화, 다층위화의 국면이 형성되겠지만, 굳이 서둘러 '독보적인 제품'을 확정할 필요는 없다. 이로써 한자 학습 수단의 현대화를 이끌게 될 것이다.

이상 제시된 견해는 "외국 학생의 문자 관념을 전환시키고 한자 규칙과 특징을 정확히 파악하여 한자 학습에 필요한 각종 수단을 모색·제공하며, 한자의 필형, 필순, 기본부건, 간접틀 구조(间架结构) 등의 기본 지식과 기본

기능을 착실하게 습득하도록 한다. 아울러 여러 가지 식자 교수법의 장점을 수렴하여 외국인을 위한 한자 교육 전문 교재를 제작하고, CD와 소프트웨어 등과 같은 현대적 교육수단을 충분히 이용한다"로 요약할 수 있다. 이것은 체계적인 프로젝트로, 세심하게 계획하고 시행해야 한다.

1950년대부터 외국인을 위한 한자 교육은 '말 먼저, 문자 나중 학습', '말과 문자 동시 학습', '병음과 한자 교차 출현 학습', '듣기 · 말하기와 읽기 · 쓰기를 구분한 수업 설계' 등과 같은 교수법을 시행한 바 있다. 그러나 설계가 충분히 치밀하지 못했고, 테스트가 체계적이지 못했으며, 무엇보다 장기간에 걸친 규모 있는 등급별 연구와 실험을 지속하지 못해 체계적인 성과를 거두지 못했다. 그러므로 이러한 경험을 진지하게 받아들일 필요가 있다.

(三) 덧붙이는 말

외국인을 위한 한자 교육은 외국인을 위한 중국어 교육 전체에서 중요한 부분이자 어려운 부분이기도 하다. 이러한 어려움을 서둘러 해결하지 않으면, 외국인을 위한 중국어 교육을 공고히 하고 한층 더 발전 · 향상시켜 나가는 데 걸림돌이 될 것이다. 이를 감안하여 '国家社会科学基金语言学基金组'와 '国家汉办'에서는 '외국인을 위한 한자 교육 문제에 대한 연구 · 해결'을 의사일정에 상정하였다.

외국인을 위한 한자 교육은 역사가 짧고, 기반도 미약한데, 그 임무가 막중하며 난이도도 높은 분야이다. 이는 짧은 시간 사이에 순조롭게 해결할 수 없으며, 특정 개인이나 몇몇이 해결할 수 있는 것도 아니다. '国家对外汉语教学办公室'에서 비교적 장기적인 계획을 세우고, 각 분야의 힘을 집중적으로 배치하여 '한자 연구', '교육인지 연구', '교수법 연구', '교재 편찬', '교구 제작' 및 '현대화' 등의 각 부문을 함께 해결해 갈 것을 건의한다. 한 단계 한 단계 성과를 거두면 외국인을 위한 한자 교육의 수준도 계속해서 향상될 것이다. 이를 위하여 중국 '国家汉办'에서 외국인을 위한 한자연구팀을 구성하여 한자와 한자 교육에 전문적인 연구자, 외국인을 위한 한자 교육에 종사하는 교사, 한자 교재 전문 제작자, 한자 인지심리 분야의 전문 연구자, 한자교육과 중국어 정보처리 전문 연구원을 연구팀의 구성원으로 초빙할 것을 건의한다. 이 팀에서는 외국인을 위한 한자 교육에 관한 연구 과제를 계획·조직하여 그 성과를 검증하고, 외국인을 위한 한자 교재(시청각 교재 포함)의 편집 출판을 기획하고 심의·수정하며, 중국과 해외의 한자 교육법과 교육 수단 현대화를 위한 교류와 추천의 기회를 기획하여 기존의 개별 영역별 탐색(연구), 개인 위주의 연구, 단속적인 연구 국면을 점진적으로 개선해야 한다. 일정 기간의 노력을 거치면 외국인을 위한 한자 교육 가운데 주요 어려움도 잘 해결되어 외국인을 위한 한자 교육 역시 외국인을 위한 중국어 교육 사업의 발전 수준과 속도를 따라잡을 수 있을 것이다.

貳. 한자교육의 방법과 전략

一. 한자 교육에 관한 논의149)

(一) 기존 한자 교육 전략에 대한 분석

현재 존재하는 외국인을 위한 중국어 교육 중 한자 교육 전략을 귀납하면 6가지 정도이다.

> (1) 필획(筆劃)전략 - 가장 간단한 글자 구성단위인 필획으로 한 글자의 조합, 구성을 가르친다.
> (2) 음의(音義)전략 - 한자의 음(音)·의(義)의 결합으로 한자를 가르친다.
> (3) 자형(字形)전략 - 한자의 전체 형상으로 한자를 가르친다. 아울러 간단

---

149) 伍巍, <对外汉语教学中的汉字教学探讨>, ≪广州大学学报≫, 2004年, 第7期.

한 반복으로 강화 수단을 삼는다.

(4) 귀납전략 - 종류 분석과 통합의 방법으로 동음자, 형성자, 형근자(形近字)를 귀납한다.

(5) 복습전략

(6) 응용전략 - 독해, 작문 수업에서 한자 학습을 강화한다.[150]

이 여섯 가지 전략은 서로 간에 독립적인 것이 아니고 종종 서로 연관이 되어 사용된다. 이외에 일부 교사는 '첸트(Chant)'[151], 게임, 이야기 등의 수단을 보조성의 교수 방법으로 융통성 있게 운용하기도 한다. 아래에서는 실제 교육현장에서 느낀 바와 유학생의 실제 피드백을 결합하여 6가지 한자 교육 전략의 득실에 대해 객관적인 분석을 하고자 한다.

1. '필획전략'에 대해서

외국 학생이 한자를 학습하는 최초의 단계에서 필획의 학습이란 빠질 수 없는 과정이다. 한자는 결국 필획을 기본단위로 하여 쓰여지기 때문이다. 그러나 우리가 보기에 외국 유학생들이 한자를 학습하고 기억하는 데 있어서 필획 전략을 주요한 방법으로 사용하기엔 적당치가 않다. 그 원인은 다음과 같다.

(1) 한자는 '一字一形'이라 사람들이 놀랄 정도로 수가 많아서(≪汉语大字典≫에는 56,000여자가 수록되어 있고, ≪新华字典≫에는 11,000여자가 넘는 한자가 수록되어 있다) 반드시 한 글자 한 글자씩 개별적으로 습득해야 한다. 지금까지 필획의 측면에서 한자 구조의 종류를 통계 낸 사람이 없을 정도이다. 만약 순수하게 필획 전략만을 유학생이

---

150) 江新·赵果, <初级阶段外国留学生汉字学习策略的调查研究>, ≪语言教学与研究≫, 2001年 第4期, 10~17쪽.
151) [역주] 요점만을 간추려서 노래 형식으로 만든 운문 또는 정제된 글귀

한자를 학습하는 주요 방법으로 삼는다면 구조가 복잡한 한자의 학습 단계에 진입했을 때 학생들이 채택할 만한 규칙이 없게 되어 필획을 가장 쉽게 틀릴 것이다.

(2) 한자의 필획 자체는 어떠한 표음·표의적 기능이 없기 때문에 필획과 자음(字音), 자의(字義) 간에는 어떠한 필연적인 연계가 없다. 그래서 '필획 전략'만 사용한다면 한자의 형·음·의 셋을 분리시킬 수밖에 없는 상황이 발생할 것이므로 학생들에게 한자의 형·음·의를 억지로 한꺼번에 외우도록 하는 방법은 분명 과학적인 학습방법이 아니라고 할 수 있다.

2. '음의(音義)전략'

'음의전략'의 장점은 한자의 독음과 자의(字義)의 결합으로 학생들이 한자를 읽어 내게끔 도와줌으로써 기계적인 한자를 생명이 있는 부호로 바꾸어 주기 때문에 학생들의 한자 학습에 대한 흥미를 제고시킬 수는 있다. 그러나 외국 유학생들이 한자를 배우는 배경은 분명 중국 학생들과는 다르다. 중국 학생들이 한자를 배우는 것은 대개 말을 할 줄 알고 난 이후이기 때문에 보통화를 사용하든 방언을 사용하든 한자의 음절에 대한 개념이 분명하다. 즉, 중국 학생들은 한자를 배울 때 이미 구어에 근거하고 있기 때문에 구어에서 실현된 음절로 써내기만 하면 된다. 이에 반해 외국 유학생들은 중국어 구어에도 의존할 수 없고 구어에서 실현된 한자의 음절도 없어서, 한자의 형·음·의 세 가지는 그들에게 낯설고, 학습의 난이도 역시 높을 수밖에 없다. 영어 등의 언어는 표음문자를 사용하는 언어이므로 말할 수 있는 것은 대부분 글자로 써 낼 수 있다. 그래서 고정된 서사 부호도 많고 서사규칙 역시 고정되어 있다. 한자는 비표음 계통의 문자로, 말하는 것과 그것의 서사부호 계통 간에는 직접적인 연계가 없다. 그래서 말로 할 수 있는 음절을 꼭 어음에 근거해서 써낼 수 있는 것도 아니며, 글로 쓸 수 있는 글자라도 꼭 읽어낼 수 있는 것도 아니다. 한자 교육의 최종 목적은 바로 학생들이 자형(字形), 자음(字音), 자의(字意) 세 가지의 결합으로 한자를 습득하게 하는 것이다. 이 셋 중에서 비한자 문화권의 외국 유학생이 처음 한자를 배울 때 가장 곤혹스러워 하는 것이 바로 자형의 습득이다. 그런데 '음의전략'에서 소홀히 하는 점이 바로 한자의 자형이다. 그 밖에도 한자는 수많은 동음자들이 있어서 그 의미 구별의 주요 표지는 자형의 차이에 있다고도 할 수 있는데, 이것이 곧 '음의전략'이 절대로 해결할 수 없는 어려움이므로 '음의전략' 또한 이상적인 조치라 할 수가 없다.

3. '자형전략'

'자형전략'은 한자의 전체적인 형상으로부터 한자를 습득하는 것이며 아울러 간단한 중복을 강화의 수단으로 삼는다. 형식 측면에서, 이 방법은 '음의전략'과는 정반대이다. 이것은 주로 한자의 자형을 위주로 하기 때문에 자형과 자음, 자의를 연결시킬 수 있는 효과적인 방법이 없다. 본질적 차원에서 보면, '자형전략'은 '필획전략'과 근본적인 차이가 없다. 이것은 다만 '필획전략'의 기초 위에 한자의 '전형(全形)' 개념을 추가한 것일 뿐이다. 모든 한자는 하나의 '전형'이 있지만 전체 형상의 하위 성분은 상대적으로 완정한 부건(部件)이라기보다는 여전히 필획이다. 그렇기 때문에 최종적으로 학생에게 가르쳐야 하는 것은 여전히 한자의 번잡한 '점'과 '선'의 구조방법일 뿐이다. 이것은 컴퓨터 조립에 비유할 수 있다. 상대적으로 완벽한 컴퓨터 부품 몇 개가 아니라 수천 개의 흩어져 있는 컴퓨터 부속품들을 고객에게 넘겨주면 결국 고객이 최초의 부속품부터 맞추어 나가야하기 때문에 이 방법의 난이도 역시 높을 수밖에 없다. 설사 '자형전략'을 운용하여 한자들을 습득했다 해도 자형과 음(音), 의(義) 간에는 여전히 괴리가 있다. 그리하여 구조가 복잡한 한자와 형근자(形近字)가 늘어남에 따라 이 전략도 점차 그것의 한계성을 노출할 수밖에 없다.

4. '귀납전략'

'귀납전략'은 성부(聲符), 의부(意符)의 귀납 방법을 이용해 한자를 학습하는 것이다. 상대적으로 귀납전략은 비교적 규칙이 있는 학습 방법이긴 하나 유학생들은 이 방법을 그다지 좋아하지 않는다.[152]

지금까지 나열한 6가지 전략 가운데 뒤의 두 가지는 복습과 강화 전략에 속하는 것으로 어떤 교수법이라 하더라도 복습과 강화가 필수적이다. 다만 앞의 네 가지 전략은 읽기 교수 전략에 속하는 것일 뿐이다. 조사에 따르면, 앞의 4가지 학습 전략 가운데 유학생들이 가장 흔히 사용하는 것은 '자형전략'이며, '음의전략'과 '필획전략'이 그 다음이다. 그리고 가장 잘 사용하지 않는 것이 '귀납전략'이다.[153] 이것은 한번 쯤 심각하게 고민해 봐야할 문제이다. 필자가 가르쳤던 유학생 대부분은 규칙적인 방법으로 한자를 배우고자 했다. 필자도 일찍이 이러한 요구에 부응하여 가장 상용되는 한자의 성부와 의부 및 그 결합 규칙에 대해 몇 차례 정리를 한 바 있으나 그들이 새로 배우는 한자를 접촉할 때에는 대다수가 무의식적으로 자형 혹은 필획 전략으로 다시 돌아가곤 했다. 이러한 문제의 원인을 분명히 하기 위해 필자는 일찍이 한자를 일 년간 배운 적이 있는 유럽의 학생들을 대상으로 실험을 한 적이 있다. 실험의 내용은 그들에게 20개 상용 형성자(形聲字)의 형방(形旁)과 성방(聲旁)을 구분하도록 요구하는 것이었다. 반 전체 학생 12명 중, 단지 2명만이 합격 이상의 성적을 받아 합격률이 16~17%에 불과했다. 그리고 반수 이상의 학생들은 단 4~6개 한자의 형방과 성방만 구분할

---

152) 江新·赵果, <初級阶段外国留学生汉字学习策略的调查研究>, ≪语言教学与研究≫, 2001年 第4期 10~17쪽.

153) 상동

수 있었다. 동일한 실험을 아랍 지역 유학생들에게 했을 때에도 성적은 대체로 유사했다.

조사 인터뷰를 통해, 대다수의 외국 유학생들이 편방(偏旁)은 그들의 한자 식별에 대해 그다지 큰 도움이 되지 않는다고 생각하고 있음을 알 수 있었다. 그 원인에는 아래의 세 가지가 있다. 먼저, 그들은 한자의 구성에 있어 '부건(또는 편방)'이 중요한 역할을 한다는 인식이 결여되어 있어서 한자 편방의 종류에 대해 체계적인 인지를 하지 못하고 있었고 이로써 합체자 조합 관계에 대해 판별하지 못했다. 예를 들어 '绑', '裳' 등의 한자가 도대체 몇 개의 편방으로 구성된 것인지 잘 모르는 것이다. 둘째, 어떤 형성자는 그것의 성부와 의부를 판단하지 못했는데, 예를 들어 '妹'와 '김' 등의 글자의 성방이 어디 있는지, '盂', '視' 등 글자는 도대체 어떤 것이 형방이고 어떤 것이 성방인지 잘 판단하지 못했다. 셋째, 그들은 한자 편방의 변형된 쓰기 법에 익숙하지 않았다. 예를 들어 '快'와 '恭'은 왜 '心'을 따르고, '烈'은 왜 '火'를 따르는지 등을 잘 알지 못했다. 이러한 상황은 이와 유사한 조사, 실험 결과에서도 비슷하게 나타난다.[154] 이를 통해 두 가지 문제를 확인할 수 있다. 첫째, 처음에 한자를 배우는 외국 유학생들이 비록 일부 기초 한자를 알고 있다 해도 한자의 습득방법에 대해서는 잘 모르기 때문이다. 그들은 처음부터 한자의 '필획'과 '편방'이라고 하는 두 가지 층위의 글자 구성단위를 구분하는 방법을 잘 이해하지 못한 것이다. 특히 '필획'과 '편방' 중 편방은 전체 한자 학습에서 중요한 작용을 하고 있다. 그리고 일부 학생들은 시종일관 한자의 부건 조합의 진도가 잘 나가지 못하고 계속해서 필획을 단위로 하는 정체(整體) 자형(字形)의 읽기 단계에만 머물러 있기도 한다. 이러한 현상의 주요 원인은 아마도 한자의 두 가지 구조법을 한자 자형 학습의 기본 방법으로 삼아 강조하지 않았기 때문이며, 또 엄격하면서도 순차적으로 이를 교수 단계에서 실시하고 강화하지 않았기 때문이다. 더욱

---

154) 石定果 · 万业馨, <关于对外汉字教学的调查报告>, ≪语言教学与研究≫, 1998年 第1
期 36~48쪽.

이 편방 부수로 충당되는 독체자(獨體字)의 교수 과정에서 학생들에게 이것의 기초를 확실하게 다지도록 해주지 못했던 원인도 있다. 학생들의 기초가 견고하지 못하면 설사 그들이 이론상으로 '부건구자법(部件構字法)'의 이치를 이해한다 해도, 실제로는 이를 잘 사용할 줄 모르게 된다. 자형전략(순수 필획조합)이 비록 과학적이지는 않지만 '방법은 있어도 쓸 줄 모르는 것'보다는 나을 수 있다. 이것이 바로 학생들이 항상 자형전략을 이용하는 원인이기도 하다. 둘째, 외국 유학생들이 자형(字形)과 자의(字義) 간의 관계를 수립하도록 도와줄 수 있는 효과적인 방법이 아직까지 없다. 현행 한자는 부호화된 문자이긴 하지만 형성자조차도 완벽한 표음 기능을 구비하고 있지 않기 때문에 중국어 구어 기초가 없는 외국 학생들에게 있어서 한자의 자형은 분명 추상적인 것에 불과하다. 그러나 한자의 자형은 또한 구체적인 것이다. 이로 인해 학생들이 무조건 외우게 하는 것 외에는 한자의 자형과 자의를 함께 결합시킬 수 있는 방법이 없기에 역시 학습의 어려움을 초래하게 된다. 이것은 곧 규칙성이 있는 한자 습득 이론을 아직 수립하지 못했음을 증명하는 것이다. 설사 어떤 이는 규칙을 가지고 한자를 가르치려고 시도하겠지만 여전히 합리적인 교육 프로그램과 과학적 방법이 결여되어 있다. 한 마디로 말해, 이제까지 한자의 기본 능력 훈련을 너무 간단하게 보아, 단지 외국 유학생에게 한자를 많이 알게 도와주는 데만 급급했고 체계적인 방법이 있는 교육을 소홀히 해온 것이다. 이상의 조사 결과를 종합하면 현행 한자 교육에 존재하는 문제에 대한 진지한 반성을 통해 그간의 경험을 바탕으로 새로운 교수법을 모색할 필요가 있다.

(二) 중국의 전통적인 한자 교육법의 계발

중국은 유구한 한자교육의 역사를 갖고 있다. 일찍이 주(周)나라 때에 ≪史籒篇≫이 등장한 이후 진(秦) 李斯의 ≪倉頡篇≫, 서한 史游의 ≪急就篇≫, 揚雄의 ≪訓纂篇≫, 동한 賈魴의 ≪滂喜篇≫ 등은 모두 당시의 전문적인 동몽식자(童蒙識字) 교재였다. 이 가운데 ≪急就篇≫의 영향력이 가장 크다. 당송이후, 몽학(蒙學) 교재는 기존의 것을 계승하여 더욱 발전하였는데, 저명한 ≪三字經≫, ≪百家姓≫, ≪千字文≫은 이 시대 몽학 성과의 대표라 할 수 있다. 이러한 성과들은 비단 한자의 형(形), 의(義)의 종합적 습득 방법을 고려한 것 뿐 아니라 동몽 학습자의 언어 음율 인지 특징까지도 고려하였다. 그리하여 형식의 설계에 있어서, 3음절 구조(≪三字經≫)에서 점차 4음절 구조(≪百家姓≫, ≪千字文≫), 5음절 구조(≪名賢集≫)로 발전하였으며 여기에다가 입에 딱 맞는 음률도 있어서 아동들이 낭독하고 기억하기에 편리하였다. 그리고 내용 설계에 있어서는 '한자' 학습에서 점차 '어문' 학습으로 나아갔다. 한편, 청대는 중국 소학(小學)의 집대성 시대로 동몽 교육 역시 이를 따라 새로운 단계로 진입하였다. 이 시기 가장 유명한 전문 동몽식자 교본은 王筠의 ≪文字蒙求≫이다. 이 책에서는 한자를 상형, 지사, 회의, 형성의 네 가지 조자법으로 분류하여 2천 여자의 상용자를 수록하고 있고 4~5세의 아동을 가르치는데 쓰도록 하였다. 이 교재는 세 가지 현저한 특징을 갖고 있다. 첫째, 교육 내용이 간단한 것에서 번잡한 것 순으로 되어 있어 먼저 몇 개의 '필획독체자(筆劃獨體字)'로 시작을 하고 그런 다음 일반 독체자로 넘어간다. 독체자 중에서 편방 부수로 충당될 수 있는 독체자를 주요 교육 내용으로 하여 합체자의 읽기를 위한 기초로 삼고 있다. 아동들이 일정 수량의 독체자를 습득하고 아울러 필획에서 독체자로 넘어가는 전체적인 읽기가 끝난 후, 그 책은 그제야 합체자의 학습으로 들어간다. 전체 교재의 내용은 아동의 한자 습득 특징을 근거로 하고 있고 순서에 따른 점진적인 방법으로 차근차근 나아가고 있다. 둘째, 아동들이 자형과 자의 간의 관계를 파악하도록 돕기 위해서 ≪文字蒙求≫는 가능하면 모든 해서체 글자 아래에 하나의 상형이나 회의식의 고문자를 추가해 놓고 있다. 예를 들어 "耳" 아래에 耳를, "犬"자 아래에 犬를, "取"자 아래에 取를 첨가해 놓았다. 우리는 이것을 일컬어 '형의(形義)연관교육법'이라 하는데, 학습자가 이러한 고체(古體) 자형을 보기만 해도 그 글자의 뜻을 대체적으로 알수 있고, 보기만 해도 이에 상응하는 해서체자의 유래를 이해할 수가 있게하는 것이다. 이것은 한자 교육의 초급 단계에서 사용할 수 있는 좋은 방법이다. 셋째, 일상생활의 내용과 결합을 하여 상용자를 뽑아 교육의 내용으로삼고 있는데 여기에 자세한 해석도 가하고 있다. 이렇게 아동의 식자(識字)과정과 실천을 결합함으로써 응용 과정에서 자음, 자의 및 자형 세 가지를결합한 인지를 공고히 하는데 편하게 되어 있다. 중국의 전통적인 한자교육법의 성공적 경험은 이처럼 전인들이 수천 년간 힘들여 쌓아온 것으로이 경험들은 풍부한 과학 정신을 갖추고 있다. 그리고 이 경험들은 한자의인지 규율과 초학자의 인지 특징에 부합하고 있어 오늘날 외국인을 위한한자 교육에 대해서도 좋은 귀감이 되고 있다. 따라서 이러한 역사 경험을무시하는 것은 애석하지 않을 수 없다.

(三) 한자 구건(構件) 교육의 단계와 방법

중국 초등학생들은 식자(識字)의 초급 단계에서는 대부분 '人', '手', '足', '刀', '口', '木'과 같은 가장 기초적인 독체자부터 시작한다. 이들 독체자들은동시에 가장 상용되는 한자의 조자(造字) 부건(편방)이기도 하다. 그리고이러한 독체자를 습득하려면 반드시 기본적인 필획부터 시작해야 하는데이것이 바로 한자 학습의 제1단계로 절대 그냥 넘어가서는 안 되는 단계이다. 일정 수량의 기초자를 습득한 후에는 필획의 개념을 알아야 한다. 그래서 한자 부건의 조합 방법으로 복잡한 한자의 구조를 학습하는 것이 중국학생들의 두 번째 단계 즉, 한자 학습의 일반적 원칙이다. 중국 초등학교2,3학년 학생이 아직도 점, 선의 방식으로 '饭', '语' 등의 글자를 판별한다고하면, 바보라고 놀림을 당할 것이다. 성인의 한자 편방 개념은 더 강해서설사 글자를 많이 알지 못하는 어른이라 해도 당신이 그에게 '稻', '景'이몇 개의 필획으로 되어 있냐고 물으면 바로 대답하지는 못해도 몇 개의 편방으로 구성되었냐고 묻는다면 금방 대답할 수 있을 것이라 생각된다. 한자 학습의 두 번째 단계로 진입해서 만약 '부건 조자의 방법'으로 합체자를 가르치지 않는다면 중국 초등학교 어문 수업은 상상하기도 힘든 상황이 벌어질 것이다. 이로 본다면, 한자 학습은 반드시 '필획 습득', '독체자(한자의 부건) 습득', '조합 습득'이란 3가지 상호 연관된 점진적 단계를 거쳐야 한다. 이 가운데 앞의 두 단계가 기초가 되고 마지막 한 단계는 여러 한자를 습득하는 주요 방법이 된다. 한자 조합 습득 방법은 반드시 견고한 편방(상용 독체자) 습득을 전제로 해야 하는데 이것이 바로 한자 습득의 기본 원칙이다. 외국 학생들이 중국어 학습의 중급 정도 단계에서, 한자 자형 습득의 어려움을 겪게 되는데 이는 주로 편방 부수에 대한 인지가 취약하기 때문이라고 본다.

'한자 구건(構件) 교육법'은 중국의 전통 한자 교육 방법에 대한 참고를 기반으로 하고 한자의 구조 특징과 인지 규율에 따라 외국인을 위한 중국어 한자 교육을 실시한 경험을 종합한 결과라고 할 수 있다. 그 방안은 '한자 기본 필획 교육', '한자 부건 교육' 및 '한자 조합 교육'이 상호 연결된 점진적 단계로 구분할 수 있다. 교육에서 선택한 한자는 ≪汉语水平考试词汇与汉字等级大纲≫의 804개 乙급 상용자에 근거하고 있고 이와 아울러 国家语委에서 1988년 공포한 ≪现代汉语常用字表≫를 결합하여 적당히 가감한 것이다. 편방으로 사용되는 독체자는 1992년판 ≪现代汉语词典≫에서 만든 부수용 한자를 근거로 하였다. 첫 번째 단계는 처음 한자를 배우는 외국 유학생들에게 체계적인 필획 및 필순 교육을 시켜 그 교육 효과가 상용 독체자를 쓰고 읽을 때 나타나도록 하는 것이다. 그리고 점차 필획에서 상용 독체자의 전반적인 읽기로 넘어가도록 한다. 이와 아울러 중국의 전통적인 '형자(形字) 연관교육법'을 활용하여 학생들이 활용 과정에서 지식을 강화하도록 한다. 두 번째 단계는 독체자와 한자 편방의 관계를 정리하여 몇 개의 상용 편방의 변이형식을 체계적으로 귀납하고, 아울러 반복적 훈련과 강조를 통해 학생들이 독체자와 '편방'의 인지 관계를 수립해, 합체자의 조합 교육을 위한 밑바탕이 되게끔 한다. 세 번째 단계는 합체자의 조합 유형 및 방법을 체계적으로 교수하고 동시에 전통적인 '자형, 자의 연관교육법'을 운용해 학생들이 운용 과정에서 지식을 강화하게 만들고, 또 운용 과정에서 규칙을 습득하게 하는 것이다. 그래서 결국 전체적인 교육 방안의 핵심은 바로 '한자 구건 교육'과 '합체자의 조합 교육' 이 두 부분에 있다고 볼 수 있다.

1. 한자 기본 필획 교육

기본적인 필획 훈련은 유학생들의 한자 학습에서 소홀히 할 수 없는 기본 능력 훈련이다. 왜냐하면 독체자의 구조가 어떠하든 최종적으로는 필획으로 실현되기 때문이다. 이 단계의 훈련은 '필획'과 '필순'이라고 하는 두 부분으로 나뉘게 된다. 훈련은 두 단계로 나뉘어 다음과 같이 실시할 수 있다.

(1) '橫, 竪, 撇, 点, 折'라고 하는 5가지 기본 필획 및 쓰는 방법과 필순을 교수한다.
(2) 기본 필획으로부터 발전된 몇 가지 조합 필획을 더 교수하고, '一'부터 '十'까지의 기본 숫자 및 관련 독체자를 읽고 쓰는 방법을 가르친다.

이 단계의 훈련은 마땅히 습자(習字) 규칙에 따라 엄격하게 실시해야 하며 처음부터 올바른 쓰기 습관을 배양해야 한다. 그리고 소규모의 쓰기 대회나 전시회 등을 개최하여 학생의 흥미를 격려함으로써 향후의 한자 학습을 위한 쓰기 준비를 시킨다.

2. 한자 부건 교육

2002년판 ≪现代汉语词典≫에서는 총 194개의 부수(중복된 15개의 변형 부수 포함)가 있다. 그중 성자부수(成字部首)는 162개로 82.2%를 차지하고,

불성자부수(不成字部首)는 32개(4개의 필획부수 포함)로 17.8%를 차지한다. 이런 측면에서 보자면, 한자 부건 교육은 기본적으로 한자 기초자의 교육이나 마찬가지인 셈이다. 기초자의 습득은 유학생의 한자 학습에서 관건이 되므로 기초자를 잘 습득했는가의 여부가 곧 조합형 한자를 익히고 학습방법을 습득하는 데에도 직접적으로 영향을 끼치게 된다. 따라서 우리는 이 부분을 한자 교육의 핵심 부분으로 놓고 비교적 많은 시간과 노력을 투입해야 한다.

경험에 비추어볼 때, 기존의 기초자 훈련 단계를 보면 대충 하고 지나가는 측면이 없지 않았다. 이는 절대다수의 현행 한자가 조합형 한자이기 때문이다. 그렇기 때문에 교사는 의식적이든 무의식적이든 교육의 핵심을 조합형 한자의 교습에만 두곤 했다. 이 과정에서 외국 유학생과 중국 학생의 한자 학습 배경 차이를 대충 넘기고 소홀히 한 바 없지 않다. 설사 가장 간단한 독체자의 형·음·의라 해도 외국 유학생에게 있어서는 굉장히 낯선 대상일 수가 있다. 그들은 이것을 모두 이성적 기억으로 습득해야 하는 부담이 있다. 그들에게 기본자 형·음·의 결합의 기억 방법을 알려주지 않았기 때문에 유학생들은 습득과 망각을 되풀이할 수밖에 없는 것이다. 기초 한자를 습득하지 못하고 편방 조합 교육도 제대로 받지 않으면 유학생들은 결국 원시적인 필획 습득 방법으로 돌아갈 수밖에 없다.

유학생들이 형·음·의 3자의 결합으로 기초 한자를 습득하도록 도움으로써 현대 한자 교수법의 결함을 보완하려면, 중국의 전통적인 동몽식자 교수법 속의 과학적인 경험을 흡수하고 고문자 자체(字體)의 상형, 회의 등 특징을 활용하여 현행 한자 자형과 자의를 식별하는 매개체로 삼아야 한다. 그렇게 하면 학생들이 형상을 통해 유추할 수 있고 기초 한자에 대해서도 직접적인 이미지를 이끌어 낼 수 있다. 예를 들어, 고한자 ∂으로 '人'자의 구조를 이끌어 내고, ♥으로 '手'자의 구조를, ∦으로 '木'자의 구조를, ♥으로 '止'자의 구조를, 그리고 ♥으로 '足'자의 구조를 이끌어 낼 수 있다. 그리고 편방으로 쓰이는 기초자들과 함께 이 글자들의 편방 변체도 열거하여 학생들이 함께 익히게 해야 한다. ≪文字蒙求≫의 시대에는 아직 갑골문(甲骨文)을 발견하지 못해서 단지 소전(小篆) 혹은 금문(金文)을 해서체 판별의 매개자체로 삼았었다. 그러나 지금은 매개 수단으로 쓰이는 고문자의 선택에 있어서 전보다 더 많은 선택의 여지가 있다. 그래서 현행 한자와 더 근접해 있고 더 이해하기에 편리한 형체를 선택할 수가 있다. 예를 들어 '鸟'의 갑골문은 [한자]이고, 소전은 [한자]이므로 이중에서 소전을 선택할 수 있고, '向'의 갑골문은 [한자]이고, 금문은 [한자], 소전은 [한자]이므로 그중에서 더 형상적인 갑골문을 선택할 수 있다. 만약 매개 고문자 한 글자로는 직접적으로 문제를 설명할 수 없다고 한다면, 몇 개의 자체를 열거해 학생들이 인지할 수 있는 과도자체로 삼을 수 있다. 예컨대 '目'은 금문에서는 [한자]으로, 소전에서는 [한자]으로 되어 있어 학생들은 비교를 통해 보자마자 '目'의 자의, 자형의 기원이 어떠한지 이해하게 된다. 이렇게 '형의(形義) 연관 교육법'을 사용하면 학생들이 고문자와 해서(楷書) 자형을 비교할 수 있고 형상 사유나 연상 능력을 발휘할 수 있어 현대한자의 필획과 자의(字意)의 유래에 대해서도 설명할 수 있게 된다. 그러나 모든 습득 과정에서 학생들에게 고한자를 쓸 수 있게 요구해서는 안 된다. 고한자는 다만 학생들이 학습하는 매개이자 수단에 불과하므로 교육의 중점은 여전히 현행 한자에 두어야 한다.

여기까지는 교육의 반만을 언급한 것에 불과하다. 다른 나머지 임무는 학생들이 모든 글자를 규범적으로 독음할 수 있도록 하고, 아울러 일정한 연습량을 통해 이를 강화시키는 것이다. 전통적인 '형의(形義) 연관 교육법'의 특징은 자형과 자의의 통일을 함께 고려하는 것이므로 형태를 보면 의미가 생각나고, 뜻을 살펴보면 형태까지 생각나는 것이다. 여기에 독음을 연결시키는 방법을 더 추가하여 형·음·의 삼자간의 내재적 연계까지 고려할 수 있다. 이 교육 방법은 효과가 좋아 어떤 글자는 교사가 한두 번만 가르쳐도 유학생들이 금방 이해하곤 했다.

앞에서 언급한 바 있는 유럽 학생들을 두 번째 학기에도 가르쳤는데, 원래 배운 기초 위에 '한자 구건 교육법'을 실시하였다. 55시수에서 162개의 성자부건(成字部件)을 다 배웠으니 평균 매 수업 당 3개의 글자를 배운 셈이다. 게다가 수업 이후 20시수를 더 지도하여 학생들이 대부분의 글자를 습득할 수 있었다. 그 밖의 32개 불성자 편방에 대해서는 각각 두 종류의 방법을 채택했다. 예를 들어 '耳(왼쪽 편방)' 및 '走, 辶' 등의 편방은 마찬가지로 ᥱ, ᥤ 등 고문자 형체와 대조하였고 'ᅳ', 'ᄀ' 등 편방은 필획방법을 채택하여 교육했다. 이렇게 했을 때 기본적으로 현행 한자 194개 부수의 읽기, 쓰기를 해결할 수 있었고 이후에 진행될 '한자 조합 교육'을 위한 초보적인 기초를 다질 수 있었다. 당연히 기초글자에 대한 학습은 지속적으로 복습하고 활용해야 더 공고해진다. 이 과정은 부단한 축적과 승화의 점진적인 과정이다. 그렇기 때문에 동일반 학생 중에 편방 기초글자에 대한 습득이 다 고르지 못한 것도 정상적인 현상이다.

3. 한자 조합 교육

유학생들이 대부분의 편방으로 쓰이는 독체자를 습득한 후에는 필획 습득법을 그만 두고 한자 부건의 조합 습득법을 시작해야 한다. 예를 들어, '木'과 '白'이 좌우로 조합되어 '柏'이 되고, '其'와 '土'가 상하로 조합되어 '基'가 되고, '木'과 '目'이 조합되어 '相'이 되고, '相'은 또 '心'과 조합되어 '想'이 되는 등이 그것이다. 교육의 기본 원칙은 순서에 따른 점진적인 진행이다. 즉, 단층적인 조합('日'+'月' → '明')에서 점진적으로 다층적인 조합('明'+'皿' → '盟')으로 가야 한다. 한자 조합 교육의 초보 단계에서 여전히 회의 등의 고문자 형태를 가이드로 하여 외국 유학생들이 이미지 직관을 터득하게 해야 한다. 예컨대 'ᥦ — 牧'은 한 손으로 채찍을 들고 소를 모는 모습이다. 'ᥬ — 步'는 앞뒤 두 발이 앞을 향해 나아가는 모습이다. 그리고 'ᥪ — 采'는 한 손을 나무 위로 내밀어 과일을 따는 모습이다. 그 다음으로는 직접적으로 해서(楷書) 편방을 이용해 한자를 조합하는 단계로 점차 넘어가야 하고, 아울러 이 한자들로 상응하는 어휘를 구성하여 학생들이 활용하는 과정에서 한자 지식을 공고히 해야 한다. 예를 들어, '竹'과 '快'는 '筷'로 조합이 된다. 이것은 중국에서 최초의 '젓가락(筷子)'이 대나무로 만들어졌기 때문이다. 또 '跋山涉水(산을 넘고 물을 건너다)' 중의 '涉'자는 물속에서 걷는 것이라 '水'와 '步' 두 개의 편방으로 구성되었다. '尘'은 세세한 모래 입자로 구성된 것이라 '小'와 '土'로 구성된 것이다. '부건 교육'의 단계에서, 유학생들은 이미 기본적으로 상용 편방으로 쓰이는 독체자 및 그 서사 변형체의 음의(音義)를 습득했기 때문에, 이 단계에서는 학생들의 이미지 사유 습득 방법에서 점차 논리 사유 습득 방법으로 넘어가야 한다. 이렇게 하여 학생들에게 순수한 부호 편방으로 판별하고 조합하도록 훈련시키되 더 이상 고한자를 매개체로 삼지 말아야 한다. 그래야만 성인이 논리적으로 사유할 수 있는 학습상의 이점을 충분히 발휘할 수 있게 되고 동시에 점진적으로 자기 주도적 학습 능력을 배양할 수 있다.

한자의 조합 교육 역시 자음(字音)의 문제가 존재한다. 형성자를 끊임없이 습득함으로써 이것이 자음의 판별에 일정한 도움을 줄 수 있다고는 하지만 그 도움에는 한계가 있다. 왜냐하면 고금(古今) 어음의 변이로 인해 다수의 한자를 조합하는 성방(聲旁)들이 더 이상 정확한 표음 기능을 갖추지 못하고 있기 때문에 조합 한자의 음은 따로 교육해야 한다. 즉, 학생들이 합체자를 처음 접할 때마다 교사는 규범적인 독음을 알려주어야 한다. 아울러 반복적인 판별 연습 및 운용 작용을 통해 한자 지식을 강화시켜야 한다. 이 외에는 더 좋은 방법이 없다.

세 번째 학기의 정규 시수 60시간(과외 지도 20시간) 동안 모두 210개의 합체자를 교육을 했는데, 이는 평균 매 수업 당 3~4개 한자를 교육했음을 보여준다. 고찰 결과, 일부 학생이 소수 한자의 편방 위치에 대한 오류를 범하기는 했으나 대부분 학생들이 기본적으로 한자의 인지 방법과 합체자를 잘 습득했다.

교육 경험을 통해, 한자 교육과 중국어 교육은 불가분의 관계이며 한자 교육을 어휘, 구어 등의 교육 내용과 함께 진행해야만 한자 교육의 효과가 비로소 효과적으로 다져지고 실현될 수 있음을 알게 되었다.

二. 편방과 편방 교육[155]

(一) 편방과 합체자의 교육

전체 한자 중 통용자이든 상용자이든 합체자가 차지하는 비율은 대략 95% 정도가 된다. 따라서 합체자는 한자 교육의 주요 대상이며 동시에 한자 체계의 계통성은 주로 편방과 합체자 간의 형·음·의 연계에서 나타나고 있다. 이에 반드시 편방과 합체자 교육의 관계를 중시해야 한다. 한자는 '형태소-음절문자'로 이것이 기록하는 형태소는 음도 있고 뜻도 있기 때문에 거의 모든 한자는 형·음·의의 통일체이다. 그래서 한자 교육 중의 이른바 '字'는 결코 단순히 하나의 서사 부호로만 끝나지 않으며 중국어의 하나의 기본 구조 단위가 된다. 그렇기 때문에 한자 교육은 마땅히 형·음·의 세 방면의 내용을 포괄해야 하는데 이것이 바로 한자 교육이 다른 표음문자 교육과 다른 중요한 특징 중 하나라 할 수 있다. 중국의 전통적인 한자교육의 역사를 봐도 역시 형·음·의를 함께 중시해 왔으며 외국인을 위한한자 교육도 당연히 예외가 아니다. 그래서 '形'도 가르쳐야 하고, '音'도 가르쳐야 하며 '義'도 가르쳐야 하므로, 삼자 중 어느 하나도 소홀히 할수 없고[156] 이로써 합체자 음의(音義) 교육 측면에서 편방의 작용을 특별히 신경 써야 한다.

한자는 하나의 복잡한 부호체계이며 전인들이 이 체계를 창조하고 완성

---

155) 李大遂, <简论偏旁和偏旁教学>, ≪暨南大学华文学院学报≫, 2002年 第1期.
156) 李大遂, <关于对外汉字教学如何走出困境的思考>, ≪北大海外教育≫第3辑, 北京大学出版社 2000年版.

한 것도 하나의 체계적인 공정이었다고 볼 수 있다. 오늘날 학생들이 이 체계를 학습하고 습득하게 하는 것도 일종의 체계적인 공정인 셈이다. 기왕에 한자 교육이 일종의 체계적인 공정이라면 당연히 그 방법도 체계적인 방법을 채택해야 한다. 한자 교육에서 체계적인 방법을 채택하는 데는 그것의 객관적인 기초가 존재한다. 먼저, 한자 체계는 형·음·의 제 방면에서 비교적 강한 계통성을 갖고 있으며 이러한 계통성은 주로 합체자에서 나타나고 있다. 예컨대 앞의 내용과 같이 합체자 자형은 편방자가 여러 형식으로 조합된 것이다. 그리고 동일한 표의(表義) 편방의 합체는 의미상 서로 같거나 비슷하거나 서로 관련이 있다. 또 동일한 표음(表音) 편방의 합체자는 독음상 서로 같거나 비슷하거나 관련이 있다. 둘째, 외국인을 위한 한자 교육의 대상은 성인으로, 아동과 비교할 때 성인의 분석 의식과 능력이 더 강해서 그들의 학습은 학습 방법에 중점을 두고, '한자 체계의 규칙을 이해'하고 싶어 한다.[157] 셋째, 사람의 뇌가 언어의 인지 규칙에 대해 가지는 특성에 대해 말하자면 다음과 같다. "대뇌는 언어의 기억에 있어서 마치 하나의 네트워크와 같다. 네트워크상의 하나하나의 마디는 곧 개념 혹은 사건을 대표하며, 네트워크상의 선 하나하나는 의미가 있는 연계와도 같다. 교육을 할 때에도 마치 학생들의 두뇌 속에서 이렇게 거대하면서도 복잡한 네트워크를 조직하듯이 해야 하는데, 매 수업 시간마다 학생의 기억 네트워크에 몇 개의 마디를 첨가해야 한다. 좋은 설계는 마디로부터 파생되어 나온 각 선들을 확실히 장악하여 마디를 각 선(즉 의미가 있는 연결)의 중심 위치에 놓아야 하며 홀로 동떨어져 있게 해서는 안 된다. 이렇게 하면 쉽게 부호를 조직할 수 있다. …… 즉, 이러한 마디 사이에 의미상의 연계를 수립하고 질문, 연습, 예시 등의 교수 수단을 동원해 이러한 의미와 연계를 제시하고 강화하여 새로운 지식과 구 지식, 이미 알고 있는 것과 미지의 것이 서로 관련이 되게끔 한다. 그러면 학생은 교사가 제공한 갖가지 실마리

---

157) 万业馨, <略论形声字声旁与对外汉字教学>, ≪世界汉语教学≫ 2000年 第1期.

를 바탕으로 부호화를 진행할 것이고 효과적으로 그들을 기억 속에 저장하게 될 것이다."[158] 柯彼德는 일찍이 "분석의 체계성이 깊을수록 교육의 효과도 좋아진다. 학생은 분석의 기초가 있은 다음에야 한자 구조의 내재적 규칙을 의식할 수 있고 그의 기억력이 지원을 받게 되기 때문이다."[159]라고 지적한 바 있다. 이로 본다면 한자 교육이 체계적인 방법을 채용해야 함은 마땅한 것이고 또 가능한 일이다.

한자 교육에서 어떻게 체계적인 방법을 채택할 수 있는가? 구체적으로 말하면 한자의 형·음·의 체계성을 가장 잘 반영할 수 있고, 한자 형·음·의 체계를 가장 잘 파악할 수 있는 구조 단위인 '편방'을 장악해야 전체 한자 체계의 교육을 이끌 수가 있다. 만약 전체 한자 체계를 마치 하나의 '그물망'과 같다고 한다면 이 편방 체계는 이 그물망의 벼리(大綱, 대강)가 된다. 그리고 매 편방은 벼리로부터 파생되어 나와 이 그물망의 선을 조직하게 되고, 모든 합체자는 그물망에서 선과 선이 교차하여 형성된 마디가 되는 것이다. 그래서 편방이라고 하는 이 벼리를 확실히 장악하여 편방의 형·음·의를 핵심으로 삼아, 특히 편방과 합체자의 음의(音義) 연계를 핵심으로 삼아 한자 하나하나를 전체 시스템 안으로 넣어 가르치고 배워야 한다. 이렇게 하면 '그물의 벼리를 집어 올리면, 그물의 작은 구멍은 자연히 열리듯이, 즉 사물의 핵심을 파악하면 나머지는 저절로 해결되는' 그런 교육 효과를 거둘 수가 있다. 다시 말해서 학생들이 수많은 개체의 한자를 익힐 수 있게끔 비교적 수월하게 가르칠 수가 있고, 또 한자의 체계성을 전체적으로 이해하고 파악하게 할 수가 있다. 일단 학생들이 한자의 체계성을 파악했다면 이미 배운 것은 물론 배우고 있는 한자에 대한 기억과 이해 또한 깊어질 수 있고, 나아가 한자를 더 심도 있게 학습할 수 있는 능력도 크게

---

158) 徐子亮, <对外汉语教学理论研究的新思路 — 对外汉语教学认知规律的探索>, ≪世界汉语教学≫, 1998年 第2期.

159) 柯彼德, <关于汉字教学的一些新设想>, ≪第四届国际汉语教学讨论会论文选≫, 北京语言学院出版社, 1995年版.

향상시킬 수가 있다.

段玉裁는 ≪說文解字注・玉部≫의 '理'字注에서 다음과 같이 말했다.

> "玉雖至堅, 而治之得其鰓理以成器不難, 謂之理. 凡天下一事一物, 必
> 推其情至於無憾而後即安. 是之謂天理, 是之謂善治." (옥이 비록 매우 강하나
> 그 결(조리)을 파악해 기물을 만들면 어렵지가 않으니 이를 일컬어 '理'라고
> 한다. 무릇 천하의 일과 사물들은 반드시 그 정을 미루어 근심이 없는
> 데까지 이르러야 편안할 수가 있다. 이것이 바로 천리요, 바른 다스림이다.)

즉, 편방을 벼리로 하여 세운 한자 형・음・의 체계는 한자의 '鰓理(새
리)'[160]이다. 한자 교육은 편방을 벼리로 하여 전체 한자 체계의 교육을
이끌어야 하는데, 이것이 바로 이른바 '得其鰓理(결을 얻는 것)'이자 '天理(천
리)'요, '善治(선치, 바른 다스림)'인 것이다.

그러나 체계적인 방법을 채택해 한자를 교수하더라도 반드시 전통적인
'편방 분석법'을 채택해야만 예기된 효과를 거둘 수가 있다. 한자 자체의
체계성을 존중하고 이용하는데 있어서, 전통적인 편방 분석법이 신흥의
부건 분석법 보다는 더 우월하다. 특히 음의(音義) 방면이 그렇다. 한자의
음의(音義) 계통은 한자의 내부 구조 관계를 통해 형성되고, 한자 구조 관계
의 유무는 또 필획과 글자 간에 끼어 있는 구조 단위가 음의(音義)를 표시하
는 기능이 있는지의 여부에 의해 결정되기 때문에, '구조 단위'가 음의(音義)
를 표시하는 기능이 있는지의 여부는 곧 어떠한 방법으로 합체자를 분석하
느냐에 따라 결정된다. 전통적인 편방 분석법은 '육서(六書)'이론을 중심으
로 하고 합체자의 내부구조 관계를 근거로 삼아 음의(音義) 정보를 갖는
편방까지만 쪼개기 때문에, 엄격하게 한자의 형・음・의 체계성을 보호하고
있다. 이러한 분석법을 채택함으로써 효과적으로 합체자 형・음・의 교육

---

160) [역주] '鰓理'란 '角上紋理'로 '뿔의 결'을 의미하는데, 인신되어 '사물의 조리(條理), 이치'
를 의미하고 있다. 여기서 '鰓理'는 곧 '사물의 이치' 즉 '벼리'를 뜻한다.

의 효율을 높일 수가 있다. 이에 비해 부건 분석법은 무리한 쪼개기 원칙을 따르기 때문에 대량의 음도 없고 의미도 없는 아무 생기 없는 필획 조합 즉, 순수한 구형(構形)부호만을 쪼개낼 뿐이다. 이렇게 함으로써 한자 자신의 편방을 벼리로 수립된 내부 구조 관계가 다 파괴되어, 당연히 한자 체계 내부의 음의(音義) 계통을 이용한 합체자 교육의 효율을 높이기가 매우 어렵게 된다.[161]

어떠한 분석법을 채택할 것인가는 목적에 따라 결정된다. 그래서 목적이 다르면 방법도 다르다. 컴퓨터 부호화 서비스를 위한 한자 구조 분석은 그 목적이 빠르고 정확하게 자형을 컴퓨터 안에 입력하는 것이다. 컴퓨터 입력은 자음과 자의는 따지지 않으며 단지 부호화가 편하여 빨리만 칠 수 있으면 그뿐이다. 이렇게 컴퓨터 부호화 서비스를 위한 한자 구조의 분석은 합체자 뿐 아니라 수많은 독체자마저도 더 쪼개기를 요구하고 있다. 그렇기 때문에 이 분야에서 부건 분석법을 선택하는 것은 합당해 보일 수 있다. 그러나 한자 교육의 목적은 학생들이 수천 개 한자의 형·음·의를 습득하게 가르치는 것이다. 한자 교육이 물론 외부 형체로부터 시작해야 하고 학생들에게 형체 판별, 서사를 가르쳐야 하지만 최종적인 목표는 학생들이 자형을 습득한 기초 위에 한자의 독음과 의미를 습득하게 가르치는 데 있다. 교육 상의 한자 구조 분석은 형체 판별과 서사 교육을 위한 것이어야 하지만 한자의 음의(音義) 교육까지도 염두에 두어야 한다. 그래서 글자의 이치를 따지는 편방 분석법을 굳건히 채택하는 것이 당연한 일인 것이다. 학생들의 식자량(識字量)이 적을 때는 음의(音義) 교육 분야에서 편방 분석법이 아마도 그다지 편리하지 않을 수도 있다. 혹은 부건 분석법보다 나은 점을 찾기 어려울 수도 있다. 그러나 식자량이 늘어남에 따라 편방 분석법의 장점은 더욱더 명확해진다. 따라서 비록 한자 배우기의 어려움이 초급단계에 있고, 초급단계의 한자 교육의 난점이 또 주로 형체구조에 있다고는

---

161) 李大遂, <关于合体汉字结构分析问题 - 部件分析法和偏旁分析法的初步比较>, ≪对外汉语教学探讨集≫, 北京大学出版社, 1998年版.

하지만 단순히 초급단계의 자형 교육의 난점을 해결하자고 순수 형체 분석 위주의 부건 분석법을 채택하지는 말아야 한다. 그리고 한자 교육을 위한 컴퓨터 소프트웨어 제작에서도 마땅히 편방 분석법을 채택해야 한다.162)

(二) 편방 교육과 관련된 몇 가지 의견

이상의 논의에서 편방이 한자 체계 속에서 가지는 지위와 역할을 분명하게 볼 수 있었다. 그리고 편방 교육과 전체 한자 교육의 관계에 대해서도 분명하게 이해할 수 있었다. 그렇다면 도대체 어떻게 한자 편방 교육을 실시해야만 예기된 효과를 거둘 수 있는 것인가? 아래에서 이 문제에 대한 몇 가지 초보적인 의견을 제시하고자 한다.

1. 학생들이 편방 개념을 잘 수립하도록 지도한다.

한자 자체의 형·음·의 체계는 주로 편방을 벼리로 수립된 것이기 때문에 이러한 체계성은 주로 편방 자체에서 응결된다. 따라서 편방은 한자 시스템의 체계성을 가장 잘 반영하고, 한자의 형·음·의 계통을 가장 잘 습득하게 도와줄 수 있다. 그래서 편방을 떠나 한자 시스템의 체계성을 찾고자하는 행위는 연목구어나 다름이 없기 때문에 편방의 개념을 굳건히 수립하는 것이 매우 중요하다. 학생들이 편방 개념을 견고하게 수립하려면 먼저 이론적인 주입이 필요하고, 합체자의 외부 구조와 내부 구조의 분석을 통해 점차적으로 심화시켜 나갈 필요가 있다.

2. 편방 교육의 주요 내용을 명확히 한다.

일반적으로 편방 교육의 내용은 편방의 개념, 편방의 수량, 편방과 부수의

---

162) 상동

구별, 변방과 부건의 구별, 편방의 형체변화, 편방 간의 외부 구조 관계 유형, 편방 간의 내부 구조 관계 유형, 표의 편방의 표의 기능 및 표의 방식, 표의 편방과 합체자의 의미 관계, 표의 편방을 통해 합체자 자의(字義)를 학습하고 습득하는 방법 및 주의해야 할 문제, 표의 편방이 놓이는 위치, 표음 편방의 표음 기능 및 표음의 방식, 표음 편방과 형성자 자음의 관계, 표음 편방을 통해 합체자의 음을 습득하는 방법 및 주의해야 할 문제, 표음 편방이 놓이는 위치 등과 같은 내용을 포함해야 한다. 그 가운데 내용이 간단하면 적당한 때에 잠깐 설명을 해도 되고, 일부 내용의 경우는 전체 기초 단계에서 반복적으로 끊임없이 설명을 해야 하는데, 이와 아울러 적당량의 연습을 안배해야 한다. 그 핵심은 마땅히 아래의 몇 가지 방면에 두어야 한다.

(1) **표음 편방과 표의 편방** : 한자 교육의 최종적인 목표는 학생이 자형을 습득한 후에 한자의 독음과 의미를 습득하게 하는 것이다. 합체자의 독음과 의미는 내재적이다. 그래서 표음 편방과 표의 편방을 통해서만 파악할 수 있다. 이에 표음 편방과 표의 편방의 교육은 매우 중요해 보인다.

합체자의 자음은 주로 표음 편방을 통해 나타나고 합체자의 자의는 주로 표의 편방을 통해 나타난다. 다만 표음 편방과 그 자족자(字族字) 간 독음상의 연결관계는 숨겨져 있으며, 표의 편방과 그 자족자 간 의미상의 연결관계 역시 숨겨져 있다. 그래서 합체자 내부구조의 분석을 통해서만 학생들에게 이해시킬 수 있는데 특히 초급 단계에서는 더욱 그렇다. 내부구조의 분석으로 학생들에게 한자의 이론적 근거를 가르칠 수 있다. 합체자의 독음과 의미를 교수할 때, 교사는 가능하면 자세히 설명해야 한다. 예를 들어 이 합체자는 조자 방법상 회의자인가 형성자인가, 어떤 편방으로 구성되는가, 어떤 것이 표의 편방이고 합체자와는 의미상 어떤 관계가 있는가, 어떤 것이 표음 편방이고 합체자와는 독음상 어떤 관계가 있는가, 어떤 것이 순수한 구형(構形) 편방인가, 만약 어떤 것이 표음 겸 표의 편방인가를 지적해 주면 더욱 좋다.

(2) **편방 형체의 변화(생성(省聲), 생형(省形) 포함)** : 편방은 최초에 모두 독체자였으나 나중에 합체자에서 편방으로 충당될 수 있게 된 것이다. 독립 적인 글자가 또 다른 합체자에서 편방으로 충당된 후에는 사각형글자(方块 字)라는 한계로 인해, 또는 간화의 요구에 의해, 혹은 서체 변화의 영향으로 인해, 그 형체가 종종 약간씩의 변화가 발생하곤 한다. 이러한 변화를 분명 히 설명하면 편방 식별에 도움이 되며 나아가 편방을 이용한 합체자 독음과 의미 습득에도 도움이 된다.

(3) **형동형근(形同形近) 편방의 구분** : 편방의 혼동은 외국 학생들이 한자 를 학습할 때 가장 쉽게 범하는 오류 중 하나이다. '형동형근' 편방을 구분하 는 교육을 강화하면 편방 혼동의 오류를 대대적으로 감소시킬 수가 있다.

이 외에도 표음 편방과 표의 편방이 자주 나타나는 위치 역시 주의할 만한 문제이다. 그래서 학생을 위해 이용 가능한 편방 위치 규칙을 개괄해 준다면 효과적으로 합체자 학습의 어려움을 경감시킬 수가 있다.

3. 편방 교육은 순서에 따라 점진적이고 단계적으로 실시한다.

편방 교육은 합체자 구조의 분석부터 시작한다. 먼저 중국어 교육의 초급 단계에서 이를 중점적으로 진행하도록 하고, 중·고급단계에서는 파생 교 육을 하여 보충한다. 총체적으로 말하자면, 한자의 구조 분석은 외부가 내부에 선행한다. 즉 편방 형체 교육이 편방 음의(音義) 교육보다 선행한다. 그리고 합체자 외부 구조에 대한 분석을 준비하거나 편방 형체 교육을 시작하기 전에 일단 간단하게 독체자와 합체자의 개념부터 들어가야 한다. 합체자 내부 구조 분석은 학생들이 합체자의 식자량(識字量)이 일정수준에 이른 이후에 진행해야 한다. 편방의 음의(音義) 교육의 시작 단계에서는, 표의 편방 중 표의가 직접적이고 명확한 것, 그리고 표음 편방 중 표음이 비교적 정확한 그런 합체자를 예로 들어야 하며, 편방자가 익숙한 글자면 더 좋다. 그리고 편방 음의(音義) 교육을 시작하기 전에, 한자의 조자방법 및 편방이 음의(音義)를 표시하는 기능에 대해 간단하게 소개해야 한다. 초급 단계의 편방 교육은 감성 인식의 증강을 위주로 하며 학생들이 이미 배운 합체자의 외부 구조와 내부 구조를 분석하는 능력을 배양하는데 중점을 두어야 한다. 중급 단계의 편방 교육은 단계적으로 이성 인식으로 올라가 학생들이 편방을 이용해 이해하고 합체자의 형·음·의 기능을 기억하는 능력을 배양하는데 중점을 두어야 한다. 고급 단계의 편방 교육은 주로 학생들이 편방 지식과 내부 구조 분석 경험을 이용하여 스스로 합체자를 배우는 능력을 배양하도록 해야 한다.

三. 학습 전략의 연구와 한자 교육의 개선[163]

최근 유학생들의 한자 인지 규칙을 적극적으로 연구하고 끊임없이 여러 교수 전략을 반복 실천하는 과정에서, 아래와 같은 외국인을 위한 한자 교육의 실용적인 신방법과 기술을 찾아낸 바 있다.

1. 자형(字形)의 연계

외국 학생들의 언어 문자 습득의 심리에 대한 연구에 따르면, 표의문자와 표음문자의 차이가 심리적인 가공 방식에 영향을 준다고 한다. 그래서 비한자문화권의 외국 학생들이 제일 먼저 맞닥뜨리는 큰 문제가 바로 한자 자형의 습득이다. 한자의 식별은 곧 자형 부호화를 위주로 하는데 이는

---

163) 周健·尉万传, <研究学习策略, 改进汉字教学>, ≪暨南大学华文学院学报≫, 2004年 第1期.

자형이 중국어 어휘 정보의 저장과 추출에서 중요한 작용을 함을 설명하는 것이다. 게다가, 연구에 따르면 한자식별은 전체적인 식별이 국부적인 식별보다 우선하는 경향이 있다. 구체적으로 말하자면, 전체적인 것이 먼저이고 부건이 나중이고, 윤곽이 먼저이고 내포가 나중이며, 위가 먼저이고 아래가 나중, 좌가 먼저 우가 나중, 익숙한 것이 먼저 생소한 것이 나중인 것이다. 한자 학습의 초기 단계에서는 학생이 필요한 기본 필획, 필순과 일정량의 한자를 습득하게 한 후, 그 중점을 부건자(部件字) 및 그것의 조합 변화 형식 쪽에 두어야 한다. 그러나 개별적인 한자는 기억하기가 어렵기 때문에 가능하면 일정 자형이 관련된 자군(字群)을 선택하여 가르쳐야 한다. 예를 들어, '人'자 계열의 경우, '人入个大太天夫从众介' 등이 있고, '木'자 계열은 '木本未末林森休体' 등, '口'자 계열은 '口中古叶右可句只叫名吕品回' 등, '日'자 계열은 '日旦旧旬时是昌晶' 등, '十'자 계열은 '十土士干千古早克华' 등이 있다.

자형 연계는 한자 학습의 초기 단계에 적용되며 게다가 수량에 한계가 있어 고빈도수 글자의 범위 내에서 진행하고 범위를 너무 확대해서는 안된다. 이러한 글자들을 먼저 배우는 목적은 학생들이 한자 자형, 부건, 구조와 윤곽에 대한 감성 인식을 수립하도록 돕는데 있다. 자형 전략은 또 형근자(形近字)의 차이 비교를 이용해 학생들의 흥미와 주의력을 끌 수도 있다. 가령,

가로획(橫)이 많고 적음: 日—目, 大—天, 十—干, 白—自, 竞—竟, 史—吏
기타 필획의 증감: 万—方, 持—特, 狠—狼, 代—伐
튀어나온 것과 안 나온 것: 田—由, 力—刀, 工—土, 天—夫
필획의 변화: 贝—见, 干—千, 仓—仑, 天—夭, 土— 士, 末—未, 己—已, 乞—气
필획의 위치: 玉—主, 太—犬, 庄—压, 办—为
부건의 변화: 住—往, 拔—拨, 处—外, 蓝—篮, 辛—幸, 部—陪, 即—既, 段—假, 冻—拣 등.

모어 문자가 표음문자인 학생들은 한자의 미세한 차이를 감지하는 능력이 비교적 약해서 글자를 쓸 때, 항상 필획이 증가하거나 부족한 현상, 부건이 바뀌는 현상, 위치가 이동되는 현상 등이 발생하곤 한다. 특히나 미세한 오류는 초급 단계 유학생들의 한자 쓰기에서 가장 자주 나타나고 있기 때문에 자형 전략을 강화할 필요가 있다.

편방 부수를 핵심으로 하는 전통적인 식자 교육 방법이 한자 인지 규율에 부합하다는 것은 당연하다. 그러나 전체 글자 속에서 미세한 부건의 위치가 일정치 않고 변화가 많아 파악하기가 어려운 데다가, 음의(音義)를 제시하는 작용을 제대로 발휘하지 못해 어떤 경우엔 도리어 전체 글자의 식별에 방해가 되기도 한다. 우수한 학생들의 한자 학습 전략을 조사한 결과 이러한 사실을 증명해낼 수 있었다. 따라서 필획이 간단한 독체자로부터 한자 교육을 시작하고, 이후엔 점차 한자 자형에 대한 조합 변화를 늘려 학생들의 한자 자형에 대한 전체적인 식별 능력을 훈련시켜야 한다. 그러기 위해서는 먼저 상용 부수자의 선택을 고려해야 하는데 이 글자들도 종종 상용되는 부건자인 경우가 있다. 통계에 따르면, 1,000개의 상용한자 중에서 44개 부건이 5개 이상의 형성자를 공유하고 있다. 그중 대부분은 고상형자(古象形字)이기 때문에 그림 등의 직관적인 제시 수단을 충분히 이용하여 학생들을 유도할 수가 있고 그들이 한자를 배우는 흥미도 제고시킬 수 있으며 이들 형방자(形旁字)의 기본적 함의도 이해시킬 수가 있다.

2. 자음(字音)의 연계

자음의 연계란 곧 '성부'를 축으로 하여 자음이 연관된 자군(字群)을 취합하고 동음자를 취합하는 것을 의미한다. 한자를 읽기가 어렵다는 문제는 시종일관 유학생들의 한자 습득을 어렵게 만든다. 표음문자에 익숙한 서양인들은 한자를 학습할 때, '因形求聲(한자 형태를 보고 발음하기)', '因聲求義(소리를 통해 뜻 알아내기)'하기를 희망한다. 그들은 글자의 발음을 매우 중시한다. 万业馨, 李大遂 등164)은 유학생들은 보편적으로 "독음 방면의 문제가 쓰기보다 더 크다", "글자를 보고 발음을 모르는 것이 가장 큰 어려움이다", "현행 한자 성방의 표음 작용을 충분히 이용해야 한다"라고 생각하기 때문에 "외국인을 위한 한자 교육 수준을 향상시키려면 표음 편방 교육을 강화하는 것이 가장 중요한 분야이다"라고 지적했다. 서양 문자 연구에 따르면, 어음의 전사는 보편적인 현상임을 가설할 수 있고 한자 역시 예외가 아니다. 형성자의 성방에는 표음의 기능이 있어서 이 성방의 발음을 어떻게 가공하여 이 글자의 발음을 표현해냈는지를 대략 짐작할 수가 있다. 曾志朗 과 洪兰의 실험에 의하면, 발음이 성방에 의해 결정되는 규칙적인 형성자의 경우가 불규칙적인 형성자보다도 그 반응 시간이 더 짧았고, 발음 실마리가 있는 형성자가 실마리가 없는 글자보다 역시 반응 시간이 빨랐다.165) 그러나 성방의 표음 기능 상황이 비교적 복잡하여 전문가들의 표음도의 통계에도 큰 차이가 있다. 周有光에 따르면, 현대 한자 성방의 효과적인 표음률은 39%라고 하는데, 그는 '함방자(含旁字)'의 성방과 전체 글자의 성운모가 같은 것을 기준으로 하고 있다.166) 李燕과 康加深167)은 7,000개 통용자를 대상으로 Fuzzy 수학의 방법을 써서 계산을 하여, 성부의 표음 방식을 성부와 성, 운, 조가 모두 같은 것(圆), 성, 운이 같고 조만 다른 것(远), 성, 조가 같고 운이 다른 것(结), 운, 조가 같고 성만 다른 것(深), 성만 같고 운, 조가 다른 것(猪), 운만 같고 성, 조가 다른 것(葵), 조만 같고 성, 운이 다른 것(赌)의 총 7가지 유형으로 분류하였다. 여기에다가 성운조의 중국어 어음중의 여러 지위에 근거해 여러 가지 분치(分値)를 계산하여 최종적으로

---

164) 万业馨, <汉字字符分工与部件教学>, 《语言教学与研究》, 1999年 第4期; 李大遂, <略论汉字表音偏旁及其教学>, 《中国对外汉语教学学会北京分会第二届学术年会论文集》, 北京语言文化大学出版社, 2001年版.

165) 曾志朗·洪兰, <阅读中文字：一些基本的实验研究>, 《中华心理学刊》, 1978年 第20期.

166) 周有光, 《汉字声旁便查》, 语文出版社, 1979年版.

167) 李燕·康加深, <现代汉语形声字声符研究>, 《现代汉语常用字信息分析》, 上海教育出版社, 1993年版.

성부의 총표음도인 66.04%를 얻어냈다. 만약에 성, 운, 조가 모두 다르나 성방이 분명한 유추 작용을 하는 글자를 더 추가한다면, '我'가 '鹅, 蛾, 哦, 娥, 峨, 俄, 饿' 등의 성방으로 쓰이고 있고, '果'가 '棵, 颗, 课' 등의 성방으로 쓰이고 있다. 이들의 경우는 성, 운, 조가 분명 다르지만 성방이 명확한 제시 작용을 갖추고 있는 것들이다. 또, '徘'자의 독음이 성방인 '非'와 거리가 심히 멀긴 하지만 상용자 '排'와 연계가 되어 있어 그래도 쉽게 그것의 독음을 기억할 수가 있다. 그래서 만약 이러한 글자들까지도 고려해 넣는다면 적어도 2/3 정도 형성자의 성부가 표음 기능을 갖고 있는 것이니, 이것은 한자 교육에서 효과적으로 이용 가능하다.

사실 형성자 중에서 성부가 정확히 표음을 할 수 있는 것(즉, 성, 운, 조 모두 같은 것)은 단지 37.51%에 불과하다. 대다수 형성자에 있어서 "读字读半边(글자를 읽는데 절반만 읽는다)"로는 정확하기 어렵다. 그러나 두루뭉술함과 모호성이 바로 형성자 표음 표의의 특징인 것이다. 사실상 의부(意符)의 표의 기능 역시 성부의 상황과 크게 다르지 않다. 의부의 표의 기능도 대개 단지 하나의 의류(義類) 범주에 국한되어 있거나 어떤 경우엔 의류로도 개괄하기 어려울 수가 있다. 예를 들어, 삼수변의 '江, 河, 湖, 海'를 논할 때는 자연스럽게 말이 되지만, '法, 溫, 洞, 淡'을 논할 때는 '水'와 서로 관련이 있다고 보기 어렵다. 표음문자의 독음 역시 실제로 유사한 불규칙 상황이 존재하나 단지 정자법의 깊이(orthographic depth)에서 차이가 있을 뿐이다. 그래서 영어의 경우 역사 발전 과정에서 형성된 '一字多音'과 '예외'가 매우 보편적이다. 표음문자조차도 이러한 상황이므로 한자의 표음도에 대해 너무 많은 것을 기대하기는 어렵다.

万业馨은 ≪汉语水平词汇与汉字等级大纲≫ 내의 합체자 중 자부(字符) 작용의 역할 분담에 대해 고찰한 바 있다.[168] 그에 따르면, 형부는 적고(155개), 성부가 많았다(820개). 그리고 형부의 조자 능력이 강하여 조자 수량이

---

168) 万业馨, <汉字字符分工与部件教学>, ≪语言教学与研究≫, 1999年 第4期.

최다인 10개 형부가 평균 92.6개의 조자량를 보여주었고, 이에 반해 성부는 조자 능력이 약하여 조자 수량이 최다인 10개 성부는 평균 조자량이 겨우 8개에 불과했다. 게다가 전형적인 의부나 음부일수록 다른 것과 겹치지 않았다.

성부는 합체자에서 단지 표음 혹은 부분적 표음 작용을 하며, 그(성부의) 자의(字義)는 전체 글자의 자의(字義)와 대부분 관련이 없기 때문에 굳이 따로 설명할 필요가 없다. 그러므로 독립적으로 글자를 이루지 못하는 성부는 더 말할 필요도 없다. 방언의 영향이나 역사적 어음 변화의 원인으로 성부의 표음 작용은 비교적 약화되었다. 그러나 성방 음변의 실마리는 추적이 가능한데, 특히 동류 성모의 변환이 그렇다. 예를 들어, '同'방자에는 tong으로 읽는 '铜, 桐, 筒'이 있고, dong으로 읽는 '洞, 侗, 恫'이 있다. 또 '包'방자에는 bao로 읽는 '苞, 抱, 饱'가 있고, pao로 읽는 '泡, 炮, 跑'가 있다. 이러한 특징은 독음을 제시하는데 있어서 매우 큰 의미를 지닌다. 중·고급 단계에서 성부와 결합하여 중국어 어음의 변화 규율을 설명한다면, 성부 이용에 대한 자각 의식을 강화시킬 수 있고 더불어 유학생의 낯선 글자 읽기 능력 향상에도 도움이 될 것으로 보인다. 예를 들어 '古無輕脣音(고음엔 순치음이 없었다)'[169]이란 규칙은 학생들이 '傅, 縛'과 '博, 搏, 薄, 膊'을 잘 기억하게 도와줄 수 있다.

동음자(가차자 포함)는 자형, 자의와 기본적으로 어떤 관계도 없기 때문에 한자의 인지에는 도움이 안 된다. 그래서 한자를 가르치는데 이 체계를 쓰지는 않으나 중·고급 단계의 어음에 의한 오자의 판별과 교정에는 이용할 수 있다.

---

169) [역주] '古無輕脣音'은 고음 즉 상고음 및 위진남북조 시기 정도엔 지금 보통화에 있는 경순음 [f]발음이 없었고 순음은 모두 중순음 [p], [b] 등이었다는 것이다. 그렇기 때문에 이 설을 잘 이용하면 '傅(fu)'자와 '博(bo)'자가 같은 성부를 공유하면서도 하나는 경순음, 하나는 중순음인 상황을 잘 이해할 수 있다.

3. 자의(字義)의 연계

자의의 연계는 어휘 교육에서 '인지의미장'의 개념을 빌어 한자량을 더 공고히 하고 확대하는 일종의 효과적인 방법이다. 자의 연계의 첫 번째 방법은 형부(形符)(또는 의부) 특히 부수를 충분히 이용하는 것이다. 예를 들어 人(亻), 刀(刂), 言(讠), 土, 口, 山, 广, 水(氵), 女, 手(扌), 日, 月, 文(攵), 火(灬), 心(忄), 石, 示(礻), 衣(衤), 金(钅), 禾, 走(辶), 足, 门, 雨, 食(饣), 鸟, 鱼, 竹, 目, 田 등은 기본적으로 하나의 의류(義類)를 나타낸다. 이러한 의부를 포함하고 있는 관련 글자들은 하나로 묶어 하나의 자족(字族)으로 만들 수 있다. 외국인을 위한 중국어 교육, 심지어 중국인을 위한 중국어 교육 과정에서도 지속적으로 표의(表義) 편방을 중심으로 하여 '의부(意符) 연계'의 방법을 채택해 왔다. 이 방법은 바로 동일 부수의 한자를 함께 가르치는 것이다. 그래서 李大遂는 "이러한 국면의 형성은 먼저 한자의 표의 특징에 의해 결정된다. 그 다음은 許慎의 ≪說文解字≫의 영향으로 부수를 중시하는 교육과 연구의 전통이 형성된 탓이며, 그 다음은 표음 편방 자체의 문제이다."[170]라고 지적했다. 성방은 수량이 많을 뿐 아니라 표음 규칙도 복잡해서 항상 예외가 출현한다. 바로 이러한 원인들 때문에 외국인을 위한 한자 교육에서 의부를 중시하고 성부를 경시하게 되는 것이다.

자의 연계의 또 다른 방법은 자형의 구조 요소를 고려하지 않고 단지 의미 관계에서만 출발하는 것이다. 예를 들어 반의 관계인 '大小, 左右, 男女, 买卖'나 동의 관계인 '赤红朱, 道路街', 동류속(同類屬)인 '你我他她, 兄弟姐妹, 金木水火土' 등이 있다. 일반적으로 자형을 고려하지 않으면 학생의 한자 쓰기 습득에 불리하지만 자의 연계는 인지심리학에 부합하므로 적당히 자의 연계의 방법을 운용함으로써 학생들이 글자, 어휘량을 늘리거나 의사소통 능력을 제고시키는데 큰 도움을 줄 수 있다. 가령, 숫자계열인 '一, 二, 三,

---

170) 李大遂, <略论汉字表音偏旁及其教学>, ≪中国对外汉语教学学会北京分会第二届学术年会论文集≫ 北京语言文化大学出版社, 2001年版.

四, 五, 六, 七, 八, 九, 十, 百, 千, 万, 亿'은 숫자 표현과 결합하여 가장 초기 단계의 교육 내용으로 삼을 수가 있다. 그리고 반의 관계로 나열하는 '大—小, 上—下, 多—少, 左—右, 远—近, 男—女' 등도 초급 단계의 교육 내용에 적합할 것이다. 그러나 자의 연계의 방법이 한자 교육의 가장 주요한 방법이라고 볼 수는 없을 것이다.

4. 종합 응용

한자 교육에서 자형 연계, 음부 연계, 의부 연계, 자의 연계 등 여러 종류의 방식을 함께 언급할 수가 있지만 우선적으로 음부 연계의 방식을 고려해야 한다. 예컨대 '方 — 访, 防, 芳, 妨, 纺, 房, 放, 仿, 坊 ; 青 — 清, 请, 晴, 情, 精, 睛 ; 王 — 狂, 汪, 枉, 旺, 逛, 诳 ; 元 — 园, 远, 院, 完, 玩, 顽, 冠 ; 工 — 功, 攻, 江, 红, 空, 恐, 控, 贡, 汞, 杠, 肛, 缸, 项, 鸿' 등의 경우가 그러하다. 이런 글자들은 음근자(音近字)이면서 또 형근자(形近字)이다. 이러한 시스템으로 한자를 가르치면 학생들이 유추 전략을 운용하여 이들 한자의 독음과 자형을 습득하는데 유리하게 되고, 나아가 표음 실마리를 이용하여 대량의 형성자들을 기억하게 된다. 사실 또 표음문자를 모어로 하는 학생들에게 있어서, 음부 연계로 식자량을 확대하는 전략은 그들의 인지 특징에도 부합하는 것이다. 왜냐하면 그들은 이미 발음 부호로 언어 정보를 얻고 또 발음 부호에 근거하여 언어 정보를 저장하는데 익숙하기 때문이다. 음부 연계의 한자가 너무 적거나, 일부 음부는 너무 낯설고 심지어 하나의 글자가 되지도 않을 수 있어 음부 연계의 방법을 채택하기 좋지 않은 한자들도 있는데, 이 경우 이들 글자를 의부 연계나 기타 시스템에 넣어 가르칠 수 있다. 결국 한자의 이론성을 부각시켜야 하며, 여러 방법을 병행하면서도 충돌되지 않게 운용하고 각각의 장점을 취하고 단점을 보완하도록 해야 한다.

모든 상용자에 대해서 그것의 독음, 필순, 기본 형태소 의미와 기억을 위한 힌트를 소개해야 함은 물론 그것과 관련된 어휘 및 한두 개의 어구 등을 소개할 필요가 있다. 그리고 확장 한자에 대해서는 단지 독음과 기본 형태소 의미, 관련 어휘(일부는 두 개) 한 개 정도만을 소개한다. (그리고 두 부류의 글자는 서로 다른 색으로 인쇄하여 중점을 부각시키고 구별을 한다.) 이 가운데 기억에 도움이 되는 힌트는 연상하기에 특이한 점, 글자 수수께끼, 順口溜, 口訣 등을 정리하여 학생들이 어려운 글자를 파악하게 할 수 있다. 예를 들어, '怕'자를 가르칠 때 학생들에게 '心中害怕, 脸色发白(맘 속이 두려우면 얼굴이 창백해진다)'라고 말해주어 '怕'와 '白'을 연결시킨다. 또 학생들이 '奧'를 쓸 때에는 항상 잘못하여 위를 닫는 경우가 있다(위를 닫는 글자는 '粵'자이다). 이때 학생들에게 한 마디 힌트를 주어 기억시킬 수가 있는데 그것은 바로 '奥运会的大门永远敞开(올림픽의 문은 영원히 열려 있다.)'와 같은 것이다. 또 '贪'자를 가르칠 때엔 '做人不能贪一点(처세할 때 조금도 욕심을 내서는 안 된다)'라고 하여 학생들이 위의 '今'을 '令'으로 쓰지 않게 한다. 또 '烧'는 '大火烧掉一点水(큰 불은 물방울도 태워 없앤다)'라 고 하여 윗부분을 '戈'로 쓰지 않게 하고, '轨'는 '铁轨上有九辆车(철도 위에 차가 9대 있다)' 등으로 얘기해주어 이 글자에 '九'자가 있음을 상기시킨다. 또 '延建廷'은 이 글자들에 점을 찍지 않는 것이 포인트이다. 그리고 '武式代' 는 이들 글자가 '撇(丿(삐침))'이 없는 것이 특징이다. 이들과 비슷한 성질의 글자들을 나열하면 아래와 같이 개괄할 수 있다.

延, 涎, 诞, 筵, 蜓, 建, 健, 键, 犍, 廷, 庭, 挺, 艇, 霆, 蜓, 铤
武, 斌, 鹉, 式, 试, 拭, 弑, 轼, 代, 袋, 贷, 岱, 玳, 黛

이러한 힌트는 학생들에게 평생토록 도움을 줄 수가 있다. 글자의 구조에 대해서 우리는 자모부호를 설계할 수 있다. 예컨대 'I(idea)'로 의부를, 'S(sound)'로 음부를, 그리고 'B(both)'로 의부음부 겸용을 나타낸다. 그래서 형성자 가운데 '좌형우성', '우형좌성', '상형하성', '외형내성'의 한자 '唱, 政,

草, 圓' 등에 대해서 각각 IS, SI, I/S, IS로 표시할 수 있다. '林, 休, 明, 解' 등의 회의자에 대해서는 'II' 또는 'III'로 표시가 가능하다. 그리고 '钱, 论, 甬, 婚' 등의 성방겸의자(聲旁兼義字)에 대해서는 'IB'로 표시가능하다. 그리고 '就'자는 'SS'로 표시할 수 있다. 이러한 부호형식은 간단하면서도 함의가 명료하여 외국 학생들에게 효과적인 인식 전략을 제공한다. 이 외에도 복합어의 5가지 주요 조합관계 역시 자모부호로 표시가 가능하다.

연습은 한자 습득의 관건으로 반드시 많은 노력을 들여서 설계해야 한다. 그래서 특색이 있으면서도 선명하고 실용적이면서도 효과적인 연습을 설계해내야 한다. 베껴쓰기, 부건 채우기, 한자 분석, 부건 조합 등 기계적인 연습 형식은 필수적인 것으로 이것 외에도 형·음·의가 상호 연계된 연습을 더 많이 설계해야 한다. 艾伟는 일찍이 다음과 같이 언급한 적이 있다.[171] 이른바 식자(識字)는 "형태를 보면 바로 소리와 뜻을 알아야 하고, 소리를 들으면 뜻과 형태를 알아야 한다. 그러므로 형태로 자극을 삼으면 반드시 소리, 뜻 두 가지 반응을 유도할 수 있고, 소리를 자극으로 삼으면 반드시 형태, 의미 두 반응을 유도할 수 있다." 그 밖에도 형성자의 음의(音義)를 추측케 하는 연습을 설계할 수도 있다. 예컨대 10개 정도의 비교적 전형적인 형성자를 선택하는데 대부분이 배우지 않은 것으로 한다. 그리고 이들 한자의 형·음·의를 영어로 하여 3줄로 배열한다. 이때 대응 순서를 흩어놓아 학생이 선으로 연결하여 각 글자의 음의(音義)를 찾게 하는 것이다. 음의(音義) 연계의 측면에서, 형방, 성방을 통해 형성자를 찾는 연습도 가능하고, 또 역으로 형성자 속의 의부, 음부를 찾는 연습도 가능하다. 또는 자소(字素) 의미의 조합을 통해 분석하여 어휘 의미를 이해하는 것도 가능하다. 예를 들어 '作者'란 단어를 배웠다면 학생에게 '读者, 老者, 记者, 强者' 등 어휘의 함의를 분석하게 한다. 또 학생에게 형태소 의미를 이용하여 '전도어(颠倒词)'의 함의를 분석하게 할 수 있다. 예컨대 '国王 — 王国, 名人 — 人名,

---

171) 艾伟, ≪汉字心理≫, 中央大学出版组, 1949年版.

国外 — 外国, 女儿 — 儿女, 手枪 — 枪手' 등이 있다. 특히 표음, 표의 규칙을 총괄할 수 있는 연습을 많이 안배해야 하는데, 예를 들어 동일 계열의 글자들을 이용하여 의부의 표의 분류(옛의미와 오늘날의 의미(古義, 今義); 본의(本義), 연관의(關聯義), 상하위 의미(類屬義), 인신의(引伸義))와 음부 표음의 분류(성운조 모두 동일, 부분 동일) 등이 가능하다. 또 일정량의 한자를 배운 후에는(예컨대 300자 정도) 이미 배웠던 한자로 짧고 생동적인 이야기나 유모어, 시가, 설명문 등의 독해자료를 만들게 할 수도 있다. 이것은 일종의 응용전략으로, 이미 배운 한자를 공고히 하는 의미도 있고 학생의 성취감을 강화시키는 의미도 있다. 예를 들면, '青字계열' 뒤에 '小靑蛙'라는 시를 첨부할 수 있다. 이 시는 "河水清清天气晴, 小小青蛙真精神, 睁大眼睛吃害虫, 请看它做好事情(강물은 맑고 날씨도 화창한데 작은 청개구리 씩씩하기도 하지, 눈을 크게 뜨고 해충을 잡아먹네요, 청개구리가 얼마나 좋은 일을 하는지 좀 보세요.)"로 되어 있는데 여기에 '青 — 清 — 晴 — 精 — 睛 — 请 — 情'이라는 자족(字族)이 함께 들어 있어 시라는 형식으로 한자 연습을 동시에 할 수가 있다. 결론적으로 말하면 연습의 형식은 풍부하고 다양해야 하며 연습의 내용은 형·음·의 관련 전략, 규율 귀납 전략, 한자 응용 전략을 부각시킬 수 있어야 한다.

徐通鏘은 아래와 같이 언급한 적이 있다.[172] "표음문자와는 상대적으로 한자는 확실히 배우기 어렵고, 알기 어렵고, 기억하기 어렵고, 쓰기도 어렵다. 그러나 이러한 '어려움'은 나름의 이치가 있다. 한자의 습득은 단지 중국어의 구조 원리에 적응한 것일 뿐 아니라 인지적으로도 가치 있는 보상을 얻은 것이다. 즉, 어려움을 통해 오히려 인지적으로 이해할 수 있는 능력과 사유 능력을 종합적으로 훈련시킬 수 있게 된 것이다." 한자 자체의 규칙에 근거하여 교육을 진행할 때, 동일량의 중국어 글자(단어)와 영어 단어를 습득할 때의 가치는 절대 등가일 수는 없어 전자가 후자보다 훨씬

---

172) 徐通鏘, 《基础语言学教程》, 北京大学出版社 2001年版.

크다고 볼 수 있다. 실제 교육을 통해서도 한자의 작용이 단지 독해와 서면표현에 그치는 것이 아니라 중국어 사유와 구어 표현 훈련에도 매우 중요한 촉진 작용을 하며, 한자는 중국어 학습에서 그 지위가 흔들릴 수 없는 존재임을 확인할 수 있다. '한자 학습의 고충'은 주로 초급 단계에 해당된다. 일단 한자 체계의 규칙을 습득하게 되면 새로운 한자를 쉽게 습득할 수 있게 되고, 자의 분석을 통해 단어의 조합 구조 원리를 더 잘 이해할 수 있으며 나아가 중국어 학습의 효율을 크게 제고시킬 수 있게 된다.

四. 한자 수업의 기법 탐색173)

(一) 독체자의 상형 연상법

한자는 지금까지 지속적으로 변해왔다. 그래서 번잡함에서 간소한 것으로 변해갔고, 또 굵은 비필(肥筆)에서 얇은 수필(瘦筆)로 변했으며, 둥근 호형(弧形)에서 직선형으로 변했다. 그러나 한자의 변화는 처음부터 끝까지 결국 표의적 특징을 벗어나지 않았다. '六書'는 한자의 구조 방식으로서 한자의 내재적인 이론적 의미를 충분히 보여주고 있다. 기호학에 의하면 이론 의미가 있는 기호는 그것이 없는 기호보다 훨씬 더 쉽게 이해되고 기억된다.174) 예컨대, 공항에서 '가방' 그림이 가방 맡기는 곳을 대표한다거나 '나이프'와 '포크' 그림이 식당을 대표하고, '여자의 머리 모양, 실루엣, 치마' 등 여성 특징이 여자 화장실을 대표하고, 또 '남자의 머리 모양, 실루엣, 담뱃대' 등 남성 특징이 남자 화장실을 대표하는 것 등은 그 초언어적 닮은꼴 의미로 인해 특정 상황에서 가장 간단한 의사소통 상의 목적을 실현시킬 수가 있다. 이것은 한자에도 유사하게 적용될 수가 있다. 한자 중에 필획이 간단하면서도 그림 특징을 잘 갖춘 많은 독체자들이 종종 합체자 구성의

---

173) 邓小琴, <汉字课教学技法初探>, ≪海外华文教育≫ 2001年 第3期.
174) 刘又辛, ≪汉语汉字问答≫, 商务印书馆, 1997年版 69쪽.

주요 부건인 경우가 있다. 그러므로 한자의 그림 특징을 이용하면 독체자를 연상하거나 습득할 수 있고 합체자 학습의 기초를 다질 수 있다.

1. 완전 닮은꼴 연상법

교사는 윤곽선의 묘사를 통해 한자의 그림 특징을 최대한 묘사해내어 학생들이 한자의 의미를 추측하게 한 다음 그림 한자를 직선화한다.

예컨대 다음과 같다.

2. 닮은꼴 힌트 연상법

사물을 관찰하는 각도와 인지 방식의 차이로 인해 문자의 표의 부호도 완전히 같지 않을 수 있다. 기원상으로 봤을 때 세계 3대 고대문자가 모두 문자의 표의 단계를 거쳤다고는 하나 사물에 대한 '約定俗成(약속이 정해지고 풍속이 이루어지다)'적인 표지 부호는 결국 각자 자신의 방식이 있어왔다. 그래서 한자 '魚'의 닮은꼴 부호는 전체 물고기 한 마리의 형상이지만 수메르 문자는 단지 '물고기'의 일부 형상에 해당한다. 문자의 상형과 사물의 원래 모습은 결코 완전히 같을 수는 없기 때문에 문자의 부호가 사물을 반영할 때에는 상당정도 불확정성을 갖게 된다. 그래서 한자의 닮은꼴 특징에 대해 '중국인의 의식 각도에서 출발한 선입관에 의한 해석(그중엔 일부 한족의 심미특징과 관련된 것을 소개하는 것도 포함)'을 진행하는 것도 필요하다. 이러한 기초 위에, 학생은 교사가 제공하는 보조자료, 예컨대 형체 시범, 그림 이야기, 그림 설명 등 수단의 도움을 받아 글자의 뜻을 추측하거나 이해하고, 인지 뿐 아니라 서사 측면에서도 충분히 한자의 특징을 이해할 수 있다. 대부분 상형 한자가 이런 유형에 속하기 때문에 의식적으로 필획이 간단한 독체자를 선택하여 한다면 한자 학습의 난이도를 낮출 수 있다. 예를 들면 다음과 같다.

옆으로 서 있는 한 사람의 모습을 본뜬 것: 亻 (人)
중국 고대의 일종의 밭을 가는 농기구를 본뜬 것, 힘든 일을 할 때 힘이
필요하다: 丿 (力)
중국 고대 칼 한 자루의 모습을 본뜬 것: 刂 (刀)
사면이 난간이 있는 우물 입구 모양을 본뜬 것: 井 (井)

(二) 독체자의 필획 첨가법

한자 교육에서 이미 알고 있는 글자에 필획을 첨가함으로써 새로운 글자를 만들어내는 방법은 매우 효과적이다. 이러한 방법은 한자의 조자법과 무관하지 않다. 비록 '지사(指事)'의 방법으로 출현한 한자라고 해서 이미 알고 있는 한자의 기초 위에 만들어진 것은 아니지만(모든 상형부호가 다 상형문자로 변화하는 것은 아니다), 필획 첨가법은 다소간 '지사' 조자법의 영감을 흡수한 것이다. '지사'의 조자법은 대부분 상형자의 기초 위에 건립된 것으로 '本', '甘', '刃' 등이 대표적인 것이다. 그리고 그 가운데 극히 일부는 완전히 추상적인 부호를 채택하여 구성된 것도 있다. 여기에는 '上', '下' 등이 있다. 그러나 전체 한자의 조자 수단으로 볼 때 지사자의 수량은 그다지 많지가 않다. 한편, 한자가 번잡함에서 간소함으로 변화하는 추세에 따라 간체자 속에 오히려 지사자와 비슷하게 생겼지만 지사자가 아닌 글자가 출현하기도 했다. 즉, 이런 한자들은 '지사'의 방법으로 만들어진 것이 아니

고 한자 간화의 결과일 뿐이다. 이들도 필획 첨가법으로 처리할 수 있다.

예1: 1획을 첨가하여 변화된 글자

기존 글자:

    (1) 刀 (2) 王 (3) 亚 (4) 日 (5) 尤 (6) 几 (7) 牛 (8) 古

    (9) 火 (10) 目 (11) 白 (12) 木 (13) 大 (14) 十

답안:

    (1) 刃 (2) 主 (3) 严 (4) 旦 (5) 龙 (6) 凡 (7) 生 (8) 舌

    (9) 灭 (10) 自 (11) 百 (12) 禾,本,未 (13) 太,天,夫 (14) 土

예2: 2획을 첨가하여 변한 글자

기존 글자:

    (1) 力 (2) 未 (3) 几 (4) 天 (5) 干 (6) 人 (7) 中 (8) 刀 (9) 口

    (10) 丘 (11) 全 (12) 又 (13) 尺 (14) 內

답안:

    (1) 办,为 (2) 来 (3) 风 (4) 关 (5) 平 (6) 火 (7) 虫 (8) 分 (9) 只

    (10) 兵 (11) 金 (12) 支 (13) 尽 (14) 肉

이상은 1획 또는 2획을 첨가하여 만들어진 한자로, 대개 자형이 비슷한 글자들이다. 학생들은 게임의 방법을 통해서 '하나를 통해 열을 아는' 효과를 거둘 수 있을 것이다. 다만 모양이 비슷한 글자의 부작용 또한 여전히 소홀히 할 수 없다. 일부 지사자 자체가 갖고 있는 지사 기능은 학생들이 형근자(形近字)를 구별하는데 도움을 줄 수 있지만, 교사는 '신설문해자(新說文解字)'의 교육 수단을 충분히 발휘하여 모양이 비슷한 글자를 구별하는 것이 매우 필요하다. 설사 이러한 '설문해자'가 결코 한자의 구성 규칙과 한자의 본의에 부합하지 않는다 해도 학생의 인지 능력에 도움이 되기만 한다면 취할만한 것이다. 한자는 오늘날까지도 계속 발전해오고 있으며 한자의 자체(字體)에도 큰 변화가 발생해 왔다. 특히 독체자의 경우 그 이론적 특색은 이미 감소하였다.

(三) 합체자의 석자법(析字法)

여기서 논의하고자 하는 '석자법'이란 수사학에서 말하는 '析字'와 완전히 같은 것이라 볼 수는 없다. 옛 사람들은 한자의 형·음·의 삼위일체의 특징을 충분히 이용하여 시를 짓곤 했는데 때론 '化形析字'하고 때론 '衍義析字'하기도 했다.[175] 다만 현재까지 전해져 오는 것은 주로 '化形析字法'이다. 예컨대 한족들이 즐겨 보고 듣고 했던 '글자 수수께끼(字謎)' 게임은 이러한 석자의 방법을 다소간 보존하고 있는 것이다. 그런데 이러한 석자 방식의 기초는 바로 '육서(六書)' 중의 회의(會意) 조자법이다. 회의자는 주로 상형자나 지사자가 합쳐져서 만들어지는데 이러한 상형자나 지사자가 합체자에서 편방으로 변화하게 된다. 한자의 이러한 구조 방식은 한자의 분해가능성을 함축하고 있어서 '석자'법은 속칭 '拆字'법이라고도 한다. 한자 교육에서는 한자의 회의(會意) 구조 특징을 충분히 이용할 수 있으며, 글자(혹은 편방)와 글자의 조합 또는 분해를 통해 새로운 글자를 인식하고 배운 한자를 공고히 할 수 있다.

---

175) [역주] '析字'는 수사학의 대표적인 방법으로 글자의 형, 음, 의에 근거하여 '化形'、'諧音'、'衍义' 등의 修辞手法을 진행하는 것을 말한다. 본문에서는 이 가운데 '化形'과 '衍义'를 소개하고 있는데, 전자는 글자 하나를 두 개의 부건으로 쪼개서 두 글자로 쓰는 경우 등을 말하고, 후자는 동의의 다른 몇 개의 글자로 수사 효과를 나타내는 것 등을 말한다. 예를 들어, 化形析字의 경우, '孫'자를 '子'와 '系'로 나누어 "그대는 ~이다"라고 석자할 수 있다.

1. 장난감 블록, 큐브, 포커 조자법

합체자는 좌우구조, 상하구조, 내외구조라고 하는 3가지 구조 방식이 있다. 세밀히 분석했을 때, 현대 한자의 방위 관계를 9종의 기본 유형으로 분석 가능하지만, 이 중 좌우구조와 상하구조가 한자 총수의 대략 80%를 차지하고 있다. 따라서 학생들이 일정 수량의 독체자를 습득한다면, 독체자의 재조합을 통해 학생은 한자 인지에 대해 질적인 비약을 이룰 수 있다.

여기서 말하는 블록 등의 방법은 다만 유사한 유형을 총괄한 것일 뿐이고[176] 현실의 한자 교육에는 각양각색의 교수방법이 존재한다. 그러나 아무리 다양해도 그 본질은 변하지 않는 법인데 여기서 말하는 '본질(宗)'이라는 것은 바로 '조자 과정에서 한자의 구조 특징 및 한자의 구조 비율을 벗어날 수 없다'는 사실이다. 이중 특히 한자의 구조 비율이 그렇다. 이 가운데 큐브 놀이의 방법이 중국어가 새로운 글자를 구성하는 방식을 효과적으로 표현해 내고 있긴 하나 자형과 한자 필획의 구조가 충분히 표준적이지 못하고 미관이 아름답지 못하다는 것이 결점이다. 기존의 경험에서 볼 때, 비한자 문화권의 학생들은 한자 필형(筆形)이 표준적이지 못하고, 한자 필획 구조가 균형을 잃는 것이 큰 문제였다. 따라서 독체자로 합체자를 구성할 때, 합체자는 결코 자형과 자형의 단순한 조합이 아니며 일정한 비율에 따라 새롭게 만들어진 것이므로, 이 점을 교육 과정에서 반드시 강조해야 한다.

예컨대 다음과 같다.

좌우구조:	日+月 = 明	木+木 = 林
	人+人 = 从	女+子 = 好
	女+口 = 如	又+又 = 双
상하구조:	夕+口 = 名	日+十 = 早
	人+从 = 众	亡+心 = 忘
	夕+夕 = 多	黑+土 = 墨

---

176) 周健主编, ≪汉语课堂教学技巧与游戏≫, 北京语言文化大学出版社, 1998年版 2~3쪽.

2. 글자분해법(字中字解字法)

이것은 제공된 모든 한자 속에 두 개 혹은 그 이상의 한자가 포함되어 있어서 학생들로 하여금 그 속에서 한자를 분해하게 하는 것이다. 이러한 특징을 갖고 있는 한자가 있다면 모두 이 게임의 선택 범위 속에 집어넣으면 되며 그것이 어느 조자 형식에 속하는지는 중요하지 않다.

예: 忿(分+心)　　　男(田+力)

　　树(木+又+寸)　　闻(门+耳)

　　解(角+刀+牛)　　吴(口+天)

　　坐(人+人+土)　　娶(耳+又+女)

3. 간단한 글자수수께끼(字谜) 추측법

'글자수수께끼(字谜)'는 한족의 전통 민간 오락 형식으로, 이것은 종종 중추절이나 대보름날 등 명절 연등회에서 사람들이 자신의 재능을 드러냈던 지혜형 게임 방식이다. 글자수수께끼 그 자체의 난이도는 천차만별이며 여기엔 '解字構字'의 게임 규칙도 존재한다. 다만 여기에 대해서는 아직 깊이 있는 연구자가 나타나지 않고 있어 수수께끼를 풀기가 쉽지는 않다. 이에 외국인을 위한 중국어 교육에서는 다만 대상에 따라 맞게 교육을 하기 때문에 비교적 평이한 글자수수께끼를 선택해 다양한 형식의 수수께끼 게임을 만들고자 한다. 이것은 비단 수업에 활기를 더하는 기능 뿐 아니라 학생들로 하여금 한자 구조가 갖고 있는 이론적 특징에 대한 인식을 더 강화시키는 기능도 하고 있고, 동시에 한족의 전통 문화 풍속을 이해하게 하는 한 방법이 되기도 할 것이다.

예:

수수께끼1: 上下换位置, 就成个呆子。(답: 杏) (위아래 글자를 바꾸면 '呆'자가 됩니다.)

수수께끼2: 一半长鳞, 一半生毛, 一半喝水, 一半吃草。(답: 鲜) (반은 비늘이 있고 반은 털이 나 있는데, 반은 물을 마시고 반은 풀을 먹습니다.)

수수께끼3: 小时不算少, 除日是多少? (답: 寸) (小时가 적지는 않은데 日을 제하면 얼마입니까?)

수수께끼4: 又在左, 又在右, 左右合成对。(답: 双) (왼쪽에도 있고 오른쪽에도 있는데 좌우가 짝을 이룹니다.)

수수께끼5: 给你一颗心。(답: 您) (당신에게 마음을 드립니다.)

4. 독체자와 편방 대응 선긋기법

일부 독체자의 자형은 합체자로 들어가면서 편방 자형으로 변체를 하게 된다. 편방은 합체자의 중요 구성 성분으로 한자 구성의 주요 수단이 된다. 회의자와 형성자 이 둘은 한자의 조자 방식으로서 비율이 가장 높은 2대 조자 방식이며 여기서 편방은 없어서는 안 되는 부분이다. 편방 변체에 대해 인지를 하면, 편방과 자의(字義)의 밀접한 관계에 대한 이해에 도움이 될 뿐 아니라 학생들이 편방 부수를 이용해 글자를 찾는 능력도 제고시킬 수 있다.

예:

(四) 형성자 분석법

춘추전국시대 이후, 한자는 점차 형성자의 발전 방향을 확정지었으며, 한대(漢代)에 이르러 형성자의 비율이 한자 총수의 80% 이상을 차지하는 정도까지 이르게 되었다. 따라서 이때 이미 형성자는 한자의 주요 조자 방식이 된 것을 알 수 있다.[177] 어떤 의미에서 보면, "한자는 표형자(表形字)를 기초로 하여 형성자를 주요 요소로 하는 문자이며 일종의 형의(形意)를 동시에 나타내는 문자체계"[178]이지, 순수한 의미의 표의 문자는 아니라 볼 수 있다. 한자 교육은 '형성자(形聲字)겸 형의(形意)표현'이라는 장점을 최대한 이용하여 형방, 성방을 제시함으로써 학생들의 식자(識字) 및 변자(辨字) 능력을 제고시켜야 한다. 비록 형성자가 표의와 표음 방면에서 완전히 규칙적이지 못하고 또 유추의 방식을 통해 한자 자의자음(字意字音)을 추측하는 정확도 역시 50~60%정도 밖에 안 되지만, 이 수준도 상당하다. 바로 은연중에 한자 학습의 난이도를 낮추고 있다. 물론 형성자 자체에 존재하는 결점을 소홀히 하면 안 된다.

1. 동음자의 형부를 활용한 식자법(同音字類符識字法)

형성자의 형부(形符)가 가지고 있는 표의 작용을 활용하면 동음자의 의미를 판별할 수 있다. 교사는 일정 수량의 동음자를 제공하고 그 가운데에는 학생들이 아직 모르는 글자도 있을 수 있는데, 학생에게 자신이 인지한 형방을 통해 글자의 의미를 추측하게 할 수 있다. 형성자 형부의 표의 특징을 이용하면 동일 성부(聲符)를 갖고 있는 동음자가 쉽게 헷갈리는 문제를 해결할 수 있고, 학생의 글자 선택의 정확도를 높일 수 있다.

---

177) 刘又辛, ≪汉语汉字问答≫, 商务印书馆, 1997年版 116쪽.
178) 刘又辛, ≪汉语汉字问答≫, 商务印书馆, 1997年版 126쪽.

예:

娇 — 女性(여성)과 관련이 있다.

骄 — 马(말)와 관련이 있다.

椒 — 植物(식물)과 관련이 있다.

浇 — 水(물)와 관련이 있다.

茭 — 植物(식물)과 관련이 있다.

跤 — 脚(발)과 관련이 있다.

礁 — 石头(돌)과 관련이 있다.

焦 — 火(불)과 관련이 있다.

('骄'와 '娇'는 성부가 동일한 동음자이다. 의부의 변의를 통해 娇气(연약하다)와 骄气(교만하다)의 차이를 파악할 수 있다.)

2. 동일 성방자의 음근 유추법(同聲旁者音近類推法)

독음을 알지 못하는 한자에 대해 다음과 같은 우스갯소리가 있다. "有边读边, 无边读中间(변이 있으면 변을 읽고, 변이 없으면 가운데를 읽는다)". 여기서 '边'은 곧 편방의 의미이고 '中间'은 내외구조의 한자에서 성방이 가운데 있는 것을 의미한다. 이것이 비록 농담이고, 설사 반드시 언어의 사실에 부합한다고는 할 수 없다 해도, 사람들이 글자 인식 과정에서 발견한 소박한 경험을 반영하고 있다. 성부를 이용한 발음 제시는 그 독음의 정확성이 겨우 50%에 불과하다. 이것은 일단 중국어 어음의 발전 변화에서 기인하며 또 한편으로 성방이 성조를 표시할 수 없다는 이유 때문에 그렇다. 그래서 동일 성방이라도 서로 다른 성조류(調類)를 나타낼 수가 있다. 만약 50%의 유추와 50%의 암기를 통해 충분히 한자 독음을 정확히 파악할 수 있다면 이 또한 형성자를 이용할 수 있는 하나의 방법이라고 말할 수 있다. 한자는 또 '초방언성(超方言性, 방언에 구애받지 않는 성질)'이 있기 때문에 유학생들은 중국어의 발음 연습 도중에 필연적으로 방언 발음을 가진 보통화를 만나더라도, 음근유추(音近類推)를 통해 학생들이 일정 정도로는 발음 구별

민감도를 배양할 수가 있다. 그다음 서사 방면에서 보자면, 한자는 성방이 가진 표음 특색으로 인해, 성방을 확정하고 나서 여기에 발음이 같거나 비슷한 한자가 동일한 성부를 가질 수 있다는 한자 이론을 활용함으로써 효과적으로 학생들이 한자를 기억하고 쓰게 될 것이다.

예(1): 독체자 → 성방 → +다른 형방 → 발음이 같은 한자(학생이 참여함)

$$半(bàn) \rightarrow 半(bàn) + \begin{cases} 亻 \rightarrow 伴(bàn) \\ 扌 \rightarrow 拌(bàn) \\ 糹 \rightarrow 绊(bàn) \end{cases}$$

예(2): 이미 알고 있는 글자로 독음 추측하기

$$\begin{matrix} (hěn) \\ 很 \end{matrix} \begin{cases} 狠 \ (hěn) \\ 痕 \ (hén) \\ 恨 \ (hèn) \end{cases}$$

(교사는 성부가 결코 성조를 구별하지는 않음을 지적해야 한다. 동일한 성방이 어떤 때는 동일한 성운만을 대표하여, 그들의 발음이 같아도 성조가 다를 수 있다.)

한자 교육은 줄곧 외국인을 위한 중국어 교육의 난점이었다. 그러나 한자 교육에서 한자의 내재적인 구조규칙을 지키고, 한자가 갖고 있는 이론적 부호라는 장점을 이용하며, 교육 프로그램에서 일정한 효과적 기법과 게임 요소를 추가한다면 한자의 학습은 훨씬 더 재미있고 쉬워질 것이다.

제5절 외국인을 위한 중국문화 교수법

壹. 문화 교육 전략 개관[179]

一. 외국인을 위한 중국문화 교육의 전략

외국인을 위한 중국어 교육은 언어 교육이다. 그런데 언어는 언어적인 요소와 문화적인 요소로 구성된다. 중국에서 외국인을 위한 중국어 교육 사업이 시작된 초기 단계에서는 문화 교육에 대해 충분히 인식하지 못했다. 그래서 언어 요소 중심의 외국인을 위한 중국어 교육에서 문화 교육은 있어도 되고 없어도 되는 위치에 있었다. 그러나 1980년대 이후 신흥 학문이 발전함에 따라 문화 교육은 외국인을 위한 중국어 교육계의 중요한 논의의 대상이 되었고, 장기간 푸대접을 받던 문화 요소에 대한 교육이 갈수록 주목을 받게 되었다. 그 때부터 지금까지 언어와 문화는 떼려야 뗄 수 없는 관계가 되었다. 외국인을 위한 중국어 교육에 반드시 문화 교육을 도입해야 한다는 문제는 중국어 교육에서 기본적으로 의견의 일치를 본 사항이므로 여기에서 다시 어학 교육에서 문화 교육을 실시해야 되는가의 문제에 대해서는 논의할 필요가 없다. 여기에서 주목해야 할 사실은 외국인을 위한 중국어 교육이 실천을 중시해야 되는 학문이기 때문에 모든 이론은 최종적으로 교실 수업에서 실천되어야 한다는 점이다. 그러므로 외국인을 위한 중국어 교육이 관련 문화 교육과 반드시 결합해야 한다고 인식한 이후에는

---

179) 张莹, <对外汉语中的文化教学模式比较和策略分析>, ≪合肥工业大学报(社会科学版)≫, 2004年, 第18卷, 第5期.

어떻게 교육 과정에서 목적성을 가지고 체계적이면서도 효율적으로 문화 교육을 실시할 것인가에 관해 생각하게 되었다. 다시 말해 '왜 가르쳐야 되는가'에 대한 문제를 인식한 후, 더 나아가 '어떻게 가르칠 것인가'의 문제에 대해 관심을 가지게 된 것이다. 이는 외국인을 위한 중국어 교육에서 취약한 부분을 극복하고 외국인을 위한 중국어 교육 사업을 발전시키고 완수하는 데 반드시 필요한 조치이다. 그러나 오늘날까지도 외국인을 위한 중국어 교육학계의 문화 교육 전략에 관한 연구는 여전히 미흡한 실정이다. 비록 중국어 교사들이 문화 교육이 어학 교육에서 얼마나 필요한지 인식하고 있지만 체계적인 이론이 부족하기 때문에 문화 교육의 현황은 그다지 낙관적이지 않다. 또한 회피 전략을 취하여 언어만 가르치고 문화에 대해서는 언급하지 않는 교사도 있다. 대부분의 교사들은 문화에 대한 이해에 따라 서로 다른 방법으로 문화를 교육하고 있기 때문에 그 효과도 천차만별이다. 외국인을 위한 중국어 교육의 실천자로서 우리는 현행 문화 교육에 관한 모델 세 가지를 비교 분석함으로써 외국인을 위한 중국어 교육에서 문화 교육의 전략 문제에 대해 같이 논의할 필요가 있다.

二. 외국인을 위한 문화 교육 모델과 전략 세 가지

(一) 문화에 대한 인식의 차이

문화 교육 문제에 관해 논의하고 있는데, 과연 여기서 말하는 문화란 무엇인가. 문화에 대한 정의는 20세기에 줄곧 사회과학 분야에서 논쟁하던 문제 중의 하나였다. 1980년대 초까지 문화에 대한 정의만 해도 450여 가지에 달했고, 90년대 이후로 문화에 대한 정의는 늘어나기도 하고 줄어들기도 했다. 이렇게 다양한 문화 개념 중 어떤 것이 외국인을 위한 중국어 교육 중 문화 부문 기준에 가장 부합하는지에 대해 사람들마다 생각이 다르다. 일찍이 중국어 교사 5명에게 문화와 관련된 현행 교재 중 자신이 생각하기에 가장 적합한 교재를 선택하여 동일한 유학생들에게 중국문화를 가르치도록 했는데, 그 결과 5명의 교사가 각기 다른 5가지 교재를 선택했다. 이로 볼 때 문화에 대한 이해는 어떠한 교육 전략을 채택할 것인가와 매우 밀접한 관련을 맺고 있다. 중국어 교사가 문화에 대해 어떻게 이해하고 있는가에 따라 교육에서도 문화를 처리하는 방법과 교육 전략이 다르게 나타나는 것이다. 이러한 전략은 대표적인 세 가지 교육 모델로 귀납할 수 있다. 이 교육 모델을 소개하기 전에 먼저 몇 가지 문화 인식에 대해 분석할 필요가 있다.

1. 문화를 지식의 일종으로 본다.

소위 '지식문화(知识文化)'란 '문화적 배경이 다른 두 사람이 의사소통을 할 때 정보 전달에 직접적으로 영향을 끼치지 않는 언어와 비언어적 문화 요소'180)로, 개념상으로는 'C-문화'에 가깝지만, 오늘날에는 점차 인류학과 사회학에서 강조하는 'c-문화'로 확산되고 있다.181) '지식문화'와 '의사소통 문화'라는 이분법이 나오기 전에 대부분 중국어 교육자들은 문화를 일종의 지식으로 보고 다른 지식과 마찬가지로 교실 수업을 통해 학습할 수 있고, 음악, 미술, 조소 등에 대한 연구를 통해 이해할 수 있으며, 지식이 있으면 문화도 있다고 생각했다. 이것이 외국인을 위한 중국어 교육에 반영되면서 문화 지식의 전수는 주로 중국 역사지리, 민속, 명승고적, 건축물, 문학가의 작품 등에 대한 내용을 소개하는 것이었다. 이는 20세기 외국인을 위한 중국어 교육의 발전 초창기에 특히 두드러지게 나타났다. 비록 이러한 방법

---

180) 胡文仲 · 高一虹, 《外语教学与文化》, 湖南教育出版社, 1997年版.
181) [역주] H. H. Stern은 문화의 구조와 범주에 따라 문화를 광의와 협의의 두 개념으로 나누었다. 광의의 문화 즉 'C-문화'(Culture with a big C)는 인류가 사회 역사 발전 과정에서 창조해낸 물질과 정신적 재산의 총화를 말한다. 여기에는 물질문화, 제도문화, 심리문화 세 가지가 있다. 협의의 문화 즉 'c-문화'(culture with a small c)는 사람들의 보편적인 사회습관, 이를테면 의식주 등이나 풍속습관, 생활방식, 행위규범 등을 가리킨다.

에 대해 의심하고 부정하는 연구자나 교육자들이 있긴 하지만, 오늘날에도 여전히 외국인을 위한 중국어 교재와 교육자들 중에는 문화에 대한 이러한 전통적인 이해를 답습하는 면이 있어서 교육을 할 때 순수한 지식성 문화만을 가르치기도 한다.

2. 문화를 의사소통 행위로 본다.

외국인을 위한 중국어 교육학자인 张占一은 어학 교육의 각도에서 문화를 '지식문화'와 '의사소통문화(交际文化)'로 나누었다.[182] '지식문화'에 대해서는 앞에서 이미 언급한 바 있으며, '의사소통문화'는 '문화적 배경이 다른 두 사람이 의사소통을 할 때 정보의 정확한 전달에 직접적으로 영향을 주는(즉 오해를 유발할 수 있는) 언어와 비언어적 문화요소'를 가리킨다.[183] 이러한 구분은 많은 중국어 교육학자들이 어학 교육에서 문화의 개념을 다시 살펴보고 확립하는 계기가 되었다. '의사소통문화'는 'c-문화'에 가깝다. 이는 의사소통에 근거해야만 획득과 체득이 가능한 문화이다. 외국인을 위한 중국어 교육은 일종의 어학 교육 활동이다. 따라서 언어의 의사소통 기능이란 특징으로 인해 중국어 교육의 최종적인 목표도 곧 중국어로 의사소통을 할 수 있는 능력 배양임이 결정된 것이다. 의사소통 행위를 성공적으로 진행하려면 언어적인 장애를 해결해야할 뿐만 아니라 이 언어를 사용하는 특정한 사람들의 전체적인 생활방식을 이해하고, '의사소통문화'에 대해서도 이해해야 한다. '문화행위설'을 주장하는 사람들은 외국인을 위한 중국어 교육에서 학생들에게 중국인이 만나면 어떻게 인사를 하는지, 어떻게 상대방을 칭찬하는지, 어떻게 겸손을 나타내는지, 어떤 완곡어를 사용하는지 등 중국의 문화적 특징을 가진 의사소통방식을 가르치는 경향이 있다. 이러한 문화적 요소에 대한 교육은 상응하는 어학 교육 과정 중에 동시에

---

182) 张占一, <试议交际文化和知识文化>, ≪语言教学与研究≫, 1990年 第3期 15~32쪽.
183) 胡文仲·高一虹, ≪外语教学与文化≫, 湖南教育出版社, 1997年版.

진행해야 한다. 지식문화의 개념에는 기본적으로 언어나 언어 학습과 관련된 부분이 포함되지 않은데 반해 의사소통문화의 개념은 언어에 대한 이해와 운용의 각도에서 출발하고 있다. 의사소통문화는 "의사소통 행위를 통해 자연적으로 문화 교육과 어학 교육을 함께 연관시키고 있고, 언어와 문화의 내재적인 연계 역시 언어의 형식이 어떻게 문화의 내용을 담고 있는지 또 문화가 어떻게 언어의 사용을 좌우하는지를 반영하고 있는 것"[184]으로 본다.

3. 문화가 다양한 범위를 가진다고 본다.

'문화지식설(文化知识说)'과 '문화행위설(文化行为说)'이 서로 대립하는 가운데 문화에 대한 이해가 지식이나 행위라는 두 가지 대립에만 국한된 것이 아니라 다양한 문화적 범위를 가질 수 있다고 주장하는 관점도 있다. 문화의 개념에는 많은 다양한 내용이 다 포함되어 있지만, 중국어 교육은 어학 교육 과정으로서 내용과 시간 면에서 제약을 가지기 때문에 교육에서의 문화적 요소를 고려할 때는 그것의 의미적인 완정성과 효율성을 동시에 고려해야 한다. 이는 문화에 대한 정의가 '지식'이나 '행위'라는 개념만으로는 표현할 수 없고, 매우 복잡하면서도 다양하게 나타날 수 있음을 보여준다. 중국 내 외국어 교육 전문가인 胡文仲·高一虹은 "'물질문화'와 '정신문화'에 있어 정신문화의 물질문화에 대한 지배 작용을 더 중요시해야 한다. '제도문화'와 '행위모델' 중 일정한 제도 내 사람들의 행위 모델을 더 중요시해야 한다. '지식문화'와 '의사소통문화'는 양자를 다 중요시해야 하고, 의사소통문화를 전수할 때에는 지식문화가 이를 관통하도록 해야 한다."고 지적한 바 있다.[185] 이러한 관점은 언어 수업에서 언어문화 행위에 대한 훈련을 중요시해야 한다는 주장과 동시에 'C-문화'의 중요성을 잊지 않고 있음을

---

184) 陈申, ≪语言文化教学策略研究≫, 北京语言文化大学出版社, 2001年版.
185) 胡文仲·高一虹, ≪外语教学与文化≫, 湖南教育出版社, 1997年版.

보여준다. '문화다양설(文化多样说)'의 또 다른 특징은 외국의 문화 간 의사소통 이론의 영향을 받아 문화 교육의 중점을 중국문화라는 단일한 방면의 전통에만 두지 않고 학습자 자신의 민족 문화 역시 중요한 문화 교육의 내용으로 삼음으로써 상호작용의 방식으로 중국문화와 관계를 맺어 양방향의 문화 교육을 확정했다는 점이다. 그러므로 수업에서 교사는 항상 학생이 두 문화 간의 충돌을 비교하고 사고할 수 있는 형식을 채택함으로써 어려움을 없애고 문화적 차이점을 정확하게 인식하고 대응할 수 있도록 해야 한다.

(二) 문화적 인식에 따른 교육 모델

1. 지식문화 전수 모델

학생이 특정의 중국문화에 대한 비교적 체계적이고 완정적인 인식을 가지도록 하기 위해 자주 사용하는 방식은 전문 강좌를 개설하는 것이다. 교사는 명확한 서술을 통해 해석, 분석, 대조 등의 각종 수단을 빌어 학생에게 중국문화 지식을 전수한다. 예를 들면, 한자 교육을 위해 초학자들에게 한자의 역사와 현황을 소개하는 강좌를 개설함으로써 한자 학습에 입문하도록 지도한다. 고학년 학생들에게는 '한자와 문화'를 주제로 하여 한자가 포함하고 나타내는 중국어의 문화 지식을 소개한다. 단기로 중국어를 배우는 학생들은 수업 시간에 근거하여 짧으면서도 인상적인 문화강좌를 여러 차례 개최하고, 장기간 중국어를 전공으로 하여 학습하는 학생들에게는 한 학기나 한 학년 동안 뚜렷한 목표를 가지고 체계적으로 여러 가지 주제를 가진 시리즈 강좌를 개최할 수 있다. 학생의 중국어 수준에 따라 저학년 학생에게는 모어로 강의하고, 중급 이상의 수준이 되면 비교적 쉬운 중국어로 설명을 한다.

강좌를 보충하기 위해 교실을 벗어나 실제 장소로 가서 견학하는 것도 문화지식을 전수하는 좋은 방법이다. 명승고적, 도시경관, 전시회, 박물관 등 다양한 곳을 견학할 수도 있고, 현지 방문이나 조사를 실시할 수도 있다. 문화 견학을 통해 일반적인 수업에서 느낄 수 없는 재미와 즐거움을 느낄 수 있으나, 학생들은 이로 인해 견학 중에도 학습을 해야 하는 임무가 있음을 잊어버려서는 안 된다. 교사는 통합적 설계를 통해 미리 견학해본 경험에 근거하여 학생들이 준비해야 할 지식을 확정하고, 견학을 하면서 생각도 할 수 있는 문제를 주고, 견학 후에는 보고서의 형식을 통해 학생의 견학 성과를 점검해야 한다.

멀티미디어 교육 기술을 빌어 수업에서 문화를 감상하는 것도 중국문화를 이해하는 수단의 일종이다. 예를 들면, 영화 감상 수업이나 음악 감상 수업을 만들 수도 있고, '쑤저우 원림(苏州园林)', '제나라와 노나라의 문화(齐鲁文化)' 등과 같은 중국문화를 소개하는 다큐멘터리를 방영할 수 있다. 체계적인 해설과 함께 동영상과 소리 등 여러 가지 경로로 입력을 하게 되면 학생의 여러 감각기관이 협동작용을 하여 지식형 문화를 학습하는 데 이상적인 성과를 낳을 수 있을 것이다.

강좌, 견학, 감상에 대한 소감은 학생들끼리 혹은 교사와 학생 간에 수업 시간에 토론을 하여 상호 교류를 할 수도 있다. 이 방식은 학생들이 배운 지식을 체계적으로 이용하고 공고히 하도록 만드는 데 도움이 된다. 예를 들면 학생들이 학교를 벗어나 중국식 식사모임을 하고 돌아와 '중국의 음식문화'에 대한 토론을 진행해도 되고, 중국 식당에서 음식이 나오는 순서나 맛, 요리법, 나아가 중국인의 식사 예절, 중국 요리에서 반영되는 민족적 특성 등에 대한 일련의 토론을 전개할 수 있다. 이렇게 하면 학생들이 중국의 음식문화에 대한 이해와 인식이 심화될 것이다.

2. 의사소통식 문화 훈련 모델

지식문화 전수 모델이 순수하게 문화를 지식으로 보고 이를 언어 학습에 부가시키는 것과 달리 의사소통식 문화 훈련 모델은 문화를 의사소통 행위의 일부분으로 보고, 말을 통한 의사소통 훈련으로 학생들이 자연스럽게 체험하고 이해하도록 한다. 그러므로 교사가 중심이 되어 문화 지식을 주입하는 전략은 더 이상 적용하지 않는다. 어떻게 하면 학생들이 올바른 의사소통 행위를 할 수 있도록 이끌 것인가, 학생과 교사 사이에 어떻게 상호작용하도록 할 것인가가 교육의 성공 여부를 판가름하는 관건이 된다. 자주 사용되는 방법은 학생을 둘씩 조로 나누어 기능적인 대화 연습을 시키는 것이다. 예를 들어, 초급반 학생들이 '만났을 때 인사하기'와 같은 기능을 학습한다고 하자. 교사는 먼저 중국인들이 만나서 인사를 할 때 낯선 사람들끼리는 '你好'를 사용하고, 아는 사람들끼리는 상대방의 상황에 따라 상대방이 무엇을 하고 있는지 묻고, 대답을 할 때는 일반적으로 질문에 대응하는 답을 한다는 점을 설명한다. 몇 가지 응답의 예를 들면 다음과 같다.

(1) ——上班啦?　　——对, 上班去。(출근하세요? - 네, 출근하러 가요.)
(2) ——上哪儿去?　　——出去走走。(어디 가세요? -산책하는 거예요.)
(3) ——买什么呢?　　——买点菜。(뭘 사셨어요? -장을 좀 봤어요.)
(4) ——吃了沒有啊?　——吃过了。(식사하셨어요? -식사했어요.)
(5) ——还沒休息哪?　——还沒呢。(아직도 안 쉬세요? -아직요.)

그런 다음에는 '처음 만났을 때', '수업 도중', '마트에서 돌아오는 길', '저녁 무렵 산책', '오후 휴식 시간' 등의 상황을 설정하여, 학생들이 위에서 열거한 예문을 모방하여 둘씩 연습을 하게 한다. 이를 통해 중국문화에서는 사람들 사이의 교류가 인사말에서 나타난다는 특징을 느낄 수 있게 된다. 이와 유사하게 중국인이 겸양, 사과, 유감, 축하 등을 나타내는 방식을 모두 회화 형식을 통해 이해할 수 있다.

또 자주 사용되는 형식은 수업 시간에 연극을 하는 것이다. 즉, 학생들이 서로 다른 배역을 맡아, 조별로 어떤 상황에서 의사소통을 하는 과정을 보여주는 것이다. 교재에 나와 있는 대화로 모의 훈련을 할 수도 있고, 고학년 학생들은 교사가 제시하는 가상의 배경에 근거하여 즉흥적으로 연극을 하거나 어떤 제목을 가지고 극본을 만들어 연극을 하게 할 수도 있다. 예를 들면, '병원에서 진료 받기', '상점에서 쇼핑하기', '역에서 배웅하기', '여행하면서 길 묻기', '길에서 서로 도와주기' 등을 주제로 하여 공연할 수 있다. 이렇게 공연을 하는 방식으로 학생들이 상황에 맞는 언어를 사용하여 구두로 의사소통할 수 있는 기교를 훈련하면 언어와 문화 학습이 서로 조화를 이루고 도전성과 재미를 두루 갖추게 되므로 외국인 학생들에게 인기가 많다.

교실에서 상황을 설정할 수도 있지만 교사는 학생들의 수준에 근거하여 의사소통의 임무를 실제 상황에 대담하게 도입할 수도 있다. 이러한 임무는 여러 사람이 분업을 하여 협력해야 하며, 다양한 장소에서 듣기, 말하기, 읽기, 쓰기 등 여러 방면의 의사소통을 통해 완수해야 한다. 예를 들면, 교사는 '예술의 밤' 같은 것을 기획하여 전체 준비 과정은 학생들이 자체적으로 준비하고 교사는 옆에서 필요한 지도만 해준다. 학생은 먼저 이 임무를 '장소 섭외', '설비 임대', '식료품과 도구 구매', '선전 포스터 디자인' 등으로 나눈 후에 각자의 분업을 명확히 한다. 실제로 진행하는 과정에서 학생들은 수업에서 배운 언어적 지식을 실제로 의사소통하는 데 사용하게 되고 그 과정에서 새로운 언어와 문화적 지식을 배우는 동시에 의사소통을 하면서 서로 정보를 교환하고 마지막으로는 정보를 모아 전체적인 임무를 완성하게 된다. 앞의 대화식 연습 및 공연과 이를 비교해 볼 때, 이 실제 상황 형식은 학생이 사회의 실제 상황과 접하게 됨으로써 언어 학습자들이 더 많은 도전에 직면하게 되어 의사소통 능력을 충분히 검증하고 향상시킬 수 있는 이점이 있다.

3. 다양한 문화 간 상호 작용 모델

이 모델을 사용하기 위한 전제는 문화적 차이가 현저해야 한다는 점이다. 대부분의 상황에서 외국 학생들은 본국의 문화 환경에서 중국이라는 새로운 환경으로 온 것이므로 새로운 문화에 대한 거대한 충격 속에 두 문화 간 차이에 대해 상당히 민감하게 느끼기도 하고 곤혹스러움을 느끼기도 한다. 이는 문화적 차이에서 오는 자연스러운 현상이다. 교사는 수업 시간에 의식적으로 학생들이 문화 간 차이를 발견하도록 지도할 수 있다. 예를 들면 전형적인 중국문화의 특징을 가진 장소를 선택하거나 문화 간 의사소통이 가능한 상황을 설계하고 사진이나 그림, 영상을 통해 학생에게 보여 줄 수도 있고, 문화 간 의사소통을 교재의 내용으로 삼고 있는 어학 교재를 선택할 수도 있다. 北京语言文化大学出版社에서 출판한 ≪说汉语谈文化≫, ≪汉语文化双向教程≫이 이러한 종류의 교재에 속한다.

학생들이 곤혹스러움을 느낀다고 해서 교사가 급하게 답을 해줄 필요도 없고, 중국인의 문화적 습관을 외국 학생들에게 강요할 필요도 없다. 오히려 쉬운 문화부터 시작해서 어려운 문화로, 간단한 문화에서 복잡한 문화로 일련의 문화적 문제를 이끌고, 학생들에게 자기 민족의 문화적 지식을 기반으로 하여 서로 비교하고 차이점과 공통점을 확인하도록 함으로써 중국문화에서 이해하기 힘든 부분을 이해하도록 만들 수 있다. 예를 들면, 학생들 중에는 왜 처음 본 중국인이 자신에게 '어디 사람이냐', '나이는 몇 살이냐', '부모님은 무슨 일을 하시냐', '형제자매는 있느냐' 등과 같이 사적인 질문을 많이 하는지 모르겠다고 질문한 적이 있다. 이에 대한 답을 찾기 전에 교사는 학생에게 먼저 다음과 같은 몇 가지 질문에 답변하게 한다.

(1) 당신은 공개적인 장소에서 직접적으로 친구의 잘못을 지적합니까?
(2) 당신이 손님을 초대하기 위해 한상 가득 음식을 많이 차려 놓고, '차린 게 별로 없습니다', '요리를 잘 못해요'와 같은 말을 합니까?
(3) 당신의 국가에서는 다른 사람의 단점을 지적할 때 '……하기를 바랍니

다(希望……)'와 같은 표현 방식을 사용합니까?

학생들의 출신국가가 다르기 때문에 대답도 다를 것이다. 교사는 이러한 상황을 잘 활용하여 학생들의 질문 역시 다양한 이해가 가능하다고 지적한 다음 학생들에게 각자의 대답에 대한 설명을 하도록 한다. 교사는 중국인의 신분으로 대답을 해주는데, 중국문화는 위의 세 가지 질문이 나타내고 있는 '함축'과 '겸손', '완곡'의 특징을 가지고 있다고 설명한다. 학생들이 서로 자국의 문화 정보를 공유한 다음 교사는 이어 학생들이 자국과 중국이 위의 세 질문에 있어 어떠한 공통점과 차이점이 있는지 비교하고, 그 차이점 의 원인을 살펴보게 한다. 또한 칠판에 이에 관한 대조표를 그린다. 이를 바탕으로 교사는 '함축', '겸손', '완곡'이 중국문화의 특징인 '투영성(映照性)' 을 보여주는 것이라고 지적한다. 다시 말해 대화 시에 자신과 타인을 서로 투영하여 비교해보고, 상대방의 반응과 자존심을 고려하여 개인의 역할과 성과는 최소화하고 자신과 상대방의 '체면'을 고려하는 것이다. 마지막으로 는 다시 학생이 맨 처음에 했던 질문으로 돌아온다. 이 때 교사는 학생들이 투영성이라는 문화적 각도로 이 문제를 고려하도록 이끈다. 그들이 중국은 늘 상대방의 연령과 지위, 가정, 자신과의 관계 등 서로 다른 상황에 근거하 여 자신이 어떻게 행동하고 말해야 할지를 결정하기 때문에 처음 만났을 때 종종 서로 이 방면에 관한 상황을 질문하여 서로 이해를 함으로써 대화 시에 상대방의 마음을 상하게 하거나 부적합한 말을 피할 수 있고 대화를 계속해 나갈 수 있는데, 이러한 습관이 오래 되다보니 일종의 관습이 되었다 는 사실을 인식하게 한다. 이쯤 되면 문화적 의구심은 해소될 수 있다. 그럼 교사는 곧이어 이와 관련된 언어 연습을 진행한다. 투영성의 문화적 특징과 관련이 있는 중국어 표현 방식을 학생들에게 가르치고, 완곡을 나타 내는 단어와 구문, 겸손을 나타내는 말과 존경을 나타내는 말 등의 용법을 연습시킨다. 이러한 과정을 거치면 학생들이 중국문화에 대해 철저히 이해 를 한 후에 사용을 하게 되기 때문에 더 좋은 효과를 거둘 수 있다.

다양한 문화 간 상호 작용 모델 역시 수업 밖으로까지 연장시킬 수 있다. 중국어 수준이 비교적 높은 학생에게 교사는 조별 협력 방식으로 어떤 문화 주제에 대해 체계적이고 깊이 있는 사회 조사 연구를 하도록 지도하여 학생들이 과학적 객관성을 가진 문화 정보 자료로부터 수긍할만한 발견을 하도록 한다. 또한 이를 통해 문화적 편견을 극복하고 문화적 차이를 이해하고 인정할 수 있게 한다. 예를 들면 요즘 중국에 오는 대학생들은 중국 젊은이들의 배우자 선택 문제에 대해 관심이 많기 때문에 '중국 젊은이들의 배우자관'을 주제로 하여 문화 조사를 실시한다. 학생들은 설문조사 설계, 현장 방문, 문헌 조사, 데이터 분석 등의 방법을 통해 현대 중국 젊은이들의 배우자 선택 기준과 그 이유를 심층적으로 이해한다. 또한 횡적, 종적 비교를 통해 중국의 상황과 자국의 상황을 비교하고 공통점과 차이점을 찾아낸다. 뿐만 아니라 중국의 오늘날과 과거의 상황을 비교하여 경제 발전, 개방 정도, 국가 정책 등 각각의 방면으로부터 중국의 젊은이들이 가지는 배우자관과 기준이 과거에 비해 달라진 원인을 분석한다. 마지막으로 각 조에서 조사 연구의 결과를 종합한 이후 수업시간에 전시하고 집단 토론을 진행한다. 학생의 문화적 배경에 따라 그들이 내놓은 답안이 다르더라도 허용한다.

이로 볼 때, 다양한 문화 간 상호 작용 모델은 문화적 다양성을 인정하고, 교육에 있어서는 앞선 두 가지 모델에서의 토론과 회화, 협력 등의 방법을 다 받아들임으로써 내용과 형식 모두 다양성의 특징을 나타낸다. 학생과 교사, 그리고 학생과 사회 간의 상호 작용은 문화적 충돌을 없애고 문화적 차이를 정확하게 인식하고자 하는 교육 목표에 도달하게 한다.

三. 세 가지 문화 교육 모델의 비교 분석

이상의 세 가지 외국인을 위한 중국어 문화 교육 모델과 이에 상응하는 전략의 소개 및 분석을 통해, 초기에 소홀히 했던 문화적 요소가 이 세 모델로 인해 인정을 받게 되었고, 모두 문화 교육을 어학 교육에서 없어서는 안 될 일부분으로 인식하게 되었음을 알게 되었다. 그러나 세 가지 모델이 준수하는 원칙과 사용하는 방법, 형식이 서로 다르기 때문에 각자의 장단점도 비교적 명확하다. 지식문화 전수 모델은 언어 수업에서 직접적으로 중국문화의 내용을 집중적으로 학생에게 가르친다. 이는 외국 학생들이 비교적 짧은 기간 내에 방대하고 심오한 중국문화를 이해하는 데 시간을 절약하면서도 효과적인 방법임에 틀림없다. 전수 방식의 특징으로 비춰볼 때 교사가 학생의 개별적인 차이에 근거하여 문화 내용의 양과 깊이를 결정함으로써 비교적 자발적으로 학습의 효과를 볼 수 있다. 문화 내용을 학습자의 모어를 사용하여 명확하게 표현할 때 오해와 편차가 생길 확률도 상대적으로 감소하고 학습자가 방과 후 자습하기에도 도움이 된다. 지식문화 전수 모델이 중국어 학습자들을 위해 중국문화 지식을 발전시킬 기반을 마련해주고 학습자가 앞으로 중국문화의 환경에서 교류를 하고 문화적 차이를 정확히 인식하도록 하는 중요한 지식을 누적시킨다는 점은 부인할 수 없다. 그러나 문화를 지식으로 보고 언어 학습 과정에 문화를 부가하게 되면 문화와 언어 간의 관계가 느슨해질 수 있는데 이 점은 이 모델의 한계임에 틀림없다. 문화 교육은 결국 어학 교육을 위한 것인데, 지식문화 전수 모델은 문화 내용의 선택에서부터 교육을 하기 위한 형식에 이르기까지 모두 문화와 언어를 두 개의 독립적인 부분으로 보고 문화 교육을 완전히 어학 교육의 밖에서 진행한다. 특히 학생의 모어로 가르치게 되면 어학 교육과 문화 교육은 아무런 관련이 없는 두 영역이 되어 어학 교육을 위한 문화 교육의 보조적인 역할이 미미해진다.

언어와 문화의 분리라는 이 한계점을 잘 극복한 모델이 의사소통식 문화 훈련 모델이다. 지식문화 전수 모델이 부가적인 수단이라는 점과 비교해 볼 때 의사소통식 문화 훈련 모델은 언어를 사용한 의사소통이라는 각도에서 출발하여 모의 중국어 문화 환경에서 의사소통을 함으로써 문화와 언어라는 두 영역이 깊은 관련을 맺어 자연스러우면서도 유기적으로 함께 융합된다. 지식으로서 전수하는 문화는 그 내용과 형식이 구체적이고 명확하지만, 언어의 사용에 영향을 미치는 일부분으로서의 문화 내용은 종종 "이해는 할 수 있지만 말로 전할 수는 없는" 경우가 많다. 이러한 특징으로 인해 의사소통식 문화는 교사 중심의 교육에서 학생 중심의 교육으로 전환된다. 의사소통식 문화 훈련 모델은 학습자에게 직접 의사소통 행위를 통해 문화 지식을 획득할 기회를 제공하고, 학습자에게 이러한 지식을 응용하여 지식을 행동으로 변화시키도록 요구한다. 그러나 의사소통식 문화 훈련 모델은 문화의 내용을 확정하는 데 있어 첫 번째 모델과 비교했을 때 또 다른 극단으로 치닫는 경향이 있다. 즉, 의사소통과 관련이 있는 문화만 가르치고 지식문화의 전수에는 소홀하다는 것이다. 역사, 지리, 민속 등은 모두 언어와는 무관한 것으로 여기기 때문에 문화 교육의 범위 밖에 있는 것으로 배제했다. 이는 중국의 문화를 전면적으로 이해하고 싶어 하는 외국 학생들에게 아쉬움을 느끼게 할 수밖에 없다. 또한 중국어를 배우는 학생들은 세계 각지에서 왔는데, 그들은 이미 모어 문화를 형성하고 있기 때문에 그들이 중국문화를 받아들이고 응용하는 데 부정적인 영향을 받을 수밖에 없다. 그들이 말로 의사소통할 때 중국문화를 잘 이해하지 못하고 배척하는 심리가 있을 수 있는데, 이는 어학 공부와 사용에 부정적인 작용을 한다. 이러한 문화 충돌의 문제를 대할 때 의사소통식 문화 훈련 모델은 외국인 학습자의 중국문화에 대한 인식을 강조하고 학습자가 완전히 중국인의 행위 방식을 기준으로 삼아 모든 행동거지를 중국문화에 따르도록 요구한다. 그러나 우리는 외국인 유학생들이 자국의 민족문화 사절로서 중국에서 중국어를 공부함으로써 그들이 자국과 중국문화 소통의 교량의 역할을 하기를 바란다. 이를 위해서 교육 종사자들이 어학 교육 외에도 문화적인 차이를 해석하고 문화적인 충돌을 없애는 책임과 임무를 다해줄 필요가 있다. 외국 유학생의 언행이 중국인의 기준에 도달하고, 중국의 문화적 가치를 완전히 받아들이도록 강요해서도 안 되며 강요할 필요도 없다.

문화적 차이를 정확하게 인식하는 문제에 있어 다양한 문화 간 상호

작용 모델이 어느 정도 역할을 할 수 있다. 이 모델은 다원화된 문화의 존재를 인정하고 어학 교육 수업에서 학습자의 민족 문화도 합리적인 지위를 가지고 있음을 보여준다. 중국어 학습자가 중국문화에 대한 충격으로부터 느낀 놀라움이나 곤혹스러움, 부지불식간에 자국의 민족문화와의 비교를 통해 느낀 의문점이나 반성, 생각 등이 이 모델에서는 어느 정도 해결된다. 또한 다양한 문화 간 상호 작용 모델은 앞선 두 모델이 각각 단일한 지식형 문화와 의사소통식 문화만을 전수한다는 한계점을 극복하고, "지식 문화의 전수도 중요시할 뿐만 아니라 의사소통 행위의 중요성도 강조하고, 문화 내용과 문화 간 의사소통 능력에 대한 훈련도 중요시했다."[186] 비록 다양한 문화 간 상호 작용 모델이 중국의 외국인을 위한 중국어 교육 수업에서 많이 응용되고 있는 것은 아니지만 최근 세계적으로 다원화된 문화가 점차 인정을 받고 있는 추세대로라면 확실한 장점을 갖추고 있는 모델이라고 볼 수 있다. 문화의 다양성을 인정하는 이 모델은 여러 가지 교육 방안을 수용하는 종합적인 성격이 매우 강하므로 이를 통해 언어 문화 교육을 실시하는 교사의 능력에 대한 요구사항도 까다로워 질 것이다. 교사는 언어 수준도 높아야 하고 문화적 소양도 잘 갖추어야 하기 때문이다. 이 역시 현재 중국의 외국인을 위한 중국어 교육에서 다양한 문화 간 상호 작용 모델이 수용되는 경우가 적고 좋은 효과를 거두기가 비교적 어려운 주요 원인이 된다. 그러나 문화 간 상호 작용 이론은 어학 교육에 있어서는 소홀히 할 수 없는 중요한 역할을 한다. 만일 이 원칙에 따라 탐색해 나간다면 중국의 외국인을 위한 중국어 문화 교육은 미래에 더 크게 발전할 여지를 가질 것이라 믿어 의심치 않는다.

실제 교육 과정에서 문화 교육 중 어떠한 전략을 선택할지는 과목 유형, 학생 특징, 시수 등 여러 가지 구체적인 요소를 고려해야만 한다. 모든 문화 교육 모델은 어느 정도 한계점을 가지고 있기 때문에 각종 모델의

---

186) 陈申, 《语言文化教学策略研究》, 北京语言文化大学出版社, 2001年版.

특징을 종합적으로 분석하여 각자의 장점을 취하고 단점은 피한다면 따를만한 충분한 가치가 있는 방법일 것이다.

貳. 중국어 교육에서의 문화 도입

一. 외국인을 위한 중국어 교육의 기초 단계에서 문화를 도입하는 방법[187]

언어와 문화는 상호 영향을 주고받으면서 서로 융합한다. 어학 교육에서 문화의 도입은 이미 없어서는 안 될 유기적인 구성 부분이 되었다. 이 점은 국내외 어학 교육계에서 갈수록 주목하고 있는 사실이다. 많은 전문가들은 문화 도입의 문제에 대해 깊이 있는 연구를 진행했다. 그러나 주로 문화 도입 내용에 대해서만 연구가 되었을 뿐 방법에 대해서는 여전히 연구가 미진한 상황이다. 그러나 도입의 방법 문제 또한 주의할 필요가 있다. 이 절에서는 ≪初级汉语课本≫을 예로 들어, 외국인을 위한 중국어 교육의 기초 단계에서 문화를 도입하는 방법에 대해 논의하고자 한다.

어학 수업에서의 문화 도입은 전문적인 문화 수업과는 다르다. 기초 단계의 학습이기 때문에 문화는 어학 교육을 보조하기 위한 수준이면 된다. 너무 문화를 강조하여 어학 수업의 본질을 퇴색시키지 않도록 유의한다. 교육 과정에서 문화 내용은 언어에서 독립되거나 언어적 지식에서 단순하게 첨가한 것이 아니라 어학 교육에 녹아들도록 한다. 이를 위해서는 도입하는 시기가 적절해야 한다. 언어적인 부분을 접점으로 하여 광범위한 문화를 부지불식간에 자연스럽게 도입하여 문화 교육이 저절로 이루어지도록 한다. 동시에 문화 역시 무미건조한 어학 수업에 재미를 더하여 교실 수업 분위기가 활기차지고 학생의 학습에 대한 흥미도 자연스럽게 높아질 것이다.

---

187) 孙欣欣, <对外汉语教学基础阶段文化导入的方法>, ≪世界汉语教学≫, 1997年 第1期.

아래에서는 필자가 교육 현장에서 경험한 몇 가지 도입 방법을 소개하고
자 한다.

(一) 순서 나열법(序列展示法)

순서성은 중국인의 사유의 현저한 특징이다. 순서 나열법은 바로 그 순서
관념을 보여주는 좋은 방법이다. 판서를 통해 키워드를 그 내재적인 규칙에
따라 배열함으로써 학생들이 규칙을 발견하도록 유도한다. 학생들은 빨리
기억을 하는 동시에 중국인의 사유의 특징을 이해하게 된다. 예를 들면,
'제15과 날짜', '제17과 시간'은 모두 큰 단위에서 작은 단위의 순서로 배열되
므로 중국어의 시점을 어떻게 정확하게 표현하는지 전체적으로 고찰한다.

上午9点15分(一刻)10秒

1996年 3月 23日 星期五　中午12点30分(半)15秒

下午5点45分(三刻)20秒

앞으로 배울 본문에서 매번 시간 표현법과 관련된 내용이 나오면 위의
이 표를 제시하면서 이미 배운 내용을 복습하고 계속해서 刻, 秒와 같은
새로운 내용을 추가한다.

시간의 길이를 나타내는 방법 역시 그러하다.

10年 9个月 8天 7小时 6分钟

마찬가지로 주소의 표현법 역시 큰 단위에서 시작해서 작은 단위로
끝난다.

国　省　市(区)　县

이와 같은 순서성의 사유 방식은 사물이나 사람을 묘사할 때도 나타난다. 다음에 예들은 호칭을 나타내는 말이다.

(1) 父子 母女 兄弟 兄妹 姐妹 姐弟
娘儿俩 爷儿俩 姐儿俩 哥儿俩
(2) 男女 夫妻 父母

(1)에서 사람에 대한 호칭은 연장자 우선의 원칙을 준수하고, (2)에서는 나이가 많고 적고의 구분은 없지만 남녀의 순서 배열을 따르는데, 남성이 여성보다 우선한다. 이는 중국 고대 사회에 있었던 남존여비의 사상이 언어에 투영된 것이다. 이러한 특징을 이해하면 학생들이 중국어를 할 때 거꾸로 '妻夫', '女男'처럼 잘못 말하는 오류를 범하지 않을 것이다.

(二) 체계 귀납법

중국인은 종족을 중시한다. 고대인들은 고되고 험난한 자연 환경 속에서 개인의 역량만으로는 생존하기 힘들었기 때문에 혈연관계로 연결되어 집단의 역량을 응집했다. 이러한 집단이 바로 가족이다. 가족은 중국 역사에서 매우 중요한 역할을 해왔다. ≪初级汉语课本≫에 나타나는 대량의 호칭어는 중국인의 가족에 대한 관념을 나타낸다. 이 호칭은 여러 과에서 나타나는데 학습하는 과정에서 점차 귀납하여 책 전권을 다 배웠을 때 전체적인 체계를 〈표 1-12〉와 같이 귀납한다(괄호 안은 방계혈통을 나타낸다).

연장자(長輩)		동년배(平輩)	손아래(晩輩)	
爺爺	爷爷(大爷, 大娘, 叔叔, 婶子, 姑姑, 姑父)	我(哥哥, 姐姐, 弟弟, 妹妹, 表哥, 表姐, 表弟, 表妹)	儿子	孙子
奶奶				孙女
姥爷	妈妈 (舅舅, 舅妈, 姨, 姨父)		女儿	外孙
姥姥				外孙女

현실의 생활에서도 이러한 호칭은 친척 관계를 나타낼 뿐만 아니라 사회 관계자 나아가 낯선 사람들에게도 사용될 수 있다. 이 호칭을 듣는 사람들도 친척처럼 여겨져 친근감을 느끼게 된다.

(三) 중국과 외국 비교법

교재 속에는 인사하기(14과), 나이 묻기(22과), 식사습관(40과), 전통명절(59과) 등을 주제로 한 과들이 있다. 일상의 삶 속에는 민족마다의 풍속습관이 반영되어 있다. '인사하기'를 예로 들면 영어권 국가들은 인사할 때 '안녕하세요?'와 같은 직접적인 질문 어구를 사용하는데, 중국어에서는 '식사하셨어요?(吃了吗?)', '어디 가세요?(你去哪儿?)'와 같은 인사말을 사용한다. 그런데 중국인의 이와 같은 상투적인 인사말은 구미지역 학생들의 오해를 사기 쉽다. 그들은 중국인이 다른 사람의 프라이버시를 알고 싶어 하는 습관이 있다고 잘못 생각하는 것이다. 이를 통해 생활 습관은 늘 한 민족의 생존 환경과 깊은 사회 문화적 배경을 반영하고 있음을 알 수 있다. 중국인이 만났을 때 '식사하셨어요?'라고 질문하는 것은 다른 사람의 생활에 개입하고자 하는 것이 아니다. 사실상 인사말이란 한 민족이 역사적으로 사람들과 교류를 할 때의 공통적인 화제인 '의식주행(衣食住行)'을 기록하고 보존하고 있는 것이다. '의식주행'이 사람들의 공통적인 화제가 될 수 있는 이유는 바로 사람들이 생활하면서 공통으로 관심을 가지는 중요한 내용인 '백성은 먹는 것을 하늘로 여긴다(民以食爲天)'이라는 현묘한 이치를 담고 있기 때문이다. 중국은 농업대국으로 고대에는 하늘에 의지해 먹고 살았기 때문에 자연 조건이 사람들의 운명을 결정했고, 배불리 먹는 것이 제일 중요했다. 특히 환경이 열악한 지방에서는 더욱더 그러했다. 그러므로 그들의 조상들이 다른 사람을 만날 때마다 '식사하셨습니까?'라고 묻는 것은 당연할 것이다.

(四) 과거와 현재 비교법

이 방법은 주로 현실 생활에서 변화가 발생한 상황을 소개하는 데 사용된다. 유학생이 중국어를 학습하는 주요 목적은 중국을 더 잘 이해하기 위해서이다. 중국어 학습은 당연히 중국 사회와 떼려야 뗄 수 없는 관계를 가지므로 늘 현실 속의 사람이나 현상과 이런 저런 관계가 발생하기 마련이다. 그러므로 현재의 삶, 현실의 중국, 특히 최근 들어 이룩한 괄목할만한 성과는 모두 유학생들이 알고 싶어 하는 것이며, 그들의 필요를 만족시키는 것이 바로 교육의 출발점이라고 할 수 있다. 그러나 교재의 내용은 늘 현실보다 뒤쳐져 있어서 교육하기에 어려움이 있다. 이러한 모순은 주로 교사의 역량에 따라 해결된다. 따라서 관건은 바로 "어떻게 교재를 사용하는가?"의 문제라 할 수 있다. 교사는 교재의 사용자로서 교재가 제시하는 문제와 관련된 내용을 적절히 설명하게 되는데 이 과정에서 교사는 현재와 과거의 대조를 통해 교재에서 시대에 뒤떨어진 내용은 수정하고 현실에 나타난 새로운 사물을 소개한다. 예를 들면 75과에 나오는 '국비의료제도(公費医疗制度)'에는 "중국이 국가 공무원과 대학생에게 실시하는 무상의료 예방 제도를 가리킨다. 국가 공무원이 퇴직한 후에도 여전히 국비의료 대우를 받는다"라는 주석이 달려 있다(3권 235쪽). 그러나 의료제도를 전면 개혁한 이후 무상의료는 기본적으로 존재하지 않지만, 국비의료는 여전히 사회보장제도 가운데 중요한 부분으로 의료비를 국가와 개인이 공동으로 부담하는 형태로 바뀌었다. 이와 관련하여 교사는 의료비를 구체적으로 어떻게 부담하는지에 관해서는 소개할 필요가 없고, 의료개혁의 취지에 대해 설명해주면 된다.

또 31과의 주석에는 "중국인의 주택에는 보통 욕실이 없어서 대중목욕탕에서 목욕을 한다"라고 되어 있다. 그런데 요즘의 상황은 이렇지 않다. 중국 도시 주택에는 보통 욕실이 다 있고 욕실이 없는 소수의 가정만 대중목욕탕에 간다. 이런 일들은 사소해 보이지만 작은 것을 통해 큰 것을 볼 수도 있다. 중국의 주거 환경이 개선되었음을 이러한 사소한 일들을 통해 확인할 수 있기 때문이다.

(五) 교재에 따른 교육법

우리가 사용하는 교재는 대부분 통용되는 교재로 목적성이 뚜렷하기 보다는 일반적인 내용을 담고 있기 때문에 교사들이 자유롭게 교육할 수 있는 여지를 남겨두고 있다. 교사는 반 학생들의 생각과 희망사항, 이해도에 따라 교재를 적당하게 변통해서 더 자세하거나 간략하게 혹은 더 늘이거나 줄여서, 장점은 살리되 단점을 보완하면 가장 좋은 교육적 효과를 거둘 수 있다. 예를 들면 〈中国的地理情况〉(63과)에 대해 배운 후에는 특별히 홍콩, 마카오, 대만을 소개한다. 1997년 7월 1일 홍콩이 반환되고 나서 1999년 12월 20일에는 마카오가 반환되었다. 이는 전세계 중국인들이 더할 나위 없이 기뻐하던 순간이었다. 중국 대륙과 대만의 통일도 머지않은 일이 될 것이다. 제70과 중국의 역사에 대한 설명에는 원시사회, 노예사회, 봉건사회, 반봉건식민지 사회와 같은 중국 사회의 발전 단계를 열거해 놓았다. 본문은 여기에서 그쳤으나 교사는 여기서 그치지 않고, 중국 현재의 사회는 어떠한 성격인지에 관해 문제를 제기하고, 사회주의 중에서도 중국 특색의 사회주의의 성격을 가지고 있음을 설명한다.

이상은 단지 실제 교육 현장에서 얻은 방법의 일부분에 지나지 않는다. 이러한 방법은 고립된 것이 아니므로 종합적으로 사용할 수 있다. 한 단원을 가지고 여러 종류의 방법을 사용할 수도 있다. 이러한 방법은 기계적으로 사용할 수 없고, 학생의 구체적인 상황에 근거하여 탄력적으로 운용하고 문화에 대해 전방위적으로 이해해야 한다. 또한 교실 수업은 계속 의사소통의 상황에 놓여 있다. 우리의 준비에는 늘 한계가 있기 마련이어서 학생이 생각조차 하지 못했던 질문을 할 수도 있고, 원래 설명하지 않으려고 했던 부분을 학생이 제기할 수도 있는데, 이때는 회피하면 안 된다. 교사는 생각이 분명하고, 반응이 민첩해야 한다. 빠른 속도로 질문의 본질을 파악하여 관련된 문화적 함의를 이해해야 하는데, 이것 때문에 교사에게 높은 수준의 소양이 요구된다.

二. 외국인을 위한 중국어와 문화 교육 및 그 이해[188]

(一) 어학 교육에서 문화 요소 도입 시의 원칙

최근에는 어학 교육에 문화적인 요소를 도입한다는 문제에 대해 누구나 이론의 여지없이 기본적으로 찬성하지만 도입해야 하는 내용 등의 방면에 있어서는 아직까지 여러 의견들이 있다. 외국인을 위한 중국어학계가 외국의 영어, 불어, 독어 등의 언어와 문화 교육의 이론과 방법을 참고로 하여 연구에 어느 정도 성과를 거두기는 했지만 기본적으로는 연구의 초기단계에 있어서 개인적이고 주관적인 색채를 띠고 있다. 그러나 어찌되었던 간에 외국인을 위한 중국어 교사가 문화 요소를 어학 교육에 도입할 때에는 반드시 자신이 강조해야 된다고 생각하는 내용과 도입 방식을 가지고 있어야 한다. 이것이 그들이 교육을 할 때 가져야 하는 기본적인 원칙이다. 필자는 어학 교육에서 문화 요소를 도입할 때 다음과 같은 원칙을 가지고 있어야 된다고 생각한다.

---

188) 胡清国, <对外汉语中语言与文化的教学及其把握>, ≪广西社会科学≫ 2004年 第3期.

1. 의사소통에 실용적인 요소 도입

외국인을 위한 중국어 교육에서 문화적 요소 도입의 의의는 누차 강조해 온 바 있다. 그런데 중국내 절대다수의 대학에서 실시하고 있는 외국인을 위한 중국어 교육은 기초 단계 교육이기 때문에 이 단계에서는 중국의 역사, 철학, 문학 등 넓은 범위의 문화를 소개하는 것은 현실적이지 못하다. 기초 단계에서 외국인을 위한 중국어 교육의 기본적인 목표는 교육을 통해 학생들이 중국어를 도구로 삼아 의사소통을 하는 것이므로 학생의 의사소통을 촉진할 수 있는 실용성을 갖춘 문화적 요소를 도입해야 한다. 이것은 이 단계 중국어 교육의 실제적인 상황에도 부합하고 주체의 목표에도 부합하는 것이다. 문화적 요소 중 일부는 의사소통에 영향을 주기도 하고 일부는 영향을 주지 않기도 한다. 예를 들면 기초 단계의 유학생은 노장사상이나 공맹사상의 취지를 몰라도 그들이 일상생활에서 의사소통을 하는 데 전혀 영향을 받지 않는다. 이는 '다각적인 문화(大文化)'[189] 내용이 이 단계에서 필요로 하는 교육 내용이 아님을 보여준다. 그러므로 어학 교육에서의 문화적 내용을 지식문화와 의사소통 문화로 나누어야 한다는 관점에 대해 필자는 찬성하는 바이다. 지식문화는 의사소통에 영향을 끼치지 않는 문화적 요소이지만 의사소통 문화는 말 속에서 의사소통에 직접적인 영향을 끼치는 문화적 요소이다. 이러한 구분은 교사들이 교육에서 의사소통에 직접적으로 영향을 끼치는 문화적 요소에 더 많은 관심을 기울이도록 할 것이다.

2. 유기적으로 결합

언어는 문화를 담고 있는 동시에 문화의 일부분이기도 하다. 언어의 교육은 필연적으로 문화 문제와 관련이 될 수밖에 없다. 외국인을 위한 중국어 교육이 기초 단계에 속해 있다면 이는 기본적으로는 어학 교육의 문제이므

---

189) [역주] 교육, 과학기술, 체육, 보건 등을 포괄함

로, 문화적인 요소의 도입은 어학 교육의 범위 내에서 이루어져야 한다. 언어를 벗어난 문화적 요소는 의지할 데가 없어서 어학 교육에서 문화적 요소를 강조해 봐야 아무런 의미가 없는 것이다. 예를 들면, '만리장성'의 실질적인 의미와 비유적인 의미 혹은 어휘 의미와 문화 의미는 '만리장성은 중국인민의 지혜의 결정체이다(长城是中国人民智慧的结晶)' 혹은 '중국 인민 해방군은 조국의 철통같은 만리장성이다(中国人民解放军是祖国的钢铁长城)'과 같은 문장의 교육에서야 실질적인 가치를 가진다. 바로 이러한 이유로 어학 교육에서 문화적 요소를 '도입', '융합' 혹은 '화합'해야 한다. 명칭이야 어떠하든 간에 어학 교육과 문화 교육 간의 관계는 이미 명확하게 정립된 바 있다. 张占一은 일찍이 초급이든 중·고급 단계이든 간에 의사소통식 문화 요소는 지식문화 요소와 마찬가지로 줄곧 언어 속에 존재해 왔다고 강조한 바 있다. 어학 교육으로서의 외국인을 위한 중국어 교육 역시 시종일관 문화 교육을 어학 교육의 일부로 보고 의사소통식 문화를 핵심으로 삼아 왔다. 그러므로 언어와 문화의 교육은 반드시 함께 진행해야 하는 것이다. 발음, 특히 어휘, 문법, 수사 등 언어적인 지식을 전수하고 듣기, 말하기, 읽기, 쓰기 등 언어 기능을 훈련시키는 동시에, 언어 형식에 내재되어 있는 문화적 함의를 발굴하도록 노력하고 그 문화적 배경을 소개하도록 애써야 한다. 이렇게 문화적 지식과 결합하여 언어를 가르치면 분명 좋은 효과를 거둘 수 있을 것이다. 결론적으로, 어학 교육이 중심이자 종점이 되고, 문화 요소 교육은 어학 교육이 효과를 거두기 위한 필수적인 요소가 되므로 양자를 적절하게 유기적으로 결합해야 한다.

3. 적절한 소개

중국은 5천년 역사를 가지고 있으므로 그 문화의 내용도 매우 풍부하다. 외국인은 차치하고서라도 중국어를 모어로 하는 중국인들조차도 중국문화에 대해서 잘 모를 수 있다. 예를 들면, 절대다수의 사람들은 중국의 회화,

서예에 대한 이해도가 현저히 떨어지거나 상식선에 그치는 경우가 많기 때문에 외국인을 위한 중국어 교육에서 문화에 대한 소개나 전수는 선택적으로 중점만을 부각시킬 필요가 있다. 다음으로, 문화는 계속 변화하는 과정으로 정지된 불변의 것이 아니다. 특히 현대 중국문화는 개혁개방으로 인해 전환의 시기에 처해 있어 정치, 경제, 사회적 관념이나 제도가 끊임없이 변화하고 있다. 교사는 사실에 근거하여 객관적으로 소개해야지 공허한 설교나 선전은 피해야 한다. 또한 과도한 자기 주관적 발언을 하기보다는 적절한 선에서 객관적으로 소개를 하도록 힘쓴다. 세 번째 문화 교육은 어학 교육에 녹아들어가야 한다. 문화 교육은 어학 교육의 틀 안에서 진행되어야 한다. 이 때문에 교사의 소개는 선택적으로, 적절하게 소개해야지 그렇지 않으면 문화 교육이 주가 되고 어학 교육이 보조하는 본말이 전도된 형국이 될 수 있다. 그래서 일부의 학자들은 설사 언어 학습의 고급단계에서 조차도 학생을 위해 개설한 문학, 역사, 지리 등 '다각적인 문화' 수업 역시 어학 교육의 요소를 나타낼 필요가 있다고 강조하였다. 이로 볼 때 기초단계에서 문화 요소에 대한 교육은 적절한 선을 유지해야 한다는 점이 외국인을 위한 중국어 교육의 중요한 원칙이라고 할 수 있다. 이에 교사는 제한된 시간 안에 문화에 대해서만 얘기해서도 안 되고 그 이치를 너무 많이 세밀하게 설명해서도 안 된다. 게다가 문화에 대한 이해는 계속해서 심화되는 과정으로 하루아침에 이루어질 수 있는 것이 아니다. 예를 들면, '说到曹操, 曹操就到(호랑이도 제 말하면 온다)'에서 '曹操'가 누구인지 알기만 하면 되기 때문에 자세히 설명할 필요가 없다. 만약 자세히 설명하다 보면 쓸데없이 시간을 소비하게 될 것이고, 설사 많은 시간을 들여 설명을 한다 하더라도 학생들은 완전히 이해하기 어렵기 때문이다. 여기서 중요한 점은 간단한 소개를 통해 학생들이 이 말의 뜻을 알고 유사한 상황에서 사용할 줄 아는 것이다.

4. 층위 구현

이 문제는 두 가지 방면에서 이해할 수 있는데, 그 첫 번째는 교육의 대상과 요구 사항에 대한 것이다. 학생의 중국어 지식은 단계와 층위가 높아질수록 많아지고, 인지 수준도 계속 향상된다. 또한 중국어 교육의 층위와 요구사항에 따라 문화적 지식에 대한 요구도 달라지므로 교육의 핵심과 방식, 양은 일정한 층위성을 나타낸다. 따라서 층위와 과목의 유형에 따라 교육에 대한 요구 사항도 합리적으로 계획해야 한다. 문화와 관련된 교육 내용도 간단한 것에서 복잡한 것으로, 얕은 것에서 깊은 것으로, 구체적인 것에서 추상적인 것으로 순차적 발전의 과정에 따라 도입되어야 한다. 따라서 보통 초급 단계에서는 일반적인 문화 지식을 가르치고, 학생의 언어와 문화적 지식이 어느 정도에 도달하게 되면 전문적인 문화 지식을 가르친다. 두 번째는 문화 내용 자체도 층위성의 특징을 가진다는 것이다. 예를 들면 주류문화와 비주류문화, 아(雅)문화와 속(俗)문화 등은 모두 문화의 층위성을 나타내고 있다. 학생들에게 가르치는 문화는 가장 보편적이면서도 어느 정도 문화적인 소양을 갖춘 사람들이 알고 있는 문화이어야 한다. 예를 들어, 버스를 타고 있던 많은 승객들이 한 외국 유학생이 중국어를 잘 한다고 칭찬을 하는데, 그 유학생은 아무렇지도 않은 표정으로 '好个屁(개뿔)'이라는 말을 뱉으면 갑자기 많은 사람들이 웃을 것이다. 이것은 저급하고 예의 바르지 않은 말로 어학 교육에서 되도록 걸러내야 하는 것이다.

(二) 문화 교육에서 교사의 기본적인 태도

1. 중국문화를 사랑하고 잘 알고 있어야 하며 다른 문화도 이해하고 존중해야 한다.

외국인을 위한 중국어 교사로서 만일 학생이 중국의 문화를 좋아하도록 만들고 싶다면 교사 자신이 먼저 중국의 문화를 사랑하고 잘 알고 있어야 한다. 이렇게 해야만 교사 자신이 중국문화 전파에 관심을 가질 수 있고, 이성적으로 민족문화의 장점과 단점을 바라볼 수 있기 때문이다. 동시에 다른 문화에 대해서도 잘 이해하고 존중해야 한다. 외국인을 위한 중국어 교육은 어쩔 수 없이 다른 문화와 교류하고 접촉하면서 비교를 하게 되는데, 이 또한 필요한 과정이다. 그러나 비교를 할 때에는 공정하고 냉정한 태도를 유지해야 한다. 제 잘났다고 하는 '민족 중심주의'와 자기비하적 '민족 허무주의' 모두 문화 교류에 있어 잘못된 태도이다. 교사가 자신의 민족문화를 사랑하지 않거나 잘 모르고, 또 다른 문화를 이해하지 못하거나 존중하지 않는다면 문화 전파자로서의 역할을 제대로 수행하기는 어려울 것이다.

2. 중국의 문화를 강제적으로 소개하거나 전파하지 않는다.

외국인을 위한 중국어 교사는 지식의 전수자일 뿐만 아니라 문화의 전파자이기도 하다. 그러나 교육의 대상에 따라 가치관, 생활 습관, 시비 기준, 풍속 이념 등에 차이가 있을 수밖에 없다. 그러므로 학습자들은 중국문화에 대한 인식이 다를 수 있고, 심지어 과격한 말을 하거나 잘못된 견해를 가질 수도 있다. 이에 대해 교사는 설명하고 이해시킬 수 있어야 한다. 당연히 논쟁도 허용해야 하지만 어찌 되었던 간에 학생이 중국의 역사, 문명, 성과를 높이 평가하지 않는다고 해서 자신의 관점을 학생에게 강요해서는 안 된다. 주의할 점은 과거의 역사와 현재 다른 나라에 대한 일부 정객들의 언행처럼 과격하거나 너무 강한 말을 사용해서는 안 되며, 실사구시적인 측면에서 사실만을 말하고, 주관적 관점이 들어간 말은 합리적이면서도 간단명료하게 하도록 애써야 한다는 것이다.

3. 발전적인 안목으로 중국의 전통문화와 현대문화를 정확하게 다룬다.

외국인을 위한 중국어 교사로서 중국문화에는 훌륭한 점도 있지만 조악한 면도 있다는 점을 정확하게 인식해야 한다. 어떤 것이 정수이고, 어떤 것이 찌꺼기인지 발전적인 안목으로 대해야 하며 시류와 사회 발전에 부합하는 관점으로 분석해야 한다. 중국문화를 세계라는 배경에 놓고, 세계의 문화와 접촉하고 교류하면서 흡수하는 과정을 이성적으로 함으로써, 학생들이 그 어떤 문화도 백 퍼센트 훌륭하기만 한 문화는 없으며 다른 문화를 초월한 우수한 문화도 없다는 점을 깨닫게 해야 한다. 모든 문화에는 장점도 있고 단점도 있기 때문에 장점은 취하고 단점은 피하도록 애써야 하며, 다른 문화에서의 합리적인 부분은 본받도록 해야 한다.

(三) 문화적 요소를 가르치는 기술

외국인을 위한 중국어 교육은 방식과 방법을 연구하는 과학이다. 문화교육도 마찬가지로 어떻게 가르칠 것인가를 강조한다. 천편일률적인 교실수업은 교육적 효과를 반감시킬 수 있고 학생들이 좋아하지도 않는다. 그러므로 교사는 가르치는 기술에 노력을 쏟을 필요가 있으며 교육을 위한 수단을 개선하고 업그레이드하는 데 주의하여야 한다.

1. 발표와 토론을 많이 하는 방식으로 수업한다.

어학을 가르칠 때는 문화적 요소로 인한 장애물을 수시로 만날 수 있다. 이때 교사는 이를 제목으로 하여 학생들에게 약간의 준비를 해서 토론을 하거나 발표를 하게 할 수 있다. 이렇게 하면 학생들의 적극성을 자극할 수도 있고, 학생의 표현 능력도 향상시킬 수 있다. 당연히 학생들의 표현 능력이 마음처럼 되지는 않을 수 있다. 이럴 때는 학생이 모어를 사용하거나 다른 언어, 예를 들면 영어를 사용해도 좋다고 허용한다. 이렇게 하면 교사와 학생은 영어도 사용했다가 중국어로도 사용하면서 자신이 말하고자 하는 바를 마음껏 말할 수 있게 되고 토론도 깊이가 있어진다. 물론 최후에 일치되는 의견이나 견해를 얻을 수는 없겠지만 토론과 발표를 통해 학생들이 해당 문화적 요소에 어떠한 깊은 뜻이 있는지에 주의하고 자신의 모어 문화와 목표어 문화의 차이가 무엇인지 더 잘 이해하게 된다.

2. 학생을 위해 다양하고 생동감 있는 중국문화 활동 수업을 제공한다.

오로지 외국어 수업만 진행하면 학생들이 피로감을 느끼기 쉽다. 이때에는 학생들이 기분 전환을 할 수 있는 기회를 주는 것이 좋다. 학생들을 위해 무술, 서예, 회화, 요리 등의 활동이나 수업을 준비하는 것이 효과적인 방법이다. 실제로 외국인을 위한 중국어 수업을 개설해 놓고 있는 학교들마다 많고 적음의 차이는 있겠지만 대부분 이러한 교과과정을 개설하고 있는데, 매우 좋은 효과를 거두고 있다.

3. 중국어와 중국문화 학습에 유익한 견학, 방문, 여행 등의 활동을 많이 조직한다.

이러한 활동은 과거에는 단순히 언어를 사용해보기 위한 활동으로 여겨졌지만 사실 이 역시 중국문화에 젖어 볼 수 있는 좋은 기회이다. 박물관이나 기념관을 견학함으로써 응축된 중국 역사를 맛볼 수 있고, 방문과 여행을 통해 중국의 현대문화를 경험해 볼 수 있기 때문에 학생들이 중국문화의 깊은 뜻을 체험해 볼 수 있는 가장 좋은 방법이 된다. 학생들은 현장에서 중국의 유구하고 찬란한 문명과 현대의 빠른 발전으로 인한 문화적 매력을 체험해 볼 수 있다. 필자가 속한 지역은 비교적 낙후한 지역이지만 개혁개방 이후 여기에도 많은 변화가 생겼다. 그래서 학생들이 앞서 발전하고 있는 교외 지역 몇 군데를 견학 후 말이나 글을 통해 중국의 개혁개방에 대한 경외심과 중국의 미래에 대한 신뢰를 표현한 경우가 많았다.

4. TV, 영화, 슬라이드, 멀티미디어 등 기술적 수단의 힘을 빌린다.

이러한 기술적 수단은 훨씬 더 직접적이어서 세부적인 부분까지 일목요연하므로 문화적인 내용과 서로 맞는 분위기를 연출할 수 있다. 이러한 환경은 학생들을 더 빨리 몰입하게 만들어 학생들이 서로 다른 문화적 차이를 이해하고, 또 왜 그런 차이점이 생겼는지도 이해하게 된다. 필자는 본교 방송국을 통해 문화적 충돌과 관련된 일련의 단편극, 에피소드 등을 찍은 적이 있다. 주요 내용은 인사 문제와 중국인은 다른 사람의 칭찬에 어떤 말로 대응하는 지 등 의사소통 문화와 관련된 것이었는데, 중국 학생이 출연하기도 하고 외국 학생과 중국 학생이 함께 출연하기도 했다. 실제로 그 상황에 처해 있는 듯한 이러한 교육 방식은 확실히 환영을 받았고 효과도 좋았다. 예를 들어 중국인은 보통 인사를 할 때 '뭐 하러 가니(干什么去了)', '오전에 어디 갔었어(上午到哪去了)', '너 안색이 안 좋은데 어디 불편한 데 있니(你脸色不好, 是不是有什么不舒服)' 등과 같은 말을 사용한다. 처음 이런 말을 들었을 때 유학생들은 자신의 자유를 간섭한다고 느낀다. 또 물어서는 안 되는 질문이라고 여기고, 자신을 어린애로 본다고 여기는 등 반감을 보인다. 그런데 뒤에 에피소드를 통해 이것이 중국의 친한 사람들 사이에 습관적으로 사용하는 인사말이고, 두 사람 사이의 친밀도와 타인에 대한 관심을 나타내며, 중국 사회의 인정을 나타내는 것이라는 점을 이해하게 된다. 또 다른 예로 중국인은 다른 사람의 칭찬에 대해 항상 '哪里, 哪里(어디요/천만에요)'와 같은 말을 통해 겸손을 나타내는데, 우리가 만든 에피소드에는 이와 관련된 내용이 있었다. 한 미국인 교수가 중국 유학생의 부인이 예쁘다고 칭찬하자 그 유학생이 계속 '哪里, 哪里'라고 말한다. 그러자 미국인 교수는 '头发,脸蛋,衣服,身材(머리, 얼굴, 옷, 몸매요)'라고 대답했는데 그래도 계속 '哪里, 哪里'라고 하자 마지막에는 'everywhere'라고 답할 수밖에 없었다. 학생들은 이 에피소드를 통해 웃으면서 문화적 함의를 체험하고 어떠한 상황에서 이것을 사용해야 하는지 이해하게 되었다.

문화 교육의 방법은 매우 다양해서 고정된 모델이 없다. 관건은 교육적 효과를 향상시키고 학생의 문화적 의식을 배양하여 그들이 의사소통을 더 잘 하게 만드는 것이다. 종합해 보면 문화 교육은 대조 분석을 통해 차이점을 보여주고 실제 상황을 통해 깊이 인식하게 함으로써 의사소통하는 법을 가르치는 것이다.

제 2 장

수업의 종류에 따라 구분한 교수법 연구

제1절 읽기 수업의 교수법

壹. 초급중국어 읽기 수업의 개선 방안[1]

一. 실물과 모형

수업에서 실물이나 모형을 적절히 사용하게 되면 새로운 단어에 대한 낯선 느낌을 줄여 학생들의 스트레스를 완화할 수 있다. 교사는 각 과를 교재 전체의 정류장으로 보고 모든 정류장에 시각적인 표지판을 세우도록 노력한다. 구체적인 방법은 모든 과의 중요한 단어(주로 실사)를 선정하여 그 실물이나 모형을 학생들에게 보여주는 것이다. 예를 들면, ≪天安门广场 (천안문광장)≫이라는 단원에서 교사는 천안문광장과 관련된 사진이나 VCD를 찾아 '纪念碑(기념비)', '大会堂(대회당)', '博物馆(박물관)' 같은 단어를 보거나 만질 수 있는 실제 실물처럼 느끼게 한다.

교사가 실물을 사용하여 새로운 단어를 해석하면 학생들은 글자만 보고 일방적으로 듣거나 말하던 데서 벗어나 실물을 보고 이미지와 접촉하게 된다. 이렇게 하면 손·눈·입·귀 등을 종합적으로 동원한 말하기·보기·듣기·만져보기의 방법을 통해 언어 정보를 학생들이 쉽게 받아들일 수 있도록 도울 수 있다. 동시에 학생들에게 현장감을 주어 수업이 어떤 한 사건이나 화제, 혹은 공연처럼 느껴지게 되고, 학생들은 더 이상 단순히 수업을 듣는 데에서 그치지 않고 수업에 적극 참여하게 된다. 교사가 학생들

---

1) 郭丽, <关于初级汉语精读课的改革设想>, ≪云南师范大学学报≫, 2003年 第5期.

에게 수업 전에는 관련 실물을 준비하고, 수업시간 중에는 공연을, 수업 후에는 연습을 하도록 요구하게 되면 수업시간마다 학생들은 흥미진진하다고 느낄 것이다. 이는 魯健驥의 "교재와 수업의 관계는 극본과 공연의 관계와 같다. 극본은 공연의 기초가 되기 때문에 극본이 없으면 안 되지만, 극본은 공연이 아니기 때문에 공연을 통해서만 극본이 형상화되고 구체화된다. 수업에서 교사는 연출가와 같아서 교재를 재창조해야 한다."[2]는 주장에도 부합하는 것이다.

현재 우리가 사용하는 교재 중 ≪汉语初级教程≫은 내용이나 편집이 비교적 딱딱하고, 칼라나 삽화가 적은데, 이 또한 외국인을 위한 중국어 교재의 폐단이기도 하다. 이 때문에 교사는 수업을 준비할 때 실물이나 사진 등을 준비할 필요가 있다. 공연 전에 소품을 준비하듯이 수업 시간마다 보조 자료를 준비하고 종류별로 정리해서 보관해야 한다. 어떤 교사가 수업을 준비하든 모두 사용할 수 있게 하는 것 역시 외국인을 위한 중국어 교육에서 중요한 구성 부분으로, 합리적으로 운영하면 적은 노력으로 큰 효과를 얻을 수 있다.

교재에 맞춰 매 단원 마다 실물이나 모형을 찾거나 디자인한다. 예를 들면, 단어 카드, 사진, 지도, 파라핀으로 만든 모형 과일, 채소, 인형 등이 있을 수 있고, 가정에서 사용하는 각종 소형 가구, 주방용품, 식기, 의류 등과 명절에 학생들에게 나눠 줄 명절 음식인 쭝즈(粽子), 웨빙(月饼) 등이 있다. 그 밖에도 다구나 소형 치파오(旗袍), 비단, 자기, 종이공예 작품, 중의학에서 사용하는 뜸, 침, 경락도, 중국 소수민족 복식, 명승고적 사진, 수업 중에 언급되는 영화 스틸, 녹음테이프, VCD, 비디오테이프 등이 있다. 이렇게 교재의 텍스트를 틀로 하고 책 이외의 물건을 다시 많이 보충하여야만 교사도 융통성 없이 틀에 박힌 수업만 하는 하지 않게 되고, 자기 반 학생들의 국적이나 언어 수준에 따라 적당한 내용과 자료를 골라 수업

---

2) ≪对外汉语教学思考集≫, 北京语言文化大学出版社, 1999年版 93쪽.

외의 연습을 재설계함으로써 모든 수업을 매끄럽게 진행할 수 있는 것이다. 목표어 환경이라는 장점을 충분히 발휘하여 처음부터 학생들에게 전방위적인 중국어 환경을 만들고, 부호에서 부호로의 추상적인 전환만 이루어지는 것을 피하기 위해 중국어와 학생의 모어가 자연스럽게 이어질 수 있는 다리를 만들어야 할 것이다.

실물과 모형은 학생의 신속한 반응을 이끌어내는 데 도움이 될 것이다. 교사가 보통 사용하는 받아쓰기는 학생의 듣기와 쓰기만을 점검할 수 있을 뿐이지 학생의 발음을 점검하기는 어렵다. 그러므로 실물과 모형을 이용하여 학생의 반응을 훈련하여 강한 이미지를 남김으로써 학생들의 눈과 귀를 통해 형상적이고 직관적인 물체와 추상적인 한자 부호를 긴밀히 결합할 수 있도록 해야 한다.

二. 게임과 토론

중국어를 학습하는 유학생들은 중급 이상의 수준이 되어서야 토론 수업을 진행할 수 있다고 생각하는 사람들이 많지만 사실은 그렇지 않다. 처음 중국어를 배우는 학생이라도 똑같이 조별 토론을 진행할 수 있다. 모든 반에는 말을 잘하는 학생이 몇 명쯤은 있기 마련인데, 바로 이러한 학생들을 중심으로 하면 가능하다. 같이 학습한 시간이 길지 않기 때문에 각국 학생들 간에는 소통할 수 있는 기회가 많지 않아 일부 유학생 중에는 같이 공부한 지 반 년 후에도 같은 반 학생의 이름조차 모르는 경우도 있다. 일주일에 한 번쯤은 토론 시간을 주면 학생들이 서로 소통하는 데도 도움이 될 수 있다. 토론하는 가운데 학생들도 서로 오류를 잡아줄 수도 있고 표현하기 어려운 상황이 생기면 반 전체 학생들이 함께 그를 도와줄 수도 있다. 이렇게 해서 배우는 단어와 문장은 인상이 특히 깊게 남기 마련이다. 초급반에서 토론을 진행할 때에는 토론의 내용은 하나하나 구체적인 문제로 나누어야 한다. 토론의 주제는 추상적인 것을 피하고 학생의 생활과 긴밀한 것으로 선택한다. 예를 들면 자신의 가족을 소개할 때에는 단순히 구두로 소개시키는 것보다는 모든 학생이 사진을 한 장 준비하게 하여 조별로 사진 속의 모든 사람을 친구들에게 소개하게 하고, 사진 속의 사람은 누구이고, 나이는 어떻게 되고, 어디에 살며, 직업은 무엇인지 등에 관해 설명하게 한다. 이렇게 보고, 듣고, 질문하는 과정에서 매일 배우는 단어와 문형을 연습할 수 있을 뿐만 아니라 수업에 정보와 감정의 요소까지 가미하여 학생들 간의 거리도 좁혀질 수 있다.

초급중국어 수업은 모방과 중복의 방법을 사용하는 경우가 많다. 교사가 재차 시범을 보이고 가르쳐도 늘 따라가지 못하는 학생들이 있기 마련이다. 50분 수업하는 동안 학생이 매 순간마다 긴장 상태에 놓이게 된다면 학생들은 피로감을 느낄 수 있다. 또 교사가 반응이 빠르고 기초가 잘 되어 있는 몇 명의 학생들에게 영향을 받아 설명의 속도를 빨리하고 질문할 때에도 학생들에게 생각할 시간을 너무 적게 주면 수업을 듣는 것만으로도 힘이 드는 학생들은 더더욱 재미가 없어져서 포기를 하기도 한다. 그러므로 수업을 끝낼 때마다 교사가 본문이나 새로운 낱말 혹은 관련 어구에 근거해서 게임을 만든다면 학생의 반응을 자극할 수도 있고, 학생들에게 말을 할 수 있는 기회를 줄 수도 있을 것이다.

게임을 하는 동안에 학생들의 뇌는 공부에 대한 스트레스를 잠시 내려놓고 게임하는 데 온 정신을 쏟아 학습하기에 매우 좋은 분위기를 만들 수 있다. 예를 들면 방위사와 존재를 나타내는 문장을 배울 때 교사는 5명의 학생들을 각각 네 방향과 중간에 서게 하는데, 모든 학생의 몸에 번호를 붙여 놓고 계속 위치를 바꾸게 한다. 이 때 교사는 학생을 지명하여 누가 앞에 있는지, 누가 누구의 왼쪽에 있는지, 누가 누구의 뒤쪽에 있는지 등을 재빨리 말하게 한다.

'谁在哪里做什么(누가 어디에서 무엇을 하는지)'와 관련한 문장을 연습할 때에도 재미있는 게임을 진행할 수 있다. 전체 학생을 3개의 조로 나누어 첫째 조 학생은 전체 반 학생 중 임의로 하나의 이름을 쓰게 하고, 다른 조 학생에게는 장소와 동사를 하나씩 임의로 쓰게 한 다음 학생들이 쓴 쪽지를 모두 거두어 섞는다. 그런 다음 교사는 임의로 골라서 조합된 문장을 읽는다. 이런 방법은 때로 포복절도할 효과를 거두기도 하는데, '青木正毅在 图书馆洗澡(아오키 마사타케는 도서관에서 목욕한다)'와 같은 우스꽝스러운 조합이 만들어지기도 하기 때문이다.

이밖에 중국 아이들이 자주 하는 놀이인 '동서남북' 게임이나 신체부위 가리키기 게임도 수업에 응용할 수 있다. 수업 내용과 결합한 게임을 설계해 넣으면 단어도 배우고 회화도 연습할 뿐만 아니라 분위기도 조절할 수 있다. 학생들이 한바탕 웃고 나면 학습으로 인한 피로도 해소할 수 있기 때문이다.

결론적으로 교사가 수업을 준비할 때 약간만 더 노력을 기울인다면 적합한 게임 방법을 찾을 수 있다. 케케묵고 낡은 '책 위주의 수업'으로는 학생들의 눈높이를 맞추기 어렵다.

三. 수업 후 과제

교사 중에는 수업 후 과제로 인한 효과를 별로 중요하지 않게 생각하는 사람도 있다. 초급중국어 수업은 본문 중의 단어도 적고, 본문도 짧아서 수업 중에 말할만한 것이 적기 때문에 교사들은 보통 학생들을 데리고 연습을 시킨다. 이렇게 되면 학생들은 수업 후에 할 일이 없어서 본문을 낭독하거나 새로운 단어를 써보고, 새 과를 예습하는 것으로 시간을 보낸다.

유학생들은 수업 후 남는 시간이 비교적 많은데, 학생들에게 어떤 과제를 어떻게 부여할 것인가는 특히 처음 중국어를 배우는 학생에게 있어 교사가 특별히 고려해야 하는 사항들이다.

과제는 학생들이 본문을 벗어나 직접 행동하도록 해야 한다.

초급반 학생들은 수업에서 기본적으로 새로운 단어와 본문을 소화하고 나면 자신이 알고 있는 단어들이 얼마 되지 않고 배운 문법도 간단하기 때문에 작문을 과제로 내면 본문을 모방하여 문장을 그대로 베껴낼 수밖에 없으므로 학생의 적극성을 이끌어 내기는 어렵다.

이상과 같은 특징을 반영하여 다음과 같은 수업 후 과제를 설계할 수 있다.

1. 카드 만들기

사인펜으로 자신의 일과표를 작성하게 한다. 학생마다 원형의 시계를 그리게 한 다음 시간마다 기상, 수면, 식사 등과 같은 자신의 활동 내용을 쓰게 한다. 이런 과제는 언제든 내용을 바꿀 수 있는데, 학생의 가족 구성원의 서로 다른 일과 시간, 설, 크리스마스 등 중요한 명절의 일정 등이 포함될 수 있다. 또 날짜에 따라 학생들에게 중국어로 축하의 말을 적은 생일카드나 크리스마스카드, 스승의 날 축하 카드 등을 만들게 할 수도 있다.

2. 시장 조사

언어수준에 상관없이 학생들 모두 상점이나 시장에서 물건을 사는데, 대부분은 마트에 가서 직접 고르거나 손으로 구매할 물품을 가리키기만 한다. 교사는 교재에 나오는 새로운 단어나 본문의 내용에 근거하여 학생들이 수업이 없을 때는 상점에 가서 채소류나 과일류 등의 명칭이나 생산지, 가격을 적어와 수업 시간에 학생들이 서로 공유하게 한다.

3. 촬영

학생들에게 본문의 내용과 관련된 사진을 찍게 한다. 예를 들면 명승고적, 풍경, 인물, 물품, 건축, 화초류 등을 찍게 한다. 사진이 인화되면 서로 소개하고 공유하게 하는데, 특히 우수한 사진의 경우 학교 신문에 추천할 수도 있을 것이다. 이는 학생의 여가 활동을 학습과 결합시키는 방법이다.

4. 길거리의 표어, 광고문구, 상점이나 호텔의 간판 수집

초급반 학생들은 영화나 텔레비전을 볼 능력까지는 안 되지만 새로운 환경에 대한 호기심은 비교적 강하므로 눈에 띄는 큰 간판이나 광고를 보게 되면 다른 사람에게 물어보길 좋아한다. 학생들은 길가를 걷다가 조금만 더 유의해서 살펴보면 과제를 쉽게 해결할 수 있다.

5. 중국노래 배우기

한국과 일본 학생들은 노래방을 좋아하기 때문에 수업 후 규정된 시간 안에 중국 노래를 한 곡 배우게 한다. CD를 사서 노래 가사를 이해하고 노래를 배울 때까지 반복해서 듣게 한 후 시간과 범위를 정하여 노래 대결을 할 수도 있다.

6. 편지쓰기

수업 내용의 변화에 따라 학생들로 하여금 선생님이나 친구, 가족 등에게 자신이 중국에서 어떻게 지내는지를 소개하는 편지를 쓰게 한다.

7. 현지조사

본문의 내용과 관련하여 학생 스스로 학교 유치원이나 병원 등을 직접 방문하게 하거나 중의원에서 의사를 초청하여 학생들의 맥을 짚거나 진찰을 하게 하는 것도 한 방법이다. 특히 과사(刮痧)[3], 뜸, 발 마사지 등 전통

---

3) [역주] 중의학에서의 민간요법으로, 동전이나 숟가락, 사발 등에 기름을 묻혀 환자의 목·

중의 방법은 학생들에게 호기심을 불러일으킬 수도 있고, 학습의 적극성을
이끌어낼 수도 있다.

　종합적으로 볼 때 어떠한 보조 방식을 사용하든지 간에 목적은 단 하나이
다. 즉, 학생들이 생활 속에서 배우고, 배우면서 생활하고, 또 즐겁게 배우는
것이다. 수업 중에는 강의만 듣고, 수업 후에는 예습 복습을 하는 낡은
방식을 타파해야 한다. 교재가 아닌, 상황을 중심으로 수업을 진행하여
재미없는 외국어 학습을 생동감 있게 만들고, 학생들이 사회에 되도록 빨리
융합하도록 도와주어야 할 것이다.

貳. 담화분석 기법을 응용한 중국어 읽기 수업[4)]

　이번 절에서는 첫째 단어(词语)의 반복 출현(复现)과 연계 출현(同现),
둘째 지칭(指称)과 대체(替代), 생략, 셋째 담화(语篇) 연결성분과 담화구조
라는 세 가지 방면에서 담화분석 기법을 중국어 읽기 수업에 어떻게 응용할
것인지에 관해 논의할 것이다. 이는 본문을 집약적으로 설명하고, 담화의
각도에서 어휘와 문법사항을 교육하는 데 도움이 된다.

一. 단어의 반복 출현과 동시 출현

1. 단어의 반복 출현

　단어의 반복 출현은 일종의 담화 연결 방식이다. 일반적으로 중요한 단어
가 반복 출현하게 되는데, 같은 단어나 동의어(同义词), 유의어(近义词)가

　가슴·등 따위를 긁어서 몸 안의 염증을 없애는 치료법을 말한다.
4) 朱其智, <语篇分析技巧在汉语精读课中的运用>, ≪汉语学习≫, 2001年 第4期.

반복해서 출현하기도 하고, 상위어(上义词)나 하위어(下义词) 혹은 개괄어(概括词)가 반복해서 출현하기도 한다. 담화 중의 문장은 이러한 반복 출현 관계를 통해 상호 연결되어 의미의 통일감을 갖게 되고 보다 완정하게 된다.

(1) 같은 단어가 담화에서 반복 출현하게 되면 담화에서 표현하고자 하는 중심 의미를 직접적으로 파악할 수 있다. 읽기수업은 일반적으로 새로운 단어와 문법상의 어려움을 해결한 다음, 학생들이 자세히 읽고 한 단락의 주제문을 찾아내는 방식으로 운영된다. 만일 주제문이 없다면 토론을 통해 단락의 대의(大意)를 개괄해 내기도 한다. 본문이 비교적 어렵다면 새로운 단어나 문법 해설에 많은 시간을 할애할 필요가 있으나, 학생들의 주의력이 새로운 단어나 문장을 이해하는 데에만 과도하게 집중되어 있다면 학생들이 담화의 중심 사상을 이해하는 데 도움을 줄 수 없을 뿐만 아니라 오히려 이해에 방해만 될 수 있다. 이때 같은 어휘의 반복 출현이라는 수단을 사용하게 되면 이상과 같은 어려움을 극복하고 담화의 주제를 직접적으로 이해할 수 있다.

예를 들면 ≪新汉语≫ 제6권에 나오는 〈台湾岛〉에는 지리학과 관련된 명사와 서면어 표현이 많이 나온다. 세 번째 단락에서는 대만의 산맥에 관해 소개하는 내용이 나오는데 길이도 비교적 길다. 그래서 필자는 이 부분을 가르칠 때 "이 단락에서 출현횟수가 가장 많은 단어는 무엇입니까?"라고 질문한다. 그러면 어떤 학생은 "산(山)이요."라고 대답하고, 어떤 학생은 "산맥(山脈)이요."라고 대답하다가 점점 '산맥'이라고 답하는 목소리가 '산'보다 더 많아진다. '산맥'이라는 단어는 이 단락에서 총 12회 출현하고, '산'은 독립된 단어로는 3번 반복 출현한다. 그 밖에 '雪山'이 3회, '玉山'이 3회, '산봉우리(山峰)'가 3회, '산지(山地)'가 1회 출현한다. '산맥'은 이 단락의 키워드이자 중심사상이 담겨 있는 단어이다. 산맥은 산(산봉우리)으로 구성되어 있으며, '산맥'과 '산(산봉우리)'은 전체와 부분의 관계에 있으므로 이러한 의미에서 보면 '산(산봉우리)'도 '산맥'의 반복 출현 형식이라고 볼 수 있다. 키워드를 찾고, 그 의미와 관련 어휘와의 관계를 이해한 다음에 본문에 대한 설명에 들어가면 수업을 진행하기가 훨씬 더 수월해진다.

(2) 동의어와 유의어의 반복 출현도 담화를 연결하는 역할을 한다. 이는 동의어와 유의어가 동일한 사물을 가리킨다는 사실을 이해하는 데 도움이 된다. 어휘의 동의 관계 확립 역시 담화에서 진행될 필요가 있다. 아래에서 예를 들어 설명해 보겠다.

> 放爆竹、玩烟火, 也是新年的一项传统节目, 具有驱鬼避邪的含义。同时也为节日增添了几分热闹。不过, 在人口众多的大城市燃放烟火, 有时也会造成一些危害。 因此北京、上海等地的政府都对春节期间燃放爆竹烟火进行了一些限制。(≪新汉语≫ 제5권 <中国的传统节日>)
> (폭죽이나 불꽃놀이 역시 새해에 하는 전통 놀이로, 귀신을 쫓아낸다는 뜻을 가지고 있는데, 명절에 떠들썩한 분위기를 자아내기도 한다. 그러나 인구가 많은 대도시에서 폭죽놀이를 하다가는 자칫 피해를 끼칠 수도 있다. 때문에 베이징이나 상하이 등지의 정부 당국은 설 기간 동안 폭죽놀이를 하는 것을 다소 제한했다.)

다른 담화에서 '새해(新年)'는 일반적으로 '신정(元旦)'을 가리키지만, 이 단락에서는 '설날(春节)'과 동의어이다. 이는 앞뒤 맥락의 영향을 받아 의미에 변화가 생겨 예전의 의미로 사용되었기 때문이다. 신해혁명 이전에 '新年'과 '元旦'은 모두 음력을 가리켰지만, 신해혁명 이후에야 양력은 '元旦', '新年'이라 하고, 음력은 '春节'라고 했다. 이러한 동의어의 확립 과정 역시 담화의 연결 과정이다.

(3) 상위어와 하위어의 반복 출현은 단어와 단어 간의 포함 관계를 통해 단락을 연결하려는 목적에 도달하는 것이다. 예를 들면, 위의 예에서 나왔듯

이 '새해(新年)'는 먼저 상위어인 '명절(节日)'와 함께 출현하다가 다시 동의어인 '구정(春节)'과 같이 출현했다. 이들은 모두 같은 의미로 단락에서 연결고리의 역할을 하고 있다. <중국의 전통명절(中国的传统节日)>에서는 구정, 단오, 추석과 같은 세 가지 명절을 소개했다. 이렇게 '명절'은 '설, 단오, 추석'과 상위어와 하위어의 관계를 구성한다. 즉, '명절'은 상위어이고, '설, 단오, 추석'은 모두 하위어이다. 그리고 이러한 하위어의 범위는 정월대보름(元宵), 중양절(重阳), 건국기념일(国庆), 크리스마스(圣诞), 신정(元旦) 등으로 확대될 수 있다. 그러나 '명절'의 상위어를 '날(日子)'이라고 하면, '명절'의 하위어는 생일, 기념일이 될 수도 있다. 상위어와 하위어의 관계를 수형도로 나타내면 학생의 기억과 이해, 표현에 도움이 될 수 있다. 이를 표로 나타내면 〈그림 2-1〉과 같다.

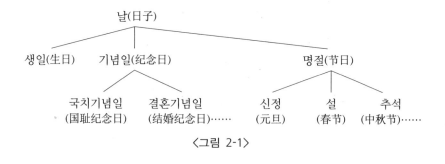

〈그림 2-1〉

(4) 같은 단어가 반복해서 출현하면 연결 관계를 쉽게 확인할 수 있지만, 만일 이러한 방식으로 반복 출현하게 되면 어휘가 부족하다는 느낌을 줄 수 있기 때문에 동의어나 유의어, 상위어나 하위어의 반복 출현이 필요한 것이다. 만일 상위어를 극단으로 올리면 사람(人), 물질(物质), 물건(东西), 문제(问题), 장소(地点), 시간(时间) 등의 개괄어가 된다.

> ……我最头疼的是长跑训练，可我最需要的又是长跑训练。一个人最
> 怕的东西往往也就是他最需要的东西。长跑既可以把运动量加上去，又不

易受伤。每次长跑我都落在最后，但我都尽全力跑完。

≪新汉语≫ 제7권 ＜在失败面前＞

(……내가 가장 골치 아파하는 것은 오래 달리기 훈련이지만 나에게 가장 필요한 것도 오래 달리기 훈련이다. 때로는 어떤 사람이 가장 무서워하는 것이 가장 필요한 것이 되기도 하는 법이다. 오래 달리기는 운동량을 늘릴 수도 있고 쉽게 부상을 입지도 않는다. 매번 오래 달리기를 할 때마다 나는 마지막으로 뒤처지지만 그래도 온 힘을 다해 끝까지 달린다.)

'오래 달리기 훈련(长跑训练)'은 개괄어인 '东西'로 반복 출현했다. 만일 이에 대해 질문을 하는 학생이 있다면 '东西'라는 단어는 예를 들면, '语言这个东西, 不是随便可以学好的, 非下苦功夫不可。(말이라는 것은 쉽게 마스터할 수 있는 것이 아니므로 노력을 들이지 않으면 안 된다.)', '咱们写东西, 要用普通话。(우리가 뭔가를 쓸 때는 표준어를 사용해야 한다.)'에서와 같이 구체적인 물건을 가리킬 수도 있고, 추상적인 것을 가리킬 수도 있다고 알려 준다. 이렇게 하면 그 학생은 더 이상 '东西'라는 단어를 좁은 범위로 해석하지 않고, 범위가 넓은 단어로 완벽하게 이해할 수 있다.

2. 단어의 연계 출현

앞에서 논의한 동의어, 유의어, 상하위어, 전체어와 같은 네 가지 종류의 반복 방식은 모두 어휘 형식으로 담화에서 연결기능을 하는데, 단어의 동시 출현 역시 그러하다. 단어의 동시 출현이란 단어가 함께 출현하는 경향성을 가리킨다. 같은 주제를 가지고 논의하는 담화에서 일정한 단어가 동시에 출현할 수 있지만, 다른 단어들은 출현할 가능성이 거의 없거나 근본적으로 출현할 수 없다.

예를 들면 ≪中级汉语教程≫ 하권에 나오는 ＜百合花＞라는 과에서는 해방전쟁 시기에 부끄럼 많고 어수룩한 통신원이 다른 사람들을 엄호하기 위해 희생한 이야기를 담고 있다. 이 전쟁 소재를 둘러싸고 담화에서는 총공격(总攻), 공격(攻击), 전쟁(战争), 총(枪), 포(炮), 수류탄(手榴弹), 신호탄(信号弹), 연대장(团长), 연대본부(团部), 대대(营), 중대(连), 중대장(连长), 통신원(通信员), 참호(工事), 교통참호(交通沟), 전선(前沿), 후방(后方)과 같은 단어가 동시에 출현했다. 이야기는 전선의 응급치료소에서 벌어지는 것이므로 응급치료소(包扎所), 위생병(卫生员), 의사(医生), 병원(医院), 부상병(伤员), 중상병(重伤员), 들것(担架), 들것 드는 사람(担架员), 주사놓기(打针) 등의 단어가 있다. 이 단어들은 다른 제재로 쓰여진 과에서는 출현할 가능성이 거의 없다. 동시에 출현하는 단어들은 마치 하나의 단서처럼 담화의 각 부분을 관통한다. 하나의 화제를 둘러싸고 형성된 어휘군을 귀납하면 학생들의 기억과 이해, 표현에도 도움이 될 것이다. 그 중 '전선'과 '후방'은 반의어이고, '연대', '대대', '중대'는 부분과 전체의 관계이다. 후자는 분대(班), 소대(排), 중대(连), 대대(营), 연대(团), 사단(师), 군단(军)이라는 비교적 완벽한 체계로 확장될 수 있다.

二. 지칭, 대체, 생략

1. 지칭

지칭은 인칭대명사, 지시대명사 등의 문법 수단을 사용하여 윗 문장에서 언급한 대상이나 아래 문장에서 출현할 대상을 조응(照應)하는 것을 가리킨다. 심지어 담화 외의 대상을 지칭할 수도 있다. 위아래 문장에서 대명사가 지칭하는 대상을 찾았을 때 대명사와 가리키는 대상 사이에 의미적 연관관계를 알 수 있다. 근거리의 지칭 관계는 보통 쉽게 파악되지만, 원거리 지칭(구절이나 단락을 뛰어넘는 지칭) 관계는 파악하기가 어렵다. 유학생이 정확하게 대명사와 원거리에 있는 지칭 대상을 찾을 수 있도록 돕는다면 학생들은 담화의 흐름과 글의 주제를 빨리 이해할 수 있을 것이다.

≪新汉语≫ 제7권 <在失败的面前>라는 과는 배드민턴 선수인 韩健이 실패를 극복하고 성공한 이야기를 쓴 것이다. 다섯 번째 단락의 서두에는 '面对这样残酷的现实, 我痛苦但不消沉.(이렇게 참혹한 현실과 마주하고 나는 고통스러웠지만 의기소침하지는 않았다.)'라는 문장이 있다. 필자는 학생들에게 '这样残酷的现实(이렇게 참혹한 현실)'은 '怎样的现实(어떠한 현실입니까?)'라고 묻는다. 네 번째 단락은 부인의 이해에 대해 썼기 때문에 이에 대한 답은 없다. 세 번째 단락에는 그가 실패하고 돌아온 후 여론과 팬들로부터 뭇매를 맞고, 코치와 친구, 기자로부터 냉대를 받았다는 내용이 담겨 있는데, 이것이 바로 '이렇게 참혹한 현실'이 가리키는 바이다. 이것은 단락을 뛰어넘는 대명사의 조응이다. 그럼 왜 중간에 '부인의 이해'와 관련된 단락을 넣었을까? 이는 바로 '참혹한 현실'과 대조적으로 보이기 위해서, 또 그가 '고통스러웠지만 의기소침하지 않고' 계속 필사적으로 싸울 수 있었던 힘의 원동력을 설명하기 위해서이다. '이렇게(这样)'가 가리키는 바를 찾으면 글이 진행되는 맥락을 명확하게 이해할 수 있다.

2. 대체와 생략

여기에서는 대체와 생략을 같이 설명할 것이다. 생략은 영형식의 대체라고 볼 수 있는데, 중국어에서는 명사를 대체할 형식어(영어에서는 one, ones 등)는 없고, 동사의 대체 형식어(来, 搞 등)는 영어의 do, does, did처럼 그렇게 보편적으로 사용되지는 않는다고 할 수 있다. 이러한 상황에서 중국어는 동어를 반복하거나 생략하는 경우가 더 많다. 최근 중국어 연구자들은 생략에 관해 논의하기를 기피하는 경향이 있는데, 그 이유는 과거에 이미 너무 많이 논의했기 때문이다. 사실 중국어에 생략 현상이 많이 존재하기는 하지만, 위아래 문장에서 생략된 성분을 찾아 문장과 문장을 연결시키고, 생략된 성분을 가까운 위아래 문장에서 보충할 수 있기 때문에 학생들이 그리 어렵게 느끼지는 않을 것이다.

담화에서 처음 언급되는 대상은 '신정보(新信息)'이고, 일반적으로 원래 단어로 지칭한다. 두 번째 언급되는 것은 '구정보(旧信息)'가 되고, 대명사를 사용하거나 생략된다. 아래에서는 어떻게 동어반복(原词复现), 지칭, 생략 등의 수단으로 학생들이 단락의 층위를 분석하는 데 도움을 줄 수 있는지 논의할 것이다. 다음은 <台湾岛>의 첫 단락이다.

台湾岛位于中国大陆的东南海面。○东临太平洋; ○南靠巴士海峡, ○与菲律宾相隔约三百公里; ○西隔台湾海峡与福建省相望, 最窄处为一百三十公里; ○东北与琉球群岛相隔约六百公里。台湾岛地处西太平洋航道的中心, ○是中国与太平洋地区各国联系的交通枢纽。
(대만섬은 중국 대륙의 동남해안에 위치해 있다. ○동으로는 태평양과 ○남쪽으로는 바쉬해협과 맞닿아 있으며, ○필리핀과 약 300킬로미터 떨어져 있고, ○서로는 대만해협과 푸젠성이 마주 보고 있는데, 가장 가까운 곳은 130킬로미터 떨어져 있다. ○동북으로는 류쿠군도와 약 600킬로미터 정도 떨어져 있다. 대만섬은 서태평양 항로의 중심지이자 ○중국과 태평양 지역의 각 국가를 연결하는 교통의 요충지이다.)

'○'은 생략된 곳이다. 이 단락에는 '台湾岛'가 두 번 출현했는데, 왜 두 번째 '台湾岛'는 생략될 수 없는가? 왜냐하면 이것은 이 단락의 두 번째 층위를 시작하는 단어로, 생략하면 층위가 불분명해지고 단락의 구조가 불안정하기 때문이다. 첫 번째 층위는 '台湾岛……。○东……; ○南……, ……; ○西……, ……; ○东北……'까지에서 순환이 완성되고, 두 번째 층위 '台湾岛……, ○……'는 또 다른 순환이다. 이 점을 잘 알고 있으면 학생들이 쉽게 단락의 층위를 나눌 수 있고, 교사와 함께 쉽게 단락을 요약할 수 있다. 다른 단락을 살펴보자.

○告别了亲爱的巧珍, 高加林来到了县城。他激动的心情好几天都不能平静下来。高加林不会满足一生都待在这里, 可现在他完全满足了, 他决

心要好好工作, ○干出成绩来, 他工作得很努力, 他的才能也充分发挥出来了。高加林很快成为了县城里一个引人注目的人物, 他的心中充满了自豪和自信。(≪新汉语≫ 제6권 <高加林>)

(○사랑하는 챠오전을 떠나 가오쟈린은 현도에 왔다. 그는 흥분된 마음 때문에 며칠 동안 마음을 가라앉힐 수 없었다. 가오쟈린은 평생 동안 여기에서 지내는 걸 만족할 수 없었지만 지금은 완전히 만족하게 되었다. 그는 열심히 일해서, ○성적을 내고 노력해서 그의 능력을 충분히 발휘하기로 결심했다. 곧 가오쟈린은 매우 빨리 현도에서 주목을 받는 인물이 되었고, 그의 마음속에는 자부심과 자신감이 흘러 넘쳤다.)

이 단락은 세 가지 층위가 있는데, 첫 번째는 '○……, 高加林……。他……。', 두 번째는 '高加林……, 他……, 他……, ○……, 他……, 他的……。'이고, 세 번째는 '高加林……, 他的……。'이다. 여기에는 동어반복, 대명사 지칭, 생략이 상호 결합하여 단락의 층위를 나타내고 있다. 주어부에 있는 키워드의 반복은 종종 새로운 층위의 기점이 된다.

三. 담화 연결성분(语篇连接成分)과 담화구조(语篇结构)

1. 담화 연결성분

담화 연결성분은 담화 중의 각종 논리관계를 연결하는 수단이다. 예를 들면, 순서를 나타내는 성분은 '首先, 其次(后来), ……最后'이고, 점층을 나타내는 성분은 '再说, 此外', 열거를 나타내는 성분은 '拿……来说', 총괄을 나타내는 성분은 '总(而言)之, 一句话', 결과를 나타내는 성분은 '终于, 果然, 难怪', 목적을 나타내는 성분은 '为此', 추론을 나타내는 성분은 '由此(看来)', 조건을 나타내는 성분은 '如果, 只要, 无论(不管)', 양보를 나타내는 성분은 '即使, 退一步说', 전환을 나타내는 성분은 '可是, 但是', 사실을 나타내는 성분은 '其实, 老实说', 화제 전환을 나타내는 성분은 '至于' 등이 있다. 담화 연결성분은 단락의 층위를 비교적 명확하게 나타내는 역할을 한다.

> (1) ……, (2) 至于……。
> (1) ……, 同时……, (2) 不过……, (3) 因此……。
> (1) 首先……, (2) 然后……, (3) 最后……。
> (1) ……问题主要包括两个方面 : (2) 一是……, 如……; 二是……, 如……。
> (3) 因此……。

이상은 교재에서 임의로 선택한 단락에서 추출한 담화 연결성분이다. 괄호 속의 숫자는 층위를 표시하는 것이고, 층위 안에 또 다른 층위가 있다. 읽기 수업을 할 때 본문 속에 나오는 이러한 연결성분들을 이용하여 학생에게 말하기 연습이나 쓰기를 지도할 수 있다.

2. 담화구조

담화의 목적이 무엇인지, 글에 어떤 내용을 담고 있는지에 따라 담화의 구조도 달라진다. 서술성의 문체는 종종 기승전결이라는 네 부분으로 이루어지고, 뉴스를 담고 있는 구조는 종종 '표제어(标题)', '리드(导语, leed)', '본문(主题)'까지 역피라미드형의 구조를 나타낸다. 서신은 서두에 '수신인(称呼)'을 쓰고, 중간에 '본문(正文)'을, 끝에는 '축원의 말(祝词)'과 '발신인의 이름(落款)'을 쓴다. 주장하는 글이나 설명문의 담화는 '종합(总)-설명(分)-종합(总)'이라는 구조를 가지는 경우가 많다. 다음은 《新汉语》 제6권 <现代自然科学中的基础学科>의 구조에 대한 분석이다.

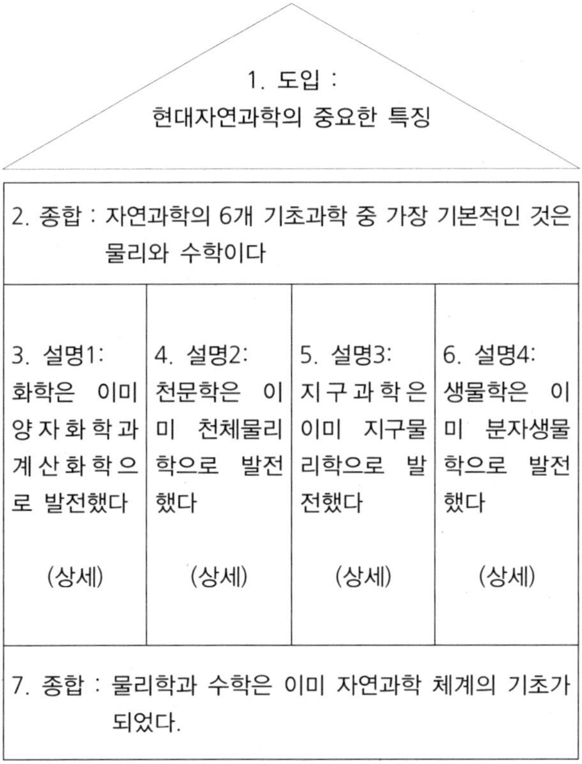

1. 도입 :
현대자연과학의 중요한 특징

2. 종합 : 자연과학의 6개 기초과학 중 가장 기본적인 것은 물리와 수학이다

3. 설명1: 화학은 이미 양자화학과 계산화학으로 발전했다 (상세)	4. 설명2: 천문학은 이미 천체물리학으로 발전했다 (상세)	5. 설명3: 지구과학은 이미 지구물리학으로 발전했다 (상세)	6. 설명4: 생물학은 이미 분자생물학으로 발전했다 (상세)

7. 종합 : 물리학과 수학은 이미 자연과학 체계의 기초가 되었다.

〈그림 2-2〉

그림에서 아라비아숫자는 문장의 단락 순서를 나타낸다. 이 도표는 담화에서 단락 간의 논리구조 관계와 비선형적 특징을 보여준다. 도입과 서두의 종합하는 말은 구조의 상층부분이고, 네 개의 설명은 마치 네 개의 기둥처럼 종합하는 말의 관점을 지탱해준다. 결론 부분의 종합하는 말은 전체 얼개의 튼튼한 기반이 된다. 이렇게 전체 구조를 한 눈에 볼 수 있게 만든 담화구조 설명도는 본문을 요약하는 방식의 일종으로 학생들이 담화의 전체 구조를 파악하기 쉽게 만든다.

이상으로 총 3가지 측면에서 담화분석 수단을 이용한 중국어 읽기 수업에 관해 살펴보았다. 담화분석 수단의 이용에 관한 내용은 동어 반복의 빈도를 통해 담화의 중심 주제를 확정하고, 키워드가 반복되는 위치와 순환 및 담화 연결성분을 이용하여 단락의 층위를 분석하며, 대명사가 가리키는 대상을 찾음으로써 글이 전개되는 맥락을 파악하고, 한 눈에 알아 볼 수 있는 도표로 담화의 거시적인 구조를 나타내는 것이었다. 이와 같은 방법을 사용하면 더 집약적으로 본문을 해석할 수 있을 것이다. 담화에서 단어의 동의 관계를 확립하고, 상하위어의 체계를 귀납해 내며, 동어반복으로부터 서로 관련 있는 단어 계열을 귀납하고, 담화로부터 추출해낸 연결성분을 이용하여 단락과 담화를 만드는 말하기 혹은 쓰기 훈련을 진행하는 것은 담화의 각도에서 어휘와 문법항목을 교육하는 것이라고 볼 수 있다. 필자는 집약적인 담화가 바로 읽기 수업을 심화시킬 수 있는 근본적인 방안이라고 생각한다.

담화분석 방법은 읽기 수업에서 학생의 담화 능력 배양에 공헌할 수 있다. 물론 담화분석 방법을 사용하더라도 다른 효과적인 문법 체계와 교육 방법을 배제하지는 않는다. 반대로 그러한 방법과 결합하여 상호 보충해야만 더욱 좋은 교육적 효과를 거둘 수 있다. 중국 언어학계에서 갈수록 기능문법을 중시하고, 특히 외국어 교육계와 외국인을 위한 중국어 교육계에서 이를 광범위하게 운용하는 이유는 바로 기능문법이 광범위하면서도 정밀한 체계와 강력한 실용성을 갖추고 있기 때문이다.

參. 중급중국어 수업의 단락으로 말하기 연습[5]

중급중국어 수업은 중급 단계의 학생들에게 듣기, 말하기, 읽기, 쓰기라는 4가지 영역의 능력을 종합적으로 훈련시키는 과정이다. 외국인을 위한 중국어 수업에서 초급 단계의 학생들에게는 주로 단문에 대한 훈련을 실시한다. 중급 단계에 이르면 학생들은 이미 2,500개 정도의 상용어를 학습하고 파악

---

5) 王世生, <中级汉语课的口头成段表达训练>, 《语言教学与研究》, 1997年 第2期.

한 상태로, 학생의 말하기와 쓰기 표현 능력을 배양하기 위해서는 반드시 문형 훈련에서 단락 표현 훈련으로 넘어가야 한다. 정확한 하나의 문장을 말하는 것과 중국어 습관에 따라 한 단락의 말을 하는 것은 다르기 때문이다. 단락을 이루어 말할 수 있어야만 풍부한 내용과 깊은 뜻을 표현할 수 있다. 그러므로 중급 단계의 중국어 수업에서는 단락을 만들어 표현하는 훈련이 중요하다.

중급중국어 수업의 본문은 초급 단계보다 길이가 길고, 본문 중 일부는 이미 '인공적인 언어'에서 '실제 사용 언어'로 넘어가 어휘가 풍부하고, 문장의 구조도 복잡해졌을 뿐만 아니라 담고 있는 뜻도 훨씬 더 심화된다. 이는 단락으로 표현 훈련을 하는 데 좋은 언어 자료를 제공한다. 중급중국어 수업의 단락 표현 훈련은 말하기와 쓰기 두 방면을 포함한다. 여기에서는 중급중국어 수업에서 어떻게 단락으로 말하기 훈련을 하는지에 대해서만 논의할 것이다. 이하에서 '단락 표현 훈련'은 단락으로 말하기 훈련을 가리킨다. 중급중국어 수업에서 단락으로 말하기 훈련을 하는 방법은 많으나, 주로 '다시 말하기식(复述式)'과 '의사소통식(交际式)'이라는 두 가지 방법에 대해 중점적으로 논의할 것이다.

一. 다시 말하기식 단락 표현 훈련

다시 말하기식 단락 표현 훈련은 바로 본문의 구체적인 내용을 다시 말하거나 쓰게 함으로써 단락 표현 능력을 향상시키는 방법의 일종이다. 이것은 중급중국어 수업에서 상용되는 훈련 방법이다. 어떤 언어를 학습하든 '반복'은 모두 이해와 기억을 증강시키는 중요한 수단이기 때문이다. W. F. McGee가 말한 바와 같이 "거의 모든 학습 이론은 정도의 차이는 있지만 반복을 중시한다. 반복은 이미 배운 모델을 강화할 수 있고, 이를 습관이나 능력이 되게 한다."[6)

학생이 예습을 하면 본문의 내용은 이미 알고 있는 정보가 되기 때문에 다시 말하는 내용은 학생들의 주의를 끌기에 부족하고 오히려 학생들의 참여나 표현 욕구에 영향을 줄 수 있다. 이에 대해 교사는 학생들에게 다시 말하기의 목적이 본문의 내용을 기억하는 데 있지 않고, 본문의 내용을 다시 말함으로써 그 속의 단어, 구문, 사유 방식을 이해하고 파악하며 기억하는 것임을 이해시켜야 한다.

여기서의 '단락(段)'은 '담화(语段, 句群)'를 가리킨다. 문단은 자연단락(自然段)과 완전히 동일하지는 않다. 왜냐하면 일부 자연단락 중에는 담화를 구성할 수 없는 것도 있기 때문이다. 담화는 문장보다 큰 언어단위이고, 두 개 혹은 두 개 이상의 문장이 조합되어 만들어진다. 모든 본문은 담화를 포함하고 있다. 그러나 모든 담화가 다시 말하기를 통해 담화 표현 훈련을 하기에 적합한 것은 아니다. 다시 말하기로 담화 표현 훈련을 하기에 적합한 담화는 조리가 있고 재미가 있으며 표현하기에 적합해야 한다. 또한 비교적 많은 문장을 포함하고, 본문에서도 중요한 내용이어야 한다. 일반적으로 풍경을 묘사하거나 서정적인 담화는 다시 말하기식 담화 표현 훈련을 하기에 적합하지 않다.

다시 말하기식 담화 표현 훈련이 긍정적인 효과를 얻기 위해서는 다음과 같은 방법을 채택할 수 있다.

(一) 단어 제시

1. 중국어 고정 격식 제시

모든 언어에는 상응하는 고정 격식(固定格式)이 있다. 고정 격식은 단어(실사 혹은 허사)로 구성되며, 단어와 단어 사이에는 공기나 호응 관계가 있다. 구어와 서면어에서 표현하고자 하는 의미를 부각시키거나 강조하기

---

6) W. F. McGee, ≪语言教学分析≫, 北京语言学院出版社, 1990年 148쪽.

위해서 때로 고정적인 언어 형식을 빌릴 필요가 있다.

고정 격식은 의미를 전달하는 데 매우 중요한 역할을 하고 있다. 1990년 이후 北京语言文化大学 2학년 외국인 유학생을 대상으로 한 기말고사 작문 시험에서는 전체 250명의 시험지에서 고정 격식 65개가 발견되었다. 사용빈도가 57회에서 10회 사이인 고정 격식 '虽然……可是/但/但是……(비록 …… 하지만, 그러나……), 跟/和/像/好像……一样(……와 같다), (一)边……(一)边……(한편으로는 ……, 한편으로는 ……), 连……也/都……(……조차도 ……하다), 一……就……(……하면 바로 ……하다), 对/对于……来说(……에 대하여 말하자면), 除了……以外(……을 제외하고), 像/跟/好像……似的(마치 ……와 같다), 如果/要是……的话(만일 ……라면), 一……也不/也没…… (……도 ……않다), 不但/不仅……而且/并且……(……할 뿐만 아니라 ……하다), 又……又……(……하기도 하고, ……하기도 하다), 当/在……时(的时候) (……할 때), 从……起(……부터), 从/由……到……(……부터 ……까지), 既……又……(……하기도 하고 ……하기도 하다)'은 모두 16개로 전체에서 24.6%를 차지했다. 사용빈도가 8회에서 2회 사이인 고정 격식은 '如果…… 就……(만일 ……라면 ……하다), 在……(동사)下(……아래), 不是……而 是……(……가 아니라, ……이다)' 등 29개로 44.6%를 차지했다. 단 한 차례 출현한 고정 격식은 '任……也……(……를 막론하고……, 一旦……就……(일 단 ……한다면 ……), 一则……二则……(첫째는 ……이고, 둘째는 ……이다)' 등 총 20개로 30.8%를 차지했다.

외국 유학생의 중국어 고정격식의 사용 상황으로 봤을 때, 사용 빈도가 비교적 높은 것들이 주로 상용적이고 또 쉽게 익힐 수 있는 것들이었다. 따라서 중급중국어 다시 말하기 담화 표현 훈련에서는 제시를 통해 학생들에게 의식적으로 본문 중 출현했던 고정격식을 운용하게 만들어야 하며 이로써 고정격식에 숙달되도록 하고 실제 언어 사용에 이를 운용하게끔 해야 한다.

2. 연결어(连接词语) 제시

말을 하거나 글을 쓸 때 사람들에게 어색하지 않고 유창하며 신중해 보이고 논리까지 갖추고 있다고 느끼게 하려면 연결어를 잘 사용하는 것이 매우 중요하다. 그러나 이 점은 과거에는 별다른 주목을 받지 못했다. 李杨 은 ≪中高级对外汉语教学论≫에서 "내가 4학년 수업인 '핫이슈 토론' 수업을 할 때 늘 실력이 좋은 학생이 토론하거나 말하기를 할 때조차도 모든 문장이 문법에서 어휘까지 거의 다 정확하고 나무랄 데가 없었지만, 연결해서 들으면 어색하거나 유치하고, 수준이 낮으면서 그다지 유창하지 않다고 느껴졌다. 그래서 학생들의 말을 녹음해서 반복해서 들으니 문제가 문장과 문장 사이, 단락과 단락 사이에 있음을 발견할 수 있었다."라고 밝힌 바 있다.[7]

문장과 문장 사이의 관계에 따라 문단은 병렬담화(并列语段), 승계담화(承接语段), 연결담화(连贯语段), 점층담화(递进语段), 선택담화(选择语段), 인과담화(因果语段), 총괄담화(总分语段), 해석담화(解证语段), 조건담화(条件语段), 가설담화(假设语段), 전환담화(转折语段), 양보담화(让步语段) 등 약 13개의 유형이 있다. 문장과 문장 사이의 관계는 형식 표지가 없는 유형(意合)과 형식 표지가 있는 두 가지 유형으로 나눌 수 있다. 형식 표지에는 同样(마찬가지로), 于是(그리하여), 而且(뿐만 아니라), 更(더욱이), 总之(결론적으로), 因此(그래서), 但是(그러나), 其实(사실은), 可见(이로 볼 때) 등의 허사가 대부분이고, 그 다음으로 这(이), 后来(나중에), 例如(예를 들어), 第一(첫 번째), 最后(마지막으로) 등의 실사가 있다. 그 밖에도 与此同时(이와 동시에), 换句话说(바꿔 말하면), 这样一来(이렇게 하여), 一句话(한 마디로), 也就是说(다시 말해), 综上所述(앞서 말한 바를 종합하면), 严格地说(엄격하게 말해서), 俗话说(속담에 이르기를), 话又说回来(말이 다시 원점으로 돌아가다) 등과 같은 허사도 아니고 실사도 아닌 구조도 있다.

상술한 연결어 중 특히 허사도 아니고 실사도 아닌 구조는 외국인 학생들

---

7) 李杨, ≪中高级对外汉语教学论≫, 北京大学出版社, 1993年 65쪽.

이 이해하기 쉽지 않다. 그러므로 그들의 숙제나 연습, 구어에서 자주 발견되는 연결어는 '那时候(그 때), 但是(그러나), 所以(그래서), 而且(또한), 还有(그리고)' 등인데 부정확하거나 상황에 맞지 않는 경우가 많다. ≪外国人学习与使用汉语情况调查研究报告≫에서는 중·고급 수준의 중국어를 구사하는 외국 학생(학습기간이 8년이 학생도 있음)의 말(녹음)이 인용되어 있다. 총 15단락인데 매 단락마다 약 120개의 글자가 포함되어 있고 21개의 연결어가 사용되었다. 연결어 중에는 '所以, 但是'가 9개로 가장 많이 사용되었지만, 대부분의 연결어가 제대로 사용되지 않았다.[8] 일부의 연결어는 상황에 맞지 않고 적절하지 못하여 전체적으로 보았을 때 어색하고 유창하지 않으며 논리에도 맞지 않는다는 느낌을 주었다. 이는 중·고급 단계의 담화 교육에서 연결어의 교육을 강화할 필요가 있음을 보여 준다.

3. 실사 제시

중국어의 고정 격식과 담화 중의 연결어의 의미는 비교적 추상적이어서 학생들이 문단 표현을 다시 말하기 할 때 실사를 제시할 필요가 있다. 실사의 의미는 비교적 구체적이고 이미지가 풍부하여 학생들이 쉽게 연상할 수 있기 때문에 순조롭게 단락을 표현할 수 있다는 장점이 있다. 그러나 학생의 사유를 속박하지 않도록 제시하는 실사의 수는 과도하게 많으면 안 되고, 키워드만 제시해야 한다.

(二) 속도 제한

문단을 표현하는 시간을 제한할 필요가 있다. 다시 말해 제한된 시간 내에 다시 말하기의 내용을 완성하게 한다. 속도에 대한 요구가 필요한 이유는 다음과 같다.

---

8) 高彦德 等, ≪外国人学习与使用汉语情况调查研究报告≫, 北京语言学院出版社, 1993年版.

1. 초급중국어-중급중국어-고급중국어는 외국인을 위한 중국어 교육의 완벽한 교육 과정인데, 단계마다 학생들의 회화 표현에 대한 요구를 달리해야 한다. 초급 단계에서는 학생들에게 문형 훈련을 주로 시키므로 구어 표현의 속도에 대한 요구도 엄격하지 않다. 그러나 중급 단계에 접어들면 제2언어의 순서에 따른 점진적 습득 규칙에 따라 학생의 구어 표현에 대한 요구를 엄격히 해야 한다. 즉 단락 표현 훈련의 방법을 통해 학생들이 중국어로 구어 표현을 할 때는 발음, 어조가 기본적으로 정확해야 하고 '말하는 속도도 정상 수준'이어야 한다.(≪汉语水平等级标准和等级大纲≫)

2. 심리언어학의 원리에 따르면, 교사가 학생들에게 말하는 속도를 제한하면 화자나 청자 모두 대뇌에 자극을 받아(속도에 대한 요구) 고도의 흥분 상태에 놓이게 되기 때문에 주의 집중도가 훨씬 더 좋아진다. 집중력이 높아지면 학생의 창의적인 상상력을 촉진시키고 기억이 잘 되며 빠른 사유가 가능해진다. 그러므로 학생들이 다시 말하기 할 때 말하는 속도에 대한 요구를 하게 되면 언어 학습의 효과를 증진시킬 수 있다.

말의 속도를 제한하는 구체적인 방법은 교사가 어떤 단락을 정한 후에 학생에게 그 단락의 내용을 반복해서 말하게 하는데 매번 다시 말하기를 할 때마다 시간을 달리하는 것이다. 예를 들면, 첫 번째는 분당 160~170자를, 두 번째는 분당 170~180자를, 세 번째는 분당 180~220자를 말하도록 요구하는 것이다. 전체 내용을 다시 말하기 할 때에는 상세하게 하든 개괄적으로 하든 적당하게 속도를 제한해야 한다.

학생의 다시 말하기 속도를 방해하는 원인으로는 두 가지가 있는데, 첫째는 본문의 단어를 잘 이해하지 못해서이고, 둘째는 본문의 내용이 생소하기 때문이다. 이에 근거하여 다시 말하기식 단락 훈련은 본문을 반복해서 듣고(학생들이 본문의 녹음을 많이 듣도록 한다), 반복해서 읽고(교사의 낭독 포함), 본문을 전체적으로 설명한(중요한 단어에 대한 질문과 해석, 연습)

뒤에 실시해야 한다. 즉 '제대로 설명하고 연습'한 기반 위에 진행해야 한다.

二. 의사소통식 단락 표현 훈련

소위 의사소통식 단락 표현 훈련이란, 실제 생활의 모습과 가깝게 단락 표현 훈련을 하는 것이다. 기능주의 교육법(의사소통식)은 "외국어 교육의 목적이 학생들에게 창의적이면서도 목적을 가지고 외국어를 사용하여 의사 소통하는 능력을 가르침으로써 학생들이 배운 언어 지식을 새로운 장소에서 재조직하고 창조적으로 자신의 사상과 감정을 표현하게 하는 것이기 때문에 의사소통에 중점을 둔 교육 과정에 힘써야 함"을 강조한다.[9]

이로 볼 때 학생의 의사소통 능력을 배양하기 위해서는 중급중국어 수업 의 단락 표현 훈련이 다시 말하기식 단락 표현에만 머물러서는 안 되고, 학생의 정태적인 습득(다시 말하기식 단락 표현 훈련)을 동태적인 습득(의 사소통식 단락 표현 훈련)으로 전환해야 한다. 즉 모의 의사소통을 실제의 혹은 실제와 가까운 의사소통으로 전환해야 한다. 다시 말하기식 단락 표현 훈련도 필요하기는 하지만, 학생의 사고를 속박하고, 학생의 실제 감정을 억압할 수 있다. 그러므로 교사는 능동적으로 학생에게 실제의 언어 환경을 제공해야 한다. 이러한 교육 활동은 교실 수업에서 상당히 큰 비중을 차지한 다. 의사소통식 단락 표현 훈련은 난이도가 높기 때문에 자칫하면 썰렁한 분위기가 연출될 수 있다. 그 효과가 학생의 언어 능력에만 달려 있는 것이 아니라 학생의 성격이나 사회 경력, 교육 수준, 사고방식 등 개인적인 요소와 밀접한 관련을 맺고 있기 때문이다. 그러므로 교사는 수업을 준비할 때 세심하게 설계해야 한다.

의사소통식 단락 표현 훈련은 다음과 같은 두 가지 방법을 채택할 수 있다.

---

9) 章兼中 主編, ≪国外外语教学法主要流派≫, 华东师范大学出版社, 1983年 222쪽.

(一) 내향형(內向式)

내향형이란 본문의 내용에 근거한 단락 표현 훈련을 진행하는 방법이다. 이 방법의 특징은 행간에 담겨 있는 깊은 뜻(言外之意)을 탐구하는 것으로, 학생이 본문에서 직접 답을 얻을 수 없도록 하고, 깊이 있는 사고를 통해 화제에 대해 분석하고 판단하여 자신의 독특한 견해를 표현하도록 만든다. 교사는 '긍정의문문(正问式)'과 '부정의문문(反问式)'이라는 두 가지 방법을 통해 질문을 할 수 있다. 긍정의문문은 긍정형식으로 질문하는 것이고, 부정식은 상반되는 각도로 질문하는 것이다. 예를 들면 ≪桥梁-实用汉语中级教程≫에 나오는 〈班车〉라는 단원은 乔공장장이 여공들이 조퇴한 진짜 이유를 찾기 위해 직접 통근버스 정류장에 가서 조사를 하는 내용을 담고 있다.

> 他离开窗口, 一眼看见床上的军大衣, 忽然心里一动。这是儿子在部队上发的。他昨天晚上在厂里值班, 就把儿子的大衣穿来了。乔光朴穿好了绿大衣, 戴上了不经常戴的皮帽子, 又从抽屉里翻出一个口罩, 也捂到嘴上, 最后还把看书报文件时才戴的眼镜也架到鼻梁上。他这样打扮以后就走出了办公室。下楼梯出大门竟没有人认出他。
> (그는 창구를 떠나 침대 위에 놓인 군인용 외투를 보자 갑자기 마음이 동요되었다. 이것은 아들이 부대에서 받은 것이었다. 그는 어제 밤 공장에서 야근을 하느라 아들의 외투를 입고 나왔다. 차오광푸는 녹색 외투를 입고는 잘 쓰지 않는 가죽 모자를 썼다. 그러고는 서랍에서 마스크를 꺼내 썼다. 마지막으로는 책이나 서류를 볼 때나 쓰던 안경을 코 위에 걸쳤다. 그는 이렇게 변장을 하고 사무실을 나섰다. 계단을 내려가 정문을 나갈 때까지 그를 알아보는 사람은 아무도 없었다.)

이 단락을 긍정식 의문문으로 질문하면 "차오광푸가 여공들이 빨리 퇴근한 이유를 알아보기 위해 정류장에 갈 때 왜 '변장'을 했을까요?(乔光朴去班车站了解女工提前下班的原因, 为什么要'打扮'一番呢?)"이고, 부정식 의문문으로 질문하면 "차오광푸가 여공들이 빨리 퇴근한 이유를 알아보기 위해 정류장에 갈 때 '변장'을 안 하면 어떨까요?(乔光朴去班车站了解女工提前下班的原因, 不'打扮'一番行不行?)"이다. 이 두 가지 질문 방식 중 일반적으로 부정식 질문이 긍정식 질문보다 낫다. 부정식 질문 방식이 훨씬 더 자극적이고 학생들의 흥미를 유발할 수 있어서 학생들의 참여와 표현 욕구를 불러일으킬 수 있기 때문이다.

의사소통식 단락 표현은 난이도가 높기 때문에 학생들이 간단하게 몇 마디 하는 데 그치지 않도록 교사가 개입해야 한다. 예를 들면 ≪桥梁≫ 중 <孔乙己(쿵이지)>에는 "그는 사람들과 말을 할 때 늘 말끝마다 공자왈 맹자왈해서 사람들이 잘 이해할 수 없도록 만든다.(他对人说话, 总是满口之乎者也, 教人半懂不懂的。)"라는 구절이 있는데, '之乎者也'의 뜻이 무엇인지 설명하고 나서 교사는 "왜 쿵이지는 고전에 나오는 말을 쓰기를 좋아할까요? 그는 다른 사람이 자기 말을 알아듣는 걸 원하지 않나요?(为什么孔乙己说话总是喜欢用古书上的词语? 他不愿意让别人听懂他的话吗?)"라고 질문한다. 그런 다음 교사는 칠판에 A, B, C……라고 부호를 적고는 학생들의 다양한 분석을 이끌어 낸다. 가능한 답변은 '자신이 많이 배운 사람이고 남과는 다르다는 걸 나타내기 위해서……', '고전을 많이 읽어서……', '사람들이 못 알아들으면 자신을 비웃지 않을 것 같아서……' 등일 것이다. 이러한 것들을 종합해서 대답하면 좋은 병렬문단이 될 것이다.

내향형 단락 표현 훈련에서 교사는 학생의 견해나 관점에 대해 판사와 같은 판결을 내리거나 자신의 관점을 학생들에게 직접적으로 밝히는 것은 좋지 않다. 왜냐하면 이 수업은 어학 수업으로 중국 학생들에게 가르치는 문학 수업과는 본질적으로 다르기 때문이다.

(二) 외향형

외향형은 본문의 내용과 동떨어진 의사소통식 단락 표현 훈련을 가리킨다. 주제와 본문의 내용은 관련이 있을 수도 있지만 직접적인 관계는 없다. 예를 들면 ≪桥梁≫에 나오는 <醉人的春夜>라는 과는 한 젊은이가 아가씨의 자전거를 고쳐주는 이야기를 담고 있다. 이 과를 학습한 후 학생들에게 남을 도와주거나 남의 도움을 받은 적이 있는지 경험담을 이야기하게 한다. 동영상이 첨부된 본문도 많이 있으므로 동영상을 본 후에 그 내용에 대해 조별로 토론을 하게 할 수도 있다. 또한 본문의 내용과 결합하여 연극을 보거나 견학, 여행, 방문 등을 기획할 수도 있으며, 이러한 활동은 학생들이 단락 표현을 하는데 풍부한 언어 자료를 제공할 수 있다. 뿐만 아니라 정기적인 시간을 정하여 민속, 교통, 환경보호, 여행, 쇼핑, 명절, 날씨 등과 같이 학생들이 관심을 가질만한 주제에 대해 학생들과 얘기를 나누는 것도 가능할 것이다. 학생들은 보통 자기 자리에서 말을 할 것이다. 그러나 외향형 단락 표현 훈련은 학생들을 교단으로 나오게 하여 한 학생이 말하면 다른 학생들이 듣고 질문하고, 또 해당 학생이 답변(판서 포함)을 하도록 한다. 이렇게 하면 교실 수업을 학생 위주의 의사소통 활동이 되도록 만들 것이고, 이러한 교육 활동을 많이 조직하면 할수록 학생의 실제적인 의사소통 능력을 배양하는 데 도움이 될 것이다.

肆. 중·고급 단계 중국어 읽기 수업의 교육 방법[10]

아래에서는 교육 내용의 측면에서 중·고급 단계 중국어 정독수업의 교수법에 관해 논의할 것이다.

---

10) 金春花, <对汉语精读课教学的思考>, ≪云南示范大学学报≫, 2003年 第5期.

一. 어휘 교육

외국인을 위한 중국어 교육에서 어휘 교육은 늘 중요한 위치를 차지해왔다. 이는 중국어 어휘가 만들어진 지 오래되고 구성이 복잡할 뿐만 아니라 의미도 풍부하고 농후한 문화적 배경을 함축하고 있기 때문이다. 교육적인 각도에서 볼 때 단어의 용법과 의미의 교육은 필수적이다. 중·고급 단계에서는 다음과 같은 사항을 중요시해야 한다.

1. 문맥을 통해 단어의 의미와 용법을 해석 : 전통적인 어휘 교육은 자연 언어에서의 어휘의 누적이나 학습과는 다르기 때문에 문맥과 결합하여 단어의 의미와 용법을 설명해야만 교육적 효과를 거둘 수 있다.

2. 대조를 통한 단어의 의미와 용법 해석 : 다의어와 유의어를 구분할 수 있도록 도울 때는 형태소의 의미 대조를 통해야만 단어 간의 미세한 차이를 나타낼 수 있다.

3. 단어의 감정 색채 의미를 통한 단어의 의미와 용법 해석 : 중국어 단어 중에는 어휘의 의미가 서로 다른 감정 색채를 가지기도 한다. 또 어떤 단어는 감정 색채가 달라서 함께 출현할 수 없는 경우도 있으므로 주의해야 한다.

4. 어휘 교육에서 문화적인 요소와 민족 심리 반영 : 언어는 문화의 일부분으로서 문화를 반영하고 있으므로 어휘 중에는 일정한 역사적인 문화 정보를 내포하고 있는 것도 있다. 중국어 어휘에도 한족의 문화 전통과 한족의 심리적 특징이 녹아 있다. 중·고급 단계의 학생들에게 이러한 내용을 교육하면 학생들이 어휘의 의미를 이해하는 데 도움을 줄 수 있다.

5. 의식적으로 신조어를 포함시킨 교육 내용 : 신조어를 반영하기 위한 정독수업에서는 다음과 같은 몇 가지를 포함시켜야 한다. (1) 사회, 정치, 문화적 배경과 관련 있는 신조어, (2) 과학 기술 성과를 반영한 신조어, (3) 대중의 입에 오르내리는 구어성의 신조어나 외래어 등.

二. 문형 교육

문형에 대한 교육의 중요성은 말할 필요도 없다. 이점에 대해 필자는 呂文華의 견해[11]에 동의한다. 그는 현행 외국인을 위한 중국어 문법 교육의 주요 문제점 중의 하나는 구조 분석에만 집중되어 있다는 점이라고 주장했다. 그 이유는 문법 교육이 주로 문형으로만 중국어의 구조적 특징을 보여주려 하고, 문형에 대한 다량의 연습을 통하여 중국어를 잘하려고 하기 때문이다. 따라서 구조 분석에 치중한 방법은 현행 외국인을 위한 중국어 교육의 주요 문제라 할 수 있다. 문법 형식에 대한 분석만으로는 중국어의 내부 규칙을 이해하기 어려운 경우도 많다. 이러한 점에서 의미 분석과 문법 형식을 결합한 교수법이 문형 교육의 모델이 될 수 있다. 또한 중·고급단계에 있는 학생들은 구어로 표현할 때 비규범적인 문형을 만들어내기도 한다. 학습한 어휘량과 문형의 종류가 많아지면서 유의어와 동의어도 점점 많아지게 되므로 의미의 각도로 분석하고 의미를 변별하는 방법을 중·고급 단계의 교육에서 고려할만 하다.

三. 문장군(句群) 교육

문장군 교육은 학생들의 표현과 이해 능력을 효율적으로 배양할 수 있는데, 이는 현재 중·고급 단계 정독수업에서의 난점이자 핵심이기도 하다. 외국 학생의 학습 목적과 특징에 따라 문장군 교육은 중·고급 단계에서 다음과 같은 몇 가지 방면의 내용을 위주로 하여 전개할 수 있다.

1. **중심 구문 구분해내기** : 이 훈련은 학생의 독해 능력을 향상시키고 학생의 서면어와 구어 표현 능력을 향상시킬 수 있다.

---

11) 呂文華, <句型敎學結合語義分析的構想>, 《漢語學習》, 1998年 第6期.

2. 문장군의 조합 방식 : 직접 조합과 관련사를 사용한 조합 두 가지 종류가 있다.

3. 문장군의 기능 구조 : 학생들과 서술, 묘사, 논증 등의 구조 형식을 종합함으로써 학생들이 중국어의 서술성 문장군, 묘사성 문장군, 논증성 문장군을 알고, 논증성 문장군의 사유 과정과 연관 수단을 이해하도록 하여 표현의 수준을 확실히 향상시킬 수 있다.

이러한 기반 위에 교사는 학생의 상황에 따라 계획을 세우고 학생들이 교실에서 적극적이고 자발적이도록 요구한다. 그리고 교수법에 있어 교사는 학생들이 중국어를 사용하여 복잡한 사고를 할 수 있는 능력을 배양하는 데 주의해야 한다. 이렇게 해야만 고급 단계의 중국어 정독수업의 수준을 효율적으로 향상시킬 수 있다.

제2절 말하기 수업의 교수법

壹. 말하기 능력 훈련의 원리와 방법[12)

우리가 입으로 말을 하는 과정은 처음에는 외부적인 형태나 음성이 없는 의도에 불과하다가 모종의 의도를 나타내는 심리 부호가 이와 유사한 단어 모델을 자극하여 그 중 적당한 단어를 선택하고 난 뒤 문장과 기능 모델에 따라 문장이나 담화를 구성하고, 다시 중추신경이 구강근육에 명령을 내려 이를 입으로 뱉게 하는 것이다. 머릿속에 있는 생각에서 입으로 말하기까지 특히 목표어로의 표현은 이렇게 복잡한 과정을 거친다.[13) 말하기 능력 훈련에서 학습자가 이러한 과정과 전환을 잘 이해하도록 도울 수 있는 훈련의 방식은 다양하다. 국내외 외국어 전문가와 교사가 채택한 회화 능력 훈련 방식과 수단을 종합해보면 제2언어 말하기 능력 훈련에서 효과적인 방식들을 귀납할 수 있다. 훈련의 난이도에 따라 나열할 때 현재 광범위하게 채택되면서도 효과적인 조치로는 질문과 답변, 게임, 공연, 언어실습, 방문조사, 토론 등이 있다.

一. 질문과 답변

질문은 상황에 따른 질문, 카드로 제시하는 질문, 교통지도를 이용한

---

12) 叙子亮, <会话技能训练的原理与途径>, ≪暨南大学华文学院学报≫, 2004年 第2期.
13) 刘晓雨, <对外汉语口语教学研究综述>, ≪语言教学与研究≫, 2001年 第2期.

질문, 사진을 이용한 질문, 연상식 질문, 자유질문, 조사 질문 등이 있다. 질문하고 답하는 훈련은 당연히 쉬운 것에서 시작한다. 초급 단계의 질문은 교사가 질문으로 시범을 보이고(하나의 통사 구조를 예로 든다. 你是什么时候来的), 학생은 대답하는 식으로 모방한다(의문문의 통사 구조와 일부 단어를 모방하는데, 그중 의문 부분에 대한 답을 한다 : 我是上星期来的). 중급 단계는 연상식 질문과 답변을 할 수 있다. 학생과 가장 밀접한 관련이 있는 문제에서 출발하여 학생들이 흥분점을 찾아 이를 돌파구로 삼아 의사소통을 이끌어 낸다. 고급 단계에서는 조사식 질문과 답변을 할 수 있는데, 질문자가 답을 모르는 상태에서 청자는 실제 상황에 근거하여 답을 한다. 이때 여러 가지 문제가 나오면 대화 쌍방이 서로 질문을 하게 된다. 또 다른 질문과 답변의 모델을 설계할 수도 있다. 예를 들면, 상황식 Q&A 모델은 상황을 규정하거나, 단어 제시, 질문과 답변 제시, 다른 표현 방법 등을 제시하거나 학생이 즉흥적으로 질문하는 것이고, 추론식 Q&A 모델은 상황, 추론 이유, 추론 결과 등을 제시하여 질문하고 답변하는 것이다. 자문형 Q&A 모델은 어떤 사항에 대해 질문하고 이에 대한 견해를 밝히는 것이다. 상식 Q&A 모델은 생활 상식, 중국어 상식, 지리와 환경 보호 상식 등과 관련하여 질문하고, 배경 제시형 Q&A 모델은 식당이라는 배경을 제시하고 주제(생일), 목적(일자리 찾기), 계획(여행) 등에 대해 질문하고 답변하는 것이다. 이러한 훈련은 대부분 상황별 말하기에 해당한다.

상황별 말하기 연습은 학습자들이 대화의 흐름과 기법을 잘 통제하게 만들어, 기존에 배웠던 대화의 방식과 담화구조를 비슷한 상황이나 장소에까지 응용하고, 나아가 완전히 다른 상황이나 장소에서도 활용 가능하도록 만들 수 있다. 수업에서는 모의 대화의 방식을 통해 상황을 나타냄으로써 대화 연습을 의사소통의 범주로 편입시킬 수 있다. 허구와 실제 상황의 유기적 결합을 통해 의사소통에서도 대화를 전개해 나가면 학습자들이 화제가 달라지더라도 상황에 맞게 서로 대화를 주고받는 능력을 기르고, 대화에 끼어들어 말을 할 수 있는 사고의 민첩성과 말을 만들고 변화를 줄 줄 아는 유연성을 키울 수 있다.

二. 게임과 공연

게임에는 수수께끼, 동작을 보고 말하기, 그림을 조합하여 이야기 만들기, 두 그림의 차이점과 공통점 묘사하기, 그림 보고 말하기, 말하는 내용대로 동작하기, 생일 선물 주고 선물의 특징과 의미 말하기 등이 있다. 예를 들면 어느 지역의 풍경과 관련한 사진들은 학생들에게 가이드와 관광객 사이의 대화를 만들게 할 수 있고, 상품과 관련된 사진이 있다면 판매원과 고객 사이의 대화를 만들게 할 수도 있다. 생일 파티와 관련된 게임을 예로 든다면 교사가 어떤 학생의 생일을 가정하고, 모든 학생들에게 (종이에 쓴) 선물을 주게 한다. 그런 다음 서로 간에 선물의 특징과 의미에 대한 질의와 응답, 대화를 하는 것이다. 서로 대응되는 대화에서는 감사에 대해 겸손의 반응을, 격려에 대해서는 긍정적인 반응을, 타인의 요구를 수용하면 강하게 반응하는 장면을 연습할 수 있다. 또한, 중간에 서술성의 말을 끼워 넣어 선물의 의미와 자신의 마음을 설명하게 하거나 축하의 말로 대화를 시작하고, 제안을 통해 대화를 마치는 연습을 할 수 있다. 이러한 종합적인 훈련을 통해 학습자들은 중국어 의사소통의 기본적인 요령을 습득할 수 있다.

공연을 통한 대화 기법 훈련은 배역에 따른 연극, 인물 교체 연습, 즉흥 소품 공연, 영화나 동영상 더빙, 프로그램 진행자 되기 등을 실시할 수 있다. 공연을 통한 대화 기법 훈련은 단어와 문장과 같은 구두 표현의 기반이 있어야 될 뿐만 아니라 어느 정도는 대화의 유형을 알고 있어야 기본적인 대화 규칙에 부합하는 대화가 가능하다. 공연은 종합적인 훈련의 일종으로 공연할 때 학습자는 대부분 정해진 상황에 쉽게 빠질 수 있기 때문에 교사가 적당하게 조직하고 정확하게 이끌어 준다면 공연은 비교적 효과적인 대화 기법 훈련의 방법이 될 수 있을 것이다.

三. 언어실습, 방문조사

언어실습은 의사소통과 관련된 일련의 사회활동을 전개할 수 있다. 예를 들면, 시장이나 백화점에 가서 물건 사기, 피자집에서 조사나 인터뷰하기, 하루 동안 유치원 교사 체험하기, 중국인의 생활 체험하기, 주택을 구매할 때의 설명이나 대화를 해보기(사려는 주택의 자재를 보고 질문하거나 대화를 나누고, 구매하려는 상황을 상대방에게 설명해주고 대화 내용을 가족에게 전달해주기 등), 주택 임대하기(임대인과 임차인 간의 대화), 전화 약속하기(약속 내용, 날짜, 시간) 등이 있을 수 있다.[14]

방문조사는 방과 후에 이사, 스포츠, 취미 등 특별한 주제를 가지고 실시한다. 방문을 하기 전에 먼저 몇 가지 질문을 생각해두고 학생들이 인터뷰를 하고, 마지막으로는 결과에 대해서도 이야기를 나눈다. 때로는 마트에 대한 견해와 요구 사항, 어떤 상품에 대한 의견이나 교통 문제에 관한 건의 등 사회 조사를 실시할 수도 있다.

수업 시간에 배우는 언어 지식은 비록 반복적인 연습을 통해 대뇌에 저장되어 있지만, 그대로 내버려두고 자주 사용하지 않으면 제대로 쓸 수가 없다. 수업 외의 언어실습을 통해 이러한 결함을 보완해야만 한다. 언어실습은 일상생활, 정치, 경제, 역사, 지리, 문화 등 비교적 광범위한 부분과 관련되어 있으며 우리가 대화하는 동안 다루게 되므로 학습자들이 배운 단어나 구문을 응용할 기회를 얻게 된다. 장기간 기억 속에 저장되어 있던 다량의 어휘들이 방과 후의 활동이나 사회적인 소통을 통해 비교적 쉽게 추출되어 말을 만들 수 있다. 또한 이 어휘들이 자주 공기하거나 조합되어 일정한 규칙과 습관을 형성하면 언어실습을 통해 학습자들의 뇌 속에 저장

---

14) 刘晓雨, <对外汉语口语教学研究综述>, ≪语言教学与研究≫, 2001年 第2期.

되어 있던 단어들이 구나 더 큰 의미 단위들을 만들어 낸다. 예를 들면 학습자의 뇌 속에 저장되어 있던 '热烈(열렬하다), 热情(친절하다), 热心(열심이다), 热闹(떠들썩하다)' 등의 단어들이 자주 응용되면 뇌 속에서 '热烈祝贺(열렬히 축하하다), 热烈欢迎(열렬히 환영하다), 热情招待(친절하게 접대하다), 热情帮助(친절하게 돕다), 热心工作(열심히 일하다), 热心联系(적극적으로 연락하다), 热闹起来(떠들썩해지다), 热闹一番(한바탕 떠들썩하다)' 등과 같은 구절의 조합을 만들어내고, 그렇게 되면 학습자들은 의사소통 중에 이 단어들을 응용할 필요가 있을 때 중간에 여러 가지 과정을 생략하고 머릿속에서 바로 구절을 끄집어내어 '客人来了, 我们要热烈欢迎, 热情招待。(손님이 왔으니, 우리가 열렬히 환영하고 친절하게 모셔야 한다.)', '今天晚上我们去他家热烈祝贺他的生日, 大家热闹一番。(오늘 저녁에 우리가 그의 집에 가서 그의 생일을 열렬히 축하해 주면서 모두가 한바탕 시끌벅적하게 놀아 보자.)' 등과 같은 문장을 만들어냄으로써 성공적인 대화를 위한 기반을 마련하게 된다.[15]

언어실습과 방문조사는 발표와 달리 대화를 많이 해볼 수 있다. 발표는 미리 충분한 준비를 할 수 있기 때문에 발언할 제요나 원고가 있으면 보고 그대로 읽을 수도 있다. 대화도 미리 준비할 수도 있지만 대부분은 임기응변식이다. 임기응변의 능력은 학습자의 중국어에 대한 어감이나 경험의 많고 적음에 따라 결정된다. 소위 '어감(语感)'이란 언어에 대한 감성적인 반응을 가리킨다. 이는 대화 중의 단어나 구문에 대한 세밀한 분석에 편중된 것이 아니라 대화에 대한 전체적인 파악 능력을 가리키는 것이다. 화자는 이러한 어감에 따라 말을 듣고 비교적 신속하게 문장의 숨은 뜻을 판단할 수 있고, 표현하고자 하는 말이 있으면 비교적 빨리 적합한 말을 찾을 수 있다. 동시에 어감은 언어적인 경험의 일종으로 언어적 경험이 가장 숙련되고 자동화된 부분이다. 처음 중국어를 배우는 외국인은 듣고 말하기가 어렵다. 알고

---

15) 徐子亮, <语言实践在口语自动化中的作用>, ≪对外汉语论丛(第2集)≫, 上海外语教育出版社, 2002年版.

있는 중국어 단어와 문장에도 한계가 있을 뿐만 아니라 언어적인 경험도 부족하다. 그러다 중급 수준에 이르면 상황은 크게 변한다. 기본적으로 중국어를 사용하여 타인과 교류를 할 수 있게 되는 것이다. 이 때 언어적인 경험의 축적은 큰 역할을 한다. 언어적인 경험은 특정한 상황에서 청자들이 화자가 말하는 몇 가지 단어에 근거해 담화의 내용을 예측하고 보충할 수 있도록 만들고 청자가 예민하게 상대방의 말과 정서를 느낄 수 있도록 하여 이해의 정확도를 향상시킨다. 언어실습과 방문조사 등 의사소통식 연습을 통해 학습자들은 각종 구문을 접촉하게 되고, 구문의 여러 가지 형식 변화와 의미 관계도 접촉할 수 있으며 상대방과 대화를 주고받을 수 있는 능력도 점차 향상된다. 이런 과정을 거쳐 더 효과적으로 어감을 향상시키고, 언어적인 경험을 풍부하게 할 수 있으며 의사소통에서의 반응 능력도 향상시킬 수 있다.

四. 토론

토론의 형식을 통한 말하기 훈련에는 문자나 사진, 지도, 도표, 연재그림 등을 이용한 화제로 토론을 하거나 방학을 어떻게 보낼 것인지, 사장과 같이 출장을 가기를 원하는지 등 특정한 주제를 가지고 토론을 할 수도 있고, 어떤 언어 자료에서 말하는 내용에 대해 자신의 관점을 발표하거나 논의를 하고, 취업이나 교육, 또는 어떤 직업이 가장 전망이 밝은 것인지 등 핫이슈에 관해 토론을 하는 등의 방법이 있다.

언어 표현은 머릿속의 어떤 명제를 말로 전환하는 일종의 심리 과정이다. 이러한 전환이 개별 학습자에게 표현될 때에는 속도와 수준의 차이로 나타난다. 처음 중국어를 배우는 외국인은 말할 때 먼저 모어로 생각하게 되므로 명제를 목표어 어구로 전환하는 속도가 자연히 느려지고, 생성하는 문장도 비교적 간단하다. 중급 수준 이상의 학습자는 명제를 목표어 어구로 전환할 때 속도가 비교적 빠르고 문장의 표현은 매끄럽지만 그래도 여전히 부자연스러운 곳이 있기 마련이다. 이는 중국어로 사고할 때 여전히 모어에서 전환되는 성분이 있기도 해서 어구를 형성할 때 일부 단어나 문형이 부자연스럽기 때문이다. 그런데 토론의 방식으로 말하기 기법을 훈련하게 되면 학습자들이 단어를 유추하여 문장을 만드는 능력이 크게 향상된다. 이런 능력은 문장의 관련이나 연결 외에도 문장의 '통합(整合)'이나 '분산(離散)'과도 관계된다. 일반적으로 두뇌 속의 하나의 명제가 하나의 문장으로 전환되거나 몇 개의 명제가 각각 몇 개의 문장으로 전환된다. 이렇게 상호 내재적으로 연관이 있는 문장들이 합해져서 하나의 완정한 의미를 전달하는데 이것이 '분산'이다. 그러나 같은 의미라도 꼭 한 가지 분산적 어구만 있는 것은 아니다. 감정이나 강조의 필요성에 따라 몇 개의 명제를 하나의 문장에 담을 수도 있고 몇 개의 분산된 문장을 비교적 큰 복잡문으로 합병할 수도 있는데, 이것이 문장의 '통합'이다. 문장의 통합 정도가 높을수록 문장의 수식, 보충 성분이 많을수록, 그것이 포함하고 있는 명제도 많아진다. 문장의 분산 정도가 높고, 문장에 간단한 술어문만 있다면 그것이 포함하고 있는 명제도 단일하다. 외국어를 학습하는 외국인은 대명제를 주요문장으로 전환하고 소명제를 수식, 보충 성분으로 전환할 때 모어의 사유 습관에 얽매여 동시에 말하지 못하고, 먼저 주요문을 배치해 놓은 다음 문장 속에 다른 성분을 넣는다. 이 과정은 다시 말해 분산에서 통합으로의 사고와 조합 과정을 거쳐야 하는 것이다. 그런데 토론이라는 방법은 특히 여러 개의 명제를 직접적으로 주요 문장과 수식, 보충 성분이 동시 통합된 어구로 전환시키는 훈련을 할 수 있다. 물론 통합된 문장이 분산된 문장보다 우수하다고 말할 수는 없다. 이러한 두 가지 형식이 언어로 표현될 때에는 일장일단이 있을 수 있지만, 토론을 통해 학습자들은 통합된 문장과 분산된 문장을 복합적으로 사용함으로써 담화에서 상대방을 설득할 수 있는 능력을 강화할 수 있다.

貳. 사회적 환경을 이용한 말하기 교육16)

필자는 국내외 교육자들의 유익한 경험을 바탕으로 초보적인 구상을 하게 되었다. 사회 환경을 이용하여 말하기 수업을 진행한다는 계획으로, 구체적인 교육 환경과 상응하는 평가 방법을 설계하고 교사가 지도할 때의 제약과 목적성을 강화함으로써 교실과 교실 바깥의 학습을 상호 보완하여 전자는 후자에 영향을 주고, 후자는 전자를 보완하는 것이다. 다시 말해 학생의 언어 학습과 습득을 잘 연결시키는 것이다.

구체적인 방법은 교실 수업 내용과 결합하여 교실 바깥의 의사소통 연습을 설계하고 상응하는 평가제도를 만드는 것이다. 설계에서는 학생의 중국어 수준과 특징, 필요성을 충분히 고려하고 연습의 층위와 목적에 주의한다.

초급 수준의 학생은 주로 '듣고 말하기'를 하는데, 학생들이 자신이 최근에 수업 밖에서 듣고 말한 중국어를 다시 말하게 한다. 수업 시간마다 한 명에서 두 명씩 1인당 3분 정도 말하게 하는데, 말하는 내용은 실제로 대화를 하면서 자신이 직접 들었거나 말했던 것이도록 요구한다. 초급 단계의 학생이 다시 말하는 내용은 대부분은 안부나 부탁 등 간단한 내용이고 중복되는 내용이 비교적 많다. 일정한 시간이 되면 교사는 의사소통의 전략을 지도하는데, 학생이 '적극적으로 나서도록' 격려하며, 새로운 화제를 제시하거나 새로운 단어를 많이 사용하며, 되도록이면 자신이 이미 말했던 내용은 반복하지 않도록 요구한다.

중·고급 단계의 학생들의 연습 방식은 주로 본문의 화제와 결합하여 방과 후에 인터뷰를 하게 한 다음 수업에서 '자신이 말한 내용'을 발표하게 한다. 학생들에게는 인터뷰 전에 자신이 질문할 내용을 구상하도록 요구하며, 의식적으로 수업 시간에 배운 적이 있는 새 단어와 문형, 관용적인 표현법을 사용할 것을 강조하며, 인터뷰에서 생긴 언어, 문화, 기타 방면의

---

16) 贾放, <利用社会环境进行口语教学的设想及实践>, ≪世界汉语教学≫, 2000年 第4期.

의문점에도 유의하여 이러한 내용을 모두 포함하여 발표하게 한다.

예를 들면, <中国的妇女问题>라는 단원을 배우면 직업이나 연령, 교육수준에 상관없이 한 명이나 여러 명의 중국 여성과 인터뷰하도록 한다. 말을 잘하는 대학 교수를 인터뷰하고 돌아와 내용이 아주 풍부한 발표를 한 학생이 있었는데, 그 학생은 이전의 수업에서는 전혀 언급되지 않았던 내용과 단어들을 보충하기도 했다. <中国人的家庭>이라는 단원을 배우면, 학생이 자신의 중국인 친구의 집을 방문하고 돌아와 그들이 본 주택의 배치, 주인의 접대 예절, 가족 관계, 그들과 주인의 대화 등에 대해 묘사하게 한다. <北京的交通>에 관해 배울 때는 학생이 택시기사를 인터뷰하게 한다. 학생들은 종종 생각지도 못한 다채로운 발표를 하는 수확을 올리기도 한다. 지정된 주제 외에도 학생들이 개인적인 흥미나 필요에 따라 자유롭게 주제를 정하도록 허용할 수도 있다.

발표 후에는 일반적으로 다른 학생들에게 발표한 내용이나 언어적인 표현에 대해 질문을 하게 한다. 이때 수업 분위기가 가장 활발하게 되는데, 교사의 역할은 학생들의 참여를 유도하거나 때로 고의로 논쟁을 일으키는 것이다. 발표와 질의응답의 과정에서 나온 새 단어와 표현법은 교사가 바로바로 판서를 하는 것이 좋다.

마지막 부분에서는 교사의 강평이 필요하다. 강평 내용에는 발표 자체와 발표의 과정을 포함하고, 수업시간에 배운 지식을 적절하고 정확하게 응용했다면 칭찬을 해주고, 새로 보충한 단어와 표현법은 적절하게 귀납하거나 해석을 내주며, 잘못된 표현은 바로 고쳐준다. 발표 때마다 평가를 해서 발표자의 평상시 성적에 포함시킨다.

이상의 방법은 수준에 따라 시행한 후 학생들로부터 좋은 반응을 얻었다. 필자는 설문조사와 구두조사를 통해 학생들로부터 그들의 말하기 수준이나 의사소통 수준을 향상시키는 데 도움이 되었다는 평가를 받았다. 이러한 방법을 시행한 2기의 외교관반 학생들은 수업 종료 후 호주 외교부에서 주최한 중국어시험에 참가했는데, 말하기 부분에서 모두 비교적 좋은 성적을 거두었다. 그중 한 명은 졸업 후에도 계속 교사들과 연락했는데, 전화상으로라도 '자신이 말한 내용 발표하기' 수업을 계속했으면 좋겠다는 바람을 전달했다.

어학 교육의 기본적인 특징 중의 하나는 실천에 있다. 말하기 수업의 근본적인 목표는 실제 의사소통에서 말하는 능력을 배양하는 것이고, 상술한 구상과 실천은 바로 이러한 특성과 목적을 가지고 전개되는 것이다. 교사는 적절한 지도와 제약을 가지고 학생을 자연스럽게 사회적 환경으로 끌어들여야 한다. 먼저 명확한 요구를 하고 뒤에 성실한 점검과 평가를 내리는 전체 과정이 교사의 통제 하에 있으면 계획적이고 단계적인 규범적 교육 행위라 할 수 있다. 이러한 교육을 실시하게 되면 모든 학생들이 과거처럼 하고 싶으면 하고, 하기 싫으면 하지 않는 상황을 피할 수 있고, 학생 개인의 차이로 인한 효과의 차이를 피할 수 있다.

동시에 방과 후 활동을 하게 되면 수업을 통한 학습도 크게 촉진할 수 있다. 방과 후 활동은 교실 수업의 효과를 공고히 하고 점검할 수 있을 뿐만 아니라 교실 수업에서의 부족한 부분을 보충하고 수업의 분위기를 활발하게 바꿀 수 있다는 데 그 의의가 있다. 또한 학습 심리 면에서도 학생이 실제 생활에서 목표어로 교제를 하게 되면 수업에서 기계적으로 모방하거나 인위적인 언어 환경에서 연습을 할 때보다 훨씬 더 쉽게 성취감을 맛볼 수 있다. 또한 수업에서 배운 지식과 방법을 곧바로 '실전'에 옮기게 함으로써 눈에 띄는 효과를 금방 거둘 수 있어서 학생들이 수업에서 학습한 내용이 '유용'하다는 생각을 가지게 한다. 이러한 효과는 학생들이 더 적극적이고 자발적으로 공부하도록 촉진시킨다.

사회언어학 이론에 근거하면 언어는 표준어투 외에도 사회적인 변이형태가 많기 때문에 학생들이 다양한 계층과 직업군의 사람들과 광범위하게 접촉하면 이러한 변이 형태가 많다는 것을 실감할 수 있다. 또한 구두 언어의 생동감을 느끼게 하여 양호한 어감을 형성하는 데도 기여할 수 있다. 어투 분별의 훈련을 통해 학생들은 의미를 정확하게 표현할 수 있을 뿐만 아니라 화용적인 측면에서도 상황에 맞게 표현할 수 있게 되는데, 이는 고급 단계의 말하기가 추구하고자 하는 목표 중의 하나임에 틀림없다.

같은 원리로, 이와 같은 훈련은 학생들이 담화에서의 듣기 능력을 향상시키는 데도 도움을 줄 수 있다. 기능 훈련 자체는 숙련될 때까지 연습하는 것이다. 사회적인 환경에서 목표어 사용자는 필연적으로 각종 방언의 어투를 가지게 마련이다. 이는 사실 의사소통을 하는 데 방해가 될 수 있지만, 피할 수 없는 현실이기도 하다. 실제적인 접촉을 통해 많이 듣고 많이 질문하면 학생들이 점점 이러한 장해물을 없애는 데도 도움이 될 수 있다. 일부 연구자들의 테스트에 따르면, 방과 후나 방학 기간 동안 다양한 방언을 가진 비표준어를 많이 접촉한 학생들은 일반적으로 듣기 능력이 어느 정도 향상된 것으로 나타났다.[17]

参. 초급 말하기 수업에서의 교육 전략[18]

최근 들어 말하기 교육에 관한 연구가 많아졌다. 말하기 교육의 각종 관련 요소를 분석한 연구로는 <会话教学的要素及其相关实践>[19]이 있고, 교육 방법에 관한 연구로는 <汉语口语的教学方法>[20], <汉语口语教学: 从句构练习到交际练习>[21]가 있으며, 교육 내용에 관한 연구로는 <应该重视作为口语体的口语教学>[22]가 있다. 그러나 말하기 수업의 교실 수업에 관한 연구는 그다지 많지 않다. 오랫동안 말하기 수업을 해왔기 때문에 필자는

---

17) 王魁京, ≪第二语言学习理论研究≫, 北京师范大学出版社, 1998年版 376쪽.
18) 戴悉心, <活化初级阶段口语课课堂教学活动的策略-口语课课堂教学>, ≪暨南大学华文学院学报≫, 2001年 第2期.
19) 史有为, <会话教学的要素及其相关实践>, ≪语言教学与研究≫, 1997年 第3期.
20) 崔达送, <汉语口语的教学方法>, ≪汉语学习≫, 1994年 第6期.
21) 佟秉正, <汉语口语教学:从句构练习到交际练习>, ≪第一届国际汉语教学讨论会论文选≫, 北京语言学院出版社, 1986年版.
22) 申修言, <应该重视作为口语体的口语教学>, ≪汉语学习≫, 1996年 第3期.

'말하기의 교실 수업에 대한 조사와 연구(口语课课堂教学活动的调查与研究)' 라는 제목으로 北京语言文化大学 汉语学院에 연구 과제를 신청한 바 있다. 본문은 이 연구의 일부분이다.

본문에서 가리키는 '초급 단계'는 외국인을 위한 중국어학과 1학년의 교육 단계이다. 본문에서 언급하게 될 두 가지 주요한 개념은 '교실 교육 활동(课堂教学活动)'과 '교육 전략(教学策略)'이다. 교실 교육 활동이란 목적과 계획을 가지고 학습 내부 과정에 영향을 끼치는 일련의 외부 사건을 가리킨다. 교육 전략이란 합리적이고 과학적으로 교육 순서를 안배하도록 노력하여 교육 순서를 개선함으로써 학습의 내부 과정에 과학적인 영향을 끼치는 목적에 도달하는 것을 가리킨다.[23]

전략 1 : 교육의 시작점을 명확히 하고, 교육 항목의 설치를 활성화한다.

교육에서 어떤 구체적인 교육 내용을 교육 항목(教学环节)이라고 한다. 교육 항목에는 큰 것도 있고 작은 것도 있다. 예를 들면 새로운 단어의 처리는 큰 항목이고, 큰 항목에서 또 어떻게 설명하고 연습하느냐는 작은 항목이다. 교육의 항목도 '삭제'하거나 '첨가'할 수 있다. 학생에게 불필요한 항목은 삭제하고 필요한 항목은 첨가할 수 있는 것이다. 만일 교육 항목의 '크기'가 교육의 내용을 결정한다면, 교육 항목의 '삭제와 첨가'는 학생이 학습하기 전의 지식수준에 따라 결정되는데 이는 학생이 학습하기 전의 지식수준이 교사가 교육할 시작점을 결정하기 때문이다. 그리고 동일한 교재도 교육의 시작점이 어떠한지에 따라 교육 항목의 설치를 달리할 수 있으며, 이것이 바로 교육 항목의 설치를 활성화한다는 뜻이다. 이는 말하기 수업을 조직하고 안배할 때 특히 중요하다.

초급 단계의 교육 과정 규범[24]에 따르면, 말하기 수업의 교육 항목에는

---

23) 乌美娜, ≪教学设计≫, 高等教育出版社, 1994年版.
24) 王钟华, <一年级口语课程规范>, ≪对外汉语教学初级阶段课程规范≫, 北京语言文化大

수업할 분위기 유도, 새로운 단어의 처리, 본문과 주요 단어의 용법 학습, 연습, 마무리와 과제 제시 등이 있다. 이러한 규범은 일반적인 말하기 수업에서의 교육 항목을 전반적으로 개괄한 것으로 우리가 구체적으로 교육을 할 때에는 무조건 끼워 맞출 수는 없고 말하기 수업과 종합 수업 간의 연결 관계와 학습 전 학생의 지식수준을 고려해야만 한다.

현행 교육과정 체제25) 내에서는 종합 수업이 주도하고, 말하기 수업은 보조하는 수업이다. 종합 수업은 발음, 어휘, 문법, 문자 등의 언어 요소(语言要素)와 언어 자료에서 출발하여 듣기, 말하기, 읽기, 쓰기 등 언어 기능(语言技能)과 의사소통 능력을 종합적으로 훈련시킨다. 종합 수업에서는 어휘와 문법 등이 학습의 주요 내용이 되기 때문에 새로운 단어의 처리와 본문 속의 주요 단어와 문법의 처리 역시 교육에서의 주요 항목이 된다. 그러나 말하기 수업은 이와 달리 학생이 실제 생활에서 중국어를 사용하여 구두로 의사소통할 수 있는 능력만을 전문적으로 배양하는 수업이기 때문에 그 단어와 문법은 대부분 종합 수업의 내용과 중복된다. 학생은 이 부분의 내용에 대해 이해하기 어려운 문제가 없기 때문에 수업 목표가 종합 수업과 다르다.

말하기 수업과 종합 수업은 서로 관련이 있으면서도 구별되는 관계에 있어서 말하기 수업의 교육의 시작점을 확정하는 것이 교육의 항목을 활성화하는 데 관건이 된다. ≪说汉语≫는 오랫동안 초급 단계의 말하기 교재로 사용되었기 때문에, 이 책의 제1과를 예로 들어 교육의 항목을 활성화하는 문제를 논의하기로 한다.

学出版社, 1999年版.
25) 李杨, ≪对外汉语教学课程研究≫, 北京语言文化大学出版社, 1997年版.

<표 2-1> ≪说汉语≫ 제1과의 교육 항목 배열표

	교육 항목	교육 내용	
1	도입	학습 분위기 유도, 교육의 시작점 확정, 새로운 과의 교육 내용 도입	
2	새로운 단어 처리	새로운 단어	총 23개 : 理想, 职业, 大学……
			중요 단어 4개 : 倒, 从来, 只是, 记得……
3	문법 처리	문법 : 快……了, 어기조사 '了', 능원동사 '能'	
4	본문 처리	본문	주제 : 선호하는 직업
			담화 연결 : 8개가 짝이 되는데 3단락으로 나눌 수 있음
			말하기 기법 : 대화 시작, 돌아가면서 대화, 주제 전환
			기능 항목 : 질문, 좋아하는 것, 표현
			단락 다시 말하기 : B의 신분으로 자신과 가족이 선택한 직업을 다시 말하거나 제3자의 신분으로 전문을 다시 말하기
5	책에 나온 연습하기	책에 나온 연습 : 1과 4는 문장 완성하기 연습, 3은 문법 연습, 5는 단어 연습	
6	반 자유 말하기 : 질문의 방식으로 대화 시작하고 돌아가면서 대화 연습하기	주제 : 당신이 선호하는 직업은 무엇입니까? 그 이유는 무엇입니까?	
7	자유 말하기	주제 : 요즘 당신 나라 젊은이들이 가장 선호하는 직업은 무엇이고, 그 이유는 무엇입니까? 당신의 생각과 그들의 생각은 같습니까 다릅니까, 그 이유는 무엇입니까?	
8	방과 후 활동	한 명 이상의 중국인에게 질문하기 : 요즘 중국의 젊은이들이 가장 선호하는 직업은 무엇입니까, 그 이유는 무엇입니까?	

위의 표에 나온 8개의 교육 항목은 교재의 내용에 근거하여 배열한 것이지만 어떤 항목을 사용하고 어떤 항목을 사용하지 않을 것인가는 '항목 1'에서 교육의 시작점을 어떻게 확정하는가에 달려 있다. 속성으로 4주 동안 ≪汉语会话301句≫를 학습한 학생의 교육 시작점은 새로운 단어부터 시작한 다음

에 본문, 연습 등을 점진적으로 진행해야 하고, 단락 다시 말하기나 방과 후 활동 등 비교적 높은 언어 능력을 요구하는 항목은 생략해도 무방하다. 반대로 본과에서 이미 ≪初级汉语课本≫ 제1권과 2권을 학습한 학생은 문법을 이미 배운 적이 있고, 단어도 개별적으로 이미 배운 것이 있을 수도 있으므로 문법 부분을 완전히 생략하거나 새로운 단어도 생략하고 바로 본문의 처리를 교육의 시작점으로 삼을 수도 있다. 위 표에 나온 5, 6, 7, 8은 연습 항목으로 부를 수도 있는데, 그 중 어떤 항목은 연습하고 어떤 항목은 연습하지 않을지는 학생의 구체적인 상황에 근거하여 유연하게 선택할 수 있다.

교육 항목의 가변성과 유연성은 말하기 수업 자체의 특징에 따라서도 결정되는데, 이는 말하기 수업에서의 교육 활동만이 가진 특징이기도 하다. 이 점을 명확히 하면 교실 수업에서의 중점을 더 부각시켜 이미 배운 적이 있는 내용을 과도하게 중복함으로써 학생의 만족도를 떨어뜨리는 상황을 피할 수 있으며, 학생의 실제 수준과 완전히 괴리된 요구를 하여 학생들이 어떻게 말해야 할지 난감해 하는 상황도 피할 수 있어 최종적으로는 교육 효과에 영향을 끼칠 수 있다.

전략 2 : 교육 목표에 따라 교육 내용을 실천한다.

초급 단계의 말하기 교육은 학생의 말하기 능력을 배양하고 발전시키는 데 중점을 두기 때문에 학생이 발음, 문법, 어휘 지식을 종합하고 수업 시간에 설정한 생활의 모습과 결합하여 언어 능력을 향상시키도록 요구한다. 또한 최종적으로는 실제 생활에서 정확하고 유창하면서도 상황에 맞게 중국어로 의사소통을 하도록 요구한다.

원만하게 교육적 임무를 완수하고 최종적인 교육 목표에 도달하기 위해서는 충분하면서도 효율적으로 교재를 이용하여 교육 내용을 '활성화'해야 한다. 특히 말하기 교재는 교사와 학생이 교재의 방식을 사용함에 있어 교재 자체의 낭독이나 이해, 연습, 기억에만 국한되어 한 편 한 편 본문을 기억하는 것만을 교육의 내용으로 삼는다면 학생의 언어 응용 능력을 저해하여 말하기 수업의 근본적인 목적을 이룰 수 없다.

말하기 수업의 교육 내용을 활성화하기 위해서는 말하기 교재 중 말하기 표현에 도움이 되는 언어 정보를 활성화해야 한다. 초급 단계의 학생에게 있어 이러한 정보는 '관용적 표현(会话套语)'과 '표현 기법(表达技巧)'이라는 두 가지로 귀납할 수 있다. 그동안의 경험을 통해 관용적 표현을 많이 학습하면 학생의 구어 표현이 훨씬 더 유창해지고, 담화가 연관성을 갖게 된다는 것을 알 수 있었다. 또한 표현 기법을 학습하게 되면 학생이 언어 능력의 한계로 인한 의사소통 상의 어려움을 극복하고 의사소통을 순조롭게 진행하도록 도움을 줄 수 있다.

'관용적 표현'이란 대화의 장소나 대상이 유사한 상황 하에서 관용적으로 사용하는 말을 가리킨다. 관용적 표현에는 고정적인 구, 문형, 일반적으로 예의상 하는 말, 특정한 장소에 사용되는 어구 등을 포함한다. 예를 들면, '好久不见了!(오랜만이야!)', '你最近好吗?(요즘 잘 지냈어?)', '要是……就好了。(만약 ……라면 좋을텐데.)', '祝你们一路顺风。(가시는 길 순조로우시길 기원합니다.)' 등이 이에 해당한다.

관용적 표현을 교육할 때에는 학생들이 그 독특한 내포 의미나 화용적 기능 및 조건을 잘 파악하도록 해야지 문법구조의 연습에만 주안점을 두어서는 안 된다. 예를 들어 '可不是吗(안 그래?)'를 가르칠 때에는 "상대방의 말에 전적으로 동의하며, 같은 화제에 대해 다른 내용을 보충하여 그 화제를 계속하고자 할 때 사용한다"는 화용적인 기능에 중점을 두어야지 이것이 반어문이라는 것과 반어문 구조의 긍정 형식과 부정 형식의 의미에 중점을 둘 필요는 없다.

또한 화용적인 기능이 비슷한 관용적인 표현을 자주 귀납하고 총괄할 필요가 있다. 이렇게 하면 학생들이 다량의 언어 정보를 순서에 따라 조직할 수 있으며 학생들이 표현할 필요가 있을 때 재빨리 적당한 표현법을 찾아낼 수 있도록 도움을 줄 수 있다. 예를 들면, '是', '是啊', '就是', '可不是吗' 등을 함께 귀납하면 학생들이 상대방의 의견에 동의를 하고 싶을 때 응답과 관련된 관용 표현에서 쉽게 찾아낼 수 있다. 그 밖에도 귀납에서 만일 이 표현들 각자 간의 화용적인 조건에 대한 대조를 하면 학생들이 상황에 맞게 표현하는 능력을 크게 향상시킬 수 있다.

'표현 기법'에는 의사소통 활동을 순조롭게 진행하는 데 필요한 의사소통 전략, 예를 들면 해석하기, 예 들기, 말 끼어들기, 암시하기 등이 포함되며, 화제의 도입, 전환, 회피, 끝맺기 등 수단의 이해와 표현 시의 휴지, 강세 등과 같은 음성적인 기법의 작용까지 포함된다. 표현 기법의 교육은 초급단계에서는 '피동적인 표현'과 '자발적인 표현'이라는 두 단계로 진행될 수 있다.

초급 단계의 학생은 중국어를 막 배우기 시작할 때 기본적으로 피동적인 위치에 있을 수밖에 없어서 자발적으로 질문하는 경우가 극히 드물다. 그들이 의사소통에서 부딪치는 가장 큰 문제는 언어 능력의 부족으로 인한 의사소통의 어려움이다. 이에 대해 교사는 교육 내용에서 첫째, 학생들이 표현을 하는 데 어려움을 겪을 때 어떻게 다른 사람들이 자신의 말을 이해하도록 만들 것인가를 가르쳐야 하고, 둘째, 학생들이 이해를 하는 데 어려움을 겪을 때 어떻게 의미를 알 수 있을 것인가를 가르쳐야 한다.

표현상의 어려움이 나타났을 때는 첫째, 학생에게 '嗯(음)', '这个(이건)', '怎么说呢(뭐랄까……)', '我想说的是(내가 하고 싶은 말은)', '我的意思是(내 말 뜻은)', '你知道……吗(그거 아세요?)' 등의 삽입어를 사용할 것을 가르치면 의사소통이 중단되지도 않고 다시 어구를 생각해 낼 시간을 벌 수 있다. 둘째, 학생들에게 해석을 하거나 예를 들 때 '就是(바로)', '也就是说(다시 말하면)', '比如(예를 들면)' 등을 사용할 것을 가르치고, 어휘 방면에서 동의어와 유의어를 계속 반복하고 종합하면 학생이 다른 방법을 통해 의사를 표현하는 데 도움이 된다(이른바 대체법의 이용). 셋째는 간단하면서도 자주 사용하는 제스츄어, 예를 들면 손으로 1, 2, 3……10까지 어떻게 세는지를 가르치면 자신의 의사를 표현하고 다른 사람의 말을 이해하는 데 도움이 될 수 있다.

이해하는 데 어려움이 생겼을 때는 먼저 학생에게 상대방에게 구문을 중복하거나 해석해 주도록 요청하는 말인 '什么(뭐라고요?)', '对不起, 请再说一遍(죄송합니다만, 다시 한 번 더 말씀해 주세요)', '对不起, 你的意思是……吗(죄송합니다만 ……이라는 뜻입니까?)' 등을 가르치고, 상대방의 말을 추측하는 함의를 지닌 의문문인 '是不是……(……입니까 아닙니까)'를 가르치면 자신이 이해하는 데 어려움이 있다는 것을 암시할 뿐만 아니라 상대방으로 하여금 자신의 이해 정도에 따라 담화를 재조직하게 할 수 있다.

초급 단계의 학생은 일반적으로 중국어를 반년 정도 배우게 되면 자발적으로 요구사항을 표현할 수 있게 되는데, 질문과 응답을 할 수 있고, 담화의 내용이 풍부해지면서 화제도 더 이상 단편적이지 않게 되는 특징이 있다. 학생들이 표현하는 가운데 생길 수 있는 어려움은 주로 화제의 도입, 전환, 회피, 끝맺는 시기와 방법을 잘 모른다는 점이다. 이때 만일 교사가 이 방면의 훈련을 강화할 수 있다면 학생의 표현 능력은 새로운 단계로 약진할 수 있다. 필자는 1학년 2학기 말하기 수업을 맡은 적이 많은데, 먼저 학생들이 대화마다 어떤 화제가 출현했고 그 내용은 각각 무엇인지 숙지하도록 훈련을 시켰다. 그 다음에는 이 화제들이 연결되고 전환될 때 사용되는 언어적인 수단을 학습하게 하고, 마지막으로는 특정한 상황을 설정하여 이미 배운 언어 수단으로 여러 가지 화제가 사용된 담화를 만들도록 했다. 학생들의 반응으로 비춰 보면 이러한 훈련은 긍정적인 효과가 있는데, 본문을 숙독하고 암기하던 기존의 따분하고 맹목적인 방식에서 벗어나 학생들의 표현력을 향상시키는 데 도움이 되었다.

표현 기법과 관련한 훈련에서 학생에게 정확한 발음, 어조, 휴지, 단어 강세, 문장 강세 등과 같은 기초 단계의 말하기 교육 전체를 아우르는 내용을 가르칠 필요가 있다. 사실 유창한 표현은 정확성을 기반으로 한다. 예를 들면, '我想起來了'의 문장 강제가 '起'에 있으면 '나는 일어나고 싶다(我想起

床了)'의 의미이고, '想'에 강세가 있으면 '나는 어떤 일이 생각났다(我想起了一件事)'의 의미를 나타낸다. 이로 볼 때 발음이나 어조의 벽을 넘지 못하면 화자가 아무리 좋은 생각이나 형식으로 표현하고자 하더라도 청자에게는 소용이 없다.

이상은 관용적인 표현과 표현 기법에 대한 교육 내용의 활성화에 대한 논의였다면 아래에서는 교육 형식의 활성화에 관해 논의하고자 한다.

전략 3 : 정보 차이를 충분히 활용하여 교실 교육의 형식을 활성화한다.

교육의 형식은 교육의 주관적이고 객관적인 조건에 근거하여, 시간, 공간, 인원의 조합을 고려한 교육 활동의 방식이다. 의사소통에서는 의사소통에 참여하는 사람들이 각자 가지고 있는 정보량에 차이가 있는데 이를 '정보 차이(信息差)'라고 한다. 교실 교육에서 교사와 학생, 학생과 학생 간에는 늘 정보 차이가 존재한다. 일반적으로 채택하는 교육 형식은 '집단 수업(集体授课)' 즉 교사가 강의와 판서, 시연 등을 통해 한 반의 학생들에게 새로운 교육 정보를 전달하는 것이다. 초급 단계의 말하기 수업에서 새로운 교육의 정보를 간단한 일대 다수(교사 한 명이 여러 학생에게)의 형식으로 교재에 따라서만 수업을 한다면 교실 교육은 활발하게 진행되기 어렵다.

예를 들어 동일한 '집단 수업'의 방식으로 '……还是……' 선택 의문문을 가르치더라도 두 가지 다른 처리 방식으로 진행될 수 있다. 첫 번째는 "오늘 우리가 배우게 될 문법은 선택의문문입니다. 선택의문문은 ……이고, 그 구조 형식은 ……입니다. 자 그럼 몇 가지 예를 들어보지요.……"와 같이 교사가 먼저 개념을 도입한 후에 예를 드는 것이다. 두 번째 먼저 어떤 상황을 설정하고 학생들이 그 가운데에서 자신이 표현 방법을 찾도록 하는 것이다. 즉, 선생님이 학생에게 한자를 쓰게 한 뒤에 학생이 한자를 쓰려고 하면 바로 "한자를 쓰지 말고, 본문을 읽으세요."라고 한다. 학생의 의아해 하면서 책을 꺼내 본문을 읽으려고 하면 선생님은 또 다시 "본문을 읽지 말고 한자를 쓰세요."라고 말한다. 이렇게 해서 학생들이 도대체 한자를 써야 할지 본문을 읽어야 할지 감을 잡을 수 없을 때 선생님은 "여러분이 선생님에게 묻고 싶은 게 뭐지요?"라고 질문한다.

학생의 반응으로부터 살펴보면 두 번째 방식이 훨씬 더 효과적이다. 이에 대해 '집단 수업'과 같은 형식을 활성화하기 위해서는 교사와 학생 간의 정보 차이를 학생 자신의 신구 지식 간의 정보 차이로 전환해야 하며, 학생들이 이러한 정보 차이로 인한 표현상의 어려움을 느끼도록 해야 한다. 학생 자신이 표현하기 어려운 상황에 처해 봐야지만 표현해 보고 싶은 강렬한 욕구가 생기고 스스로 학습하고자 하는 의욕이 생기기 때문에 이렇게 해야 더 좋은 학습 효과를 거둘 수 있다.

교사와 학생 이외에도 학생과 학생 간에도 정보차가 존재한다. 다양한 국적의 유학생반은 학생의 문화적 배경, 생활 습관, 가치관이 다르기 때문에 상호 간에 교류할만한 정보가 많이 생길 수 있다. 그러나 한국반, 일본반, 미국반처럼 동일 문화권으로 이루어진 반도 학생의 가정환경이나 거주도시, 출신학교의 차이에다 각자의 취미, 성격, 경력 등의 차이로 인해 교류할만한 정보가 많이 있다. 학생 간에 자연스럽게 존재하는 정보 차이를 충분히 이용해도 교실 교육의 형식을 활성화할 수 있다.

만일 '집단 수업'의 형식이 새로운 교육 내용을 도입하는 데 유리하다면 학생 간의 자연적인 정보차를 이용하여 '조별 연습'을 실시할 수도 있다. 조별 연습은 학생이 배운 새로운 지식을 이용하여 자신을 표현하고, 언어를 운용하는 능력을 단련시키는 데 유리하다. 이러한 '조별 연습'의 구체적인 활동 내용은 정보 교환, 역할극, 토론 등이 될 수 있으며, 방식은 '일대 일', '일대 소수', '일대 다수' 등의 형식이 될 수 있다. '조별 연습'을 할 때에는 소란스럽기만 해서는 안 된다. 교사가 학생들이 충분한 심리, 언어적 준비가 안 된 상태에서 '안락사' 같은 문제를 토론할 경우 이 연습의 효과는 신통치 않을 가능성이 높다.

'조별 연습'을 조직할 때에는 연습의 임무를 명확히 규정하고, 의미가 있으면서도 재미있는 화제(학생들의 생활과 너무 거리감이 있어서도 안되고 개인 프라이버시와 관련이 있어서도 안 된다)를 선택하여 학생의 실제적인 언어 능력에 부합하도록 해야 하며, 연습 후에는 보편적인 문제에 관해 되도록이면 정리를 하고 마무리를 잘 하는 것이 좋다.

제2절에서는 교육 영역, 교육 내용, 교육 형식과 같은 세 가지 방면에서 초급 말하기 수업의 교실 교육 활동을 활성화할 수 있는 전략을 제안했다. 이러한 전략은 필자가 교육 설계 이론을 종합하고, 교육에 종사하면서 효과가 좋았던 교육의 방식을 간단하게 개괄한 것이다. 교육 전략은 규정적이거나 일방적이어서는 안 되고 지시적이면서도 유연성을 갖추어야 한다. 모든 교사는 다양한 교육 목표에 근거하여 더 효과적인 교육 전략을 선택하고 수립할 수 있다.

제3절 듣기 수업의 교수법

壹. 중국어 듣기 교육법 개관[26]

一. 듣기 훈련의 방법

듣기 훈련은 듣기를 위주로 하되 듣기와 말하기, 듣기와 읽기, 듣기와 쓰기, 듣기와 풀기의 결합을 통한 종합적인 훈련 방법을 채택해야 한다.

듣기, 말하기, 읽기, 쓰기는 연관이 있으면서도 다른 영역이다. 배우고 사용하는 과정에서 종종 이 영역 속에 저 영역이 있고, 저 영역 속에 이 영역이 있으며, 서로 의존적이면서도 촉진하는 역할을 하기도 한다. 어떤 단일한 영역의 능력을 획득한답시고 고립적인 단순한 훈련만 해서는 안 된다. 기본적으로 듣기가 피동적인 행위이기 때문에 듣기 훈련을 듣고 푸는 시험 대비용 연습 위주로 한다면 교실 수업의 분위기를 활발하게 만들 수도 없고, 학생들의 적극성이나 자발성을 북돋울 수도 없을뿐더러 학생들의 의사소통 능력을 전반적으로 향상시킬 수도 없다. 듣기를 위주로 하면서도 다른 영역과 결합해야지 듣기 훈련의 효과를 배가시킬 수 있다. 동시에 말하기, 읽기, 쓰기, 풀기를 통해 듣기 능력을 평가할 수도 있고, 듣고 받아들인 언어 정보를 통해 대뇌에 저장된 정보를 경험 성분으로 변환하여 의사소통의 능력을 배양하려는 목적에 도달할 수도 있다.

듣기 훈련은 기능과 관련한 과목이다. 기능의 형성과 향상은 과도한 설명

---

26) 杨惠元, 《汉语听力说话教学法》, 北京语言学院出版社, 1996年版.

이 아닌 연습과 실천을 통해서 이루어질 수 있다. 그런데 연습을 잘 해야지 그렇지 않으면 노력에 비해 별다른 소득을 얻을 수 없다. 만일 몇 십 분의 연습에서 너무 간단하고 재미없는 방법을 사용한다면 학생들의 흥미를 불러 일으키지 못할 것이다. 재미없는 활동은 학생이나 교사에게 고생스러운 임무일 뿐이다. 훈련의 목표에 도달하지도 못할 뿐만 아니라 학생이 듣기 수업을 싫어하게 될 수도 있고, 학습에 대한 믿음이나 원동력을 상실하게 되는 등 매우 위험할 수 있다. 다양하면서도 실용적이고 효과적인 방법을 채택하게 되면 학생들의 여러 가지 감각기관을 동원하여 귀로는 듣고, 입으로는 말하며, 눈으로 보고 손으로 쓰면서 고된 임무가 재미있는 일로 변할 수 있다. 오랫동안의 교육 경력을 통해 듣기 훈련 이론에 근거하여 필자는 '81가지 듣기 훈련 방법'을 총괄했다. 이 방법들은 필자가 학생들을 가르칠 때 사용한 적이 있는 것들이다. 이러한 방법은 학생의 세부적인 듣기 능력을 향상시키고 수업의 분위기를 띄우며, 학생들의 학습에 대한 흥미를 고취하는 데 어느 정도 효과가 있다.

필자가 '81가지 방법'을 총괄하면서 세웠던 구상에는 세로축과 가로축이 있는데, 세로축에는 발음의 훈련방법, 단어의 훈련방법, 문장의 훈련방법, 대화와 단문의 훈련방법을, 가로축에는 모든 부분의 듣기와 말하기, 듣기와 쓰기, 듣기와 풀기의 훈련을 포함시키는 것이다. 듣기와 읽기 연습은 비교적 간단하기 때문에 따로 한 영역으로 지정하지는 않았다. 학생이 듣고 이해한 다음에 책을 펴고 본문을 읽으면, 첫째 발음과 어조를 연습함으로써 학생이 필요한 독서 속도에 적응하도록 하고, 둘째 학생이 중요한 언어 정보를 대뇌에 저장하도록 도울 수 있다.

≪听力训练81法≫이 1988년 9월에 현대출판사(現代出版社)에서 출판된 이후 필자는 각 방면의 의견을 청취하여 수정 보완하게 되었다. 아래에서 소개할 '듣기 훈련 방법'은 ≪听力训练81法≫을 기초로 하여 약간 수정한 것이다.

만일 여기서 제시하는 방법을 선택하고자 한다면 첫째, 각각의 방법이 가지는 함의는 무엇인가, 둘째, 모든 방법은 어떤 상황에서 사용되는가, 셋째, 이러한 방법을 어떻게 창조적으로 사용할 것인가와 같은 세 가지 문제에 주의할 필요가 있다.

첫 번째와 관련하여 필자는 모든 방법을 소개하기 전에 먼저 명확한 훈련 목표를 규정했다. 즉, 어떤 훈련 목표에 도달하기 위해 그것에 상응하는 훈련 방법을 채택하는 것이다. 책에서 비교적 자세히 설명하고 있기 때문에 여기서는 더 이상 언급하지 않겠다.

두 번째, 세 번째와 관련하여 다시 설명하고자 한다. 주지하다시피 어떤 좋은 방법이라도 시기와 장소를 막론하고 아무것이나 사용할 수는 없다. 교사가 어떤 방법을 채택할 때에는 반드시 그 반 학생들의 특징에 맞게, 그 반 학생들이 받아들 수 있는 방법을 선택하여 그들의 협조를 얻어야 한다. 우리는 종종 다른 사람이 사용한 방법의 효과가 분명 좋은데 자신이 사용하면 동일한 효과를 보지 못하는 상황에 부딪힐 때가 있다. 심지어 자신이 사용한 동일한 방법이 어떤 시기와 어떤 반에서는 효과가 좋다가, 다른 시기와 다른 반에서는 효과가 그다지 좋지 않은 경우도 있다. 이는 교육이 학생과 교사의 상호 협조를 통해 공동으로 완수해야 하는 활동이자 매우 복잡한 과정이기 때문이다. 우리가 교육을 하는 대상은 천차만별이고, 교육의 내용도 매우 다양하며, 교실 수업에서 나타나는 상황도 금방금방 변하기 마련이다. 이러한 요소들은 교사가 채택하는 방법이 유연하고 다양하며, 상황에 맞춰 적절하게 변하도록 요구하고 있다. 교실 수업에서부터 실제적으로 출발하여 교육의 대상과 내용에 적용해야 한다. 필자가 수업을 준비할 때 가장 신경을 쓰는 문제는 바로 그 반 학생들의 특징이 어떤지 파악하여 교육적 임무를 완성하기에 가장 효과적인 방법을 채택하는 것이다. 설사 다른 사람들이 이미 좋은 방법이라고 증명한 것이라도 나의 상황에 맞게 변화를 주고 개선해야지 그대로 끼워 맞추어서는 안 된다. 아무리 좋은 방법일지라도 그 반의 실제적인 상황에 맞지 않으면, 아무런 효과가 없기 때문이다. 이로 볼 때 두 번째와 세 번째 문제에 특히 주의해야만 한다.

마지막으로 듣기 교육은 다른 영역의 교육과 마찬가지로 간결한 설명과 많은 연습(精讲多练), 설명과 연습의 결합(讲练结合)이라는 원칙을 지켜야 한다. 자세한 설명이라는 것은 학생에게 규칙성을 가진 것을 가르쳐 연습에서의 목표의식을 고양해야 한다는 것이다. 예를 들면, 학생들에게 숫자를 어떻게 듣는지, 인명과 지명을 어떻게 판별하는지, 중심 의미를 어떻게 귀납하고 개괄하는지, 강세와 휴지, 어조와 어기에 근거하여 의미를 어떻게 판별하는지 등을 가르쳐야 한다. 자세한 강의의 기반 위에 많이 연습해야지 듣기 수업이 그 특징을 드러내어 학생의 듣기 능력도 확실히 제고될 수 있다.

二. 듣기 수업의 교육 항목 설계

(一) 수업 준비(备课)

교사가 수업을 준비할 때에는 수업 준비 전에 교육요강에서 요구하는 바를 미리 숙지하고 전체적인 내용을 파악할 필요가 있다. 일반적으로 교육요강은 교육 계획, 교육과정 설치, 수업시간, 교수법, 배양목표, 시험 등을 규정하고 있기 때문에 교사는 이것들을 잘 이해할 필요가 있다.

교사의 수업 준비는 첫째는 교재에 대해 준비하는 것이고, 둘째는 학생에 대해 준비하는 것이다.

1. 교재에 대한 준비

교사는 교재에 대해 일반적인 이해의 수준을 넘어서 깊이 있는 이해와 연구가 필요하다. 엔지니어가 기계 설비와 원자재, 상품에 대해 잘 알고 있는 것처럼 교사도 교재에 대해 잘 알고 있어야 한다. 필자는 교사가 수업 전에 교재를 전체적으로 통독해야 한다고 주장하는 바이다.

(1) **교재를 통독한다.** 교재 통독은 편찬자의 의도를 전체적으로 파악하는 것을 말한다. 교사가 어떤 교재를 사용할 때에는 편찬자의 의도를 이해하고 이에 순응해야 한다. 교재의 통독은 교재에 대한 애정을 가지기 위해서도 필요하다. 교사가 교재를 사용할 때에는 전사가 마치 자기 수중의 무기를 아끼는 것처럼 온 정성을 다해 아끼고 보호해야 한다. 일부 교사는 본인이 사용하는 교재를 그다지 좋아하지 않고 투덜거리거나 싫어하기까지 한다. 이것은 현명한 방법이 아니다. 어떤 교재이든 편찬자가 심혈을 기울여 만든 결정체이자 노동의 결과이기 때문에 우리는 다른 사람의 노동의 성과를 존중한다는 의미에서 교재를 아껴야 한다. 모든 교재는 다 일장일단이 있기 마련이므로 교사는 교재의 장점을 발굴하여 이를 확대시키는 동시에 교재의 단점은 피하도록 한다. 이것이 바로 교사가 합리적으로 교재를 사용하는 방법이다. 교재를 통독할 때에는 다음과 같은 몇 가지 사항에 주의해야 한다.

첫째는 편찬자의 의도이다. 교재가 교육 요강과 교육 계획을 어떻게 구현하고 있으며, 어떤 교수법을 채택하고 있는가에 주의한다.

둘째는 어휘, 문법사항, 기능항목의 배치이다. 교재의 전체적인 어휘량과 매 단원의 어휘량은 얼마나 되는가, 문법사항은 어떤 것이 먼저 출현하고 어떤 것이 뒤에 출현하는가, 문법 체계는 무엇인가, 얼마나 많은 기능항목이 출현하며 어떻게 배치 구성되어 있는가 등에 주의한다.

셋째, 시리즈 형식의 교재라면 각종 형식의 교재가 어떻게 결합되어 있으며, 어떠한 내재적인 관계를 가지고 있는지 파악해야 한다.

교재의 통독은 소설처럼 흡인력이 있는 것이 아니라 귀찮은 일이지만, 우리가 교사라는 점을 생각해서 수업을 잘하고 학생을 잘 가르치기 위해서는 인내력을 발휘해서 통독해 나갈 필요가 있다.

(2) **교재의 모든 단원을 섭렵한다.** 교사가 모든 단원을 구체적으로 준비할 때는 교재를 파고들어 섭렵해야 한다. 만일 시리즈용 교재를 사용한다면 먼저 선두가 되는 주 교재를 본 다음 듣기 교재를 연구한다. 한 단원을 준비한다면 앞뒤 관련성을 살피기 위해 최소한 이 단원과 관련이 있는 뒤의 세 단원을 봐야 한다. 교재를 깊이 있게 연구하는 과정은 바로 교육의 목적, 중점, 난점을 기초적으로 확정하고, 교육 항목을 설계하는 과정이다. 교재를 볼 때에는 다음과 같은 몇 가지 사항에 주의한다.

첫째, 전체 단원에서 각 항목이 어떻게 배치되었는지 살펴봄으로써 편찬자의 의도를 이해한다.

둘째, 한 단원의 각 항목 간 내재적인 연관 관계를 살펴본다.

셋째, 한 단원과 앞뒤 단원의 연관 관계를 살핀다.

넷째, 한 단원에서 새로운 자료는 무엇이고, 어떤 것이 새로운 지식인지 살핀다.

다섯째, 한 단원의 모든 글자, 단어, 문장, 본문, 연습문제를 이해한다. 학생의 이해를 요구하기 전에 교사가 먼저 이해해야 한다. 특히 연습문제는 하나하나 먼저 풀어본다. 실수를 해서 웃음거리가 되지 않도록 정확하게 알 수 없는 부분은 반드시 사전이나 관련 자료를 찾아봐야 한다.

여섯째, 학생들이 어떤 내용에 대해 질문을 할지 예측하고, 이에 대해 어떻게 설명을 할지, 어떻게 해야 정확하게 답변을 할지에 대해 고민해 본다.

일곱째, 어떻게 설명하고 어떻게 연습할지에 대해 고민하여, 설명의 시기와 깊이를 결정한다. 설명과 연습 중 어떤 것을 먼저하고 어떤 것을 나중에 할지에 대해서 결정한다. 장애물을 제거하기 위해서 먼저 설명할 수도 있고, 결론을 내리거나 귀납하고 강조하기 위해 뒤에 설명을 할 수도 있다.

여덟째, 수준이 높은 학생에게는 어떤 연습을 시키고, 수준이 낮은 학생에게는 어떤 연습을 시킬 것인지 고민한다.

이해를 높이기 위해 교사는 학생의 수준에 따라 교육 내용의 난이도와

양을 판단한다. 내용이 너무 어려우면 쉽게 설명하고, 내용이 너무 쉬우면 연습의 난이도를 높인다. 내용이 너무 많으면 중요하지 않은 것은 버리고 중요한 것만 부각시키고, 내용이 너무 적으면 새로운 내용을 보충한다. 과학적으로 교재를 사용하기 위해서는 다음과 같은 내용을 포함한다.

첫째, 각 항목의 순서를 조정한다. 예를 들면 먼저 문형을 가르칠지, 본문을 가르칠지 결정한다.

둘째, 수업시간에는 어떤 연습을 하고, 어떤 연습은 학생에게 과제로 내줄지 결정한다.

셋째, 수업시간에 하는 연습은 먼저 무엇을 하고, 나중에 무엇을 할지 결정한다.

넷째, 교재에서 틀린 부분을 수정한다.

2. 학생에 대한 준비

학생은 교육의 대상이기 때문에 교사는 교육의 대상에 대해 꿰뚫고 있어야 하며, 늘 마음속으로 학생에 대해 생각하고 있어야 한다. 학생의 수준에 따라 교육한다는 원칙을 실천하기 위해 교사가 학생의 상황에 대한 이해가 많으면 많을수록, 상세하면 상세할수록 좋다. 이해를 위해 알고 있어야 하는 일반적인 사항으로는 학생의 성명, 국적, 연령, 생일, 가족사항, 성격, 취미, 중국어를 학습한 기간과 현재의 수준, 모어, 원래의 학력사항, 전공, 학습방법과 습관, 학습 목적, 중국을 처음 방문한 것인지 여러 번 방문한 것인지, 중국의 문화, 역사, 지리 등에 대해 어느 정도 이해하고 있는지 등이다.

개별적인 이해를 기반으로 교사는 반 전체 학생의 상황을 총괄하고 있어야 한다. 어떤 학생의 수준이 높고, 아이큐도 높으며, 반응도 빠른지, 어떤 학생의 수준이 낮고, 아이큐도 낮으며 반응도 느린지, 어떤 학생이 수준은 높으나 아이큐는 낮은지, 어떤 학생이 수준은 낮으나 아이큐는 높은지,

어떤 학생이 보통 수준인지 파악하고 있어야 한다. 그리고 어떤 학생의 발음이 좋은지, 어떤 학생이 듣기가 잘 되는지, 어떤 학생이 한자를 잘 쓰는지, 어떤 학생의 모방 능력이 좋은지, 어떤 학생의 이해력이 좋은지 등도 파악하고 있어야 한다.

교사는 자연스러운 방법이나 자유스러운 대화를 통해서 학생을 이해할 수 있다. 그러나 자칫 학생의 반감이나 경계심을 일으킬 수 있는 호구조사식의 방법은 피하는 것이 좋다. 교사는 언제든 찾아보기 쉽게 학생에 대해 이해한 사항을 카드로 작성해 놓을 수도 있다.

3. 교안 작성

교재에 대해 철저히 이해하고 학생의 상황도 잘 알게 되면 교사는 직접 교안을 작성할 수 있다. 교안에는 다음과 같은 항목을 포함해야 한다.

(1) 교육 목적. 교육의 목적을 확정하기 위해서는 세 가지 방면을 고려할 수 있다.

첫째, 기능의 훈련. 이 단원에 대한 학습을 통해 학생의 어떤 미세한 듣기 능력을 훈련시킬 것인가.

둘째, 언어 지식. 이 단원에 대한 학습을 통해 학생에게 어떤 발음, 문법, 어휘, 사회 문화적 배경 지식을 이해하도록 요구할 것인가.

셋째, 정보. 이 단원에 대한 학습을 통해 학생들에게 어떤 정보를 제공하고 전달할 것인가.

(2) 교육 중점. 교육의 중점을 확정하는 데는 주로 두 가지 사항을 고려할 수 있다.

첫째, 교육의 내용. 중요한 어조, 어휘, 문형, 말하기 및 본문에서 중요한 정보를 제공하는 부분을 이 단원에서 연습할 중점으로 확정한다.

둘째, 듣기의 미시적 기능. 한 번의 연습에서 듣기의 8가지 미시적 기능을 동시에 중점으로 삼을 수는 없다. 먼저 이번 연습에서 중점으로 삼을 기능을 확정한 다음, 이번 수업에서 연습할 때 중점으로 삼을 기능을 확정한다.

(3) **교육 난점.** 교육의 난점은 학생이 본문과 연습에 대해 얼마나 이해했는지를 고려하여 결정한다. 수업을 준비할 때 교사는 학생이 어떤 내용을 이해하기 어렵고 실수를 하기 쉬운지, 어떤 연습은 하기 어렵고, 어떤 연습에서 실수가 나타날 수 있을지를 예상해야 한다. 이것이 바로 교육의 난점이다. 일반적으로 교사가 난점을 예상하는 목적은 학생들이 정확하게 본문을 이해하고, 연습에서의 오류율을 줄이기 위해서, 또 학생의 적극성과 주의력을 확보하기 위해서 이다. 그러나 때로 의도적으로 학생들이 실수를 범하게 할 때도 있다. 이는 교사가 학생들에게 깊은 인상을 주기 위하여 다른 측면으로 이해하도록 유도하기 때문이다.

교육 목적, 중점, 난점 이외에도 교육 항목, 판서 설계(판서를 설계할 때에는 눈에 띄면서도 알아보기 쉽도록 조리 있고 정확하게, 중점을 부각시켜야 한다), 교구 준비, 시간 분배, 교육 후기 등이 있다.

앞의 7가지 항목은 수업하기 전에 다 작성해야 하는 것이고 마지막 항목은 수업 후에 수업으로부터 얻은 경험과 교훈, 소감 등을 총정리하는 것이다. 예를 들면 수업에서 어떤 돌발 상황이 출현했을 때 자신이 어떻게 대응했는지, 학생이 일으키는 전형적인 오류가 나타났을 때 자신이 어떻게 처리했는지, 이 단원의 교육적 효과는 어떠한지 등의 내용이 포함된다.

교안은 다른 사람에게 보여주거나 윗사람의 검사에 대응하기 위해서 작성하는 것이 아니므로 실용성에 주안점을 두어야 한다. 실용성에 목적을 두고 상세해야 할 부분은 상세하게, 생략할 부분은 생략하고 작성하여 형식주의를 피해야 한다. 일반적으로 새로 부임한 교사는 경험이 적기 때문에 상세하게 작성할수록 좋다. 교안을 다 작성한 다음에는 자세히 검토하고 계속 퇴고를 거듭하여 실제적이지 못한 곳은 없는지 살펴보고 문제가 발견되면 즉시 수정한다. 중요한 곳은 하이라이터를 사용하거나 다른 부호로 표시해 둔다.

(二) 교육 단계(敎学环节)의 설계

교실 수업은 일반적으로 복습, 새로운 단원의 학습, 과제라는 세 항목으로 나눌 수 있다.

1. 복습

이 항목에는 두 가지 목적이 있다. 첫째는 바로 앞 단원이나 이전 단원에서 학습했던 내용을 복습을 통해 공고히 하는 것이고, 두 번째는 학생이 집에서 숙제를 얼마나 잘 했는지 검사하는 것이다. 복습에는 그다지 많은 시간을 할애할 필요는 없지만 매우 중요한 항목이다.

교사는 교육의 실제적인 상황에 따라 대다수 학생들이 연습에서 출현할 수 있는 문제를 파악하여 계획적이고도 적절하게 복습한다면 앞 단원이나 이전 단원에서 배웠던 내용을 공고히 할 수 있다. 또한 중요한 사항에 대한 집중 설명, 규칙 정리, 보충 연습 등의 방법으로 재연습을 시키면 종종 생각보다 훨씬 더 많은 수확을 얻을 수 있다.

복습이라는 항목도 학생의 수업 후 복습이나 과제에 대한 검사의 수단이 될 수 있다. 만일 이 항목이 없다면 학생은 수업 후에 복습이나 과제를 하지 않을 것이다. 과제 검사를 통해 학생의 문제점을 발견할 수도 있고, 교육의 적절성도 더 강화할 수 있다.

2. 새로운 단원의 학습

이것은 한 단원의 학습에서 가장 중요한 항목으로, 듣기 전 연습, 듣기 연습, 들은 후 연습이 포함된다. 듣기 연습의 방법은 종류도 많고 다양하지만 한 단원에서 구체화될 때에는 그 방법이 묘기를 부리듯이 너무 변화가 많아도 좋지 않다.

(1) 듣기 전 연습에는 발음, 단어, 문장의 세 방면이 포함된다. 발음하기 어려운 어음의 구분, 단어와 문장을 듣고 구분하기, 문제 풀기, 내용 소개하기 등의 방법을 통해 학생들이 본문을 이해하거나 연습할 때 느낄 수 있는 어려움과 두려움을 해소하고, 듣고 싶어 하도록 만들 수 있다.

(2) 듣기 중 연습에서 본문을 듣기 전에 교사는 "지금부터 본문을 듣겠습니다."처럼 간단하게 말하고 녹음을 틀어 학생에게 들려주어서는 안 된다. 교사가 학생에게 호기심을 유도할 수 있는 질문을 던진다던가, 무엇에 주의해서 듣고, 어떤 문제에 대해 관심을 가지고 들어야 하는가, 들으면서 어떤 내용들을 기록해야 하는가 등을 설명해 주는 것이 좋은 방법이다. 만일 어떠한 설명이나 질문도 없이 녹음기만 틀고 학생들에게 이전에 접해 본 적도 없는 내용을 듣게 한다면 한 번에 이해하기가 쉽지 않을 것이다. 이는 '이해해야 입력된다'라는 원칙을 위반했기 때문이다. 교육의 과정은 교사가 학생이 이미 알고 있지만 미지의 것을 탐색하게, 아직 모르는 것을 알게, 이해하지 못한 것을 이해하게, 응용할 수 없던 것을 응용할 수 있게, 숙달되지 못한 것을 숙달되게, 수준이 낮던 것을 높아지도록 변화시키는 과정이다. 다시 말해 교사의 역할은 학생을 위해 길을 인도하는 것이다.

듣기 연습은 본문을 들으면서 연습을 하는 것이다. 이 항목은 주로 학생이 목적을 가지고 들도록 하며, 무엇을 듣고, 어떻게 들어야 할지 가르치는 것이다. 이러한 연습을 부단히 지속하면 학생은 자연스럽게 듣는 방법을 습득하여 듣기 능력이 크게 향상될 수 있다.

단락으로 이루어진 담화를 들을 때 학생들이 문장의 모든 단어를 듣고 이해할 때까지 한 문장 한 문장씩 반복적으로 듣게 해서는 안 된다. 이렇게 하면 학생의 주의력은 발음 하나하나에 집중되어 듣기의 미세한 능력을 향상시키는 데 도움이 되지 않는다. 정확한 방법은 처음부터 끝까지 한 단락씩 듣고, 흐름의 주요한 의미가 무엇인지 이해하도록 하며, 학생이 흐름에서 중점이 되는 문장과 단어가 무엇인지 파악하고, 강세와 휴지, 어조 등을 파악하도록 가르치는 것이다. 학생들에게는 중국인이 어떤 상황에서 무엇을 말하고 어떻게 말할지 주의하도록 알려주고, 학생들이 언어 정보를 이해하고 난 후 경험적인 성분을 대뇌에 저장하도록 이끌어야 한다.

듣기 연습의 주안점은 학생이 들은 내용을 받아들이고 이해하는 능력을 키우는 데 두고, 학생이 이해하는 속도를 올릴 수 있도록 훈련하여 양호한 듣기 습관을 기르고, 듣기와 이해, 기억을 결합하도록 도와야 한다.

(3) 듣기 후의 연습은 듣고 이해하기의 심화 단계이다. 교사는 빠른 질문과 답변, 토론, 소결 등의 방식을 통해 학생이 들었던 내용을 더 체계적이고 완정한 개념으로 형성하도록 하여 듣기의 기반 위에 듣기와 말하기, 듣기와 쓰기, 듣기와 풀이를 결합해야 한다. 이러한 연습은 이해를 공고히 하고 심화시킬 수 있을 뿐만 아니라 듣기의 수준을 점검할 수 있다. 예를 들면, 듣기의 내용이 어떻게 사전을 찾고, 어떻게 편지봉투를 작성하며, 문장부호의 용법이 무엇인지에 관련된 것이라면, 듣기 후의 연습은 학생이 직접 몇 글자를 찾아보고, 가로 편지봉투와 세로 편지봉투를 써보고, 단락에 문장부호를 넣어 보는 것이다. 이를 통해 학생이 잘 듣고 이해했는지를 살펴본다.

(4) 듣기 전 연습, 듣기 중 연습, 듣기 후 연습의 과정은 물 흐르듯이 자연스럽게 이루어져 앞뒤 호응이 잘 되어야 한다. 듣기 전 연습은 뒤의 연습을 위한 준비 과정으로 도로를 깔고 장애물을 없애는 것이라면, 듣기 후 연습은 앞에서 한 연습의 성과를 공고히 하고 이해를 심화시켜 한 단계 업그레이드시키는 과정이다. 매 단원마다 듣기 전 연습, 듣기 중 연습, 듣기

후 연습이라는 고리가 잘 순환되고, 학생이 들었던 내용을 충실하게 이해하도록 하여 이상적인 교육적 효과를 얻어야 할 것이다.

3. 과제 부여

듣기 수업의 과제는 일반적으로 새로운 단어를 예습하거나 수업 후 듣기 연습이 대부분인데, 이 단계 역시 소홀히 할 수 없다. 만일 학생들에게 어떤 단어를 예습해야 하는지 알려 주는 것을 잊었다면 학생들은 준비를 제대로 못하여 다음 단원의 수업에 직접적인 영향을 받게 된다. 수업 후의 듣기 연습은 어떻게 해야 하는지 교사가 지도하고 요구사항을 전달해야 한다. 구체적으로 지도하고 명확하게 요구해야만 연습의 목표에 도달할 수 있기 때문이다.

과제 부여 항목은 다음 단원의 내용에 대한 간단한 언급을 통해 학생들이 이를 생각해 보고 흥미를 가진 상태에서 수업에 임하도록 유도할 수 있다.

4. 교육 항목 설계 시 수업 시간의 합리적 배분

100분 수업을 예로 들면 복습은 10분을 초과하지 않고, 5분에서 10분 사이가 적당하다. 새로운 단원의 학습은 수업의 중점이 되기 때문에 이 항목에 절대 다수의 시간을 할애해야 한다. 그중 듣기 전, 들을 때, 들은 후의 세 가지 연습 시간도 합리적으로 배분해야 한다. 이는 교육 내용의 난이도와 학생의 상황에 따라 탄력적으로 적용한다. 만일 본문의 내용이 너무 어렵다면 듣기 전 연습을 강화하고, 본문의 내용이 너무 쉽다면 듣기 후 연습을 강화한다. 과제를 부여하는 시간은 3~5분 정도면 적당하다. 각 단원의 교육 항목에 소요되는 시간 비율은 대개 10:85:5이다. 새로운 단원의 학습에 일반적으로 85분이 소요되는데, 그중 듣기 전, 들을 때, 듣고 난 후의 활동의 비율은 30:40:15 정도이다. 매 항목마다 탄력적으로 시간을 운용하고 연습하여 수업을 늦게 끝마치는 일이 없도록 해야 한다.

(三) 주도적 역할을 하는 교사, 활동의 주체가 되는 학생

1. 교실에서 교사는 주도적인 역할을 발휘하고, 학생은 활동의 주체가 되어야 한다. 교사의 주도적인 역할은 다음과 같은 몇 가지 방면에서 나타날 수 있다.

(1) 교육 내용의 양과 난이도를 조절하고 통제한다. 학생에게 들려주는 언어 자료는 학생의 언어 수준에 적합하고, '이해해야 입력된다'라는 원칙에도 맞아야 한다.

(2) 학생이 어떤 내용에 대해 질문을 할 것인지, 어떤 연습에서 실수를 할 것인지를 추측하여 미연에 조치를 취한다.

(3) 학생이 연습을 할 때에는 요구사항을 명확하게 제시하고, 간결한 설명과 많은 연습(精讲多练)의 원칙에 근거하여 설명의 시기와 깊이를 결정한다.

(4) 수준이 높은 학생에게는 어떤 연습을 시키고, 수준이 낮은 학생에게는 어떤 연습을 시킬 것인지를 잘 판단하여 모든 학생이 적극적으로 참여하여 소기의 성과를 거두도록 유도한다.

2. 학생이 교실 수업에서의 주체라는 점은 말하기 훈련에서 쉽게 나타난다. 예를 들면 교사가 간결한 설명과 많은 연습을 통해 교사의 활동을 줄이고 시간을 학생들에게 양보하면 학생들이 말을 많이 하게 된다. 그럼 듣기 훈련에서는 학생들이 교실 수업의 주체라는 점이 어떻게 나타날 수 있는가?

(1) 듣기 수업에서 학생이 주로 사용하는 신체 부위는 청각과 언어의 중추가 되는 귀와 대뇌이다. 학생이 귀를 단련시키면 청각 기관에서

언어 신호를 받아들이는 민감도가 향상되고, 대뇌 중 청각 언어 중추를 반복적으로 자극하게 되면 부호를 해독하고 번역하며, 부호화하는 속도를 높일 수 있다.

(2) 듣기 수업에서 학생의 주요 활동 방식은 듣기-이해하기-피드백이다. 듣기와 이해는 무성의 활동이고, 피드백은 말하기와 같은 유성 활동 및 쓰기와 같은 무성 활동도 가능하다. 학생의 듣기 활동은 교사의 설명과 해설을 듣는 것이 아니라 학생의 언어 수준에 맞는 언어 자료를 대량으로 듣는 것이다. 듣고 말하기, 듣고 쓰기, 듣고 풀기의 연습은 오로지 학생의 의지에 달려 있다. 교사는 지도만 할 수 있을 뿐 학생의 연습을 대신할 수는 없기 때문이다.

(3) 듣기 수업에서 학생이 듣는 시간이 길수록, 듣는 언어 자료의 양도 많아지고 질도 높아진다. 질이 높은 언어자료란 학생이 이해할 수 있고, 실용적이며 재미가 있고 포함하고 있는 정보의 양도 많은 것이다. 다시 말해 학생이 단위 시간 내에 받아들이는 정보의 양을 증가시키는 것이다.

(4) 듣기 수업에서 학생의 활동은 집단성과 동시성을 갖추고 있다. 즉 반 전체 학생은 같은 시간 내에 동일한 활동을 하게 된다. 예를 들면, 교사가 학생에게 직접 말로 하거나 녹음을 틀어 주는 등의 방법을 통해 언어 자료를 들려주는데, 이는 마치 발신기로 전파를 보내면, 동시에 반 전체 학생들이 무선 수신기를 조작하여 이를 받아들이고, 기록하거나 부호를 풀고 다시 암호화하는 등과 똑같은 동작을 진행하는 것이다.

(5) 듣기 수업에서 학생이 활동한 결과는 듣기를 통해 대량의 언어 정보를 입력하면, 입력된 언어 정보를 경험성분으로 삼아 대뇌의 기억 저장고에 저장하는 것이다. 교사의 지도하에 학생은 무엇을 듣고 어떻게 들으며, 어떻게 처리하고, 어떻게 반응을 해야 하는지 등을 이해한다. 또한 연습을 통해 판단하고 분석하는 능력, 기억을 저장하는 능력,

연상 추측하는 능력, 개괄하고 정리하는 능력 등 미시적인 능력을
향상시킴으로써 전체적으로 듣기 능력을 제고할 수 있다.

(四) 상황별 대응 방법

교실은 전쟁터와도 같아서 항상 돌발적인 상황이 출현하거나 생각지도
못한 문제에 직면할 수 있다. 이때는 냉정하고 차분한 자세가 가장 필요하
다. 또한 문제의 핵심을 재빨리 간파하여 대응 조치를 취해야 한다.

1. 대부분의 학생이 이해하지 못하여 연습이 잘 안 되거나 연습을 할 수 없다면 어떻게 할까?

이러한 문제는 가볍게 넘어 갈 것이 아니라 심각하게 받아 들여야 한다.
이는 교육적 효과와 관련된 문제로 교육의 임무를 완수하지 못한 것이나
다름없기 때문이다. 먼저 원인을 분석한다. 학생의 입장에서 듣기를 분석하
여 이것이 어조의 문제인지 아니면 단어의 문제인지, 문장의 문제인지,
속도의 문제인지를 파악한다. 그런 다음 상황에 근거하여 상응하는 조치를
취하여 어려운 문제를 쉽게 처리하고, 이를 교훈 삼아 앞으로 유사한 상황에
직면하거나 동일한 단원을 가르칠 때에 듣기 연습에서 난점을 분산시켜
학생들이 본문을 쉽게 듣고 이해할 수 있도록 돕는다.

2. 일부 학생이 이해할 수 없다면 어떻게 할까?

상황에 따라 다르게 대처해야 하는데, 먼저 개별 학생의 어려움이 대표성
을 띄고 있는지의 여부를 분명하게 밝혀야 한다. 만일 대표성이 없다면
수업 후 보충지도를 통해 개별적으로 문제를 해결할 수 있고, 대표성을
띤다면 개별 학생의 문제가 곧 본문의 난점이 되므로 수업 시간에 해결해
주어야 한다. 듣기 실력이 떨어지는 학생에 대해서는 친절한 태도로 격려를
해주고 인내심을 가지고 도와주어야 한다. 차별하지 않고 똑같이 대하면서

도 연습의 난이도를 낮추어 그 학생들의 수준이 이전보다 향상되도록 도와
주어야 한다.

3. 수업 시간이 거의 끝나 가는데도 준비한 내용을 미처 다 설명하지 못했다면 어떻게 할까?

첫째, 교안을 작성할 때에는 매 항목마다 시간을 어떻게 분배할지에 관한
내용도 포함하지만, 교사는 교실의 실제 상황에 따라 수시로 조정을 할
수 있다. 시간이 부족하다면 중점만 설명하고 나머지는 다음 시간에 더
설명해야 한다. 둘째, 설명하지 못한 부분을 기억하고 있다가 다음번에
더 설명을 해준다. 다음 시간의 복습 단계에서 이 부분을 마저 설명하면
된다.

4. 준비한 내용을 순조롭게 완수했는데도 시간이 남는다면 어떻게 할까?

(1) 원인을 분석한다. 학생들이 반드시 알아야 할 내용을 이해했는지,
    잠재적인 문제는 없는지 살펴야 한다.
(2) 그 단원의 중점을 정리하고 판서를 많이 한다. 판서는 소극적인 방법
    이기 때문에 시간이 부족하면 판서를 적게 하고, 시간이 많으면 판서
    를 많이 한다.
(3) 다음 단원의 새로운 단어를 예습한다.
(4) 평소에 이야기나 농담거리를 수집해 놓고 필요할 때에 사용한다.

5. 학생의 질문이 난이도가 높아서 잘 모른다면 어떻게 할까?

이때는 '전이법(轉移法)'이나 '여지법(余留法)'을 사용할 수 있다. 전이법이
란 "×××의 질문은 참 재미있네요. 여러분은 어떻게 생각하세요?"이라고
하면서 모두가 토론을 하게 하는 것이다. 이렇게 하면 교사는 자신이 생각할
시간을 벌게 되고, 때로는 학생들의 논의에서 이상적인 답변을 얻을 수도
있다. 여지법은 확고부동한 어투로 말하지 않고 다음과 같이 여지를 두는

것이다.

(1) "이 문제는 나도 아직 생각해 보진 않았지만 지금 생각으로는 ……"

(2) "이 문제에 관해 어떤 사람은 ……라고 보고, 또 어떤 사람은 ……라고 보기도 해."

(3) "……, 이건 나의 개인적인 견해라 틀릴 수도 있기 때문에 우리 다음에 다시 논의하기로 하자."

학생이 신뢰할만한 답변을 해줘야 하는데 교사가 아무리 생각해도 정확한 답변을 하기 어려울 때는 사실대로 학생에게 말하고 다음번에 답을 해주겠다고 말할 수도 있다. 사람들은 종종 교육을 학생에게 물을 따르는 것으로 비유하곤 하는데, 학생에게 물을 한 컵 따라 주기 위해서 교사 자신은 물을 한 통이나 한 동이 정도는 가지고 있어야 한다. 장자(莊子)에서 "무릇 물이 모인 것이 두텁지 않으면, 큰 배를 띄울 힘이 없고, 바람이 모인 것이 두텁지 않으면, 큰 날개를 띄울 힘이 없다(且夫水之積也不厚, 則其負大舟也無力; 風之積也不厚, 則其負大翼也無力。)"고 했다. 필자는 교육이 끝이 없는 것이라고 생각한다. 교사는 기본이 튼튼하고 지식은 풍부하되 사고는 민첩하고 표현은 명확해야 한다. 동시에 자신의 경험을 부단히 풍부하게 하여 임기응변에 잘 대처할 수 있는 능력을 갖추어야 한다.

6. 학생이 수업에 빠지면 어떻게 할까?

원인을 분석하여 개별적으로 대처한다. 어떤 학생은 중국에 온 지 얼마 안 되어 만나야 되는 사람이 많을 수도 있으므로 수업에 오지 않는다고 해서 강요를 해서는 안 되고 이해를 해주어야 한다. 어떤 학생은 공부를 하러 온 것이 아니라 중국에 여행을 하거나 놀러 온 경우도 있고, 어떤 학생은 듣기 수업이 중요하지 않다고 생각하는 경우도 있다. 이때는 실제의 예를 들어 듣기 능력을 향상시키는 것이 얼마나 중요한지 일깨워 줄 필요가 있다. 어떤 상황은 교육의 문제일 수도 있다. 수업이 너무 쉬워서 재미가 없을 수도 있고, 반대로 너무 어려워서 수업에서 얻는 것이 없다고 생각하는 학생도 있을 수 있다. 이때는 교사가 모든 학생이 발전하여 얻는 바가 있도록 수업의 내용을 개선할 필요가 있다.

교사는 다수의 학생을 위주로 해야 한다. 가장 중요한 것은 교육의 수준을 제고하고 자신의 위신을 세워 학생들이 그 교사의 수업을 흔쾌히 듣고 싶어 하도록 만들어야 한다. 이 때문에 교사는 열심히 수업을 준비하고, 성실히 수업을 하여 모든 수업을 잘 진행해야 하는 것이다. 동시에 학생에게 관심을 가지고 자주 연락을 하여 감정적인 교류를 통해 학생과의 관계를 좋게 함으로써 학생들이 자연스럽게 수업을 받으러 오게 해야 한다.

貳. 맥락(语境)을 이용한 듣기 교육[27]

맥락은 듣고 이해하는 데 중요한 역할을 한다. 그러나 지금까지 맥락을 이용한 듣기 수업은 그다지 많지 않았다. 그래서 수업시간에 구체적인 본문과 결합하여 어떤 구체적인 방법을 통해 학생의 이해 능력을 제고할 수 있을 것인지 살펴보겠다.

一. 어조의 판별

문장의 강세는 주로 문장의 논리 강세를 말한다. 문장 강세는 화자가 나타내고자 하는 정보의 중심이 무엇인지 보여주는데, 문장 강세를 표시하거나 문장 강세에 대해 질문을 하는 방식을 통해 학생의 판별 능력을 향상시킴으로써 학생들이 문장의 핵심을 정확하게 파악하도록 한다. 예를 들면 "ˋ我去看京剧"와 "我去看ˋ京剧"라는 두 문장은 강세가 다른데, 앞 문장은 다른 사람이 아닌 '내가' 경극을 보러 간다는 것을 강조했고, 뒷 문장은

---

27) 陳穎, <试论利用语境进行听力教学>, ≪北京师范大学学报≫, 2001年 第6期.

내가 보러 가는 것은 다른 공연이 아니라 '경극'이라는 것을 강조했다. 어조의 차이 또한 다른 어기와 화자의 태도를 나타낸다.

你怎么不去呢? (상승조: 의문 표시)
你怎么不去呢? (하강조: 질책의 어투를 가진 반문 표시)

교사는 학생에게 문장에 상승조와 하강조를 표시한 것을 듣게 하고 화자의 어기와 태도를 유추하게 한다. 교사도 학생이 규칙의 특징을 이해하고, 들을 때 화자가 나타내고자 하는 의미를 파악할 수 있도록 잘 정리해야 한다.

二. 단어 의미 추측 연습하기

맥락은 우리가 부족한 부분을 보충하고 의사소통의 난관을 극복하도록 돕는다. 그러므로 연습을 통해 학생들이 맥락을 이용하여 단어의 의미를 유추하는 방법을 배우도록 해야 한다. 예를 들면, '现在车票很好买, 不用走后门了(지금은 차표를 사기가 쉬우니까 연줄을 맬 필요가 없다)'에서 '走后门'은 관용어로, 일반적으로 교사가 그 의미를 해석해 주어야 하지만 맥락을 이용하면 '车票好买'를 통해 '관련이 있는 사람들을 찾을 필요가 없다'는 것을 유추할 수 있고, 이로부터 '走后门'의 함의를 추론할 수 있다. 유추는 단어로부터 시작해서 점점 큰 언어 단위로 확대되어 학생이 맥락을 활용하여 듣고 이해하는 능력을 향상시킬 수 있다.

三. 윗 문장 듣고, 아래 문장 연결하기

윗 문장을 듣고 아래 문장을 연결하기는 맥락을 활용하여 다음 문장을 예측한 다음 실제로 다음 문장과 맞춰 보는 연습으로, 단락에 존재하는 논리관계를 이용하여 학생들이 이러한 관계에 익숙하도록 만들 수 있다. 예를 들면 '因为……'의 다음 문장에서는 사건의 결과를 말할 것이고, '虽然……'의 다음 문장에는 분명히 전환의 의미를 가진 '但是……'가 출현할 것이다. 이러한 훈련을 통해 학생들은 유사한 의미 논리를 들었을 때 신속하게 정확한 예측을 하고 집중력을 발휘하여 자신의 가설을 증명하려 할 것이고 이로 인해 듣기의 과정에서 더 정확하게 듣기 위해 자발적으로 노력할 것이다.

四. 장소 판단하기

맥락은 위아래 문장만 가리키는 것이 아니라 말하는 장소, 인물 관계 역시 넓은 의미의 맥락에 속한다. 듣고 이해할 때 학생은 이러한 장소에 얼마나 익숙한가에 따라 이해도가 달라질 수 있다. 그러므로 듣기 교육에서는 키워드 훈련 방법을 채택하여 전형적인 장소에서 출현하는 특정 용어를 의식적으로 정리하고 훈련한다.

은행 : 存款(저금), 换钱(환전), 利息(이자), 顾客(고객)……
도서관 : 借书(책을 대출하다), 还书(책을 반납하다), 过期(기한을 넘기다),
　　　　阅览(열람하다), 读者(독자)……
병원 : 挂号(접수하다), 药(약), 住院(입원하다), 医生(의사), 护士(간호
　　　사)……

이러한 훈련을 통해 학생들은 대화가 발생한 장소와 인물 간의 관계를 재빨리 판단하여 듣기의 주의력을 대화의 주요 내용에 집중시켜 듣기의 효율을 향상시킬 수 있다.

五. 다음 문장의 내용 판단하기

이러한 훈련은 실질적으로 앞에서 언급한 훈련을 확대한 것이다. 앞에서 언급한 훈련이 단문이나 간단한 대화에 해당되었다면 이것은 단락이나 텍스트 전체로 확대된다. 이는 맥락에 대한 추측과 분석을 하는 연습이다. 이러한 연습은 학생이 단락으로 이루어진 글과 긴 대화를 듣고 이해하는 능력을 향상시키는 데 큰 도움이 된다.

맥락을 이용하여 학생의 듣기 수준을 향상시키는 방법은 매우 많으므로 교육에서 효율적인 방법을 정리하고 귀납함으로써 학생들이 듣기 수준을 향상시킬 수 있도록 도움을 주어야 할 것이다.

参. 듣기 이해의 인지 전략 분석과 교육 대책[28]
- 전체 문장 듣기 훈련을 위주로

학생의 전체 문장에 대한 듣기 이해력을 훈련하기 위해서는 학생의 주의력을 전체 문장의 의미에 집중시키기 위한 훈련 방식을 채택할 수 있다. 훈련의 방법에는 여러 가지가 있으나 듣기와 말하기를 결합시키는 연습과 듣기와 쓰기를 결합시키는 연습이라는 두 가지 방법을 예로 들어 설명하기로 한다.

一. 듣기와 말하기를 결합한 훈련

1. 말전하기(轉述)

이것은 학생이 한 문장이나 단락을 듣고 난 후 다른 사람에게 전달하는 것이다.

---

28) 杨雪梅, <听力理解认知策略分析及教学对策>, ≪暨南大学学报≫ 2003年 第4期.

我上星期借给小王的那本小说是从图书馆借的, 你告诉他明天上课的时候带去, 下了课我得赶紧去还。(내가 지난주에 샤오왕한테 빌려준 그 소설책은 도서관에서 빌린 건데, 네가 샤오왕한테 수업 마치면 내가 바로 반납해야 되니까 내일 수업할 때 가져오라고 좀 알려 줘.)

학생은 그 말을 듣고 나면 "你的朋友说他借给你的那本小说是图书馆的, 明天到期, 他让你明天上课的时候带去, 下了课他去还。(네 친구가 말하기를 너에게 빌려준 그 소설책은 도서관에서 빌린 건데 내일까지 기한이니 네가 내일 수업 올 때 가져오면 수업 마치고 네 친구가 반납하러 갈 거래.)"라고 전달할 것이다.

전달하기의 지령은 듣기 전에 해야 학생의 주의력이 그가 전달해야 하는 내용에 집중된다.

2. 다시 말하기(复述)

난이도에 따라 기계적으로 다시 말하기, 이해하여 다시 말하기, 정리하여 다시 말하기로 나눌 수 있다. 기계적으로 다시 말하기는 초급 단계에서 자주 채택되는데, 학생에게 익숙한 문장 구조를 다시 말하기 할 때 효과가 크다. 중급 단계에 이르면 이해하여 다시 말하기를 채택하여 의미에 대한 이해를 강조함으로써 학생의 주의력을 문장이나 단락 전체에 대한 이해로 이전시킬 수 있다. 정리하여 다시 말하기는 말을 듣고 이해했다는 전제 하에 들은 내용을 요약하는 것으로, 언어 능력을 종합적으로 사용해야 한다. 다음의 두 가지 예를 살펴보자.

听了老王的发言, 有的人点头, 有的人摇头, 说什么的都有。(라오왕의 발언을 듣고, 고개를 끄덕이는 사람, 고개를 젓는 사람, 뭐라고 말하는 사람이 다 있었다.)

학생들에게 이해하여 다시 말하기를 하라고 시키면 "听了老王的发言, 大家的反应不一样, 有的人同意, 有的人不同意。(라오왕의 발언을 듣고 모두의 반응이 다 달랐습니다. 어떤 사람은 동의를 하고 어떤 사람은 동의하지 않았습니다.)"라고 다시 말할 것이다.

> 有时候想想, 现在的人很有意思, 他们一方面大吃大喝, 一方面又埋怨自己身体太胖了; 一边每天开着车上下班,坐电梯上下楼, 不愿意多走一步路, 一边又花很多钱去锻炼身体, 去健身。(때때로 요즘 사람들은 참 재미있다는 생각이 든다. 실컷 먹고 마시면서도 자기가 너무 뚱뚱하다고 불평을 하는가 하면, 매일 차를 타고 출퇴근하고 엘리베이터를 이용하면서 많이 걷기는 싫으면서도 돈을 들여 운동을 해서 몸매를 만들려고 한다.)

학생에게 요약하여 다시 말하기를 시키면 '他认为现在有些人的做法很矛盾。(그는 요즘 사람들의 모습이 모순된다고 여깁니다)'라고 할 것이다.

二. 듣기와 쓰기의 결합 훈련

1. 들은 후에 내용 완성하기

예를 들면 다음과 같은 내용의 녹음을 들려준다.

> 在现在社会中, 广告对人们的影响越来越大。各个企业也都认识到了这一点, 在广告上下功夫, 因为只要你有钱做广告, 即使商品的价钱再高, 质量再差, 也会有人来买。所以说有时候商品的价钱跟它的质量并不一定成正比。(현대 사회에서 광고가 사람들에게 미치는 영향력은 갈수록 커지고 있다. 각 기업체도 이 점을 인식하고 광고에 힘을 쏟아 붓는다. 돈을 들여 광고를 하면 상품의 가격이 아무리 높고, 질이 아무리 떨어지더라도 사려는 사람이 있기 때문이다. 그래서 때로는 상품의 가격과 그것의 질이 반드시 비례하지는 않는다.)

학생들이 사용하는 책은 다음과 같이 되어 있다.

在现在社会中, 广告对人们的影响越来越大。各个企业也都认识到了
这一点, 在广告上下功夫, 因为只要你有钱做广告, 即使商品的价钱再高,
质量再差, 也会有人来买。所以说_____。

듣기 전에도 학생들에게 내용을 추측하게 할 수 있다. 학생이 추측하는
문장은 여러 가지가 있을 수 있지만, 앞에 나온 문장의 의미에 부합하는
결론이나 관점을 나타내는 문장이기만 하면 된다. 그런 다음 학생들에게
녹음을 들려주고 자신의 추측이 맞았는지 확인하고 수정을 하게 한다. 그런
데 학생의 답이 원래의 의미에 부합하고 앞뒤 어구가 잘 연결되기만 하면
되지 한 글자도 틀림없게 쓸 필요는 없다. 이런 연습의 목적은 학생들이
결론적인 말에 관심을 가지도록 유도하고 전체 문장의 의미를 이해시키는
데 있다.

당연히 원인, 결과, 전환, 판단 등 다른 의미를 나타내는 문장도 마찬가지
로 이러한 방법을 채택하여 훈련을 할 수 있다.

2. 듣기 후에 주제 적기

이 연습은 언어적 종합 능력 및 분석하고 요약하는 능력을 점검할 수
있다. 먼저 텍스트의 내용을 듣고 이해한 다음 그것에 대해 분석하고 정리를
하여 주요 내용을 파악하게 한 다음 마지막으로 그것을 정확하게 표현하도
록 한다. 이 방식은 중급 이상의 학생에게 비교적 적합하다. 왜냐하면 중급
이상의 학생 정도면 중국어의 담화구조에 대해 어느 정도 이해하고 있기
때문이다.

듣기 교육은 어학 교육의 중요한 내용이지만, 일반적으로 교사도 수업하
기가 어렵고 학생도 얻는 것이 별로 없는 수업이라고 느낄 수 있다. 이러한

국면을 타개하기 위해서는 먼저 학생의 듣기 전략에 대해 연구하는 것이 비교적 좋은 방법이다. 이 방면에는 많은 조사와 연구가 더 필요하며 듣기 교육의 효과를 향상시키기 위한 돌파구를 찾을 필요가 있다.

肆. 듣기 교육에서의 말하기 훈련29)

一. 듣기 교육에서 말하기를 훈련하는 방법

(一) 모방 연습

모방은 기계적인 연습으로, 선생님의 말씀이나 발음을 반복하거나 선생님을 따라 낭독하거나, 정해진 문형에 따라 작문하는 등이 모두 모방에 속한다. 모방은 비록 기계적인 것이지만 언어를 학습하는 초학자들에게는 매우 중요하다. 중국어의 발음과 문형 등을 정확하게 모방해야지만 중국인이 듣고 알아들 수 있는 중국어로 말할 수 있다. 실제 교육 현장에서 필자도 발음이 정확하지 않아서 오해를 사는 경우를 본 적이 있다. 어떤 학생의 성이 '土肥'였는데, 자신의 이름을 소개하면서 '土肥'를 'tǔfěi(土匪, 도적)'이라고 잘못 발음한 것이다. 이렇게 하면 중국인이 듣기에 매우 웃긴 발음이 된다. 또한 '外面下雨很大'라고 말하는 학생도 있다. 유사한 사례는 매우 많은데, 이는 그들이 모방을 많이 해보지 않아 익숙하지 않기 때문이다. 속담에 '서당개 삼년이면 풍월을 읊는다(熟读唐诗三百首, 不会写诗也会吟)'라는 말이 있다. 모방을 많이 하여 언어 자료가 풍부하게 누적되어야만 비로소 익숙해질 수 있고, 정확하게 언어를 사용하겠다는 목표에 도달할 수 있다.

모방을 통한 연습의 구체적인 방법은 학생들에게 녹음을 따라 읽고, 문장의 발음, 속도, 어기를 모방하도록 하는 것이다. 이렇게 할 때의 장점은

---

29) 鲁俐, <谈听力教学中的口语训练>, ≪清华大学学报≫, 1995年 第4期.

아래와 같다.

1. 표준적인 발음을 배울 수 있다.

실제 교육 현장에서 사투리 억양을 가지고 있는 교사도 많다. 심각하지는 않지만 표준어 발음이 아니어서 일정 정도는 학생들이 표준적이지 않은 발음을 배울 가능성이 있다. 그런데 녹음테이프 속 아나운서의 발음에는 이러한 현상이 없기 때문에 학생들이 녹음을 따라 하면 표준적인 발음을 습득할 수 있다. 또한 학생들 대부분이 성인이라서 유연성이 떨어져 제대로 된 발음을 배우기 어렵다. 그래서 녹음을 듣고 따라하는 연습을 하는 것이 매우 중요하다.

2. 학생들이 유창하게 말할 수 있다.

외국인을 위한 중국어 교육에 종사하는 교사는 장기간 교육에 종사하다 보니 어느 정도의 '직업병'을 가지고 있다. 즉 외국인 학생과 말할 때 속도가 느리고 항상 과장되거나 강조해서 말하는 등 학생의 수준에 이끌려 가는 경향이 있다. 이는 학생들이 중국어다운 중국어를 말하기 어렵게 만든다. 학생이 만일 일반 중국인과 말을 한다면 상대방은 선생님처럼 천천히 또박또박 말하지 않을 것이기 때문이다. 그러나 녹음테이프 속 아나운서의 속도는 분당 120자나 180자 정도로 표준적이다. 그들은 학생들에게 이끌려가거나, 앞에서 언급한 어떤 인위적인 요소의 영향을 받지 않는다. 수업 시간에 필자는 항상 학생들 전체나 개인에게 정확하게 반복해서 말하도록 요구했다. 이렇게 하면 그들의 유창성을 향상시킬 수 있고, 오랜 기간 연습을 하다보면 학생들이 말할 때의 휴지가 갈수록 적어질 수 있다. 1993년 9월, 필자는 초급 듣기 수업을 한 적이 있는데, 한 학기 동안의 훈련을 통해 학생들과 필자가 말하는 속도가 이전에 가르친 적이 있는 학생들과 비교했을 때 상당히 많이 향상되어 말을 할 때 휴지가 별로 나타나지 않음을 발견했다. 필자는 이것이 모방 훈련의 효과라고 생각한다. 또 다시 말하기를 할 때는 집단으로 다시 말하기와 개인적으로 다시 말하기의 형식을 취할 수 있는데, 두 가지의 방법을 사용하는 목적이 다르다. 집단으로 다시 말하기는 실력이 떨어진 학생이 잘하는 학생과의 격차를 느끼고 그들이 왜 다른 사람들은 할 수 있는데, 자신은 못하는지를 생각할 수 있게 하고, 개인적으로 다시 말하기는 학생들의 주의력을 집중시켜 대충 넘어가는 일이 없도록 하기 위함이다.

3. 학생들이 정확하게 어구를 말하는 연습을 할 수 있다.

평소에 학생들이 본문을 들을 때 때로는 연상 추측에 의지에 새로운 내용을 알아들을 수 있고, 제목도 맞출 수 있지만, 제대로 이해하지 못한 부분도 여전히 남아 있다. 만일 제목을 맞추는 것만 요구한다면 허사의 위치나 문장에서 '了'가 필요한지와 같은 세부적인 것들을 소홀히 하기가 쉬운데, 모방을 통한 다시 말하기를 하면 소홀히 하기 쉬운 문제들을 발견하여 수정할 수 있다. 따라서 이러한 훈련은 학생들이 정확한 문장을 구사하도록 도움을 준다.

(二) 문답 연습

듣기 교육에서 듣기의 훈련 수단은 모방 훈련 외에도 필자가 듣기 수업에서 자주 사용하는 문답 연습이 있다. 즉, 교사가 묻고 학생이 답하거나, 교사가 대답을 제시하고 학생에게 해당하는 질문을 하게 하는 방식이다. 그런데 교사가 대답을 제시하고 학생이 해당하는 질문을 하는 방식으로 말하기를 훈련하는 이유는 일부 학생들이 질문에 답은 잘 하지만, 질문은 잘 못하고 자주 틀리기 때문이다. 질문은 그들에게 대답을 하는 것보다 훨씬 더 어려운 일처럼 보이기 때문에 필자는 그들에게 질문을 하는 연습을 시킨다. 예를 들면, 필자가 "今天星期五.(오늘은 금요일입니다.)"라고 말하고 학생들에게 '星期五(금요일)'에 해당하는 질문을 하게 하면 "今天星期几?(오늘은 무슨 요일입니까?)"라고 말할 것이다. 또한 문답 훈련을 하면 교실 분위기도 조절할 수 있다. 장시간 동안 듣기 훈련을 하면 학생들이 쉽게 피로감을 느껴 집중력이 흐려지게 된다. 그럼 교실 분위기도 단조롭고 어두워지는데 문답 훈련을 하면 분위기를 전환할 수 있고, 학생들의 답이 다양하기 때문에 교실도 활기를 찾게 된다. 한 번은 "你在回答问题时, 你的老师在做什么?(네가 질문을 할 때 너의 선생님은 무엇을 하고 있었니?)"라고 질문을 했는데, 학생이 한참을 생각한 후에 "老师在看电影.(선생님은 영화를 보고 계셨습니다.)"라고 대답해서 전체 학생들이 포복절도하며 웃었고, 학생들도 기분전환을 하여 계속 수업을 진행할 수 있었다.

(三) 학생들 간의 대화 연습

이러한 연습 역시 학생들 간에 서로 질문하고 답하는 것이다. 질문하는 내용은 본문에 근거할 수도 있고, 교사 자신이 만들 수도 있다. 이렇게 하는 목적은 학생들이 말을 많이 하여 말을 하는 능력을 훈련시키기 위해서이다. 초급반 학생들의 경우, 대부분이 서로 잘 모르는 상태에서 대화 연습을 하기 때문에 이러한 대화 연습을 교류의 기회로 삼아 서로 이해하고 우의를 증진시킬 수 있다.

이러한 연습은 학생의 말하기 능력을 훈련시킬 수 있을 뿐만 아니라 사투리 어투가 포함된 중국어에도 적응할 수 있는 능력을 키울 수 있다. 한 번은 학생들에게 자신이 하는 말을 녹음하여 들어 보라고 한 적이 있는데, 많은 학생들이 무슨 말인지 잘 알아듣지 못했고 어떤 학생들은 자신이 읽은 것도 잘 알아듣지 못했다. 이는 학생들이 교사가 하는 중국어에만 적응이 되어 사투리 어투를 가진 사람이 하는 중국어에는 적응이 안 되었음을 보여준다. 그래서 대화 연습은 부족한 부분을 보완할 수 있다.

위에서 논의한 세 가지 교육 수단인 모방, 질의응답, 대화는 서로 보완적이므로 실제 교육현장에서 교사가 탄력적으로 운영할 수 있다.

二. 듣기 수업에서의 말하기 훈련과 말하기 수업에서의 말하기 훈련의 구분

(一) 수업 전 요구 사항과 난이도의 차이

말하기 수업에서는 일반적으로 수업 전에 새로운 단어와 본문 등을 예습하라고 요구하는데, 예습할 때 학생들에게 기본적으로 새로운 단어의 의미를 이해하고, 듣고 쓰기를 할 수 있도록 요구하며, 본문도 수업 전에 전체적으로 읽어 보게 한다. 이렇게 하면 수업에서 학생들은 새로운 단어와 본문을 한 번 더 공부하게 된다. 그런데 듣기 수업은 반대로 녹음 대본이 있는 듣기 교재를 수업 시간 전에 보라고 요구하지 않는다. 녹음 대본이 없는 듣기 교재의 경우, 학생이 보고 싶어도 볼 수가 없어서 수업을 할 때 학생의 다시 말하기는 그때 본문에 대한 기억에만 의존할 수밖에 없기 때문에 말하기의 난이도가 높아지게 된다. 또한 요즘 듣기 교재들은 이전처럼 말하기 교재와 함께 사용되지 않고 독립되어 있기 때문에 매 단원마다 단독으로 새로운 단어가 나와 있어서 듣기 수업에서 진행하는 말하기 훈련의 난이도가 훨씬 더 높아졌다.

(二) 내용의 차이

말하기 수업의 내용은 대부분 일상적인 것들이다. 예를 들면, '你叫什么名字(당신의 이름은 무엇입니까)', '教室里有几位同学(교실 안에는 학생이 몇 명 있습니까)' 등과 같은 것이다. 그러나 듣기 수업의 내용은 일상적인 내용

외에도 기억 저장 능력과 연상 추측 능력을 연습할 수 있는 것이다. 예를 들면 다음과 같다.

A: 请问, 去邮局怎么走? (말씀 좀 묻겠습니다. 우체국은 어떻게 가나요?)

B: 从这儿一直往南走, 到了十字路口往东拐, 马路的北边有一个电影院, 电影院的前边有一座楼, 那就是邮局。(여기서부터 쭉 남쪽으로 걸어가다가 사거리에서 동쪽으로 꺾어지세요. 큰길 북쪽에 영화관이 하나 있고, 영화관 앞쪽에 건물이 있는데 그것이 바로 우체국입니다.)

질문: 邮局在马路的哪一边? (우체국은 큰길의 어느 쪽에 있습니까?)

이러한 질문에 답하는 것은 쉽지 않다. 특히 초급 단계의 학생들이 정확하게 대답하기란 듣고 이해하기보다 훨씬 더 어렵다.

결론적으로 듣기 수업의 중점은 듣기에 있고, 학생의 듣기 능력을 연습시키는 데 있지만 수업 시간에 계속 듣기만 하는 것이 아니라 말하는 내용을 통해 보충하고 조절할 필요가 있다. 이렇게 해야 전체 교육이 조화를 이루어 교육의 목표에 도달할 수 있다.

제4절 쓰기 수업의 교수법

壹. 중국어 쓰기 교육법 개관30)

一. 교사가 모든 수업을 지배하는 쓰기 수업에서 학생 위주의 수업으로 전환

모든 쓰기 활동이 협조적인 학습 과정이 되고 모든 학생들이 직접 쓰기 활동에 참여하도록 하기 위해 교사는 수업에서 주재자의 역할에서 벗어나야 한다. 이는 수업에서 교사가 무미건조하게 설명을 하고, 수업 후에 학생이 혼자 아무런 도움이 없이 쓰기를 하는 경직된 형식에서 벗어나는 것을 말한다. 즉, 학생들이 지식을 피동적으로 받아들이는 것이 아니라 자발적으로 학습하는 것이다. 이렇게 하면 학생들이 적극적으로 쓰기를 학습하도록 독려할 수 있을 뿐만 아니라 학생의 창의력과 상상력을 자극하는 데도 도움이 된다.

교사는 먼저 학생에게 쓰기와 관련한 지식과 기법을 전수함으로써 작문을 지도한다. 그러나 교사의 지도는 요점에만 그치고 학생이 실제적으로 쓰는 능력에 중점을 두어야 한다. 그 다음으로는 수업에서 하나의 주제나 논점을 제시한 후 학생들에게 충분히 토론하게 하고, 한 사람, 두 사람 혹은 조별로 주제나 관점에 대해 발표하게 한다. 상호간의 격려와 자극으로 인해 학생들의 사고도 갈수록 활발해지고 표현 방식도 다양해져 동일한

---

30) 王凤兰, <汉语写作教学刍议>, ≪齐齐哈尔大学学报(哲学社会科学版)≫, 2004年 第5期.

문제에 대한 견해 역시 처음에는 첨예하게 대립하다가 점차 최종적으로는 통일되는 경향을 보인다. 마지막에 관점이 불일치하더라도 상관없다. 최소한 상호간의 교류라는 집단행동을 통해 학생들은 논증적으로 통일되게 문제를 보는 법을 배울 수 있다. 이렇게 작문에 들어가야 근거와 이치에 맞는 글을 쓸 수 있다. 예를 들어 환경오염과 관련된 주제에 대해 논의를 할 때 환경오염의 원인과 결과 및 조치를 열거하고, 뒤이어 각 조에서 대표를 한 명씩 선발하여 발표하게 한다. 그럼 교사나 사회자가 칠판에 관련 단어를 정리하거나 제공한다. 이런 작문 수업에서 학생은 여러 가지 언어적인 능력을 연습하거나 사용하여 원래 활기 없는 수업 분위기를 개선할 수 있다.

수업 시간에 토론을 통해 학생의 생각은 더 명쾌하게 바뀌어 자연적으로 쓰기를 시작할 단계에 진입하게 된다. 학생은 모든 정보 자료를 집중시켜 가공을 하고 나아가 생각을 정리하고 작문의 내용을 확정해야 한다. 쓰기를 할 때에는 생각한 내용을 단숨에 써내려가야 한다. 빨리 쓸수록 좋고, 많이 쓸수록 좋다. 이렇게 하면 중간에 멈추고 문법 등의 오류를 점검하지 않게 된다. 중간에 멈추게 되면 생각을 중단시켜 사고의 흐름을 방해하기 때문이다. 만일 단어나 의미 표현 등의 문제에 직면하게 되면 기호나 빈칸으로 처리할 수 있다. 초고를 완성한 후에는 사고의 맥락이 정확한지 쓰기의 목적은 명확한지, 내용과 문체가 원래의 요구 사항에 부합하는지 등의 문제에 관해 다시 한 번 더 점검한다. 쓰기도 의사소통의 일종으로 사람들이 글을 쓰는 목적은 바로 타인으로 하여금 자신의 관점을 이해하고 받아들이게 하기 위함이다. 그러므로 쓰기의 내용은 설득력과 감화력을 갖추어야 한다.

학생이 초고를 완성하면 거두어 교사가 수정하지 말고 학생을 2인 혹은 3인 1조로 나누어 그들에게 학우의 쓰기에 대해 평가를 하고 그들이 생각하기에 언어 지식 방면의 오류이거나 보충 혹은 삭제가 필요한 내용은 표시를 하게 한다. 학생들은 타인의 쓰기에 대해 평가를 내리는 동시에 자신의 관점을 풍부하게 하고 타인은 장점을 취하고 자신의 단점을 보완할 수 있다. 교사는 여러 조들을 돌아다니며 살펴보지만 과도한 간섭은 하지 않고 학생의 질문에 답변을 해주거나 지도만 한다. 학생 상호간의 평가는 동료 간 피드백에 속한다. 동료 간 피드백은 학생의 심리에 긍정적인 영향력을 끼쳐 독자가 존재한다는 사실을 명확하게 인식하도록 한다. 이는 자신이 발견하지 못한 문제를 발견하고, 자신의 문제를 기꺼이 받아들이고 작문의 잘못을 제때에 고치는 데 도움이 된다.

二. 쓰기를 듣기, 말하기, 읽기 활동과 결합함으로써 상호간 발전 도모

쓰기의 최종적인 교육 목표는 학생들이 중국어를 사용하여 의사소통할 수 있는 능력을 배양하는 데 있다. 그러므로 쓰기는 듣기, 말하기, 읽기 등 다른 능력과 완전히 분리될 수 없다. 쓰기 수업 교육에서 교사는 쓰기를 듣기, 말하기, 읽기 등의 활동과 결합하여 서로를 발전시킬 수 있다.

듣고 쓰기는 듣기와 쓰기를 하나로 결합한 훈련 형식으로, 교사들이 좋아하는 형식 중의 하나이다. 그 구체적인 방법은 다음과 같다. 수업 전에 교사는 미리 새로운 단어가 없고, 구조도 그다지 복잡하지 않은 글을 준비한다. 수업에서 교사는 그 텍스트를 세 번 읽은 후에 학생들에게 방금 들은 단락을 쓰게 한다. 학생들은 자신의 기억에 근거하여 원문과 똑같이 쓸 수도 있고 내용에 근거하여 자신의 말로 쓸 수도 있다. 다 쓴 후에는 짝꿍과 바꿔 고치거나 틀린 부분을 말해 주게 한다. 마지막으로 교사는 시범적으로 그중 몇 편을 골라 학생들과 함께 수정을 한다. 이러한 훈련은 듣기 훈련의 기반 위에 글로 표현하는 능력을 강화한다. 외국어를 학습하는 과정 중에는 간단한 형식으로 복잡한 생각을 표현하는 시기가 오랫동안 지속되는데, 이 역시 학생들이 쓰기를 연습할 때 반드시 거치게 되는 과정이다. 학생들이 들은 내용을 정확하게 다시 쓰기 할 수 없을 때는 자신이 알고 있고 적극적으로 사용할 수 있는 구조나 어휘로 말하게 해야 천천히 표현 능력을 향상시킬 수 있다.

말하고 쓰기는 말하기와 작문을 결합한 훈련이다. 먼저 교사는 미리 준비한 제목이나 사진을 칠판 위에 쓰거나 걸어둔다. 또는 영화를 보거나 TV 프로그램을 볼 수도 있다. 그런 다음 학생들에게 제시한 내용에 근거하여 완정한 이야기를 만들게 한다. 말하고 쓰기를 하는 과정 중에 많은 언어 항목과 관련이 될 수 있기 때문에 연습 중에 교사는 학생들이 이점에 주의하도록 알려 주어야 한다. 이야기를 만드는 전체 과정 중에 학생들 모두 이야기에 줄거리를 제공할 수 있기 때문에 교실 분위기가 매우 들뜨게 된다. 학생들이 제공하는 문장이나 줄거리는 모두의 논의를 거쳐 허락을 얻어야만 채택할 수 있다. 그리고 교사는 모든 문장의 키워드를 칠판 위에 쓴다. 전체 이야기가 완성된 후에 모두가 칠판 위에 제시된 바에 근거하여 금방 논의된 이야기를 다시 완정된 형식으로 과제 노트에 적는다. 이 연습에는 시간이 많이 소요되는데, 전체 과정에는 한 차시 정도의 시간이 필요하다. 교사는 교과과정의 진도에 따라 적절하게 연습을 시켜야 한다.

읽기와 쓰기는 어학 교육에 있어 떼려야 뗄 수 없는 중요한 부분이다. 읽기가 인풋에 해당한다면 쓰기는 아웃풋에 해당한다. 아웃풋은 대량의 인풋을 기반으로 한다. 읽기는 사람들이 정보를 이해하고 지식을 누적하는 중요한 방법으로 쓰기의 재료를 누적하는 과정이 된다. 읽기를 통해 선인들의 쓰기 경험을 배우고 쓰기의 기본 규칙을 이해할 수 있기 때문에 읽기는 쓰기의 기능을 향상시키는 효과적인 수단이다. 쓰기 능력의 향상은 다량의 읽기를 기반으로 하고, 그 속에서 자양분을 흡수하고 어휘량을 확대해야 한다. 교사는 여러 가지 유형의 글과 여러 체제의 글을 읽도록 추천해야 한다. 양과 질을 모두 추구하고 소재를 누적해야 생활 속에서 얻는 지식의 부족분을 메울 수 있다. 읽기의 과정에서 학생들이 의식적으로 누적하고 읽기를 하면서 필기를 하도록 해야 학생들은 자신이 읽기에서 얻은 지식을 자기 것으로 소화시키고, 이해하고 재조직할 수 있다. 즉 머릿속으로 생각하는 과정을 거쳐야만 자신의 것으로 변화시킬 수 있다. 읽기의 성적도 쓰기를 통해 테스트를 할 수 있다. 읽었던 소재는 축소를 해서 쓰거나 고쳐 쓰기, 모방하여 쓰기를 할 수 있고, 수업에서도 교류를 통해 읽었던 내용을 체득할 수 있다.

三. 학생이 흥미를 느끼는 제목 선택

쓰기 수업의 제목을 확정하는 것은 매우 중요한 부분이다. 학생이 공부하는 데 필요한 좋은 쓰기 제목을 확정해야만 비로소 학생의 사고를 계발하고, 그들의 적극성과 창의적인 재능을 충분히 일깨울 수 있다. 쓰기 수업 교사는 학생이 공부하는 데 필요한 것을 기반으로 하여 제목을 확정해야 될 뿐만 아니라 토론이나 설문 조사 등의 방식으로 학생들이 주제를 정하도록 해야 한다. 왜냐하면 학생들은 자신이 선택한 주제에 대해 당연히 흥미가 있을 것이기 때문에 적극적인 참여를 유도할 수 있다. 주제의 범위는 크게는 사회의 핫이슈나 사건, 작게는 일상생활 속의 어떤 현상도 가능하며 특별한 제약이 없다.

그 밖에 쓰기를 생활과 밀착시켜 '실제' 환경에서 쓰기를 하도록 하면 학생의 적극성과 자신감을 불러일으킬 수 있다. 현재 대다수의 수업에서 학생들이 쓰기를 배우는 것은 자신이 필요해서 배우기보다는 교사가 쓰라고 하기 때문에 쓰기를 한다. 이 때문에 교실에서의 쓰기는 피동적인 행위가 된다. 그러므로 학생의 쓰기에 대한 흥미를 어떻게 하면 고취시킬 것인지가 교사가 직면하고 있는 문제가 되었다. 교사는 '실제적인' 상황, 즉 '실제적인' 목적과 '실제' 독자를 설계하여 학생들이 쓰기의 필요성을 느끼게 할 수 있다. 예를 들면, 교사는 학생에게 대학, 여행사, 기업의 지도를 제공하고, 학생에게 정보를 요구하는 편지를 쓰게 한다. 어떤 대학에 입학신청서를 보내 달라거나 그 곳의 상황을 알고 싶다는 편지를 쓸 수도 있고, 국내의 외자기업에 구직 서한을 쓸 수도 있고, 여행 관련한 정보를 알고 싶다는 편지를 쓸 수도 있다. 학생들은 직업 문제에 항상 흥미가 있기 마련이므로 교사는 다음과 같은 일련의 교육 단계를 설계할 수 있다. 먼저 학생들에게 자신에게 적합한 한 두 개의 직업을 나열하게 한 후에 학생들이 짝을 이루거나 조를 나누어 그들이 원하는 직업에 대해 토론을 하고 친구들의 도움 아래 그들 자신에게 가장 적합한 직업을 고르도록 한다. 마지막으로 학생에게 자신이 좋아하는 직업에 대해 관련 초빙광고를 읽어보고 구직 신청서를 작성해보게 한다. 이렇게 하면 학생이 쓰는 글의 내용이 공허해지는 것을 효과적으로 방지할 수 있다.

또한 같은 반 학생끼리 혹은 중국 학생과 연락처를 교환하여 인터넷에서 중국어로 이메일을 보내게 한다. 서로가 흥미를 가지는 주제에 관해 학우나 친구들과 토론하고 정보를 교환 후에 반에서 소개를 하게 한다. 그 밖에도 학생이 자기가 좋다고 생각하는 글을 학보나 다른 신문사에 투고하게 한다. 자신의 글이 인쇄되어 발표되는 모습을 보면 그 무엇보다 학생의 쓰기 욕구를 자극할 수 있다.

四. 전통적인 평가 방식 개선

전통적인 평가는 학생과 스승 간에 진정한 교류를 못하게 하는 심각한 결함을 가지고 있다. 교사의 평가는 문장부호나 문법, 오자 등에만 국한되어 있고, 글의 내용에 대한 심사는 소홀히 하는 경향이 있다. 평가 후 쓰기에서 나타내는 생각과 내용은 원문과 별다른 차이가 없고, 학생들은 재미가 없다고 느끼게 된다. 이러한 상황을 바꾸기 위해 교사는 다음과 같은 몇 가지 원칙을 준수해야 한다.

먼저, 교사는 독자의 신분으로 평가하고 글의 내용에 대해 수정과 관련한 의견을 제안한다. 학생의 쓰기는 '내가(학생이) 말하고 싶은 것'을 표현하기 위해 쓰는 것이지, '선생님이 학생에게 말하도록 시킨 것'이 아니다. 그러므로 교사는 자신의 의도를 학생에게 절대로 강요해서는 안 된다. 학생을 작가라고 설정하고, 교사는 작가와 교류를 한다는 입장에서 글 속의 정확한 관점에 대해 '좋다' '찬성한다' 등으로 평가하고, 잘 이해가 되지 않는 것에 대해서는 질문을 한다. 이런 방식을 사용하면 학생이 독자에게 민감하게 반응하고, 독자에 대해 책임을 져야 한다고 느낄 수 있도록 도울 수 있다. 또한 학생이 선생님의 관심과 존중을 느낄 수 있기 때문에 더 성실하게 쓰기를 대하게 된다.

다음으로 오류에 대한 언급은 가급적 피한다. 선생님들 중에는 학생의 쓰기에 대해 상세하게 수정을 해줄수록 학생에 대한 소임을 다하는 것이고 학생도 자신의 오류를 빨리 인식하여 고칠 수 있다고 여기는 분들이 많다. 그러나 사실은 교사가 하나도 빠짐없이 모든 오류를 써 놓는다면 학생들은 자신의 약점을 심각하게 여기고, 심지어는 의기소침해 하거나 불쾌하다고 느낄 수도 있다. 이 때문에 교사는 매번 두세 가지 오류만 표시하여 집중적으로 해결하고, 범위 내에 있지 않은 오류는 잠시 보류해 둔다. 동시에 학생의 쓰기에서 가능한 한 우수한 점을 발견하여 칭찬과 격려를 아끼지 않아야 한다. 이렇게 하면 학생은 자신의 장점과 단점에 대해 또렷하게 인식하여 쓰기에 대한 흥미를 느낄 수 있다.

또 다른 방법은 3~4명의 학생들이 조를 이루어 서로 토론도 하고, 서로 고쳐 주게 한다. 이때 교사는 단지 보조적인 역할만 한다. 이러한 방법에는 몇 가지 장점이 있다. 첫째, 학생이 쓰기를 할 때는 여러 가지 어려움에 직면하는데, 과거에는 주변에 가르침을 청할 사람이 없어서 종종 대충 마무리를 했다. 그러나 지금은 그 자리에서 수정을 해주는 형식으로 문제가 있으면 바로 해결할 수 있다. 동시에 학우들이 제시한 오류가 더 깊은 인상을 줄 수 있다. 둘째, 학생들은 자신도 자주 비슷한 오류를 범하면서 다른 사람의 오류에 대해서는 늘 더 민감하다. 다른 사람 대신 오류를 수정하면 자신도 앞으로 똑같은 오류를 범하지 않기 위해 더 노력할 수 있다. 셋째,

토론식의 쓰기 수정 과정은 실질적으로 서로 도우면서 공부하고, 각자가 필요한 바를 구하는 과정이다. 이렇게 하면 학생의 어휘량도 확대시킬 수 있고, 학생의 중국어 표현 능력도 풍부하게 할 수 있다.

五. 방과 후 시간의 충분한 활용

수업시간에 한계가 있기 때문에 수업시간에 하는 쓰기만으로는 쓰기의 수준을 향상시키겠다는 목표에 도달할 수 없다. 그러므로 교사가 수업시간에 많은 쓰기 과제를 내주고 수업 후에 완성하게 해야 한다. 또한 학생이 중국어로 일기를 쓰는 습관을 들이면 중국어로 사고하는 능력을 단련할 수 있고, 쓰기의 속도도 향상시킬 수 있다. 학생은 일기에 자신의 개인적인 생활에 관해 쓰기도 하고 자신의 가정이나 대학 생활에 관해 얘기할 수도 있고, 심지어 세계적인 이슈에 관해서 논평을 할 수도 있다. 만일 교사가 그들의 개인적인 생활 일기에 어느 정도 관심을 보인다면 학생은 즉각 다음 일기에서 반응을 보일 것이다. 이렇게 되면 교사와 학생은 개인적으로 접촉할 시간이 많아지게 되고, 일기를 통해 그들의 내면적인 세계, 가정과 학교생활, 학습상의 문제, 나아가 그들의 흥미, 취미, 걱정거리, 개인적인 고민 등 지적인 요소와 상관없는 부분들을 깊이 이해하게 되어 맞춤형 교육이 가능해질 것이다.

결론적으로 쓰기는 중국어 학습에서 빠질 수 없는 영역이다. 교사가 교실 수업에서 탄력적이고 다양한 교수법을 채택하고, 학생을 중심으로 풍부하고 다채로운 교실 수업을 하면서 쓰기와 듣기, 말하기, 읽기 활동을 결합하고 여기에 학생 자신의 노력이 더해질 때 학생의 중국어 쓰기 능력은 크게 향상될 수 있을 것이다.

貳. 단락 쓰기 훈련[31]

유학생에게 단락 쓰기 훈련을 시킬 때에는 유형 제시(给模式), 화제문 제시(给话题句), 확장문 제시(给扩展句), 제시된 문장으로 단락 구성하기(组句成段), 호응어 넣기(填关联词语), 비문 고치기(改病段) 등 다양한 방식을 채택할 수 있다.

一. 유형 제시

단락 내부의 구조 관계에 따라 단락은 병렬, 대등, 점층, 선택, 설명, 전환, 인과, 가설, 조건, 목적, 양보 등 몇 가지 구조 유형으로 나눌 수 있다. 이러한 구조 유형을 정하여 학생들에게 상응하는 단락을 쓰게 할 수 있다.

二. 화제문 제시

'화제문(话题句, topic sentence)'은 '주제문'이라고도 하는데, 단락의 의미 중심이 되며, 항상 문단의 맨 앞에 출현한다. 때로는 문미에 출현하기도 하는데, 다른 문장들이 이것을 둘러싸고 전개되고, 이 문장의 확장 형태가 되는데, 이렇게 확장된 문장은 '확장문(扩展句, expansion sentences)'라고 부른다. 이러한 특징에 근거하여 화제문을 제시하고, 학생들이 확장문을 쓰도록 할 수 있다. 예를 들면, '我们应该珍惜时间……(우리는 시간을 소중히 해야 한다……)'와 같은 화제문을 주고 학생들에게 단락을 만들도록 한다.

---

31) 陈福宝, <对外汉语语段写作训练简论>, ≪汉语学习≫, 1998年 第6期.

三. 확장문 제시

이 훈련 방식은 화제문 주기와 반대로 먼저 확장문을 주고 학생들에게 이 확장문에 근거하여 화제문을 쓰게 하는 것이다. 예를 들면 다음과 같은 확장문을 주고 화제문을 쓰게 한다.

_____。能够单独用来回答问题, 有比较实在的意义的词叫做实词。不能单独用来回答问题, 也没有实在意义, 但是有帮助造句的作用的词叫做虚词。

(_____. 단독으로 질문에 대답하는 데 쓰일 수 있고, 비교적 실재적인 의미를 가지는 단어를 실사라고 한다. 단독으로 질문에 대한 답으로 쓰일 수 없고, 실재적인 의미도 없지만 문장을 만드는 데 도움을 주는 역할을 하는 것을 허사라고 한다.)

四. 제시된 문장으로 단락 구성하기

몇 개의 문장을 주고 학생들에게 하나의 단락을 만들게 하거나 한 단락에 해당하는 문장들의 순서를 바꿔 놓고 학생들에게 재조합하게 한다. 예를 들면 다음 문장의 순서를 바꾼 후 한 단락으로 만드는 것이다.

(1) 每当亲友来信时, 我就小心翼翼地把邮票从信封上剪下来。
(매번 친구가 편지를 보내올 때면 나는 조심스럽게 편지지에서 우표를 떼 냈다.)
(2) 表姐还特地给我买了一个集邮册, 鼓励我积极参加集邮活动。
(사촌 언니가 적극적으로 우표 수집에 동참하라며 특별히 나에게 우표 수집용 책을 사주었다.)
(3) 从那天起, 我就开始集邮。
(그 때부터 나는 우표를 수집하기 시작했다.)
(4) 至今, 我的集邮册里已经有五百多枚邮票了。

(지금까지 나의 우표 수집 책에 오백여 장의 우표를 모았다.)

(5) 就这样，一张、两张……，一套、两套……日积月累。

(이렇게 한 장 두 장……, 한 권, 두 권……날이 갈수록 쌓여갔다.)

(6) 爸爸知道后就将自己二十多年来珍藏的邮票送给了我。

(아버지께서 아신 후로 이십 여 년 동안 보관해 오신 우표를 나에게 주기도 하셨다.)

재배열한 후의 순서는 ＿＿＿＿＿＿＿＿＿＿＿ 와 같다.

五. 호응어 넣기

한 단락 안에 있는 호응어를 생략한 후 학생들에게 채워 넣게 하는 방법으로, 단락의 연관성을 이해시키기 위한 훈련이다. 예를 들면, 괄호 속에 호응어를 주고 이를 적당한 위치에 넣게 한다.

我＿＿＿＿忘不了, 在乡下的日子里, 一旦听到什么地方有一本书, 不管什么样的, 都不惜走上七八十里＿＿＿＿上百里地, 以一睹为快。＿＿＿＿＿忘不了, ＿＿＿＿读书入迷了, 被有的人当精神病人, 左右开弓, 打得脸肿了几天。＿＿＿＿忘不了, 在牢狱中, 把马列著作读了又读, ＿＿＿＿确信自己没有什么大错。＿＿＿＿, 我仍是那么酷爱书。我一生都离不开书。

(更, 从而, 也, 永远, 因, 迄今, 甚至)

(나는 ＿＿＿＿잊지 못할 것이다. 시골에 있는 나날동안 일단 어느 곳에 책이 있다는 소식만 들으면 어떤 것이든 상관하지 않고, 칠팔십 리 ＿＿＿＿ 수백리 길도 마다하지 않고 걸어가 직접 눈으로 봐야 직성이 풀렸다. ＿＿＿＿ 잊지 못한다. ＿＿＿＿독서에 빠져, 정신병자 취급을 당하고는 계속해서 따귀를 맞아 며칠 동안 얼굴이 부어 있기도 했다. ＿＿＿＿잊지 못한다. 감옥에 있는 동안 마르크스 레닌 저서를 읽고 또 읽어 ＿＿＿＿내가 그리 큰 잘못을 저지른 것이 아니라는 확신이 들었다. 나는 여전히 그렇게 책을 사랑한다. ＿＿＿＿나는 평생 동안 책과 떨어지지 않을 것이다.)

六. 비문 고치기

학생이 쓴 것 중에 문제가 있는 단락을 골라 학생들에게 고치게 하고, 교사가 지도를 하면 일거양득의 교육적 효과를 거둘 수 있다.

당연히 단락 쓰기 훈련에 이상과 같은 몇 가지 방식만 있는 것은 아니므로, 교육의 실제 상황에 따라 적당하고 탄력적으로 안배할 수 있다.

이것들은 우리가 외국인을 위한 중국어 교육에서 인식한 바이기 때문에 체계적이지도 않고, 전체를 다 아우를 수도 없다. 그러나 분명한 사실은 바로 외국인을 위한 중국어 교육 특히 쓰기 교육에서는 단락 표현 훈련을 강화해야 한다는 것이다. 이렇게 해야만 비로소 학생들이 단락으로 표현하는 능력을 향상시켜 학생의 중국어 표현 수준을 전반적으로 끌어 올릴 수 있다.

제5절 신문 수업의 교수법

壹. 뉴스 듣기와 읽기 교육의 원칙과 방법[32]

뉴스 듣기와 읽기 수업의 교육 방법은 교육의 원칙에 따라 결정되는데, 기본적으로 실용성과 유연성, 용이성, 중요도의 구분, 효율의 추구를 요구한다. 뉴스 관련 수업에서 사용할 수 있는 방법에는 여러 가지가 있는데, '다섯 가지 요구사항(五要)'과 '다섯 가지 이끌기(五帶)'를 사용하여 일반적인 요구사항과 방법을 개괄하고자 한다.

一. 다섯 가지 요구사항

1. 수업의 리듬을 빨리 해야 한다.

학생이 교육의 주체라는 점을 명확히 아는 것과 동시에 교사는 주도적인 역할을 충분히 발휘하여 리듬을 잘 조절해야 한다. 자료를 선택할 때 새로운 단어가 너무 많거나 학생들이 내용에 대해 완전히 생소해 하거나 배경 지식에 대해 아무 것도 모를 때, 또 내용이 무미건조하고 재미가 없을 때는 빠른 리듬으로 수업하기에 불리하다.

---

32) 王新文, <对外汉语新闻听读教学的原则和方法>, ≪语言文字应用≫, 2000年 第4期.

2. 교사의 설명은 적어야 한다.

교사의 설명이 없어서는 안 되지만 중점만 부각시켜야지 하나하나 다 설명할 필요는 없다. 뉴스의 배경만 얘기해야지 내용을 얘기해서는 안 되며, 대략적인 내용만 얘기해야지 세부적인 내용을 일일이 설명할 필요는 없다. 학생들이 배운 적이 없는 구문은 설명하고 새로운 단어는 적게 설명한다. 중요한 난점은 자세히 설명하지만 일반적인 난점은 빨리 넘어간다. 중요한 난점을 설명하면 학생들이 생각이 확 트이는 듯한 느낌을 가질 수 있고, 일반적인 난점을 적게 얘기하면 학생들이 자발적인 태도와 학습의 잠재력을 발휘하는 데 유리하다. 설명은 보통 연습한 후에 하는데, 필요에 따라 듣기와 읽기 전에 진행할 수도 있다.

3. 연습의 형식이 맞아야 한다.

수업의 형태에 부합하고, 수업의 특징을 구현하기 위해서는 되도록 글씨 쓰기나 구술 능력을 기반으로 하는 표현형의 연습 형식은 배제하는 것이 좋다. 연습의 형식은 교육 과정에 따라 듣고 읽기 전, 중간, 후의 세 부분으로 나뉘는데, 듣고 읽기의 중간과 후 부분이 가장 많다. 또한 문제의 형태에 따라 나눌 때 가장 많이 사용되는 형식은 선택형 문제, 정문과 비문 판단 문제, 선택하여 괄호 넣기 문제이다. 이 세 종류의 문제를 만들 때에는 학생의 이해 상황과 정도를 점검하려는 목적에 부합해야 할 뿐만 아니라 학생을 자극하고, 그들의 이해력을 향상시키겠다는 목적에도 부합해야 하지만, 이를 실천하기란 쉽지 않다. 그러나 이 세 종류의 문제 유형이 듣고 읽기의 기능 훈련이라는 특징에 가장 부합한다. 우리가 어려움을 인식하고 전진하여 듣기 테스트 문제와 연습 문제, 독해 테스트 문제와 연습 문제를 만드는 이론과 기술을 연구하는 데 노력을 기울여 이 세 가지 유형의 문제와 다른 연습 문제를 잘 만들어야 한다. 또한 이 문제들이 실질적인 내용을 담고, 질을 담보하며 높은 사용 가치를 가지도록 해야 한다. 어떤 의미에서는 뉴스 듣기와 읽기를 잘 가르치기 위해서는 적당한 뉴스, 좋은 연습 형식과 내용, 좋은 교육 조직 과정이라는 삼박자가 다 맞아야 한다. 연습 문제를 잘 만들었다면 교육은 이미 반쯤은 성공한 것이나 다름없다.

4. 연습 시간은 엄격하게 통제해야 한다.

교사는 학생의 실제적인 수준을 참조하여 모든 자료의 연습에 걸리는 시간을 미리 예상하고 규정하여 시간을 초과하지 않도록 관리해야 한다. 예를 들면, 듣기 연습을 할 때 일찍 연습을 끝낸 학생들이 있다면 서면 자료를 배부하여 먼저 독해 연습 단계로 들어가도록 한다. 시간 내에 연습을 끝내지 못한 학생이 있다면 특별히 기다려 주지 않고, 답안을 점검하고 설명을 들을 때 보충해서 완성하도록 한다.

5. 연습의 점검은 간단해야 한다.

질문해야 하는 것은 되도록 연습 문제에 포함되도록 설계해야 한다. 연습 자체가 질문하는 것이고, 답안은 그것인지 아닌지, 맞는지 틀리는지 혹은 ABCD 선택형 위주로 하여 학생들이 과도하게 구두로 표현하지 않도록 한다. 검사는 학생들이 자체적으로 시행하도록 하는데, 때로는 읽고 이해하기의 과정 역시 듣고 이해하기의 검사 과정이 된다.

二. 다섯 가지 이끌기

1. 듣기로 읽기를 이끌기

듣기로 읽기를 이끌기는 원칙이자 방법이다. 선택하는 뉴스, 녹음 자료, 서면 자료는 구체적인 내용이 완전히 일치할 수도 있고, 완전히 다르거나 약간 다를 수도 있다. 통상적으로 먼저 듣고 난 다음에 읽는데, 한 번 혹은 몇 번 녹음 자료를 듣고 난 후에 연습을 하고 문제를 풀거나 단락으로 나누어 들으면서 연습을 한 후에 서면 자료를 읽고, 이해의 정도를 검사하여 보충하거나 이해를 심화시킨다. 때로는 먼저 읽고 뒤에 듣기도 하는데, 제한된 시간 내에 빠른 속도로 서면 자료를 다 읽어 배울 뉴스에 대해 대체적인 인상을 가진 후에 다시 한 번 내지 몇 번씩 녹음 자료를 듣고 연습을 한다. 이와 같이 듣고 이해하기에서는 양적인 면이나 시간적인 면에서 듣기가 중요하다. 연습은 대부분 듣고 이해하기 연습이며, 교육의 특징은 듣기 교육에 더 가깝다. 이렇게 해야 효과가 좋은데, 그 이유와 근거는 이미 앞의 원칙 부분에서 설명한 바 있다.

또한 독해 속도에 영향을 주는 두 가지 원인은 아무 데나 끊어 읽거나 반복해서 앞으로 돌아가 읽기 때문이다. 이해에 문제가 있거나 단기 기억 장애로 인한 부정적인 독해 습관은 듣기로 읽기 이끌기와 들으면서 읽는 연습을 자주 함으로써 강제적으로 개선할 수 있다. 이렇게 하면 학생들이 정확하고 유익한 독해 습관을 기르고 독해의 속도를 향상시키도록 도울 수 있다.

2. 단어로 텍스트 이끌기

단어 교육은 중국어 교육에서 중요한 부분 중의 하나이자 뉴스 듣기와 읽기 교육의 중요한 내용 중의 하나이다. 단어를 잘 모르거나 잘못 이해하고 있으면 듣고 읽는 데 방해가 된다. 단어를 이해하고 있다면 문장, 단락, 텍스트를 이해하는 것은 상대적으로 쉬워진다.

단어의 난점을 해결하기 위한 두 가지 방법이 있는데, 하나는 '이해 가능한 입력(可懂輸入)'이라는 어학 교육 원칙에 따라 새로운 단어의 양을 통제하는 것이다. 자료를 선택할 때 정독과 범독 등 다른 수업 형태의 어휘량과 대조한 후 내용에 영향을 끼치지 않는 범위 내에서 새로운 용어가 너무 많은 단락을 삭제하고 녹음과 서면 자료도 잘라 정리한다. 두 번째는 학생들에게 단독으로 출현했을 때 이해하기 어려운 용어를 복사해 주고 듣기 전이나 들은 후에 설명하는 것이다. 이러한 뉴스 용어에는 두 가지가 있는데, 첫째는 아직 규범화되지 않은 신조어이거나 유행어이기 때문에 사전에서 찾기가 어려운 경우이다. 정치 뉴스에서 자주 사용되는 '两手抓[33]', '凝聚力工程[34]', '力度(역량)', '出台(정식으로 공포하다)' 등, 법률 뉴스에서 자주 사용되는 '严打(엄중히 단속하다)', '打流(정처없이 떠돌다)', '扫黄(매춘 근절)' 등, 경제 뉴스에서 자주 사용되는 '同比(동기대비)', '达标(지표에 도달하다)', '并轨(합병하다)', '滞后(정체되다)', '人气(인기)' 등이 있다. 두 번째는 비유나 확대 등의 용법으로 사용되는 '炒热(시장을 달구다, 센세이션을 일으키다)', '搭车涨价(덩달아 값을 올리다)', '(铁路运输被)小站拽住了车轮(작은 역이 철도운송의 발목을 잡았다.)' 등과 성어나 관용어처럼 전통 문화의 색채를 가진 단어 등이 있다. 이러한 용어는 문장에서 분명하게 들리기 어렵고 이해하기도 어려운 단어로 해석을 해줄 필요가 있다. 이 때 단어에서 문장으로, 문장에서 텍스트로 넘어가는 방법을 채택해야 한다. 즉, 먼저 뉴스의 모든 문장마다 한 두 개의 단어를 골라 학생들에게 나눠주고 학생들이 보면서 듣게 하는데, 한 문장 한 문장씩, 한 단락 한 단락씩 천천히 듣게 한 후에 연달아 빨리 듣게 하고(역시 보면서 듣는다) 마지막에는 보지 않고 다시 듣게 한다. 이렇게 하면 학생들이 뉴스 보도의 속도에 적응할 수 있다.

3. 정독으로 범독 이끌기

뉴스 듣고 읽기 교육은 매주 4시간 정도로 한정되어 있지만, 어학 교육의 효과는 얼마나 오랫동안 교육했는지에 달려있다. 양적으로 쌓이지 않으면 질적으로도 담보할 수 없으므로 정독으로 범독을 이끈다는 것은 양을 중요

---

33) [역주] 덩샤오핑 시기에 등장한 이론으로, 개혁개방 등 경제를 포함한 물질적인 부분의 발전과 각종 범죄 퇴치, 도덕성 회복 등 정신적인 부분을 동시에 발전시키자는 이론이다.
34) [역주] 이는 당의 기층 조직이 대중이 관심을 가지는 공작 체계를 건립함으로써 사상 정치 공작을 강화하고 당 조직의 전투력을 발휘하는 활동을 가리킨다.

시한다는 의미이다.

교육을 하는 시간 동안(일반적으로 두 시간) 여러 편의 뉴스 자료를 사용하는데, 그 중 한 편은 반드시 연습에 중점을 두어 자세히 듣고 정독을 하도록 요구한다. 그런 다음 계속해서 다른 자료를 듣고 읽는데, 어떤 자료는 수업 시간 내에 해결하고, 어떤 것은 수업 후 보충 연습으로 삼는다. 다음의 예를 살펴보자.

뉴스 주제 : 中美关于知识产权问题的磋商(지적재산권 문제에 관한 미중 협상)
수업 시간 : 3시간.
자료 : (1) 미국의 대중 무역 보복 조치 발표(신문 복사)
(2) 미국의 무역 보복에 대한 중국의 반보복 조치 발표(아나운서 녹음, 신문 복사)
(3) 압박과 보복은 문제 해결에 역효과-대외경제무역부 대변인 담화(신문 복사)
(4) 대외경제무역부 대표가 미중 간 지적재산권 협상 논의(TV 방송 녹음)
(5) 미중 지적재산권 협상에서 협의 달성, 쌍방간 합의문에 서명 (라디오와 TV 방송 녹음, 신문 복사)
(6) 邹家华, 宋健, 吴仪, 미국 무역대표부 부대표, 에너지부 장관과 회견(TV 방송 녹음, 신문 복사)
(7) 미중 간 지적재산권 협의에 정식 서명(TV 방송 녹음, 신문 복사)
(8) 협의 달성 전 홍콩과 마카오의 여론(TV 방송 녹음, 신문 복사)
(9) 협의 달성 후 홍콩과 마카오의 여론(TV 방송 녹음)
(10) 미중 간 지적 재산권 협의의 가서명에 관한 미국 대통령의 언급(TV 방송 녹음, 신문 복사)

한 학기동안 학생들에게 제공되는 뉴스 자료는 거의 350~360편에 달한다.

그 중 수업시간 내에 자세히 듣고 정독하기가 약 15% 정도를 차지하고, 대충 듣고 범독하기가 약 40% 정도이며, 수업 후 보충하는 것이 약 45%를 차지한다. 이렇게 교육이 질적으로도 제고되고 양적으로도 보장된다면 학생들이 접촉하는 뉴스 자료의 양도 많아지고 배우는 언어 지식과 사회 문화 지식도 자연히 많아지게 된다.

4. 이해로 속도 이끌기

이해가 제일 중요하고 그 다음이 속도이기 때문에 먼저 자세히 듣고 난 다음 빨리 듣기를 해야 한다. 그러나 정독을 가르치듯이 자세히 듣기를 가르칠 수는 없다. 자세히 듣기의 이해는 70~80% 정도만 되면 충분하지 꼭 100% 이해하도록 요구할 필요는 없다. 나머지 20~30% 정도는 독해 시간에 해결할 수 있기 때문이다.

이해를 하지 못하면 속도도 빠를 수 없으며 이해를 했기 때문에 속도를 높일 수 있는 것이다. 뉴스 방송의 속도는 매우 빠르다. 라디오 방송의 속도는 분당 200~240자 정도 되고, TV 방송의 속도는 260자, 심지어 300자를 넘을 수도 있다. 뉴스 듣고 읽기 교육은 듣는 속도를 따라잡도록 해야 한다. 중요한 자료의 듣기와 읽기에서의 이해를 바탕으로 덜 중요한 자료의 듣기와 읽기 속도를 이끌어야 한다. 중요한 자료는 종종 주제가 비교적 부각되고, 내용도 중요하며, 관련 뉴스 어휘도 많거나 '보도 감각'이 비교적 독특해서 학생들이 그 속에서 많은 정보를 얻을 수 있고, 관련 기법과 기교를 배울 수도 있다. 이러한 기초 위에 그것과 소재가 유사하거나 내용이 비슷하거나 비슷한 단어가 출현하는 덜 중요한 자료를 계속해서 듣고 읽으면 이해를 하기 쉬워져서 듣고 읽는 속도를 쉽게 따라 잡을 수 있게 된다.

5. 쉬운 내용으로 어려운 내용 이끌기

때로는 뉴스 중 덜 중요한 자료를 먼저 들을 수도 있다. 이런 자료는 길이가 짧고, 내용이나 구조도 간단하며, 생소한 어휘도 적어야 한다. 배경 지식을 잘 알고 있는 내용이거나 간단한 배경만을 소개하는 내용을 담고 있다면 비교적 쉽게 이해할 수 있다. 짧은 시간동안 듣기와 읽기를 한 후에 다시 길면서도 내용이 복잡하고 생소한 구문과 단어가 많은 중요한 자료를 읽는다. 이렇게 하면 장애물이 적어져 쉽다고 느낄 수 있기 때문에 빨리 진도를 나갈 수 있다. 학생들도 길고 낯선 뉴스를 대했을 때 느끼는 스트레스를 줄이면서도 학습에 대한 흥미와 자신감을 높일 수 있다. 이런 방법 역시 효과적인 방안이다.

貳. 신문 수업의 교육 문제와 대책[35]

외국인을 위한 중국어 교육에서는 언어 자체의 규칙, 어학 교육의 규칙, 언어 학습의 규칙이라는 세 가지 규칙을 준수해야 한다. 외국인을 위한 중국어에서 신문 수업 교육은 세 가지 규칙 외에도 하나를 더 추가해야 된다. 이것은 신문 뉴스 차제의 규칙으로 신문의 단어, 어투, 문체, 판식, 배경지식, 시효성 등과 관련한 규칙이다. 이 규칙에 대한 인식의 부족 때문에 교재와 교육에서의 문제가 존재한다고 해도 과언이 아니다. 이러한 인식에 기초하여 아래에서는 신문 수업에서의 기본적인 이해와 구체적인 안배 문제에 관해 논의하겠다.

1. 고정 교재와 유인물을 교차적으로 사용하고 유기적으로 결합해야 한다.

고정 교재와 유인물은 각각 자체적으로 극복하기 어려운 시효성, 체계성

---

35) 张崇富, <问题与对策-报刊课之我见>, 《汉语学习》, 1999年 第4期.

과 관련한 모순이 존재한다. 이 두 가지는 교육에서 유기적으로 결합되어야
지만 문제를 가장 적절하게 해결할 수 있다. 고정 교재를 통해 신문 뉴스에서
변하지 않고 고정적인 것들을 배울 수 있고, 유인물을 통해서는 뉴스의
변화무쌍하고 동태적인 특징을 배울 수 있다. 고정 교재는 교육에 틀과
청사진을 제시하고, 기본적인 지식 사항을 제공하는 동시에 전체 신문 수업
의 방향을 보장한다. 반면 유인물은 이러한 틀과 청사진을 보충하고 풍부하
게 하며 학생을 살아있는 뉴스 속에 놓이게 한다. 심지어 신문 수업의 요강은
고정 교재와 유인물을 유기적으로 결합하기 위한 합리성을 충분히 고려하여
고정 교재의 편찬에서도 유인물을 위한 여지를 남겨 두어야 한다. 즉 매
단원의 뒤에 빈 페이지를 남겨 두어 '이 주제와 관련한 최신 소식을 써
넣으세요'와 같은 표시를 해 두면 교사와 학생이 함께 채워 넣을 수 있다.

**2. 교육 과정 중 신문용 어휘, 체제, 문체, 배판, 문화적 배경 지식 등에
대한 소개를 강조한다.** 그 중 신문용 어휘, 체제, 문체에 대한 연습과 이해를
중점적으로 부각시킨다. 이를 통해 학생들이 착실하게 기본적인 기량을
닦게 한다.

(1) 어휘 부분에는 주로 용어, 성어, 문언문형 속어, 축약어, 인명, 지명,
신조어 등이 포함된다. 그 중 축약어와 속어, 신조어는 학습하기 어렵다.
축약어에 관해서는 주로 학생들에게 축약어를 만드는 방법을 이해시키면
일거양득의 효과를 거둘 수 있다.
속어와 신조어는 사전에서 찾기 어려운데, 어떤 어휘는 만들어진 배경
지식과 관련이 되어 있어 학생들이 이해하기 어렵기 때문에 중점적으로
설명할 필요가 있다. 예를 들면, 속어 중에는 '摸着石头过河(돌다리도 두들겨
보고 건너다), 大锅饭(한솥밥), 铁饭碗(철밥통), 红娘(중매쟁이), 上门郎(데릴
사위)' 등이 있고, 신조어 중에는 '扫黄打非(음란 행위, 음란물 매매, 불법
출판물 매매 등을 소탕하다), 雄起(궐기하다), 下课(퇴진하다, 감독을 교체하

다), 大哥大(핸드폰), 打的(택시를 잡다)' 등이 있다.

그 외에 용어, 성어, 문언문 어휘, 인명, 지명은 일반적인 새로운 단어로 처리하면 되는데, 그중 출현 빈도가 높은 단어를 중점적으로 알게 하고, 나머지는 일반적으로 이해하도록 하면 된다.

(2) 체제 부분에는 고정어(套语), 도입어(导语), 장문(长句)이 포함된다.

고정어는 신문 어투의 중요한 부분이다. 예를 들면, '值……之际(……을 즈음하여), 应……邀请前来/去……访问(……의 초청에 따라 ……를 방문하다), 就……进行会谈(……에 대해 회의를 진행하다)' 등은 학생들이 반복적으로 연습해서 소화하도록 해야 한다.

도입어(lead)는 뉴스에서 볼 수 있는 특수한 첫머리 도입 구절로 뉴스에서 가장 신선하고, 중요하면서도 흡인력이 있는 사실을 나타내어 사람들이 한 눈에 알아 볼 수 있어야 한다. 그래서 간결하면서도 생동감 있어야 하며 때로는 한 문장이나 구로 표현되고, 일반적으로 육하원칙 중 몇 가지만 갖추기도 한다. 도입어에 대해서는 주로 학생들이 도입어에서 어떤 육하원칙이 사용되었는지 판별할 수 있도록 교육한다.

장문에 대한 교육은 주로 학생들에게 주어, 술어, 목적어를 찾아내 장문을 이해하도록 하는 간단한 방식을 사용한다.

(3) 문체 부분은 학생들에게 신문 문체의 주요 구조에 대해 이해시킨다. 뉴스는 주로 표제어, 머리말(消息头, 예를 들면, 본지 소식에 따르면), 도입어, 본문이라는 네 가지 요소로 구성되며, 가장 중요한 사실을 맨 앞에 두고, 그 다음에 두 번째로 중요한 사실을, 그 다음에는 세 번째로 중요한 사실을 놓는 것처럼 역피라미드식(역삼각형이라고도 함)의 구조를 채택하는 경우가 많다.

(4) 그 밖에도 학생들에게 뉴스, 통신, 공고, 조사보고, 보고문학 등은 문체에서 어떠한 차이점이 있는지 가르친다. 이들 간의 차이점에 대해서는 중점적으로 소개하지 않고 일반적인 선에서 그치는 것이 좋다.

3. 점진적으로 심화하는 교육방법과 대조적인 교육방법을 채택한다.

신문 언어에 대한 교육은 표제어에서 시작하여 뉴스 한 꼭지, 짧은 뉴스로 넘어가고 다시 길이가 긴 뉴스로 진행한다. 또한 교육에서 신문의 어휘, 체제, 문체를 일반 어휘, 체제, 문체와 대조하여 구분하도록 하여 이에 대한 학생들의 인식을 강화한다. 예를 들면, '完了(끝났다)'와 '闭幕(폐막했다)', '到了(왔다)'와 '抵达(도착했다)', '这次访问正是中印建交40周年的时候(이번 방문은 중국과 인도 국교 수립 40주년인 때에 이루어졌다)'와 '这次访问正值中印建交40周年之际(이번 방문은 중국과 인도 국교 수립 40주년을 즈음하여 이루어졌다)'는 차이가 있다.

4. 교육에서는 의사소통의 원칙을 강조하여 학생들이 사실적이고 생생한 신문의 언어 환경에 놓이도록 힘쓴다.

구체적인 방법은 첫째, 학생들이 매주 국제, 국내 혹은 주변에서 발생하는 뉴스를 준비하게 하고, 그중 중요 뉴스를 시험 범위에 넣는다. 둘째 유인물을 활용하여 학생들에게 최신 정보를 이해하게 한다.

매주 두 시간 있는 신문 수업의 내용은 크게 첫째 주간 주요기사, 둘째 점검, 질문에 대한 답변, 설명 및 연습, 셋째 유인물로 나눈다. 구체적으로는 주간 주요기사에 약 20분을 할애하는데, 학생들이 수업 전에 준비를 해서 수업시간에 뉴스 어휘와 체제를 사용하여 육하원칙 중 최소한 누가, 무엇을, 언제에 해당하는 요소를 갖추어 말을 하거나 판서를 하게 한다. 둘째 점검, 질문에 대한 답변, 설명, 연습에는 약 40분을 할애한다. 본문의 내용을 과제로 내주고 수업 전에 완성하게 한 후 수업시간에는 이를 점검하고, 의문사항이 있으면 답변을 해준다. 또한 그중 중요한 사항이나 어려운 점에 대해서는 설명을 해주고 연습도 한다. 셋째는 유인물에 30분을 할애한다. 교사가 주제와 관련 있는 최신 소식을 자르거나 복사를 해서 학생들이 읽고 연습을 하게 하는데 중반부 이후에서 학생들이 자료를 선택하거나 직접 신문을 읽게 하고, 핫이슈에 대해서는 토론을 진행한다. 예를 들면, A매치 경기, 페루인질사건, 홍콩반환 등에 대해 읽고 토론을 하면 학생들의 적극성을 고취하여 학습 효과도 좋아진다.

제 3 장

외국인을 위한 중국어 비언어행위류 교수법

제1절 판서의 설계[1]

집단 교육 형식이 출현한 이래, 판서는 줄곧 가장 기본적인 교수 보조 수단이 되어 왔다. 동태적 각도에서 보면, 판서는 교사가 수업 시간에 칠판에 문자나 부호를 적어 교육 신호를 전달하는 일종의 언어활동 방식이다. 그리고 정태적 각도에서 보면, 판서는 교사가 학생들이 지식을 이해하거나 장악하는 것을 돕기 위해 칠판을 이용해 문자, 부호, 도표 등으로 표현하는 교육 정보의 총칭이다. 이러한 판서의 질은 교실 수업의 효과에 직접적으로 영향을 준다. 따라서 어떻게 판서를 설계하고 운용하는가 하는 것은 모든 교사들이 수업 전에 마땅히 정성을 다해 준비해야 할 중요 내용이다.

본절에서는 필자 자신의 교육 경험을 바탕으로 하고, 선배들과 동료들의 고귀한 경험의 도움을 빌어 외국인을 위한 중국어 교육 중의 판서 설계와 관련 문제를 이야기해보고자 한다.

一. 판서의 기능

교실 수업은 판서와 불가분의 관계이며 특히 언어 교육은 더욱 그렇다. 만약 수업이 한 시간 다 끝났는데도 칠판이 텅텅 비어 있다면 학생들은 지금까지 무엇을 배웠는지 잘 못 느끼거나 장악해야할 핵심이 무엇인지 모를 지도 모른다. 각종 교육 이론에서는 판서의 기능에 대해 서로 다른

---

1) 蔡整莹, <对外汉语教学中板书设计>, ≪暨南大学华文学院学报≫ 2001年 第2期.

논술을 펼치고 있는데, 필자는 외국인을 위한 중국어 교육에서 판서의 기능은 주로 아래의 몇 가지 방면에서 찾아 볼 수 있다고 본다.

1. 초점의 집중 작용으로 학생의 주의를 끈다.

수업을 시작할 때마다 교사는 항상 먼저 제목을 써야 한다. 이렇게 해야 자연스럽게 학생의 분산된 주의력을 당일 배울 수업에 집중시킬 수 있다. 교실 수업에서 학생이 정보를 접수하는 경로에는 크게 두 가지가 있다. 하나는 청각이고 다른 하나는 바로 시각이다. 판서는 바로 학생으로 하여금 시각을 통해 정보를 획득하게 하는 것이고, 청각적 자극과 시각적 자극이 상호작용을 하게 하여 단일 자극으로 인한 피로와 집중력 저하를 방지할 수가 있다. 아울러 학생의 의식적인 주의와 무의식적인 주의를 결합하게 하여 주의력을 집중시킬 수 있다.

2. 강화작용으로 학생의 기억을 촉진한다.

교사가 수업 시간에 적당하게 판서를 활용하면 학생으로 하여금 배운 내용에 대한 기억을 더 깊고 굳게 만들 수가 있다. 현대 과학 연구에 따르면, 여러 가지 감각 기관을 운용하면 대뇌피질에 많은 '동일의미'의 흔적을 남길 수 있고 또 여러 통로의 연계를 수립하여 기억을 제고시키는 효과에 다다를 수 있다고 한다. 수업 시간에 학생의 활동이 많을수록 그가 동원하는 감각 기관도 많아지고 기억의 효과 또한 좋아진다. 판서는 직관적 이미지라는 특징을 갖고 있어서, 조리가 분명하고 알맞게 설계된 판서는 학생에게 깊은 인상을 남길 수 있다. 특히 판서를 통해 학생으로 하여금 한자를 기억하게 하는 작용은 매우 크다.

3. 개괄 작용으로 학생이 이해하고 장악하는데 편리하다.

교사가 수업에서 설명을 했던 언어구조나 구형, 핵심단어의 용법 등을 예문이나 공식 등의 방법으로 판서하고 또 당일 수업의 핵심 내용을 판서한다면, 학생이 이해하는데 큰 도움을 줄 수 있을 것이다. 그리고 개괄 귀납 이후의 판서 내용은 또 학생이 수업 이후 복습하여 내용을 공고히 하는데도 도움을 주고 최종적으로 배운 내용을 이해할 수 있게 도와준다.

二. 판서의 설계

교사가 수업 준비를 할 때 정성껏 판서를 설계해야 하는데, 설계 시에는 주로 내용, 위치, 시간과 형식 등 몇 가지 방면을 고려해야 한다.

내용: 어떤 것을 꼭 판서해야 하는지, 어떤 것이 판서가 가능한지, 어떤 것이 판서가 불필요한지 명확히 해야 한다.
위치: 판서 시에 몇 개의 면으로 나눌 수 있는지 고려해야 하고, 또 어떤 내용을 어느 위치에 써야할지 고려해야 한다.
시간: 판서할 시점과 판서 시 필요한 시간을 가리킨다. 판서가 만약 비교적 긴 시간을 요한다면 사전에 판서해두어야 한다.
형식: 내용을 어떤 방식으로 표현해내야만 가장 좋은 교육 효과를 달성할 수 있는지를 가리킨다.

판서의 형식은 매우 많다. 실제 교육 현장에서 많은 교사들은 효과적이고 실용적인 형식을 창조해 내기도 한다. 여기서 우리는 초보적이나마 판서의 형식을 귀납하고 분류해 보고자 한다.

1. 배열식

배우거나 연습해야할 내용 또는 방금 설명한 내용(새 단어, 예문, 보충 연습 등)을 칠판에 배열하는데, 그 목적은 학생들로 하여금 이를 인식하고, 판별하며 복습을 통해 공고히 하기 위한 것이다. 자주 사용되는 배열식에는 '가로 배열식', '세로 배열식', '분류식' 등이 있으며 혹은 두 종류의 배열식이 서로 결합된 것도 있다.

새 단어의 제시를 예로 든다면, ≪初级汉语课本≫ 제36과에는 모두 25개의 새 단어가 나오고, 본문 내용은 '문병(看病)'과 관련된 것으로 필자는 가로 배열식을 채택하고자 한다.

病	手	破	上	药
每	次	舒服	头	疼
挂号	科	内科	外科	
发烧	嗓子	鼻子	通	
咳嗽	表	度	张	嘴
感冒	打针	开	片儿	

새 단어는 본문의 순서에 따라 배열되어 있어 문장이나 문단을 구성하기에 편하게 되어 있다. 이러한 판서는 학생이 단어를 배울 때 뿐 아니라 본문을 듣고 말할 때에도 이용이 가능하다. 동일한 새 단어를 세로 배열식으로 할 수도 있는데 이때 장점은 배열이 가지런하고 공간을 절약할 수 있다는 점이다.

病	挂号	表
手	科	度
破	内科	张
上	外科	嘴
药	发烧	感冒

每	嗓子	打针
次	鼻子	开
舒服	通	片儿
头	咳嗽	
疼		

또 하나의 예로, ≪初级汉语课本≫의 제8과 새 단어는 분류식을 채용할 수 있는데 단어 품사의 특징을 부각시켜 학생이 연상적으로 기억하기에 편리하다.

		哪	种	词典
		几	本	杂志
同志	要			练习本
		两	张	桌子
				床
			把	椅子
			个	柜子

이 과의 새 단어 중에는 양사와 명사가 많이 있어 이들을 귀납 분류하고 또 각 단어를 문장 속에서의 순서에 따라 배열할 수 있다. 이렇게 하여 종으로 보면 계열관계가 되고, 횡으로 보면 조합관계가 된다.

2. 확장식

단어를 기초로 하여 단어에서 구로 확장하고, 구에서 다시 문장으로 확장하며, 쉬운 것에서 어려운 것으로, 간단한 것에서 복잡한 것으로 확장한다. 이렇게 하여 단어의 결합 규칙과 중국어 문장의 구조 규칙을 나타낼 수가 있다. 예를 들어 단어의 확장은 아래와 같다.

词典

买词典

两本词典

买两本词典

要买两本词典

我要买两本词典

好处

有好处

对……有好处

3. 첨가식

원래 있던 판서의 기초 위에 판서 내용을 더 첨가하는 것으로, 첨가하는 것은 단어일 수 있고, 편방, 병음 혹은 부호일 수도 있다. 이러한 형식은 단계적으로 언어문자의 특징을 제시하는데 유리하며 언어 규칙을 제시하는 데도 유리해 판서의 이용률을 높일 수가 있다.

예1: 한자 교육에서 이미 배웠던 글자나 부건을 이용하여 어떤 새로운 부건을 첨가함으로써 또 다른 글자를 구성할 수 있다. 이렇게 하면 학생에게 이미 배웠던 내용을 복습시킬 수도 있고, 이로써 새로운 내용을 도입할 수 있으며 학생에게 한자 구성의 규칙을 보여줄 수도 있다.

예) ≪汉字读写≫ 제36과. 먼저 아래의 몇 개의 부건을 판서한다.[2]

古

良

番

米

---

[2] 이것은 贾钰선생님의 1999년 독해 공개 수업의 일부 판서에 근거한 것이다.

이전에 이 부건들은 모두 이미 출현했던 것으로, 교사는 먼저 학생들에게 이들을 복습시킨다. 그리고 이 부건들로 구성된 한자를 쓰게 한다(학생들은 '做, 食, 播, 楼'를 쓸 것이다). 그런 다음 교사는 다시 이 부건의 기초 위에 다른 부건을 첨가하여 새로운 글자를 만든다.

女+古   姑
女+良   娘
番+羽   翻
米+羔   糕

예2: 문법 교육에서 어떤 중요한 부분을 강조하기 위해 채분필로 표기를 하거나 방점 표시를 할 수 있다. 이러한 강조 부분은 대개 원래 있던 판서에 첨가하게 된다.

4. 교체식

대개 하나의 완벽한 구조를 판서하고 거기에 교체할 수 있는 부분을 더 추가한다. 주로 문법 교육에서 사용되며 구어 표현 연습에서도 자주 발견된다. 예를 들어 '把'자문 연습의 경우 다음과 같다.

我把	书	放在	桌子上。
	本子		床上
	衣服		地上
	笔		书包里
	鞋		箱子里
	钱		钱包里

5. 대조식

글자나 단어, 또는 문자의 대조 모두 가능하다. 이것은 통상 양자 간의 구별을 설명하는데 쓰인다. 이러한 방법은 언어로 표현하는 것보다 더 직관적이고 명료하다. 예컨대, 학생에게 '几乎'라고 하는 단어를 가르친다고 할 때, 학생들은 항상 '几乎'와 '差不多'가 어떤 차이가 있는지를 묻곤 한다. 교사가 만약 말로만 해석을 해준다면 학생들이 쉽게 깨닫지 못하고 시간과 힘만 낭비한다. 그래서 만약 판서로 대조하게 되면 학생들은 보다 빠르게 이해하고 습득하게 될 것이다.

> 我们俩年龄差不多。O
> 我们俩年龄几乎。×
> 我们俩差不多高。O
> 我们俩几乎高。×
> 我们俩差不多一样高。O
> 我们俩几乎一样高。O

6. 도표식

그림이나 표를 이용하여 사물 간 관계를 설명한다.

예1: 학생들에게 학교의 각 건물 간의 위치를 설명하게 하고 그림을 이용해 판서한다.

예2: "除了……以外, 都……"와 "除了……以外, 还……" 이 두 구조를 설명할 때, 교사는 이와 같은 그림을 사용할 수 있다.[3]

---

3) 이것은 赵葵欣 선생님의 1998년 종합 수업 공개 부분의 판서를 근거한 것이다.

(1) 除了A以外, B都……(〈그림 3-1〉과 같다)

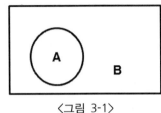

〈그림 3-1〉

(2) 除了A以外, B还……(〈그림 3-2〉와 같다)

〈그림 3-2〉

학생들은 그림을 보면 금방 이해한다. 즉, 구조(1)은 배제를 나타내고, 구조(2)는 첨가를 나타낸다.

예3: 중국어 성모와 운모의 조합 규율을 제시할 때, 성운모 병합표를 사용할 수 있다.

7. 공식식

단어나 부호 등으로 구성된 공식을 이용하여 한 언어 항목의 구조, 생성 규칙 등을 표시한다. 이러한 판서 형식은 문법, 문형을 귀납하는데 쓰인다. 예를 들면 다음과 같다.

비교문의 기본형식: A+'比'+B+adj.

'把'자문의 기본형식: S+'把'+O+V+기타성분

8. 변환식

이미 배운 통사구조를 이용하여 변환의 방식으로 도입하여 일종의 새로운 통사 형식을 제시하는 것을 말한다. 이러한 판서 형식은 대부분 문법 교육에 쓰인다. 예컨대, 피동문을 가르칠 때, 항상 '把'자문으로부터 변환하여 제시한다.

他把我的自行车骑走了。 → 我的自行车被他骑走了。

9. 제시식

판서에서 핵심 단어나 구조를 나타내어 학생에게 제시한다. 이것은 보통 학생에게 본문을 '다시 말하기'시키거나 문단 표현을 연습시킬 때 상용되는 판서형식이다.

예를 들어 ≪初级汉语课本≫ 제59과에는 학생에게 설날의 내력을 이야기하게 하는 것이 있다. 본문을 근거로 하여 아래와 같은 제시성 내용을 줄 수 있다.

传说……动物……年, ……每到……就……。有一次, ……一个村子, ……听见……就……。……第二个……, 看见……又……。……第三个……, 看见……又……。从此, ……知道……, 于是……家家户户……。这就是……

학생들은 판서의 제시를 근거로 하여 배운 내용을 연상할 수 있고, 이로써 매우 빠르게 표현해 낼 수 있다.

10. 개요식

배운 내용에 대해 정리 개괄하고 몇 개의 중요한 방면을 귀납 총결한다. 본문의 요점, 문제에 대한 대답 등을 개괄할 때 쓰인다. 예를 들어, ≪初级汉语课本≫ 제59과에서는 설날을 경축하는 전통 행사에 대해 귀납할 것을 요구하고 있다. 이때 아래와 같이 판서할 수 있다.

> 腊月三十日以前
> 三十那天
> 初一那天
> 初一到初三
> 其他活动

이상에 열거한 10가지 판서형식은 외국인을 위한 중국어 교실 교육에서 자주 발견되는 것으로, 필자가 항상 사용하는 것이기도 하다. 실제 판서 설계에서 이러한 형식들을 통상 함께 결합하기도 하며, 교육의 필요에 따라 융통성 있게 선택 사용할 수 있다.

三. 판서 설계와 운용의 원칙

원칙1) 목적이 명확해야 하고 융통성 있게 운용한다.

판서는 학생의 이해를 돕기 위한 것이기 때문에 어떤 형식의 판서를 채택하고, 왜 이러한 형식을 채택하는가가 명확해야 한다. 이렇게 해야만 판서의 맹목성을 피할 수 있고, 임의성을 줄일 수가 있다. 언어 기능 관련 수업은 전문 지식의 수업과 교육 목적, 교육 내용, 교육 방법 측면에서 모두 다르다. 즉, 수업 유형의 특징에 근거하여 판서를 설계해야 하는 것이다. 언어 기능 수업은 주로 듣고, 말하고, 읽고, 쓰는 기능을 배양하는 것이다. 그래서 판서의 설계 역시 언어 항목의 특징을 제시하고 교육 규율을 체현하는데 도움이 되어야 한다. 예컨대 종합형 수업의 문법 교육에서는 변환식, 확장식, 교체식, 공식식의 판서가 상용된다. 한자 교육에서는 첨가식, 대조식 등이 주로 사용되고, 말하기 교육에서는 학생에게 지정된 단어나 표현법으로 하나의 의사소통 임무를 완성하도록 요구하기 때문에 제시식 판서가 많이 사용된다. 전문 지식 수업은 지식의 설명을 위주로 하기 때문에 판서는 주로 수업 내용의 핵심을 개괄적으로 제시하기 위해 사용한다. 이렇게 하면 학생들이 이해하기 쉬우므로 판서형식은 보통 제요식, 도표식, 배열식이 선택된다.

원칙2) 핵심을 부각시키고 주요한 것과 부차적인 것을 분명히 구분한다.

판서는 교육의 핵심과 난점을 반영해야 한다. 그중 핵심은 학생들이 반드시 이해해야 하는 내용이기 때문에 그들의 기억, 복습, 자습에 도움이 되게끔 반드시 판서를 해야 한다. "특히 가장 마지막에 칠판에 남는 내용은 마땅히 본 과의 교육 핵심을 나타낼 수 있어야 한다."[4]

원칙3) 배치가 합리적이어야 한다.

판서의 배치에 있어서 한 번의 수업에서 몇 번의 판서를 해야 하고, 매 판서 시에 얼마나 크게 칠판을 써야 하며, 어떤 위치에 배치해야 하는가, 그리고 첫째 시간과 둘째 시간의 판서는 어떻게 연결시켜야 하는가 등에 대해 치밀하게 고려해야 한다. 동일한 유형의 판서 배치는 상대적으로 고정적이어야 한다. 그리고 판서 내용 측면에서 조리 있고 분명해야 하며 논리상의 연결이 되어야 하고, 쉬운 것에서 어려운 것으로 일반적인 것에서 전문적

---

4) 李德津, <一年級綜合課短文階段教案示例>, ≪対外汉语教学初级阶段课程规范≫, 北京语言文化大学出版社, 1999年版.

인 것으로 가야 한다. 예를 들어 연결시켜 충분히 구를 만들 수 있는 두 개의 새 단어가 있다면 가능한 한 동일 항 또는 동일 열에 출현토록 한다. 그래야 교사가 판서를 이용해 확장을 진행하기에 좋고 학생이 기억하기에도 좋다. 다른 예로, 예문이 출현하는 순서는 마땅히 학습의 규율에 부합해야 한다. 그래서 일반적으로 긍정문이 앞에, 부정문이 뒤에 나오고, 진술문이 앞에, 의문문이 뒤에 나와야 한다.

원칙4) 시의적절하게 운용해야 한다.

판서는 반드시 교육적으로 필요할 때 사용해야 한다. 어떤 것은 미리 써야 하는데, 가령 내용이 많거나 형식이 복잡한 것은 미리 쓰면 시간을 절약할 수 있다. 그리고 어떤 것은 설명 도중에 설명하면서 판서를 해야 한다. 이렇게 해야 학생의 주의력을 집중시킬 수 있다. 그런데 어떤 것은 설명을 다 하고 써야 하는데, 예를 들어 문형을 학습할 때, 예문은 보통 설명을 하면서 써야 하나, 문형구조의 공식은 분석 귀납을 다 하고 나서 나와야 한다. 이렇게 해야만 감성에서 이성으로의 인지 규율에 부합하며 학생이 독립적으로 분석하고 귀납하는 학습 습관 양성에도 도움이 된다. 이외에 판서가 불필요할 경우 그때그때 지워야 한다. 예를 들어 새 단어를 듣고 쓸 때 사용했던 번호라든가 임시로 했던 해석용 어휘 등은 즉시 지워서 방해가 되지 않도록 한다.

원칙5) 규범이 자연스러워야 한다.

판서는 강한 시범 작용을 가진다. 따라서 교사의 판서는 반드시 필적이 깔끔해야 하고 필획, 필순이 맞아야 하며 문장부호도 정확해야 한다. 그 외에 글자체의 대소가 적당해야 하고 칠판도 깨끗해야 한다. 수업 시 판서의 속도는 약간 빨라야 하는데 구두 언어와 비교적 일치해야 한다. 이렇게 해야만 교실 교육의 밀도와 리듬감을 증가시킬 수 있다. 색분필을 사용할 때, 보통 두 가지 이상을 넘으면 안 된다. 분필의 색깔이 너무 많으면 강조 작용이 잘 살지 않고 오히려 학생의 주의력을 분산시킬 수가 있다. 그 외에 부호의 사용도 항시 일관되어야 한다. 예를 들어 'S'로 주어를 대표하고, 'V'로 동사를 대표하며, 'O'로 목적어를 대표한다. 그리고 '( )'로 그 사이 성분이 없을 수 있음을 대표하고 문자 아래의 물결선으로 강조를 나타낸다.

원칙6) 이용률을 높인다.

교실 수업의 시간은 한정되어 있고 언어 교육은 대부분의 시간을 학생의 언어활동에 쓰기 때문에 판서가 너무 많은 시간을 차지해서는 안 된다. 이렇기 때문에 판서는 가능하면 여러 가지 용도를 가지는 것이 좋다. 당연히 운용 과정에서 판서가 계속 불변의 상태인 것은 아니다. 적시에 조정을 해야 하고, 불필요한 부분을 지워버려야 하며 필요한 내용은 보충해야 한다.

예컨대, 다음은 ≪初级汉语课本≫ 제17과의 판서[5]의 내용이다.

첫 번째 판서는 새 단어를 학습할 때 출현한다.

现在	早上	起床
点		早饭
分	上午	上课
刻		下课
半	中午	午饭
差	下午	晚饭
	晚上	睡觉

두 번째 판서는 시간 표시법을 훈련시킬 때이며 여기서 시간을 첨가한다.

---

5) 程美珍, <一年级综合课语法阶段教案示例>, ≪对外汉语教学初级阶段课程规范≫, 北京语言文化大学出版社 1999年版.

現在	早上	6:00	起床
点		7:00	早饭
分	上午	8:00	上课
刻		11:50	下课
半	中午	12:00	午饭
差	下午	6:15	晚饭
	晚上	10:30	睡觉

세 번째 판서는 어떤 때 어떤 일을 하는가라는 표현법을 연습할 때로 동사인 '吃'를 첨가한다.

現在	早上	6:00	起床
点		7:00	(吃)早饭
分	上午	8:00	上课
刻		11:50	下课
半	中午	12:00	(吃)午饭
差	下午	6:15	(吃)晚饭
	晚上	10:30	睡觉

수업 시간의 판서는 교사의 매우 중요한 교수 기능으로 매우 강한 실천성을 갖고 있다. 그래서 판서가 이상적인 효과를 거두려면 교수 중에 부단히 탐색을 해야 한다. 즉, 외국인을 위한 중국어 교육의 규율을 준수하고, 수업 유형의 특징과 학생의 수준을 잘 결합하여 융통성 있게 판서형식을 운용하고 또 계발성이 풍부한 판서를 설계한 다음 운용 과정에서 판서의 심미작용에 신경을 쓴다면, 교실 교육의 판서는 일종의 교육의 예술이 될 수도 있다.

제2절 교사의 신체언어

壹. 중국어 교육에서 신체언어(体态语)의 의미와 운용6)

 "신체언어란 인체에서 발출되어 감정을 나타내거나 뜻을 나타내는 기능을 갖는 일종의 도상성(图像性) 부호로, 사람의 얼굴 표정, 신체 자세, 사지 동작과 신체 위치의 변화를 포함한다. 이것은 인류의 중요한 의사소통 수단 중 하나이다."7) 신체언어의 기능은 주로 음성언어 의사소통을 보조하는데 쓰이며 감정과 뜻을 나타내어 이성적 정보를 보다 구체화시키는 작용을 하고, 의사소통 과정을 조절하며 예의가 있는 교류에 참여케 하는 기능을 한다. 일정한 문맥 속에서 신체언어는 음성언어를 대체할 수 있고 심지어 음성언어의 함의를 부정할 수도 있다. 그래서 음성언어와 비교했을 때, 신체언어가 표현하는 정보는 더욱더 맥락에 의존하는 경향이 있다.
 신체언어는 광의, 협의의 구분이 있다. 협의적 측면에서 보면, 신체언어는 일련의 감정과 의미 전달 작용을 갖는 도상성 부호를 가리킨다. 그리고 광의적 측면에서 보면, 신체언어는 일정한 상황에서의 각종 동작을 포함하는데, 여기에는 '손으로 끄집어내기(抠), 눈으로 보기(瞅), 뛰기(跳), 귀를 긁다가 턱을 쓰다듬다가 하는 행위(抓耳挠腮)' 등을 모두 포함한다. 본문에서 가리키는 것은 바로 광의의 신체언어이다.
 신체언어는 그것의 시대성, 민족성, 다의성, 누설가능성, 사회성, 계통성

---

6) 孙雁雁, <体态语在对外汉语教学中的意义及运用>, ≪语言教学与研究≫, 2004年 第2期.
7) 周国光、李向农等, ≪体态语≫, 中央民族大学出版社, 1997年版.

으로 일종의 특수한 언어현상을 구성하며 그 자신의 특징을 갖고 있다. 그리고 일정 조건 하에서 그것은 언어를 대체할 수 있고, 언어를 보조하며 언어를 더욱더 분명하고 간결하게 만들 수 있다. 따라서 외국 문화와 접촉할 때 신체언어를 이해하는 것은 더 깊은 의미를 가질 수 있다.

一. 신체언어의 운용

1. **교사는 학생들의 신체언어를 바탕으로 학생들의 개성을 파악할 수가 있고 이로써 개인 특성에 따른 교육을 실시할 수 있다.** 이른바 개성이라 함은 한 사람의 생리적 소양이나 일정한 사회 역사적 조건하에서 일정한 실천 활동을 통해 형성되고 발전해 온 것이다. 개성은 개인의 독특한 풍격으로, 한 사람의 기본적 정신면모를 표현한다. 신체언어는 사람들의 개성과 밀접한 관련이 있다. 그렇기 때문에 교수 과정에서 신체언어를 바탕으로 학생의 개성을 이해할 수 있고 또 학생의 개성과 결합하여 개별 학생에 따른 다양한 교육을 실현할 수 있다. 외향적인 학생을 대할 때에는 그의 '소탈한, 시원스러운' 행동 및 적극적인 대답에 속아서는 안 된다. 외향적인 학생은 말하기를 좋아하고, 남과 교제하기를 좋아하기 때문에 그들의 말하기 수준은 초보 단계라 해도 상대적으로 높은 편이다. 그러나 그들은 대부분의 에너지를 '말하기' 방면에만 쏟기 때문에 많은 시간을 들여 공고히 할 필요가 있는 문법 및 단어 쓰기 등에는 상대적으로 취약할 수가 있다. 그냥 이대로 나가면 그들은 자칫 '소화불량' 현상이 나타날 수 있고 이후의 학습과 의사소통에도 영향을 줄 수 있어서 설사 고급 단계가 되어도 표현할 때 종종 '완고한' 문법 오류(즉, 자신이 알고 있는 것 위주로만 하고 업그레이드가 안 되는 오류(역주))가 계속 출현할 수 있다. 그래서 외향형 학생을 대할 때 교사는 그들의 장점을 칭찬함과 아울러, 동시에 그들이 단어 쓰기나 문법 핵심의 운용 등에 주의를 집중하도록 신경 써야 한다. 성격이 내성적인

학생을 대할 때, 교사는 그들이 항상 표현하지 않는다 하여 그들의 진정한 수준을 무시해서는 안 된다. 내성적인 학생들은 비록 남과 교제하는 것을 좋아하진 않지만, 상대적으로 많은 시간을 들여 수업 내용을 소화하려고 노력한다. 따라서 비록 초급단계라 그들의 표현이 약간 떨어지긴 하지만 일정한 시간을 거치면 그들의 '내재적 공력'은 중요한 작용을 할 것이다. 오히려 이러한 학생들이 문법이나 단어를 더 정확하게 사용하고, 강세도 제대로 파악할 수 있다. 따라서 교사는 항상 그들을 격려해야 하고 이들이 일찍 장점을 드러내게 도와주어야 한다.

2. 교사는 학생들의 얼굴 표정을 살펴 수업 상황 및 학생의 정서를 추측해야 한다. 정상적인 의사소통 활동에서 정보 발출자는 상대방을 향해 정보를 전달함과 동시에 상대방의 신체 행위로부터 피드백 정보를 얻어 자신의 정보가 잘 전달되었는지, 중복이 필요한지를 확정하게 된다. 교사가 수업 시간에 만약 학생이 수업을 들으면서 미간을 찌푸리는 것을 발견했다면, 그것은 학생이 이해하지 못했거나 교사의 관점에 동의하지 않음을 의미하는 것이다. 이때 교사는 의식적으로 진도를 늦춰 학생에게 자신의 견해를 발표하게 하거나 더 많은 예를 들어 여러 형식으로 여러 차례 동일한 문제를 설명해야 한다. 만약 학생의 눈꺼풀이 내려오는 것을 발견했다면, 이는 학생이 그 내용에 대해 재미없어 하거나 흥미가 없음을 의미하는 것이므로 교사는 임기응변을 발휘하여 농담을 하거나 기분이 안 좋은 학생에 대해 선의의 농담을 하고 학생의 찡그린 표정을 흉내내보도록 한다. 이렇게 하면 비록 모든 교사들이 운용하는 방법이 다 다르더라도 모두가 긍정적인 효과를 거둘 수 있으며 학생의 학습 열정을 이끌어 낼 수 있다. 그리고 유쾌한 기분, 적극적인 정신 자세로 수업에 참여하게 할 수 있다.

3. 교사는 신체언어를 이용하여 가상의 의사소통 상황을 만들 수 있다. 부드럽고 자유로운 분위기를 만들어 방어의식과 초조감이 없는 환경에서

공동의 안전감을 얻도록 한다. 또한 최대한도로 자신을 이완시켜 방어 상태가 되지 않게끔 함으로써 수업의 내용을 충분히 소화, 흡수하게 한다.

중급단계의 수업을 예로 들어 보겠다. 수업에서의 핵심이 '伤心(상심)'인 경우, 교사는 신체언어로 수업 내용을 도입한다. 교사가 얼굴 표정을 고통스럽게 지으며, 획 둘러보고는 학생들에게 가장 친한 친구가 자신을 배신했다고 말한다. 이렇게 '伤心'의 분위기를 만들어 학생이 교사를 도와 이때의 심정을 표현해내게 한다. 예를 들어 '我太伤心了(나는 너무나도 상심했다)', '我伤心得要死(나는 상심해서 죽을 정도다)', '我不想活了(살기 싫다)' 등이 있으며 그런 다음 다시 각종 신체 동작을 빌어 새로운 내용을 끄집어낸다.

> 손으로 얼굴을 가리다 — 我的脸往哪儿搁呀 / 你让我怎么见人哪？
> 손으로 턱을 괴고 있는데 두 눈은 멍하고 얼굴 한 가득 낙담해 있다 —
> 茶不思, 饭不想 / 我的心都要碎了。
> 계속 손수건으로 눈을 닦는다 — 泪如雨下 / 以泪洗面
> 계속 손수건으로 눈과 코를 닦는다 — 哭得一把鼻涕一把泪。
> 얼굴에 낙담이 한 가득이면서 불만을 표출한다 — 这些人太没良心了, 我这
> 么对他们, 可他们……

교사가 신체 동작을 빌리면 모든 말이 표현하는 의미를 학생들이 분명히 기억하게 할 수 있다. 그런 다음 교사는 학생에게 조를 나누어 연습하게 한다. 즉 한 사람이 쇼를 하고 나머지 사람들은 이에 상응하는 문장을 말해본다. 이렇게 하면 모든 이들이 '감독'의 기회도 가질 수 있고, '연기자'가 되는 기회도 가질 수 있는데 모든 학생들이 다 기억할 수 있을 때까지 한다. 사실 이렇게 하면 시간은 매우 짧아 기껏해야 10분을 넘지 않는다. 그런 다음 교사는 '伤心'을 가상의 상황 속에 넣고 다시 연습을 한다. 예를 들어 친구에게 오해받았다든지, 많은 사람 면전에서 선생님의 꾸중을 들었다든지, 친한 친구에 의해 시기를 당했다든지, 선생님이 학생을 진심으로 대했는데 오히려 학생에게서 안 좋은 대우를 받았다든지 등등.

당연히 이러한 교수 방법은 교사와 학생의 밀접한 협조가 있어야 한다. 그리고 둘 간의 상호 이해, 상호 신뢰가 있어야 특정한 가상 상황에서의 역할이 잠시나마 살아날 수가 있다. 이를 위해 교사와 학생은 긴밀한 감정 관계를 맺어야 하며 이렇게 해야 학생이 교사에 대해 친근감을 가질 수 있다. 경험 있는 교사는 모든 기회를 놓치지 않고 이용한다. 설사 학생의 등을 두드려 주는 작은 행위라 할지라도 마찬가지로 이러한 목적에 도달할 수가 있다.

4. 교사는 신체언어를 이용하여 수업 시간을 연장할 수 있고 수업 내용을 증가시킬 수 있다. 교사와 학생 간의 묵계가 이루어지면 교사가 학생에게 질문에 대한 대답을 요할 때 교사가 말을 안 하고 단지 눈짓만으로도 호명을 하여 대답하게 하거나 단체로 대답하게 하는 것, 또는 순서대로 대답하게 하는 목적에 이를 수 있다. 동시에 일부 동작성이 강한 단어나 구에 대해서 교사는 신체 동작을 빌어 언어를 대체해 이미지를 제시할 수 있다. 예를 들어, 抽泣(흐느끼다), 呷(마시다), 抿(오므리다), 戳(찌르다), 作揖(읍하다), 崴(발을 삐다), 挤眉弄眼(곁눈질하다), 挪窝儿(자리를 옮기다), 挺将军肚(불룩 나온 배), 倒栽葱(곤두박질하다), 蹑手蹑脚(살금살금 걷다), 正襟危坐(경건한 태도를 취하다), 胁肩累足(두려워 움츠리다), 抱头鼠窜(쥐구멍 찾다), 鹅行鸭步(느릿느릿 걷다), 狼吞虎咽(게걸스럽게 먹다), 细嚼慢咽(잘 씹어서 천천히 삼키다) 등이 있는데 입체적으로 학생을 자극함으로써 학생의 정보 수용 효율을 제고시킬 수 있다. 그리고 동일한 수업시간이라면, 신체언어를 통해 마찬가지로 학생에게 입력한 정보량을 상대적으로 증가시킬 수 있고 또 그들로 하여금 이를 흡수하게 할 수도 있다.

5. 교사는 의식적으로 신체언어를 이용하여 자신의 풍격을 보여줄 수 있다. 예를 들어 자애롭고 우호적인 미소, 우아하게 앉거나 선 자세, 교양

있는 행동(자각적으로 휴지통에 휴지 버리기, 아무데나 침 뱉지 않기 등) 등이 있다. 풍격이 우아한 교사는 학생으로 하여금 그들에 대한 존경심, 친근감이 생기게 한다. 그리고 그 자신이 자기장 효과가 발생해 잠재적으로 학생을 끌어 들이고 이에 따라 학생이 그가 설명한 내용에 대해 동질감을 갖게 할 수 있으며 결과적으로 좋은 교육 효과를 거둘 수 있게 한다. 신체언어를 활용하면 언어가 보다 더 빛을 발하게 되고 학생은 어떤 단어에 대해 잘 이해하게 된다. 그리고 수업 분위기도 보다 활발해지며 절정에 이르게 된다. 교실 수업은 이로써 자기장 효과를 가져 더욱더 굳건히 학생을 끌어 들이게 된다. 동시에 주의할 사항이 있는데, 우리의 교육 목적은 학생들이 중국어를 배우고 활용하게 하는 것이므로 학생들이 언어로 잘 표현하게 하는 것이 우리의 최종적인 목표가 된다. 따라서 교사의 신체언어 활용은 다만 윤활유나 조미료와 같은 작용만 할 뿐임을 명심해야 한다.

二. 신체언어의 사용방법

신체언어는 사람들의 일상적인 의사소통에서 흔히 볼 수 있다. 그렇다면 우리는 교실 교육에서 이렇게 풍부하고 다채로운 신체언어를 어떻게 이용해야 할 것인가?

(一) 초급단계 교실 교육에서의 신체 언어 사용 방법

중국어 교육의 초급 단계는 대체로 학생들의 단어량이 많지 않기 때문에 시작할 때 순수한 음성언어만으로는 의사소통을 진행할 수 없다. 그래서 어떤 이는 중간어(中介语) 사용을 제창하지만 우리의 기본 원칙은 학생들에게 순수한 중국어 환경만을 제공하자는 것이기 때문에 가능하면 중간어 사용을 자제해야 한다. 그렇다면 어떻게 해야 하는가?

우리는 James J. Asher의 '전신 반응 교육법 이론'을 바탕으로 신체 동작을 전체 교실 교육에 적용시키고자 한다. 예를 들어, '起立, 站, 背, 走, 跑, 跳, 停, 坐, 躺, 拿, 摸, 踢, 擦, 放' 등의 상용 동사와 '书, 本, 笔, 书包, 桌子, 椅子, 黑板, 门, 窗, 灯' 등의 상용명사로 아래와 같은 문장들을 구성할 수가 있다.

坐。/ 阿里坐。/ 阿里坐, 起立, 拿书走。/ 阿里拿笔, 起立, 走到黑板, 摸黑板。 / 阿里起立, 跑到门, 踢门, 停。/ 阿里背书包, 坐在椅子上, 拿出书, 放到桌子上。/ 阿里背书包, 走到窗前, 放在椅子上, 踢椅子, 停。

이상의 문장들은 교사가 먼저 학생들에게 주입을 하고 나중에 학생들이 출력하게 하는 방식을 취할 수 있다. 교사가 시범을 보이는데 즉, 말하면서 동작을 해 보이는 것이다. 그런 다음 한 명 혹은 한 팀의 학생들에게 한 번 해보게 한다. 그렇게 모든 학생들이 자신 있게 조금의 망설임이 없이 반응할 때까지 계속 한다. 그런 다음 일부 학생들은 자신이 직접 명령을 해보고 일부 학생은 그에 대한 반응을 해보기도 한다. 이런 식으로 학생들 간에 서로 감독하게 하고 서로 검사하게 하는데 이렇게 하는 목적은 학생들로 하여금 온몸으로 반응하게 함으로써 학생의 흥미와 주의력을 제고시키고 또 이처럼 방어의식이나 초조감이 없는 상황에서 부드러운 상태가 되게끔 하여 더욱더 잘 수업의 내용을 흡수하고 소화시키게 하기 위함이다.

유사한 방식을 초급단계에서 더 많이 사용하게 되는데, 분명 사용하는 문장은 대부분이 명령하는 말투로 이루어지게 된다. 일반적으로 명령은 권위주의적인 면을 은근히 내포하고 있다. 그러나 교사의 말투와 자세, 얼굴 표정은 모두 학생에게 선의와 열정, 친근함의 느낌을 줄 수 있어야 한다. 그래서 학생으로 하여금 교사는 그들의 파트너이자 친구로서 그들을 돕는 사람이지 그들을 놀리는 사람이 아님을 인식하게 해야 한다. 이렇게 해야만 신체언어는 초급 말하기 수업에서 자신의 능력을 남김없이 발휘할 수 있다.

(二) 중고급단계 교실 교육에서의 신체언어의 사용 방법

1. 중·고급단계의 경우 학생들은 이미 상당량의 어휘를 습득한 상태이다. 그래서 음성언어만으로 교류를 진행해도 큰 장애가 없기 때문에 어떤 이는 신체언어가 이 단계에서는 '퇴역'해야 한다고 생각하나 사실 그와는 정 반대이다. 중·고급단계에서 신체언어는 더욱 더 융통성 있고 다양하게 활용 가능하며 심지어 필수불가결한 것이다. 특히나 난삽하고 이해하기 어려운 단어인 '頷首(고개를 끄덕이다)', '首肯(수긍하다)', '耳提面命(간곡하게 타이르다)', '朝拜(알현하다)', '嚎啕(큰 소리로 울다)', '胁肩累足(두려워 움츠리다)', '怒不可遏(노여움을 억제할 수 없다)', '泣不成声(소리 없이 울다)', '三令五申(여러 번 명령하다)', '玩世不恭(모든 것을 하찮게 대하다)' 등은 교사가 신체언어의 도움을 받는다면 학생들이 금방 이해하게 될 것이다.

2. 교사가 새로운 신체 어휘를 가르칠 때, 신체 자세를 가지고 전에 배운 어휘를 복습하거나 새 어휘를 유도할 수 있다. 이렇게 하여 학생이 그 의미장을 체계적으로 이해할 수 있다. 만약 '憨笑(천진하게 웃다)'란 신체 어휘를 가르친다면, 먼저 초급단계에서 배운 '笑'와 관련된 신체 어휘인 '欢笑(즐겁게 웃다)', '拍手笑(박장대소하다)', '哈哈大笑(한 바탕 크게 웃다)' 등을 복습하고, 다시 '笑'라고 하는 이 신체 동작을 중심으로 그것의 변이체를 유도할 수 있다.

정도에 따른 분류: 微笑, 莞尔一笑, 眯眯笑, 抿嘴笑, 哈哈大笑, 狂笑
성질에 따른 분류: 暗笑, 惨笑, 嘲笑, 耻笑, 干笑, 憨笑, 欢笑, 奸笑, 苦笑, 冷笑, 狞笑, 窃笑, 傻笑, 失笑
빈도에 따른 분류: 偶尔一笑, 时不时地一笑, 不停地笑, 一直笑

'笑'와 기타 신체 부위가 결합한 신체 어구: 捧腹大笑, 嬉笑, 拍手笑, 捂嘴笑,
捂脸笑, 扭头一笑, 回眸一笑, 跳着脚笑, 拍腿笑

이렇게 하나로 여러 가지를 동시에 연결시켜 알려주고 또 학생들에게
시범을 보이면, 학생들은 동일한 신체 자세와 관련한 어휘에 대해 보다
융합적으로 이해하게 될 것이다. 그리고 이에 따라 학생의 언어지식과 언어
표현은 더욱더 완벽해질 것이고 체계적일 것이다. 동시에 두 개 이상의
신체 어휘로 구성된 신체 어구가 문장 중에서 병행된 부사어로 쓰이면
언어를 풍부히 할 수 있고 표현 효과도 제고시킬 수 있다. 그러나 학생들은
병행 부사를 운용할 때, 항상 회피 전략을 쓴다. 예를 들어, '她远远地看见对
面开来了一辆垃圾车, 便[捂着鼻子], [一扭身], [猫一样地]闪进了一条小胡同.'의
경우, 문장 중 '[ ]'안의 신체 어구는 '그녀'가 쓰레기차를 본 이후의 일련의
반응을 매우 형상적으로 표현해 내고 있다. 그러나 학생들은 항상 이러한
어휘들을 잘 안 쓰려고 한다. 이것은 중·고급 단계 말하기 및 서면 표현의
'골칫거리' 현상이지만 만약 교사가 일련의 전략을 써서 학생의 운용 흥미를
자극할 수 있다면 교수 과정에서 충분히 해결해 나갈 수 있을 것이다.

3. 중·고급 단계에서 학생들의 의사소통 수준은 이전에 비해 확실히
향상되었을 것이다. 그러나 문단 표현 능력을 좀 더 강화할 필요가 있다.
신체언어의 순서 조합으로 한 사건 혹은 어떤 현상을 표현하고 나서 학생으
로 하여금 이를 언어로 설명, 혹은 서술하게 할 수 있는데 이 또한 아주
좋은 훈련 방법이 될 것이다. 이것은 마치 마임을 보고 이야기하는 것과
흡사하다. 형체 동작을 언어로 형용하게 하면, 학생의 풍부한 연상 능력을
발휘시킬 수가 있다. 그리고 학생들의 문장과 문장 혹은 단락과 단락의
연결 능력도 향상시킬 수 있다. 또 기억으로부터 적당한 단어를 선별할
수 있는데 특히 동의어, 유의어의 비교를 통해 촉진 작용을 할 수도 있다.
그 외에 학생을 갑, 을 두 조로 나누어 서로 간 시범을 보이게 하거나 '마임'을

해설하게 할 수도 있다. 이렇게 하면 수업의 분위기도 활기찰 뿐 아니라 단어에 대한 학생의 이해력도 높일 수가 있는데, 이는 학생들이 반드시 단어의 의미를 이해하고 나서야 비로소 정확하게 형체를 이용해 표현할 수 있기 때문이다.

4. 교사는 또 어떤 신체언어를 이용하여 특정 상황을 설정함으로써 학생에게 이러한 모의 상황 하에서의 표현 능력을 단련시킬 수도 있다. 왜냐하면 외국어 학습자에게 있어서 그의 모어와 문화 속의 일체 습관, 지식, 태도 모두 그의 학습 속에 가져올 수 있기 때문이다. 우리의 교육 목적은 학생으로 하여금 어떤 상황에서 잠시 멈추어 자신의 모어 속에 있는 일체 습관, 지식 및 태도를 이용하여 새로운 것을 습득 사용하게 하는 것이다. 그런데 이 과정은 대개 어렵다. 학생은 수업에서 중국어를 어떻게 사용하여 말하는지 이미 이해했을 수도 있으나 실제 의사소통 중에서는 어느 때 말하고, 누구에게 말해야 하는지 더 어려울 수가 있다. 그래서 교사는 교실에서 일상적 상황을 설정할 수 있다. 예를 들면 상점에 가서 물건 사기, 병원에 가서 진찰하거나 입원한 친구를 문병하기, 우체국 가서 편지 부치기, PC방 가서 이메일 발송하기, 친구 집에 놀러 가기, 모임에 참가하기 등이 있고 학생에게 이것들을 훈련시킨다. 만약 상점에 가서 선물 사기를 한다면, 교사는 차를 타고 표사기, 내려서 길 묻기, 상점에 들어가 카운터에 문의하기, 판매원과 가격 흥정하기, 포장 형식을 토론하기 등 5단계를 규정할 수 있다. 교사는 매번 하나씩 연습시키거나 5개를 동시에 연습시킬 수도 있으며 훈련 형식을 변환할 수도 있다. 이렇게 하여 학생의 인상을 심화시킬 수 있고, 학생이 배운 내용을 완전하게 소화하게 할 수도 있다. 이러한 연습 방식은 학생의 자신감을 증가시킬 수 있고 입을 여는 기회도 많이 높일 수 있다.

5. 교사는 신체언어를 이용하여 지난 과를 복습하고 새 과를 학습할 수 있다. 예를 들어 '生气'도 신체언어를 이용하여 수업 내용을 도입할 수 있다.

교사는 책을 교탁에 던지면서 얼굴 한 가득 엄숙한 표정을 짓고 '화난' 분위기를 만든다. 그리고 학생에게 교사를 도와 이 상황에 맞는 심리적 상황을 표현하게 한다. 즉 지난 내용을 복습하는 것이다. 예컨대, '气死我了 / 气得我要命 / 气得差点昏过去.' 등이다. 그런 다음 다시 새로운 신체 동작을 빌어 새로운 내용을 유도해 낸다.

손으로 머리 감싸기 - 气得头疼 / 气得眼冒金星。
손으로 가슴 감싸기 - 气得胸口疼 / 气得喘不过气来。
손으로 입 막기 - 气得吐血。
손으로 머리를 위로 잡아 올리기 - 气得头发都竖起来了。
털썩 주저앉기 - 气得两腿发软。

교사는 학생을 도와 이러한 표현 방법을 기억하게 한 후 다른 상황을 설정할 수 있다. 예컨대, 물건 살 때 화내기, 돈 바꿀 때 화내기, 친구와 데이트할 때 화내기, 부모와 오해가 발생해서 화내기 등등이 있다.

당연히 이러한 교수 방법은 교사와 학생의 긴밀한 협조가 필요하다. 특정한 가상적 상황을 설정했을 때 그 배역은 수시로 바뀔 수 있기 때문에 교사와 학생 간에는 깊은 사생 간 감정을 가질 필요가 있다.

외국인을 위한 중국어 교육의 실천을 통해 우리는 다음과 같은 내용을 인식하게 되었다. 그것은 바로 좋은 신체언어를 운용해야 하는 것, 적당한 정도를 파악하는 것, 초급, 중급, 고급을 막론하고 모두 활발하고 적극적이며 건강한 수업 분위기를 만들어야 하는 것, 학생과의 감정을 심화시켜야 하는 것, 사생 간 또는 학생 간의 거리를 좁혀야 하는 것 등이다. 이 모두는 어떠한 교사라도 간절히 희망하는 것인데, 이것이 바로 교실 교육의 효율을 높이는 전제이기 때문이다.

三. 신체언어를 사용할 때 교사의 주의사항

"한 민족이 어떤 신체언어를 이용하여 어떤 의미를 표현하는가는 오랜 세월에 걸쳐 관습화(約定俗成)된 것이다. 이 관습화된 규칙을 위반하면 의사소통이 중단되거나 오해가 발생한다."[8) 따라서 정확하게 신체언어를 사용하고, 반드시 일정한 사회 습관, 의사소통 습관, 신체언어의 일치성, 집단성 및 수용 능력을 살펴야 한다. 교사가 수업에서 신체언어를 사용하여 교수를 진행할 때 아래의 몇 가지를 주의해야 한다.

1. 중국의 사회화된 신체언어와 학생의 습관이 충돌할 수 있다.

교사는 수업 시간에 학생에게 질문에 답하게 요구할 수 있고 또 학생을 교탁 앞으로 나오게 할 수도 있다. 중국인들은 보통 습관적으로 손바닥을 아래로 하거나 위로하기 또 손가락을 반복적으로 굽히는 것으로 '过来'나 '起来'를 표시한다. 그런데 '손바닥을 위로 향하기, 손가락을 반복적으로 굽히기'란 동작은 곧 영국에서는 'Good bye!'라는 의미이다. 그리고 일본에서는 개를 부르는 손짓이다. 따라서 이상 두 나라 학생 특히 일본 학생은 이 동작에 대해 특별히 반감을 가질 수도 있다. 심지어 이로 인해 교사에 대해 반감이 생길 수도 있다. 한편, 교사는 수업 시간에 학생의 답에 대해 반응을 해야 할 때가 있다. '고개 끄덕이기'는 동의를 표시하고, '머리 가로 젓기'는 반대를 표시하며, '눈 감기'는 암묵적으로 허락하기를 표시하는 것이 중국인들의 첫 번째 반응이다. 그러나 불가리아 사람들은 '고개 끄덕이기'가 반대를 표시한다. 또 터키에서는 실눈을 뜨고 턱을 치켜들고 혀를 가볍게 차는 것이 반대를 표시한다. 말레이시아인들은 두 눈을 낮게 내리면 반대를 표시하다고 한다. 그리고 그리스 사람들은 머리를 세게 뒤로 젖히고 동시에 매섭게 노려보면 반대를 표시한다고 한다. 교사들은 의미가 충돌되는 신체

---

8) 柯廉等, 《公共关系与人体语言》, 中国广播电视出版社, 1990年版.

언어의 사용을 피해야 하는 동시에, 학생들에게 중국인의 상용 신체언어와 그 표현 의미를 적극적으로 전달하여 학생들이 중국어를 알맞게 운용하면서 또 알맞은 신체언어를 잘 사용할 수 있게 해야 한다. 이렇게 하여 음성언어와 신체언어가 서로 도움을 줄 수 있도록 해야 한다.

2. 학생의 신체언어가 내포한 문화 의미에 대한 이해

교사는 수업할 때 학생과 눈빛 교환을 하는 것이 필수적이다. 왜냐하면 눈빛 교환은 쌍방의 감정을 소통시키고 이로부터 학생이 수업을 들을 때 나타나는 문제점을 발견할 수 있기 때문이다. 따라서 교사는 이 부분을 특별히 신경 써야 한다. 흥미롭게도 간혹 교사들이 미국, 프랑스, 영국, 독일, 한국의 학생들이 수업을 듣거나 질문에 답할 땐, 눈으로 교사의 눈을 쳐다보지만 일본 학생들은 교사의 목이나 입을 보고 교사의 시선을 의식적으로 피하는 현상을 발견하곤 한다. 그렇다면 이것 역시 민족문화 습관에 의해 나타난 현상인 것인가? 답안은 '그렇다'이다. 미국인, 프랑스인, 영국인, 독일인, 한국인은 중국인과 마찬가지로 이야기 나눌 때 눈으로 상대방의 눈을 바라보는 것이 상대방에 대한 존중이라고 생각하고 만약 눈으로 다른 곳을 쳐다보면 일종의 실례라고 생각한다. 그러나 일본인은 대화 시에 상대방(특히 연장자)의 눈을 보는 것이 예의 없는 행위라고 여긴다. 교사는 또 학생과 교류를 할 때 학생의 사과를 받게 되는 경우가 발생한다. 중국인, 한국인, 일본인은 사과할 때 '미안합니다'란 말 외에도 몸을 숙이거나 절을 하기도 한다. 그러나 인도의 어느 지역에서 온 학생은 사과할 때 상대방에게 불행한 눈빛을 보이기도 하고, 수단 경내의 한 부락에서 온 학생은 사과할 때 침이 액땜을 한다고 생각하여 상대방 곁에 침을 뱉기도 한다. 그러나 중국에서 침을 상대방 면전에 뱉는 행위는 상대방에 대한 극도의 모욕이다. 따라서 교사가 만약 수단 학생이 자신의 면전에 침을 뱉거나 인도 학생이 자신을 향해 불행한 눈빛을 보이는 상황을 접하게 되면 절대 중국의 문화

풍습에 따라서만 그들의 행동을 오해하지 않도록 한다.

3. 교사 신체언어의 집단 수용성

이것은 주로 다국적 반을 대상으로 한 것이다. 이러한 반에서는 아주 사소한 신체언어도 일치하기 어렵다. 한, 중, 일 등 아시아와 아프리카 대부분 나라에서 물건을 건네줄 때 두 손을 사용하여 존경을 표시한다. 그러나 인도, 인도네시아, 말레이시아, 아랍 등의 국가에서는 물건을 건네줄 때 오른손을 사용한다. 이들 국가에서는 두 손이 엄격하게 용도 구분이 되어 있어서 오른손으로는 깨끗한 것을 접촉하고, 왼손으로는 더러운 것을 접촉한다. 그래서 이들 국가의 유학생과 교류할 때엔 반드시 두 손의 용도 구분을 잊어서는 안 된다. 한편, 대부분의 중국인들은 대화 시에(특히 귀엣말을 할 때) 쌍방의 거리를 줄여 하기를 좋아하는데 가시거리의 원근으로 곧 쌍방 간의 친밀도를 판단할 수가 있다. 경험이 많은 교사는 수업 시간에 의식적으로 강단을 내려가 학생과의 공간거리를 줄이는 방식으로 심리적 거리를 좁힌다. 만약 호주 학생이 있다면 교사는 이 나라 학생들이 교사와의 공간거리를 좁혔을 때 약간 부자연스러운 신체언어 신호를 보이거나 혹은 뒤로 몸을 이동시키거나 몸을 옆으로 돌리는 것을 발견하게 될 것이다. 이것은 나라들 마다 그들의 공간거리가 다르기 때문이다. 중국과 미국은 비슷해서 46cm정도, 일본인은 대략 30cm정도이고, 아프리카 나라들은 더 가깝다. 그런데 호주인들은 공간과 거리를 넓게 두고 대화하는 것을 선호한다. 교사는 유학생과 '공간거리'를 이용해 교류를 진행할 때 바로 이상의 데이터들을 참고해야 한다.

4. 교사는 교실 수업 중 절대 신체언어를 남용해서는 안 된다.

교실 수업 특히나 말하기 수업은 교실 분위기가 매우 중요하다. 활기 있고 열정적인 교실 분위기는 학생들의 정감을 충분히 일으킬 수가 있어 학생들이 주저하지 않고 적극적으로 참여하거나 대담하게 발언을 하게 됨으로써 교사의 예상을 뛰어 넘는 교육적 효과를 얻을 수 있다. 이러한 수업 분위기는 모든 교사가 다 원하는 것이다. 그러나 모든 교사가 다 이런 분위기를 만들어내지는 못한다. 이것은 주로 교사와 학생 간에 평소 쌓은 깊은 감정을 바탕으로 하고 있지만 그 외에도 교사의 언어, 기술적인 신체언어의 사용 및 시의적절한 활용 등이 무시할 수 없는 작용을 한다고 볼 수 있다. 경험이 많은 교사는 결코 의도적으로 만들려 하지 않아도 자연스럽게 가장 적절한 타이밍을 잡는다. 어떤 교사는 너무 간절한 마음이 앞서 빈번하게 신체언어를 가지고 과장을 하기도 하는데 그 결과는 오히려 반대가 되어 교사는 한참을 열심히 했으나 학생들은 아무 반응이 없을 수가 있다. 학생들은 심지어 눈살을 찌푸리고 교사가 너무 경박해 보이고 무게가 없다고 생각할 것이며, 학생 마음속에 있는 교사에 대한 이미지에도 영향을 주게 될 것이다. 교사의 이미지 자체가 바로 일종의 신체언어가 될 수 있다. 그래서 이미지가 좋은 교사(여기엔 청결하고 알맞은 복장, 우아한 행동거지, 좋은 행위 습관 등이 포함됨)는 학생들에게 좋은 첫인상을 줄 수 있고 이로써 학생과의 심리적인 거리도 좁혀진다. 또 교사가 학생에게 전수하는 내용을 받아들이기 이전에 교사 자체를 받아들이게 할 수 있다. 교사가 이러한 기초 위에 여러 가지 방법을 통하여 학생과의 감정을 심화시킨다면 필요시에 수업 분위기를 잘 형성할 수 있고 희망치가 높은 교육 효과도 얻어낼 수가 있다. 교사는 좋은 이미지를 창조해내야 하는데 이때 좋은 행위 습관의 양성이 매우 중요하다. 불시에 얼굴을 만지거나 뒤통수를 긁적거리고 귀를 파고 코를 후비는 교사가 학생들에게 어떤 이미지를 줄지는 상상하기가 어렵지 않다. 하물며 신체언어의 경우는 유학생들의 오해를 불러일으킬 여지가 농후하다. 예를 들어 '뒤통수를 만지는 동작'은 일본인들은 분노할 경우의 신체언어이다. '혀를 내미는 동작'은 영국에서는 우악스러움의 표현이나 네팔 산악지역에서는 주인이 손님에게 열렬히 환영한다는 표현의 방식이다. '눈썹을 치켜뜨는 동작'은 유럽에서는 친한 사람이나 친구에게 인사하는 것이지만 미국인에게는 이것과 고개 끄덕이는 것을 합쳐 강한 찬성을 의미하게 된다. 한편 일본인에게 이 동작은 경망스럽고 무게감이 없는 행위를 뜻하게 된다. 따라서 신체언어를 목적에 맞게 적절하게 사용하는 것이 매우 중요하다.

四. 결어

이상의 내용을 통해 우리는 신체언어가 일종의 특수한 의사소통 수단으로서 독특한 가치를 지니고 있음을 알 수 있다. 외국인을 위한 중국어 교육에서 이것은 수업상의 필요에 따라 음성언어와 결합하여 의사소통을 완성시키게 되는데, 표현을 더 간결하게 만들고, 의미전달을 더 명확하게 하며, 감정전달을 알맞게 만든다. 또한 음성언어를 대체하여 의사소통을 진행할 수 있고 음성언어를 보다 완벽하게 해준다. 한편 우리는 신체언어가 시간이나 장소 등의 요소에 제약을 받아 그 제한성이 있음을 알아야 한다. 게다가 신체언어는 생리학, 심리학, 공간관계학, 자세학, 시각교류학 등 많은 영역에 걸쳐 있기 때문에 이를 전면적으로 파악하기는 쉬운 일이 아니다. 따라서 우리는 외국인을 위한 교육 과정에서 신체언어에 대해 횡적인 비교에 주의해야함과 동시에 종적인 비교에도 주의를 두어 맥락을 잘 파악하여 정확하게 신체언어를 사용해야 한다. 이렇게 한다면 교육에 있어서 긍정적인 영향을 줄 것으로 보인다.

貳. 발음 교육에서 손동작의 역할[9]

언어 교사들은 문법은 문장을 쓰거나 여러 가지 분석 방법을 동원하여 가르칠 수 있지만 발음 교육은 그렇지가 않다는 것을 잘 안다. 우리는 발음 교육 시에 실험음성학의 수단으로 음운의 구성을 분석할 수 있겠으나, 수업 시간에는 대개 이런 기계를 사용할 수가 없고 단지 교사의 구두 설명에 의존해야 한다. 비록 구강도나 발음도, 발음부위 및 발음방법과 같은 용어를 사용할 수 있으나 구체적인 발음을 정확히 설명하는 일은 어려운 일이다. 게다가 대체로 발음수업은 초학자를 대상으로 하는 것이기 때문에 새로운 언어를 접촉하는 학생에게 있어서 발음의 묘사를 듣고 이해한다는 것은 매우 어려운 일이다. 이럴 때 발음부위와 발음방법은 눈으로 잘 볼 수 없기 때문에 손동작의 사용이 특별히 중요하다. 즉 손동작을 사용하면 볼 수 없던 발음부위와 발음방법을 형상적으로 표현해낼 수가 있다. 구체적으로 형상화된 손동작은 단조로운 발음 설명이나 연습을 보다 생동적으로 바꿀 수가 있으니 단지 입으로만 하는 연습 효과와는 완전히 다를 수 있다.

필자는 2000년 여름 두 개의 일본 단기반의 말하기 수업을 할 때, 실험적으로 손동작 시스템을 사용한 적이 있다. 일본 학생들은 발음에 문제가 비교적 많은데다 문화적인 원인으로 인해 수업에서 표현하는 것을 매우 부끄러워하고 실수라도 할까봐 감히 큰 소리로 읽지도 못한다. 학생들에게 손동작 시스템을 가르칠 때 필자는 쉽게 헷갈리고 발음이 어려운 어음을 몇 개의 세트로 나누어 매 번 한 세트씩 가르칠 때마다 순서에 따라 점진적으로 했고 계속 반복을 했다. 일주일 후, 학생들은 손동작 사용에 익숙해지기 시작했으며 팀별 연습을 할 때 필자가 손동작을 쓰라고 요구하지 않아도 문제에 봉착할 때 자각적으로 손동작을 써서 발음을 교정하였다. 이와 같은 실험을 통해 손동작이 발음 교육에서 아래와 같은 작용을 함을 알 수 있었다.

---

9) 张园, <手势在语音教学中的作用>, ≪语言教学与研究≫, 2002年 第6期.

1. 학생들이 발음을 구분하는데 도움을 준다. 예컨대 일본 학생들은 'r'과 'l'을 잘 구분하지 못한다. 교사는 보통 이 발음들을 읽으면서 칠판에 대응하는 자모를 써주는 정도이지만 손동작을 쓰면 아무 때 아무데서나 상응하는 자모를 표현해 낼 수가 있어 더 편리하다.

2. 학생들이 발음을 교정하는데 도움을 준다. 만약 학생들이 손동작에 익숙해진다면 굳이 오류의 원인을 설명하지 않아도 된다. 단지 손동작으로 표시하기만 하면 되며 분명하면서도 시간을 절약할 수 있는 장점이 있다. 예를 들어 학생이 'chē'를 'cē'로 읽는다면 단지 권설음의 손동작만 하면 학생은 바로 수정하게 된다.

3. 스스로 교정이 가능하다. 학생들은 발음의 정확성 여부를 아직 확정할 수 없는 상황 하에서 손동작으로 스스로 교정할 수 있다.

4. 활기찬 수업 분위기로 인해 단순한 발음 연습이 더 이상 무미건조하지 않게 되었다. 필자가 가르친 두 반 중 한 반에게 이별 편지를 간단히 쓰게 했더니 대부분의 학생들이 발음 연습이 '유쾌하다', '재미있다.'란 말을 하였다.

一. 발음 난점과 손동작

(一) 성모

1. 설첨전음, 설첨후음, 설면전음의 구분

이 세 세트의 발음에서 네 손가락은 혀를 나타낸다.

z, c, s 의 손동작

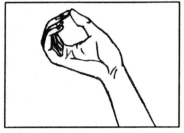

〈그림 3-3〉 팔뚝을 몸 옆으로 하고 네 손가락을 오므려 엄지손가락과 네 손가락의 끝을 접촉시켜 혀끝과 치아의 접촉을 표시한다.

zh, ch, sh, r 의 손동작

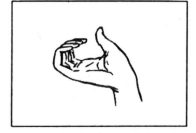

〈그림 3-4〉 팔뚝을 몸 옆으로 하고 네 손가락을 오므려 손바닥을 향해 굽혀서 혀가 굽혀짐을 표시한다.

j, q, x 의 손동작

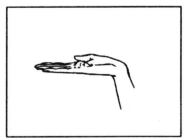

〈그림 3-5〉 팔뚝을 몸 옆으로 하고 손바닥을 평평히 한 다음 혀 바닥의 위치를 표시한다.

2. 무성음과 유성음의 구별

유성음의 손동작 　　　　　　　　무성음의 손동작

〈그림 3-6〉 네 손가락을 오므려 목　　〈그림 3-7〉 네 손가락을 오므려 목
　　　부위에 댄다.　　　　　　　　　　부위를 접촉하지 않는다.

3. 유기음과 무기음의 구별

유기음의 손동작 　　　　　　　　무기음의 손동작

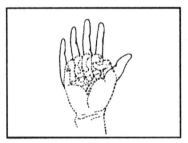 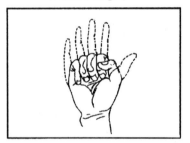

〈그림 3-8〉 반쯤 주먹을 쥐다가　　〈그림 3-9〉 유기음과 반대로 하여
　손가락을 펴서 발산의 형상을　　　먼저 편 다음 나중에 주먹을 쥔다.
　　　　나타낸다.

4. f와 h의 구별

f의 손동작　　　　　　　　　h의 손동작

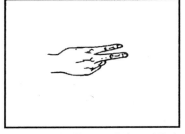

〈그림 3-10〉횡으로 가위 표시한다.　〈그림 3-11〉종으로 가위 표시한다.

(二) 운모

1. 단운모

중국어에는 10개의 단운모가 있지만 6개의 자모로 나타낸다. 그중 아래의 몇 가지는 외국인들에게 있어 난점이 되고 있다.

o : ou로 잘못 발음되기가 쉽다. 이것은 단모음이지만 b, p, m, f와 결합할 때, 자음과 모음 사이에 약간 모호한 느슨한 모음인 [ǒ]가 들어간다. 손동작으로는 〈그림 3-12〉와 같다.

e : o의 형세를 유지하면서 입을 점차 양 옆으로 벌려 미소 짓는 모양을 한다. 손동작은 〈그림 3-13〉과 같다.

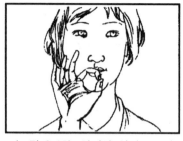 

| 〈그림 3-12〉 엄지와 식지로 o의
모양을 만든다. | 〈그림 3-13〉 손바닥을 아래로 하여
반쯤 주먹을 쥔다. |

u : 중국어의 이 음은 긴장음이면서 원순음이다. 일어에는 없고 영어를
   모어로 하는 학생들은 너무 느슨하게 발음하는 경향이 있다. 손동작
   은 그림3-14와 같다.

ü : 먼저 i를 발음한 후 입을 동그랗게 한다. 손동작은 그림3-15와 같다.

| 〈그림 3-14〉 주먹을 쥔 채로 입
앞에 대어 나팔을 부는 형상을 한다. | 〈그림 3-15〉 네 손가락을 모으고
엄지는 네 손가락 아래로 하여 뾰족
망치 모양을 한다. |

2. 비운모

많은 외국 학생들이 전후 비음을 구분하는데 어려움이 있다. 학생들에게
중국어 중 어떤 한자가 전비운모이고, 어떤 한자가 후비운모인지 기억하게
하면서 동시에 손동작으로 구분하고 기억하는 것을 도와준다.

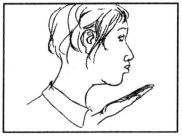

전비운미의 손동작

후비운미의 손동작

<그림 3-16> 손바닥을 위로 하고
손끝을 앞으로 향한다. 손가락 부분을
높게 하되 손바닥 부분은 낮게 한다.

<그림 3-17> 전비운모와 반대로 한다.

3. 권설운모

권설운모는 복합손동작으로 하는데, 먼저 운모 e의 손동작을 하고 다시
설첨후음 r의 손동작을 한다.

(三) 성조

성조계통은 손동작을 사용하기에 가장 적합한 부분으로 많은 도움이 된
다. 오른손만을 사용하여 사성(四聲)의 부호에 따라 그려낸다. 그림3-18부터
3-21까지이다.

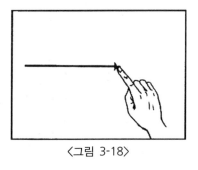

<그림 3-18>

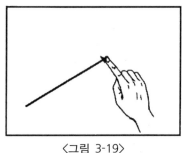

<그림 3-19>

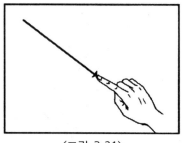

| 〈그림 3-20〉 | 〈그림 3-21〉 |

　외국인들이 중국어를 배울 때 가장 큰 문제는 바로 성조이다. 그러나 사성 학습의 어려움을 극복하는 방법은 단지 구분과 기억뿐이다. 손동작으로 그리는 것은 뇌 속에 어떤 인상을 남기게 되고 이것이 또 신경계통에 반영되어 발음기관이 손동작에 부합하는 발음을 하게끔 지배하게 된다.

　단기반 말하기 수업에서 필자는 항상 학생에게 연습을 하게 한다. 그것은 바로 두 사람이 한 조가 되어 A학생은 본문을 읽으면서 병음을 보고 성조 손동작을 하게 하고, B학생은 본문을 보지 않고 문장을 반복하고 또 성조의 손동작을 하게 한다. 학생들 모두 이 연습이 어렵다고들 한다. 왜냐하면 B학생은 A학생의 감독 하에 모든 발음을 정확히 발음해야 하고 성조 손동작도 정확히 해야 하기 때문이다. 그러나 모든 성조는 손동작의 도움 아래 뇌 속에 정확한 인상을 남기게 되는데 이것이 성조의 기억과 분별에 있어 매우 유리하다.

二. 복합 손동작

　만약 필요하다면, 한 글자의 성모, 운모, 성조를 복합 손동작으로 표현해 낼 수가 있다. 예를 들어, '爭[zhēng]'의 경우, 먼저 권설음 zh의 손동작을 만든다. 그 다음 후비운모 eng의 손동작을 만들고, 마지막에 제1성의 손동작을 만든다. 만약 학생이 운모의 모음인 e를 잘 발음하지 못한다면 모음

e의 손동작을 추가한다. 즉, 'zh+e+ng+제1성'의 총 4개 손동작을 이용하여 이 글자를 표현할 수 있다.

제3절 중국어 교육에서 감정 요소의 작용

壹. 중국어 말하기 교육에서 감정 요소와 상호작용식 교육10)

외국인을 위한 교육에서 개설한 말하기 수업은 언어 단일 항목의 기술 훈련 과정으로 그 목적은 학생들에게 '말하기' 훈련을 시켜 학생의 의사소통 능력을 배양하고 제고시키는 것이다. 중국어를 배우는 외국인 유학생들이 중국에 와서 학습하는 목적은 대부분이 자신의 듣기, 말하기 능력을 기르고 자 함이다. 따라서 말하기 수업과 듣기 수업에 대해 종종 큰 기대를 품기도 한다. 이러한 기대는 교실 수업에서 복잡한 감정으로 전화되어 학습을 제약 하거나 촉진하는 갖가지 요소를 구성하기도 한다. 말하기 수업의 교사는 교실에서 '말하기' 훈련의 설계자이면서 교안 실현의 감독이다. 그는 학생과 언어 교류를 가장 많이, 가장 직접적으로 진행하는 역할을 하고 있다. 그래 서 교사의 감정은 종종 매우 강한 감화력을 형성해 교육의 질과 효과에 영향을 주는 주요한 요소가 되기도 한다. 여러 가지 방법에 따라 언어기능을 훈련시키는 것은 언어 교육의 기본 규율 중 하나이다. 따라서 말하기 교육 중 감정 특징을 분석하고 연구하여 목적에 부합하는 여러 가지 효율적인 교육 수단을 사용한다면 말하기 수업의 교육 효과 또한 충분히 높일 수 있을 것으로 본다.

---

10) 卢娅, <汉语口语教学中情感因素与互动式教学>, ≪职业教育研究≫, 2003年 第12期.

一. 말하기 수업의 특징과 감정 분석

언어심리학의 연구에 따르면, 하나의 언어를 습득하려면 반복적인 외화와 내화의 과정이 필요하다고 한다. 따라서 언어의 습득은 매우 복잡한 심리과정의 일종이라고 할 수 있다. 말하기 수업 설계의 기본 출발점은 대화와 교류이다. 그러므로 기타 유형의 수업들과 비교했을 때 말하기 수업에서 교사와 학생 간, 학생과 학생 간의 감정 교류와 상호작용은 매우 빈번하고, 감정 활동 역시 가장 풍부하고 복잡하다.

말하기수업에서 가장 우선적인 감정은 바로 '흥분'과 '긴장'이다. 이것은 말하기 표현이 갖는 특징에 의해 결정되는 것이다. 중국어 교육의 듣기, 말하기, 읽기, 쓰기는 크게 양대 부류로 나눌 수 있는데 학생을 수용자로 봤을 때, 듣기와 읽기는 '입력의 과정'이고, 말하기와 쓰기는 '출력의 과정'이다. 출력의 상태는 입력의 상태에 비해 더욱 분명한 적극성을 갖추고 있다. 그중 말하는 과정은 반복적으로 퇴고할 수 있는 기회가 없어 화자가 신속하고 융통성 있게 반응하기를 요구한다. 동시에 말소리의 기교 예컨대 성, 운, 조의 정확함, 말의 속도, 억양, 악센트, 휴지의 적당함 등이 필요하며 또 기타 표현의 보조 수단인 표정, 손동작, 끄덕이기, 머리 가로젓기, 한숨 쉬기 등의 도움이 필요하기도 하다. '말하기'는 비록 부호화(編碼) 과정의 일종이지만 만약 교제성의 대화라고 한다면 화자의 해부호(解碼) 능력도 관련이 된다. 따라서 말하기 수업에서 학생의 대뇌는 줄곧 흥분과 긴장의 상태에 놓이게 된다.

그 다음의 감정은 '초조한 심리'이다. 이러한 심리가 발생하는 원인은 여러 가지 요소가 있다. 먼저, 성숙한 생각과 미성숙한 표현 능력이 모순을 이루어 초조감이 생길 수 있다. 외국인을 위한 중국어 교육의 대상은 대개 성숙한 사유 능력을 가진 성인인데 성숙한 인지는 제2언어를 학습하는데 있어서 유리한 조건일 수도 있지만 불리한 요소일 수도 있다. 예컨대 성인의 학습은 보통 교실과 같은 공식적 상황에서 진행된다. 그래서 시간도 제한적이지만 동기도 각각 달라 심리적인 압박 상태가 형성된다. 그 다음 성인은 이미 인생 경험이 있기 때문에 이로 인해 많은 일들에 대해 자신의 성숙한 생각과 견해를 가지게 된다. 그러나 그들이 자신의 아직 미성숙한 비모어로 표현하려고 했을 때, 표현의 의미도 신경 써야 하고 또 표현의 언어 형식도 신경 써야 하는 상황이 발생하고, 그로 인해 항상 '몸이 마음을 못 따라 가는 상황(力不从心)'이 발생하게 되는 것이다. 성숙한 생각과 미성숙한 표현 능력은 강렬한 대비현상을 만들게 되고 이로써 형성된 초조감은 말하기 수업에서 가장 보편적인 심리적 장애가 된다.

말하기 수업에서의 초조한 심리는 또 말하기 수업에 대한 과도한 기대치에서 비롯되기도 한다. 유학생들이 중국에 와서 중국어를 공부하는 것은 대부분 중국어의 언어 환경을 이용하여 말하기와 듣기 능력을 키우고자하는 것이다. 그래서 많은 학생들은 중국에만 가면 듣고 말하는 능력이 자연스럽게 크게 향상될 거라 생각하여 외재적 요소의 언어 학습에 대한 작용을 너무 과대평가하는 경향이 있다. 특히나 중·고급의 학생들은 수업에서 이미 교사나 동학들과 순조롭게 대화를 할 수 있다. 그러나 중국어의 언어 환경에 들어가 판매원과 대화한다든지, 운전기사와 대화하거나 행인의 대화를 들을 때 대량의 구어화된 표현 형식, 속어, 숙어, 방언 등을 접하게 되고 여기에다가 문화에 대한 이해의 차이까지 가중되어 종종 들으면 들을 수록 더 이해가 안 되고, 말할수록 더 말이 안 나오는 상황이 발생하게 된다. 그렇게 되면 자신의 능력에 대해 당혹감을 느껴 수업 자체에 대해 회의적인 생각마저 들고 이로 인해 공포감이나 초조한 심리가 형성될 수 있다. 언어습득이론에서는 이러한 심리를 '언어충격'과 '문화충격'이라고 한다. 만약 학생이 언어와 문화의 충격을 극복하지 못한다면 자신의 말하기, 듣기 능력을 제대로 향상시킬 수가 없다.

특히 말하기는 한 사람의 언어 능력의 외화이며 어떤 이는 말하기를 일종의 '장식'이라고 한다. 바로 이러한 '장식'의 성질이 있기 때문에 언어 학습자에게 심리적인 압박을 가져오게 되는 것이다. 읽고, 쓰고, 듣는 능력은 수업에서 종종 직접적으로 나타나지 않을 수가 있다. 그러나 말하기 표현 능력은 수업에서 어떠한 것으로도 가려지지가 않는다. 모든 사람이 지켜보고 있는 상태에서 곤궁해 보이는 발언, 성공하지 못한 표현, 원만하지 못한 의사소통은 모두 자존심 강하고 담이 약한 학생의 심리를 크게 자극하여 말하기 수업에서 '감히 말하지 못하는' 두려운 심리를 만들고 만다.

외국어 학습 심리 연구자들은 일찍이 외국어 학습 중의 '감정 여과 가설'이란 이론을 제시한 바 있다. 이 이론에서 '입력'은 언어 습득의 기인이고 감정 요소는 입력된 것에 대한 '여과' 작용을 하여 언어의 습득을 방해하거나 가속화시킨다고 한다. 긴장, 흥분, 초조, 공포, 두려움 등의 감정이 만약 정확한 완화를 거치지 않으면 언어 학습에 대한 억제 심리를 일으킬 것이고 더 나아가 교실 수업의 소극적 요소로 발전하게 될 것이다. 소극적인 태도를 지닌 언어 학습자는 설사 충분히 언어 입력이 가능하다 해도, 능동적으로 더 많은 '입력'을 획득하도록 노력하지 않을 것이고 또 그들을 진정으로 습득하지도 못할 것이다.

二. 말하기 수업에 대한 상호작용(互動)식 교육 원칙의 적용

교수 과정은 교사와 학생 간의 동태적인 교류의 과정이다. 이러한 교류는 수업에서 교사와 학생 간, 학생과 학생 간의 일종의 상호작용 관계를 형성하게 된다. 상호작용은 교육학과 심리학에서는 대부분 사람과 사람 혹은 집단 간에 발생하는 상호 영향을 가리킨다. 말하기 수업의 교육 특징과 감정 특징을 근거로 할 때, 수업에서의 교사와 학생 간, 학생과 학생 간 상호작용 관계의 수립과 강화를 교실 교육 설계의 기본 출발점으로 삼아야 하며, 이러한 상호작용 관계를 교육 과정 전반에 다 적용해야 한다.

우리는 우선적으로 학생의 긴장된 정서를 완화시키는데 유리하고, 말하기 교육에 유리한 사생(師生) 관계 패턴을 건립하도록 해야 한다. 심리학자

K. Lewin 등은 실험연구 결과에 근거하여, 사생 간의 여러 감정과 태도, 교사의 행위 태도를 기준으로 삼아 사생 관계를 전제형, 방임형과 민주형의 세 유형으로 나누었다. 그중 민주형 사생 관계의 주요 특징은 다음과 같다. 교사는 학생을 열렬히 사랑하고 신임하고 존중하며 그에 대해 많은 관심을 가진다. 비록 학생에게 규율준수를 요구하기도 하지만 주로 자신의 소질에 의존하여 학생을 끌어들인다. 한편, 학생은 교사를 열렬히 사랑하고 존경하여 사생 관계가 밀접하다. 이렇듯 민주형의 사생 관계는 말하기 수업의 이상적인 사생 관계 패턴이라 볼 수 있다.

이러한 이상적인 사생 관계를 건립하게 되는 관건은 바로 말하기 수업에서 교사의 역할이다. 교실 교육에서 교사는 지식의 전수자이자 말하기 기술 훈련의 조직자이고 인도자이다. 그러나 이것은 결코 교사가 전지전능의 평가자 혹은 지휘관의 신분으로 높은 곳에서 아래를 굽어 살피듯이 하라는 것은 아니다. 이러한 역할은 오히려 학생의 초조함과 긴장감을 고조시키는 역할만 한다. 이에 반해 만약 교사가 지식을 전수하는 과정에서 자신을 수업이라는 교육의 집단 속에 융합시키고, 말하는 사람, 듣는 사람, 교제자의 역할로 출현한다면 사생 간의 감정 거리를 대폭 줄일 수가 있다. 예를 들어 학생에게 말하라고 한 것을 교사가 먼저 말할 수 있는데 이러한 방법은 한편으로 학생에게 매우 좋은 시범 작용을 할 수가 있다. 그리고 다른 한편으로는 대화의 과정에서 교사가 자신의 생각, 관점, 인생관, 감정 등을 학생에게 전달하여 학생이 그 속에서 사람과 사람 간의 소통, 이해, 솔직한 교류를 느끼게 함으로써 자연스럽게 긴장 정서를 제거할 수도 있다. 그 밖에, 교사는 '감독'에서 '배우'로 또는 방관자에서 참여자로 변신할 수 있다. 또 학생의 신분으로 말하기 연습에 참여하는 것도 사생 관계를 증진시키는 좋은 방법이 된다. 교사는 학생들을 조직하여 진행하는 말하기에서 또는 의사소통성의 연습에서 자신도 역시 대화자 또는 의사소통 중의 한 역할로서 그 속에 참여하여 공동으로 훈련 내용을 완성시킬 수도 있다. 실제 사례가 증명하듯, 이것은 학생의 심리적인 압박을 이완시키는 효과적인 방법일 뿐 아니라 동시에 학생의 수업 주의력을 효과적으로 유도하여 학생이 배운 내용, 연습한 내용에 대해 깊은 인상을 남기게 할 수도 있다.

그 다음은 수업에서 사생 간의 정을 더 많이 투입하는 것이다. 교사의 각도에서 보자면 단지 교육과 학생에 대해 큰 열정을 갖고 깊은 감정을 투입해야만 자신의 학생 및 교육 과정과 혼연일체가 될 수 있고 순조롭게 교육의 임무를 완성할 수 있다. 그리고 학생의 각도에서 보자면, 풍부한 정서반응은 적극적인 사유를 유발하고 이로써 창조적으로 교실 학습에 참여할 수 있다.

앞에서 말하기 수업이 교사와 학생 간 언어 및 감정의 교류가 빈번하다는 특징을 가지고 있다고 언급한 적이 있다. 바로 이러한 특징을 근거로 할 때 말하기 수업의 교사는 단순히 '가르친다'는 도구화된 역할을 희석시키고 '감정화의 역할'을 강화해야 한다. 학생을 열렬히 사랑해야 하고 그들의 성격, 생각, 흥미, 취미 등을 이해해야 하며 특히 다른 나라 여러 학생들의 심리 특징, 문화, 풍습, 생활습관에 대해 잘 이해해야 한다. 이것이 바로 수업에서 학생과 감정 교류를 할 수 있는 기초가 된다. 이러한 기초 위에 교사는 언어 기능 항목의 연습이든 아니면 대화 상황 및 화제를 설정한 연습이든 관계없이 적절하게 학생의 구체적인 상황과 관련된 내용으로 들어가야 하는데, 이렇게 하면 교사와 학생 간의 교류는 더 이상 피상적이거나 공허하거나 이론적이지 않고 감정이 스며든 교류가 된다. 이로써 학생은 그 속에서 교사의 자신에 대한 이해와 관심을 느끼게 되고 학생의 이해력이 충분히 향상될 수가 있다.

말하기 수업의 교실은 언어교육의 정서가 가득 차 있을 것이고, 교사의 언어 표현 능력과 기술도 직접적으로 사생간의 감정과 관련이 되어 교육 효과에 영향을 주게 된다. 중국어는 감정 색채가 농후한 언어로 다양한 어조, 다양한 휴지, 다양한 논리 악센트 등으로 여러 가지 의미와 감정을 표현할 수 있다. 따라서 말하기 교사는 반드시 자신의 언어 표현 기술을 제고시키도록 노력해야 하는데, 예를 들어 목소리 크기 높낮이의 콘트롤,

리듬 빠르기의 장악, 억양과 관련된 어조와 어기의 파악 등이 해당된다. 이러한 것을 통해 교사의 언어는 강한 감화력을 가져 학생에게 진정성을 전달하게 된다.

이외에도 감정은 말보다는 무언의 행위를 통해 더 많이 생긴다. 즉, 수업에서 교사의 비언어적 행위, 이를 테면 교사의 학생에 대한 주시, 미소 등이 학생의 압박감을 줄여주고 사생관계를 더 융합적으로 변화시킨다.

교수 과정의 감정 요소는 쌍방향적인 반응이다. 즉, 교사는 감정으로 학생을 움직이고, 학생은 감정으로 학습에 참여하는 것이다. 이처럼 감정은 언어 학습의 과정에서 매우 중요하다. 이것은 일종의 추진력을 가져 학생으로 하여금 외국어를 인지구조 속에서 내화하여 발화의 흥분점을 생산케 하고, 이로써 말하기 수업에 보편적으로 존재하는 감히 말을 하지 못하거나 말하기 싫어하는 위축된 심리를 벗어나게 해준다. 일부 외국 교육자들이 지적했듯이 교수법은 일단 학생의 정서와 의지영역 또는 학생의 정신적 수요를 건드려야 한다. 이러한 교수법은 고도의 효과적인 작용을 발휘할 것이다.

세 번째는 재미있는 수업 분위기를 조성해야 하는 것이다. 수업 분위기는 교실 교육의 과정이 순조롭게 진행될 수 있는지의 여부를 결정짓는 집단 정서 상태를 말한다. 이러한 분위기는 교육의 심리적 배경이 되며 또 교육 과정 중 생산되고 발전된 것이기도 하다. 건강하고 적극적인 수업 분위기에서는 교육 효과를 향상시킬 수 있는 요소가 출현할 수 있지만 소극적이거나 심지어 반항적인 수업 분위기는 교사 학생 모두 아무 소득이 없게 만들 수 있다. 수업 분위기는 여러 가지 유형을 포괄하는데, 재미있는 수업 분위기는 학생들이 말하기 수업의 초조한 정서를 극복하는데 매우 유리하다. 재미있는 수업 분위기를 만들기 위해 교사는 다양한 수단과 형식을 사용하여 재미있게 가르치고 재미있게 말해야 한다. 예를 들어 새 단어 교수의 경우 종종 말하기 수업의 난점이 될 수 있다. 이를 잘 해결하지 못하면 학생들은 집중하지 않고 교사 혼자 떠들어 대어 수업이 재미없고 지루하게 변하여 말하기 수업의 특징마저 잃게 된다. 만약 카드를 만들어 '找朋友', '정오 판단하기' 등의 게임 방식을 이용한다면 학생이 새 단어를 이해하고 장악하는데 있어서 학생의 참여와 열정을 최대한도로 유도해낼 수 있을 것이다. 게임이 비록 유아나 아동의 교육에서 상용되는 수단이긴 하지만 사례에서 증명되었듯이, 외국어 말하기 교육에 적용해도 학생들의 열렬한 환영을 받는다. 한편, 질문은 교실 교육에서 필수불가결한 부분이지만 일문 일답의 방식을 끊임없이 되풀이하면 학생은 역시 지루함을 느끼게 될 것이다. 이럴 땐 방식을 좀 바꾸어 학생들끼리 상호 질문하게 한다든지 사슬식 (连环扣)의 질문을 하면 된다. 즉, 교사가 먼저 학생에게 질문하면 학생이 답한 후 다시 다른 학생에게 질문하는 식이다. 이렇게 하면 문제가 끊어지지 않고 대답도 끊어지지 않는다. 이로써 학생은 신선한 느낌이 들면서 동시에 정신을 수업에 집중하게 되고, 교사가 어떤 학생에게 질문할 때 다른 학생들은 관심 없이 딴 짓 하는 상황을 전환시킬 수 있다. 당연히 교사는 체계성과 연관성이 있는 문제를 설계하여 학생들이 답을 할 수 있게 해야 한다.

흥미성이 짙은 수업 분위기에서 교사와 학생, 학생과 학생 간에는 항상 교류와 상호작용의 상태가 존재한다. 이렇게 함으로써 좋은 기분이 형성되고, 나아가 학생의 적극적인 심리활동을 계발하고 학습 임무를 잘 완성할 수 있다.

貳. 중국어 감정 교육의 교실 적용[11]

외국인을 위한 중국어 교육은 기타 외국어 교육과 마찬가지로 언어학 이론, 교육 이론 방면에서 많은 공통점을 갖고 있지만 그 외에도 그 자신만의 특색으로 인해 독립적인 학문영역을 구성하고 있다. 외국 유학생들이 중국에 와서 중국어를 배울 때, 그들은 중국 사회라고 하는 '대환경' 속에서

---

11) 马兰, <对外汉语情感教学的课堂实施>, ≪天津外国语学院学报≫, 2000年 第4期.

중화민족 특유의 문화, 지역적 특색과 풍습, 생활방식 등에 대해 느끼곤 한다. 그리고 학교의 학습 생활 속에서는 교사, 학생, 교재로 구성된 하나의 '소환경'에 놓이게 된다. 교사는 바로 이 소환경 분위기의 창조자로 제한된 교실 활동에서 학생이 완벽하고 체계적으로 중국어를 습득하게 할 수 있는 방법은 바로 이 소환경이 창조 해내는 기술이자 교사의 '교육' 기술이라고 할 수 있다. 본문에서는 주로 감정요소가 외국인을 위한 중국어 교육에서 가지는 주류 작용에 대해서 제시할 것이다. 아울러 교사가 교실 교육 활동 속에서 어떻게 학생의 적극적 감정 요소를 유도해낼 것인가에 대해서도 제시할 것이다.

一. 감정요소 1 쌍방향으로 감정을 교류하는 사생 관계를 건립한다.

교사와 학생이 함께 있는 교실 활동에서 교사와 학생은 가르치고 배우는 호응관계를 공동으로 구성하게 된다. 이러한 교실 교육 활동은 하나의 표층적인 교육 형식이고, 그 가르침과 배움의 호응관계를 유지하는 것은 심층구조, 즉 감정요소이다. 필자가 보기에 쌍방향적인 감정 교류를 하는 사생관계는 곧 학생의 적극적 감정 요소를 유발하는 관건이라고 할 수 있다.

중국문화 중 인간관계의 교류는 '情'자에 핵심을 두고 있는데, 즉 이는 사람에 대한 열정, 관심, 존경, 겸손 등을 말하는 것이다. 유학생들이 중국어를 배우는 과정 역시 중국문화 체계에 대한 관여이자 적응이며 감상의 과정인 셈이다. 외국인을 위한 중국어 교육의 대상은 성인이며 이들 모두는 자신의 사람 됨됨이와 처세의 준칙이 있다. 이것을 교실로 축소시켰을 때 그는 먼저 첫 번째 접촉 대상인 교사에 대해 본능적으로 직관적인 관찰을 하거나 평가를 하게 된다. 따라서 쌍방향적인 감정 교류의 사생관계는 첫 수업에서 시작된다고 해도 과언이 아니다. 교사가 처음 학생과 대면을 하고 최초의 몇 시간 수업을 하게 되면서 교사는 학생들의 맘속에 자신의 위신을 건립하게 된다. 이때 위신이 건립되지 않으면 감정요소라고 하는 이 심층구조를 지탱할 수 없고 좋은 사생관계 역시 더 이상 얘기가 안 된다. 처음 시작할 때 가졌던 사생 간의 접촉에서 교사가 학생에게 남긴 첫인상은 특별하게 강렬할 수 있다. 왜냐하면 이 시기에 학생의 학습 흥미는 매우 높고 주의력은 고도로 집중되어 있으며 특별히 민감하여 최초의 몇 시간 동안 학생은 교사의 수업 태도, 외국어 수준, 교수 능력 등에 쉽게 주의하게 되기 때문이다. 게다가 긍정이나 부정의 태도를 매우 빨리 갖게 된다. 만약 학생의 긍정을 얻어낸다면 학생의 적극적인 감정 요소를 유발하고, 학생의 학습 흥미도 유발할 수 있다. 왜냐하면 '흥미'를 가지게 되면 '감정'도 생기기 때문이다. 교사를 좋아하게 되면 중국어 공부도 좋아하게 되고 심지어 중국까지 좋아하게 될 수 있으므로 교사는 먼저 학생들이 자신을 좋아하고 존경하게 만들어야 한다.

교사가 수업에서 학생들의 적극적인 감정 요소를 일으키기 위해서는 걸출한 인격적 매력, 풍부한 전문지식, 감화력과 선동성이 풍부한 성격, 생동적이고 활발한 수업 방식 모두 필수불가결하다. 교사의 인격적 매력은 책임, 공평, 공정, 관용, 유모어, 겸손, 호방함, 인내심 등 종합적 소질로 표현된다. 사실, 중국어는 가르치는 내용이지만 교사의 개인 품격은 가르치는 방법과 효과에 영향을 끼치게 된다. 따라서 교사와 학생이 함께 있는 교실에서 중국어 교사는 비굴하지도 거만하지도 않아야 하며, 누구든 차별 없이 대해야 한다. 이것은 다음과 같이 나타난다. 경제가 발달한 나라에서 온 학생과 경제적 조건이 상대적으로 낙후된 나라에서 온 학생을 동일하게 대해준다. 언어가 천부적이고 우수한 학생과 보통인 학생을 동일하게 인내심을 갖고 대한다. 나이가 많은 학생과 나이가 어린 학생을 같이 책임진다. 이는 교사의 우수한 자질을 구체적으로 나타낸 것이다.

외국인을 위한 중국어의 교실 교육은 다른 수업과 좀 다른데, 교육 대상의 복잡성으로 인하여 교육 난이도가 가중될 수 있다. 일반적으로 두세 개 나라의 학생들이 함께 수업을 하는 경우가 많고, 가장 많을 경우엔 한 반 20여명의 학생 중에 7~8개의 나라가 존재하기도 한다. 이로 인해 우리 교실은 신선감과 활력이 충만하게 되는 동시에 교사의 교육에도 큰 도전을 불러온다. 교사가 만약 재미있다고 여기면, 학생도 재미있다고 여길 것이고, 교사가 만약 재미없어하면 학생도 재미없다고 여길 것이다. 즉, 재미가 있고 없고는 결국 교사의 운영에 달려있다. 예를 들어 첫 수업은 통상 교사와 학생이 피차간 인사하는 시간으로, 보기에 간단해 보여 단지 출석만 부르고 대체적인 상황만 이해하려고 하는데 사실은 그렇지 않다. 모든 일은 시작이 좋아야만 순조로운 과정이 가능하고 그런 다음에야 탁월한 성과가 있는 것이다.

교사는 수업에서 쌍방향적인 감정교류의 사생관계를 건립해야하는 동시에, 학생과 학생의 관계도 함께 고려해야 한다. 그것은 교실이란 곧 모든 참여자의 공동 공간이기 때문이다. 마치 아름다운 노래 한 곡이 모든 음표가 서로 조화롭게 어우러지기 때문에 가능한 것과 같은 이치이다. 학생이 자기소개를 할 때, 학생의 국적과 이름을 깔끔하게 칠판에 적어서 학생들이 다 알게끔 해준다. 이렇게 하면 친밀한 관계를 건립할 수 있으며 이 역시 학생의 적극적 정감 요소를 유발시키는 한 측면이 될 수 있다. 예컨대, 초급반의 교재에는 항상 나이, 가정, 친족, 직업의 상황을 묻는 말하기가 있다. 이것이 바로 친밀한 관계를 수립하는 아주 좋은 기회가 된다. 그래서 서로 낯선 두 학생이 상호간 문답을 하게 한 후, 갑으로 하여금 반 전체 학생에게 을의 상황을 소개하게 하고, 을에게 갑의 상황을 소개하게 한다. 이렇게 하면 학생의 구두 표현 능력을 연습시킬 수 있고 또 동학들 간 상호 이해도 가능하게 할 수 있다. 융합된 사생관계와 친밀한 동학관계의 건립은 교류에 의해 이루어진다. 다만 초급반의 수업은 중국어 수준이 한계가 있어 교류에 일정한 어려움이 따를 수 있다. 그러나 중국어를 모르는 학생과 의사소통을 진행해보는 것도 매우 재미있는 일이 될 것이다. 그리고 이때 교사는 이러한 의사소통을 성공적인 방식으로 조직해낼 의무가 있다.

二. 감정요소 2 수업 활동을 풍부하게 하고 학습 흥미를 유발 시킨다.

1. 동기와 태도

이른바 동기란 어떤 활동에 대해 명확한 목적성을 갖고 그 목적에 도달하기 위해 일정한 노력을 경주하는 것을 가리킨다. 동기는 목적 달성을 촉진하는 동인이다. 학습 동기는 직접적으로 학생 자신에게 작용하여 학생이 학습 활동을 진행하도록 촉진하는 내부 동력이다. 이러한 동기는 통상 어떤 필요성에 의해 생성되는데, 가령 구직을 위한 도구형 동기가 있고, 중국의 역사, 문화, 경제 등을 연구하고자 하는 학술형 동기가 있으며, 생활, 교제, 호기심에 의한 임시성 동기가 있다. 이 모두 중국에 와서 중국어를 공부하고자 하는 유학생들의 학습동기이다.

동기는 학습 성공을 결정하는 결정적인 요소이다. 중국에 온 외국 유학생들은 일반적으로 비교적 명확한 목적과 동기를 갖고 있다. 그렇기 때문에 중국에 와서 중국어를 배우겠다는 지름길의 방식을 택한 것이다. 그러나 외국어 학습은 일종의 획득성 수요로, 외국어의 획득은 일정한 시간과 지속적인 노력이 필요하다. 학생이 장기간 한 가지 동기가 진행되는 상황 속에 있다면 쉽게 무감각해지게 되고 또는 다른 상관없는 동기에 방해를 받아 동기가 동요되거나 모호해지는 현상이 발생한다. 이때 중국어 교사는 학생의 학습동기가 견고하고 명확할 수 있게 해주는 역할을 해야 한다. 이러한 역할을 실현시키는 과정에서는 좋은 사생관계를 감정적 기초로 삼고, 학생의 교사에 대한 존경과 신뢰를 심리적 버팀목으로 삼을 필요가 있다. 중국어 교사는 교실 교육에서 수시로 학생의 학습 동기를 유발하고 이것이 학습자의 내부 동력이 되게끔 해야 한다. 그리고 학생이 적극적인 감정 상태로 학습활동에 참여하게끔 보장해줘야 한다.

동기를 유발하는 수단은 교육 내용, 교육 방법 및 교육 조직 등 방면의 공동 작용에 달려있다. 유학생은 중국어의 환경 속에 처해 있어서 동기가 수시로 유발될 수 있는 상황 하에 놓여 있다. 이때 중국어 교사는 이러한 유리한 요소를 파악하여 학생의 학습 동기가 계속해서 명확하고 굳건해지도록 해야 하며, 학생의 일상생활을 지도하는 첫 번째 목표가 되게끔 해야 한다.

외국어 학습은 하나의 자각적인 과정이다. 따라서 강렬한 학습 동기 뿐 아니라 적극적인 학습 태도도 필요하다. 언어의 습득은 최종적으로 학습자의 '스스로 교육'을 통해 실현된다. 우수한 중국어 교사는 먼저 감정 교류를 교육 기점으로 삼아 학습 동기를 공고히 하여 효과적으로 학생의 적극성을 유발시키는 것을 목표로 삼아야 한다. 그리고 자연스럽고 조화로운 수업 분위기를 만들어 학생이 부드럽고 즐거운 분위기 속에서 정신을 집중하여 학습 임무를 완성하게끔 해줘야 한다.

2. 흥미와 도전

德索泽는 "어떻게 학생의 흥미를 환기시키고 보존하는가가 수업에서의 가장 중요한 문제이다."라고 하였다. 학생의 흥미를 유발시켜야만 학습 동기를 일으킬 수 있고 학생의 지적 욕망을 불러일으킬 수 있다. '흥미'라는 말은 쉽지만, 실제로 유발하기는 상당히 어렵다. 이를 위해서는 교사, 교재, 교수법 모두 흥미로 충만되어야 한다. 교사가 학생의 흥미를 유발하라 함은 학생을 웃기라는 말이 아니다. 그들에게 도전을 제기하라는 말이다. 첫 수업부터 중국어를 사용하여 그들과 교류를 진행하는 것은 학생에게 있어서 일종의 도전이다. 수업에서 지금 막 상호 간 접촉을 시작한 각국의 학생들의 흥미는 다른 이들과 소통하기를 갈망하는 것이며 다른 이들을 이해하길 희망하는 것이다. 그리고 다른 이들이 자신을 이해하기를 희망하는 것이다.

가능하면 빨리 자신을 집단 속에 융합시켜 교사와 함께 수업에서 조화로운 공존관계를 건립하기를 희망할 뿐 아니라 다른 학생들과도 친밀한 관계를 맺기를 희망한다. 이때 교사는 수업을 이용하여 일종의 상호 소통, 상호 교류의 분위기를 만들어서 학생이 그 속에서 최대의 수확을 거둘 수 있게 해야 한다. 완전 기초 수준의 학생에게 있어서 단지 중국어로 '你好', '我爸爸 是大夫', '他是我的朋友' 정도만 말할 줄 안다 해도 흥분이 가시지 않을 것이다. 이때의 성취감은 학생이 성공에 도전하는 성취감일 것이고 이것이 학생을 가장 적극적인 학습 감정 속으로 끌어들일 것이다.

외국어의 학습은 목표어의 환경에 놓인다고 해서 자연적으로 습득되는 것이 아니다. 외국어 습득의 비교적 완벽한 과정은 학습자가 모종의 방법을 강구하여 그가 세계에 대해 느낀 것을 언어로 조직해 내고 또 표현해내어 다른 이와 함께 누리는 과정이다. 교재상의 단어들은 죽어 있는 추상적 개념에 불과하여 그것의 실제 사용 의미를 포착하기가 어려우며 학생의 상상력과 창조력을 계발해내기가 어렵다. 그저 이러한 언어를 사용하여 직접적으로 사유와 의사소통을 진행해야만 그 언어를 살아있는 언어로 바꿀 수 있고 학생에 대해 진정한 가치를 갖게 되는 것이다. 단지 적합한 언어 환경을 만나야 학생은 의미가 있는 어떤 생각을 말해낼 방법이 있게 되므로 학생은 진실된 언어 환경이 필요하다. 필자는 교실 수업에서 중·고급 수준의 유학생들을 대상으로 '30분 사회자'라는 방법을 가지고 아주 좋은 교육 효과를 본 적이 있다. '30분 사회자'란 구체적으로 다음과 같은 진행한다. 수업이 끝나기 30분 전에 한 학생이 말하기 사회자가 되는데 인선은 일주일 전에 한다. '사회자'에게 일주일의 준비 시간을 주고 화제는 '사회자' 자신이 고민하여 결정하게 한다. 이렇게 하는 이유는 다음과 같다. 학생 모두가 일단 외국인이라 그들의 흥미, 느낌, 습관은 분명 중국인과 다르다. 따라서 자신의 흥미로운 화제가 있어 그들 스스로 자유롭게 선택하게 하여 그들의 참여와 열정을 독려하고 배운 지식 내용을 이용해 표현 능력을 단련하게 할 필요가 있는 것이다. 이렇게 돌아가면서 진행하면 한 학기 중에 거의 모든 학생이 사회자가 되는 기회를 갖게 된다. 학생들이 선택한 화제는 각양각색으로, '我眼里的中国人(내가 본 중국인)', '什么是真正的爱情(무엇이 진정한 사랑인가)', '日本人、韩国人、中国人的异同点(일본인, 한국인, 중국인의 유사점과 차이점)', '东西方文化的撞击(동서양 문화의 충돌)' 등인데 모두가 일찍이 토론했었던 화제들이며 신선하면서도 재미있는 것들이다. 필자가 보기에 이 방법은 학생의 흥미를 가장 잘 유발시키고, 학생의 잠재능력을 일깨우며 말하기 수업의 이른바 교사 중심론적 병폐를 극복할 수 있다. 설사 앉아 있는 학생들이 협조를 잘 안 해도 '사회자'가 한 마디도 안 하고 서 있을 수는 없으므로 이 30분의 시간은 학습을 위한 아주 효과적인 시간이 될 수 있다. 학생들이 진지하게 토론 화제를 준비하고 적극적으로 교실에서의 토론에 참여하는 모습을 보면 이 '30분 사회자'법이 재미도 있고 효과도 있는 비교적 우수한 교수법임을 알 수가 있다.

3. 자극과 입력

만약에 학생들로 하여금 학습의 진행 과정에서 충분한 흥분 수준을 유지하면서 학습을 진행하게 하려면, 교사는 학생들에게 이에 상응하는 자극을 주어야 한다. 비록 일부 사람들은 이 경험주의적인 '모방 — 기억과 문형 연습'이란 학습 모델을 비난하고 있긴 하지만, 외국 학습자들에게 있어서 이 방법은 여전히 그들의 입을 아주 빠르게 열게 만드는 효과적인 방법이라 할 수 있다. 다만 이 모델의 과정에서 학생에게 입력시키는 것은 살아 있는 언어, 의미가 있는 문장이어야 한다. 그렇게 해야 기계적인 '모방 — 기억과 문형 연습'은 실용성이 풍부해 질 수가 있는데, 바로 이러한 점들이 이 방법의 관건이 되는 사항이다. 대다수의 성인에게 있어서, 먼저 이해를 충분히 하고 난 다음 언어의 문법구조에 대해 일정한 순서에 따라 유의미한 연습을 진행하는 것도 좋은 방법 중 하나라 할 수 있다.

외국인을 위한 중국어 교실 교육에서 주도적 작용을 하는 것은 교사이다.

그래서 효과적인 입력이 되게 하려면 교사와 학생 양 방면의 상상력이 발휘되어야 한다. 한편으로 교사는 각종의 신기한 사물 및 신속히 변환할 수 있는 것을 제시하여 학생을 자극하고, 다른 한편으로 학생에게 자극에 대해서 적극적이고 효과적인 반응을 하도록 요구해야 한다. 학생의 자극에 대한 반응으로부터 교사는 또 다시 새로운 자극을 포착하고 제시함으로써 '자극 — 반응'이 하나의 효과적이며 확대된 순환 상태로 진입하게 해야 한다. 이렇게 하여 자극의 최대 효과치를 얻도록 해야 한다. 교사의 자극은 효과적으로 입력해야 하는데, 실행의 과정에서 교사는 학생의 감정 변화에 주의해야 한다. 교육의 경험을 이용하여 그들의 말과 낯빛을 잘 관찰하고 자극을 입력하는 이른바 '점(點)'과 '도(度)'를 파악해야 한다. 여기서 말하는 '점'은 곧 흥미점이고, '도'는 곧 난이도와 속도이다. 교수 계획을 실행하는 과정에서 교사는 교수 내용의 흥미점을 포착하고 학생의 흥분점을 독려하여 학생 흥분 상태의 시간을 연장시켜야 한다. 동시에 교수의 난이도와 속도를 장악하여 학생이 과도한 긴장이나 이완으로 흥분이 억제되는 상황이 되지 않게 해야 한다. 또 한 편으로 입력된 문장은 당연히 중국어의 보편 규칙을 대표해야 하는데 그렇게 하여 '모방 — 기억'이 이해와 사유의 상태로 진입하게 함으로써 학생이 그 현상 뿐 아니라 그 이유도 알도록 해야 한다. 이렇게 학생에게 더 많은 변환생성의 조건을 제공하고 순서에 따라 점진적으로 입력하게 하며 간단한 것에서부터 복잡한 것까지 신중하면서도 적극적으로 언어 학습을 촉진하게 해야 한다. 이 외에 대조입력도 입력의 좋은 방법이 될 수 있다. 이른바 '대조'라 함은 목표어와 학생 모어의 대조를 말할 수도 있고 유의와 반의의 대조를 말할 수도 있다. 대조 방법을 운용하면 중국어의 규율과 특성을 분명하게 할 수 있다. 그리고 비교를 통해야만 언어의 공통점과 특성을 확정할 수 있다. 우리의 유학생은 성인이다. 성인이 외국어를 학습할 때는 항상 자기도 모르게 불가피하게 중국어와 자신의 모어를 비교하게 된다. 만약 교사가 교실 수업에서 중국어와 학생의 모어를 맞춤식으로 비교 입력한다면, 모어의 간섭으로 출현할 수 있는 오류를 충분히 예측하고 해석하며 수정 및 제거를 할 수도 있을 것이다. 그리고 언어 오류의 근원을 제때에 정확하게 판명할 수 있고 상응하는 조치를 취해 교육의 주도권을 장악할 수도 있으니 적은 노력으로 많은 성과를 거둘 수 있을 것이다.

三. 감정요소 3 학생들이 성격상의 장점을 발휘하여 외국어를 습득하도록 돕는다.

심리학에선 사람의 성격을 '내성형'과 '외향형' 둘로 구분한다. 학습자 개인의 성격은 감정 요소의 하나로서 외국어 학습에 있어서도 마찬가지로 중요한 작용을 한다. '외향형'의 학생은 이야기하기를 좋아하고, 교사가 입력한 내용에 대해 적극적이고 빠르게 반응을 한다. 이것은 정보를 입력하고 언어를 운용할 수 있는 더 많은 기회를 획득하는데 유리하다. 다만 종종 언어의 형식 분석에 주의하지 않는 문제가 있을 뿐이다. '내성형'의 학생은 조용한 성격을 이용하여 제한된 입력에 대해 깊이 있고 세밀한 형식 분석 잘한다. 그래서 항상 언어 규칙에 부합하는 완벽한 문장과 글을 만들어 낼 수가 있다. 교사가 학생의 성격을 바꿀 수는 없다. 다만 모든 학생의 개성 차이를 충분히 이해하여 교수 과정에서 상황에 따라 이를 유리하게 이끎으로써 학생의 개성을 어느 정도 제어하고 유도할 수 있는데 그렇게 하면 학생이 장점을 더 높이고 단점을 보충하게 도와줄 수 있어 각자의 성격상의 장점을 발휘하게 해줄 수가 있다. 수업 분위기가 가라 앉아 있을 때, 성격이 외향적인 학생과 선의의 농담을 하면서 이 학생들에게 더 많은 표현의 기회를 줄 수도 있다. 이렇게 하면 수업 분위기를 더 활기차게 할 수 있고 집단적 정서를 유도할 수도 있다. 그리고 규범성의 문제를 처리할 때는 '내성적인' 학생에게 더 표현하게 하는데 이렇게 함으로써 학생들에게 규범적인 언어를 쓰도록 유도할 수 있을 뿐 아니라 적극적인 이해와 기억을 강화시킬 수도 있다.

이 밖에, 유학생의 개성 차이는 또 나이, 국적, 민족, 경력, 언어자질 등의 방면에도 표현될 수 있다. 구미지역의 학생들은 장독립성(場獨立性, field independence)이 상대적으로 강하다. 그리고 사상이 개방적이고 독립적 사고에 능한 편이며, 활동적인 학습에 참여하기를 좋아한다. 다만 인내심과 관용성이 비교적 떨어져 쉽게 오만해지고 쉽게 의심한다. 동양의 학생들은 장의존성(場依存性, field dependence)이 상대적으로 강해, 사유가 신중하고 자존심이 세며, 어떤 경우 약점 폭로를 두려워해 감히 표현하기를 싫어한다. 그리고 과하게 신중하고 약간 음울하다는 단점이 있다. 외국인을 위한 중국어 교사는 가능하면 학생의 심리 상태를 잘 탐구하여 내성적인 학생에게 대해서는 더 격려해야 한다. 그래서 융합적인 사생관계와 학생들 사이의 친밀함을 이용하여 학생의 자아 보호 의식을 약화시키고 그의 교류하고자 하는 바람을 더 부각시켜야 한다. 자아 감각이 양호하고 항상 자아를 중심으로 하는 학생들에 대해서는, 그 자아 경계를 확장하는 방법을 통해 학습태도를 바르게 할 수 있다. 여기서 주의할 사항이 있는데, 어떤 성격의 학생을 대하든 교사는 그가 '양호한 자아 평가 의식'을 수립하도록 도와주어야 한다는 것이다. 그리고 이것이 바로 매우 중요한 감정적 요소라고 할 수 있다. 교실에서 교사는 조건을 만들어 학생이 성공의 쾌감을 더 많이 맛보게 하여 그의 자신감을 증강시켜야 한다. 그리고 학생의 자아 평가 중 '자아긍정', '자아격려', '자아동경'의 감정을 더 많이 갖도록 도와줘야 한다. 이러한 감정 요소는 중국어 학습에 대해 적극적이며 긍정적인 영향을 끼칠 수 있다.

결론적으로 이상적인 외국어 학습자는 학습 환경 중의 단체 활동에 적응할 수 있어야 하며 부정적인 간섭 요소들을 잘 극복하고 목표어를 사용할 기회를 능동적으로 잡아야 한다. 그리고 모험을 좋아하고 과감하게 실천에 옮기고 틀리는 것을 두려워 말아야 한다. 따라서 외국인을 위한 중국어 교사는 여러 방법을 동원하여 모든 학생들이 수업 활동에 융합되게끔 해야 하며, 학생이 개인의 학습 경험에 근거하고 실제 상황의 변화에 입각해 끊임없이 자신의 인지 모델을 조정할 수 있도록 지도해야 한다. 또 모어의 간섭 작용을 줄여 중국어와 모어 간의 차이에 대해 관용적인 태도를 갖고 적극적이고 능동적으로 중국어를 사용하게끔 유도해야 한다.

제4절 교실 교육을 조직하는 기타 방법

壹. 비지능적 요소의 교육에 대한 적용[12)

교수 과정에서 필자는 여러 가지 교수 수단을 병용한 방법을 채택해 분위기를 만들고, 분위기를 띄우는 효과를 거둔 바 있다. 그 가운데 '경쟁기제'와 '집단의식'은 대표적인 두 가지 요소이다.

一. 경쟁기제

청년 학생들의 승부욕과 성공 심리에 근거하여 필자는 아래의 몇 가지 교수 방법을 채택한 바 있다.

1. 직접 경쟁법

청년 학생들의 승부욕과 성공 심리에 근거하여, 기본지식과 기본기능을 가지고 시합을 한 차례 진행한 바 있다. 학생 수에 따라 필자는 처음부터 그들을 고정적으로 두 팀으로 나누었다. 시합의 원칙은 팀의 모든 구성원이 필수적으로 참여하고 실수나 결석은 직접적으로 전체 팀의 최후 득점에 영향을 주도록 하는 것이다. 전체 팀의 승부에 관계되므로 동학들은 하나하나 의욕이 넘치고 머리를 쥐어 짜내게 되며, 자신이 팀에 방해가 될까봐

---

12) 涂文晖, <非智力因素在对外汉语教学中的应用初探>, ≪华侨大学学报≫, 2000年 第3期.

수업 분위기는 매우 활력이 넘친다. 과의 핵심이 1부터 99까지의 수를 세는 방법이라 한다면 각 팀은 딱 9명씩으로 한다. 그러면 릴레이 형식을 취하여 두 팀이 동시에 첫 번째 학생부터 수를 세게 하는데, 1부터 10까지 다 세면 그 다음 두 번째 학생에게 넘겨 11부터 20을 세게 하고, 다 세면 다시 세 번째 학생에게 넘겨 계속 세어 나가게 한다. 이렇게 계속해서 99까지 가게 한다. 마지막엔 어느 조가 가장 빠르고 잘 세었는가를 보는데 그 효과는 매우 좋다. 이러한 릴레이 경기에서 대개 한 학생이 '시합을 하고'있으면 기타 팀원은 옆에서 맞장구를 치고 틀리면 바로 수정도 해준다. 표면상으로는 매회 한 학생만이 참여하지만 사실상 전체 팀 학생들이 처음부터 끝까지 함께 모든 단계마다 참여하게 되는 셈이다. 이와 유사한 시합으로 본문 읽기 릴레이, 한자 쓰기 릴레이 등이 있다. 매회 시합이 정식으로 시작하기 전에 그들에게 시합 전 준비 시간을 줄 수가 있다. 이렇게 하여 전체 학생들이 저마다 자기가 하고 싶은 말을 충분히 할 수 있게 하고, 학생 간 서로 계발을 할 수 있으며 서로 보충하여 충분히 그들 사유의 적극성을 유발할 수 있다. 또한 학생들의 집단과 개인의 잠재력을 발굴하고 학생 개인이 지식을 습득하는 과정에서 나타나는 인식상의 장애요소를 제거할 수도 있다. 그리고 피로감을 경감시키고 수업의 적극적 정서를 환기시켜 매우 좋은 '집단 효과'를 거둘 수가 있다. 시합이 끝난 후, 교사는 바로 시합 결과를 피드백하여 우수한 자를 격려하고 시합 중 출현한 오류를 교정해 준다. 그리고 표현이 비교적 떨어지는 학생은 더 격려해주어 그들의 성취욕을 북돋우고 자신감을 증강시켜야 한다.

2. 물어보기 방법

이러한 교수 수단의 출발점은 물음으로 분위기를 만들고, 흥미로 분위기를 띄우며 생각으로 분위기를 이끄는 것이다. 이렇게 함으로써 학생들이 유쾌하고 능동적이고 자각적으로 배우게 하여 강력한 학습 열정이 생기게끔 만들 수 있다. 예를 들어 수업의 핵심이 한 사람의 나이, 키, 체중 등의 특징 묘사에 대한 학습이라고 하자. 그러면 수업을 할 때 필자는 먼저 위와 관련된 어떤 학생의 특징을 말하고 그런 다음 학생들에게 누구인지 추측하게 한다. 이러면 모두의 적극성이 일어나기 시작한다. 그러고 나서 학생들마다 필자와 같이 어떤 학생의 이런 특징을 말하게 하고 다른 학생들에게 맞히게 한다. 그래서 표현이 틀렸거나 못 맞힌 학생은 상징적인 벌을 받게 한다. 이렇게 하면 문제를 내는 학생은 분명하고 정확한 표현을 하려고 할 것이고, 문제를 맞히는 학생은 틀릴까봐 귀를 쫑긋 세우고 매우 주의 깊게 출제자의 표현을 경청한 후 열심히 목표를 찾을 것이다. 맞히면 매우 기뻐할 것이고, 틀리면 아쉬울 것이며 다시 한 번 잘해보겠다고 결심할 것이다. 이렇게 하다보면 사실을 잘못 알고 있는 상황도 발생하여 수업은 웃음바다가 될 수도 있다. 학생들은 재미가 더하여 일부러 선생님에게도 문제를 낼 것이다. 그들이 어떤 사람의 특징을 말하고 선생님에게 맞히라고 할 수 있다. 선생님은 그들이 누구를 말하는지 못 찾을 수 있는데 알고 보니 자기 자신임을 나중에 알게 될 수도 있다.

결론적으로 물어보기 법은 "학생이 의혹이 생겨 배우게 만들고, 배운 다음 생각하게 하고, 생각하고 또 의혹을 갖게 하며, 의혹이 들어 해답을 구하게 하는 내재적인 학습 동력과 학습의 적극성을 유발하기 위한 것이다."[13] 이런 식으로 학생의 목표어에 대한 접근을 유도해 낸다. 유사한 수업 활동으로 '너의 책은 어디있니(你的书在哪儿)', '이것은 무엇일까(这是什么)' 등이 있다.

3. 점수 격려법

점수는 교사의 학생에 대한 일종의 평가로 이것은 학생 학습 성적의 반영이기도 하고 학생 학습의 동력이기도 하다. 점수라고 하는 이 지렛대를

---

13) 北京一师附小快乐教育科研组, ≪"八五"快乐教育实验研究≫, 首都师范大学出版社 1997 年版.

정확하게 사용하면 학생의 학습 흥미를 제고시키는데 있어서 무시할 수 없는 작용을 할 수 있을 것이다. 필자는 학생들이 점수에 대해 매우 신경을 쓰고 있다는 점을 주목하게 되었다. 점수 격려법은 아래와 같은 방법을 채택할 수 있다. 시험 성적이 좋지 않은 학생에 대해 그와 신사협정을 맺어 이번에는 먼저 그에게 몇 점 '빌려준 다음', 다음 시험에서 두 배로 '되갚게 한다.' 예컨대 한 학생이 시험에서 50점을 맞아 표정이 시무룩하다면 잠시 그에게 10점을 빌려준다. 이렇게 그의 시험 성적은 60점이 되고 그의 좌절감은 어느 정도 감소한다. 동시에 그에게 다음 번 시험에서는 그의 성적에서 20점을 깐다고 하면 그는 흔쾌히 승낙한다. 이 20점을 일찍 '청산'하기 위해, 이후의 학습 과정에서 그는 매우 열심히 노력하게 된다. 그리고 그 결과 다음 시험에서 20점을 깎았는데도 그는 65점을 맞는다. 점수 격려법을 정확하게 사용하면 성적의 의미가 바뀌게 되는데, 한 번에 확 결정해 버리는 단순한 숫자 이상으로 살아있는 추진력이 되어 학생의 학습에 긍정적인 효과를 가져 오게 된다. 그리고 학생이 항상 능동적, 적극적으로 향상되는 상태에 이르게 된다.

二. 집단의식

교실 교육이란 '배움'에서 가장 큰 특징으로 꼽을 수 있는 것은 단독 학습이 아니라 바로 '집단 학습'이다. 여기서 '집단 효과'라고 하는 심리학 용어를 언급하고자 한다. "일찍이 1897년 심리학자 M.Triplett는 '집단 효과'의 실험 연구를 진행한 바 있다."[14] 이후에 심리학자인 Gordon W. Allport와 J. F. Dashiell 등도 동일 성질의 실험을 여러 차례 진행하여 집단 효과는 일종의 보편적인 현상임을 증명하였다. '집단 효과'는 또 '공동행동자 효과'라고도 불리는데 주로 '사회 조장 효과(社会助长效应)'와 '사회 간섭 효과(社会干扰效

---

14) 任顺元, ≪奇妙的教育心理效应≫, 教育科学出版社 1996年版.

应)'로 표현된다. 사회 조장 효과는 어떤 사람이 현장에 같이 있거나 여러 사람이 함께 일하면 개인 활동(학습 혹은 일)의 효율을 촉진시킬 수 있고 양적 질적으로 증가하게 되는 현상을 가리킨다. 사회 간섭 효과는 이와 상반된다. 동일한 하나의 집단인데 어째서 어떤 것은 사회 조장 효과가 나타나고, 어떤 것은 사회 간섭 효과가 발생하는가? 이것은 주로 활동의 성질이나 경쟁을 유발하는 동기, 타인에 의해 평가가 발생하는 의식 등과 같은 몇 가지 요소에 의해 이루어진다.

현재 초급 중국어반의 사람 수는 20명 정도로 반의 규모가 적당하며 교사가 통제하기에도 편하다. 그리고 특히 교사와 학생 간 직접적인 소통의 기회가 비교적 많다. 게다가 학생의 배경이 통일되어 있고 문화배경, 심리적 연령이 비슷하며 개별 차이가 그다지 돌출되지 않는다. 이처럼 집단 구성원의 비지능적 요소는 외국인을 위한 중국어 교육에서 이미 긍정적인 집단 효과를 발휘하여 교실 활동의 효율을 배가시키는 기능을 하고 있다.

아래는 필자가 채택한 구체적인 교수 방법이다.

1. 상황 교수법

이 방법은 곧 "교사가 교실 교육에서 어떤 상황을 만들어 교사와 학생의 감정을 인지 활동 속에 융해시킴으로써 학생이 즐겁고 부드러운 환경 속에서 학습하게 하는 것"[15]을 말한다. 예를 들어 '的'를 가진 명사성 구조를 가르친다고 할 때, '的'의 필수성을 강조하기 위해 필자가 모든 학생에게 물건 하나씩 교탁 위에 올려놓으라고 하자 학생들이 호기심을 갖기 시작한다. 그렇게 물건을 다 놓은 다음 필자는 아무거나 들고 '这是谁的?'라고 묻는다. 또 필자가 어떤 물건을 들어 올리면 물건 주인은 바로 큰 소리로 '这是我的'라고 말한다. 그러면 필자는 그가 물건을 받아 가도 되게 허락한다. 만약 반응이 느리거나 틀리면 물건은 잠시 반환하지 않는다. 이에 학생

---

15) 李吉林, 《李吉林情境教学理论与实践》, 人民日报出版社 1996年版.

들은 한명한명 눈을 크게 뜨고 귀를 쫑긋 세우고 선생님의 질문을 듣자마자 바로 어떤 학생이 대답하게 된다. 그래서 전체 수업의 질서는 긴장도 있고 활발해진다. 어떤 학생은 '的'의 필수성을 까먹어 입을 열자마자 '这是我'라고 대답하는데 이러면 전체 학생들이 크게 웃게 되고 웃음과 함께 이 실수는 자동적으로 교정이 된다.

2. 확장법

이 방법은 교사가 글자 하나를 주고 학생에게 규정된 시간 내에 그 글자로 단어를 구성하거나 단어로 구를 구성하기도 하고 구로 문장을 구성하게 하는 그런 방법이다. 마지막에는 누구의 문장이 가장 길고 정확한 지를 봐서 가장 길고 정확한 학생이 곧 일등을 하는 것이다. 확장법은 개방적으로 학생이 학습하게 유도하는 방법인데, 그것의 특징은 고정된 결과모델이 없고, 획일된 요구사항도 없으며 단지 문장이 문법에만 맞으면 된다. 학생들은 최대한도로 자신의 어휘창고를 열어 능동적, 적극적으로 자신의 문장을 '생성'해 낸다. 학생들의 문장이 끊임없이 확대될 때마다 교사는 끊임없이 칭찬을 하고 격려해주고 그들이 계속 확장하도록 지도한다. 그러면 다양한 각도로 사유하는 학생들이 계속해서 각양각색의 문장을 변화 생성해내게 되는 것이다. 이렇게 학생들의 문장은 마치 눈덩이를 굴려 뭉치듯이 점점 더 길어지고 그들의 흥미도 점차 커져 교실 분위기는 매우 활기차게 변한다. 여기서는 학생의 상상력과 창조적 사유가 충분히 발휘되고 배워 익히는 즐거움, 성공적으로 창조해내는 즐거움을 체험하게 된다. 확장법은 이처럼 '능동적 참여와 능동적 발전'을 이끌어내는 교육 방법이라 할 수 있다.

3. 시범법

이 방법은 교사가 학생들을 조직하여 본문 내용 혹은 스토리 줄거리의 특징에 따라 역할을 나누어, 시범을 보이거나 일부 동작을 모방함으로써 교실 교육을 전개하는 것이다. 이 방법은 지식의 핵심을 시범을 통해 훈련하고, 사실과 같은 상황을 창조해 내어 학생이 피동적으로 접수하는 것으로부터 능동적으로 참여하는 것으로 변화하게 하는 것이며 이로써 인상이 각인되게끔 하는 것이다. 초급 중국어 교재 중의 '打招呼', '去银行换钱', '去医院看病' 등은 이 방법이 매우 적합하다. 이 방법은 생동감 있고 재미도 있으며 직관성이 강해, 학생들이 빠르게 문제를 발견하고 신속하게 교정할 수 있게 도와준다.

4. 스토리텔링 법

이 방법은 학생들이 입학한지 한두 달 지난 후, 즉 일정한 어휘력과 듣기 기초가 있는 다음에 하는 것이다. 구체적인 방법은 먼저 교사가 재미있는 이야기를 가능한 한 학생들이 배운 단어를 이용하여 간결하게 학생들에게 들려주고, 그런 다음 전체 학생들의 힘을 모아 그 이야기를 다시 중국어로 한 번 이야기하게 하는 것이다. 교사가 선택한 이야기는 반드시 들었을 때 상대방이 몰입할 수 있어야만 학생들이 듣고 싶어 한다. 어떤 학생은 먼저 듣고 이해가 되어 자연스럽게 배를 잡고 웃을 수도 있다. 알아듣지 못한 학생들은 이 재밌는 이야기가 도대체 어떤 내용인지 더욱 절박하게 알기를 원하게 되고 계속해서 옆 친구에게 물어보게 된다. 이렇게 학생들끼리 서로 들은 내용을 한 마디씩 함으로써 선생님이 한 이야기를 거의 다 말하게 된다. 이 방법은 학생들의 듣기, 말하기 기능 제고에 매우 큰 도움이 된다. 모든 학생들이 이야기를 다 들은 후 각자 모두 재미있어서 말을 하지 않고는 못 배길 것이다.

이상은 필자가 교실 교육에서 활용했던 몇 가지 교수법이다. 이들이 비록 명칭은 다르지만 실질적으로 모두 학생의 학습 흥미를 이끌기 위한 측면이란 점에선 유기적으로 연결되어 있다. 그리고 구체적인 활용 면에서도 각 방법을 섞어 가면서 교차적으로 사용 가능하다. 다만 이렇게 유형을 분류한 것은 본문 서술의 편의를 위한 것이다. 어떤 교수법을 채택하든 매번 수업에서 필자는 수업의 흐름을 파악하려고 신경 쓰고 긴장과 이완을 적당히 번갈아 가면서 조절해 왔다. 심리학자들의 연구에 따르면 아무리 선명한 자극이라도 반복이 심하면 대뇌가 흥분되지 못한다고 한다. 게다가 사람들의 정서란 개체든 집단이든 정서가 과히 긴장되거나 이완되면 사람의 활동 효율을 저하시킬 우려가 있다. 중간 정도의 정서만이 가장 좋은 상태이다. 따라서 교육의 형식을 끊임없이 새롭게 변화시키고 교사도 항시 다양한 모습으로 학생들에게 나타나야 하며 그와 동시에 교사의 각종 교수법이 학생에게 적당한 자극을 주어야 한다.

사례에 따르면, 학습활동이 풍부하고 다채롭게 배치하여 보고, 읽고, 쓰고 하는 활동을 교차로 진행했을 때 대뇌 작업구역의 전환과 조절이 이루어져 주의력이 안정되고 고도의 집중력을 유지하며 기억도 가장 효과적으로 변한다고 한다. 왜냐하면 흥미가 주의력을 높여 최종적으로 기억할 수 있도록 해주기 때문이다. 언어 학습은 외국 학생들에게 있어서 일종의 기억성이 강하며 여러 차례 반복을 해야만 익힐 수 있는 비교적 건조한 지식이자 기능이다. 따라서 최적화된 교수법은 학생의 학습 흥미를 유발할 뿐 아니라 그들의 지적 욕구도 증강시킨다. 그리고 그들의 심리를 최상의 상태에 놓이게 하고 대뇌 피질을 안정된 상태에 놓이게 해 정보 기억에 있어서 가장 좋은 효과를 거두게 한다.

모든 교수법을 시도함으로써 교사가 그것을 통해 지향하는 최종적인 목표는 바로 교실의 양호한 심리적 분위기를 조성하는 것이다. 교실은 학생들이 중국어를 학습하는 가장 주요한 '진지'이므로 교실 교육의 효과는 학생에게 결정적인 작용을 하게 된다. 그리고 교실의 심리적 분위기는 교실 교육 효과에 영향을 주는 일종의 '소프트웨어적인 환경'[16]이다. 교실의 양호한 심리적 분위기는 단지 교사와 학생에게 격려의 작용을 할 뿐 아니라 교사와 학생에게 '분위기 효과'라고 하는 작용도 하게 된다. 교사와 학생, 특히 학생은 교실 분위기나 상황과 서로 일치된 행위 결과를 쉽게 받아들이는 경향이 있다. 양호한 교실 분위기를 갖춘 수업에서만이 교사와 학생 쌍방의 주의력이 모두 높아지고 교사는 자신의 교수 활동을 완성하는 데에도 흥미를 가지게 된다. 그리고 집단 성원 간 조화를 이루게 되면 그 열정이 발산되고, 이로써 자각적으로 간섭을 극복하고 기억도 능동적으로 변하게 된다. 그 외에 사유와 상상도 활발해지고 학생의 주의력 분산의 약점도 억제될 수가 있다. 이렇게 하면 심지어 지금 하고 있는 중국어 수업을 더 연장하여 할 수도 있다. 이렇게 해야만 학생이 착실하게 내용을 배우고 이를 기존의 인지구조 속으로 내재화하여 인지구조가 새롭게 확장, 발전하게 만들 수 있다. 또한 교사와 학생 간, 학생들 간에 서로 잘 어우러지면 교수 활동 중에도 피로하지가 않고 건강에도 도움이 된다.

마지막으로 교육학자인 Comenius의 다음과 같은 말로 결말을 맺고자 한다. "흥미는 즐거움과 광명을 창조하는 교육 환경의 중요 방법이다." 이 또한 필자가 장기간 학생들을 가르치면서 얻은 깊은 깨달음이라 할 수 있다.

貳. 매개언어(媒介语)를 사용하지 않고 교실 교육을 진행하는 방법17)

많은 이들은 외국어 교육 활동에서 교사가 응당 학생의 모어를 이해하거나 혹은 적어도 한 가지 매개언어를 이용해 교사와 학생 간의 교류를 진행할 수 있어야 하며 심지어 이를 외국인을 위한 중국어 교사 선발의 우선 조건으

---

16) [역주] 소프트웨어적 환경이란 물질적인 조건 이외의 정책, 문화, 제도, 법률, 사상 관념 등 외부 요소와 조건의 총화이다.

17) 梁宁辉, <不用媒介语从事对外汉语课堂教学的探讨>, ≪汉语学习≫ 1998年 第3期.

로 삼아야 한다고 생각한다. 분명 교사가 매개언어를 하면 교사와 학생 간의 교류를 더 잘 강화시킬 수 있고, 학생이 충분히 수업 내용을 이해하게끔 도와줄 수가 있다. 그러나 이것은 외국인을 위한 중국어 교육 종사자의 필요조건이 되지는 않는다. 매개언어를 사용하지 않고 단지 중국어를 교수 언어로 삼아서 해도 좋은 교육 효과를 얻을 수 있으며, 매개언어 교육 시 출현하는 여러 가지 문제를 극복하고 우수한 학생을 배양할 수 있다. 이것은 이론상으로도 가능한 것이며, 게다가 실제 교육적 시도를 통해서도 그 교육 효과가 두드러지게 나타나고 있다.

매개언어를 사용하지 않고 외국어 교육을 진행하는 데는 확실히 많은 어려움이 있다. 특히 그 대상이 중국어 초학자인 경우는 더 그렇다. 어떻게 학생과 소통을 할 것인가? 어떻게 학생에게 교과 내용을 이해시킬 것인가? 그리고 어떻게 학생의 연습을 조직할 것인가? 이러한 문제 모두가 바로 중국어 교사에게 제기된 큰 도전들이다. 그러나 사례에서 증명되었듯이, 교사가 융통성 있게 관련된 교수방식과 기술을 운용하기만 하면 성공적으로 상술된 문제들을 해결할 수 있고 교사와 학생 간의 교류를 효과적으로 진행할 수 있다.

一. 실물, 사진 또는 도식법으로 설명하기

언어 교육의 내용 중 하나로 어휘와 관련된 것이 있다. 중국어 교육의 초급 단계에서 학생이 배워야할 어휘는 일반적으로 간단하기 때문에 교사는 실물, 사진 또는 간단한 도식법으로 이를 나타낼 수 있다. 이렇게 하면 간단명료하고, 또 번잡한 매개언어의 해석이나 설명도 필요 없어서 학생이 이해하는데 편리하다. 교사는 '사물을 가리키며 단어 말하기', '단어 듣고 사물 변별하기', '그림 보고 한자 쓰기', '한자 보고 병음 쓰기' 등의 방법을 운용하여 훈련을 조직하고, 실물, 어음, 단어 형태의 세 가지를 결합함으로써 학생의 기억을 심화시킬 수 있다. 또한 '这是什么', '这是谁的××', '他是谁', '他在哪儿', '他在做什么' 등의 의문문으로 학생 두 명을 한 조로 하여 그림 내용을 근거로 문답식 연습을 진행할 수 있는데 이는 학생이 이러한 문형을 익히고 연습하는 데에도 도움을 준다.

二. 손동작과 형체 동작으로 설명하기

예컨대 발음 수업에서 교사는 손동작으로 '평평하게 움직이기', '위로 들기', '곡선 그리기', '아래로 내리기' 등 동작을 함으로써 사성(四聲)을 표시할 수 있고 학생이 성조 발음 훈련을 진행하도록 지도할 수 있다. 학생의 발음을 훈련시킬 때, 교사는 먼저 시범적으로 발음을 한다. 그리고 학생이 교사의 입모양을 정확히 보게 하고 따라서 발음하게 한다. 매개 언어를 이용하여 상세하게 구강구조, 발음 부위, 발음 방법 등 전문 용어를 굳이 설명하지 않더라도 할 수 있는 것이다. 설사 이러한 내용을 말해준다 해도 학생은 효과적으로 제어하기가 힘들어 사실상 내용을 많이 말해줄 필요가 없기 때문에 그러한 것인데, 관건은 이보다 학생에게 더 많은 연습의 기회를 줘야 한다는 것이다. 이 외에 교사는 자신의 형체 동작을 이용하여 '打开书', '再念一遍' 등 문장의 뜻을 표시할 수 있다.

손동작과 형체동작으로 교육을 진행한다고 하여 결코 수화교육을 하라는 것이 아니다. 동작을 하는 동시에 교사는 또 이에 상응하는 중국어를 발화할 수 있다. 이렇게 계속 시간이 지나면 학생은 일종의 제2신호체계의 조건반사를 수립하게 되고 그때는 교사가 동작을 하지 않더라도 학생이 '对不对', '懂不懂', '跟我念', '背诵课文', '请安静' 등 수업 용어의 의미를 이해하게 된다. 이 모두는 학생이 귀와 눈으로 자연스럽게 익숙해진 결과이지 결코 의식적으로 기억해서 되는 것이 아니다. 따라서 별도의 기억 부담은 없다. 만약 교사가 매개 언어를 가지고 이 지령들을 여러 차례 사용했다면 아마도 학생들은 본문 속에 이러한 문장들이 출현해야만 그 뜻을 이해할 수 있게 되고 또 별도로 시간과 노력을 들여 기억을 해야 할 것이다.

三. 과장식 교육 방법 사용하기

아동교육심리학에 따르면, 거의 모든 엄마들이 아기와 대화할 때 과장의 방법을 쓴다고 한다. 즉 특별하게 말의 속도를 느리게 하고 모든 음절을 정확하게 발음한다. 연구에 의하면 이러한 방법은 아기의 주의를 끌고 쉽게 모방하게 한다고 한다. 그것은 아기의 성대가 작은데다가 일시에 여러 음을 발음하기 어렵기 때문이다. 이러한 방법은 아기들이 음절의 주요 특징을 분별하고 쉽게 모방하기에 편하다.

중국어 교육의 대상이 비록 영아는 아니지만 학생들이 배우는 것도 완전히 낯선 새로운 언어이다. 이러한 언어와 그들의 모어는 현저히 달라 그중에 어떤 음절은 모어에 없을 수도 있고 설사 있다 해도 다른 의미를 표현하므로 그들 역시 발음에 익숙해지고 발음을 모방함으로써 그 함의를 분별하는 과정이 존재한다. 교육의 초기에 이러한 과장식 교육 방법은 학생이 뇌리에 새로운 언어시스템과 개념 간의 연계를 건립하고 여러 차례의 반복으로 깊은 인상을 남기게 하는데 매우 편리하다. 사례에 의해 증명되었듯이 이러한 교수방법은 학생이 교사의 설명 내용을 이해하도록 도와줄 수 있고 발음을 모방하는 데에도 쉬울 수가 있다. 당연히 학생의 중국어 능력의 좋아짐에 따라 교사의 말 속도도 조정하여 적당히 빠르게 할 수 있다.

四. 비규범 용어(不规范用语) 사용하기

교실 교육의 과정에서 교사와 학생 간의 교류를 실현하기 위해 교사와 학생은 항상 일정 정도의 비규범 용어를 사용한다. 이른바 '비규범 용어'란 언어 표현 시에 학생이 배운 말로 습관상 써야 할 말을 대신하거나 간단한 문형으로 학생이 아직 배우지 않은 복잡한 문형을 대체하는 것을 말한다. 이러한 표현은 문법의 오류도 아니고 말의 사용이 부적당한 것도 아니다. 다만 중국인들의 말하기 습관에 부합하지 않을 뿐이다. 예컨대 다음과 같다.

(1) 明天9月30号是星期天，不上课。后天10月1号是我们国家的生日，1号、2号两天不上课，星期三再上课。
(10月1号是中国的国庆节，放假两天，星期三照常上课。)
(2) 昨天我爸爸的弟弟的爱人来我家玩。(昨天我婶婶来我家玩)
(3) 给我你的作业。(把你的作业给我)

학생들이 어떤 단어를 배웠는지는 교사가 가장 잘 안다. 그래서 교실 교육을 조직하거나 학생에게 어떤 일을 통지하거나 혹은 그들과 대화할 때 교사는 여러 방법을 동원하여 가능하면 학생들이 배우지 않은 단어를 피해야 한다. 예를 들어 '国家的生日'를 써서 '国庆节(국경일)'를 대체하고, '爸爸的弟弟的爱人'으로 '婶婶(숙모)'을 대체하며, 간단한 문형으로 복잡한 '把'자문을 대체할 수 있다. 이렇게 하면 학생이 이해하는데 유리하고 주의력을 그 수업의 중점 내용에 집중할 수 있고 새 어휘나 어려운 문형의 방해를 피할 수 있다. 그리고 학생이 구두 혹은 서면 표현을 진행할 때 나타나는 일부 비규범 용어에 대해서도 교사는 굳이 교정을 할 필요가 없다(이미 배운 언어지식을 잘못 사용하는 것은 제외). 이렇게 하면 학생의 염려를 덜 수 있고 그들이 이미 배운 단어를 운용하여 새로운 개념을 표현할 수 있도록 격려할 수 있다. 만약 표준적인 언어로 학생에게 엄격하게 사용하도록 강조한다면, 이는 학생이 입을 열고 말을 하거나 글쓰기를 하지 말라고 하는 것과 같다.

五. 학생 스스로 사전을 찾는 습관 배양하기

교사가 보충한 본문 속의 뜻풀이가 없는 단어에 대해, 교사는 학생이 사전을 찾는 방식으로 스스로 단어의 뜻을 찾게 할 수가 있다. 혹은 교사가 단어를 읽으면 학생이 성모, 운모, 성조를 기록하고 병음에 근거하여 사전을 찾게 할 수도 있다. 또 교사가 단어를 쓰면 학생이 자형구조를 분석하여 편방부수에 근거해 사전을 찾게 할 수도 있다.

상술된 방법을 통하면 학생이 단어를 이해하게 도울 수도 있고, 학생이 사전 찾는 좋은 습관을 양성할 수도 있다. 사전은 가장 좋은 선생님이다. 학생들이 사전을 찾는 좋은 습관은 그들이 일상생활 중 어떤 상황 하에서도 낯선 단어를 듣거나 봤을 때 사전을 통해 빠르게 문제를 해결할 수 있게 한다. 그리고 항상 교사의 매개 언어를 통한 해석에 의존하지 않아도 된다. 동시에 학생이 스스로 사전을 찾아 배운 단어는 교사의 매개 언어로 해석해서 배운 것보다 기억이 더 오래 가고 인상도 깊어 쉽게 잊혀지지 않는다.

六. 학생 간 상호 해석

수업에서 교사는 학생 간 상호 해석의 방법으로 교사, 학생 간의 교류 문제를 해결할 수 있다. 중국어 수준이 비교적 좋고 듣고 말하기 능력이 강한 학생은 제일 먼저 교사의 의도를 파악하므로 그들을 통해 학생들에게 해석해 줄 수 있다. 이때 그에게 그의 모어의 말로 설명하도록 허락해도 된다. 이러한 방법을 쓰면 교사와 학생 간의 소통의 문제도 해결할 수 있고 수준이 비교적 높은 학생을 단련시키고 그가 반에서 일종의 모범이 되게 만들어 전체 학생이 상호 돕고 공부하는 기풍을 형성할 수 있다. 분명 이것은 시험이 아니다. 그리고 모든 학생의 중국어 수준을 테스트하는 것도 아니다. 이보다는 학생들이 교사의 의도를 이해하게 하고 교사의 지시에 따라 언어 훈련을 진행하게 하는 것이다.

여기서 우리가 든 예는 다만 일부 교수 방법과 수단일 뿐이다. 실제 교수 활동에서 교사들이 많은 신경을 쓰고 세심히 총괄한다면 더 많은 더 효과적인 방법을 창조하여 매개언어를 사용하는 교실 교육을 대체할 수도 있을 것이다.